행정학.net

개정판

김문성 저

박영사

Public Administration.net

by Mun Sung Kim

개정판 머리말

2008년도는 특별한 해였다. 10년간 우리 사회의 새로운 변화를 이끌어 왔던 진보정권에 이어 보수정권으로서 이명박 정부에 의해 다양한 정책 변화가 일어나기 시작한 해였다. 숭례문 소실, 미국 쇠고기 수입문제로 인한 대규모적이고 장기간에 걸친 촛불시위, 석유가격의 폭등과 폭락, 미국의 흑인 대통령 당선 등 20세기적 합리성으로 예견하거나 설명하기 어려운 사회적 문제들이 제기된 해이기도 하였다.

특히 미국 금융위기를 진원지로 한 경제위기의 지구적 파급, 경제위기를 극복하기 위한 각국 정부의 대대적인 시장 개입과 적극적인 국제 공조현상을 바라보면서 이를 설명하고 나아가 해결할 수 있는 새로운 이론 개발의 필요성을 절실히 인식하게 되었다. 아직 기존의 이론들을 대체할 이론들이 나타나고 있지는 않으며, 개론서로서 행정학.net에 이러한 현상들을 설명하기 위한 이론들을 충분히 소개하기도 어렵다. 그러나 현재 발생되고 있는 현상들을 예의 주시하며 행정학도로서 이를 어떻게 설명하고 처방할 것인가를 이 책에 수록된 내용들을 바탕으로 함께 논의할 수 있으면 하는 바람을 가지고 개정판을 내게 되었다. 수정 · 보완된 주요 내용들을 설명하면 다음과 같다.

첫째, 행정이론을 가능한 쉽게 설명하기 위하여 기존의 문장들을 수정 · 보완하였다.

둘째, 제 2 장 행정학의 발전부분에서 고대, 중세 및 근대의 행정 발전에 대한 내용을 첨부하였다.

셋째, 제3장 전자정부의 내용을 대폭 수정하였다. 전자정부법의 주요 내용을 소개하고, 지식 관리에 있어 암묵적 지식의 중요성을 강조하였다.

넷째, 제5장 공공부문의 조직 관리에서 조직이론의 발전에 대한 설명을 새롭게 하였고, 정부조직의 구조에 대한 설명을 덧붙였다.

다섯째, 제6장 공공부문의 인력 관리와 제7장 공공부문의 예산 관리에서 최근의 통계자료를 인용하여 설명하였다. 그리고 개편된 인사 및 예산제도와 조직들에 대하여 설명하였다.

여섯째, 제15장 정책과정 중 정책집행을 위한 접근법에 대하여 변화 관리라는 관점에서 새롭게 설명하였다.

이상과 같은 내용의 수정 · 보완과 더불어 책 표지를 새롭게 디자인하였다. 이는 작은 딸 수현의 작품이어서 참으로 기쁘다. 그리고 교정을 도와 준 큰 딸 연정과 조교 손은수 군에게 고마움을 전한다. 이 책을 출간할 때부터 출판작업을 맡아 주신 홍석태 차장님께 감사드린다. 하나님의 어리석음이 사람의 지혜보다 더 지혜로우며 하나님의 약함이 사람의 강함보다 더 강함을 믿게 해 주신 성령님을 찬양하며, 이 책을 통해 행정학적 상상력을 키워 나갈 독자 여러분들을 축복한다.

2009년 2월

저자 김문성

책을 내면서

21세기 사회에서 점차 뚜렷해지고 있는 사회적 특성을 우리는 "후기" 혹은 "탈" 현대주의(post modernism)라 부른다. 어떤 이는 20세기적 특성을 이어받았지만 이를 뛰어 넘는 어떤 특징들을 바라보며 "후기"라는 수식어를 붙이는가 하면, 다른 이는 20세기와는 단절된 21세기적 무엇을 발견하고 이를 "탈" 현대주의라 부르기도 한다. 같은 맥락에서, 20세기에 사용되었던 '변화와 선택'이라는 개념이 21세기를 살아가는 우리에게 다른 의미와 방법을 강요하며 다가왔다. 개인이나 기업 그리고 국가까지도 변화적 상황을 분석하고, 이에 전략적으로 대응하지 않는다면 경쟁력을 확보하기 어렵게 되었다. 20세기적인 합리성으로는 해결하기 어려운 복잡 상황에 대처하기 위해서는 초합리적 선택을 위한 상상력을 최대한 발휘해야 한다.

저자는 변형되기 어려운 고정된 실체란 의미가 스며있는 "시각"이라는 용어보다는 "상상력"이란 말을 좋아한다.

어떤 사연으로 사막에서 길을 잃어 오랫동안 먹지도 못하고 헤매는 두 사람이 있었다. 이들이 우연히도 사막 한가운데서 통조림 하나를 발견하였다면 어떻게 반응할까? 만약 경제학적 상상력을 지닌 사람이라면 "인간의 욕망은 무한한데 재화는 희소하다"라는 명제에서부터 출발했음 직하다. 그가 물리학적 상상력을 지닌 사람이라면 렌즈를 이용한 태양열로 통조림을 열려고 시도하지 않을까?

행정학적 상상을 하는 사람이라면 어떤 반응을 보일까? 통조림 속의 내용물을 꺼내 먹을 수 있는 합리적 대안을 찾으려 할까, 아니면 타협과 협상을 통한 정치적 해결방법을 모색하려 할까? 또는 통조림의 공정한 배분방법을 궁리할 것인가? 저자의 생각에는 행정학적 상상력은 그 초점과 색깔이 너무나 다양하여 전형적인 반응을 상정하기 어려울 것 같다. 개개인이 각각 다른 반응을 보이지는 않을까?

저자는 평소 강의에서 학생들에게 창의성을 길러 주고 싶어했다. 그리고 행정학도는 — 장차 그가 행정부에서 근무하든 사기업에서 일하든 또는 자유업에 종사하든 — 행정학적 시각에서 사회현상을 개념화하고, 이론과 실생활을 연결할 수 있는 능력을 행정학을 통해 길러야 한다고 강조해 왔다. 이 책이 행정을 바라보는 상상력을 기르고, 사회문제를 창의적으로 해결할 수 있는 지혜를 기르는 데 조금이라도 도움을 줄 수 있기를 바란다.

책을 쓰게 된 동기

행정학을 강의하면서 많은 학생들이 너무 암기 위주로 공부하고 있다는 사실을 발견하였다. 더욱이 많은 행정학 개론서들이 백과사전식으로 이론들을 나열하고 있어, 이를 암기한 학생이 그 내용을 현실문제 해결에 연결시키기 어려운 경우가 많았다. 저자는 행정학도들이 새로운 사회문제를 창의적으로 해결할 수 있는 능력을 개발하기 어려운 이유들 중의 하나는 고시 준비에 알맞도록 집필된 행정학 개론서에 기인된다고 생각한다.

저자는 행정학 교과서를 통해 창의성을 개발할 수 있는 마당을 마련하고 싶었다. 창의성이란 우선 모방으로부터 나온다. 모방에서 점차 자신의 색깔이 나타나게 된다. 암기보다는 이해를 해야 한다. 이해가 바탕이 되어야만 자신의 생각을 가질 수 있는 것이다. 그렇다면 교과서도 뷔페식이 아닌 전문식당과 같아야 할 것이다. 이런 점에서 저자는 다른 행정학 개론서에서 일반적으로 설명되는 내용들을 과감하게 삭제·축소하고자 하였다. 그러나 결과적으로 책을 집필하는 과정에서 저자의 불필요한 욕심으로 인해 원래의 의도가 제대로 반영되지는 못하였다는 점에서 독자들의 넓은 이해를 구하고 싶다.

이 책의 특성

행정문제에 대한 논의를 할 때 기초가 될 수 있는 이론들을 설명의 대상에 포함시켰다. 그리고 이러한 이론들을 단락적으로 설명하면 단편적인 이해에 그칠 가능성이 있다는 점에서 가능한 서술적으로 설명하고자 노력하였다. 독자가 책 내용의 흐름을 따라가면서 자신의 비판적 생각을 키워 나가기를 기대한다. 저자의 생각에 대해서는 물론이고 — 설명과정에서 가능한 저자의 의견을 표현하지 않으려고 노력하였지만 — 설명된 이론에 대해서도 비판하고, 다른 행정학도들과 토론을 한다면 창의력 개발에 도움이 될 것이다.

또한 저자는 행정문제 해결에 구체적으로 도움을 줄 수 있는 최근에 논의되고 있는 이론들을 가급적 많이 소개하고자 하였다. 특히 최근 신 공공관리적 시각에서 개발된 이론들을 폭넓게 소개하지만 기초 이론에 대해서는 축약적으로 설명하였다. 이로 인해 행정학을 처음 대하는 학생늘에게는 다소 어렵게 느껴질 것으로 생각된다. 그래서 관련 용어나 사례들을 박스 안에 넣어 따로 설명함으로써 가능한 독자의 이해를 돕고자 하였다.

이 책의 구성

저자는 행정을 관리, 정치 그리고 정책이라는 세 요소들이 엇물린 현상으로 보고 있다. 이런 생각에서 이 책의 편제를 행정연구의 영역별로 구분하여 총 4부 15장으로 구성하였다.

제 1 부는 행정학에 대한 일반적 이해를 위한 장이다. 우선 일상생활과 행정의 연관성을 설명하고, 관리와 정치 그리고 정책이라는 세 가지 연관 개념들로 구성된 복합 개념으로 행정을 정의하였다. 그 다음으로 행정학의 발전과정에 나타났던 중요 이론들을 설명한다. 특히 최근 행정학 연구에서 나타난 주요 개념 및 이론적 동향에 대하여 살펴보았다. 그리고 전자정부와 지식 관리에 대해 설명하였다. 마지막으로 행정학 연구를 위한 방법론과 관련하여 과학 및 행정학의 과학성, 최근에 논의되는 질적 방법론들을 소개하였다.

제 2 부는 관리로서의 행정에 포함되어 있는 관리현상에 관련된 이론들을 소개하였다. 일상적으로 논의되는 조직, 인력 그리고 예산 관리를 위해 지금

까지 설명된 주요 이론들을 소개하였다. 특히 민간부문에서 발전된 전략적 관리에 대해 설명함으로써 지식 · 정보화에 따른 공공부문의 변화와 선택에 대한 이해를 돕고자 하였다.

제 3 부는 행정과정에서 야기되고 있는 정치현상을 다루었다. 지금까지 행정학 교과서에서 다소 피상적으로 다루었던 부분이기 때문에 보다 구체적으로 설명하였다. 먼저 정부조직 내부의 참여자간에 펼쳐지는 정치현상에 대해 설명한다. 특히 권위를 행사하거나 설득이나 협상을 하거나 핵심 직위를 차지하기 위한 구체적 방법에 대해 논의하였다. 그리고 행정환경을 구성하고 있는 다양한 주체들과의 관계 및 관료제의 책임, 통제 그리고 창의성문제를 다루었다. 또한 지도력을 관리의 기법이기보다는 중요한 정치적 자원으로 보아 여기서 설명하였다.

제 4 부는 정책현상과 관련된 이론들을 다루었다. 우선 정책학에 대한 일반적 이해를 위해 정책학의 학문적 특성, 정책의 개념과 유형에 대해 설명하였다. 그리고 정책결정자를 돕기 위한 정책분석에 관련된 주요 이론과 개념들을 소개하였다. 다음으로 정책과정을 구성하는 정책의제설정, 정책결정, 정책집행, 그리고 정책평가과정에 관한 주요 이론들을 다루었다.

물론 행정학개론 수업을 통해서는 이 책의 모든 내용을 접하기는 어려울 것이다. 각 장의 기초 이론들에 대해서 개관하거나, 중요하다고 생각되는 장들을 발췌하여 우선적으로 이해하는 것도 효율적인 공부방법이 될 것이다.

감사의 글

이 책을 출판함에 있어 많은 분들의 도움이 있었다. 출판을 허락해 주신 박영사 안종만 회장님, 출판관계 일을 도와 주신 송일근 주간님, 홍석태 님과 정종백 님께 감사의 마음을 표한다. 힘든 교정 일을 맡아 준 윤두섭 박사, 이재혁 조교의 고마움을 기억한다. 요즈음 게이트볼로 정신적 · 육체적 건강을 가꾸어 가시는 아버지와 어머니께 항상 감사한다. 두 분은 항상 그늘이 되셔서 나에게 주어진 일들을 감당할 수 있도록 에너지를 공급해 주신다. 가정에서뿐만 아니라 가르치는 일에서도 나에게 항상 자극과 평온을 주는 사랑하는 아내 주성림, 내 기쁨의 원천인 두 딸 연정과 수현, 아들 정무에게 그 동안 내가 해 온 결과물을 보여 주고 싶다. 나를 이 곳까지 이르게 하시고, 또 앞으로도 나의 발걸음을 인도하실 하나님께 찬양드린다.

2004년 8월

저자 김문성

차 례

제 1 부 행정학의 일반적 이해

제 1 장 현대사회와 행정

Ⅰ. 일상생활에서 행정과의 관련 ········· 4

Ⅱ. 행정이란 무엇인가? ········· 6

1. 개념정의의 곤란성 6
2. 행정과 관련된 주요 개념들 7
3. 행정의 개념 9

제 2 장 행정학의 발전

Ⅰ. 행정학의 성립배경 ········· 13

1. 고대행정 13
2. 중세행정 15
3. 근대행정 17

Ⅱ. 미국 행정학의 발전 ········· 23

1. 전통이론의 시기(1887년부터) 23
2. 정치학의 시기(1930년대부터) 33
3. 정책학의 시기(1950년대부터) 39

Ⅲ. 20세기 말에 대두된 새로운 시각들 ········· 46

1. 시장원리적 시각 46

2. 참여적 시각 47
3. 탄력적 시각 48
4. 탈규제적 시각 48

Ⅳ. 거버넌스이론 …… 50
1. 거버넌스 개념 51
2. 지식 · 정보화 및 세계화 시대의 거버넌스 54

제 3 장 전 자 정 부

Ⅰ. 지식 · 정보사회에서의 행정 …… 57
1. 지식 · 정보사회의 특성 57
2. 지식 · 정보사회의 문제점 58
3. 지식 · 정보사회에서의 정부의 기능 59

Ⅱ. 전자정부 …… 60
1. 지식 · 정보사회에서의 행정 60
2. 전자정부를 위한 행정과정의 논리 61
3. 전자정부법의 주요 내용 64

Ⅲ. 지식 관리 …… 70
1. 서 론 70
2. 정보와 지식의 개념과 유형 70
3. 지식 관리체계의 고안과 과제 75

제 4 장 행정학 연구 방법론

Ⅰ. 과학이란 무엇인가? …… 80

Ⅱ. 과학적 방법 …… 81
1. 과학적 방법의 의미 81
2. 과학적 이론의 기능 82
3. 과학적 이론의 우수성 83

Ⅲ. 행정학의 과학성 …… 85
1. 행정학이 과학이 될 수 있는가? 85
2. 행정학이 과학이어야만 하는가? 89
3. 철학적 · 담론적 탐색의 필요성 89

Ⅳ. 연구방법론의 유형 및 일반적 연구절차 ······ 91
1. 연구방법론의 의미 91
2. 방법론의 유형: 양적 방법과 질적 방법 92
3. 행정학 연구의 논리와 일반적 절차 94
Ⅴ. 주요 연구방법론들 ······ 99
1. 공공선택론 99
2. 신제도주의 108
3. 현 상 학 117

제 2 부 관리로서의 행정

제 5 장 공공부문에서의 조직 관리
Ⅰ. 조직의 개념과 유형 ······ 126
1. 조직이란 무엇인가? 126
2. 조직의 유형 128
3. 공·사조직의 비교 및 행정조직의 특성 134
Ⅱ. 조직이론의 발전 ······ 137
1. 고전학파 137
2. 인간관계학파 138
3. 상황학파(The Contingency School) 139
4. 현대 조직이론들 140
Ⅲ. 조직의 구조 ······ 145
1. 정부조직의 구조 145
2. 관료제 조직을 넘어서: 새로운 형태의 조직구조 147
Ⅳ. 조직과 개인 ······ 153
1. 인성이론 153
2. 동기부여이론 155
3. 인간형 연구 172
Ⅴ. 조직문화 ······ 178
1. 조직문화의 개념 178

2. 조직문화에 대한 연구시각 179
3. 조직문화의 유형 180
4. 조직문화와 지도자 유형과의 관계 183

제 6 장 공공부문에서의 인력 관리

Ⅰ. 공공조직과 사기업의 인력 관리 차이 186
Ⅱ. 공공부문의 인력 관리를 위한 기본 원리 189
1. 엽관주의와 실적주의 189
2. 대표관료제 192
3. 명예로운 생애직으로서의 공직: 직업공무원제 193
4. 공무원의 범위와 종류 195
5. 공직 분류의 기준 198
Ⅲ. 중앙인사기관 209
1. 중앙인사기관의 의의 209
2. 중앙인사기관의 조직형태 209
3. 중앙인사기관의 기능 212
4. 주요 국가별 중앙인사기관의 유형 214
5. 우리나라 중앙인사기관의 변천과 개선방향 216
Ⅳ. 채 용 220
1. 모 집 220
2. 시 험 221
3. 개방형 임용 222
Ⅴ. 능력발전 225
1. 교육 · 훈련 225
2. 근무성적 평정 226
Ⅵ. 인력 관리 232
1. 전자인사관리체계 232
2. 목표에 의한 관리 234

제 7 장 공공부문에서의 예산 관리

Ⅰ. 예산 관리를 위한 조직과 예산의 종류 239

1. 예산의 개념과 기능 239
2. 효율적 예산 관리를 위한 조직: 중앙예산기관 242
3. 예산의 범위와 회계의 구분 244

Ⅱ. 예산제도 ········ 253
1. 통제 중심의 예산제도: 품목별 예산 254
2. 효율 중심의 예산제도: 성과주의 예산 255
3. 목표 중심의 예산제도: 기획 예산 257
4. 우선순위 중심의 예산제도: 영기준 예산 260
5. 계획과 예산간의 연계 강화: 자본 예산 261
6. 신성과주의 예산제도: 성과관리제도 262

Ⅲ. 조세제도 ········ 265
1. 조세의 기본 원칙 265
2. 조세의 종류와 체계 267
3. 현행 조세제도의 문제점과 개편방안 270

Ⅳ. 정부회계: 발생주의 회계와 복식부기 ········ 272

Ⅴ. 예산과정 ········ 274
1. 순환과정으로서의 예산과정 274
2. 예산편성 275
3. 예산심의 276
4. 예산집행 278
5. 결산과 회계검사 280

제 8 장 공공부문에서의 전략적 관리

Ⅰ. 전략적 사고의 필요성 ········ 282
1. 변화와 선택 282
2. 민간부문에서의 전략적 관리의 발전 283

Ⅱ. 전략적 기획을 위한 주요 접근법들 ········ 285
1. 일반적 접근법 285
2. 내용 접근법 288
3. 과정 접근법 290

Ⅲ. 전략적 관리 ········ 292

1. 전략적 관리과정 292
2. 공공부문에서의 전략적 관리의 유용성과 한계 294
3. 결 론 296

제3부 정치로서의 행정

제9장 정부조직 내부의 정치현상

Ⅰ. 관료제 내부의 정치적 행위자 ········· 300
1. 직업관료 300
2. 대 통 령 303
3. 임명직 및 선출직 공무원 304

Ⅱ. 부처간의 정치적 관계 ········· 308
1. 부처간의 정치적 관계 형성요인 308
2. 공동 목적을 수행하는 다양한 조직집단의 특징 309

Ⅲ. 중앙정부와 지방자치단체간의 정치적 관계 ········· 311
1. 정부간 정치적 관계의 형성요인 311
2. 정부간 정치적 현상 312

Ⅳ. 정치적 관계에서 영향력 행사방법 ········· 314
1. 권위의 확보 314
2. 설 득 315
3. 협 상 317
4. 핵심 직위: 지위, 강제력, 실권 321

제10장 행정환경과의 정치적 관계

Ⅰ. 국 회 ········· 324
1. 행정부와 국회의 정치적 관계 324
2. 국회의 정치적 자원 325
3. 국회에 영향력을 미치기 위한 행정부의 전략 326

Ⅱ. 이익집단 ········· 331
1. 행정부와 이익집단의 상호 관계 331

2. 이익집단의 종류 332
3. 이익집단의 활동방식과 활동대상 332
4. 행정부와 이익집단의 정치적 관계에 관한 관점 335
5. 이익집단의 정치적 자원 337

Ⅲ. 언 론 ········ 339

Ⅳ. 시 민 ········ 341
1. 시민에 대한 인식 변화 341
2. 시민과 관련된 용어 342
3. 시민과 행정과의 관계 343

Ⅴ. 여 론 ········ 347

제11장 행정책임, 관료제의 통제 그리고 창의적 관료제를 위한 행정혁신 전략

Ⅰ. 행정책임 ········ 349
1. 기대 연계망과 책임 349
2. 행정책임의 유형 350
3. 책임 관리 352

Ⅱ. 관료제의 통제 ········ 357
1. 내부의 공식적 통제 358
2. 내부의 비공식적 통제 359
3. 외부의 공식적 통제 359
4. 외부의 비공식적 통제 362

Ⅲ. 행정 혁신 ········ 363
1. 행정 혁신의 개념 363
2. 행정 혁신을 위한 거시적 준거 틀 364
3. 행정 혁신을 위한 전제조건들 370

Ⅳ. 관료제와 창의성 ········ 372
1. 혁신과 창의성 372
2. 창의성 개발 373

제12장 공유된 권력세계에 있어서 지도력

Ⅰ. 지도력의 개념 ········· 379
Ⅱ. 지도력이론의 변천 ········· 380
1. 자질이론 381
2. 행태이론 382
3. 상황이론 382
4. 거래적 지도력과 변환적 지도력 383
Ⅲ. 공유된 권력세계에서의 지도력 ········· 389
1. 변화 관리적 지도력 389
2. 개인 지향적 지도력 390
3. 이상을 제시하는 지도력 390
4. 팀 지도력 391
5. 윤리적 지도력 391
6. 정치적 지도력 392
7. 정책 지도력 392
Ⅳ. 지도자 유형 ········· 393
1. Miller의 생활주기에 따른 지도자 유형 393
2. Maccoby의 지도자 유형에 관한 연구 394
3. 새로운 지도자 패러다임 397

제 4 부 정책으로서의 행정

제13장 정책학에 대한 일반적 이해

Ⅰ. 정책학의 발전과 학문적 특성 ········· 402
1. 정책학의 대두 402
2. 정책학의 학문적 특성 403
3. 정책학의 전망 406
Ⅱ. 정책의 개념과 유형화 ········· 407
1. 정책의 개념 407

2. 정책의 유형 410
3. 관련 용어들 413

제14장 정 책 분 석

Ⅰ. 정책분석의 개념 및 정책분석가의 역할 ······ 416
1. 정책분석이란 무엇인가? 416
2. 정책분석가의 역할 416
3. 정책분석가의 윤리 418

Ⅱ. 정책분석을 위한 기초이론 ······ 419
1. 시장실패이론 419
2. 정부실패이론 428
3. 정부의 역할범위에 관한 논의 435

Ⅲ. 정책분석의 기준 ······ 437
1. 분석기준으로서 소망성과 실현 가능성 437
2. 효 율 성 437
3. 형 평 성 441
4. 가 외 성 449

Ⅳ. 정책분석을 위한 기법들 ······ 451
1. 관리과학 451
2. 비용-편익분석 457

제15장 정 책 과 정

Ⅰ. 정책과정 ······ 463
1. 다차원적 · 순환적 정책과정 463
2. 주요 단계들 464

Ⅱ. 의제설정과정 ······ 466
1. 의제설정과정에 관한 주요 논점 466
2. 정책의제의 개념과 유형 467
3. 정책의제설정과정에 관한 이론의 발전 469
4. 문 제 476

Ⅲ. 정책결정과정 ······ 481

1. 포괄적 합리모형 482
2. 점변모형 486
3. 쓰레기통모형(Garbage Can Model) 493
4. Allison모형 496
5. 정보와 정책결정 499

Ⅳ. 정책집행과정 ······ 504
1. 정책집행 연구의 중요성 504
2. 정책집행의 개념 505
3. 정책집행 연구와 기존 행정학 연구의 차이 506
4. 정책집행모형 508
5. 정책집행 연구를 위한 접근법들 513

Ⅴ. 정책평가과정 ······ 519
1. 정책평가에 대한 인식 증대 519
2. 정책평가의 개념 520
3. 정책평가의 유형 523
4. 정책평가의 목적 526
5. 정책평가의 기준 528
6. 정책평가모형 532

Ⅵ. 정책변동 ······ 542
1. 연구동향과 개념 542
2. 정책변동의 유형 543

참고문헌 ······ 545
인명색인 ······ 558
사항색인 ······ 559

제 1 부 행정학의 일반적 이해

제 1 장 현대사회와 행정
제 2 장 행정학의 발전
제 3 장 전자정부
제 4 장 행정학 연구 방법론

제1장 현대사회와 행정

개 요

그리스의 철학자인 Aristotle는 "인간은 정치적 동물이다"라고 했다. 그러나 오늘날에 있어서는 인간을 '행정적 동물'이라고 표현하는 것이 더 적합할 듯하다. 왜냐하면 우리의 삶은 행정과 밀접히 관련되어 있으며, 우리의 행위 자체가 정치를 포괄하는 더 넓은 영역에 걸쳐 있기 때문이다.

그렇다면 행정은 우리 삶과 얼마나 밀접하게 관련되어 있는가? 이 장에서는 이를 살펴봄으로써 행정 및 행정학을 이해해야 하는 이유를 설명하고자 한다. 그리고 이 장에서는 행정 개념을 정의하였다.

행정이 무엇이냐를 정의하는 것은 행정학을 이해하기 위한 기초 작업이다. 그러나 다른 학문에서와 마찬가지로 학문의 기초 개념은 — 정치학에서의 정치, 철학에서의 철학 등 — 추상성이 높기 때문에 보편타당한 정의를 내리기가 대단히 어렵다. 그럼에도 불구하고 행정 개념을 정의해야 하는 이유는 행정현상에 대한 개괄적인 이해를 위하여 필수적이기 때문이다. 더욱이 행정에 대한 정의를 어떻게 하느냐에 따라 행정학이라는 이름 하에 논의하거나 연구되어야 할 범위가 달라진다. 행정을 넓게 정의한다면 그 만큼 연구해야 할 범위가 넓어지게 된다.

I. 일상생활에서 행정과의 관련

우리의 하루 일과를 보면 행정과 관련되어 있지 않은 부분이 드물다. 어떤 사람은 "지금까지 한번도 구청에 가보지 않았고, 공무원[1]을 한번도 만나본 적도 없는데 행정과 관련될 것이 무엇이 있는가?"라는 의문을 가질 수도 있을 것이다. 그럼 우선 우리의 일과를 생각해 보면서 우리의 생활이 행정과 얼마나 관련되어 있는지를 알아보도록 하자.

아침에 일어나서 제일 먼저 사용하게 되는 수돗물을 예로 들어보자. 우리는 상수원의 오염이 점차 심해지고 있다는 신문 기사나, 기준치 이상의 오염 물질이 수돗물에 함유되어 있다는 연구결과를 접할 때마다 제일 먼저 정부를 비난한다. 왜냐하면 우리는 맑고 깨끗한 물을 공급해야 할 책임은 정부에 있다고 믿기 때문이다. 비단 물뿐만 아니라 우리가 먹는 식료품도 생산량이나 가격 또는 유통구조에 대해 정부가 관여하고 있다. 식료품의 가격이 올라가면 물가 안정을 위해 정부가 가격을 규제하거나 일정량을 외국으로부터 수입할 계획을 세워야 한다. 또한 국민의 건강을 위해 정부는 수입 식품에 대한 검사기준을 정하고 이에 따라 수입된 식품에 대해 안전성을 검사한다.

집을 나와서 학교나 직장에 갈 때 제일 먼저 부딪히는 교통문제를 해결해야 할 책임도 일차적으로 정부에 있다. 정부는 버스와 지하철의 시설을 늘리고, 도로를 신설·확장해야 하며, 버스업자나 지하철공사와 시민의 입장을 모두 고려하여 교통요금을 조정해야 한다.

낮 동안의 학교생활이나 직장생활에 대해서도 자세히 들여다보면, 많은 부분들이 행정과 관련되어 있음을 알 수 있게 될 것이다. 우리는 유치원에서부터 대학교까지 정부의 교육정책이라는 틀 속에서 교육을 받아 왔다. 무엇을 가르칠 것인가, 교사당 학생 수를 얼마로 할 것인가, 각급 학교에 대한 정부보조금은 어느 정도로 할 것인가, 입시방법을 어떻게 할 것인가 하는 것 등의 문제에 대해 정부가 주도적으로 결정한다. 회사생활 역시 정부와 밀접

1) 이 책에서는 '공무원'과 '관료'를 동일 개념으로 보고 혼용하여 사용한다.

하게 관련되어 있다. 예컨대, 정부의 통상정책, 조세정책 등에 대한 결정은 기업 활동에 직·간접적으로 영향을 미치기 때문에 정부의 활동에 대해서 이해하고 있어야만 기업을 잘 꾸려갈 수 있다.

낮 동안의 활동을 마치고 집으로 돌아온 후의 생활도 행정과 관련된 부분이 많다. 정부는 우리들이 쾌적한 환경 속에서 생활할 수 있도록 노력해야 한다. 우리는 정부에 휴식이나 오락을 위한 문화공간을 만들고 관리해 주기를 바란다. 또한 안심하고 편안하게 잠을 잘 수 있도록 치안과 방범업무도 일차적으로 정부가 해결해야 한다고 믿는다.

하루 일과를 시간적 측면에서 설명하였는데, 좀 더 크게 눈을 돌려 우리의 인생살이를 볼 때에도 행정과 매우 밀접하게 연관되어 있음을 알 수 있다. 아기가 태어나면 부모가 관할 행정기관에 가서 출생신고를 해야 국민으로서 인정받을 수 있다. 사회인으로 생활하는 일생 동안 우리가 누리는 삶의 질은 정부의 역할과 능력에 따라 많은 차이가 난다. '임시직 근로자의 권리를 어느 정도 허용할 것이냐', '실업자들에 대한 생활대책을 어떻게 할 것인가' 등의 문제에 대해 정부는 주도자로서 혹은 조정자로서 역할을 하며, 정부가 어느 정도 이를 잘 수행하는가에 따라 우리의 생활은 큰 영향을 받게 된다. 우리가 인생의 막을 거두고 죽었을 때에는 후손들이 정부에 사망신고를 한 후에야 비로소 행정과의 관련이 끊어지게 된다.

Ⅱ. 행정이란 무엇인가?

1. 개념정의의 곤란성

행정이 무엇인가를 정의하기란 대단히 힘들다. 지금까지 많은 학자들이 나름대로 행정을 정의하였지만 대부분의 사람들이 동의할 수 있을 만한 것은 없었다. 이처럼 행정의 개념을 정의하기가 어려운 이유를 두 가지 측면에서 설명할 수 있다.

하나는, 행정 자체의 변화이다. 행정의 범위나 역할이 시대와 지역에 따라 달라져 왔기 때문에 특정 시기에 적합한 행정의 정의라도 다른 시기와 지역에서는 또 다른 행정 현상들이 나타나게 된다.

다른 하나는, 공공성에 대한 인식이 변화되기 때문이다. 행정을 정확히 표현하면 공공 행정(Public Administration)인 바, 행정이 지니는 공공성이 무엇이며, 어느 범위까지가 공적인 것인가에 대한 인식은 시대가 변함에 따라 많이 달라져 왔다. 이러한 공공성에 대한 인식변화에 따라 '행정이 무엇인가' 그리고 '무엇이어야 하는가'에 대한 인식도 달라질 수밖에 없다.

이처럼 행정 개념을 정의하기란 어렵지만, 이것이 중요한 것은 행정을 어떻게 정의하느냐에 따라 행정학의 연구범위도 달라지기 때문이다. 여기서는 행정을 관리, 정치 그리고 정책이라는 세 가지 연관 개념들로 구성된 복합 개념으로 보고자 한다. 우선 관리(管理), 정치(政治), 정책(政策)에 대해 개별적으로 설명을 하고, 이들 개념들과의 연관성하에서 행정을 파악하기로 한다.

2. 행정과 관련된 주요 개념들

1) 관리: 전통적 의미의 행정

많은 사람들은 “행정이란 관리하는 것”이라는 전통적 의미로 이해하고 있다. 관리로서의 행정이란 미리 결정된 집단의 목표나 정책을 달성하기 위해 인적 · 물적 · 정보 자원을 조직화하고, 효율적으로 운용하는 것이다. 관리로서의 행정을 보는 관점에서는 업무 수행방법에 초점을 맞추어, 효율적 행정이 좋은 행정이라고 가정한다. 이러한 의미의 행정은 사조직에서 행하는 경영과 유사한 개념이 된다. 즉 공공성을 위한 정부 관리활동도 사익을 위한 회사의 경영과 기본적으로 동일한 것으로 파악한다. 다만 주체가 행정은 정부관료제인데 비하여 경영은 민간기업이며, 목적이 행정은 공익 추구이며, 경영은 사익추구를 한다는 점에서 구별된다. 그러나 오늘날 정부와 민간이 협력하여 공적 업무를 수행하는 사례들이 많아지고 있다는 점에서 주체와 목적의 측면에서 행정과 경영을 구별하기도 어렵다.

여기서 ‘전통적 의미’란 행정에 대한 가장 오래된 인식이라는 뜻도 포함하지만 전통적인 정치원리인 삼권분립 사상에 입각하고 있다는 의미이기도 하다. 삼권분립 사상이란 법을 만드는 입법부, 만들어진 법을 집행하는 행정부 그리고 심판하는 기능을 가진 사법부로 국가권력을 분리하여, 이 세 권력 간에 서로 견제하고 균형을 이루고자 하는 것이다. 즉 삼권분립을 통하여 절대권력에 의한 독재를 방지하고 나아가 민주주의를 이룩할 수 있다는 원리이다. 삼권분립론에 의하면, 행정이란 입법부에서 만든 법률을 집행하기 위해 사람과 자원을 관리하는 것을 의미한다. 따라서 전통적 의미의 행정에 대한 연구에서는 이미 만들어진 법률을 집행하기 위해 사람과 자원을 관리하기 위한 능률적 방법에 초점을 두었다.

그러나 오늘날의 행정에서는 미리 결정된 법률이나 정책에 따라 자원을 효율적으로 관리 · 집행하는 것뿐만 아니라, 행정과정의 다양한 참여자간에 영향력이나 이익을 더 많이 가지기 위한 협상이나 투쟁이 필연적으로 일어나고 있다. 이런 점에서 행정이란 관리뿐만 아니라 정치와 밀접히 연관되어 있다고 하겠다.

2) 정 치

관료들은 조직 내의 동료, 다른 조직, 압력단체, 시민 등과의 상호 관계 속에서 행정을 수행한다. 행정과정은 이해관계를 달리하는 다양한 주체들간의 연합행동에 의해 이루어지므로, 필연적으로 자기에게 유리한 지위나 권한을 확보하기 위한 정치현상들이 나타난다.

정치란 영향력을 행사할 수 있는 권력을 획득하기 위한 대립적 주체들간의 투쟁이다(Morrow, 1975: 3). 이러한 정치에 대한 정의에서 가장 핵심적 개념은 투쟁이다. 투쟁이란 동일한 목표를 추구하거나 또는 다른 목표를 추구하는 대립자들간의 서로 유리한 위치를 차지하기 위한 다툼을 의미한다. 이러한 의미의 투쟁은 — 그 정도와 행태에 있어서 차이는 있겠으나 — 공공부문에서 뿐만 아니라 민간부문에서도 일어나는 보편적인 현상이다.

특히 행정과정에서 정치현상이 두드러지게 나타나는 이유는 정부는 누가, 무엇을, 언제 그리고 어떻게 얻을 것인가에 대해 결정할 수 있는 힘을 가지고 있기 때문이다. 행정과정에서의 정치현상은 일정한 범위 내에서 행정부가 독자적으로 결정할 수 있는 '재량권의 행사'와 이해관계를 같이 하는 사람이나 집단들간의 '조직화'라는 두 요인에 의해 심화된다.

재량행위란 법규가 허용한 일정한 기준과 범위 내에서 행정기관이 독자적으로 판단하여 결정하는 행위이다. 원래 법치행정에서는 법률에 의해 행정부가 해야 할 내용을 미리 자세하게 정해 놓기 때문에 행정부가 자의적으로 결정할 수 없다. 그러나 사회가 점차 복잡해짐에 따라 행정업무도 복잡해져서, 입법부에서 행정부가 수행해야 할 모든 행위를 빠짐없이 규정하는 것은 불가능하게 되었다. 또한 국회의원은 관료에 비해 대체로 전문성과 경험이 부족하기 때문에 행정의 방향을 대략적으로 정할 수는 있겠지만 구체적인 업무 활동을 모두 법으로 규정할 수가 없다. 그 결과 정치과정의 중심이 입법부에서 행정부로 옮겨지게 되었고, 재량권을 가진 행정부가 이익집단들의 로비활동의 중요 대상이 되었다.

한편 조직은 행정과 정치의 상호 연관성을 설명할 수 있는 또 다른 개념이다. 조직이란 특정의 목표달성을 위해 특징적인 구조와 의사전달체계를 갖춘 집합체이다. 또한 조직이란 목적을 같이 하는 사람들이나 집단들의 연합체이기도 하다. 조직을 '편견의 동원'(mobilization of bias)으로 정의하는 것은 바로 이러한 관점이다(Morrow, 4). 여기서 편견이란 정책에 반영시키려고 하는 특정의 가치 또는 선호를 의미한다. 예를 들어 대기업보다 중소기업의 육성을 지지하는 국회의원이나 행정관료들은 정책과정에서 중소기업에 유리한 방향으로 자신의 영향력을 발휘하려고 노력할 것이다. 이런 경우 중소기업가와 중소기업에 우호적인 관료와 국회의원은 대기업에 우호적인 참여자들과 다른 이해관계 내지 편견을 지닌 조직이다.

3) 정 책

정책이란 국가의 이상을 구현하기 위한 공권력을 지닌 정부의 결정이다. 관리 및 정치는 '어떻게 할 것인가(know how)'에 초점을 둔 개념이라면 정책은 '무엇을 할 것인가(know what)'를 강조하는 개념이다. 정부가 어떠한 문제를 해결해야 하며, 문제 해결을 위해서는 무엇을 해야 할 것인가를 결정하는 활동은 모두 정책활동에 포함시킬 수 있다. 전통적으로 행정부는 국회에서 만든 법과 정책을 집행하기 위한 관리활동에 치중하였으나, 근대 이후 행정부가 법과 정책을 만드는 데 있어 주도적 역할을 담당하게 되었다. 그 주된 이유는 행정관료가 국회의원에 비해 상대적으로 높은 전문성과 행정부에 광범위하게 인정된 행정재량권 때문이다.

오늘날 행정부가 담당해야 할 과제는 업무를 효율적으로 관리하고, 행정과정에 참여하는 다양한 참여자들과 정치적 관계를 유지하는 것 이상으로 정부가 해야 할 의제를 설정하고, 합리적인 정책결정을 하고, 이를 효율적으로 집행하는 것이 중요하게 되었다. 즉 오늘날 행정에 있어 효율적 관리방법보다 행정의 방향을 정하는 것이 ―'노젓기'보다는 '방향잡기'가― 더욱 중요하게 되었다(Osborne & Gaebler, 1992).

3. 행정의 개념

행정을 엄밀히 표현하면 공공행정이라 하겠는 바, 이는 공공과 행정이

그림 1-1 관리, 정치 그리고 정책으로서 행정의 개념

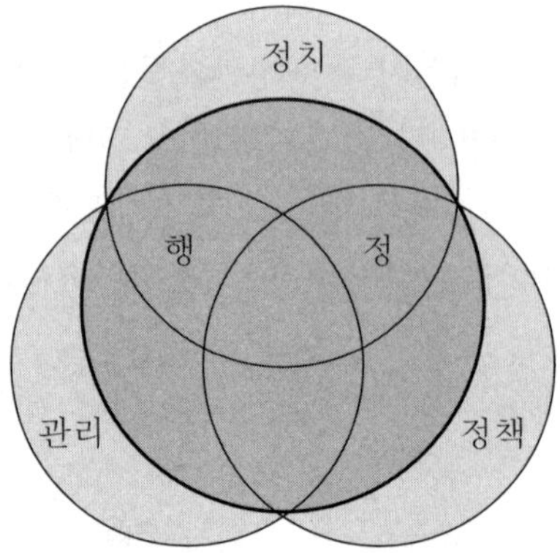

라는 두 개념의 복합어이다. 행정개념에 공공성(公共性)이 함유되어 있는 것은 행정이 사회적 가치의 배분과정에서 발생하게 되는 갈등을 해결 · 조정할 책임성과 강제성을 지니기 때문이다. 행정의 개념에 관리와 정치 및 정책개념이 연관되는 것은 행정의 공공성에서 유래된다.

물론 관리, 정치 그리고 정책현상 그 자체가 행정현상과 동일하다는 의미는 아니다. [그림 1-1]과 같이 행정은 관리, 정치 및 정책현상을 포함하지만, 세 개념 중 행정에 포함되지 않는 부분도 존재한다. 즉 마케팅과 같은 이윤추구적 관리활동은 공공관리에는 적합치 않으며, 정부성격 천명, 정부형태나 정부조직 변경, 투표구역 조정 등은 고유한 정치현상이다. 또한 계엄령 선포, 핵개발 등과 같은 정책결정은 통치권력의 영역에 포함되기 때문에 행정으로 볼 수 없다.

이제 지금까지의 논의들을 종합하여 행정을 다음과 같이 정의하기로 한다. 행정이란 행정부가 사회 전체의 가치배분을 위해 행정환경과 상호 작용하면서 행하는 관리, 정치 그리고 정책개념이 엇물린 포괄 개념이다.

마지막으로 우리는 Gulick(1990: 602)이 행정의 미래를 생각하면서, 행정개념은 논리보다는 환경에 의해 정의되어져야 한다고 설명한 점을 상기할 필요가 있다. 즉 정부업무를 수행하는 사람들이 행정가이며, 이들이 하는 업무들이 바로 '행정'이라는 것이다.

앞으로의 행정은 전통적인 규제 위주에서 조정과 중개의 기능이 확대되는 방향으로 변화되어 갈 것이며, 그에 따라 지금까지 설명하지 않았던 새로운 현상들이 행정의 영역에 포함될 것으로 예측할 수 있다. 따라서 행정의 개념은 앞으로도 계속 변화·확대될 것이다.

제 2 장

행정학의 발전

개 요

역사는 과거보다는 오히려 현재와 미래를 이해하기 위한 준거로서의 의미가 더 크다. 행정학의 발전 과정을 살펴보는 것은 과거의 행정이론의 변천과정을 이해하기 위한 것이기보다는 오늘의 행정이론에 대해서는 물론 앞으로의 행정이론의 변화방향을 이해하기 위해서이다.

과학의 역사를 연구한 Kuhn은 과학의 발전을 과거의 업적에 새로운 이론을 덧붙여 나가는 직선적 · 축적적 과정이 아니라 과거와 단절된 시각이나 믿음이 잉태 · 확산되면서 정상과학의 세계를 구축하는 과정이 되풀이되는 비선형적 · 혁명적 과정으로 설명하였다. 그는 일정기간 동안 특정의 연구집단이 현상을 바라보는 기본 시각 내지 믿음 또는 모태이론이라는 의미로 패러다임(paradigm)이라는 개념을 만들었다.

아직 120년도 채 되지 않는 행정학의 발전 과정에 있어서도 수많은 패러다임들이 — Kuhn이 말한 엄밀한 의미의 패러다임은 아니지만 — 생성 · 변화되어 왔다. 이 장에서는 패러다임의 변화라는 관점에서 — 관리에서 정치 그리고 정책으로 — 행정학의 발전을 설명한다. 행정학의 발전과정을 설명하기 전에 먼저 행정학 성립 이전에 동 · 서양에서 발전되어온 행정관련 이론들을 개관하기로 한다. 그리고 하나의 분과학문으로서 성립시켜 지금까지 행정이론을 시켜오고 있는 미국 행정이론의 발전과정을 설명한다. 마지막으로 우리 나라에 있어서 행정학의 도입 배경과 오늘날에 있어서 행정학 연구의 문제점에 대해 논의한다.

I. 행정학의 성립배경

독자적 학문이 되기 위해서는 고유한 연구영역과 방법론을 갖추어야 한다. 미국 정치학자인 Wilson은 정치현상의 일부분으로 연구되었던 행정현상을 독립된 연구대상으로 하고, 이를 역사적 방법과 비교방법으로 연구해야 할 필요성을 주장한 최초의 학자였다. 이런 점에서 Wilson이 1887년에 발표한 "행정의 연구"(The Study of Administration)를 기점으로 독립된 분과학문으로서 행정학이 성립되었다고 보는 것이다.

그러나 행정학이 성립되기 이전에 행정현상과 관련된 이론이 없었던 것은 아니다. 인간이 공동체를 형성하면서부터 이미 행정은 존재해 왔으며, 이러한 행정을 보다 잘하기 위한 이론들도 오래 전부터 만들어져 왔다. 이런 점에서, 고대로부터 행해졌던 주요 행정체계 및 이를 발전시키기 위한 연구들이 어떻게 발전되어 왔는지를 역사적 관점에서 설명하고자 한다. 여기서는 행정관리의 측면에 초점을 맞추어 고대, 중세 그리고 근대로 구분하여 설명하기로 한다. 이러한 구분은 우리 나라 왕조 변천과는 큰 차이가 있지만, 우리 나라를 포함한 동·서양의 행정발전을 개관하기 위해서는 유용하다.

1. 고대행정

원시사회에서는 오늘날 통치행위라고 부를 수 있는 업무를 지도자 단독으로 수행하는 것이 일반적이었다. 그러나 지도자 혼자서는 모든 통치업무를 감당할 수 없을 정도로 사회규모가 커진 부족국가 단계에 이르러서는 권력 분화와 이의 위임현상이 나타났다. 통치자의 지시에 따라 업무를 수행하는 행정계급이 출현하게 되었는데, 초기에는 통치자의 가족 중에서 행정계급이 충원되었으나 점차 독자적 지위를 갖는 직업집단이 생겨났다.

또한 사회규모가 커짐에 따라 행정조직도 복잡하고 규모도 커지게 되었고, 구성원간의 상하관계도 더욱 공식화되어 갔다. 우리 나라는 기원전 5,000년경부터 1,000년경에 등장한 신석기시대 후반에 정착생활을 영위하고 농경생활이 본격화되면서 계급의 분화가 시작되었고, 청동기문화시대에 지배와 피지배 관계가 뚜렷하게 형성되었다. 그 후 기원전 4세기경에 등장하는 철기문화시대에 이르러 정치세력이 형성되어 씨족이나 부족을 기본 단위로 하는 국가의 초기 현상이 나타났다(유완빈, 1997). 이 시기는 제정(祭政)일치의 사회로 정치적·종교적으로 최고의 위치에 있는 지도자를 중심으로 하여 그와 혈연적·지연적으로 공통된 배경을 갖는 소수집단이 비교적 단순한 명령체계에 의한 계층적 행정조직을 이루었다.

그 후 행정의 기능과 규모가 더욱 확대된 성읍국가(chiefdom)를 거쳐 연맹국가시기에 이르면서 최고지도자가 직접 통치를 할 수 없을 정도로 사회가 분화되고 지배영역 또한 확대되었다. 이에 따라 정치지도자는 구역을 분할하고 지방 유력자들로 하여금 해당 지역을 다스리게 하였다. 고조선시대부터 삼국시대 초기까지가 바로 이에 해당한다고 할 수 있는데, 이 시기의 국가들은 형식적이나마 권력분립적 통치구조를 갖춘 정부조직을 구성하고 있다. 하지만 최고지도자가 절대권력을 지니지 못한 상태에서 추대형식으로 권좌에 오르는 일이 일반적이던 당시 상황에서 세련된 행정조직은 출현할 수 없었다. 4세기경에 이르러서야 삼국은 중국의 율령을 받아들이며 국가를 정비하고 강력한 왕권을 중심으로 안정된 행정조직을 구비하기 시작하였다.

한편 동양사회는 나라마다 시기적으로 편차는 있지만 유사한 과정을 거치며 중앙집권적인 행정체계를 구축하였다. 유프라테스강 유역을 중심으로 발생한 오리엔트 문명과 기원전 3세기경 중앙집권적 행정체계를 이룩한 인도, 기원전 2세기경 군현제(郡縣制)를 실시하고 계층적 관제를 구축한 진·한대의 중국은 바로 이러한 사실을 나타내는 역사적 실례이다. 특히 중국은 주나라의 봉건제도가 나타내듯, 왕의 측근이나 지방의 유력인사들로 하여금 각 지역을 맡아 통치하게 하는 지방분권적 행정조직을 주축으로 하였다. 그러나 이러한 정치·행정체계가 통일된 국론 형성과 그 집행을 저해하고, 오히려 이를 위협하는 형세를 띠자 일부 지배층과 지식인들을 중심으로 이를 비판하는 분위기가 널리 일어나게 되었다. 이의 대안으로 등장한 것이 바로 국왕을 정점으로 한 강력한 중앙집권적 행정체계라고 하겠다. 통일 진(秦)제국이 완성한 만리장성은 황제를 정점으로 하는 중국 관료체계의 공고함을 보여주는 좋은 예이다. 또한 최근 잇따라 발견되었던 진한(秦漢)시대의 죽간(竹簡)에는 황제의 공문서가 중앙에서 지방까지 전달되는 과정이 자세히 기록되어 있어 이 시대의 발달된 행정체계의 면모를 보여 주고 있다.

반면 서구는 동양사회에 비해 행정체계의 성립이 상대적으로 늦었다. 이는 강력한 정치력을 구비한 통일왕조의 등장이 시기적으로 뒤쳐진다는 사실을 통해서도 알 수 있다. 그리스시대에 이미 발전된 민주주의를 구가하면서도 로마시대에 이르러서야 비로소 발전된 형태의 행정체계를 갖추기 시작했다는 것은 이들을 통일적으로 지도하는 중앙집권적 국가가 등장하지 못했다는데 그 원인이 있다고 할 수 있다.

2. 중세행정

중세에 들어 지방에서 일어나는 일들에 대한 정보를 얻고, 지방을 중앙에 직속시킬 필요에 의해 왕은 중앙의 관리를 지방으로 파견하기 시작하였다. 이로 인해 파견된 지방관은 통치자의 명령이 제대로 이루어지고 있는지에 관한 감시 및 보고업무를 수행하여 토착관료와 업무영역이 달라지는 등 업무의 기능적 배분이 보다 세분화되어 갔다.

고려시대에 들어서는 유교를 정치이념으로 채택하고, 관료조직을 중국 당시대의 그것을 준거로 하고 송의 체제를 참고하여 중앙집권제도를 확립해 나간다. 중서성 · 문하성 · 상서성과 이 · 호 · 예 · 병 · 형 · 공의 6부 체제가 바로 그것이다. 또 중앙정부는 군현제를 바탕으로 지방에 외관(外官)을 파견하여 지방에 대한 본격적인 통제를 확립해 갔다.

동양사회의 전형적 국가인 중국에서는 6세기 말 수의 건국으로부터 중세국가적인 특징들이 나타난다. 우리나라와 중국은 서양사회와 달리 과거제도를 일찍이 정비하고 사대부라 불리는 지식인 출신의 거대한 관료군(官僚群)을 양성 · 유지하였던 점에서 행정 수준이 더 발전된 수준의 행정체계를 유지하였다. 특히 당대(唐代)는 주변 동아시아 사회에 깊은 영향을 주었던 시기로서 중앙정부의 3성 6부제는 우리 나라에서도 그대로 답습되었다. 3성(三

省)은 군주권력을 정점으로 한 관료제의 권력을 정책 입안, 심의 그리고 집행이라는 세 기능으로 분립하여 상호 견제와 균형을 유지하도록 한 행정체계였다. 그리고 상서성 아래에 실무를 담당하는 6부(六部)를 두어 행정조직을 6분하는 전통은 이후 20세기 초에 이르기까지 지속되었다. 송대에 이르러 감찰기관인 어사대(御史臺)를 정비하고 재정문제를 전담하는 3사(三司)를 설치하는 등 더욱 발전된 행정체계를 구축하였다.

또한 문치주의(文治主義)에 기반한 이러한 지배체제는 그 후 원·명·청대에 이르기까지 국가의 근간으로 자리잡게 된다.

한편 중세유럽은 방대한 관료체계를 유지할 능력을 국가가 갖추지 못하였다.을 프랑크 제국이 8세기 후반부터 민족 대이동에 따른 무질서와 혼란을 수습한 후부터 관료체계를 정비·확대해 나간다. 그러나 제2차 민족 대이동으로 인해 상공업이 쇠퇴하고 이에 따라 이들을 대상으로 조세수입이 축소됨에 따라 관료조직을 방대하게 운영하는 데 점차 어려움을 겪게 되었다. 따라서 왕은 형식상의 절대자로서, 자신이 직할 통치하는 일부만 제외하고 계약관계에 따라 그에게 충성을 맹세한 기사계급에게 각 지방의 경영을 위임하는 봉건제도가 10세기경부터 본격화하기 시작했다. 본래 봉건제도는 게르만족이 강력한 중앙집권적 정치질서를 확보하지 못한 채 소유영토를 통치하기 위한 기술적 방편으로 고안된 것이었으나, 중세에 들어 일반화되는 과정을 거치게 된 것이다.

봉건제도에 근거한 사회는 여러 차례에 걸친 십자군 원정을 계기로 점차 균열되기 시작했다. 이윽고 12세기부터 3세기에 걸친 도시의 발달, 길드적 수공업 및 상공업의 발전, 시민계급의 성장 등 사회·경제적 변화를 겪게 되었다. 그 결과 봉건제도의 상징적 존재였던 기사는 그 의의를 상실하고 마침내 왕권에 의존하는 계급으로 그 위상이 변화하게 된다. 이에 군주는 시민과 결탁하여 왕권을 강화하기 위해 조세제도의 전면적 실시와 상비군제도 확립 등을 통해 중앙집권적 관료체제를 강화해 나간다.

이상과 같이 각 나라마다 행정발전의 방향과 수준에 차이가 있었다. 그러나 중세 관료제도의 특징은 군주의 권력유지를 위해 일차적인 기능을 했다는 점이다. 고대와 마찬가지로 행정의 대민봉사성 및 일관성이 결여되었고, 관료는 피지배계급에 대해 지배자로서 그 위치를 공고히 하였다.

3. 근대행정

근대행정에서도 통치자와 관료의 전통적 관계는 지속되었지만, 복잡해진 정부문제를 해결하기 위해 전문성을 지닌 관료의 역할이 절실히 필요하게 되었다. 이러한 시대적 변화를 수용하지 못한 동양사회는 능동적으로 근대화를 성취하지 못하는 결과를 초래하고, 이에 반해 전문성을 지닌 관료집단을 구축하여 사회변화를 성공적으로 이끌어 낸 서구는 비약적인 발전을 하게 된다. 이에 따라 중세까지는 과거제도에 의한 집권적 관료조직을 갖춘 동양사회가 행정체계의 발달수준에 있어서 서양에 비해 높았으나, 근대에 이르러 역전현상이 발생하게 된다.

여기서는 동양사회의 전형적 국가인 조선과 중국을 살펴보고, 행정에 대한 전문성과 능률성에 대한 인식이 일찍 싹텄던 유럽과 행정학이 처음으로 체계화된 미국의 경우로 나누어 설명하기로 하자.

1) 조선, 중국 그리고 일본

1392년에 건국한 조선은 전국의 일원적 지배 및 권력의 체계적 계층화 등과 같은 중앙집권적 행정체계를 완비하였다. 조선시대 중앙집권적 행정체계는 군현제로 상징되는 지방제도와 과전법으로 대표되는 토지제도 그리고 과거제로 대별되는 관료의 인사제도를 통해 실현되었다. 요 · 순과 주나라를 준거로 하고 민본주의를 토대로 하여 송대에 정교화된 유교적 이상국가론에 통치이념을 두고, 유교경전에서 습득한 이론을 현실정치에 반영하기 위해 성리학에 통달한 사대부 계층이 관직을 독점하여 정치와 행정을 수행하였다.

그러나 조선 후기에 들어 광작(廣作)과 같은 토지의 상업적 경영이 시작되고, 가내공업적 상공업의 발전 등으로 인한 상품화폐경제의 보편화와 함께, 양반 · 중인 · 상민 · 노비로 공고화된 신분제도가 점차 해체됨에 따라 성리학적 지배이념에 근거한 사회질서는 점차 무너지게 된다. 특히 지배층은 사회경제적 변화에 대응하는 새로운 정치 · 행정모형을 모색 · 창출할 능력을 배양하지 못하고, 구습에 얽매여 변화하는 세태를 단지 미봉적인 개혁으로 대처하려하였다.

개항과 함께 민족 자존의 위기의식이 고양됨에 따라 개화를 주장하는 일부 세력의 활동공간이 넓어지고, 보수적 사조에 충실한 지식인들 사이에서도 점차 동도서기(東道西器)의 실용적 인식과 서양문물의 수용에 대한 공감대가 확산되었다.[1] 그러나 사회 전반적으로는 여전히 안팎으로 밀려오는 변화에 적응하기 위한 세계사 적 안목과 대안 모색능력이 부족하였다.

이러한 현상은 중국에서도 유사하게 나타났다. 근대중국에서는 근대서구사회의 특징인 시민계급의 대두나 이들의 정부업무에의 참여가 없었고, 능률성에 대한 사회적 인식도 형성되지 못하였다. 또한 지금까지 새로운 사상의 산실이었던 중국의 유학은 과거의 경전을 해석하는 데에 치중하는 훈고학으로 전락하여 새로운 학문적 발달을 저해하였다. 이러한 경향은 곧 과거제도로 선발되는 관료들의 사고를 고정된 틀 속에 묶어 놓아 정치적 현실을 외면하게 하거나 정확한 현실판단을 어렵게 하였다.

이와 같은 관료체제의 폐쇄성과 보수성으로는 사회변화에 대처할 수 없었다. 물론 서구 물질문명의 수용을 주장하는 일련의 지식인들도 있었으나 지배층은 이들을 체제 내에 편입시킬 융통성을 발휘하지 못하였다. 이러한 요인들로 말미암아 중앙정부의 정책이 효율적으로 실행되지 못하였으므로 국가의 지배체제는 더욱 약화되었다. 결국 청조는 외세의 침입과 태평천국의 난과 같은 청 왕조에 대한 한족의 반란이라는 내우외환에 시달리게 되었으며, 1911년 신해혁명을 계기로 역사 속으로 사라지게 되는 운명을 맞이하게 된다.

중세까지만 해도 서양에 비해 월등히 앞선 중앙집권적 행정체계를 소유했던 중국이 근대에 이르러 서구에 뒤진 이유는 크게 두 가지이다.

우선 중국이 세계의 중심이라는 중화사상(中華思想) 때문이다. 이는 17세기 만주족이 중원의 주인으로 등장한 이후에도 전혀 시정의 기미가 보이지 않았다. 이들 또한 한족에 동화되어 이들이 수천년간 지속한 폐쇄적인 지배체제를 그대로 답습한 것이다.

다른 하나는, 유능한 인재를 실력에 따라 등용한다는 취지하에 만들어

1) 동도서기란 우리의 전통적인 제도와 사상, 즉 동도(東道)는 지키면서 근대 서양의 과학기술, 즉 서기(西器)는 받아들이자는 이론이다. 중국에서 양무운동(洋務運動)의 기치로 내세운 중체서용론(中體西用論)이나, 일본의 개화론자들이 내세운 화혼양재론(和魂洋才論)과 통한다.

진 과거제도가 관료층의 부패로 기득권층을 강화시키는 요식행위로 전락하였고, 교육제도 역시 이와 맞물려 구태의연한 유교적 지식의 전달에만 치중하여 본연의 임무를 상실하였던 것이다.

조선과 중국에서 동시에 벌어진 근대역사의 실패는 일본의 성공적 근대화와 크게 대조된다고 할 수 있을 것이다. 일본은 일찍부터 난학(蘭學)을 받아들이면서 화혼양재(和魂洋才)라는 구호 아래 세계사의 변화에 민감하게 반응하였다.[2)]

서양 문화적 전통 위에서 발전되어 온 서양기술이 문화적 체험세계가 다른 동양사회에 이식되기 위해서는 서구문화에 대한 이해와 그것의 발전적 수용과정을 전제로 한다. 그런데 한국과 중국의 경우에는 자신의 문화로 체화(體化)시키지 못한 반면 동아시아 문화권에서 비교적 변방에 속한 일본은 서양기술을 상대적으로 쉽게 체화할 수 있었기 때문에 근대화를 성공적으로 이끌 수 있었다.

2) 유 럽

근대시기의 유럽은 문예부흥, 지리상 발견 그리고 종교개혁이 일어났던 13세기 말부터 16세기 초에 봉건사회에서 시민사회로 이행하는 과도기적 현상으로 절대왕정이 출현하였다. 군주는 지금까지의 정치적 동반자였던 귀족계급보다는 새로 부상하는 시민계급과의 제휴를 통해 세금을 얻고자 하는 경제적 동기를 갖고 있었다. 또한 시민계급에게는 귀족계급을 억압해 줄 군주의 정치력이 필요하였다. 따라서 경제적 실리와 정치적 계산의 합치에 따른 양자간의 결탁에 의해 절대주의라는 정치제도가 탄생하였던 것이다. 절대군주시대에는 '신왕정' (New Monarchy)의 행정이 나타났다. 이는 중앙집권적 군주전제정치를 공고히 하기 위한 수단으로서 전문성을 지닌 관료를 시민계급에서 발탁하여 행정의 전문화가 이루어진 것을 말한다. 이 시기에는 국방과 치안분야를 제외한 수학이나 법률 등 다양한 분야의 전문지식을 가진 사람을 임명하여 행정의 전문성을 강화시키려는 노력이 많았다(Finer,

2) 일본 에도시대에 서양의 의학과 과학지식이 보급되었고, 이것은 하나의 학문영역으로 정립되었다. 주로 네덜란드를 통해 전래되었다는 의미에서 난학이라 한다.

1961). 17세기에 이르러서는 왕실재산을 관리하는 왕실관리(royal officer)와 구분하여 공적 업무만을 전담하는 공무원이 나타났다(Gladden, 1971: 158). 공복(公僕, public servant)을 의미하는 공무원이라는 용어가 이때부터 사용되었다.

독일에서는 이미 18세기 초부터 유능한 인재를 공직에 모으기 위한 시험을 치렀고, 선발된 인재를 전문관료로 양성하기 위한 교육을 실시하였다. 프러시아의 왕 William은 대학에 관방학(Cameralism)을 설치하게 하고, 여기에서 농림, 경찰, 관리, 재정 등의 전문지식을 가르쳤다. 이 당시 가르쳤던 관방학은 행정에 관한 최초의 체계적 연구라 할 수 있다. 18세기 중엽에 와서는 이런 학문을 교육받았다는 자격증이 없으면 관리가 될 수 없는 전통이 만들어졌다.

절대왕정의 통치하에서도 성장을 거듭한 시민계급은 점차 왕의 보호가 그들에게 속박이 된다는 점을 인식하게 되었다. 계몽주의를 사상적 기초로 한 영국의 시민혁명과 프랑스 대혁명을 통해 입헌체계를 이루어 나갔고, 수많은 사상가들에 의해 근대적인 행정의 틀이 마련되었다.

Locke는 인간이 사회계약에 의해 권리의 일부를 국가에 위임한 것으로 보았다. 그렇지만 개인의 자유권을 침해하는 정부에 대해서는 혁명권을 가지고, 정부권력을 억제하기 위해서는 입법과 행정을 분리해야 한다고 주장하였다. 이러한 사상을 이어받은 Montesquieu는 입법, 행정 그리고 사법의 삼권이 분리·독립되어야 하며, 이들 권력간에 견제와 균형을 이루어 권력을 남용할 수 없는 '제한된 정부'를 만들어야 한다고 보았다.

경제학에서는 중상주의의 통제경제를 비난하고 자유방임(laissez faire)을 주장하는 중농주의가 대두하였다. 이는 영국의 Smith에 의해 자유경쟁시장이론으로 체계화되었는데, 그는 수요와 공급에 의해 가격과 생산량이 자동적으로 결정되는 시장기능을 '보이지 않는 손'(invisible hand)이라고 하였다.

한편 19세기에 들어와서는 개인주의가 유럽의 지배적 정치원리가 되었다. 국가를 필요악(a necessary evil)으로 보고, 국가의 기능은 국민의 생명 및 재산의 보호에 한정되어야 한다고 보았다. 또한 사회 전체의 행복은 국가의 통제나 보호에 의존하기보다는 개인의 창의와 책임에 맡겨질 때 이루어질 수 있다는 사상이 확산되었다. 이러한 사상에 입각하여 정부는 국방·치안 그리고 방범 등의 의무만을 수행하고 그 외에 정부권력으로부터 개인생활의 간섭을 극소화하는 소극행정이 나타났다.

3) 미 국

왜 현대 학문으로서 행정학이 19세기 말이란 시점에서 미국의 정치가였으며 또한 정치학자였던 Wilson에 의해 성립되었는가? 이 의문에 답하기 위해서는 미국의 건국에서부터 행정학이 성립되기 전까지의 행정의 발달과정을 이해할 필요가 있다. 왜냐하면 행정학이 19세기 말이라는 특정 시점에 미국이라는 특정 국가에서 성립되었던 것은 그 당시 미국사회의 정치적·역사적 필연이었기 때문이다. 이런 점에서 행정학 성립의 배경이 된 미국사회의 정치적 변천에 대해 먼저 설명하기로 한다.

미국 건국에서부터 Wilson에 의한 행정학 성립 이전까지 약 100년간 행정의 발전과정은 크게 두 단계로 나누어 볼 수 있다.

(1) 출신성분을 기준으로 한 공직 채용

첫 단계는 1789년 Washington이 초대 대통령으로 선출된 후 약 40년간이다. 대부분의 초기 미국 정치가들은 인간을 부패지향적 존재로 보고, 이러한 인간의 약점을 구조적으로 보완하기 위해서 권력을 분산시키고, 분산된 권력들간에 견제와 균형이 이루어져야 한다고 보았다. 그리고 제도를 운영하는 정치인이나 행정가는 부패가능성이 낮은 사람이 맡아야 한다고 보았다. 즉 부유한 사람이나 교육을 잘 받은 사람이 상대적으로 권력을 남용하거나 부패될 가능성이 낮다고 생각하였다.

또한 이 시기의 행정은 교양을 갖춘 시민이라면 누구라도 수행할 수 있는 것으로 보았다. 그래서 공직 임용에 있어서 가문배경이나 교육수준과 같은 '출신성분'이 중요한 기준이었다.

(2) 정당을 기준으로 한 공직 채용: 엽관주의

두 번째 단계는, 1829년 Jackson 대통령 이후부터이다. 이 시기부터 엽관주의가 이루어져 공직 임명의 기준으로 '정당배경'을 중시하였다. 건국 초에는 부유하거나 교육 수준이 높은 상류계층이 공직을 독점함으로써 시민의 대표성이 낮았다. Jackson은 군인과 법률가로서 명성을 쌓은 후 정치가로서도 어느 정도 성장을 할 수 있었다. 그러나 대통령직에 도전하기에는 출신성분면에서 불리한 입장에 있었다. 그래서 Jackson은 출신성분을 기준으로 한 공직 채용에 대하여 비판을 하고, 공직의 대표성을 높여 민주주의 수준을 높여야 한다고 하였다. 나아가 Jackson은대표성을 확보하기 위해서는 정당정치를 발전시키고 나아가 민주주의를 정착시켜야 한다고 주장하였다. 이러한 주장은 국민의 지지를 받았고, 엽관제도의 확산은 민주주의의 발전에 많은 기여를 하였다.

그러나 점차 건국 초기의 상류계급 출신에 의한 깨끗한 행정은 사라지고 무능과 부패로 인한 엄청난 사회적 병폐가 야기되었다. 이에 따라 '공무원 선발시험 실시'와 '대통령의 공무원 임명에 일정한 제약을 가할 것' 등에 관한 행정개혁운동이 일어났다. 그러나 기득권층의 저항으로 이 법률안이 연방의회를 통과할 기미도 보이지 않고 있던 중 급기야 행정개혁을 추진하던 Garfield 대통령이 엽관주의자에 의해 암살되는 사건을 계기로 1883년에 Pendleton법이라 불리는 공무원법(The Civil Service Act)이 통과되었다.

Ⅱ. 미국 행정학의 발전

미국 행정학의 발전과정을 시대적 상황과 중요 이론별로 분류하려는 시도는 여러 학자들에 의해 제시되었다. 여기서는 행정학의 발전단계를 '전통이론 시기', '정치학 시기' 그리고 '정책학 시기'로 구분하고, 1980년대 이후의 행정이론들에 대해서는 '다양한 시각의 시기'로 명명하여 설명하기로 한다.

1. 전통이론의 시기(1887년부터)

전통이론의 시기란 소위 행정을 정치 및 정책과 분리된 관리로 보고, 능률적 관리를 위한 원리를 탐구하여 행정학의 기초 이론을 형성한 시기이다. 이 시기에는 Wilson의 행정원리, Weber의 관료제론, Taylor의 과학적 관리법, 그리고 Mayo의 인간관계론이 대두하여 행정학의 지적 기원을 이루었다.

1) 행정원리

19세기 말 미국에서는 Pendleton법이 제정되고, 실적주의를 확보하기 위한 노력이 사회적으로 확산되고 있었다. '절약과 능률운동'이라고 불린 개혁운동의 근본 방향은 가능한 한 행정을 정치에서 분리시키는 것이었다. 이러한 사회적 분위기와 맥을 같이하여 Wilson은 미국이 발전하기 위해서는 영국에서 발전된 정치제도인 입헌주의(constitutionalism)와 유럽에서 발전된 정부업무의 효율적 집행방법에 대해 비교 연구하고, 이들 국가가 지닌 장점을 선별하여 미국에 이식·토착화해야 한다고 보았다. 즉 독일식의 관리방법을 통해 영국식의 민주주의 정치제도를 꽃피우고자 한 것이다.

Wilson은 19세기까지 정부업무에 대한 연구는 주로 정치철학, 제도, 법제정 등에 관한 것이었는데, 이제는 새로운 연구로서 정부업무의 효율적 운영을 위한 행정학연구가 더 중요하다고 강조하였다. 그는 정치는 법을 제정하거나 정책을 결정하는 것이며, 행정은 법이나 정책의 구체적이고 체계적인 집행이라고 보았다. 따라서 행정의 영역은 관리의 영역이며, 행정이란 정부의 업무를 '덜 비기업적'(less unbusinesslike)으로 하는 것이라고 하였다. 그가 주장하는 요지는 정부형태가 다르다 할지라도 정부업무의 능률성을 위한 행정원리는 동일하기 때문에 정치제도는 영국식 입헌제도를 따르더라도 이를 뒷받침할 정부업무는 독일식의 행정원리에 따라야 한다는 것이다.

Wilson의 이러한 설명은 그 때까지 독자성을 인정받지 못하고 정치에 포함되어 있는 것으로 간주되어 왔던 행정의 독자성을 처음으로 주장한 것이었다. 이런 점에서, Wilson은 정치와 행정의 분리를 의미하는 '정치 · 행정 이원론'을 최초로 주장한 학자로 인정받고 있다. 그러나 Wilson도 행정이 정치와 단절되어야 한다고 본 것은 아니다. 그의 관심은 행정가에게 권력을 실어줌으로써 민주주의를 약화시키고자 한 것이 아니라, 법의 집행을 개선함으로써 이를 강화할 수 있다고 믿은 것이다. Wilson을 기점으로 많은 학자들이 정치와 분리된 행정원리들을 제시하였지만, 이들은 효과적인 행정을 하지 못하는 민주정부는 좋은 정부가 될 수 없다는 것을 지적했으므로, 이 당시의 학자들을 무조건 정치 · 행정 이원론자라고 속단할 수는 없다.

최초의 행정학 교과서인 「행정학 입문」을 저술한 White(1955)의 이론은 다음과 같은 네 가지 가정으로 요약할 수 있다.

첫째, 행정은 단일과정이며, 어디에서 관찰하든지 간에 행정의 본질은 동일하다.

둘째, 행정연구는 법에 기초하기보다는 관리에서 출발해야 한다.

셋째, 행정은 아직도 종합예술(art)이지만 과학(science)으로 전이되려는 경향이 강하다.

넷째, 정부문제에 있어 핵심적 과정이 행정이다.

White의 이러한 가정들은 과학적 검증을 필수적인 이론형성과정으로 인식하지 못했던 당시의 학문수준에서는 중요한 행정이론으로 여겨졌을 것이다.

Gulick(1937)은 오늘날까지도 인용되고 있는 'POSDCoRB'라는 용어를 개발한 학자로 유명하다. POSDCoRB란 조직의 최고관리자가 수행해야 할 업무로 Planning(기획), Organizing(조직), Staffing(인사), Directing(지시), Coordinating(조정), Reporting(보고) 그리고 Budgeting(예산) 등의 일곱 가지 기능의 첫 글자를 조합 한 것이다.

이상과 같이 행정을 관리로 보고, 행정의 능률성 향상을 위하여 고안된 이론들을 가리켜 행정원리'라고 한다.

2) 관료제론

사회과학 전반에 걸쳐 많은 연구를 하였던 Weber의 지적 관심 중 한 분야는 사회 변동의 요인과 근대사회의 특성에 대한 것이었다. Weber는 Marx와 달리 사회 변동이 경제적 요인뿐만 아니라 이념적 요인에 의해서도 이루어진다고 보았다. 즉 전통사회에서 근대사회로 변동된 것은 경제력뿐만 아니라 합리성이라는 이념이 생성되었기 때문이다. Weber는 합리성은 근대사회의 모든 영역에서 나타난다고 보았다. 예컨대 금욕주의와 같은 종교윤리에서 파생된 자본주의 정신, 전통이나 카리스마가 아닌 일반 원칙에 의존하는 법체계 등은 합리성이 구체적으로 나타난 예라는 것이다.

이러한 관점에서, Weber는 관료제를 합리화 과정의 사회적 표현으로 보았다. 그는 관료제는 조직형태 중 가장 합리적 유형이며, 근대사회의 대규모 행정의 필요성으로 인해 관료제는 불가피하기 때문에 관료제화는 근대사회에 있어서 거역할 수 없는 역사적 흐름이라고 인식하였다. Weber는 관료제의 본질적 특성을 지닌 전형적 관료모형을 의미하는 '이념형'(ideal type)을 제시하였는데, 이는 현실의 관료제와 비교할 수 있는 준거기준이 된다. Weber가 설명한 관료제 이념형은 다음과 같다.

첫째, 법률이나 행정규제와 같이 '규칙'에 의해 정해진 '정형화되고 공식적인 업무영역'이 있다. 조직업무는 분업화에 따라 전문화된 직책으로 분할되며, 전문화된 업무는 훈련을 받은 전문가에 의해 행해진다.

둘째, '계층제 원리'(the principle of hierarchy)이다. 이는 관료제란 상관이 부하에 대한 감독권을 가진 계층체계가 확고히 정해진 조직형태를 말한다.

셋째, 상관의 명령에 부하가 정당하다는 신념을 가지고 따르는 '권위의

Weber의 권위 유형

전통적 권위란 왕권이 부모에서 자식으로 이어지는 것과 같이 관습이나 전통에 의해 생겨나는 것을 말한다. 그리고 카리스마적 권위는 전통사회에서 근대사회로의 전환기에 생겨난 유형인데, 어떤 인물의 초인적인 힘이나 자질 또는 영웅성에 대한 절대적 신뢰를 바탕으로 하여 생겨난다. 마지막으로 합법적 또는 합리적 권위란 지배력을 행사하는 사람의 권한이 법령에 의해 부여되었기 때문에 합법적이며 또한 합리적이라는 신념에서 생겨나는 권위이다.

원리'(the principle of authority)이다. 권력이 강제적 물리력을 바탕으로 다른 사람을 움직이게 하는 힘이라면, 권위란 부하가 심리적으로 상관의 명령을 따르게 하는 힘이다. Weber는 부하들에게 정당하다는 신념을 유발시키는 권위를 '전통적 권위', '카리스마적 권위' 그리고 '합법적 권위' 등의 세 가지로 유형화하고, 관료제란 합법적 권위를 바탕으로 하는 조직형태로 보았다.

넷째, 업무관리는 기록된 문서에 의해 행해진다. 문서는 원안(原案)의 형태로 보존된다.

다섯째, 업무관리는 일반 규칙에 따라 행해져야 한다. 규칙은 지속적이며 구체적이어야 하고 또한 학습되어질 수 있어야 한다. 이러한 규칙은 상관과 부하간에 동일하게 적용된다.

여섯째, 관료제 속에 있는 개인의 행동은 몰인간성(impersonality)에 근거를 둔다. 관료제를 구성하는 개인들간의 협동과정이나 고객을 대하는 데 있어 친소관계, 학연, 인연 등 감정적 요소를 개입해서는 안 된다는 것이다.

일곱째, 공직수행을 위해서는 미리 훈련을 받아야 하며, 선발된 공무원은 공직을 소명으로 인식해야 한다.

요컨대, Weber는 합리적 권위를 가진 조직지도자가 의사결정을 하면 부하들은 신속하고 자동적으로 충실히 그 명령에 복종하는 관료제를 합리성의 표상으로 제시하였다.

그런데 Weber이론에 대해서는 다음과 같은 한계를 지적할 수 있다.

우선 관료제 내의 갈등이나 역기능 그리고 여기에서 산출되는 병리적 행태를 고려하지 않았다는 한계를 지적할 수 있다. 능률성이나 복종을 지나치게 강요하면, 관료는 능률이나 복종 그 자체를 지상과제로 생각하여 원래의 목표를 전환하거나 무사안일한 태도를 보이는 경향이 많다. 또 엄격한 관료제의 규범은 인간관계를 비인격화시키고, 사람을 기계의 대체 가능한 부속물로 취급한다.

또 다른 비판은 Weber의 이념형에 대한 것이었다. 이념형이란 사회의 실제적 상황과 구분하여 본질적 특성만을 추출하여 분석함으로써 사회현상들을 더 잘 이해하기 위한 개념 도구가 되었다. 그러나 후기 Weber적 이론은 Weber의 이념형이 경험적 설명이 아니며 단지 행정행태의 합리적 측면만을 고려한 것이라고 비판하고, 조직 내면에 대한 경험적 연구를 강조한다. 이는 자연히 행정행태의 비합리적인 측면들에 대하여 관심이 돌려지게 되었고, 또한 목표달성의 범위 내에서 구조적 요소들의 — 예를 들면 법칙, 규율 등에 의한 엄격한 통제 — 기능적·역기능적 영향들을 설명하는 데 초점이 맞추어졌다.

또한 오늘날에 있어 대규모 관료조직은 급속히 변화하는 사회환경에 잘 적응하지 못한다는 점에서 Weber의 관료제이론은 한계가 있다. 조직규모가 커지면 계층 수도 증가하게 되는데, 이로 인해 최고층의 지시와 말단층의 시행 사이에 정보가 왜곡되거나 통제가 어려워진다.

하지만 Weber는 관료제의 옹호자라기보다는 어떤 의미에서는 그것에 대한 비판자이기도 하다. 그는 관료제화라는 시대적 흐름이 언젠가는 자본

대규모 조직의 제도적 취약성

Tullock(1965)은 승진을 위해 자기 경력을 향상시킬 기회를 찾는 관료적 행태를 통해 대규모 조직의 제도적 취약성을 분석하였다. 승진을 위해서는 상관이 근무성적을 잘 평정해 주어야만 하는데, 이는 상관이 그에 대해 얼마나 호의적인가에 달려 있다. 좋은 평점을 얻기 위해서 상관의 마음에 들게 행동하려는 출세지향적 관료는 자신에게 유리한 정보는 적극적으로 보고하겠지만, 불리한 정보는 가능한 한 상관에게 보고되지 않도록 노력할 것이다. 이러한 정보왜곡은 통제를 어렵게 하고, 잘못된 결정을 하게 한다. 그래서 대규모 조직은 오류를 저지르기 쉬우며, 급변하는 상황에 적응하기 힘들다. 이러한 결과로 조직의 규모가 커질수록 한계비용은 더 많이 든다.

더욱이 공공조직에서 생산하는 공공재는 대개 독점적이기 때문에 공공조직의 운영자들은 조직의 규모가 증가함에 따라 관리비용이 증대되는 규모의 불경제에 대하여 덜 민감하다(Ostrom, 1974).

주의를 압도할 불가항력적인 힘이 될 것으로 예측하였다. 그는 앞으로 도래할 관료제적 사회에서 인간은 자칫 노예화의 길을 걷게 될 것을 경고하면서, 점차 거대한 관료제화되어 가는 과정에서 어떻게 하면 개인의 자유와 창의성 그리고 책임성을 지킬 수 있을 것인가를 고심하고, 관료권을 효율적으로 통제할 수 있는 방안을 모색하기도 하였다. 이러한 점에서, Weber의 관료제론은 Wilson의 행정원리나 Taylor의 과학적 관리법과 동일한 모형 속에 기계적으로 묶을 수는 없다.

3) 과학적 관리법

행정학의 기초 이론을 형성한 또 다른 흐름은 과학적 관리법(scientific management)이다. 과학적 관리법은 Taylor와 그의 동료에 의하여 만들어져서 19세기 후반에서 20세기 초기에 걸쳐 과학적 관리운동으로 미국사회에 큰 영향을 미친 이론이다.

Taylor(1950)는 당시에 지배적이었던 주먹구구식(rule of thumb) 관리를 대체하는 과업관리(task management)를 주장하였다. Taylor는 작업능률과 작업방법을 향상시킬 수 있는 최선의 방법(one best way)을 과학적으로 탐구하는데 흥미를 가졌으며, 또 이러한 과학적 방법은 생산성을 향상시켜 관리자와 근로자 모두에게 이익이 되므로 당시의 노사갈등을 해소할 것으로 보았다. Taylor는 근로자가 수행하여야 할 적정 업무량을 과학적으로 결정하고, 이에 합당한 보수를 지급하면 노사 모두가 만족할 것으로 보았다. 이를 위해서 관리층은 다음의 네 가지 의무를 져야 한다고 하였다.

첫째, 과업에 관한 규칙과 법칙을 만들고 더 나아가서는 수학 공식화해야 한다. 과업을 수행하기 위한 최선의 방법에 관한 규칙을 만들기 위해서는 '시간 및 동작 연구' (time & motion study)를 하여야 한다.

둘째, 업무를 가장 잘 수행할 수 있는 '최적인' (best man)을 선발하고, 그들을 발전적으로 개발해야 한다.

셋째, 과학과 사람을 통합하는 것이다. 이는 과학적 관리를 통하여 발생된 잉여금으로 근로자들에게 보상함으로써 과학적 관리법이 그들에게 이롭다는 것을 알게 하여야 한다.

넷째, 분업의 원리이다. 과거에는 근로자들이 대부분 담당했던 업무를 분할하여 한 부분을 관리층에 넘기는 근로자와 사용자간의 업무 재분할이야말로 그 전에 없었던 진정한 업무 분담이다.

이상과 같은 Taylor주의는 능률성을 중시하던 당시 미국의 사회분위기 속에서 '과학적 관리운동'이라고 지칭될 정도로 사회적 호응을 얻게 되었고, 단순한 관리방법 이상의 사회적 이념 또는 사회철학이 되었다(Waldo, 1948: 49). Taylor이론은 행정에 있어 능률성을 추구하던 당시의 정부업무에 커다란 영향을 끼쳤다.

그러나 과학적 관리법은 능률성 및 전문지식을 강조하고, 인간을 기계와 같은 존재로 보아 비인격화하고, 수단의 합리성으로 조직을 보는 점 등에서 Wilson류의 행정원리와 Weber류의 관료제론과는 어느 정도 사고체계를 같이 하는 것이다. 그러나 과학적 관리법은 조직의 하위 작업계층의 과업을 대상으로 이론을 개발하였다는 점에서 일반 관리이론을 개발한 행정원리와는 구별된다. 또한 Taylor가 근로자도 감정을 가졌다는 점을 인식하고 사회적 결속을 강조한 점에서는 — 비록 심리적 측면에 의한 것은 아니었지만— Weber류의 이론과 반드시 같은 계열에 있는 것도 아니다.

4) 기계모형의 한계

전문지식을 강조하고, 조직 속의 개인을 고려하지 않으며, 수단의 합리성으로서 관료제를 보는 점에서 Wilson의 행정원리, Weber적 관료제론 그리고 Talyor의 과학적 관리법을 기계모형에 포함시킬 수 있다. 기계모형은 행정의 발전에 기여한 점도 상당히 있지만, 관료제에 응용하기에는 부적절한 면도 많다. 기계모형은 인간으로서의 에너지원을 동원하는 데 실패하게 되고, 다음과 같은 병리현상이 일상화되기 쉽다.

첫째, 고립화 경향이다. 비인간성으로부터 자신을 보호하고 그들을 둘러싸고 있는 엄격성과 좌절로부터 숨기 위한 장소를 찾는 것이다.

둘째, 책임을 회피하는 것이다. 새로운 도전을 해결하지 못하고, 자신에 대해 아무런 기대도 하지 않는 환경에 숨으며, 안전하게 행동하고 모험을 피한다.

셋째는 획일성을 강조하다 보니 결과적으로 인간성이 상실된다. 관료들은 독립성과 창의성을 보이기보다는 조직의 관습을 따르는 것이 안전하다고 생각하게 된다.

5) 인간관계론

조직에서 인간을 사회적 · 심리적 존재로 인식하게 되고, 인간중심의 관리이론이 출범하게 된 계기는 인간관계론(human relations)이었다. 1920년대와 1930년대 초기에 산업계를 풍미하던 과학적 관리운동은 인간관계론에 그 자리를 물려주어야만 했다. 인간관계론은 서부 전기회사의 Hawthorne 작업장에서 일련의 실험 및 조사를 통하여 개발되었다. 이 연구에 참가한 학자는 Mayo, Roethlisberger, Dickson 등의 경영학자들이었다.

Hawthorne 실험의 배경을 살펴보면 과학적 관리운동으로부터 초기 인간관계 운동으로 어떻게 이행되었는가 하는 과정을 알 수 있다. 그 당시 근로자는 과학적 관리법의 시각에서 거대한 기계의 부속품과 같은 존재로 간주되고 있었다. 당시의 학자들은 근로자들의 작업환경 개선이 생산성에 영향을 미칠 것이라는 과학적 관리법의 시각에서 피로, 휴식시간, 물리적 환경의 변화와 생산성간의 관계를 분석하였다.

Hawthorne 연구를 하게 된 계기도 과학적 관리의 전통에 기초를 둔 이러한 분위기에서 나온 것이다. 서부전기회사는 대부분 눈과 손으로 작업을 하였기 때문에, 조사자는 작업장의 조명도가 생산량에 영향을 미칠 것이라고 생각하고, 조명도와 산출량 사이에 어떤 관계가 있는가를 조사하였다. 연구자들은 우선 조명도를 높이면 산출량이 증가할 것이라고 가정하였다. 이들은 이 가설을 검증하기 위하여 실험을 하였다. 이들은 우선 작업자들을 두 집단으로 나누어서 — 여러 수준의 조명도에서 일하는 실험집단과 그 공장에서 해 왔던 것과 동일한 조명에서 일하는 통제집단 — 두 집단간의 생산성 차이를 비교하였다. 이 실험의 결과 예상했던 대로 실험집단의 산출량이 현격하게 증가하였다.

그러나 뜻밖에도 통제집단에 대하여서는 조명도를 전혀 변화시키지 않았는데도 산출량이 올라가는 것이었다. 더욱 놀라운 것은 실험집단에 조명도를 다시 줄였는데도 산출량이 그 전의 수준보다 높게 나타난다는 점이었다. 이러한 결과에 대한 이유를 밝히지 못한 전문가들은 이를 설명하기 위하여 그들의 연구를 확대하기로 하였다. 그들은 기술적 · 물리적 변화들에 추가하여 근로자들의 행태에 대한 연구가 있어야 되겠다고 생각하고 Mayo 등의 학자들에게 도움을 청하였다.

Mayo와 그의 동료들은 전화기 기구를 조립하는 여공집단을 대상으로 작업조건의 개선과 산출량간의 관계를 분석하였다. 놀랍게도 이들도 역시 작업조건의 변동과 관계없이 산출량이 증가한다는 사실을 밝혀냈다. 이 결과에 당황한 연구진들은 모든 새로운 조건들을 그 여공들로부터 제거하기로 결정하고 처음 실험을 할 때와 똑같은 환경으로 환원시켰다. 이러한 변화는 여공들에게 심리적으로 부정적인 영향을 미쳐 그들의 산출량이 떨어지리라고 예상했으나 그들의 산출량은 더욱 상승하였다.

'Hawthorne 효과' 라고 불리는 이러한 현상에 대한 원인을 분석한 결과 이들은 작업환경의 변화와 같은 물리적 측면에서는 찾아내지 못하고, 그 대신 인간적 측면에서 찾아낼 수 있었다. 즉 여공들에게 쏟은 연구자들의 관심 때문에 여공들은 자신들도 그 공장의 중요한 존재라고 느끼게 된 심리적 요인이 생산량에 영향을 미쳤다는 것을 발견한 것이다. 여공들은 더 이상 자신들을 공간적으로만 가깝게 모여서 일하는 고립된 개인으로 생각하지 않게 되었다. 그 대신에 그들은 서로 마음이 맞고 응집력이 있는 작업집단에 참여하는 구성원이라는 인식을 하게 된 것이며, 이러한 인식이 소속감 · 성취감 등의 감정을 이끌어 냈다는 것을 발견한 것이다.

Hawthorne 연구를 통하여 생산성에 영향을 미치는 가장 중요한 요소는 단순히 임금이나 작업환경이 아니라 직무에서 발전된 개인 상호간의 관계라는 사실이 밝혀졌다. 이러한 연구결과는 당시에는 큰 발견이었기 때문에 이 연구에서 얻어진 결과는 곧 전 산업계로 확대 · 발전되었다. 이 연구결과를 바탕으로 하나의 접근방법 내지 이론체계로서 인간관계론이 형성되었고, 그 의미가 더욱 확대되어 인간관계운동(Human Relation Movement)이라는 사회운동의 성격을 띠게 되었다.

인간관계론의 중요 결론은 다음과 같다.

첫째, 생산성은 단순히 물리적 환경뿐만 아니라 사회적 · 심리적 요인에 의해 큰 영향을 받는다.

둘째, 비경제적 보상이나 제재가 근로자의 동기부여와 직업 만족도를 결정하는 중요 요인이다.

셋째, 전문화가 노동 분업의 절대적 기준은 아니다.

넷째, 근로자는 개인으로서보다는 집단이나 비공식 조직의 한 구성원으로서 조직에 반응한다.

다섯째, 제품 생산이나 서비스 전달방법에 관한 의사결정에 있어 근로자와 관리자간의 의사소통과 근로자의 참여가 중요하다.

인관관계론에서 근로자를 보는 관점은 Weber가 조직인을 큰 조직 속에서 톱니바퀴의 이와 같이 작은 역할을 하는 사람으로 보았고, Taylor는 근로자를 단지 경제적 보상이나 제재에 반응하는 일차원적 존재로 취급하는 것과는 확실히 다르다. 이런 점에서 인간관계론은 근로지의 복잡한 동기요인에 대해 새로운 관점을 제시하였다.

그러나 인간관계적 접근법의 궁극적 목적은 근로자를 행복하게 하기 위한 것 아니라 조직의 효율성과 생산성을 높이기 위한 것이라는 점에서 앞에서 설명된 기계모형에 속하는 이론들과 차이가 없다. 다만 조직이 근로자의 경제적 욕구뿐만 아니라 비경제적 욕구도 충족시켜야 한다는 점과 업무를 사회적으로나 심리적으로 만족할 수 있도록 만들어야 한다는 것을 강조한 점에서 차이가 있을 뿐이다.

한편 인간관계론은 그 공헌만큼이나 많은 비판을 받고 있다. 중요 비판을 요약하면 다음과 같다.

첫째, 만족을 느낄수록 근로자는 생산적이 된다는 지나치게 소박한 가설을 유도해 내고 있다는 것이다. 다른 학자들은 Hawthorne 연구가들을 "암소 사회학자"라고 비아냥거렸는데, 이는 만족을 많이 느끼는 암소가 젖을 많이 만들어 낸다는 단순 가정에 입각하여 인간을 다루었다는 의미이다.

둘째, 조직 내의 하위 계층을 대상으로 한정하였다. 이는 관리층은 합리적이지만 직공은 비합리적인 존재로 취급하였기 때문이라는 것이다.

셋째, Hawthorne 연구가들은 관리층이 해야 할 일은 근로자의 갈등을 제거해서 그들의 생산력을 높여야 한다고 보았다. 이는 갈등의 역기능만 강조하고 순기능은 경시한 것이다. 이에 따라 후기 인간관계론에서는 갈등의 건전한 해결방안을 제시하려고 노력하였다.

넷째, 방법론적 측면에서 타당성을 결여하고 있다는 비판이다. 연구대상 집단이 과연 모집단을 대표할 수 있는가 하는 점과 더불어 통제집단에 대한 자료가 사용되지 않았다.

이상과 같은 인간관계론은 Wilson, Weber, Taylor류의 이론과는 관점에 있어 차이가 있다. 즉 후자는 관리에 있어 공식원리를 탐구하고 인간을 기계적 존재로 본 데 비하여, 전자는 비공식조직 · 민주적 리더십 · 하의상달을 탐구하여 인간을 사회적 존재로 보았다. 그럼에도 불구하고 인간관계론은 이 전의 이론들이 취급하지 못한 관리방식을 설명하였다는 점에서 과학적 관리법을 포함한 다른 이론들과 상반되는 것은 아니고 오히려 상호 보완관계에 있다고 할 수 있다.

2. 정치학의 시기(1930년대부터)

1930년대 후반부터 전통이론에 대한 비판이 제기되기 시작하였다. 이러한 비판은 주로 대공황을 타개하기 위해 미국이 대규모로 시행하였던 New Deal정책에 참여한 학자들에 의하여 제기되었다. 이들은 행정현상으로부터 정치적 요인을 분리할 수 없다는 점을 발견하였다. 또한 제2차 세계대전 동안 많은 행정 학자들은 행정부서나 군대조직에 참여하여 행정원리들을 실제 행정과정에서 검증하는 기회를 가질 수 있었다. 이러한 경험을 통하여 이들은 소위 정치 · 행정 이원론이나 경영학적 접근법을 비판하고 정치와 행정의 유사성을 제시하였다.

이러한 새로운 관점이 대두되었던 1930년대 후반 이후의 시기를 '정치학의 시기'라 할 수 있겠는데, 여기서는 1940년대와 1950년대에 나타난 정치 · 행정 일원론, Dahl의 행정과학의 문제, Simon의 행정행태론 및 Waldo의 행정 국가론에 대해 설명하기로 한다.

1) 정치 · 행정 일원론

New Deal 정책과 제 2 차 세계대전을 거치면서 미국의 행정기능은 더욱 복잡해졌고, 행정규모도 확대되어 '큰 정부'(big government)를 출현시켰다. 이에 따라 행정학자들은 점차 전통이론으로는 정부의 이러한 변화를 설명하는 데 한계가 있다는 점을 발견하였다.

전통이론에 대한 회의적 생각을 제시한 대표적 인물인 Gulick(1937)은 New Deal 정책에 참여한 행정 경험을 통해 계층적 조직이 가장 능률적이라고 보던 시각에서 벗어나 대단위 조직에서 나타나는 능률성의 한계를 지적하였다. 그의 경험을 통해 도달한 또 다른 결론은 "정치를 행정에서 분리해 낼 수 없고, 또한 행정이 정치에서 떠날 수도 없다"는 점이었다.

정치 · 행정 일원론적 시각에서 정치와 행정 그리고 정책과 행정의 관련성을 설명하였던 또 다른 중요 학자로 Gaus를 들 수 있다. Gaus(1936)는 행정환경의 중요성을 설명하고, 정부의 기능을 환경과 연결시키려는 노력이 필요하다고 역설하였다. 이러한 주장은 정치와 분리된 행정의 능률적 관리에만 연구의 초점을 두어왔던

행정연구의 전통적 시각에 새로운 지평을 열었다. 그는 행정연구에는 행정의 생태(ecology)를 포함시켜야만 한다고 보았다. 원래 생태란 유기체와 그를 둘러싸고 있는 환경간의 상호 관계를 의미하는 것이다. 따라서 행정에 대한 생태론적 접근이란 행정과 행정환경간의 상호 관계를 분석하는 것이다. Gaus(1936: 9)가 행정기능의 변화를 설명하기 위해 유용하다고 본 환경적 요소로는 사람, 장소, 물리적 기술, 사회적 기술, 염원과 사고(wishes and ideas), 재해 그리고 인성(personality)이다. 그는 이러한 환경적 요소들이 급변하고 있기 때문에 행정부에는 재량권이 점차 확대되었지만, 입법부는 오히려 시간과 지식의 부족 및 여러 문제들을 균형적으로 고려해야 하는 등의 이유로 그 역할이 약화되고 있다고 보았다. 또한 공공문제는 상호 연관되어 있어서 한 부서에서만 해결할 수 없다고 주장하였다. 집행이 결여된 입법부의 결정이나, 정치적 고려를 하지 않은 행정부의 집행이 있어서는 안되기 때문에 정치와 행정의 관련성은 전체로서 정부가 수행해야 할 한 부분이므로 대단히 중요하다는 것이다. 이외에도 제 2 차 세계대전 동안 실무에 참여하였던

행정학자들은 한결같이 행정이란 가치 배제적이기보다는 가치 함축적이며, 행정에 있어 정치적 측면의 중요성을 강조하였다.

또한 이 시기의 학자들은 전통이론 시기에 강조하였던 능률의 원리는 본질적으로 권력 집중적인 비민주적 정치체계에 적절한 것이었다는 점을 지적하였다. 이들은 능률 지향적 사고보다는 정치적·다원주의적 시각이 참여와 권력분산을 본질로 하는 현대적 정치·행정현상을 잘 설명할 수 있다고 강조하였다. 이처럼 정치·행정 일원론적 시각의 학자들은 미국의 정치·행정현상을 다원주의적 관점에서 설명하고, 관료조직에 있어서의 민주원리를 탐색하는 데 열중하였다.

2) 정통이론에 대한 비판

(1) Dahl의 행정과학의 문제

Dahl(1947)은 "행정과학:세 가지 문제"라는 논문을 통하여 행정원리의 허구성을 비판하고 행정의 과학성에 관한 논의를 체계화한 인물이었다. 그가 우선적으로 제기한 문제는, 행정에 있어서 규범적 문제를 배제한다는 것은 불가능하다는 것이다. 그는 정치·행정 이원론이나 능률성을 위한 과학적 수단을 탐색하는 연구는 무의미하다고 보았다.

Dahl은 전통이론에서는 조직을 공식적·기술적인 것으로 보고 조직을 구성하고 있는 사람들을 기계적 존재로 취급하였다는 점을 비판하고, 행정의 과학화를 위해서는 행태적 측면을 연구해야 한다고 주장하였다. 즉 행정의 과학화를 위해서 인간을 이기적 목표에만 반응하는 기계적 존재로 가정해서는 안되며 심리적 존재로 다루어야 한다는 것이다.

또한 미국의 행정연구가 너무 편협하고 지역적이었음을 비판하였다. 소위 행정원리라는 것은 몇 나라의 지역·역사적 상황에서 만들어진 것인 바, 이러한 기술적·과정적 지식에 한정하지 말고 역사·사회·경제 등의 조건들을 포괄한 보편원리를 추구하여야 한다는 것이다. 이러한 보편원리는 특정 국가의 가치, 조직행태 등 의 개별적 속성을 무시하는 것이 아니라 오히려 이들을 상호 비교하여 공통분모를 추출하고, 이런 토대 위에서 형성해야 정확하고 타당성 있게 된다고 보았다.

(2) Simon의 행정행태론

전통이론에 대한 본격적인 비판은 Simon에 의하여 이루어졌다. 그는 1947년에 「행정행태론」(Administrative Behavior)이란 저서를 통하여 다양한 측면에서 행정원리를 비판하고, 행정학 연구의 새로운 방법을 제시하였다.

Simon은 '좋은' 혹은 '올바른' 행정이란 무엇인가를 정의하기 위한 기준으로서 능률성을 제시하고, 이 개념을 기준으로 전통이론을 비판적으로 검토하였다.

행정원리에서 전문화는 행정능률을 향상시킨다고 보았지만, 어떠한 측면을 전문화할 것인가에 관한 객관적 기준은 제시하지 못하고 있다는 것이다. 예컨대 특정 지역에 간호사 배치를 위한 전문화 방안은 크게 두 가지가 있을 수 있다. 즉 여러 지역에 한 명씩 파견된 간호사가 자기 구역의 모든 간호업무를 담당하거나, 보다 넓은 지역에 투입된 여러 명의 전문 간호사가 전문 분야별로 업무를 담당하는 것이다. 앞의 예는 장소에 의한 전문화이고, 두 번째는 기능에 관한 전문화인데, 단순히 전문화라고 하면 이 중 어느 대안을 선택해야 할지를 알려주지 못한다.

또한 전통이론에서 중요하게 여겨지고 있는 통솔의 범위란 결국 한 행정가가 통솔하는 부하의 인원 수를 제한하는 원리인데, 그 인원을 산정하는 근거가 불확실 할 뿐만 아니라 이러한 원리를 실제로 적용할 경우 명령통일의 원리와 대립되는 경우가 많다는 것이다.

또한 Simon은 행정현상에 관한 연구방법으로 유럽에서 활발히 논의되었던 '논리적 실증주의'(logical positivism)를 미국의 실용주의와 결합시킨 '행태주의'(behavioralism)를 주장하였다. Simon은 형이상학의 세계는 우리의 경험적 지식과 대립되며, 거기에서 제기된 문제는 인간지식의 한계를 초월하는 불확실한 것이기 때문에 형이상학적 작업을 의미없는 것으로 보았던 논리적 실증주의자인 Carnap의 이론을 대체로 답습하였다. Simon은 행정이 과학적 이론으로 되기 위해서는 현상을 인과관계적으로 설명할 수 있어야 하는데, 전통이론시기의 행정원리들은 과학적 기준에 근거치 않은 격언(proverb)에 지나지 않는다고 비판하였다.

그러나 그는 과학적 연구를 위하여 사실과 가치를 구별해야 하는데, 행정현상에는 사실에 입각한 이론 형성이 어렵다는 점은 인정하였다. 그는 행정과정이란 의사결정과정이며, 의사결정에는 객관적 사실뿐만 아니라 가치나 윤리적 항목도 포함되어 있다고 보았다. 행정과정 중 사실에 대해서는 행태적 접근에 의한 과학적 분석이 가능하지만, 가치를 포함하는 윤리적 명제는 경험적으로 검증될 수가 없다. 따라서 과학적 행정이론을 만들기 위해서는 경험적 검증이 불가능한 윤리나 가치 또는 목적은 연구대상에서 배제하고, 사실만을 다루는 연구에 초점을 두어야 한다고 보았다.

한편 Simon은 조직을 구성하는 행정인은 경제학에서 가정하는 경제인처럼 합리적 존재이기보다는 불완전한 합리성이라는 의미의 '제한된 합리성'(bounded rationality)을 추구할 수밖에 없는 존재로 보았다. 제한된 합리성을 추구할 수밖에 없는 가장 큰 이유는 인지 및 계산능력의 한계, 개인적 습관, 개인이 지닌 기술의 불완전성 때문이다. 또한 Simon은 의사결정자의 실제적 행태에 대한 분석을 통하여 제한된 합리성의 불가피성을 다음과 같이 설명하고 있다. 첫째, 합리적 결정을 위해서는 각 대안에 대한 완전한 지식이 필요한데, 실제의 정책결정자들은 단편적 지식만을 가지고 있을 뿐이다. 둘째, 대안들의 결과 예측은 정책결정자의 경험을 토대로 하기 때문에 결국 불완전하게 예측되어질 뿐이다. 셋째, 모든 가능한 대안들을 탐색하기보다는 실제의 정책결정자들은 소수의 대안들만 고려할 뿐이다.

Simon은 이러한 제한된 합리성 때문에 행정연구에 사람의 행태에 관련한 합리적 측면과 비합리적 측면을 다 포함해야 한다고 보고 있다. 그리고 행정의 합리성을 높이기 위해서는 조직 속의 개인에 대한 심리적 환경을 조성시켜야 한다고 보았다. 그가 심리적 환경을 강조한 이유는 의사결정자들의 합리성을 제한하는 요인들을 극복할 수 있도록 심리적 환경을 잘 조성함으로써 보다 좋은 의사결정을 할 수 있게 한다고 보았기 때문이다. 이런 점에서 Simon은 사회심리적 접근법을 행정학에 도입한 인물이라 하겠다. 또한 조직의 합리적 측면과 더불어 심리적 측면을 아울러 강조한 점에서 그의 이론은 과학적 관리법과 인간관계론을 결합한 것으로 볼 수 있다.

(3) Waldo의 행정국가론

Waldo는 민주적 가치 안에서 행정학의 뿌리와 행정의 현재 및 미래에 대해 비판적 또는 규범적으로 설명하려고 하였던 점에서 실증적 내지 행태적 접근을 시도했던 Simon과 대비되는 학자였다.

Waldo(1948)는 제도주의자가 말하는 좋은 정부란 적절한 제도와 전문 인력에 의해 결정된다고 파악하고 있기 때문에 행정에 있어 도덕적 인간'을 간과하고 있다고 지적하였다. 또한 행태적 접근법에서 사실과 가치의 구분을 강조한 것이 결국 가치문제를 경시하는 결과가 되었다고 비판한다. 이처럼 Waldo는 행태적 · 경험적 연구방법이 행정에 있어 인간성 또는 도덕적 관심을 경시하는 경향에 깊은 회의를 가지고 이의 대안으로서 규범적 관점에서 행정의 방향을 제시하였다.

1948년에 저술한 「행정국가론」(The Administrative State)에 "미국 행정의 정치이론에 관한 연구"라는 부제를 달았듯이, Waldo는 행정현상을 정치이론적으로 설명하였다. 즉 '국가는 누가 지배하여야 하는가?', '왜?', '정부의 목표는 무엇인가?' 등 수 세기 동안 정치학자들에 의해 논의되어 온 의문들을 행정적 측면에서 논의하였다.

Waldo의 학문적 성과들 가운데서 대표적인 것을 두 가지만 든다면 정통이론에 대한 규범적 입장에서의 비판과 행정학의 '정체성 위기' (identity crisis)의 문제를 제기하고 이의 해결방안을 모색한 점이다.

Waldo(1948)가 지적한 주요 비판은 지나치게 단순화된 행정원리를 공공부문에 적용할 때 야기될 수 있는 문제에 관한 것이었다. 능률성이나 경제성이란 매우 협소한 가치인데, 이를 행정에 있어 최고 가치로 선택하는 것은 결국 조직의 관료제적 구조를 강화하게 하는 것이며, 이는 민주성이라는 최고 가치와 모순된다는 것이다. 또한 그는 민주사회의 이념과 부합하는 보다 민주적 조직형태를 탐색하였는데, 그러한 조직형태는 후기 관료제적(post-bureaucratic) 형태가 될 것으로 보았다. 이는 행정이론에 스며있는 권위-복종, 상관-부하라는 계층제적 사고방식에서 탈피된 조직형태를 의미한다.

한편 Waldo는 행정학의 '정체성 위기' 문제를 제기하였다. 1930년대 초기까지 행정원리를 주장하던 시대에는 정치와 행정을 구별하고, 행정의 관리 · 기술적 성격을 의도적으로 강조한 결과 행정이 독자적 연구영역을 확보하고 있었다. 그러나 정치 · 행정 일원론적 시각으로 행정을 보게 되고, 전후의 국 · 내외적 환경변화로 인해 행정학의 고유한 연구대상이나 방법에 대한 경계가 점차 불명확해졌다. 그 결과 행정학에 대한 인식이 혼란해졌고,

나아가 무관심해져 심지어는 적개심까지 갖게 되었다. 이로 인해 행정학에 대한 새로운 방향의 시각과 기초를 원하는 각성이 있게 되었는데, Waldo는 이를 '정체성 위기'라고 하였다. Waldo는 주체성 위기를 극복하기 위한 대안으로 행정학의 학문분과(discipline)로서의 성립과 전문주의(professionalism)를 제시하였다.

행정학이 독립된 분과학문으로 성립되기 위해서는 고유한 연구주제가 있어야 하고, 사회과학의 다른 학과들과 동등하게 학과가 대학에 설치되어야 하며, 다른 학문과 경계가 뚜렷한 체계적 행정이론이 존재하여야 한다. 그러나 행정학은 이러한 문제에서 어려움이 있다는 것이다.

전문주의란 행정학이 하나의 전문직이 되어야 한다기보다는 단지 전문직으로 행동하려고 노력하는 것을 말한다. Waldo는 행정학을 의학에 비유하여 전문주의를 설명한다. 의학을 공부하기 위해서는 생물, 화학, 물리 등의 기초 학뮤을 습득해야 할 뿐만 아니라, 대학과정을 마치더라도 임상에서 상당기간 동안 수련을 받아야 전문 의사가 될 수 있듯이, 전문직으로서 행정가가 되기 위해서는 정치학, 사회학, 통계학 등의 인근 사회과학이론을 습득하고, 대학을 졸업한 후에도 행정부의 전문 행정인이 되기 위한 실습을 상당기간 받아야만 한다. 이처럼 전문 행정인이 되기 위한 준비로서 행정학을 연구하다 보면 정체성 위기를 극복할 수 있게 된다는 것이다.

Waldo의 전문주의에 대해서는 여러 측면에서 비판이 제기되었다. 대표적인 것은 행정이 전문직으로서 성격을 갖기가 곤란하다는 점이었다. 전문직은 오랜 훈련을 통한 전문적 기술, 단체의 책임감, 전문직으로서의 결사체 등이 있어야 하는데, 공무원들에게는 이런 것들이 없다는 것이다. 이러한 비판에도 불구하고 Waldo에 의해 제기된 정체성 위기는 비판과 재비판을 통하여 행정학이 학문적으로 성숙하는 데 기여하였다.

3. 정책학의 시기(1950년대부터)

1950년대는 국제적으로는 미 · 소 양극체제 속에서 냉전관계가 지속되었고, 국내적으로는 지속적인 국가발전을 위한 정부의 개입 · 규제가 급속히 확대되었다. 이러한 환경변화에 대응할 수 있고 또한 전후에 대두된 수많은 사회문제들을 해결할 수 있는 실용성 있는 이론을 개발하고자 하는 사회과학자들의 열망이 점차 높아지고 있었다. 이러한 분위기 속에서 정책학이라는 독특한 이론체계가 출현하였다. 정책학은 "행정을 어떻게 해야 할 것인가"(know how)에 초점을 둔 기존의 연구시각이 "정부가 무엇을 할 것인가"(know what)라는 차원으로 전환된 것이라 하겠다.

이 시기에는 정책학 외에도 체계적 접근법에 의한 관리과학의 원용, 비교 및 발전행정, 신행정학 등의 이론체계가 제시되었다. 그리고 이러한 이론들은 각기 대두 및 발전과정이 시기적으로도 상당한 차이가 있으며, 이들 이론들을 하나의 틀로써 연결할 수 있을 만큼 이론적 공통점을 발견할 수 있는 것도 아니다. 그러나 지금까지도 정책학은 행정학 연구에서 큰 비중을 차지하고 있는 분야이므로 정책학의 시기라는 제목하에 각 이론체계들을 설명하기로 한다.

1) 비교행정론

(1) 대두 배경

건국 초기부터 미국의 정치가나 학자들은 유럽의 정치체계에 대해 관심이 많았고, 유럽에서 이식해 온 정치제도가 미국 상황에서도 잘 운영될 것인가에 강한 의문을 가졌다. 그래서 유럽과 미국의 정치제도를 비교하려는 노력이 많았고, 이러한 노력은 미국행정의 발전에 기여하였다. 예컨대 시민전쟁 이후 '공무원제도 개혁운동'(Civil Service Reform Movement)은 실적주의를 확립해 가는 영국의 경험에 대한 비교연구에 의해 이루어진 것이었다.

비교연구의 전통은 행정 및 행정법을 비교연구하고, 이를 미국행정에 원용하려고 노력하였던 Wilson, Goodnow 등에 의해 이어졌다. 또한 Dahl도 행정학의 이론적 보편화를 위한 전제조건으로 행정의 비교연구를 주장하였다는 점은 이미 설명한 바 있다. 그런데 제 2 차 세계대전이 끝날 때까지도 비교연구의 목적은 미국 자신의 문제를 해결하기 위한 것이었다.

그러나 제 2 차 세계대전 이후 국제정치의 환경변화로 인하여 행정의 비교연구는 그 전과는 다른 의미에서 이루어지게 된다. 즉 전쟁이 끝난 뒤 자유진영의 지도자적 위치를 차지한 미국은 소련과 경쟁적 위치에서 국가 형성과 경제발전을 추구하는 신생독립국은 물론 일본과 서구에도 정치적 · 경쟁적 지원을 하였다. 그런데 일본이나 서구와는 달리 신생국들에 대한 원조의 효과는 미국이 기대한 만큼 나타나지 않았다.

그래서 미국은 일본 · 서구와는 달리 신생국들이 경제발전을 이룩하지 못하는 이유를 찾게 되었는데, 결국 신생국들은 경제 원조를 효율적으로 사용할 수 있는 행정능력이 부족하다는 점을 발견하였다. 그래서 신생국들에게 미국행정이론을 습득시켜 이들의 행정능력을 향상시키려고 하였다. 하지만 미국이론을 신생국 행정에 원용시킨 결과도 역시 실망적이었다.

이로 인해 많은 학자와 실무자들은 미국행정이론의 과학성 내지 보편성에 의문을 제기하고, 미국적 상황에서 독특하게 형성된 이론을 신생국에 그대로 적용시켜서는 안 된다고 경고하였다. 이러한 미국행정의 현실적 경험과 미국행정이론에 대한 자성에서 대두된 이론체계가 비교행정론이었다.

1950년대 대두된 비교행정론은 종래의 비교연구와는 다른 것이었다. 비교행정학자들은 전통적 비교연구가 구조적 접근을 통한 주요 강대국들의 정부제도만을 연구하였다고 비판하였다. 비교행정론은 종래의 비교연구와는 다음의 두 가지 점에 있어서 구별되었다.

첫째, 비교를 위한 분석 틀을 개발하였다. 많은 비교행정 연구자들은 각국의 행정을 과학적으로 비교하기 위한 기준을 탐색하였고, 그 결과 생태적 접근법, 기능주의적 접근법, 관료제적 접근법 등을 제시하였다.

둘째, 초기 비교행정 연구는 신생국인 제3세계의 행정문제에 특별한 관심을 가졌다. 그러나 제3세계에의 수출을 목적으로 하였던 비교행정 연구가 점차 실천적 측면보다는 비교를 위한 이론측면에 치중하게 되었다.

(2) 생태적 접근 및 구조 · 기능론적 접근

비교행정론의 대표적 학자인 Riggs는 생태적 접근법(ecological approach)에 의해 각국의 행정을 비교하였다. 생태적 접근법이란 행정현상과 환경적 요인의 상관관계에 초점을 두는 연구방법이다.

Riggs는 사회를 융합사회(fused society)와 분화사회(refracted society) 그리고 그 중간형태로 프리즘사회(prismatic society)로 유형화하였다. 여기서 융합

사회란 농업사회인 전통사회, 분화사회는 공업화된 근대사회를 나타낸다. 그 중간 영역에 위치한 전환사회가 프리즘사회이다. Riggs는 사회유형별 행정환경에 내재하는 사회적·정치적 그리고 경제적 요인과 행정발전과정을 결부시켰다. 예를 들면 프리즘사회의 행정모형을 사라(sala)라고 명명하고, 이에는 전통사회와 근대사회의 행정양태가 공존하고 있다고 설명한다. Riggs(1973)는 이를 프리즘·사라모형(PrismaticSala model)이라 하고, 그 특징으로 이질혼합성, 형식성 그리고 중복성 등을 들고 있다.

한편 정치학자인 Almond는 당시 사회과학에서 널리 사용되기 시작한 구조·기능적 접근법(structural - functional approach)을 정치·행정 비교에 원용함으로써 비교행정의 발달에 기여하였다. 그는 Riggs와 유사하게 서구의 발전된 정부제도를 기준으로 개발도상국의 정부제도를 비교하는 것은 의미 있는 분석이 될 수 없다고 보고, 개도국들의 경제·사회 그리고 정치적 환경과 관련하여 이들 국가의 정치구조가 실제로 어떻게 작동하느냐 하는 기능적·운영적 측면을 비교·분석하였다.

(3) 비교행정론의 평가

1950년대는 비교행정의 시대라고 할만큼 비교연구가 널리 행해졌다. 또한 비교연구를 통해 행정의 과학화도 진일보하였다. 그러나 비교행정은 실용적 목적에서 출발하였지만 결과적으로 이론화·과학화에 치중하게 되었다. 비교행정의 배경이 신생국의 발전을 유도하는데 있었으나, 실제로는 신생국 행정체계의 특징을 분석하는 측면으로 학문적 관심이 기울어졌고, 신생국의 발전을 위한 실제적 방법을 제시하는 데에도 소홀하였다. 또한 비교행정은 적용 가능성이 희박한 일반이론의 구성이나 가설정립에만 몰두하여 그 가설의 검증을 통한 과학적 이론을 도출하는 데에는 소홀히 하였다. 그리고 비교를 위한 접근법으로 널리 사용된 기능주의는 근본적으로 보수성을 내포하고 있었다. Riggs가 사회를 유형화하고, 이들의 행정적 특징을 설명한 것은 결국 하나의 정태적 균형이론에 불과하며, 사회변동을 소홀히 취급하였다. 더욱이 그는 신생국 행정의 독자성을 과소평가하여 이들 국가의 발전에 대해 비관적이었다.

2) 발전행정론

1960년대에 들어서 비교행정론의 한계를 극복하기 위한 새로운 이론으로서 발전행정론이 개발되었다. 발전행정론은 비교행정 연구가 미국의 대외정책의 효율성을 위한 원래의 실용적 목적에서 벗어나 비실용적 이론화에 집착하였던 한계를 극복하기 위한 이론적 시도였다. 발전행정론은 행정이 국가의 발전사업을 능동적으로 주도 · 관리하기 위한 전략이론이란 점에서 정책적 성격을 지니며, 신생국 발전의 과정 및 방향에 대한 규범적 논의를 한다는 점에서 규범적 성격도 지녔다. 또한 발전행정론은 발전 또는 개혁이라는 동태적 과정으로 신생국을 설명하고, 발전의 주체가 되는 정부관료의 미래지향적 · 적극적 사고방식을 강조한 점에서 동태성을 지닌 이론체계이다.

당시 학자들은 발전이라는 용어를 다양한 의미로 사용하였지만, 발전의 의미를 예산액이나 공무원 수의 증가와 같은 양적 의미인 성장(growth)과 구별되는 질적인 개념으로 보았다. 한편 발전행정론은 발전의 방향성이라는 면에서 사회변동론의 주류이론인 진화론과도 구별되었다. 진화론은 생물학자인 Darwin의 영향을 받아 사회도 진화의 길을 걷는다고 본다. 또한 모든 사회가 진화되는 방향이 일정하다는 고전적 진화론의 가정을 부정하는 신진화론은 국가마다 변화방향이 다르다는 점에서 진화의 다방향성(multi-direction)을 주장하였다. 그러나 설령 신진화론의 다방향성을 인정하더라도 신생국의 발전은 서구와는 그 기원이나 국가적 특성이 다르기 때문에 발전과 진화의 개념은 구별되었다.

서구의 발전과정은 국가적 제약이 거의 없는 환경 속에서 민간부문에 의해 자본이 축적되었다는 '풀뿌리 현상'으로 설명된다. 즉 서구사회의 발전은 의도적이 아닌 자연발생적 산물이었다. 그러나 신생국의 발전은 서구사회와는 대조적으로 중앙에 의해 추진되는 것으로 관료제에 의하여 하향적으로 파급되는 발전형태라는 점에서 근본적 차이가 있다.

또한 발전은 근대화와도 구별되었다. 정통적 사회변동학자들은 국가발전이 곧 근대화라는 모형에 오랫동안 집착해 왔다. 근대화론에서는 흔히 제 3 세계가 서구적 가치와 제도, 자본과 기술을 수용 · 축적함에 따라 보다 경제적으로 윤택하고, 사회적으로 합리적이며, 또한 정치적으로 다원적 · 민주적인 사회로 옮겨가리라고 가정한다. 그러므로 근대화란 보다 성숙하고 합리적인 서구적 자본주의로 변동하는 과정이라는 시각이 담겨져 있는 개념이다. 그러나 발전이 곧 서구화 내지 산업화를 의미하는 것은 아니라는 점에서 근대화론은 한계가 있었다.

비교행정을 이은 발전행정은 1970년대에 들어서도 계속 연구되었으나 점차 그 열기는 식어갔다. 이처럼 비교·발전행정에 대한 학문적 관심이 줄어든 이유는 당시 미국의 행정환경에서 찾을 수 있다. 즉 1970년대 미국에서는 베트남 전쟁, '위대한 사회'(Geat Society) 정책의 실패, Watergate 사건 등 그 당시 발생한 사회·정책문제를 효과적으로 해결할 수 있는 정부능력에 대해 회의가 확산되었고, 이러한 분위기에서 점차 거시적인 발전문제보다는 중범위적이고 제도적 문제로 학문적 관심이 옮겨졌던 것이다. 1974년에 비교·발전분야의 논문을 수록하던 「비교행정학보」(Journal of Comparative Administration)가 「행정과 사회」(Administration & Society)로 바뀌게 된 것은 비교·발전행정에 대한 학문적 관심이 쇠퇴한 것을 단적으로 보여준 예이다.

현재에는 비교행정에 대한 연구의 열기가 많이 식었지만 여전히 행정현상을 연구하는 데 있어 비교방법은 중요성을 지니며, 신뢰성과 타당성을 보다 확보할 수 있는 비교방법을 개발하기 위한 연구들이 특히 비교정책분야에서 강조되고 있다. 왜냐하면 정책들을 내용별·유형별·지역별로 비교하는 경우 자칫 비교의 기준이 되는 주요 변수나 자료를 제외하고 비교함으로써 논리성, 타당성 또는 응용 가능성 등의 측면에서 이론적·실제적 한계가 있을 수 있으며, 이는 단순하거나 오도된 결론을 이끌어 낼 위험이 있기 때문이다.

3) 신행정학(New Public Administration)

신행정학은 1960년대와 1970년대에는 월남전 패망, 세대간 갈등, 빈부격차 등의 사회적 문제들을 행정학이 제대로 진단하고 처방하지 못했다는 자성이 대두되었다. 그 주요 내용을 보면 다음과 같다.

첫째, 고객중심의 행정. 행정의 외부지향성 추구, 시민참여 확대, 고객인 시민의 요구에 응답할 수 있는 응답성 또는 대응성을 추구한다.

둘째, 참여 중시. 고객뿐만 아니라 일선기관이나 막료(staff)들도 정책집행과정 뿐만 아니라 정책결정과정에 참여할 수 있어야 한다.

셋째, 대표관료제. 관료제는 선거에 의해 뽑힌 대표자뿐만 아니라 지역, 계급, 인종 등 가 계층을 대표하는 사람들로 구성되어야 한다.

넷째, 탈관료제 지향. 개방적·분권적 조직이나 동태적조직과 같은 반관료제적인 새로운 조직을 모색한다.

다섯째, 사회적 형평성 강조. 가치중립적이며 효율성을 강조하는 행정적 시각이 사회적 불평등을 심화시켰기 때문에 형평성이 새로운 행정이념이 되어야 한다.

여섯째, 규범주의적 입장 요구. 사회현상이 사실판단과 가치판단으로 구성된다면 행정은 가치판단에 더 무게를 두어야 한다.

신행정학은 이상과 같이 주장을 통해 행정학의 새로운 관점을 제시하였으나 행정과정에서 사회적 형평성이나 참여를 위한 구체적 절차나 실천적 방법을 개발해 내지 못한 한계를 노정하게 되었다. 결국 신행정학은 행정의 방향성만 주장했지 실천적 방안을 제시 못하였기 때문에 수사학적 수준에 머무를 수밖에 없어서 이에 대한 이론적 논의도 중단되고 말았다.

Ⅲ. 20세기 말에 대두된 새로운 시각들

1980년대 이후 더욱 복잡하고 전문화된 정부의 업무에 대한 설명을 위하여 새로운 이론적 시각들이 제기되었다. 전통 행정이론들을 대치한 새로운 패러다임이라고 할 수는 없겠지만 새롭게 대두된 행정현상들을 설명하고자 하는 다양한 시도들이라 할 수 있다. 여기서는 1980년대 이후 제기되어 논의되고 있는 주요한 행정이론들을 네 가지 시각으로 구분하여 설명하기로 한다: 시장원리적 시각, 참여적 시각, 탄력적 시각, 그리고 탈규제 시각. 이렇게 네 가지 시각으로 분류한다고 해서 최근의 행정이론들을 모두 네 가지 중의 어느 하나에 포함시킬 수 있는 것은 아니며, 또한 네 시각이 각기 배타적이어서 엄격히 구별될 수 있다는 의미도 아니다. 따라서 동일한 현상을 각각의 시각에서 중복적으로 설명하는 측면도 있지만, 이러한 분류를 통해 최근의 행정이론들의 특성을 이해하는 데 도움을 준다는 의미가 있다.

1. 시장원리적 시각

국가에 따라 차이가 있지만 기업이나 개인에 대한 국가의 지원과 개입이 국가발전에 있어 상당히 중요한 역할을 담당하였다. 그러나 1980년대에 들어 민영화의 바람과 함께 시장원리적 시각이 행정연구에서 중요한 지위를 차지하게 되었다. 또한 적은 세금으로 보다 많은 성과를 얻고자 하는 생산성, 시장기제의 유인체계를 이용하는 시장화, 분권화, 고객지향적 서비스, 결과에 대한 책임 강조 등이 많은 나라에서 공통적으로 발견할 수 있는 행정현상이었다(Kettle, 2000). 시장원리적 시각은 관료제적 통제시각과는 근본적인 차이가 있다.

시장원리적 시각이 확산되었던 이유는 다양하지만, 가장 중요한 점은 다음의 두 가지이다.

관료제적 통제와 시장적 통제

> 관료제적 통제란 명령-복종관계를 의미하는 계층제와 미리 정한 규정이나 절차 또는 예산 그리고 선례에 입각하여 특정한 행위를 하도록 강요하는 것을 말한다. 통제기제는 수행해야 업무와 성과 측정체계, 재정 통제를 위한 예산 및 회계체계, 업무 수행에 관련된 업무규정, 절차적 기준 등이 포함된다.
>
> 시장적 통제는 수요와 공급에 의해 움직이는 가격체계와 경쟁원리에 의해 합리적인 의사결정을 하도록 움직이도록 짜여진 기제를 말한다. 모든 사람은 자신의 의사결정과 관련하여 충분한 지식과 정보를 갖고 있으며, 수많은 수요자와 공급자가 참여하는 완전 경쟁체계에서 자신의 이익을 위해 선택하게 된다.

하나는, 정부조직은 예산기제(budget mechanism)에 의해 움직이기 때문에 시장원리가 작동하는 시장에 비해 경쟁이 결여되어서 정부조직의 비효율성과 비적시성을 노정하고 나아가 정부실패현상이 나타났기 때문이다. 이에 따라 예산기제에 의해 움직이는 정부활동을 축소하고 시장원리가 작동하는 영역을 확대하고자 하는 주장과 이에 관련된 이론들이 개발되었다.

다른 하나는, 민간부문에서 발달된 관리방법을 정부에 원용하고자 하는 '새로운 공공관리'(New Public Management) 개념이 확산되었기 때문이다. 성과급, 기관 평가 등 민간관리기법을 정부관리에 적용하기 위한 시도와 이에 관련된 연구들이 많아졌다.

시장원리적 시각은 공공서비스 전달의 효율성과 전달된 서비스에 대한 시민의 자유로운 선택 폭에 대해 논의의 초점을 둔다. 다시 말해서 정부가 서비스를 독점적으로 제공하는 것이 아니라 고객인 시민이 자유롭게 선택할 수 있도록 정부의 독점권을 타파하고자 하는 것이다.

2. 참여적 시각

참여적 시각은 계층적 통제를 배제하여 공공업무에 더 많은 집단들이 참여할 수 있는 권한과 통로를 제도화하려는 이론적 시각이다. 이러한 시각은 계층제를 효율적 행정의 방해물로써 간주하여 가능한한 납작한 조직구조를 선호한다. 또한 실생활에서 일어나는 행정문제를 해결하기 위한 지식과

정보는 대민 업무를 담당하는 일선 공무원들이 축적하고 있기 때문에 이들의 잠재적 능력을 활용할 수 있도록 하위계층에 상당한 범위의 의사결정권한을 부여하고자 한다. 그리고 다양한 이해관계를 조정하기 위한 이익집단, 시민단체, 전문가의 참여를 중시한다. 따라서 시장원리적 시각이 시민을 소비자로서 간주하는 데 반해 참여적 시각은 시민의 역할을 강화하고 투표 이외의 민주적 참여 수단들에 대해 논의한다.

3. 탄력적 시각

전통적으로 조직이 일단 형성되면 그 조직의 영속적이며, 정착된 조직구조나 관리방식은 쉽사리 변화될 수 없는 것으로 생각하여 왔다. 그러나 고정된 구조와 비탄력적인 관리방식은 오늘날과 같은 급변하는 행정환경에서 심각한 한계를 드러낸다. 탄력적 시각은 조직의 구조, 관리방식, 행정인의 사고체계에 있어서 융통적이고 임시적일 것을 요구한다.

따라서 조직구조에 있어서 계층제보다는 임시조직이나 망조직과 같은 조직형태가 환경변화에 잘 대응할 수 있다는 것이다. 또한 신분이 보장된 항구직 공무원 이외에 계약직 공무원을 채용하는 개방적 관료제가 창의성과 적응성을 높일 수 있다고 본다. 그런데 탄력적 시각은 경비절감에 효과는 있지만 공무원의 책임성과 조직의 안전성과 같은 보수적인 가치들이 손상되거나 공무원의 조직 몰입정도를 감소시킬 수 있으므로 이러한 문제 등에 대해서도 마찬가지의 관심을 가져야만 한다.

4. 탈규제적 시각

탈규제적 시각이란 기존의 관료적 패러다임(bureaucratic paradigm) 대신 기업가적 패러다임(entrepreneurial paradigm)으로 전환된 것을 말한다. 20세기 말에 이르러 공공기관은 서비스 전달이나 자원 배분을 고객이나 이익집단의 관점에서 보아야 하며, 권위와 책임을 일치시킨 분권화된 관리환경 조성한다는 시각이 더욱 강조되었다. 이에 따라 대부분의 나라에서는 법규 중심적이고 권위주의적 행정에서 시장에 기초한 경쟁추구적 행정으로 나아가고자 노력하였다. 많은 나라에서 국가경쟁력 확보를 위해서는 정부가 불필요한 규제를 제거함으로써 업무를 더 효율적으로 수행할 수 있도록 하고, 나아가 관료는 기업가적 정신을 가져야 한다는 점을 강조하였다.

20세기 말의 행정개혁은 기업가적 혁명(entrepreneurial revolution)을 이룩하고자 하는 것이었다. 이러한 시각에서 고안된 신공공관리는 두 가지 점에서 전통행정과 큰 차이가 있다(Dunleavy and Hood, 1994). 그 하나는 사기업에서 행해지는 인력 관리, 보수, 업무 절차 등의 경영기법을 공공부문에 도입함으로써 행정과 경영의 경계가 허물어진 점이다. 다른 하나는 공공부문을 규율하던 엄격한 절차적 규칙들이 완화되고 상위 및 중간계층 공무원의 — 특히 막료, 재정, 계약담당자 — 재량권이 증대된 점이다.

한편 행정에서의 기업가적 정신은 정부조직 내에서도 가능한한 중앙 통제를 감소하여 하위 및 지방조직이 자신의 문제를 독자적으로 해결할 수 있도록 하고, 관료 개인에게 실질적인 권한을 부여하자는 것이다. 마찬가지로 정부 밖과의 관계에서도 정부의 간섭과 규제를 혁파하여 민간이 지닌 창조적 힘을 발휘할 수 있도록 하고자 한다. 나아가 획일적인 규칙위주에서 공정한 절차와 결과에 따른 책임을 확보하고 위험 회피를 위한 위험 관리에 관심을 가지게 되었다. 그러나 21세기에 들어 진원지를 미국으로 하는 세계적인 금융위기를 맞으면서 정부의 위험 관리능력에 대한 의구심이 일어나고 있다. 테러, 금융위기, 자연재난 등과 같은 국제적인 문제들을 관리하기 위한 범정부적 연계조직과 이를 통한 정책공조 등에 대한 관심이 높아지고 있다.

Ⅲ. 거버넌스이론

20세기의 행정을 뒤돌아 볼 때, 정부의 역할에 대한 인식이 역동적으로 변화되어 왔음을 알 수 있다. 20세기 초에는 서구사회에서 민주적 정부가 확립되고 정부의 역할은 시민의 재산 보호와 외적의 침입 방지에 국한된 소극행정이 바람직하게 인식되었다. 그러나 제 2 차 세계대전 이후 정부는 정부의 역할이 확대되면서 정부의 기능과 규모도 지속적으로 팽창되었다. 미국에서 내세웠던 위대한 사회(The Great Society)나 스웨덴의 강력한 사회(The Strong Society)라는 정책 방향에서 잘 나타나듯이, 많은 나라에서 경제 발전과 부의 재분배를 위하여 정부의 규제 폭을 확대하였다. 당시의 정부는 사회변화, 형평성, 경제 발전을 위한 적절하고도 정통성 있는 그리고 도전할 수 없는 거함(unchallenged vehicle)으로 인식되었다(Pierre and Peters, 2000).

그러나 20세기 후반 독일의 통일과 소련의 붕괴를 계기로 이념 분쟁보다는 경쟁력 향상이 국가의 중요 목표가 되면서 정부의 역할에 대한 인식이 크게 변화되었다. 1970년대까지는 사회 · 경제문제 해결에 있어 관료제의 역할을 중시하였으나, 1980년대부터는 시장의 우수성에 더 많은 관심을 가지게 되었다. 나아가 정부를 사회문제를 해결하는 주체이기 보다는 이러한 문제들의 근원 내지 원인으로 인식하게 되었다. 이러한 인식의 대전환에 따라 각 국은 정부조직의 재구조화(restructuring), 인력 감축, 국가재정 감축, 공공서비스의 생산과 전달에 있어 시장기제의 도입 등을 통한 행정 혁신을 이루고자 노력하였다(Hood, 1991).

그러나 21세기 초에 위치한 오늘날의 행정현상을 볼 때, 시장기제가 관료제보다 우수하다고 단언하기는 어렵다. 중국과 같이 강력한 관료제에 의해 국가발전을 이루고 있는 나라들이 존재하기 때문이다. 또한 21세기 초반 미국의 금융위기에서 시작되어 전 세계적인 경제위기로 파급된 원인 중 하나는 시장기제의 우월성을 맹신한 나머지 정부의 역할을 제대로 수행하지 못하였기 때문이었다. 그래서 많은 나라에서는 경제위기를 극복하기 위하여 정부의 재정 투 · 융자를 늘리고 대규모의 국가사업을 시행하고 나아가 정부 간 협력을 강화하는 등 국가의 역할을 강화하고 있다.

이러한 정부에 대한 새로운 시각으로 인해 정통적인 '통치(government)'에서 '거버넌스(governance)' 라는 개념이 등장하였고, 다양한 의미로 거버넌스라는 용어를 사용하고 있다.[3] 예컨대 거버넌스를 정책망(Rhodes, 1997), 정책관리(Hood, 1991), 공공과 사부문의 파트너십(Pierre, 1998) 등의 의미로 사용하기도 한다. 또한 협력적 거버넌스(Williamson, 1996) 또는 좋은 거버넌스(Leftwich, 1994) 등의 개념이 제시되기도 하였다. 아직 거버넌스의 개념과 그 구체적 내용에 대해서는 학자마다 설명을 달리하고 있을 정도로 일반화된 개념 정의가 없다. 여기서는 거버넌스의 개념을 망(network)으로서의 거버넌스, 과정(process)으로서의 거버넌스, 시장(market)으로서의 거버넌스로 구분하여 설명하기로 한다.

1. 거버넌스 개념

전통적으로 정부가 국민들 포함한 외부 환경과의 관계에서 행해졌던 관리방식은 통치(governing)이었다. 통치에서는 공공(公共)과 정부는 동의어로 간주되고, 공공은 으레히 통치자가 정하는 것으로 보았다. 그러나 오늘날의 행정과정에 — 특히 사이버공간의 확대로 인해 — 시민, 기업, NGO 등의 참여가 확대되고 있다. 정부(government)는 통치자에서 다양한 주체들과 수평적 연계망을 구성하여 공적 서비스를 제공하는 존재가 변화되었다. 이로 인해, 정부는 다양한 참여자들과 협동하여 과거와는 다른 '공공' 을 창출한다는 거버넌스적 시각이 잉태된 것이다. 거버넌스적 시각이란 국민이 정부에게 책임을 맡기고, 정부는 국민으로부터 책임을 위임 받은 주체로서 국정 관리를 한다는 것이다.

---

3) 지금까지 우리 나라의 정부 관리방식에 있어 governance에 해당하는 현상이 없었기 때문에 이 개념에 해당하는 번역어를 찾기 힘들다. 그러나 정정길(2000)은 new goverance를 "신 국정관리"로 번역하여 그 의미를 협의와 관의로 구분하여 정의하고 있다. 그런데 거버넌스의 개념에는 국정 관리를 포함한 더 많은 현상들이 포함되어 있다는 점에서 이 책에서는 적절한 번역어를 고안할 때까지는 "거버넌스"라는 용어로 사용하고자 한다.

정책 연계망(policy network)

정책 연계망은 정책과정 및 정책산물에 영향을 미치고자 하는 다양한 주체들간의 관계를 의미한다. 정책 연계망 이론은 정책이 소수의 주체들에 의해서만 이루어질 수 없다는 점에서 정책 연계망이라는 개념적 분석틀로서 관계를 설명한다(Helco, 1978; Sabatierrand Jenkins-smith, 1993; Weible, 2005).

정책망은 정부의 역할 및 연계강도에 따라 다양한 유형으로 구분된다. 정부의 참여 수준에 따라 협력형과 위임형 정책 연계망으로 구분할 수 있다. 협력형이란 정책문제를 해결하기 위해 정부와 이해관계자들이 제 3섹터나 파트너십을 통해 공동으로 협력하는 방식을 말이다. 이에 비해 위임형은 정부가 해결해야 할 문제를 기업이나 비영리단체 또는 시민에게 대리케 하거나 관할권을 위임하는 방식이다. 한편 연계관계의 지속성을 기준으로 의제망(issue network)과 정책공동체(policy community)로 구분한다. 전제는 일시적 관계이지만, 후자는 지속적 관계를 지닌다.

그런데 거버넌스 과정에서 상호간 신뢰와 협력정신이 부족할 경우에는 정책 연계망이 활성화되기 어렵다. 정책 연계망이 활성화되기 위해서는 다원성과 타협 및 신뢰의 문화가 형성되어야 한다.

망으로서의 거버넌스는 기존의 정부 개념보다 폭넓게 시민사회, 제 3섹터, 국제기구 등과의 관계를 포괄하는 개념이다. 복잡성이 증가하는 오늘날의 상황은 연계망으로서의 거버넌스가 일반화되고 있다. 공공부문과 사부문(private sector)의 경계가 점차 허물어지고 있는 상황에서 정부가 사부문과 협력적으로 공공 서비스를 제공하는 협력적 거버넌스(corporative governance)가 필요하게 되었다. 협력적 거버넌스란 사부문이 정부와 협력적으로 또는 정부를 대신하여 공공서비스를 제공하고, 제공한 서비스에 대하여 정부가 책임을 지는 현상을 말한다. 망에 의한 거버넌스(governing by network)에서는 정책 목표를 달성하기 위해서는 정부가 스스로 무엇을 생산해 낼 것인가 보다는 어떻게 외부의 관계자들과 연계망을 형성하고 이들은 관리할 것인가 하는 점이 상대적으로 더 중요하다(Goldsmith and Eggers, 2004).

한편 거버넌스는 공식적인 제도보다는 과정과 결과에 초점을 맞추는 개념이다. 정부는 제도 그 자체인데 비해 거버넌스는 반드시 공식적인 정부조직에 의해 행해질 필요는 없다는 면에서 보다 넓은 개념이다. 거버넌스에는 경쟁과 협력, 정책과정에의 다양한 형태의 참여, 파트너십에 의한 공공 서비스 제공 등과 같은 특성이 스며져 있다. 또한 거버넌스는 정부의 행정과정에 참여하는 다양한 참여자들을 조종하거나(steering) 조정하는(coordinating) 역할이 보다 중요하다는 의미를 지닌다. 이런 의미에서 거버넌스는 정부의 자동조절(cybernetics)기능을 중시하는 개념이다.

한편 거버넌스는 공공 서비스를 산출하는 집단의 집합적 행동을 인도하는 공식적 · 비공식적 과정과 제도를 의미한다(Keohane and Nye, 2000: 12). 과정으로서의 거버넌스에 있어서는 행정의 기준으로서 효능성(competency)이 중요하다. 여기서 효능성이란 적절한 정책의제를 설정하고, 적시에 정책결정을 하고, 효율적으로 정책집행을 하거나 서비스를 전달할 수 있는 능력을 의미한다. 하지만 거버넌스에 있어서도 실제적 역할을 하는 것은 제도이기 때문에 제도적 장치는 여전히 중요한 역할을 한다.

한편 시장으로서의 거버넌스는 가장 효율적이고 공정한 자원 배분의 기제는 큰 정부(big government)가 아니라 시장이라는 시각을 강조하는 것이다. 시장으로서의 거버넌스는 시민을 소비자로서 영향력을 발휘하는 고객으로 본다. 관료는 공공 서비스를 시민이 선택할 수 있는 시장과 같은 상황에서 어떠한 서비스를 어떻게 제공해야 할지를 결정하는 것이다(Pierre and Peters, 2000). 이러한 특성을 지니는 거버넌스는 계획과 통제를 특성으로 하는 전통적 행정현상과는 분명히 다른 것이다.

마지막으로 거버넌스 개념을 좀 더 구체적으로 파악하기 위하여 국제지원업무를 담당하고 있는 세계은행(Wold Bank, 1992)이 제시하는 좋은 거버넌스의 네 가지 요소를 소개하기로 한다.

첫째, 공공부문의 효율적 관리이다. 정부는 적절한 예산체계, 회계와 보고체계 갖추고, 재정 및 인적 자원을 효율적으로 관리하여 공공부문의 비효율성을 제거해야 한다.

둘째, 책임성이다. 공무원들은 자신의 행위에 대한 책임을 져야 한다. 이에는 공정하고 객관적인 감사 및 평가활동, 분권화, 소비자나 비정부조직(NGO)의 역할에 대한 구체적 책임문제 등이 포함된다.

셋째, 발전을 위한 법적 준거 틀이다. 미리 예고된 법체계가 마련되어야만 하고, 이들은 법대로 집행되어져야 한다. 이러한 과정에서 발생되는 사회적 갈등들은 독립성을 가진 법률기관에 의해 해결되어져야 한다. 그리고 법이 더 이상 원래의 목적을 달성하기 어려울 때는 규칙을 고칠 수 있는 기제가 마련되어 있어야만 한다.

넷째, 정보와 투명성이다. 이를 위해서는 특히 (a) 정보와 경제적 효율성, (b) 부패 방지의 수단으로서 투명성, 그리고 (c) 정책분석과 논쟁을 위한 정보 공개화라는 세 영역이 개선되어야 한다.

2. 지식 · 정보화 및 세계화 시대의 거버넌스

한편 21세기 정보화 및 세계화 사회에서 국가는 전 세계적 큰 문제를 다루기에는 너무 작고, 지역 수준의 작은 문제를 다루기에는 너무 큰 주체가 되었다. 세계화와 더불어 독점권이 더욱 약화된 정부는 점차 더 많은 주체들과 공동으로 활동하게 됨에 따라 거버넌스는 매우 다양한 형태로 나타난다. 거버넌스의 다양성은 참여 주체뿐만 아니라 관련 영역에서도 나타난다. 지구적 거버넌스(gloval governance)에서는 규칙을 제정하거나 해석하는 권위를 정부가 독점하지 못하며, 다양한 주체에 분산되어 있다. 사회적으로 따라야 할 규칙은 이제 더 이상 국가나 세계기구만 만들 수 있는 것이 아니다. 국가나 세계기구와 더불어 사기업, NGO, 하위 정부집단, 초국가적 · 초정부(transgovernment)와의 연계망이 중요 역할을 담당한다. 결과적으로, 새롭게 대두되고 있는 거버넌스는 계층제적이기보다는 다양한 참여자들과 연계된 형태를 지니게 될 것이다. 그리고 거버넌스과정에서 정부가 연계된 영역도 다양하다. 이처럼 다양한 수준에서 이루어지고 있는 거버넌스를 이해하기 위해서는 문제 수준별 및 관련 영역별로 구분해 볼 필요가 있다.

[그림 2-1]은 거버넌스를 거버넌스의 주체가 다루어야 할 문제의 수준과 거버넌스가 이루어지는 영역을 기준으로 분류한 것이다. 거버넌스를 통하여 다룰 문제를 초국가적, 국가적 그리고 하위 정부적 수준으로 구분할 수 있다. 그리고 관련 영역이란 사적 영역, 공공영역 그리고 제3영역(third sector)으로 구분할 수 있다. 사적 영역은 이윤추구를 목표로 하는 기업 활동 영역이고, 제3영역이란 주로 비영리 조직이 활동하는 영역을 말한다.

거버넌스가 이루어지는 문제 수준별로 볼 때, 가장 높은 수준은 주권국

그림 2-1 정보화 시대의 거버넌스 유형

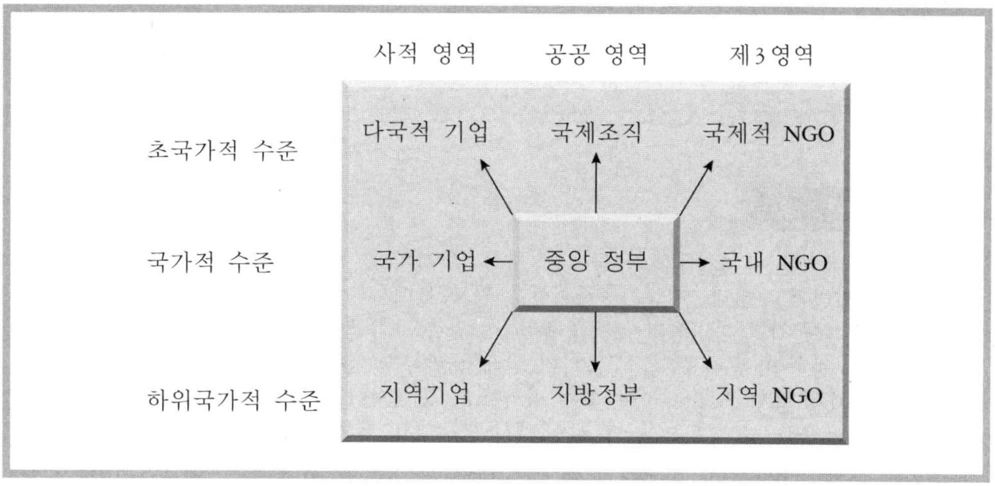

가(nation state)가 단독적으로 해결할 수 없는 범국가적 문제를 다루는 지구적 거버넌스(global governance)이다. 이러한 수준에서는 정부는 다른 국가, 국제기구, 다국적 기업과, 국제적 NGO 등과의 상호협력체계를 구축하게 된다. 국가수준의 거버넌스는 국내 기업, 중앙정부 부처간정부간 국내의 NGO와의 관계에서 이루어진다. 그리고 하위 국가적 수준인 지방 거버넌스(local governance)는 지방기업, 지방정부 그리고 지역 집단과의 관계에서 이루어진다.

제3장 전 자 정 부

개 요

정보기술의 발전으로 인해 오늘날은 지식기반사회에 이어 지능기반사회(ubiquitous society)로 나아가고 있다. 지능기반사회란 특정 사물에 지능을 내재시켜 원하는 사람이라면 언제 어디서나 첨단 디지털의 혜택을 누릴 수 있는 사회를 의미한다. 많은 나라에서 지능기반사회에 부응하여 전자정부를 구축하기 위해 노력하고 있다. 전자정부란 정보기술(IT)을 - 특히 인터넷을 통한 - 활용하여 보다 편리하고, 고객지향적이며, 비용-효과적으로 공공서비스를 생산 · 전달하는 정부를 말한다. 다시 말해 전자정부란 행정과정에 정보와 의사소통기술을 원용한 정부이다. 정부의 형태와 과정이 전자정부화 됨에 따라 행정의 구조와 과정, 사이버 민주주의(cyber-democracy)와 같은 정치 방식, 시민과 행정의 관계 등에서 많은 변화가 일어나고 있다.

전자정부에 있어 정보와 지식에 대한 관리는 매우 중요한 과제이다. Sveiby(1997)는 후기산업사회를 지식조직의 시대라고 하고, 지적 자본(intellectual capital)이 조직의 새로운 부(new wealth)라고 하였다. 지식조직의 시대에는 정보와 지식과 같은 무형의 자산을 관리하는 것이 무엇보다 중요하다. 이런 점에서 민간기업은 물론 정부조직에 있어서도 지식 · 정보의 저장 및 공유에 관한 지식 관리에 대한 관심이 점차 높아지고 있다. 지식 관리는 조직 구성원에게 조직이 전사적인 지식체계를 제공해 줌으로써 신속하고 효과적으로 업무를 처리하도록 지원하기 위한 관리체계이다.

전통적인 국가와 조직의 경계를 초월하는 ICTs(Information Communication Technologies, 정보소통기술)의 급속한 발달로 인하여 새로운 차원의 지식 관리가 가능하게 되었다(Little and Ray, 2005). 이에 따라 지식 관리에 관련된 법령이 제정되고 있으며, 관련 예산도 급격히 증대되고 있는 추세이다. 관리자가 효율적으로 정보와 지식을 활용할 수 있는 방법들을 개발되어 왔으며, 나아가 20세기와는 다른 지식관리에 대한 새로운 패러다임이 형성되고 있다고 하겠다.

효율적인 지식 관리체계를 구축하기 위하여 우리 정부도 2000년에 "지식정보 관리법"을 제정하고, 이를 구체화하기 위한 계획들을 수립 · 추진하고 있다. 또한 전자정부법 제23조에서는 행정기관은 당해 기관의 업무와 관련된 행정정보, 개인의 경험, 당해 기관 안에서 생산 · 유통되는 업무지식 및 기술 중에서 당해 기관의 정책결정에 주요 판단자료로서의 가치가 크다고 인정되는 사항에 대하여는 이를 정책결정에 활용될 수 있도록 전자적 체계를 구운영할 수 있도록 하였다. 특히 조직 내에 축적된 정보와 지식과 더불어 개인적 경험과 숙련된 기능을 조직이 공유할 수 있는 암묵적 지식에 대한 관리가 중요시되고 있다. 전자정부와 지식 관리는 거스를 수 없는 역사적 방향이라는 점에서 이에 대한 체계적이고 심층적인 이해가 필요하다.

Ⅰ. 지식 · 정보사회에서의 행정

1. 지식 · 정보사회의 특성

정보사회의 특성을 잘 설명한 학자들 중 한 사람인 Bell(1991: 61-67)에 의하면, 인류는 지금까지 크게 세 번의 기술혁명을 거쳤다고 한다. Watt가 기계에 동력을 공급하는 증기기관을 발명한 것을 계기로 전개된 제1의 기술혁명은 속도개념을 우리 생활에 대두시켰다. 전기발명을 계기로 촉발된 제2의 기술혁명은 전선을 통해 멀리까지 정보를 보내고, 합성물질들을 생산할 수 있었다. 이로 인해 인간은 더 이상 자연에 절대적으로 의존하지는 않게 되었다. 이에 비해 통신과 컴퓨터와의 결합에 의해 이루어진 제3의 기술혁명은 물질적 가치에 근거하였던 이전의 혁명들과는 달리 지식과 정보를 바탕으로 이루어진 것이다.

인터넷을 통한 C&C(Computer & Communication) 혁명으로 인해 개인의 행태 및 사회 전체의 운영방식에 일대 변혁을 초래되고 있다. 정보혁명 또는 지식혁명으로 인한 나타난 지식 · 정보사회의 주요 특성을 보면 다음과 같다.

첫째, 서비스산업이 주축을 이룬다. 여기서의 서비스란 전문 지식과 고도의 기술을 지닌 지식기술자가 제공하는 활동을 말한다. 지식 · 정보사회에서는 골드칼라(gold collar)라고도 불리는 지식근로자(knowledge worker)가 새로운 자본가로서 중요한 역할을 한다(Drucker, 2002).

둘째, 지식과 정보가 핵심 자원이다. 산업사회에서는 노동, 자본, 토지와 같은 유형재(tangibles)가 중요하였다. 그러나 지식 · 정보사회에서는 무형재(intangible)인 지식이 주된 생산요소이고 3대 생산요소는 2차적인 요소일 뿐이다(송병락, 2004: 91). 그런데 새로운 지식이 계속적으로 산출되기 때문에 지식의 생명주기가 대단히 짧다. 따라서 창의적 지식을 개발하기 위한 기술과 기초 과학의 통합 및 고등 교육수준이 국가경쟁력에 중요한 영향을 미치게 된다.

셋째, 국경의 중요성이 약화된다. 왜냐하면 지식과 정보는 전 세계적으로 빠르게 유통되어 국경이 큰 장애가 되지 못하기 때문이다.

넷째, 성공뿐만 아니라 실패 가능성도 높다. 누구나 교육을 통해 직무수행에 필요한 지식을 획득하여 성공할 수 있지만, 그렇다고 모두가 승리할 수 있는 것은 아니다. 변화의 본질과 방향을 이해하고 스스로 변화의 창도자 내지 중개인이 되는 사람이 변화를 성공적으로 관리할 수 있다.

2. 지식 · 정보사회의 문제점

지식 · 정보화는 거역할 수 없는 사회적 흐름이지만 이로 인해 많은 사회적 문제도 제기된다. 여기서는 정부와 관련된 주요 문제점에 대해 설명하기로 한다.

첫째, 개인 정보 및 국가 기밀의 누출문제이다. 따라서 사생활 정보가 부당하고 불법적으로 누출되지 않도록 필요한 보안조치가 마련되어야 한다. 특히 정부 간에 정보를 공동 활용하는 과정에서 정보 프라이버시가 침해될 가능성이 크다. 또한 국내 · 외 해커에 의해 국가 정보가 유출될 가능성이 항상 있기 때문에 방화벽 설치, 바이러스 백신 개발, 사이버 전쟁에 대비 등 개인적, 기업적 그리고 국가적 차원에서의 노력이 필요하다.

둘째, 사이버 지적 재산권에 대한 분쟁이 많아진다. 사이버상 저작권, 컴퓨터 프로그램, 사이버상 특허에 대한 분쟁을 해결하기 위한 방안들이 계속적으로 개발해야 한다.

셋째, 계층 간 괴리가 심화된다. 지식 · 정보를 획득에는 비용이 드는데, 경제능력이 낮거나 자신이 필요한 정보를 식별할 능력이 부족한 계층은 더욱 사회적 불리한 입장이 된다. 그러므로 지식 · 정보 소외계층을 보호하기 위한 사회적 장치가 필요하다.

넷째, 정부의 지식 · 정보화 정책으로 인한 가치 충돌문제이다. 예컨대 국민의 알 권리를 보장하기 위해서 정부 정보에의 접근방법을 확대해야 하지만, 정보 접근이 용이해질수록 사생활, 정보의 안전성 또는 기밀 누설의 가능성도 커진다. 그러므로 이 양자적 가치를 어느 수준에서 조화할 것이냐에 관한 사회적 합의를 도출해야 한다.

넷째, 인터넷망을 통한 바이러스 감염, 스팸 메일, 사이버 범죄 등의 문제이다. 기업 기밀이나 국가 보안사항도 적대 기업이나 적대국에 의해 해킹될 가능성이 높다. 전쟁양상도 사이버전으로 변화되고 있으므로 사이버군대를 체계적으로 육성해야 한다.

3. 지식 · 정보사회에서의 정부의 기능

지식 · 정보사회에서 정부의 역할도 변화된다. 어떤 부분에서는 정부의 기능이 약화되는가 하면, 또 다른 부분에서는 정부의 역할이 더 강력해지는 부분도 있다. 신공공관리적 관점에는 정부의 역할이 "노 젓기"보다는 "방향잡기"이여야 한다고 본다. 또한 좋은 거버넌스를 위해 정부는 관련 당사자들 사이에서 조정자 또는 협상자의 역할을 수행해야 한다. 이처럼 정부의 역할 변화와 더불어 정부의 기능도 축소되고 있다. 20세기 동안 정부의 역할과 기능이 계속 증대되었던 것과는 대조적으로 지식 · 정보사회가 될수록 정부기능이 줄어들게 되는 현상은 왜 발생할까? 그 원인을 분석해 보면 다음과 같다.

첫째, 전자상거래를 통해 상품이 그리고 전자정부를 통해 행정서비스가 부처, 지역, 그리고 국가의 경계를 뛰어 넘어 교환되기 때문에 지역적 한계를 지니는 정부가 기업이나 민간조직을 규제하기가 어렵다. 기업과 기업 간(business to business: B2B), 기업과 소비자간(business to consumer: B2C) 전자상거래에서 정부는 — 불법성에 대한 규제는 강화해야 하지만 — 개입의 폭이 점차 줄어들 수밖에 없다(송병락, 2002).

둘째, 각종 지식 · 정보를 정부가 기업보다 더 많이 갖게 된다는 보장이 없다.

셋째, 행정이 정보화될수록 정부가 정보를 독점할 수 없게 되며, 행정의 투명성도 증대된다. 이러한 현상으로 인해 국내 · 외적으로 정부의 재량권이 약화된다. 예컨대 국내산업 보호를 위한 보조금 지급은 국제적 기준에서 허용되지 않기 때문에 정부의 시장 개입이 약화되게 된다.

Ⅱ. 전자정부

1. 지식 · 정보사회에서의 행정

전통적으로 정부기관이 행정구역별 또는 업무영역별로 나누어져 있기 때문에 행정 수요자는 번잡한 행정절차를 거쳐야만 했다. 그러나 인터넷을 통해 지역별 · 기능별로 분산된 업무를 통합한 전자정부(e-government)의 출현으로 인해 행정과정이 단순화되었다. 전자정부를 통해 오랫동안 해결하지 못한 행정과제인 업무 지체와 비효율성을 해결할 수 있게 된 것이다.

전자정부란 공공부분의 정보화를 지칭하는 것이다. 다시 말해 전자정부는 정보기술(IT)을 활용한 정보기반시설을 구축한 정부형태를 말한다. 전자정부의 초기에는 기업에서 발전되었던 전자상거래에 영향을 받아 정부부처 및 부처 간 업무에 정보기술을 원용하여 생산성을 향상시키는데 초점을 두었다. 초기 단계에서는 온라인 민원 접수, 정보 공개 등과 같은 가시적 측면에서 높은 성과를 거두었지만, 시민과 기업이 진정으로 원하는 것을 해결해 주기에는 부족한 점이 많았다. 하지만 최근에는 일괄 처리(one-stop) 서비스, 물품의 전자 조달, 화상회의, 전자 투표 등과 같은 정부조직의 외적 관계에 초점을 두고 있다.

전자정부는 시민을 위한 정부(Government For Citizen: G4C), 정부에서 기업(Government To Business: G2B) 등 인터넷을 통해 개인과 기업이 원하는 정보를 제공할 수 있다. 민원인은 대한민국 전자정부 홈페이지(www.egov.go.kr)에서 민원처리기관, 처리정차, 구비서류, 관련법령 등을 안내받을 수 있다. 온라인상 민원 신청을 할 수 있다. 그리고 인터넷을 통해 제 증명 내용을 열람할 수 있고, 전자화일 형태로 본인의 컴퓨터에 저장할 수도 있다. 또한 행정정보를 행정기관 간에 공동 이용할 수 있도록 하여서 민원인은 해당 서류를 행정기관에서 발급받아 다른 행정에서 구비서류로 제출할 필요가 없게 되었다.

정부업무의 효율성과 행정고객의 편의성을 위하여 “일괄 처리 정부(one-stop government)”를 지향하고 있다. 즉 민원 신청에서 전자적 발급까지 가능하도록 하고, 나아가 민원의 일괄처리를 구축하여 기업의 편이성을 향상시키기 위한 제도를 구축하고 있다. 일괄처리 사무실(독일에서는 시민의 사무실(Citizen' s Office) 이라고 부름)에서 시민으로부터 민원을 받아 관련 부처와 연계하여 시민의 관점에서 서비스를 제공하는 것이다. 즉 행정과정을 사람 대신에 자료가 움직이도록 만들려는 것이다. 이렇게 되면, 시민은 자신이 원하는 서비스를 받기 위해 이 부서에서 저 부서로 옮겨 다닐 필요 없게 된다.

전자정부를 통해 행정부, 시민 그리고 기업이 모두 이익을 얻게 된다. 우선 행정부의 이점을 보면, 고객 위주로 업무를 처리함으로써 서비스의 질을 높일 수 있으며, 행정의 효율성과 투명성이 높아진다. 또한 의사소통과정을 줄이는 등 행정과정이 단순화된다. 한편 시민의 입장에서는 시간적으로나 지역적으로 융통성이 많아지고, 관련 업무들을 여러 부서나 지역을 방문할 필요 없이 한꺼번에 해결할 수 있다. 그리고 복잡한 서류를 작성하거나 준비할 필요가 없어진다. 마지막으로, 기업의 입장에서는 행정 지체로 인한 손실이 없어지게 되고, 전자우편을 통해 서류를 교환함으로써 신속한 업무처리가 가능해 진다. 또한 업무에 필요한 최신 행정 자료나 법령을 온라인을 통해 수집할 수 있다. 행정부로서는 전자정부를 통해 생산성 향상은 물론 행정의 투명성과 민주성을 확보할 수 있게 된다(Jacumeit, 2002: 157-162).

2. 전자정부를 위한 행정과정의 논리

정보기술의 변화가 가속화되고 있는 추세에 부응하기 위해서는 정부의 조직구조와 관리양식을 전자정부로 바꾸어야 한다. 하지만 전자정부로의 혁신과정이 개별적·단절적이어서는 안 되며 체계적이고 거시적 시각에서 이루어져야 한다. 즉 전자정부가 지향해야 할 논리와 목표를 설정하고, 이를 바탕으로 조직구조나 행정과정을 설계하고, 나아가 구체적인 전자정보체계를 구축해 나가야 시행착오를 줄일 수 있다.

그림 3-1 전자정부화 과정에서 고려해야 할 차원

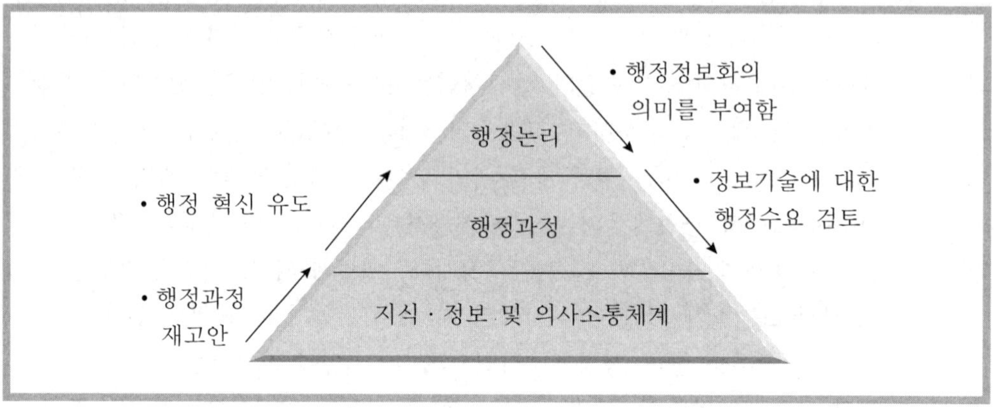

[그림 3-1]은 전자정부화 과정을 위해 고려해야 할 세 가지 차원을 나타낸 것이다. 화살표가 상 · 하 방향으로 되어 있는 것은 각 차원은 상호 연계되어야 한다는 것은 의미한다.

첫번째 차원은, 전자정부가 행정과정에서 지니는 의미를 제공하기 위한 행정논리 개발에 관한 것이다. 전자정부가 운영되기 위해서는 어떠한 능력을 가진 사람이 필요하며, 이들이 제공할 산출물이나 서비스가 무엇이며, 전자정부를 통해 어떤 효과를 얻을 수 있을 것인가 등에 관해 논리를 개발해야 한다. 행정 논리는 전자정부의 조직이나 절차를 고안하기 위한 기초가 되며, 이해관계를 달리하는 다양한 참여자간에 개혁 방안에 관한 협의과정에서 방향성 역할을 수행한다.

그 다음 차원은, 정보기술을 원용하여 효율성, 연계성, 투명성 등을 확보하기 위한 행정절차를 고안하는 것이다. 기술 변화는 행정의 조직형태나 관리양식에 영향을 미친다. 즉 발전된 정보기술을 행정체계에 원용할 때 순기능 뿐만 아니라 역기능도 있게 된다. 그러므로 역기능적 영향을 최소화하고 순기능을 증대하는 방향으로 행정체계를 변화시켜야 한다. 결국 이 단계는 앞서 개발한 전자정부화 논리를 바탕으로 변화하는 정보기술을 원용하여 효율적이고 투명한 행정절차를 고안하는 과정이다.

마지막 차원은, 정보체계에 대한 것이다. 전자정부로의 혁신을 담당하는 집단은 나날이 발전되고 있는 정보기술과 관련된 하드웨어와 소프트웨어를 이해하고, 정부에 도입 가능한 컴퓨터 기종과 소프트웨어, 업무담당자의 직무분석, 정보화 일정 등과 같은 실천적인 문제들을 결정해야 한다. 변화하는 정보기술에 대해 이해하여 정부에 도입 가능한 정보기술 탐색, 채택할 컴퓨터 기종 선정, 전문 인력 배치, 예산과 연계된 정보화 일정 마련 등이 포함된다.

이상에서 전자정부로 나아가기 위해 고려해야 할 차원들에 대해 설명하였는데, 실제에 있어서는 이러한 세 가지 차원을 엄격히 따르기는 어려울 것이다. 전자정부의 목표와 논리를 설정하기는 상대적으로 쉽지만, 정보화 담당인력에 대한 구상이나 전자정부가 제공할 산출물이나 서비스의 실체나 정보화를 통해 얻게 될 효과를 분석하기란 쉬운 일이 아니다. 하지만, 전자정부화 과정에서 고려해야 할 차원들에 대해 충분한 고려를 해야만 전자정부를 추진과정에서 나타날 수 있는 문제점들을 줄일 수 있다. 초기 전자상거래가 잠재 고객과 그들의 욕구에 대한 조사가 거의 없이 시작되었기 때문에 많은 문제점이 발생되었던 것처럼 전자정부의 경우에도 의도치 못했던 문제점이 발생할 수 있다. 그러나 정부부문은 민간부문에 비해 문제점들을 추적하기가 더욱 어려우며, 이를 고치려는 유인도 상대적으로 적다는 점을 고려해야 한다(Traunmüler & Lenk, 2002).

한편 전자정부화 됨에 따라 기존의 관리방식도 이에 맞게 변화되어야 한다. 기업에서는 정보 · 지식관리기법이 발달함에 따라 관리자의 관심이 전사적 관리(Total Quality Management: TQM)에서 조직 과정 재구조화(Business Process Re-engineering: BPR) 방식으로 관리방식이 전환되고 있는 것이 그 예이다. BPR은 나누어져 있는 조직의 기능과 계층을 IT기술을 원용하여 재고안하여 관리 효율성을 높이기 위한 관리방식이다(Malhatra, 2001) 즉 TQM이 통계적 기초에 바탕으로 현존 상태(status quo)에서 점진적으로 바꾸어나가는 것이라면, BPR은 기존 상황을 무시한 상태(clean state)에서 급진적으로 관리방식을 변화하려는 것이다. 또한 TQM은 특정 기능분야의 변화를 이루기 위하여 짧은 기간에 상향적으로 추진되는 관리방식이라면, BRP는 장기간에 걸쳐 기능적 범위를 초월하여 하향적 방식으로 변화를 추구한다. 그리고 TQM이 문화적 측면에 변화의 초점을 둔다면, BRP은 문화와 구조적 측면 모두를 대상으로 한다. 이상의 내용을 정리하면 [표 3-1]과 같다.

표 3-1 TQM과 BRP의 비교

	TQM	BRP
변화의 수준	점진적	급진적
출 발 점	현존 과정(existing process)	새로운 상태(clean state)
빈 도	일회적 / 지속적	일회적
추진기간	단기	장기
참 여	상향적(bottom-up)	하향적(top-down)
위 험	보통	높음
주된 기법	통계적 통제	IT 기술
변화 유형	문화적	문화적/구조적

자료: Malhatra(2001: 4).

3. 전자정부법의 주요 내용

우리나라는 1995년에 국가정보화 정책의 기본법인 정보화촉진기본법을 제정하였고, 2001년 '전자정부 구현을 위한 행정업무 등의 전자화 촉진에 관한 법률'이 제정되었고, 2007년에 '전자정부법'으로 변경되었다. 전자정부법은 행정업무의 전자적 처리를 위한 기본원칙·절차 및 추진방법 등을 규정함으로써 전자정부의 구현을 위한 사업을 촉진시키고, 행정기관의 생산성·투명성 및 민주성을 높여 지식·정보화시대의 국민의 삶의 질을 향상시키는 것을 목적으로 하여 제정되었다. 전자정부법은 우선 전자정부를 구현하기 위한 원칙을 수립하고, 행정관리 및 대민서비스의 전자화, 문서업무의 감축 등에 대하여 규정하고 있다.

1) 전자정부를 구현하기 위한 원칙

전자정부법은 우선 전자정부화를 위한 원칙을 다음과 같이 정하고 있다.

첫째, 국민편익 중심의 원칙으로서 행정기관의 업무처리과정은 당해 업무를 처리하는데 있어서 민원인이 부담하여야 하는 시간과 노력이 최소화되도록 설계되어야 한다.

둘째, 업무혁신 선행의 원칙으로서, 행정기관은 업무를 전자화하고자 하는 경우에는 미리 당해 업무 및 이와 관련된 업무의 처리과정 전반을 전자적 처리에 적합하도록 혁신하여야 한다.

셋째, 전자적 처리의 원칙으로서, 행정기관의 주요 업무는 전자화되어야 하며, 전자적 처리가 가능한 업무는 특별한 사유가 있는 경우를 제외하고는 전자적으로 처리되어야 한다.

넷째, 행정정보공개의 원칙으로서, 행정기관이 보유·관리하는 행정정보로서 국민생활에 이익이 되는 행정정보는 법령의 규정에 의하여 공개가 제한되는 경우를 제외하고는 인터넷을 통하여 적극적으로 공개되어야 한다.

다섯째, 행정기관 확인의 원칙으로서, 행정기관은 특별한 사유가 있는 경우를 제외하고는 행정기관 간에 전자적으로 확인할 수 있는 사항을 민원인에게 제출하도록 요구하여서는 아니 된다.

여섯째, 행정정보공동이용의 원칙으로서, 행정기관은 수집·보유하고 있는 행정정보를 필요로 하는 다른 행정기관과 공동 이용하여야 하며, 다른 행정기관으로부터 신뢰할 수 있는 행정정보를 제공받을 수 있는 경우에는 동일한 내용의 정보를 따로 수집하여서는 아니 된다.

일곱째, 개인정보보호의 원칙으로서, 행정기관이 보유·관리하는 개인정보는 법령이 정하는 경우를 제외하고는 당사자의 의사에 반하여 사용되어서는 아니 된다.

여덟째, 중복 투자 방지의 원칙으로서, 행정기관은 전자정부 사업을 추진함에 있어서 다른 행정기관이 보유한 행정정보자원과의 상호연계 및 공동이용 등을 통하여 중복 투자가 되지 아니하도록 필요한 조치를 하여야 한다.

아홉째, 기술 개발 및 운영 외주의 원칙으로서, 행정기관은 전자정부의 구현에 필요한 기술 개발 및 운영에 있어서 당해 사업이 민간부문에 맡길 수 없거나 행정기관이 직접 개발 또는 운영하는 것이 경제성·효과성 또는 보안성 측면에서 현저하게 우수하다고 판단되는 경우를 제외하고는 민간부문에 그 개발 및 운영을 의뢰하여야 한다.

2) 행정관리의 전자화

업무의 성격 그 밖에 특별한 사정이 있는 경우를 제외하고는 행정기관의 문서는 전자문서를 기본으로 하여 작성·발송·접수·보관·보존 및 활용되어야 한다. 행정기관은 당해 기관에서 접수 또는 발송하는 문서의 서식에 더하여 전자문서에 적합한 서식을 마련하고 이를 활용할 수 있다. 전자공문서는 당해 문서에 대한 결재가 있음으로써 성립한다. 개인, 법인 또는 단체가 본인임을 확인할 필요가 있는 전자문서를 행정기관에 송신하고자 하는 경우에는 「전자서명법」에 따른 공인전자서명 또는 다른 법령에 의하여 본인임을 확인하기 위하여 인정되는 전자적 수단을 이용하여 송신하여야 한다. 다만 공공기관이 행정기관과 전자문서를 유통하는 경우에는 행정전자서명을 이용하여 송·수신하여야 한다. 발송 또는 도달시기를 분명히 할 필요가 있는 전자문서는 발송 또는 도달시기를 객관적으로 확인할 수 있도록 행정규칙 및 대통령령으로 정하는 전자적 방법을 이용하여 송신 또는 수신하여야 한다.

행정기관에 송신한 전자문서는 당해 전자문서의 송신시점이 컴퓨터에 의하여 전자적으로 기록된 때에 그 송신자가 발송한 것으로 본다. 행정기관이 송신한 전자공문서는 수신자가 지정한 컴퓨터 등에 입력된 때에 그 수신자에게 도달된 것으로 본다. 특정한 기한까지 도달되어야 할 문서 등을 송신자가 기한 전에 전자적 방법에 의하여 전자문서로 발송하였으나 당해 수신자의 컴퓨터 또는 관련 장치의 장애로 인하여 기한 내에 도달되지 아니한 경우에는 당해 송신자에 한하여 장애가 제거된 날의 다음 날에 기한이 도래한 것으로 본다.

행정기관에 도달된 전자문서가 판독할 수 없는 상태로 수신된 경우에는 당해 행정기관은 이를 흠이 있는 문서로 보고 보완에 필요한 상당한 기간을 정하여 보완을 요구하여야 하며, 행정기관이 발송한 전자공문서가 판독할 수 없는 상태로 수신자에게 도달된 경우에는 이를 적법하게 도달된 문서로 보지 아니한다.

전자공문서에는 행정전자서명을 사용해야 한다. 다만 행정기관은 「전자거래기본법」에 의한 전자거래를 효율적으로 운영하기 위하여 공인전자서명을 사용할 수 있다. 중앙사무관장기관의 장은 행정전자서명에 대한 인증업무를 행한다.

한편 행정정보의 공동 이용을 위하여 행정기관은 다음 각 호의 행정정보를 공동 이용하여야 한다. ① 민원사항의 처리를 위하여 필요한 행정정보, ② 통계정보 · 문헌정보 등 행정업무의 수행에 참고가 되는 행정정보, ③ 「공공기관의 개인정보보호에 관한 법률」에 의하여 다른 기관에 제공할 수 있는 처리정보, ④ 정보화촉진기본법에 의한 정보화추진위원회가 행정기관 간 공동 이용이 필요하다고 인정하는 행정정보. 그러나 국가의 안전보장과 관련된 행정정보와 비밀 또는 이에 준하는 행정정보는 이를 공동 이용의 대상이 되는 정보에서 제외할 수 있다.

한편 행정기관은 그 기관이 보유하고 있는 행정정보를 공공기관과 「은행법」에 따라 인가를 받은 기관 등 행정규칙 및 대통령령이 정하는 법인 · 기관 및 단체로 하여금 행정정보공동이용센터를 통하여 공동 이용하게 할 수 있다. 행정정보를 공동 이용하는 경우에는 행정전자서명을 사용하여야 한다.

행정기관의 장은 소관업무에 대하여 정보통신기술을 도입하는 경우에는 기존의 조직 및 업무절차를 정보통신기술의 도입에 적합하도록 사전에 재설계하고 이를 시행하여야 한다. 업무재설계의 범위가 둘 이상의 행정기관의 업무와 연계되어 있는 경우에 당해 행정기관의 장은 관련 행정기관의 장에게 협조를 요청할 수 있으며, 그 요청을 받은 행정기관의 장은 특별한 사유가 없는 한 이에 응하여야 한다. 중앙사무관장기관의 장은 행정안전부장관과 협의하여 행정기관을 통합 · 연계하는 정보통신망의 구축 · 운영방안을 마련하여야 한다. 행정기관은 정보통신망을 구축 · 운영하는 경우에 다양한 행정정보의 원활한 유통을 위하여 다른 행정기관의 정보통신망과 연계될 수 있도록 설계 · 운영하여야 한다.

행정부서는 전자정부의 구현에 요구되는 정보통신망과 행정정보 등의 안전성 및 신뢰성 확보를 위한 보안대책을 마련하여야 한다. 행정기관의 장은 이러한 보안대책에 따라 소관 정보통신망 및 행정정보 등의 보안대책을 수립 · 시행하여야 한다. 그리고 행정기관의 장은 정보통신망을 이용하여 전자문서를 보관 · 유통함에 있어서 위조 · 변조 · 훼손 또는 유출을 방지하기 위하여 국가정보원장이 안전성을 확인한 보안조치를 하여야 하고, 국가정보원장은 그 이행 여부를 확인할 수 있다.

3) 대민 서비스의 전자화

행정기관의 장은 당해 기관에서 처리할 민원사항 등에 대하여 관계 법령에서 문서·서면·서류 등의 종이문서로 신청·신고 또는 제출하도록 규정하고 있는 민원서류나 이에 대한 통지서류에 대하여서도 전자문서로 할 수 있다. 또한 민원인은 민원사항의 구비요건으로서 첨부·제출하는 증명 또는 서류 등을 직접 그 구비서류를 발급하는 행정기관으로부터 전자문서로 발급받아 업무를 처리해 주도록 요청할 수 있다.

행정기관의 장은 민원인이 당해 기관을 직접 방문하지 아니하고도 민원업무를 처리할 수 있도록 관계 법령의 개선, 필요한 시설 및 시스템의 구축 등 제반 조치를 마련하여야 한다. 행정기관의 장은 비방문 민원처리제도의 시행을 위하여 인터넷에 전자민원창구를 설치·운영할 수 있다. 중앙사무관장기관의 장은 행정기관의 전자민원창구의 설치·운영을 지원하고 이를 연계하여 통합된 전자민원창구의 설치·운영 방안을 마련하여야 한다.

행정기관의 장은 민원관련 법령, 민원사무관련 편람, 민원사무의 처리기준 등 민원관련 정보 그 밖에 국민생활과 관련된 행정정보로서 행정규칙 및 대통령령이 정하는 행정정보 등을 인터넷에 게시하는 방법으로 국민에게 제공하여야 한다.

4) 문서업무의 감축

행정기관은 ① 의사결정의 쇄신과 전자화, ② 민원신청의 전자화, 행정정보 제공의 전자화, ③ 행정정보의 공동이용, ④ 문서대장의 전자화, ⑤ 그 밖에 문서감축을 위한 행정개선 및 전자화 등의 방법으로 그 기관이 취득·작성·유통·보관하는 종이문서 등을 최대한 감축하여야 한다. 중앙행정기관 및 그 소속기관과 지방자치단체 소관의 문서업무 감축을 효율적으로 추진하고 이를 위한 제반 사항을 심의하기 위하여 행정안전부장관 소속하에 문서감축위원회를 두고 있다.

중앙사무관장기관의 장은 행정정보자원을 체계적으로 관리하기 위하여 행정정보자원에 대한 관리계획을 수립하여야 한다. 이 계획에는 ① 행정정보자원 관리의 목표 및 추진방향, ② 행정정보자원의 관리 현황, ③ 행정정보자원의 효율적 관리방안, ④ 행정정보자원의 상호 운용성 및 연계성 확보방안, ⑤ 행정정보자원의 공동이용에 관한 사항, ⑥ 행정정보자원의 조사에 관한 사항, ⑦ 그 밖에 행정정보자원의 관리를 위하여 필요한 사항이 포함되어야 한다.

Ⅲ. 지식 관리

1. 서 론

오늘의 사조직은 물론이고 공조직도 급속하고도 급격한 변화하는 환경에 처해 있다. 물론 20세기의 조직도 나름대로 급속히 변화하는 환경에 생존·발전하였지만 21세기의 조직의 환경은 본질적 측면에서 차이가 있다. 20세기와 구별되는 21세기적 조직환경의 본질적 특성은 기술적이거나 합리적 측면보다는 조직이 지식을 창출하고 활용하고 나아가 개인과 조직이 어떻게 학습능력을 높여나가느냐에 따라 조직의 성과가 결정되는 문화적 측면에서 찾을 수 있다. 지난 50년 동안에는 사회의 핵심자원이 자본(capital)이었지만, 이제는 지식으로 전환되었다. 따라서 지식을 중요 자산으로 인식하고, 이에 대한 전략적 관리하는 문화를 형성하지 못하는 조직은 21세기적 환경에서 생존·발전하기 어렵다.

지식 관리란 조직 내에 존재하는 다양한 형태의 지식을 분류·통합하여 조직이 신속하고 정확하게 의사결정을 하도록 지원하기 위한 지식의 저장 및 흐름을 관리하는 것이다(김민철·김동욱, 2007). 다시 말해 지식 관리란 지식을 조직 구성원으로서 개인 및 조직차원에서 창의적으로 지식을 창출하고, 이를 조직 구성원들과 공유하고 나아가 조직의 지식창고에 체계적으로 저장하여 행정관리 및 정책결정에 활용하고자 하는 활동체계이다.

2. 정보와 지식의 개념과 유형

정보화 사회에서는 자료, 정보, 그리고 지식이라는 말을 자주 사용하고 있다. 우선 세 용어의 개념적 차이를 이해한다면 지식 개념을 분명하게 정의

할 수 있을 것이다.

자료(data)란 특정한 일에 유용하게 사용될 가능성이 있는 사실, 이미지, 혹은 소리, 문자 등을 의미한다. 필요한 자료는 조직 내에 이미 존재하고 있는 경우도 있으며, 외부에서 수집해야 하는 경우도 있다. 자료는 그 질이 아직 평가되지 않은 상태에 있으며, 또한 사용목적에 맞게 가공 · 처리되지도 않은 것이다. 자료가 일정한 목적에 맞게 처리 · 가공되면 정보로 변화된다.

정보(information)란 받아들이는 사람에게 의미 있는 형태로 처리된 자료이며, 현재 또는 장래의 의사결정에 있어서 가치를 인정받은 것이다(Davis and Olsen, 1985). 즉 정보는 사용자에게 의미 있는 형태로 변환된 자료이다. 즉 사용자가 자신의 업무 목적이나 용도에 맞게 자료를 구성 · 추출 · 요약하면 정보가 된다. 정보는 보고서, 프린트물, 그래픽, 차트 등의 형태로 사용자가 보기에 편하도록 변형되어 제공되는 경우가 많다. 그러나 어떤 사건이나 행위에 대한 정보를 얻었다고 해서 실제에 있어 어떻게 해야 하는가를 알 수 있는 것은 아니다(Ryle, 2000).

정보를 첩보(information)와 정보(intelligence)로 구분하기도 한다. 첩보는 처리되지 않은 자료 또는 의도를 가지고 수집한 자료를 의미한다. 이에 비하여 정보는 정책목표를 위한 체계화된 자료와 첩보를 의미한다(Lowentahal, 2005; Treverton, 2003).

기업분야에서는 전략정보(strategic intelligence) 개념이 널리 사용되고 있다. 이는 정보를 의사결정과정의 출발점일 뿐만 아니라 종착점이며, 자료와 첩보를 정보로 가공하는 것이 조직지도자의 중요한 임무로 보는 관점에서 생성된 개념이다. 즉 전략정보란 조직의 미래에 대한 정책결정을 할 수 있도록 적시에 적절한 사람에게 공급되는 정보를 말한다(Kahaner, 1996). 전략적 정보의 기초는 자료와 첩보인데, 전략적 정보를 산출하기 위한 능력은 조직의 정보과정과 기술 그리고 사람이라는 세 요소에 달려 있다. 우선 전략적 정보를 산출하기 위해서는 자료를 효율적 · 선별적으로 수집하여 전략적 정보를 산출할 수 있도록 정보과정을 개발해야 한다. 그리고 효율적 정보생산과 배포를 가능케 하는 적절한 기술을 개발하는 것이다. 마지막으로 정보생산자들을 동기부여 하고 육성하는 문화를 창출하는 것이다(Xu, 2007: 2).

전략적 정보와 유사 개념으로서 경쟁적 정보(competitive intelligence)라는 개념도 기업분야에서 사용되고 있다. 경쟁적 정보란 경쟁자의 행위와 조직목표에 영향을 줄 조직 환경의 변화추세에 대하여 첩보를 수집하고 분석하기 위한 체계적 프로그램을 말한다(Kahaner, 1996: 16).

한편 지식의 개념도 관점에 따라 다양하게 정의되고 있다. 지식에 대한 정의는 실제적 관점에서서부터 개념적 또는 철학적 관점에서 정의되어지고 있다.

실제적 관점에서는 문제 해결과 의사결정과 관련된 지식의 기능에 초점을 맞추고 있다. 이런 점에서, Beckman(1997)은 지식이란 "성과, 문제 해결, 의사결정, 학습, 그리고 교육에 적극적으로 활용할 수 있는 정보와 자료를 이론화한 것(reasoning)"이라고 하였다. 그리고 Davenport와 Prusak(1998)은 지식을 "인간의 경험과 인지적 활동 그리고 상황과 결합하여 의사결정이나 행동에 즉각적으로 활용될 수 있는 인간의 개입정도가 높은 고부가 가치로서의 정보"라고 하였다.

한편 지식을 개념적 또는 철학적 관점에서 정의한 학자들도 많다. Clarke(1998)는 지식을 "어떤 것들이 왜 그리고 어떻게 작동되는 지에 관한 이해(an understanding of why and how something works)"라고 정의하였다. 즉 지식을 현상이 처해 있는 상황과 그 현상 및 상황에 대한 해석이 통합된 이해로 보는 것이다. 그리고 Wiig(2004)는 지식을 "진실과 믿음, 관점과 개념, 판단과 방법론. 실제적 방법(know-how)의 혼합체"로 정의하였다. Van der Spek과 Spijkervet(1997)도 지식이란 "바르고 진실한 것으로 여겨지는 통찰, 경험의 통합체로서 사람의 사고, 행태 및 의사소통을 이끌어 주는 것"라고 하였다.

이상에서 설명한 지식에 대한 정의와 더불어 지식의 유형에 대하여 살펴보면 지식에 대하여 좀 더 잘 이해할 수 있게 될 것이다. 지식을 유형화하는 기준은 다양할 수 있겠지만, 여기서는 지식의 소유 및 창출의 주체 및 지식이 밖으로 나타나 있느냐 여부를 기준으로 설명하기로 한다.

지식은 누가 소유하고 활용하는지, 지식 창출의 주체가 누구인지에 따라 개인 지식(personal knowledge)과 조직 지식 또는 집합 지식(organizational knowledge or collective knowledge)으로 대별할 수 있다(Nonaka and Takuchi, 1995). 개인 지식은 조직구성원이 개인적으로 보유하고 있는 지식을 말한다.

개인적으로 업무수행 중에 체득한 기술, 방법, 창의적 아이디어가 이에 해당된다. 반면에 조직 지식은 조직 구성원들이 조직의 경쟁력 제고를 위해 조직적 차원에서 공유하고 활용할 수 있는 지식이다. 조직이 형성한 규칙과 절차는 전형적인 조직 지식이다. 만약 개인 지식이 공유된다면, 집합 지식이 된다. 일반적으로 조직 지식은 조직의 업무과정, 결과, 규칙, 그리고 문화 등에 의해서 형성된다. 새로운 지식의 창출은 극히 주관적이고 개인적인 활동으로서 개인으로부터 시작되지만, 조직에서 있어 공유되고 활용되어 또 다른 새로운 지식을 창출할 수 있을 때 가치가 있는 것이다. 따라서 개인 지식을 다른 조직 구성원이 활용할 수 있도록 만드는 것이 지식기반조직의 핵심적 활동이다. 지식의 조직차원과 개인차원은 서로 독립적이기보다는 상호 밀접하게 연관되어야만 지식을 공유하거나 창출할 수 있는 시너지 효과를 나타날 수 있다.

주직 지식은 다시 사적(private) 지식과 공적(public) 지식으로 대별할 수 있다(Matusik and Hill, 1998). 사적 지식은 특정 조직이 개별적으로 소유하고 있는 가치 있고, 희소하며 또한 모방하기 어려운 지식을 말한다. 조직의 고유 경험, 과정, 문서, 또는 조직 전략은 사적 지식에 해당한다. 이에 비해, 공적 지식은 특정 조직에게만 소유된 것이 아닌 공적으로 개방된 지식이다. 특정 조직이 개발한 지식을 사회를 위해 고유하는 경우 사적 지식에서 공적 지식으로 전환된다.

한편 지식의 존재 양식에 따라 표출지식(the explicit knowledge)과 암묵적 지식(the tacit knowledge)으로 구분할 수 있다. 표출 지식은 언어화되어 공유할 수 있도록 밖으로 나타난 지식이다. 표출지식은 체계적이며, 따라서 수요자가 용이하게 그 지식을 얻을 수 있기 때문에 효용가치가 높다. 그러나 표출지식은 체계화·이론화되었기 때문에 객관성이 높으며 사회성을 지닌 지식이다. 그러나 표출지식은 일반화되는 과정에서 이미 과거의 지식이 되어버린다. 이에 비해, 암묵적 지식은 학습이나 경험을 통해 습득되지만 겉으로는 드러나지 않는 현장의 지식이다. 언어적으로 쉽게 표현하기 어려운 경험, 문서화하거나 또는 체계화하지 못한 독특한 방법, 숙련된 기능 등이 이에 해당한다. 암묵적 지식은 표출지식에 비하여 타인에게 전수하기가 곤란하다. [표 3-2]은 표출지식과 암묵적 지식의 특징을 구분하여 설명한 것이다.

표 3-2 암묵적 지식과 형식적 지식의 특징

형식적 지식	암묵적 지식
• 언어화되어 공유할 수 있는 지식 • 수요자가 용이하게 그 지식을 얻을 수 있기 때문에 효용가치가 높다 • 체계적 지식 • 과거의 지식 • 객관적 · 사회적 • 이론화된 지식 • 일반화된 이론을 바탕으로 한 지식	• 언어화할 수 없는, 언어화하기 어려운 지식 • 타인에게 전수하기가 곤란하다 • 경험을 통해 얻어지는 개별적 지식 • 현재 시점의 지식 • 주관적 · 개인적 • 현장의 지식 • 특정의 인간 · 장소 · 대상에 한정되는 경우가 많음

지식 창조능력을 높이기 위해서는 조직 구성원 개개인이 보유하고 있는 암묵적 지식이 풍부해야 한다(Nonaka and Takeuchi, 1995). 또한 조직의 지식자산을 증대시키기 위해서는 가능한 다양한 종류의 암묵적 지식을 표출 지식으로 변환시켜 많은 사람이 공유하도록 해야 한다. 여기서 지식자산이란 조직의 경쟁력을 증대시킬 수 있는 지식, 경험, 역량 등을 말한다. 지식자산은 동시에 여러 사람들에 의해 사용될 수 있으며, 정보망에 연결된 사람의 수만큼 그 효과가 증대된다는 특성을 지닌다. 이런 점에서, 지식을 창출하거나 소유하고 있는 개인 또는 조직은 스스로가 지식에 대한 책임의식을 지녀야 한다. 즉 개인의 소유에서 끝나는 것이 아니라, 상호작용을 통하여 공유할 때 지식의 가치가 더 높아진다는 점을 인식하는 것이 중요하다.

암묵적 지식은 언어나 공식 등 상징체계에 의해 구조화하기 어려우며 개인적 신념, 관념 혹은 경험에 기반을 두고 있기 때문에 과학적 또는 기술적 원리로 설명하기 곤란하며 지식 전수가 어려운 경우가 많다. 하지만 암묵적 지식은 성공적인 업무수행에 필요한 직관적 판단 능력과 개인적 감정을 개발하거나 조직학습을 유도하는 데 있어 표출지식보다 더 중요한 기능을 수행할 수 있다. 따라서 조직이 가지고 있는 암묵적 지식을 조직 구성원이 보다 쉽게 접근하고 공유할 수 있도록 가능한 표출지식으로 변환시키는 것은 지식관리에 있어 대단히 중요한 과업이다.

3. 지식 관리체계의 고안과 과제

오늘날 지식은 노동, 토지, 자본과 같은 전통적인 자원과 더불어 매우 중요한 자원이다. Sveiby(1997)는 무형의 자산을 후기산업사회의 새로운 부(new wealth)로 보고, 무형의 자산 중 특히 지식에 초점을 둔 관리방안을 제시하였다. 지식은 조직의 소중한 자산이며, 경쟁력 확보를 위한 전략적 요소이다. 따라서 조직 상황에 적합하게 지식을 관리하기 위한 체계를 고안해야 한다. 지식 관리체계란 조직이 다양한 정보들을 전환하여 이를 활용하여 조직 구성원의 지적 능력이 증대될 수 있도록 체계적으로 관리하기 위한 체계를 말한다. 지식이란 행동으로 옮길 수 있는 역량(a capacity to act)이다. 사람의 행동역량은 지식의 습득을 통하여 지속적으로 키워진다. 사람은 습득하고 있는 지식의 양이 많아질수록 행동으로 옮길 수 있는 능력이 증대된다. 그런데 지식은 이를 창출하는 사람의 의도나 관심에 따라 다르게 구성될 수 있다. 지식의 활용은 사람간의 관계를 통하여 주관적 경험을 어떻게 공유하느냐가 중요하다(Sveiby, 1997). 지식은 주관적 경험의 결과라 할 수 있기 때문에 본질적으로 그것이 활용되는 상황과 구분될 수 없다. 따라서, 지식 관리는 대단히 정치적 행위이다. 지식관리체계는 기술적이거나 구조적인 차원과 더불어 문화적·정치적 차원을 아울러 고려해야만 한다.

지식 관리는 지식의 창조, 공유, 저장, 그리고 활용이라는 네 단계로 구분해 볼 수 있다. 지식 창조는 조직에서 새로운 지식을 생성하는 지식 변환기제이다. 지식 창조의 핵심은 개인의 지식을 어떻게 실현가능하고 전달가능한 지식으로 변환시키느냐 하는 것으로, 이는 표출지식과 암묵적 지식 간의 상호작용에 의하여 얻어질 수 있다. 지식 공유는 조직구성원이 자신의 지식을 공개하고 이를 조직 내에서 확산하여 조직구성원이 자신의 업무에 활용할 수 있도록 하는 활동이다. 지식 저장은 조직 내외의 지식들을 저장고라 할 수 있는 지식베이스에 표준적 분류체계에 분류·저장하고, 이를 바탕으로 조직구성원이 지식 활동을 지원해 주기 위한 지식 지도를 만드는 활동이다. 지식의 활용은 저장된 지식을 검색하여 적시에 사용하는 활동이다.

지식·정보의 활용전략에는 재사용 전략(codification strategy)과 대면 공유

전략(personalization strategy)이 있다(Hansen et. al., 1999). 재사용 전략이란 지식을 체계적으로 데이터베이스에 저장시키고, 이를 정보 기반시설(infrastructure)을 통해 연계망으로 연결하여 구성원이 쉽게 검색·활용하도록 하는 것이다. 대면 공유전력은 직접 또는 망을 이용하여 지식을 창출한 사람을 연결하여 공유하거나 자문을 받도록 하는 전략이다. 지식은 이용이 많을수록 그 사용비용이 저렴해지며 지식의 가치도 증대된다는 점에서 재사용 전략이 중요하다. 대면 공유전략은 정보망을 통해 수시로 전문가와 연계함으로써 전문성이 높은 정책결정을 할 수 있게 한다.

지식 관리체계는 인터넷과 인트라넷을 이용하여 전 조직에 걸쳐 지식·정보를 수집, 처리 및 전달하는 기능을 통합시켜 놓은 연계망이다. 지식관리체계는 기존 정보체계와 유기적인 결합을 통해 컴퓨터에 저장된 자료나 정보뿐만 아니라 문서, 그림, 동영상, 모형 등 다양한 형태로 조직 내에 분산되어 있는 지식을 효과적으로 저장·관리·활용할 수 있도록 지식 관리를 지원하는 통합적 정보체계이다. 이는 지식의 분배, 공유, 검색뿐만 아니라 지식 창조를 지원해 주는 역할을 한다.

지식 관리체계는 일차적으로 정보관리를 위한 소프트웨어와 하드웨어의 설계가 중요하지만 조직의 관리방식과 문화가 이를 수용할 수 있도록 바뀌어야 하는 것이 더 중요하다. 지식 관리체계를 고안하기 위해서는 다양한 측면을 고려해야 하는데, 여기서는 정부기능의 연계범위를 기준으로 하여 세 가지 체계로 구분하기로 한다: 미시, 중범위, 그리고 거시체계(한세억, 1999).

미시체계란 행정업무 수행에 필요한 지식 관리에 초점을 둔 것이다. 여기서 행정부문 통합 웹포털(portal)이 지식 관리의 접속점이 된다. 중범위체계는 행정지식 관리체계의 상위 수준인 국가지식 관리체계를 말한다. 이 수준에서는 정부간, 기업, 학계 간에 지식 관리를 위한 통합 웹포털을 구축하게 된다. 정부는 지식·정보사회에 적합한 법·제도적 환경을 조성하고, 지식의 창출, 확산 활용을 위한 정책의제들을 개발해야 한다. 마지막으로, 거시체계는 국가혁신체계로서 지식기반경제의 확산을 통한 국가 혁신능력을 강화하기 위한 일련의 지식·정보 관리체계이다. 정부는 지식사회의 촉진과 지식배양의 지원자로서의 역할을 수행하며, 기업은 지식 경영을 통한 가치창출 및 지식 산업화의 창도자로서, 그리고 개인은 창조적 지식활동의 기초

단위로 작용한다. 정부, 기업 그리고 시민간의 웹기반을 바탕으로 한 거시적 지식 관리체계를 통해 국민에게 높은 수준의 서비스를 제공받을 수 있다. 여기서 정부는 지식사회 구현을 위한 구동엔진(driving engine)의 역할을 수행하게 된다.

이상과 같은 지식 관리체계의 연계수준을 기준으로 한 설명은 정부의 지식관리는 정부부처, 부처 간, 나아가 민간부문과도 공유·활용될 수 있도록 발전시켜 나가야 국가경쟁력 향상으로 이어질 수 있다는 점을 강조하기 위한 것이다. 결국 가능한 많은 사람이 필요로 하는 지식을 용이하게 활용할 수 있는 범국가적 지식 관리체계를 구축하면 이는 정부뿐만 아니라 사회 전체로 혁신이 확산되어지게 된다.

마지막으로, 지식 관리를 위해 해결해야 할 과제에 대해 설명하고자 한다. 지식 관리체계를 구축하는 공공기관이 증가하고 있지만, 행정효율성 증대와 대민서비스 향상을 통한 시민만족도 향상이라는 지식 관리의 궁극적 목적은 달성하기에는 아직도 거리가 멀다. 효율적인 지식 관리를 위한 과제는 그 수준과 초점에 따라 대단히 광범위하고 다양하겠지만, 여기서는 중요하다고 생각되는 몇 가지 원인 내지 과제에 대하여 설명하기로 한다(김민철·김동욱, 2007; 이지석, 2005).

첫째, 공무원들의 지식 관리의 중요성에 대한 인식이 높지 않다. 기관 내, 기관 간 또는 범 정부적 차원의 지식 공유에 소극적이어서 각 기관 간의 연계가 저조하다. 지식 관리에 관한 공무원의 긍정적 인식과 적극적인 활용 의지가 있어야 한다. 전자정부의 요체는 단순히 행정과정을 자동화하는 것이 아니라 정보기술을 활용해 일하는 방식을 근본적으로 바꾸는 것이다. 전자정부에 인식이 부족하거나 지식 관리에 관한 공감대를 확보하지 못하면 지식 관리를 위한 행정 혁신은 성공할 수 없다.

둘째, 지식 관리는 문화, 제도, 구성원의 인식 등을 포괄하는 장기적인 조직 발전전략으로 추진되어야 하나, 제도와 시설 중심의 단기적 성과에 집착하는 경우가 많다. 이는 지식 관리정책의 추진방식에 대한 합의가 미흡하거나, 부처 간 지식 공유 거부하고 자기 부처에서 개발·축적한 지식에 대한 관할권을 지키려는 부처이기주의로 인해 발생한다. 부처별로 보유하고 있는 지식을 적극적으로 개방하도록 하는 유인을 제공하여 자발적인 조정이 이루어져서 정책갈등을 줄여야 한다. 한편 전임자가 습득한 업무 노하우를 후임자에게 전수되어 업무지식이 축적되도록 행정 문화가 바뀌어야 한다.

셋째, 경험과 독특한 방법 등 암묵적 지식을 개인 또는 개별 조직의 자산으로 인식하는 경향이 강하다. 워크 숍, 연구모임 등과 같은 학습조직이 아직 활성화되어 있지 않은 것이 주요 요인이라고 하겠다. 지식 관리에 관련된 홍보 · 교육의 강화와 학습활동을 유도하기 위한 유인체계를 마련할 필요가 있다.

넷째, 지식 관리능력을 갖춘 전문 인력이 부족하다. 지식 관리에 관련된 전문인을 양성하고 이들을 적극적으로 채용하는 교육 및 인사정책이 시행되어야 한다. 지식 관리의 중요성에 비례하여 전문성 있는 인사가 이를 관리토록 해야 한다. 지식 관리체계 구축사업에서 발주한 행정부서와 수주한 민간기업 간에 긴밀한 협조관계가 이루어져야 한다. 즉 지식 관리의 성패를 좌우하는 정보기술 채택(technology enactment)에서 행정전문가와 정보기술(IT) 전문가가 함께 업무과정을 어떻게 혁신할 것인지를 고민해야 한다. 이를 위해서는 담당공무원은 기술결정론이나 기계론적 정보화 마인드에서 벗어나야 하며, 정보기술 전문가도 정보를 최대한 집적해 처리할 수 있는 지식 관리체계 구축에만 몰두해서는 안 된다.

넷째, 정보의 홍수처럼 너무나 많은 지식을 관리하는 경우 업무의 효율성이 떨어진다. 필요한 지식만을 관리하기 위한 지식의 여과장치가 있어야 한다. 이는 활용할 가치가 있는 지식만을 관리하기 위한 것이다.

다섯째, 지식사회의 지식 거버넌스에 대한 사회 구성원의 공감대 및 구성원간의 신뢰가 부족하다. 지식 관리체계는 행정부처별로 흩어져 있어 효과적으로 활용되지 못했던 지식과 정보를 체계적으로 관리하여 부처 간에 나아가서는 민간분문과도 지식을 공유해야 한다. 이를 위해서는 범 정부, 기업, 그리고 시민이 상호 신뢰와 공감대를 가져야 한다. 특히 대학, 연구소, 산업체, 그리고 정부 간의 지식 연계망을 구축해야 한다. 신뢰 없이는 전자정부의 성공을 기대하기 어렵고, 지식 관리도 기대한 성과를 거둘 수 없다.

제 4장

행정학 연구 방법론

개 요

행정학이 과학(science)이냐 아니면 종합기술 내지 종합예술(art)에 가까운 것이냐에 대한 논쟁은 행정학의 초기부터 제기되어 지금까지도 계속되고 있다. 이러한 논의는 비단 행정학에만 국한된 것이 아니고 사회학, 경영학 등 사회과학으로 분류되는 학문에서도 공통적으로 제기될 수 있는 것이다(Cohen, 1980).

기본적으로 과학에 대한 인식 차이에 따라 행정학의 과학성에 대한 평가는 달라질 것이다. 이런 점에서 행정학의 과학성을 논하기 전에 먼저 "과학이란 무엇인가?" 그리고 "과학적 방법이란 무엇인가?"에 대해 살펴보고, 이를 토대로 "행정학이 과연 과학이 될 수 있는가?," "행정학이 반드시 과학이어야 하는가?"라는 의문들을 제기하고 이에 답해 나가기로 한다.

다음으로 행정학 연구를 위한 방법론으로서 양적 방법론과 질적 방법론으로 대별하여 설명한다. 양적 방법과 질적 방법은 각기 과학에 대한 인식, 구체적 원용기법에 있어서는 차이가 있지만, 추론의 논리는 동일하며 일정한 절차를 거쳐야 한다. 이런 점에서 과학적 연구를 위해 거쳐야 할 일반적 절차에 대해 설명한다.

마지막으로 행정학 연구를 위한 구체적 방법들 중 최근에 논의가 많이 되고 있는 공공선택론, 신제도론 그리고 현상학에 대해 설명한다.

Ⅰ. 과학이란 무엇인가?

과학은 우리에게 친숙한 용어이지만 이를 보편성 있는 개념으로 정의하기는 어렵다. 왜냐하면 과학의 어떤 측면을 보느냐에 따라 과학에 대한 정의가 달라질 수 있기 때문이다. 여기서는 과학의 본질적 특성을 두 측면으로 구분해 보기로 한다.

과학이란 '탐구의 과정'(a process of inquiry)이다. 우리가 경험세계에 대해 갖게 되는 의문에 대답하고, 일상사에서 부딪히는 문제를 해결하는 과정이 과학이다. 그리고 의문에 대한 대답이나 문제 해결을 위한 절차의 개발도 탐구의 과정에 포함된다. 요컨대 과학은 경험세계에 대해 배우거나 알아보는 과정이며, 경험세계에 있는 현상에 대한 진술이 맞는지 여부를 검증하는 과정이다(Babbie, 1979: 11).

물론 모든 탐구과정이 과학적인 것은 아니다. 우리가 일상생활에서 가지는 의문 중에는 "어느 음식이 더 맛있을까?" 같은 상식적 탐구도 많다. 또 "정의란 무엇인가?," "초능력과 같은 기(氣)의 세계는 있는가?"와 같은 오감으로는 경험하거나 알 수 없는 정신세계에 대한 의문도 많다. 그러므로 과학은 의문이나 문제에 대해 대답·해결하는 여러 방법들 중의 하나에 불과하다.

한편 과학은 탐구과정을 통해 만들어낸 산출물인 '지식체'(a body of knowledge)를 의미하기도 한다. 인류가 지금까지 창조하거나 발견해 낸 이론, 문명의 이기, 발명품 등이 바로 과학이다. 오늘날을 과학의 시대라고 할 때의 과학은 여기에 해당한다.

이상과 같은 과학의 본질 중 여기에서는 방법론에 초점을 두어 탐구의 과정'으로서 과학에 대해 설명하기로 한다.

Ⅱ. 과학적 방법

1. 과학적 방법의 의미

우리가 모르는 것을 알고자 하는 탐구의 유형은 크게 네 가지로 분류할 수 있다(Wallace, 1971: 1116).

첫째, 신·연장자·종교 지도자와 같은 권위를 인정할 수 있는 대상의 말을 통한 권위적 유형(authoritarian mode)이다.

둘째, 신비적 유형으로 예언자나 무당과 같은 신비적 힘에 의존하는 유형(mystic mode)이다.

셋째, 형식적 논리법칙에 의해 진술이 맞는지 여부를 판단하는 논리적 합리적 유형(logicalrational mode)이다.

넷째, 경험세계에서 가지는 의문에 대해 가설을 만들고 객관적 절차에 의해 이를 검증해 가는 과학적 유형(scientific mode)이다.

경험세계

경험세계란 우리의 오감(五感)으로 인식할 수 있는 현상을 말한다. 형평성과 같은 행정가치는 경험세계의 범위 밖에 있는 것이며, 따라서 경험주의자는 이들을 과학적 탐구의 대상이 아니라고 본다.

과학적 방법이란 이상과 같은 탐구유형들 중의 하나로서, [그림 4-1]과 같이 객관적으로 관찰 가능한 현상에 대해 경험적 자료를 수집하고, 이를 근거로 귀납적 방법에 의해 이론을 형성하는 과정이다. 즉 과학적 방법은 다섯 단계가 연결된 순환과정이다.

가설이란 특정 현상의 인과관계를 경험적 사실에 의해 검증할 수 있는 명제이다. 즉 가설은 경험세계에 대해 가지는 의문이나 문제를 해결하기 위

그림 4-1 과학적 방법의 순환과정

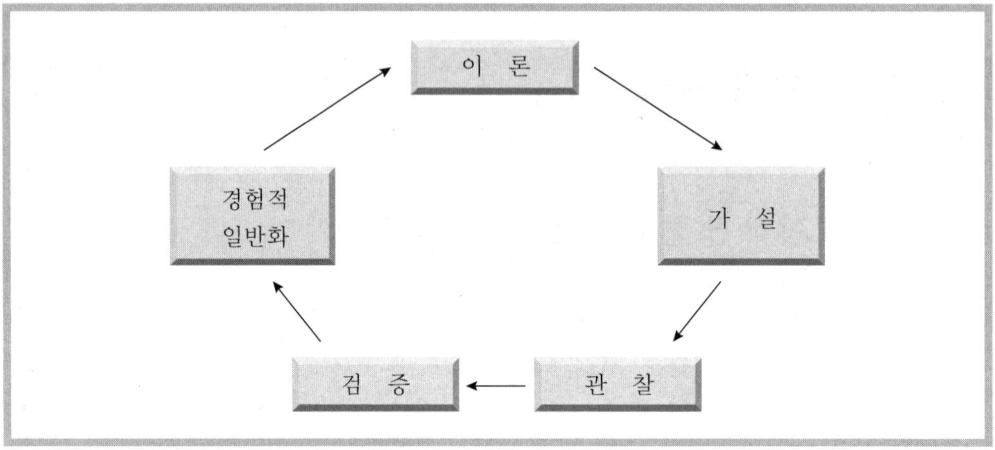

해 객관적 절차에 의해 진위 여부를 조사하기 위해 미리 만든 진술이다. 가설은 연구자의 경험이나 상상 또는 기존 이론으로부터 논리적 연역을 통해 추출할 수 있다.

일단 가설이 만들어졌으면, 이것이 맞는지 틀리는 지를 검증하기 위해 관찰을 해야 한다. 사회과학에서 자주 사용되는 관찰기법으로는 실험, 설문지, 면접, 사례 연구, 문헌 분석 등이 있다. 가설이 일정한 유의수준 내에서 맞는 것으로 받아들여지면 경험적 일반화를 할 수 있다. 이는 관찰 결과가 다른 현상에서도 일정한 범위 내에서 타당하다는 것을 의미한다. 경험적 일반화를 바탕으로 사실간의 관계에 의미있는 질서를 부여한 것이 이론이다. 이론화 과정은 관찰된 사실을 바탕으로 진술하는 귀납적 과정이다.

2. 과학적 이론의 기능

이상과 같은 과학적 방법을 통해 도출되는 이론은 대체로 다음과 같은 세 가지 기능을 가진다.

첫째, 설명(說明, explanation) 기능이다. 설명이란 특정 현상을 인과관계로 분석하는 것이다. 이는 있는 현상을 그대로 나타내는 묘사나 서술

(description)과 구별되는 개념이다. 좋은 이론일수록 특정 현상의 인과관계를 보다 깊이있고 정확하게 설명할 수 있다.

둘째, 예측(豫測, forecasting) 기능이다. 설명이 과거나 현재에 대한 인과적 분석이라면, 예측은 미래에 대한 인과적 분석이다. 예측은 과학적 방법에 의한 객관성과 신뢰성을 지닌다는 점에서 주관적 판단에 의해 미래를 전망하는 예상(prediction)과 구별된다.

셋째, 통제(統制, control) 기능이다. 우리가 이론을 통해 특정 현상을 인과관계로 설명 · 예측할 수 있다면, 이를 바탕으로 보다 바람직한 목적을 위해 독립변수를 통제할 수도 있을 것이다. 즉 통제기능이란 연구대상을 바람직한 방향으로 변화시키기 위해 현상의 특정 변수를 인위적으로 조작하는 것이다.

사회과학이론은 이러한 세 기능 외에 서술(description)을 추가할 수 있다. 연구대상을 인과관계적으로 분석을 하지는 않지만 그 현상에 내재된 의미(meaning)를 파악하여 이를 객관적으로 서술하는 것도 이론이 담당해야 할 기능이다.

3. 과학적 이론의 우수성

이상과 같은 기능을 가지는 이론을 도출하는 과학적 방법은 상식이나 권위 또는 논리적 방법 등과 같은 비과학적 방법에 비하여 많은 우수성을 지니게 된다. 여기서는 과학적 이론의 우수성을 두 가지만 지적하고자 한다.

하나는, 과학의 가치 중립성(價値 中立性, value free)이다. 과학은 객관적 실체, 즉 가시적이며 측정 가능한 경험적 사실을 연구대상으로 하기 때문에 자연히 주관적이기나 선험적인 현상은 연구대상에서 회피된다. 따라서 경험적 실체를 찾을 수 없는 선·악과 같은 가치 문제는 과학적 방법의 한계를 넘은 것이다. 그러나 과학적 방법을 적용하는 과정에서 가치 판단을 완전히 배제한다는 것은 현실적으로 불가능하다. 과학적 방법 자체는 가치 배제적일 수 있지만, 그 방법을 사용하는 인간은 가치 판단을 하기 때문이다. 이런 점에서, 사회과학에서도 자연과학의 몰가치성을 엄격히 적용해야 한다는 학자와 가치 개입의 불가피성을 주장하는 학자간의 논쟁이 계속되고 있다.

다른 하나는, 과학의 신뢰성이다. 신뢰성이란 동일한 방법을 적용하면 동일한 결과를 얻게 되는 정도를 의미한다. 수소 두 분자와 산소 한 분자를 결합시키면 항상 물(H_2O)이 생성되며, 이는 어떤 지역에서도 마찬가지의 결과가 나타나기 때문에 신뢰도가 높다고 하겠다. 그런데 사회과학의 이론은 시간적·지역적으로 동일한 과정을 거칠 때 동일한 결과가 발생할 가능성이 낮다. 미국현상을 잘 설명하는 이론이라 해서 한국에서도 마찬가지의 설명력을 가지기는 어려우며, 20세기에 개발된 이론을 21세기에 적용하기는 곤란하다.

Ⅲ. 행정학의 과학성

여기서는 과학의 전형으로 볼 수 있는 자연과학과 대비하여 연구대상의 성질, 과학적 설명과 행정학, 가설 검증 그리고 가치 중립성이라는 측면에서 행정학이 과학이 될 수 있는가를 검토하기로 한다.

1. 행정학이 과학이 될 수 있는가?

1) 연구대상의 성질

자연과학의 대상인 자연현상은 객관적 존재이며, 언제 어디서나 동일한 특성을 나타낸다. 이에 비해 사회과학의 대상인 인간은 사고하는 존재이며 사람마다 독특한 개성을 지닌 개별적 특성을 나타낸다. 이처럼 연구대상의 성질에 있어서 복잡하고 자유로운 존재인 인간 및 이들로 구성된 행정조직은 고유한 문화를 지니고 있다. 또한 행정체계는 자신에 영향을 미치는 환경에 대해 복잡하게 반응한다. 더욱이 행정체계와 상호 작용하는 환경은 항상 변하기 때문에 똑같은 상황이 재현되는 경우는 드물다. 이런 요인들로 인하여 특정 행정문제를 해결할 수 있는 방법도 다양하다. 따라서 행정문제를 객관적·과학적 방법으로만 해결할 수 있는 것은 아니다.

이러한 특성들로 인해 행정현상을 특정의 원인들로 인해 어떤 결과가 발생하였다고 일반화하기가 어렵지만 그렇다고 행정현상에 대한 일반화가 불가능한 것만은 아니다. 왜냐하면 인간은 복잡하고 자유로운 의지를 지닌 존재일 뿐만 아니라 상당히 유사한 동기나 목적에 의해 행동하기도 하기 때문이다.

이런 점에서 몇 가지 주요 원인들로서 특정 결과를 설명하는 결정론적 모형에 기초한 이론을 통하여 행정현상을 설명하려는 시도가 지금까지 많았다. 그러나 행정현상을 과학적 방법으로 연구함으로써 설명의 정확성 또는 신뢰성은 높지만 자칫 타당성이 낮은 이론을 만들 가능성이 높다. 왜냐하면 행정성과를 측정하기 위해 계량적 분석을 하려면 불가피하게 행정현상 중 질적인 측면을 제외시킬 수밖에 없는 경우가 많다. 또한 행정학의 이론은 행정현상에 내재하는 인과관계 못지않게 의미를 파악하는 것이 중요하기 때문이다. 그러므로 '과연 행정학의 과학성을 높여 일반적인 법칙을 추구하는 것이 유용한가' 라는 문제가 제기된다(김승현 외, 1999: 486).

2) 가설 검증의 문제

사회현상에 내재하는 인과관계란 확정적으로 검증하기는 곤란하며, 다만 확률원리에 의해 확증할 수 있을 뿐이다. 가설 검증은 관찰결과 가설이 참이면 이를 받아들이고, 틀릴 경우에는 이를 기각하는 것이다. 그런데 실제로 거짓인 가설을 참으로 받아들이거나, 실제로 참인 가설을 거짓으로 받아들인다면 가설 검증에 있어 오류가 발생한다.

가설에 대한 옳고 그름을 개인적 직관이나 경험에 의존하여 판단한다면 오류의 위험성이 높다. 따라서 연구대상에서 자료를 수집하고, 수집된 자료를 바탕으로 가설을 검증해야 한다. 그런데 연구대상 전체를 분석의 대상으로 삼는 것은 대단히 곤란하거나 불가능한 경우가 많다. 따라서 객관적이고 과학적인 판단을 하기 위해서는 표본을 추출하고 그 표본을 분석한 결과를 이용하여 가설 검증을 하여야 한다. 일반적으로 가설 검증은 표본을 추출하고 이에서 얻은 사실을 근거로 하여, 모집단에 대한 가설이 맞는지 틀리는지에 대해 통계적으로 검증한다(박정식 · 윤영선, 1997: 270). 이러한 경우 행정현상에 대한 가설을 검증한다는 것은 확증한다는 뜻이지 증명한다는 것이 아니다. 즉 일정한 유의도 안에서 그 가설을 받아들이거나 거부한다는 것이다. 예컨대, "90% 유의도 내에서 가설을 수락한다"고 하면, 그 이론은 항상 10%의 오류 가능성을 지닌다는 뜻이다.

따라서 검증된 가설이라 하여 곧 법칙으로 정립되는 것은 아니며, 누구든지 같은 조건하에서 또는 다른 상황에서 이론을 다시 검증할 수 있다. 이를 이론의 '개방성'(openness)이라 한다. 또한 특정한 상황에서 인과관계가 유의미한 것으로 검증된 이론이라도 다른 상황에서 얼마든지 유의미한 관계가 성립되지 않아서 기각될 수 있다. 이러한 특성을 이론의 '오류 가능성'(falsifiabilty)이라 한다.

3) 가치중립성

과학은 그 본연적 의미에 있어서 가치중립적이다. 그러나 모든 과학이 가치중립적인가 하는 의문을 제기할 수 있다. 이에 대해서는 크게 세 가지 입장으로 구분할 수 있다.

(1) 객관주의적 입장

사회과학의 몰가치성을 극단적으로 주장하는 입장이다. 극단적 객관주의자는 이론은 믿음이나 가치 또는 해석이 전혀 포함되지 않은 과학적 방법에 의해 도출해야 한다고 본다. 이들은 윤리적이거나 정치적 문제를 효용이나 비용효과 등의 용어를 통해 과학적이거나 기술적 문제로 환원하고자 한다. 다시 말하면 연구자는 연구과정에 개인적 또는 집단적 편견이나 심리적 요소 또는 가치 등을 개입해서는 안된다는 것이다.

그러나 근본적 가치나 이념에서 완전히 자유로운 연구가 과연 가능한 것인가? 예컨대 통일정책을 연구하는 사람이 민주주의의 우월성이나 민주주의 체제로의 통일이라는 근본 가치에서 완전히 벗어난 통일방안을 연구할 수 있는 것인가? 이러한 점에서 객관주의자들도 가치를 크게 두 가지로 구분한다.

하나는, 범주적 가치 판단이다. 즉 '좋다/나쁘다' 또는 '옳다/그르다'와 같은 것으로 이는 어떠한 사실이나 다른 가치로부터 추론해 낼 필요가 없는 궁극적 가치 판단이다. 범주적 가치 판단에는 건강, 행복, 민주주의와 같은 자신의 가치에 관한 것도 포함될 수 있는데, 이런 점에서 본질적(intrinsic) 가치 판단이라고도 한다. 범주적 가치는 과학의 틀로는 증명될 수 없지만, 사람들이 이들을 가지고 있는가 또는 어떻게 인식하는가는 과학적으로 밝혀 낼 수 있다.

다른 하나는, 특정의 범주적(기본적) 가치에 도달하기 위한 최선의 수단에 대한 판단을 의미하는 제도적 가치 판단이다. 제도적 가치 판단은 기본적 가치에 가장 효율적으로 도달하기 위한 방법에 대한 것이다. 그러므로 앞의 예에서 어떠한 통일방안이 한민족의 행복을 보다 증진시킬 것인가, 또는 어떠한 통일방안이 보다 현실적인가 하는 것은 과학의 대상이 되는 셈이다.

(2) 객관주의를 반대하는 입장

모든 지식은 가치 판단에 뿌리를 두고 있기 때문에 과학적 방법도 가치 중립적일 수 없다고 보는 입장이다. 이를 설명하기 위해서 Habermas(1971)는 인간의 관심을 '기술적', '실제적' 그리고 '해방적'(emancipatory)이라는 세 유형으로 구분하였다. 현실을 개선하려는 '기술적' 관심은 가치 중립적인 방법을 통해 충족될 수 있다. '실제적' 관심은 의사소통이나 인간관계에 대한 것으로, 이에 관한 연구를 위해서는 의사소통이나 상호작용을 이해하고, 해석하기 위한 방법을 개발해야 한다. '해방적' 관심은 자유를 증진시키고 삶의 질을 높이기 위해서 우리를 억압하는 힘 — 물질적, 정치적, 심리적 또는 이념적 — 에서 해방되려는 것이다. 합리적 담론에 의해 도출된 비판이론은 근본 가치를 바꿀 수 있는 좋은 방법이다. 이러한 Habermas적 설명은 가치판단도 합리적 과정을 거친다면 얼마든지 과학의 대상이 된다는 점을 체계적으로 논증한 셈이다.

(3) 중도적인 입장

사회과학의 모든 과정에서 가치 판단을 배제한다는 의미의 가치중립적 과학을 논의하는 것은 이를 옹호하거나 비판하는 양자 모두가 극단적이라는 입장이다. 과학의 역사를 살펴보면 자연과학에서도 가치문제가 제기되었고 이를 극복하기 위해 계속적인 노력이 있었다고 한다. 따라서 사회과학에 있어서도 가치 중립은 실현하기 어려운 이상이지만, 과학적 과정에 있어 가치 배제를 위한 집단적 노력을 계속해야 한다는 것이다.

사회과학의 가치 중립성에 대한 이상과 같은 세 입장은 절대적이라기보다는 강조점의 차이라 하겠다. 행정학자는 문화, 이념, 국익 또는 개인적 경험에서 완전히 자유로울 수 없다. 그러므로 개인으로서 실천적 관심을 지닐 수 있겠지만, 연구과정에서는 윤리적 판단이나 개인적 주관을 개입해서는 안 된다.

2. 행정학이 과학이어야만 하는가?

행정은 과학(science)과 기예(art)의 두 가지 측면을 동시에 지니고 있다(Berkley & Rouse, 2000: 5). 이러한 행정현상을 연구하는 행정학이 자연과학과 같은 의미의 과학성을 지니기 위해서는 많은 제약요인이 있다는 점을 설명하였다. 그러면 행정학의 학문적 성숙을 위해서는 이러한 제약요인들을 극복하면서 자연과학 수준으로 과학성을 높여 나가야 할 것인가? 이에 대해서는 사회과학방법론 논쟁을 살펴봄으로써 행정학에 유추할 수 있을 것이다.

사회과학이 과학이어야 하는가에 관해서는 방법론적 측면에서 두 가지 입장이 있다. 하나는, 사회과학도 자연과학적 방법을 엄격히 적용하여야 한다는 입장이다. 다른 하나는, 사회과학의 방법은 자연과학의 그것과 달라야 한다는 입장이다. 자연과학적·양적 방법을 원용하고자 하는 행태주의(behavioralism)는 초기의 극심한 비판을 어느 정도 성공적으로 극복함으로써 오늘날 사회과학방법의 주류적 위치를 차지하고 있다. 그러나 경험적 방법에 대한 지나친 확신은 사회과학의 객관성 확보에 기여했지만 가치나 질적 측면에 대한 연구에 있어 방법론적 제약으로 작용하고, 나아가 방법론의 혁신을 방해하는 요인이 된다.

3. 철학적·담론적 탐색의 필요성

오늘날 우리 나라의 행정학은 행태주의적·양적 방법(quantitative method)이 주류를 형성하고 있다. 앞으로도 보다 세련된 통계 분석을 원용하여 행정학의 과학성을 높여 나가야 할 것이다. 그러나 과학적 방법을 적용하기가 곤란함에도 불구하고 연구되어야만 하는 중요한 행정문제가 많다. 또한 실제에 있어 양적 방법의 원용이 가능하더라도 관련 정보가 부족하거나 모든 관련 자료를 수집하기 곤란한 경우도 많다.

정책목표, 시민권, 국제행정 등 분석의 절차나 결과를 재현하거나 일반화하기 곤란하기 때문에 양적 분석보다는 철학적·담론적 탐색이 필요한 문제들이 많다. 이러한 행정현상은 양적 분석을 통한 연구자의 입장에서의 인과적 설명보다는 질적 방법(qualitative method)을 통해 연구대상의 입장에서 의미를 이해하고 서술해야 한다.

이런 점에서 가설 설정, 관찰, 검증, 경험적 일반화 그리고 이론화라는 순환적 과정만을 과학으로 인식하기보다는 과학을 넓게 해석할 필요가 있다. 또한 양적 연구가 질적 연구보다 더 과학적이라고 판단해서는 안 된다. 연구 고안에 대한 타당성을 다른 연구자들이 판단할 수 있다면, 그 연구가 양적 방법이든 또는 질적 방법을 원용했든 과학적 연구에 포함된다. 그러므로 연구자는 연구의 논리와 절차에 있어 다른 연구자로부터 타당성을 인정받을 수 있도록 독창적 노력을 기울여야 한다. 이에 대해서는 다음에 좀 더 자세히 설명하기로 하겠다.

Ⅳ. 연구방법론의 유형 및 일반적 연구절차

1. 연구방법론의 의미

앞에서 과학을 탐구과정이라고 정의하였는데, 탐구과정에서 원용되는 요소로서 도구, 기법, 방법 그리고 방법론을 구별할 필요가 있다.

도구라는 것은 과학적 탐구과정에서 사용되는 물리적이거나 개념적 수단을 의미한다. 예를 들면 수학적 상징, 컴퓨터, 난수표, 질문지 등과 같은 것들이다.

기법이란 도구를 사용하는 방법이다. 설문기법, 면접법, 실험법, 표본추출법, 감정이입(empathy), 델파이기법 등이 이에 해당한다.

한편 방법이란 기법들을 선택하는 법칙을 뜻한다. 연구자는 연구의 목적이나 상황에 비추어 어떠한 기법이 바람직한가를 결정하기 위한 법칙이 필요한데, 이러한 의사결정의 법칙이 방법이다.

방법론(methodology)이란 특정 현상을 연구하기 위한 방법의 선택에 관한 학문이다. 방법론의 어원을 보면 meta(-에 따라)와 hodos(길)의 합성어인데, 이는 목적지에 도달하기 위한 길을 선택한다는 의미이다. 다시 말해 방법론은 연구의 상황과 목적에 비추어 어떤 방법이 바람직한가에 관한 이론체계이다.

지금까지 개발된 행정학 연구방법은 매우 다양하다. 최근에 사용되고 있는 주요 행정학 연구방법에 대해서는 다음에 설명한다. 여기서는 행정학 연구방법을 양적 · 질적 방법으로 대별하고, 이에 대한 논쟁에 대해 설명하겠다. 그리고 두 방법의 차이에도 불구하고 '추론의 논리'(logic of inference)는 동일하다는 점을 강조하고, 행정학 연구과정에서 고려해야 할 요소들에 대해 설명한다.

2. 방법론의 유형: 양적 방법과 질적 방법

행정학 연구방법은 양적·체계적·과학적 방법과 질적·인간적·담론적 방법으로 나누어 볼 수 있다.

양적 방법은 관찰된 현상의 특정 측면을 측정하여 수학적 표현과 통계적 분석기법에 의존하는 방법이다. 양적 방법을 옹호하는 학자들은 객관적 사실에 대한 일반화된 설명에 초점을 둔다. 이들은 관찰 가능한 현상에 초점을 맞추고 이에 대한 정확한 측정 그리고 수학적 표현 및 자료의 통계 분석에 높은 가치를 부여한다.

또한 이들은 자신이 수행한 양적 측정과 분석은 다른 연구자들에 의해서도 검증 또는 재현될 수(replicable) 있다고 믿는다.

이에 비해 질적 방법은 하나 또는 소수 사례에 대해 관찰, 심층 면접, 기록 검토 등의 기법을 사용하는 방법이다. 행정현상을 지배하고 있는 법칙을 발견하기 위해서는 행정자료를 객관화·계량화해야 하는데 이것이 곤란하거나 불가능한 경우가 많다. 질적 방법을 옹호하는 학자는 행정현상에는 동일한 사례가 재현하기가 어렵고 따라서 일반화가 곤란하기 때문에 모든 현상을 동일하게 양적으로 분석하는 데는 한계가 있다는 것이다. 따라서 이들은 인과적인 설명보다는 사회적 사실 속에 내재해 있는 의미를 이해하고 서술하는데 초점을 둔다.

행정의 과학성을 위해서는 양적 방법을 계속 개발해야 하지만, 연구대상에 내포된 질적 측면을 지나치게 측정하려고 시도하려다가 자칫 실험자 회귀와 같은 방법론적 오류를 범할 위험도 있다. 나아가 가치 중립성 및 행태주의에 지나치게 집착하는 연구 풍토로 인해 주어진 방법 내에서만 사고하고, 그러한 틀 내에서만 인과 관계를 밝혀 내도록 종용하는 결과를 초래할 가능성도 있다. 따라서 오늘날 행태주의적 접근이 행정연구의 주도적 방법으로 자리잡고 있지만 향후에는 질적 방법들을 탐색하고 이를 행정현상에 원용하려는 노력이 필요하다.

더욱이 행정연구는 하나의 방법에 의존하기보다는 양자를 혼합하여 사용하는 것이 바람직한 경우가 많다. 동일한 연구에서, 어떤 자료는 통계적

실험자 회귀

> 실험자 회귀는 어떤 현상의 존재 자체에 대한 의문이 야기될 경우 이를 기법적 측면에서 회피하기 위해 채택되는 순환논리를 말한다. Brown(1988: 103)의 예를 인용하면 다음과 같다.
>
> 질문 1: 중력파 탐지장치를 제대로 만들었다는 것을 어떻게 확신하는가?
> 대답 1: 중력파를 성공적으로 탐지함으로써.
> 질문 2: 그렇다면 탐지된 것이 다른 것이 아닌 중력파라는 것을 어떻게 알 수 있나?
> 대답 2: 알 수 있다. 왜냐하면 제대로 만들어진 중력파 탐지장치를 통해 탐지했기 때문이다.

분석을 거쳐야 유용한 반면, 또 다른 중요 정보는 질적 판단이나 해석이 필요한 경우가 있다. 급변하는 행정환경을 이해하기 위해서는, 양적 자료뿐만 아니라 질적 정보도 수집해야만 한다. 예컨대, 국가 또는 지역별 행정의 특성을 비교하기 위해서는, 양적인 것뿐만 아니라 질적인 차이와 유사성을 판단해야 한다. 또한 가치 판단이 연구자의 입장에서가 아니라 연구대상의 입장에서 이루어져야 한다. 특정 정책에 대한 비교연구를 하는 경우 비교하는 사람의 입장이나 시각에서가 아닌 비교의 대상이 되는 나라, 집단 또는 사람의 입장에서 비교가 되어야 한다.

요컨대 연구대상을 고려하여 양적 방법과 질적 방법을 혼용하면 더 좋은 결과를 얻을 수 있다. 그리고 비통계적 연구도 과학적 방법을 추구하는 연구절차를 따른다면 신뢰성 있는 결과를 산출할 수 있다.

이러한 점에서 사례 연구나 참여관찰을 보다 객관화하여 가치 중립적 입장에서 현상의 질적 측면을 설명하거나, 우리 사회의 변화에 대한 이해를 바탕으로 역사적, 규범적 또는 현상학적 방법을 원용하거나, 탈현대주의라는 명칭으로 접근하려는 다양한 시도 등은 우리 행정연구의 새로운 전기가 될 수 있을 것이다.

3. 행정학 연구의 논리와 일반적 절차

양적·질적 방법이 각기 과학에 대한 인식, 구체적 원용기법에 있어서는 차이가 있지만, 두 방법 모두 동일하게 일정한 절차를 거친다. 어떠한 방법이든 과학의 범위에 들기 위해서는 우선 '논리적'이어야 한다. 논리적이란 이론의 전개과정이 이치에 닿으며 일관적인 것을 말한다. 과학에서 사용되는 기본적 논리는 연역적 논리와 귀납적 논리로 나눌 수 있다.

1) 연역적 논리와 귀납적 논리

연역적 논리란 일반적 원리나 법칙에서 특수한 경우에 적용되는 원리나 법칙을 끌어내는 과정이다. 삼단논법이 전형적인 연역적 논리이다. 즉 '사람은 누구나 죽는다', '대통령은 사람이다', '그러므로 대통령은 죽는다'는 것이다. 이는 일반 법칙이 제시되고, 그 법칙이 적용되는 조건이 주어지면 이 조건에 일반 법칙이 관철된다는 논리이다.

이에 비해 귀납적 논리는 사실로부터 일반화를 이끌어 내는 것이다. 예컨대 에너지절약을 위한 홍보활동이 오히려 에너지 소비가 늘어나는 사실을 발견한 조사결과에 따라, "홍보활동이 집행효율성을 떨어뜨린다"는 일반화를 이끌어 낼 수 있다.

귀납적 일반화가 타당하기 위해서는 적어도 다음 세 조건을 갖추어야 한다(김승현 외, 1999: 492). 첫째, 일반화의 기초가 되는 관찰의 수가 많아야 한다. 몇 부처나 지역에 대해서만 아니라 상당한 수에 대해 여러 번 해보아야 한다. 그러나 상당한 수의 관찰이 어느 정도이어야 하는가에 대한 객관적 기준은 없다. 둘째, 관찰은 다양한 조건에서 반복될 수 있어야 한다. 에너지 절약 뿐만 아니라 다른 분야의 홍보활동의 영향에 대해서도 관찰해야 한다. 셋째, 어떤 관찰도 보편적인 법칙이나 사실과 모순되어서는 안 된다. 위의 예에서 홍보활동과 집행효율성이 역의 관계로 나타난 것은 기존의 업무가 많은 공무원이 홍보업무를 소극적으로 수행한 상황에서 나타난 결과라는 것을 연구자가 밝혀내어 이러한 전제를 덧붙여야 할 것이다. 이러한 상황 설명없이 홍보활동이 집행효율성을 떨어뜨린다고 결론을 내린다면 이는 보편성이 없기 때문에 타당한 일반화가 아니다.

행정연구에 있어 주어진 이론이나 법칙에서 연역하여 가설이나 다른 법칙을 끌어내거나, 경험에 대한 조사연구를 통해 귀납적으로 가설을 검증하여 새롭게 일반화할 수도 있다. 그러나 어떤 논리에 입각한 연구이든지 연구를 위해 거쳐야 할 절차는 동일하다.

2) 연구의 일반적 절차

연구의 절차는 연구방법의 유형에 따라 조금씩 다르지만 근본적인 차이가 있는 것은 아니다. 어떠한 방법이든, 연구 고안에 있어 다음과 같은 일반적 절차를 거친다.

모든 연구가 이러한 절차들을 기계적으로 거쳐야 하는 것은 아니다. 연

연구의 일반적 절차

Ⅰ. 서　론
- 1. 연구문제 제기
- 2. 연구목적
- 3. 연구의 범위와 방법

Ⅱ. 관련 이론 검토
- 1. 관련 문헌의 조사연구
- 2. 분석 틀 형성: 가설 설정

Ⅲ. 연구 설계
- 1. 연구계획 또는 설계
- 2. 자료의 수집
- 3. 수집된 자료의 검토 및 분석

Ⅳ. 연구결과
- 1. 자료의 신뢰도 · 타당도 검토결과
- 2. 가설 검증의 결과 또는 관찰결과

Ⅴ. 결　론
- 1. 연구에 대한 요약
- 2. 연구문제에 대한 결론이나 대안 제시
- 3. 연구의 제한점

구자는 탐색과 통찰을 통해 연구절차의 기본적 틀을 조정해 가는 창의성을 지녀야 한다. 당연하게 여겨왔던 것에 대한 새로운 의문, 전통적인 관점을 뒤엎는 시각, 의도한 것과 다른 유형의 자료 발견과 이에 대한 창의적 해석 등이 창의적 활동의 예이다.

대개 연구과정은 연구 고안에서 출발하여 자료 수집 및 분석을 거쳐 결론에 이르지만, 질적 연구에서는 명확한 연구문제를 제기하기 전에 자료 수집이 먼저 이루어지는 경우도 있다. 또한 연구자가 연구 고안에 따라 자료를 수집했다 하더라도 연구문제에 부합되는 완벽한 자료를 얻기는 현실적으로 어렵다. 이럴 경우 적절한 자료 수집절차를 다시 고안하거나, 자료 수집절차의 문제점을 솔직하게 연구의 한계에서 제시해야 한다. 때로는 실제의 연구과정에서 결론이 자료 분석을 통해 쉽게 도출되지 않거나, 분석의 결과가 기존 이론이나 연구의도와 상충되는 경우도 있다. 그렇다고 하더라도 의도한 결론을 도출하기 위해 수집된 자료를 조작해서는 안되며 연구절차와 도출된 결과를 솔직히 밝히고 새로운 연구문제를 제기해야 한다.

여기서는 연구과정에서 유의해야 할 내용들 중 연구문제 도출, 이론 개선 그리고 자료의 효율적 사용에 대해서만 설명하겠다.

(1) 연구문제 도출

연구를 하자면 우선 연구문제가 있어야 한다. 연구의 첫 단계는 연구문제 또는 주제를 선정하는 작업에서부터 출발한다. 연구문제를 어디에서 도출할 것인가에 대해서는 일반적 기준이 없다. 연구문제의 도출은 따라야 할 기준이 없다. Popper(1968: 32)가 지적하였듯이, 새로운 생각을 가지기 위한 논리적 방법은 없다. 많은 경우 연구자의 '창의적 직관'을 통해 이루어지기도 한다. 연구자의 개인적 경험이나 관심이 중요한 원천이기도 하며, 관련 이론들을 비판적으로 읽는 과정에서 도출할 수도 있다.

이처럼 연구문제를 선정하는 명확한 기준은 없지만 최소한 다음과 같은 두 가지 기준을 만족해야 한다.

첫째, 실 세계(real world)의 '중요한' 문제를 제기해야 한다. 이는 연구문제가 우리의 삶에 의미있는 것이냐 하는 사회적 판단에 관한 것이다.

둘째, 특정 현상을 설명 · 이해하고자하는 연구집단의 성과에 기여할 수 있어야 한다. 아직 제기되지 않은 문제, 제기되었지만 해결되지 못하고 있는 문제 또는 문제해결을 위한 보다 효율적인 방법 개발을 통해 이론적 기여를 할 수 있어야 한다.

그런데 이 두 기준은 동시에 충족시키기 곤란한 경우가 많다. 학문집단에 기여하는 정교한 이론이 행정 실무자에게는 별로 도움을 주지 못하거나, 실무적으로 꼭 해결해야 할 문제이지만 과학적·체계적 방법으로 연구하기 곤란한 경우가 있다. 특히 후자의 경우에는 새로운 가정을 도출하는 등 현명한 통찰이 필요하지만 이는 연구절차의 타당성을 다른 학자로부터 인정받기 어렵다. 그렇다고 두 기준이 반드시 상반적인 것은 아니다. 단기적으로는 현실적인 응용 가능성과 장기적으로는 행정현상에 대한 이해는 과학적 방법을 통한 이론의 일반화를 통해 이루어진다.

(2) 이론의 개선

이론은 연구문제에 대한 대답이다. 과학적 이론은 도출된 대답이 왜 옳은가에 대한 증거를 제시해야 한다. 좋은 이론이 되기 위해서는 가능한 정확하고 깊이 있게 설명하거나, 연구대상이 지닌 의미를 충분히 서술해야 한다. 또한 이론은 자료나 증거와 일치해야 한다. 그러나 이론이 모든 증거에 일치하거나 행정현상의 모든 측면을 설명할 수 있는 이론을 만들 수는 없고 사실상 그럴 필요도 없다. 다만 좋은 이론을 만들기 위해서는 다음과 같은 기준을 충족할 수 있어야 한다.

첫째, 이론은 반복적으로 검증되고 그 이론을 뒷받침할 수 있는 보다 강력한 증거들을 축적해 가야 한다. 이론은 '공개성'과 '오류 가능성'을 특성으로 하는데, 누구나 반복적으로 그리고 다른 조건에서 또는 새로운 자료로 이론을 재검증할 수 있다.

둘째, 이론을 더욱 강력하게 지지하거나 또는 거부할 수 있도록 가능한 많고 다양한 자료들을 수집하여야 한다.

셋째, 이론 형성의 기초가 되는 개념과 가설이 한정적이고 구체적이어야 한다. 이는 '절약의 원리'로서, 이미 많이 알고 있는 내용을 굳이 이론화하거나, 모든 변수들을 이론에 포함시킬 필요는 없다.

추리통계학(inferential statistics)

모집단에서 추출한 표본을 분석하여 이를 기초로 모집단의 특성을 규명하는 통계학이다. 이는 자료의 수집 · 정리 · 해석의 과정을 통해 연구대상의 특성을 규명하는 기술통계학(descriptive statistics)과 구별된다.

(3) 자료의 효율적 사용

연구자는 새롭고 더 나은 자료를 획득하려고 노력해야 하지만, 여러 사정으로 인하여 불충분한 자료밖에 획득할 수 없는 경우도 있다. 이런 경우에는 미리 수집된 자료를 최대한 활용해야만 한다. 이러한 문제는 특히 추리통계학에서 강조되지만 질적 방법론에서도 마찬가지로 중요하다. 이를 위해서는 다음과 같은 점들을 유의해야 한다.

첫째, 가능한 '편의'(偏倚, bias)가 배제된, 즉 평균적인 추론을 이끌어 낼 수 있도록 자료를 처리하여야 한다. 자료의 수집과정 뿐만 아니라 정리 · 해석과정에서 연구자의 인위적 조작이 있어서는 안 된다. 특히 자료 수집 전에 문제점들을 점검하고, 수집 후에는 수집과정에서 간과되었을지도 모를 편의의 원천들을 점검해 보아야 한다. 예컨대 표본추출을 통해 자료를 수집한 경우, 표본의 크기가 적정했는가, 과연 모집단을 대표할 수 있는 표본인가에 등에 대해 다시 검토하는 것이다.

둘째, 만약 불충분한 자료를 수집할 수밖에 없다면, 이를 연구의 한계로서 솔직하게 밝히는 것이 좋다.

셋째, 가능한 자료를 효율적으로 활용해야 한다. 수집된 자료에서 정보를 최대한 추출해 내도록 노력해야 한다.

V. 주요 연구방법론들

1. 공공선택론

1) 공공선택론이란 무엇인가?

우리의 삶은 선택의 연속이라 할 수 있다. 그런데 선택에는 '개인 선택'과 '사회 선택'이 있다. "어떤 옷을 입을까?"를 결정하는 것은 개인 선택이며, "국방력 수준을 어느 정도로 할 것인가?"는 사회 선택이다. 사회 선택도 다시 시장원리에 의한 '시장 선택'과 정부의 개입에 의한 '비시장 선택'으로 나누어 볼 수 있다.

쌀가격 결정에 있어 쌀의 수급에 따른 시장기제에 의해 결정된다면 시장 선택이요, 농민과 도시민의 소득을 고려하여 정부가 개입하여 결정한다면 비시장 선택이다. 공공선택(public choice)이란 사회 선택 중 비시장 선택을 의미한다.

공공선택을 해야 하는 가장 큰 이유는 공공재가 존재하기 때문이다. 생산과정에 참여하지 않았거나, 비용을 지불하지 않는 사람이 공공재를 사용하더라도 사회적으로 이를 막기가 어렵다. 정부는 세금을 내지 않은 사람들을 배제하고 국방이나 치안 서비스를 제공하기는 곤란하다. 결국 사회 전체가 손해를 보더라도 자신의 이익만을 챙기려는 무임승차자(free rider)가 속출하게 되고, 이들로 인하여 결국 공공재를 효율적으로 공급할 수 없게 된다.

그렇다면 어떻게 이러한 문제를 해결해야 할 것인가? 공공선택론은 이러한 의문에 답하기 위해 경제학적 방법을 원용한다. 즉 경제학적 분석방법을 원용하여 공공부문에서 전개되는 제도적 상호작용을 설명하고 바람직한 방향을 제시하고자 하는 이론들을 총칭하여 공공선택론(public choice theory)이라 한다(Mueller, 1989: 1).

2) 공공선택론의 기본 가정

공공선택론은 기본적으로 '합리적 선택'과 '방법론적 개인주의'라는 두 가지 가정을 바탕으로 하고 있다.

합리적 선택(rational choice)이란 경제학의 '경제적 인간'(economic man)을 전제로 하는 개념이다. 즉 사람은 자신의 개인적 목적을 추구하며, 이를 위해 계산된 행위, 즉 '합리적 행위'(rational act)를 하는 존재이다. 경제적 인간은 현재보다 더 나은 상황을 위하여 합리적 선택을 하는데, 이때 선택의 기준은 기대 가치(expected value)이다. 즉 경제인은 기대 가치를 실현하여 자신의 효용을 극대화하고자 한다.

이기적·합리적 존재인 경제인이 자신의 효용을 극대화하고자 하는 행태는 시장에서의 선택뿐만 아니라 공공선택에서도 마찬가지로 나타난다. 정치적 결정에 있어서도 개인은 공익과 같은 추상적 이념보다는 구체화된 자신의 이익을 추구하려고 한다. 그러므로 공익을 위한 정치가의 노력도 공공선택론적 관점에서는 소속 정당의 승리나 자신의 재선(再選)과 같은 자기 중심적 이익의 반영에 지나지 않는다(Lane, 1995: 208).

방법론적 개인주의(methodological individualism)란 모든 사회적 실체는 기본적으로 개인 행위자들의 집합(sets)이라는 가정이다. 즉 집단이 아닌 개인을 분석의 출발점으로 보기 때문에 사회나 국가 또는 계급 같은 개념도 개인의 집합 이상의 의미를 두지 않는다. 공공선택론에는 "사람은 인간으로서 동등한 가치를 가지며, 개인의 자유는 사회정책의 최고의 목적이다"라는 가정이 내재되어 있다(Buchanan, 1975: 13). 모든 사회적 사실이나 규칙성은 개인적 특성으로 환원될 수 있다는 환원주의적 관점이 사회적 규칙성에 관한 거시적 설명을 위한 미시적 기초를 마련해 주고 있다(Little, 1991: 183-186).

3) 공공선택론의 유형

공공선택론은 다양한 정치현상들을 다루며 그 이론의 기본적 시각도 매우 다양하다. 공공선택론에서 다루는 '정치현상', 즉 공공선택적 시각에서 다루는 연구대상은 크게 두 가지로 구분할 수 있다(Mueller, 1989; 고바야시 요시아키, 1988; Buchanan, 1991: 218-226).

첫째, 우리들에게 어떠한 정치가 바람직한 것인가를 밝히는 '규범적 공공선택론'이다. 사회계약이론의 맥을 이은 Buchanan과 Tullock의 헌법적 질서의 형성에 관한 '헌법의 경제이론', Rawls의 '정의론', Arrow의 '사회적 후생함수'에 관한 연구가 대표적이다. Arrow는 사회적 후생함수를 일종의 헌법으로 받아 들이지만 시민들이 헌법에 완전히 동의하지는 않는다고 본다. 그래서 합의된 규범에 부합하는 기준을 찾고자 하는 관료가 정책결정을 할 때 따라야 할 윤리적 지침이 바로 사회 후생함수라고 보았다.

둘째, 우리 사회가 어떠한 상태에 있는가를 경제학적 방법으로 설명하는 '실증적 공공선택론'이다. 헌법적 계약이 이미 확정된 다음 단계 — 즉 이미 주어진 헌법적 구조하에서 — 국가가 어떻게 하면 공공재를 공동으로 그리고 적은 비용으로 생산해 낼 것인가 하는 방법을 찾고자 한다. 실증적 공공선택론에서는 이기적이고 합리적인 경제 · 정치의 주체가 투표를 통해 각자의 선호(preference)를 나타내 보이는 과정을 시장과 유사한 것으로 보고, 다양한 투표방식에 대한 설명을 시도한다.

4) 실증적 공공선택론: 다양한 투표 방식

(1) 집단적 선택이 필요한 이유

이기적 · 합리적 개인들로 구성된 사회에서 집단적 선택을 해야 하는 이유를 설명하기 위해 각기 한 가지 상품을 생산하는 두 사람으로 구성된 사회를 가상해 보자. 즉 A라는 사람은 가축을 기르고, B는 옥수수를 생산하는데, 이들은 각기 생산한 상품을 서로 교환함으로써 자신의 후생 수준을 높일 수 있다.

그런데 A와 B는 각자의 상품을 교환하기보다 상대방의 상품을 훔칠 수도 있다. 교환을 통해 당사자들이 모두 이득을 볼 수 있지만, 서로 훔치는 행위를 할 때는 기껏해야 '영화게임'(零和, zero sum game)밖에 안 된다. [표 4-1]을 통해 이를 설명하기로 하자.

A가 소를 기르고, B가 옥수수를 기르고 있는 사회에서, 만약 한 사람은 훔치지 않는데 다른 사람이 훔쳤다면, 훔친 사람이 더 많은 재화를 가질 수

영화게임

> 게임을 통해 얻을 수 있는 전체적 양은 정해져 있기 때문에 게임 참가자중 한 쪽이 이득을 보면 반드시 다른 쪽은 손해를 보게 되는 상황에서 이루어지는 게임이다.

있다. 그러나 두 사람 모두 상대방의 재화를 훔친다면, 그 결과는 서로 훔치지 않은 때보다 더 나빠진다. 그러므로 양자는 서로 훔치지 않기로 협약을 함으로써 둘 다 잘 살 수 있다. [표 4-1]의 경우 Ⅳ에서 Ⅰ로 옮겨갈 때 개인은 물론 사회 전체적으로 이득이 된다.

이러한 관계는 공공재의 경우도 마찬가지이다. 공공재는 공동으로 생산해야 하지만, 일단 공급되고 나면 생산과정에 참여하지 않은 사람이라 하더라도 그의 소비를 막을 수 없는 특징을 지닌다. 공공재 공급에 모든 사람이 참여한다면 모두가 더 잘살게 되지만, 특정인만 빠진다면 그 사람은 상대적으로 많은 혜택을 누리지만 다른 사람은 결국 손해를 보게 된다.

그러나 사회 구성원의 수가 대단히 많다면 협약을 어기는 사람이 있더라도 이를 즉각 탐지해 내기 곤란하다. 따라서 큰 지역사회나 단체에서 자발적인 계약 준수를 전제로 공공재를 생산한다면, 무임승차자로 인해 공공재 공급이 과다 또는 과소하게 된다(Olsen, 1965). 따라서 지역이 넓고 이질적인 사람들로 구성된 사회에서는 어떠한 행동이 서로에게 혜택이 되는지를 공개적으로 밝힐 필요가 있다. 질서를 지키는 사람에 대한 유인과 어기는 사람에

표 4-1 2인 영화게임의 예

A/B	훔치지 않는다	훔진다
훔치지 않는다	Ⅰ A(가축 10, 옥수수 9) B(가축 8, 옥수수 6)	Ⅲ A(가축 6, 옥수수 3) B(가축 10, 옥수수 9)
훔친다	Ⅱ A(가축 10, 옥수수 10) B(가축 5, 옥수수 3)	Ⅳ A(가축 7, 옥수수 5) B(가축 7, 옥수수 5)

자료: Mueller(1979: 12).

대한 제재에는 사회적 선택이 필요한데, 민주주의 사회에서는 구성원들의 투표를 통해 이를 결정하게 된다.

(2) 투표를 통한 결정방법

투표는 개인들의 서로 다른 선호를 집계하여 집단결정을 유도하는 효과적인 방법이다. 투표를 통한 결정방법도 다양한데 이에 대해 좀 더 설명하기로 한다.

가. 만장일치에 의한 표결

모든 사람이 찬성해야 결정된다는 것은 모두 만족한 상태에 있다는 것을 의미하므로 가장 이상적이며, 이는 파레토 최적 상태와 유사하다. 그러나 만장일치에 도달하기 위해서는 무한대의 의사결정비용을 필요로 한다. 즉 모든 구성원이 만족할 수 있도록 의제를 계속 수정하거나 의제가 결정됨으로써 그 결과 구성원 개개인이 얻을 수 있는 혜택에 관하여 납득이 가도록 설명해야 하는 등 합의에 도달하기 위해서는 막대한 시간과 노력이 필요하다. 또한 구성원 개개인들은 자신에게 유리한 결정이 되도록 본심을 숨기고 행동하는 전략적 책략(strategic maneuvering)에도 소모적 시간과 정력을 투입한다. 이렇게 모든 구성원이 토론, 설득, 교섭 등을 통하여 최종합의에 도달하기까지 소모되는 시간이나 투입 자원들을 의사결정비용이라 한다.

파레토 최적

파레토 최적은 다른 사람에게 손해를 끼치지 아니하고는 누구도 추가적인 이익을 기대할 수 없는 상태이다. 다시 말해 사회 전체적으로 최적의 자원배분이 된 것을 의미한다.

이러한 비용부담을 줄이기 위하여 다수결 원칙을 채택한다면 과연 전체 중 어느 정도 이상의 가결이 바람직한 것인가? 이에 대한 대답은 반상일치에 도달하기 위해 소요되는 손실, 즉 의사결정비용과 일부 반대를 무시하고 안건을 통과시켰을 때 초래되는 손실 또는 특정 안건에 대하여 자신이 반대하였음에도 불구하고 다수가 찬성함으로써 결정된 안건이 실행되어 그 결과 초래될 사회전체적 손실 가능 정도를 따져서 결정할 수 있다.

나. 다수결에 의한 표결

민주정치 과정에서는 과반수 이상의 동의를 요구하는 다수결 원칙이 일반적이다. 그러나 다수결 투표는 다수의 횡포, 즉 소수에 대한 강압'을 초래할 수 있다. 또한 이래도 좋고 저래도 좋다는 중간 선호를 가지고 있는 집단이 결정에 중대한 영향을 미치는 경우가 있다. 이와 같은 다수결 투표방식의 결함을 보완하기 위해서 2/3의 찬성을 요구하는 조건부 다수결 제도나 선호의 강도를 반영하는 점수 투표제(point voting)가 있다. 점수 투표제는 자신의 선호강도에 따라 일정한 점수를 각 선택대상에 배분함으로써 점수의 합계가 가장 높은 안이 채택되는 제도이다.

다. 순환과 투표의 모순

A, B, C라는 3인으로 구성된 위원회에서 100만원을 B와 C가 A를 제외시키고 각각 60대 40으로 나누어 갖고자 했다고 하자. 이 때 A가 C에게 50대 50으로 나누어 갖자고 제안한다면, C는 새로운 제안에 찬성할 것이다. B는 자신이 원래의 계획보다 조금 손해를 보더라도 A에게 45대 55를 제안하여 새 연합을 형성하려고 시도 할 것이다. 이러한 과정이 계속 진행된다면 순환(cycling)이 일어나게 된다.

3명으로 구성된 위원회에서 특정 지역을 공장, 아파트 또는 공원 중 하나로 개발하려는 결정을 다수결로 채택하려고 하는 경우를 예로 가정해 보자. 위원 각자가 [표 4-2]와 같은 우선순위를 갖고 있는 경우, 이 위원회는 다수결로서는 아무런 결정을 할 수 없다.

[표 4-2]에서 우선순위별로 점수화하여 각 대안들 중 두 가지씩 비교해 보자. 우선 공장과 아파트를 비교하면 A와 C가 아파트보다 공장을 선호하므로 2:1로 공장이 아파트보다 선호된다. 한편 아파트와 공원을 비교하면, A

표 4-2 투표의 모순

개인/우선순위	1순위(3점)	2순위(2점)	3순위(1점)
A	공 장	아파트	공 원
B	아파트	공 원	공 장
C	공 원	공 장	아파트

와 B는 아파트가 공원보다 2:1로 선호된다. 공장이 아파트보다 선호되고, 아파트가 공원보다 선호되므로 논리적으로 마땅히 공장이 공원보다 선호되어야 할 것이다. 그러나 공장과 공원을 직접 비교해 보면 B와 C가 공장보다 공원을 선호하여 공원이 2:1로 채택된다. 결국 세 대안들이 한번씩 채택되기 때문에 다수결 투표로는 결론을 내릴 수 없다. 이와 같은 현상을 '투표의 모순'이라 한다.

라. 담 합

각 대안에 대한 투표자의 선호강도가 다르다면, 절대 반대를 하는 소수를 무시한 다수결에 의한 결정은 문제가 있다. 이러한 상황에서는 담합(logrolling) 또는 투표 거래(vote trading)가 나타날 수 있다.

담합과정을 이해하기 위해 선호강도가 균일하게 분포되지 않은 [표 4-3]의 예를 보도록 하자.

각 안에 대한 숫자는 그 안건이 통과되었을 때 세 투표자의 효용이 현재에 비해 달라지는 정도를 의미한다. 그러므로 안건이 부결된 때에는 효용수준에는 변화가 없게 된다. B는 X안이 C는 Y안이 통과될 때 손해보다 이득이 크기 때문에, B가 Y안에 C가 X안에 찬성표를 던지기로 담합하면 두 안은 모두 통과될 수 있다. [표 4-3]에서 숫자가 기수적(基數的)이고 개인 상호간에 비교 가능한 효용이라면, B와 C의 교환은 세 명으로 이루어진 공동체 전체의 후생수준을 향상시킨다. 투표 거래가 없다면, 각 안건에 대해 상대적으로 강한 선호강도를 갖는 소수는 다수에게 압도당할 것이기 때문이다. 이 예에서 두 안만을 비교한다면 공동체 전체로서 2만큼의 이득을 얻을 수 있다. 다시 말해 X안이 통과됨으로써 B가 가지는 5의 효용은 나머지 두 사람의 효용인 −2의 합인 −4보다 1이 많으며, Y안의 통과에서도 마찬가지

표 4-3 담합의 예

투표자/안건	X	Y
A	−2	−2
B	5	−2
C	−2	5

자료: Mueller(1989: 83).

로 1이 많기 때문에 전체적으로 두 안이 통과됨으로써 2만큼 많게 된다.

5) 사회 후생함수

(1) 사회 후생함수의 개념

서로 다른 의사결정기준을 가진 개인의 총합으로서 비시장 의사결정은 어떤 방식으로 이루어져야 하는가에 대해 가장 많이 알려진 기준은 "개인 효용의 총합을 극대화한다"는 Bentham의 공리주의이다. 그러나 이러한 기준은 개인간 효용을 비교할 수 있어야 한다는 문제점이 제기된다. 이러한 점에서 사회 후생함수론은 개인효용함수를 규정하는 '개인 선호의 순위화'(preference ordering)를 보장하는 형태로 사회 후생함수가 구축되어야 한다고 본다. 다시 말해 개인의 선호를 사회적 선호로 변환시키기 위한 일반적 정의를 사회 후생함수라 한다. 간단히 설명하면 n명의 구성원들로 구성된 사회의 후생함수는 개인들의 선호형태(R_1 R_2 R_3 ⋯, R_n)의 집합을 R^K로 가정하고 모든 가능한 사회 선호의 집합을 R이라 하면, 사회 후생함수(social welfare function : SWF)는 R^K에서 R로 가는 지도(mapping)로서 다음과 같이 표시할 수 있다. 여기서 W는 사회의 규범적 규율이나 가치 판단의 기준에 의한 영향을 의미한다.

$$SWF: R^K \xrightarrow{\quad W \quad} R$$

그런데 미시경제학에서 소비자의 선호함수는 이행성(transitivity)을 지닐 때 정상적(regular)이라고 한다. 이행성이란 x, y, z 세 가지 대안이 있을 때 x를 y보다 더 선호하고, y를 z보다 더 선호하는 경우 x를 z보다 더 선호하는 것이 정상적이라는 것이다.

(2) Arrow의 불가능성 정리(Impossibility Theorem)

민주주의 사회에서 개인의 의사결정을 총합하는 수단으로서 다수결 원칙이 비이행성의 문제에 직면할 수 있다는 점은 앞에서 설명한 '투표의 모순' 에서도 살펴보았다. 즉 개개인의 선호의 합의과정에서 투표의 모순이 발생하는 경우, 어떠한 근거를 바탕으로 하든지간에 개개인이 합리적 선택을 하더라도 다수결 원칙에 의해 합리적인 집단적 선택(혹은 사회적 선택)을 도출해 낼 수 없다는 점을 시사하고 있다.

Arrow는 불가능성 정리를 통하여 다수결 원칙으로는 바람직한 사회 후생함수를 도출해 낼 수 없음을 입증하였다. 따라서 다수결 원칙을 채용하는 정치체계에서 실제로 행해지고 있는 결정은 Arrow의 바람직한 조건의 한 가지 또는 그 이상을 만족시킬 수 없다는 의미에서 차선(second-best)의 선택이 될 수밖에 없다.

6) 공공선택이론의 평가

공공선택이론은 정부의 비효율적 측면들을 — 행정과정에서 일어나는 담합의 비효율성, 특정 지역이나 계층만을 이롭게 하는 정부사업, 사적 목적에서의 공적 자원의 이용, 예산을 가능한 많이 사용하려는 관료의 행태 등 — 분석하는데 대단히 유용한 접근법이다. 공공선택론은 행정문제에 대해 새로운 시각에서 통찰하여 혁신적 처방을 제시할 수 있게 한다.

그러나 공공선택론에 관한 비판점들도 많은데 대표적인 세 가지만 들기로 한다.

첫째, 개인이 자신에게 돌아올 이익의 관점에서 모든 결정을 한다는 공공선택론의 기본 가정이 지니는 비현실성이다. 이러한 가정은 이타주의(altruism), 공익에 대한 고려, 타인에 대한 의무에 기초한 가치체계에 대한 고려를 완전히 배제하고 있다. 사람은 이러한 광범위한 가치체계에 따라 정치적 선택을 하는데 이를 단순히 경제적 기대가치로 분석하여 인간의 정신을 너무 경시하고 있다. 정부관료들의 행태에 관한 실증적 분석들에서 개인적 이익을 초월하는 전문적 규범의식이나 공공봉사의식이 높은 관료들도 많으며, 자신의 경제적 이익에 의해서만 동기부여되는 것만은 아니라는 점들을 설명하고 있다(McCool, 1995: 164).

둘째, 공공선택이론은 가치를 결정함에 있어서 시장이 정부보다 더 합리적이라고 가정한다. 이러한 가정은 경제적 가치를 분석한다는 점에 있어서 타당할지 모르나 경제적 기준으로 계량화하기 어려운 가치들에 대해서는 문제가 있다. 시장실패현상이나 공익에 배치되는 시장 결정의 예를 통해 이러한 사실을 더욱 잘 알 수 있다.

셋째, 공공선택론적 연구는 이념적으로 우향적 편향성(right-wing bias)을 지니고 있으며, 이는 행정과정을 설명하기 위한 접근법으로서의 어려움이 되기도 한다.

2. 신제도주의

1) 구조주의적 접근법과 신제도주의

사회현상이 자연현상과 같은 방식으로 인과관계적으로 설명될 수 있다는 것이 행태주의적 입장이다. 그러나 행태적 설명은 참다운 사회현상을 설명하는 것은 아니며 또한 사회현상에 대한 설명은 반드시 인과적인 것이 아닐 수 있다는 점에서 구조주의적 접근법의 유용성이 강조되었다.[1)]

구조라는 개념은 자연현상과 사회현상 모두에 적용될 수 있다. 화학에서 물질의 구조를 말할 수 있는 것처럼 관료제에서도 구조를 말할 수도 있다. 에너지나 빛과 같은 물리현상을 $E = mc^2$라는 인과적 구조에 의해서 설명할 수 있듯이, 관료제도 내의 관료행태는 관료제라는 인위적으로 만들어진 제도적 구조와 관련하여 설명 될 수 있다. 그런데 모든 구조에 대한 설명은 오로지 인과적일 필요는 없으며 현상의 성질에 따라 다른 방법도 가능하다.

사회현상에 대한 구조적 접근의 필요성은 사회현상이 자연현상과 달리 의미를 지닌 존재, 즉 의미현상이라는 점 때문이다. 돌이나 물 또는 갑자기 몰아치는 회오리바람은 자연 그 자체로부터 의미를 굳이 추출할 필요는 없다. 하지만 사람이나 사람의 관계로 구성된 사회제도는 의미적 존재이다. 그러므로 사람이나 제도에 대해서는 인과적 설명보다는 비인과적으로 이해해야만 하는 경우도 있다.

관료행태를 설명하기 위해서는 그들이 몸담고 있는 관료제와 그 행정문화나 조직의 규칙을 알아내고 이에 비추어 개별 관료적 행태가 지니는 의미

---

1) 여기서 구조주의는 철학에서 사용하는 개념으로 정치학이나 사회학에서 논의되는 구조기능주의와는 다른 개념이다.

를 파악해야 한다. 우리가 바둑을 둘 때, 상대방이 둔 한 수의 의미를 파악하기 위해서는 바둑의 규칙이나 행마의 요령을 알고 있어야만 하는 것과 같다. 요컨대 앎의 대상이 자연현상이 아니고 의미현상이라는 점에서 구조주의적 접근법을 통한 앎은 설명적이라기보다는 이해적 앎이다.

그러나 좀 더 따지고 보면 구조주의적 접근법에서 이해의 개념은 행태주의적 접근에서 추구하는 설명과 대립되는 개념은 아니다. 구조주의적 접근법에서 이해하고자 하는 의미현상은 언어적으로 표현하기 이전의 대상이다. 이는 다음에 설명할 현상학에서 말하는 주체자의 의도나 경험을 통해 발견되는 의미와는 다르다. 다시 말해 사회과학에서 제기되는 설명(explanation)과 이해(verstehen or understand)와의 대립은 구조주의적 접근에서는 심각하게 문제되지는 않는다.

신제도주의(new institutionalism)는 행태주의에 대한 반발로서 그러면서도 현상학과도 구별되는 구조주의적 접근법에 포함시킬 수 있는 하나의 방법론 또는 접근법이다. 원래 신제도주의는 정치학, 사회학, 경제학 등에서 연구되어 왔다. 최근에는 신제도주의를 원용하여 행정현상이나 정책현상을 연구하려는 시도들이 증대되고 있다. 그러나 신제도주의에 포함시킬 수 있는 연구들이 여러 학문에서 개별적으로 이루어져 왔으며, 또한 동일 학문 내에서도 설명방식에 있어 많은 차이가 있다. 그러므로 신제도주의에 대한 통일적이고 명료한 설명을 하기는 어렵다. 여기에서는 정치학 및 사회학과 경제학으로 대별하고 각 학문에서 다양하게 연구되어 온 신제도주의의 기본 내용들을 중심으로 설명하기로 한다.

2) 신제도주의란 무엇인가?

신제도주의의 기본적 인식은 '제도가 중요하다'(Institutions do matter)라는 점이다. 이는 행태주의에서 중요시하는 개인보다 개인이 처한 환경인 사회적 맥락을 더 중요하게 본다는 의미이다. 물론 환경을 중시하는 접근법들은 신제도주의 외에도 많다. 신제도주의가 소개되기 전에 환경에 초점을 둔 체계이론(system theory)이나 상황론(contingency theory) 등이 그것이다. 그러나 이러한 이론들이 행태주의적 관점을 밑바탕에 깔고 있는데 비해 신제도주의는 개인을 둘러싸고 있는 제도의 의미를 파악하려는 구조주의적 관점에 선다는 점에서 차이가 있다.

한편 제도의 중요성은 전통적인 제도연구에서도 마찬가지로 인식하고 있었다. 다만 전통적 제도연구에서는 공식적인 사회제도 자체를 연구대상으로 하여 주로 제도의 개념과 속성을 분석하였다는 것이 신제도주의와의 차이이다. 신제도주의는 제도가 개인에 미치는 영향이나 개인의 유인체계에 미치는 제약을 분석하고자 한다. 즉 신제도주의에서는 제도는 개인들 사이의 상호작용에 대한 제약장치로 인간에 의해 만들어진 것으로 본다.

신제도주의에서 의미하는 '제도'란 무엇인가? 신제도주의자들간에도 제도에 대한 정의에 있어 상당한 차이가 있지만 다음과 같이 세 가지 학파로 크게 분류할 수 있다.

첫째, 제도란 하나의 '균형점'(equilibrium)이다. 즉 개인들이 상호의 선호를 이해하고 이에 따라 최적의 행동을 선택한다면 존재하게 되는 '행태의 안정적 유형'(stable pattern of behavior)이다.

둘째, 제도란 규범(norm)이나 규칙(rules)이다. 즉 제도란 공식적 또는 비공식적 관계에 있는 사람들이 다른 사람의 행동에 대해서 공정하고 안정적인 예상을 가능케 하는 규칙과 규범을 의미한다.

셋째, 제도란 인간의 행동을 인도하는 '의미의 준거 틀'(frame of meaning)을 제공하는 상징체계, 즉 '문화'이다. 그런데 문화란 규범의 총합으로 볼 수 있기 때문에 두 번째 범주에 통합시킬 수도 있을 것이다.

이러한 세 가지 정의의 분류는 각각 제도의 다른 측면을 강조한 것이지만 이들 모두 개인과 환경과의 관계에서 사회제도를 설명하려는 점에 공통점이 있다. 즉 이 세 정의들은 모두 개인이 선택할 수 있는 기회와 이에 영향을 미치는 제약들을 제도라 정의하면서 각기 상이한 유형의 기회와 제약에 초점을 맞추고 있다(정용덕 외, 1999: 1819).

그런데 공공분야에 신제도주의를 원용하고자 할 때 어떤 사회현상을 제도로 보아야 할 것인가에 대해서 쉽게 답하기가 어렵다. 대체로 신제도주의에서는 권력을 다루는 정치현상과 자원 분배 및 화폐와 관련된 경제현상을 별개의 것으로 보지 않는다. 그 이유는 두 현상 모두 제도와 이익을 다루기 때문이다(Lane, 1995: 218). 이러한 논의는 정치학에서의 신제도주의에 대한 연구들을 통해 좀 더 자세히 논의하기로 한다.

3) 정치학에서의 신제도주의

(1) 기존 현대정치이론의 한계

신제도주의 정치학자들은 현대정치이론들이 정치제도를 설명하는데 있어서 본질적 한계를 극복하고 이들에 도전하기 위한 대안적 이론으로 신제도주의를 주창하였다. 그러면 신제도주의적 관점에서 기존의 현대정치이론이 지닌 한계란 무엇인가? 대표적인 현대정치이론들이 제도에 대한 설명에 있어 어떠한 한계가 있는지를 살펴보기로 하자.

우선 현대정치학에서 주류를 이루었던 합리적 선택이론을 들어보자. 합리적 선택이론이란 인간의 합리적 행위가 지닌 특성을 체계적으로 파악하여 그로부터 도출될 수 있는 다양한 주장들로서 정치현상을 설명하고자 하는 방법이다. 이 방법론에서는 정치제도를 단지 개인과 집단 행동의 단순한 집합으로 본다. 또한 정치적 행위자의 선호(preference)와 힘(power)을 정치분석에서 '외생적으로 주어진 것'(exogenous givens)으로 취급한다. 그러므로 정치제도가 정치적 행동에 큰 영향을 미치고, 역으로 정치적 행동은 제도를 재형성한다는 점을 간과하였다.

현대정치이론에 중요한 또 하나의 흐름으로 구조기능주의를 들 수 있다. 구조기능적 접근법은 공통적으로 인간의 행동을 사회적 구조로부터 이끌어내려 한다. 구조주의자들은 '구조'를 정치환경으로부터의 자극에 합리적으로 적응한 결과로 이해한다. 예컨대 Weber는 관료제를 복합적인 현대사회 속에서 기능적으로 최적인 것으로 본 것이다. 그러나 제도가 항상 환경 변화에 적응하며 발전한다는 생각은 타당하지 않다. 다시 말해 정치적 행동은 구조로부터 '상대적 자율성'을 가질 수 있다. 더 나아가 중요한 정치적 행위를 설명할 때는 제도가 정치적 행동에 미치는 영향과, 역으로 그 행동이 구조나 제도를 바꾸는 방법의 양 측면을 모두 고려해야 한다. 이런 맥락에서 제도란 "의미 있는 행동과 구조적 요소간의 상호작용"이라고 정의할 수 있다.

(2) 신제도주의적 관점

정치학에서는 신제도주의의 기본적 관점을 다음의 네 가지로 요약할 수 있다.

첫째, 제도는 사회체계에서 중요한 실체(entity)를 구성한다. 신제도주의는 제도를 사회 내의 행위자로서 독립적 역할을 수행하는 행동주체로 본다. 또한 상대적으로 자율적인 정치제도간의 상호의존성을 강조한다. 이는 제도를 결정의 주체로 간주하는 제도적 일관성과 정치제도가 사회의 단순한 반영 이상이라는 제도적 자율성에 관한 주장이다. 신제도주의는 개별 행위주체의 역할보다 국가를 형성하고 있는 제도가 더 주도적인 역할을 수행한다고 보는 것이다. 이러한 관점에서 신제도주의적 학자들은 제도가 사회의 중요 문제들을 어떻게 해결하는가, 제도가 어떻게 사회체계를 질서 있게 움직이도록 하는가 등에 대한 설명을 시도한다.

둘째, 기존 정치이론들은 정치체계의 기본 단위들이 비교적 단순하게 서로 잘 짜여져 있다고 보는데 반해, 신제도주의는 제도들이 서로 다중적이고 중첩적인 연관을 가지고 있다고 본다. 따라서 이러한 복잡성을 가진 정치체계를 통계학적 집합의 논리로 분석하거나 또는 분석수준을 하위체계수준으로 낮추려는 노력은 모두 무의미하다.

셋째, 기존 정치이론들은 정치란 이익갈등 속에서 희소자원을 분배하는 것이고, 행위란 그 결과의 기대에 관해 이루어지는 선택이며, 상징이란 현실정치를 가리는 커튼에 불과하다고 본다. 반면 신제도주의는 시민의 정치 참여로 인한 결과보다는 참여과정 자체에서 즐거움을 찾으려 한다. 이런 점에서 신제도주의는 결과의 우위성에 대한 도전이며, 상징 및 의미작용의 중심성을 강조한다.

넷째, 제도가 이익을 결정한다. 신제도주의적 접근을 한 대표적 학자들인 March와 Olsen(1988)은 사회적 상호 작용들에 있어 이익보다 제도가 우선한다는 것이다. 다시 말해 제도가 개인의 선호와 이익을 결정하고, 개인과 집단의 이익에 관한 집단적 의사결정에도 중대한 영향을 미친다는 의미이다.

(3) 신제도주의의 공헌과 과제

신제도주의적 접근법은 기존 정치이론의 문제점을 비판하고, 정치제도가 사회경제적 변화의 종속변수일 뿐만 아니라 독립변수이기도 하다는 점, 제도적 구조가 환경의 변화에 단지 적응하기만 하는 것이 아니라 자체의 생명력을 가지고 지속하려 한다는 점을 지적함으로써 이론적 발전에 큰 공헌을 하고 있다. 또한 신제도주의는 인간행동의 지속적 구조가 자원, 규칙, 가치들을 단지 주어진 것으로 받아들이지 않고 오히려 어떻게 이것들을 형성했는가 하는 점을 탐구한다는 방법론적 독창성을 인정할 수 있다.

그러나 이러한 신제도주의적 시각에 대해 의문이 없는 것은 아니다. 신제도주의에 내재된 기본적 문제점을 두 가지 측면에서 제기할 수 있다.

첫째, "과연 제도가 개인보다 더 중요한가?" 하는 의문을 가지게 된다. 제도가 개인의 선호와 이익에 미치는 영향을 강조한 만큼 그 반대의 경우를 경시하고 있다고 하겠다. 정치행위자의 가치는 정치제도에 의해서 뿐 아니라 자기 자신의 신중한 반성과 선택에 의해서도 변화된다. 인간의 결정은 구조적 맥락의 영향을 받지만 부분적으로 행위자의 창조적 정치기술과 판단, 예술적 수완에 의한 것이기도 하다. 결국 신제도주의는 개인의 선택을 간과하는 단점이 있다.

둘째, 신제도주의는 정치행위자의 상대적 자율성을 지나치게 주장함으로써 논점을 잃고 모호해질 우려가 있다. 예를 들어 국가기구는 경제관계에 영향을 받지만 상대적으로 자율적이며 그 역도 성립한다. 정치적 · 종교적 이데올로기는 법 · 제도에 영향을 받지만 상대적으로 자율적이다. 가족구조는 신념체계에 영향을 받지만 상대적으로 자율적이다. 다시 말해서 상대적 자율성이 도처에 존재한다는 것이다. 결국 이러한 설명은 너무 복잡하고 초점을 잃어버리기 쉽다. 즉 어떤 구조가 더 중요하고 또 어느 정도로 중요한지를 알기 어렵게 된다.

4) 경제학에서의 신제도주의

20세기 초반 이후 합리적이고 이기적인 인간 행태의 기본모형에 입각한 신고전 경제학은 상당한 분석력과 설명력을 가지고 경제학을 이끌어온 학파였다. 그러나 신고전파 경제학자들이 명확히 답할 수 없는 부분들도 상당히 있었다. 경제학에서의 신제도주의적 접근은 신고전 경제학에서 경제활동의 외부적 요인으로 간주되던 변수들을 내재화하려는 시도로 볼 수 있다. 즉 거래행위에서 거래비용이 없는 것으로 보았고, 정보비용에 대한 큰 관심도 없었다. 또한 경제적 삶은 사회적 삶 속에 깊이 뿌리를 박고 있기 때문에 그 무대가 되는 사회적 관행과 도덕, 관습 등을 떼어놓고 이해할 수 없다는 점을 경시하였다.

앞에서 살펴본 정치학의 경우처럼 경제학에서도 신제도주의 틀 속에 포함시킬 수 있지만 그 개별적 설명 대상과 초점에 있어서는 대단히 차이가 나는 이론들이 많기 때문에 여기서 그 대표적인 내용들에 대해서만 설명하기로 한다.

(1) 거래비용

신제도주의 경제학에서는 사회적 성과와 제도를 분석함에 있어서 거래비용의 중요성을 강조한다. 거래비용을 영으로 추정하는 신고전 경제학적 전제에 따른다면 제도는 결과에 아무런 영향을 미치지 못한다. 이는 신고전주의 경제모형이 제도의 중요성을 인식하지 못했다는 것을 의미한다.

그러나 현실적으로 거래행위에는 거래비용이 — 협상이나 합의를 도출하는 비용과 도출된 합의를 집행하는 비용 등 — 수반되는 것이 보통이다. 특히 이해관계자의 수가 많을 경우 거래비용이 매우 크게 될 것이다. 또한 어떤 기업이 특정 제품을 구매하기 위해서는 어떤 가격에 어떤 품질의 제품들이 있으며, 가격이나 기술이 변동될 가능성은 없는지, 거래선은 믿을만한지 등을 알기 위해서 시간과 돈을 투자해야만 한다.

그런데 거래비용의 크기가 크다면 경쟁시장에서 구입함으로써 얻게 될 이익을 포기하고 그 기업이 명령체계를 이용하여 그 제품을 스스로 만들어 내기로 결정할 수 있다. 그러나 기업의 규모가 커질수록 명령체계의 비효율성이 두드러지므로 시장기구의 효율성을 회복하기 위한 압력이 커지게 된다. 기업은 내부조직을 통해 교환할 것인가 아니면 시장기구를 통해 거래할 것인가를 결정해야 한다. Coase는 기업 거래비용을 최소화하기 위한 조직체계로 이해하고, 결국 거래비용의 크기가 작을수록 내부 통제 대신 시장기구를 통한 거래를 선호하게 될 것이라 하였다. Coase의 문제 제기를 통해 거래비용이라는 개념은 매우 중요한 이론적 도구로 부상되었으며 기업 합병, 수직적 결합 등이 새로운 각도에서 논의되는 등 경제학계에 광범위한 공감대를 형성하였다. 즉 거래비용이 큰 경우 시장을 통한 교환보다 기업이라는 조직을 포함한 제도의 문제가 중요하다는 것이다.

(2) 주인-대리인 모형

사람들간의 관계를 유지하기 위해서는 상당한 비용이 소요된다. 즉 집단적 행동에 있어서 상대방의 선호를 알거나 집단행동을 위해 필요한 지식을 얻기 위해서 비용이 소요된다. 또한 집단행동에 참가하는 사람들간의 조정을 위해서도 비용이 들게 된다. 집단행동과정에서 발생하는 거래비용을 분석하기 위한 틀로서 대표적인 이론으로 주인-대리인모형(principle agent model)이 있다.

우선 주인과 대리인이 무엇인가를 파악하기 위해서는 대리관계를 이해해야 한다. 대리관계란 둘 이상의 거래관계자 중 한쪽의 행동이 다른 쪽에 영향을 미치는 관계를 말한다. 이 중 상대방의 이익을 위하여 행동을 취하는 쪽을 대리인이라 하고, 대리인의 행동으로 인해 영향을 받는 쪽을 주인이라 한다. 주인-대리인문제는 주인의 이익을 위하여 행동하도록 대리인을 동기부여하기 위한 보상체계를 고안하거나 대리인의 행동을 관찰·통제하기 위한 계약을 맺고자 할 때 발생한다.

주인-대리인모형은 기업과 같은 사적 관계에 대해 적용되었으나 공공분야에서의 집단행동에서 야기되는 거래비용문제를 분석하기 위한 틀로서도 원용될 수 있다. 즉 시민이 주인이라면, 시민을 위해 봉사해야 할 정치인이나 관료는 대리인에 해당한다. 특히 시민과 정치인의 관계와 정치인과 관료간에는 '중복 주인-대리인 관계' (the double principle agent relationship)가 형성되어 있다.

이러한 국가의 중복 주인대리인구조에서는 불명확성, 기회주의적 행태, 도덕적 해이, 그리고 역선택문제가 발생한다.[2)] 여기서 불명확성이란 대리인

2) 주인-대리인문제에서 비균형적 정보로 인한 도덕적 해이와 역선택 문제는 제14장에서 보다 자세히 설명하고 있다.

의 행위가 과연 주인의 이익을 위한 것인가, 그리고 대리인에게 돌아갈 보상은 무엇인가에 관해 이해하기가 어렵다는 것이다. 또한 정치인들은 자신을 대리인이기보다는 주인으로 생각하지만 선거철이 되면 국민과 국가의 대리인을 자처하는 기회주의적 행태를 보인다.

그런데 주인의 입장에서 대리인이 주인의 이익을 위하여 행동하도록 통제하고자 한다면 이를 위해서는 엄청난 비용이 소요될 것이다. 예컨대 주민투표제(referendum)는 주인으로서의 주민이 대리인인 정치가를 통제하기 위한 제도인데, 실제로 이를 실시하는 데는 많은 문제점이 지적될 수 있다.

우선 주민은 특정 안건에 관련하여 현직의 정치가에 대한 신임을 묻기 위한 투표를 하기 위해서는 그 안건에 대해 잘 알고 있어야 하며, 또한 정치가의 그간의 활동에 대해 충분히 관찰할 수 있어야만 한다. 그러나 이는 곤란하거나 불가능하다. 공공분야에서 대리인이 주인을 위하여 봉사하도록 하기 위해서 시민의 요구를 정치체계가 자동적으로 반영할 수 있는 정치제도의 구축은 현실적으로 불가능하다.

그리고 시민의 정치가에 대한 통제 뿐만 아니라 정치가의 관료에 대한 통제도 제한된 관찰능력, 제한된 합리성, 불균형적 정보, 전략적 행동 등으로 인해 중대한 한계가 있을 수밖에 없다.

또한 대리인에게 주어지는 보상의 불명확성, 대리인이 수행해야 할 바람직한 행동, 그리고 대리인의 행동과 결과간의 관계에 대한 불명확성이 통제에 있어서 장애가 된다.

주인-대리인모형에서 보면, 공공분야에서의 시민의 이익은 경제분야에서의 소비자 주권과 같은 개념으로 받아들여진다. 그러나 시민주권은 주인대리인관계에서 발생되는 거래비용으로 인해 충분한 인정을 받지 못하고 있다.

3. 현 상 학

1) 현상학이란 무엇인가?

현상학은 20세기 초 Husserl(1859-1938)에 의해 체계화된 철학 사조 중의 하나이다. Husserl은 사변적인 독일 관념론이 붕괴되면서 19세기 후반부터 20세기 초에 걸쳐 형성된 '자연주의'에 대한 철저한 비판을 통하여 현상학을 발전시켰다. 자연주의는 르네상스시대 이래 비약적으로 발전한 자연과학, 그 중에서도 수리물리학의 성과에 크게 자극을 받아 제 3 자적 관찰, 실험, 법칙화 등의 물리적 방법이 모든 학문의 참된 방법이 될 수 있다고 본다. 또한 자연과학은 물론 역사학, 정치학 등 사회과학조차도 자연과학적 방법을 사용해야만 참된 학문이 될 수 있다고 믿는다.

Husserl에 의하면 객관주의, 실증주의 등으로 불리우는 자연주의의 근본 오류는 물리적 대상과는 근본적으로 다른 존재방식 및 인식방식을 지니는 대상들을 물리적 대상처럼 취급하는데 있다. 즉 자연주의가 범한 근본 오류는 자연, 정신, 사회, 종교, 예술 등 그 존재 및 인식구조에서 서로 구별되는 다양한 영역이 있음을 망각한 채 '자연'이라는 특정 영역에만 타당한 존재 및 인식원리를 일반화시켜 모든 영역에 무차별적으로 적용할 수 있다고 생각한데 있다. 자연주의의 입장을 따를 경우 사회현상을 그 현상의 본질에 합당하게 인식할 수 있는 가능성이 차단되어 버린다. 한편 Husserl은 제 1 차 세계대전을 경험하면서 이를 과학이라는 학문을 손에 쥔 인간에 의해 삶의 대대적인 파괴가 체계적이고 합리적으로 진행된 충격적 사건으로 규정하였다. 그는 삶이 이와 같이 위기에 빠진 이유를 학문이 삶에 대한 의미를 잊어버리고 단지 수단화되었기 때문으로 보았다.

Husserl은 현상학을 통해서 이러한 현대과학이 처한 위기, 더 나아가 현대인이 처한 실존적 위기를 극복할 수 있다고 믿었다. Husserl은 현상학을 '엄밀학으로서의 철학'이라고 했는데, 여기서 엄밀하다는 것은 ① 개념을 통해 그 개념이 지시하는 현상을 다른 여타의 현상들과 구별하면서 확인할 수 있고, ② 그 개념을 이루고 있는 개념요소들이 명확해야 한다는 것을 의미한다. 엄밀한 개념이란 현상 자체에 부합하는 개념이기 때문에 현상학을 엄밀학으로서 수립하고자 할 경우 일차적으로 "현상 자체로!"라는 현상학의 구호에서 나타나듯이 공허한 사변 혹은 자의적인 개념 구성을 멈추고 현상 자체로 귀환하는 일이다(이종관, 1995).

'원초적 환원'이나 '판단 중지'의 개념을 통해 추구하는 현상 자체로의 귀환에 대해 좀 더 설명하기로 한다.

2) 판단 중지와 간주관성

참다운 앎의 근거는 인식자의 의식과 그것의 대상과의 관계를 지칭하는 경험 자체 속에서만 찾을 수 있다. 구체적인 경험을 통해서 의식 속에 내재해 있는 본질 또는 지향성을 이해하는 것이다. 현상학의 관점에서 볼 때, 인식의 대상은 물리적 사건 또는 현상이 아니라 그러한 대상의 본질이며, 이러한 인식에 이르는 길은 실험적이거나 사념적(思念的)이어서는 안되고 서술적이어야 한다. 현상학에서 서술하고자 하는 것은 과학이나 상식적인 앎이 아니라, 구체적 경험을 통하여 의식 속에 나타나는 그대로의 대상이다. 즉 현상학에서의 현상은 물리적인 현상이 아니라, 어떤 대상의 경험내용을 가리킨다. 현상학은 구체적인 개별적 경험을 통해서 들어오는 의식 내의 현상을 세밀히 서술함으로써 그것들 속에 공통으로 들어 있는 관념적 내용을 밝히고자 한다.

공통적인 관념적 내용을 파악하기 위해서는 먼저 판단 중지라는 의식적 절차가 필요하다. 우리는 여러 가지 선입견이나 지각의 불완전성으로 인하여 대상의 본질을 보지 못하는 경우가 많다. 따라서 우선 기존의 모든 이론체계를 비판없이 수용하는 것을 멈추어야 하는데 이를 판단 중지라 한다. 판단 중지를 통해 지금까지 우리에게 주어져 있던 모든 이론과 선입견에서 벗어나서 현상의 본질을 이해할 수 있는 것이다.

이러한 경험과 현상이 나타나는 총체적인 장을 '일상생활 세계'라 한다. 즉 일상생활 세계는 인간행위에 의해서 끊임없이 형성되고 해석되며, 변형되는 의미의 세계이다. 상식적 인간은 이러한 세계 속에 존재한다. 그리고 다른 사람과 의사소통이 이루어지는 지속적 현실은 상대방의 관점에서도 역시 사실로 받아 들여질 것이라고 가정한다. 즉 다른 사람의 의식도 나와 동일한 근본 구조를 나타내는 것으로 나에게 주어진다. 이러한 세계는 나 또는 너만의 사적인 세계가 아니라 "그 시초부터 우리들의 것으로 경험되는" 상호 주관적 세계이다. 따라서 주관적 개인의 경험이 객관화, 즉 '간주관성'(間主觀性, intersubjectivity)을 지닐 수 있는 것이다.

간주관성에 대한 이해를 위해 다음의 예를 생각해 보자.

"온도계가 20도를 가리키고 있다면 누구든지 이를 보고 현재의 기온을 알 수 있고 또한 정말 20도인지 검증도 할 수 있다. 그러므로 이는 간주관적으로 타당하다. 그러나 어떤 사람에게 혹은 나에게 모두 '푸르다'라고 규정되는 그 무엇을 바로 내가 보고 있는 그대로 보고 있느냐의 여부는 어느 누구도 알 수 없다".

'푸르다'라는 술어를 정당하게 부여할 수 있는 대상들의 범위는 우리의 언어 공동체 내에서는 완전히 일치할 수 있다. 그러나 우리가 동일한 대상을 푸르다고 말한다고 해서 우리 모두가 동일한 지각내용을 가지고 있는 것은 아니다. 내가 빨갛다고 했을 때 갖게 되는 지각 내용을 다른 사람은 푸르다고 했을 때 느낄 수도 있다. 달리 말해서 "누가 어떤 색을 어떻게 보고 있느냐" 하는 것은 사실상 알 수 없다. 우리는 결코 타인의 의식 속으로 들어갈 수 없기 때문이다. 아니, 오히려 그것은 불필요하기까지 하다. 왜냐하면 푸르다는 것이 실제로 무엇인가를 알 필요는 없으며, 푸르다는 말을 실제로 어떻게 사용하고 있는가를 아는 것으로 충분 하기 때문이다. 단지 우리가 무엇을 푸르다라고 부르고 무엇을 그렇지 않은 것으로 부르려고 하는가를 간주관적으로 이해할 수 있다면 그것으로 충분할 따름이다(Seiffert, 1994).

3) 합 일 감

현상학은 일상 생활세계에 존재하는 사회현상의 의미를 간주관적으로 파악하고자 한다. 그러면 어떻게 사회현상의 의미를 파악할 수 있는가? 그것은 실증주의처럼 인과적으로 설명될 수 없고 오로지 이해를 통해서만 가능하다. 설명과 대립되는 이해는 흔히 '상상적으로 남의 입장에서 본 뜻'을 아는 앎의 양식이다. 남의 입장에서 보는 태도를 '합일감'(合一感, empathy)

이라고 부른다. 결국 현상학적 이해는 심리적 추측인데, 여기서의 문제는 과연 그러한 심리적 추측의 객관성을 보장할 수 있는가를 따지는데 있으며, 행위자의 심리적 상태가 과연 사회적 의미와 같은 것임을 밝히는 것이다.

이러한 점을 '치통'의 예를 통해 좀 더 알아보자. 과거에 치통을 앓은 경험이 있는 나는 타인이 치통을 앓고 있다고 말을 하면 결코 그의 내부에 들어갈 수 없지만 그가 진실을 말하고 있는 것이라 가정한다면, 그 때 그가 무엇을 느끼고 있는가를 충분히 '상상'할 수 있다. 나로서는 타인이 나와 완전히 동일하게 통증을 느끼고 있는가의 여부를 알 수는 없다. 그러나 현상학적 이해에 있어서 그것은 전혀 중요치 않다. 중요한 것은 우리 모두 "통증을 느낀다"는 문장으로 지칭되는 일정한 상황 속에 있으며, 바로 그 상황을 여타의 상황과 구별하고 있다는 점이다.

행태주의자는 통증을 파악하기 위해서는 충치 여부와 그 정도를 분석해 봄으로써 알 수 있다고 할 수 있을 것이다. 그러나 통증을 느끼고 있는 상대방은 지각의 독점 상태에 있기 때문에 충치 구멍의 크기만으로 상대방의 통증의 정도를 설명할 수는 없다. 이는 실증주의적 입장에서는 제사에 바쳐지는 포도주잔의 가치는 그것이 유리냐 크리스탈이냐 하는 재질이나 경제적 가치로 파악하지만, 현상학적 입장에서는 하늘이 내린 빗물, 땅이 영글어낸 포도, 유한한 인간, 그리고 그에 의해 그려지는 세계의 신성함이 모여드는 작품으로 보는 것과의 차이와도 같다.

치통의 예로 다시 돌아가서, 우리가 타인이 실제로 통증을 가지고 있는가를 알아보는데 있어, 단순히 "지금 통증이 있다"는 언명만이 주어지는 것은 아니다. 무엇보다도 그 언어적 언명은 통증을 지닌 환자의 비언어적 행동을 통해서도 보충적 지지를 받고 있다. 예컨대 말하는 투나 찌푸리는 모습 등의 표현이 지금 통증이 있음을 말해 주는 것이다. 우리가 그가 치통을 앓고 있느냐의 여부를 판단함에 있어 언명만으로는 결코 그것이 참인지 알 수 없고, 오히려 치통을 앓고 있는 사람의 외적 행동에 대한 지각을 통해 알 수 있는 전체적 상황과 연관하여 판단할 수 있다.

이상을 요약하면 다음과 같다. 어떤 사람이 치통을 갖고 있는지 아닌지의 여부를 — 우리는 비록 그 사람의 의식 속으로 들어갈 수는 없다 하더라도 — 그의 언어적 표현이나 여타 비언어적 표현 등을 근거로 거의 정확하게 높은 신뢰도로서 파악할 수 있다. 따라서 이러한 사실은 바로 우리 자신이 그와 같이 언어적이든 비언어적이든 모든 표현들을 이미 우리에게 주어진 일정한 상황의 표현으로 통찰하거나 이해하고 있는데 기인한다.

4) 현상학의 한계

현상학은 모든 과학이 통일된 방법에 대한 꿈을 버리고 대상의 성질에 따라 서로 다른 방법으로 설명되고 이해될 수 있다는 점을 보여주었다. 특히 Husserl은 자기와 같은 주체성을 타존재자에게 이전하여 이해하는 간주관성 개념을 통해 '사랑의 공동체'를 향해 부단히 진화할 수 있는 가능성을 설명하였다. Husserl에게 사랑이란 단순히 가슴이 떨리는 감정적 느낌이나 상대방을 위한 자신의 상실을 의미하는 것이 아니라 타인 속에서 자신을 느끼는, 즉 타인 속에서 자신으로 삶을 의미한다. 자신을 타인 속으로 이전시켜 그 안에서 자신을 자신으로 사는 것이 사랑이기 때문에 진정으로 사랑하는 사람들은 상대방의 고통과 기쁨 등을 자신의 아픔이나 기쁨과 같이 느끼는 것이다. 20세기 현대주의의 특성인 개인주의가 가져온 사회적 어려움을 현상학적 이해를 통해 극복할 수 있을 것으로 본 것이다.

그러나 방법론 측면에서 현상학은 몇 가지 점에서 비판을 받을 수 있다. 첫째, 현상학적 언명은 그 주체가 말하는 영역 내에서의 개인적인 삶의 체험에 의존하고 있기 때문에 일반화의 문제가 있다. 간주관성의 판정기준은 현상에 대한 설명은 독자들의 "아 역시 그렇구나"하는 동의여부에 달려 있을 따름이다. 그러나 비록 표준화될 수 없고, 따라서 모든 탐구자가 임의로 접근할 수 없다 할지라도 그것은 우리 삶의 해명에 커다란 역할을 할 수 있는 기틀을 지니고 있다는 점에서 일반화가 현상학의 방법론적 가치를 판단할 수 있는 절대적 기준은 아니다.

둘째, 현상학적 방법은 시간을 초월한 서술을 추구하는 것은 아니다. 현상학자들은 "이러저러한 것이 어떠하다"라고 말하지만, "그것이 언제나 어디서나 그러하다"라고 진술하지는 않는다. 즉 현상학적 이해는 특정한 시공간 영역에 대해서만 타당할 뿐이다. 현상학자들은 자신의 서술에 대해 그것

현상학적 방법의 원용 사례

현상학자들은 ― 행태주의자로서는 인정하지 않는 ― 개인적이며 주관적인 느낌 또는 자신의 일상적 체험을 학문의 대상으로 취급한다. 다음의 예는 이러한 점을 보여 주는 것이다.

우리가 거주지를 옮기게 되면 그 새로운 거주지를 통해 세계는 전혀 새로운 모습으로 나타나게 된다. 변화하는 것은 원근(遠近)의 새로운 모습뿐만 아니라 익숙하게 오고 가던 친숙한 느낌의 거리, 그 도시 전반에서 내가 알고 있던 모든 경험이나 기억들이 포함된다. 이와 같이 그 도시 내에서 의미 있게 다가오는 것들은 모두 색다른 것이며, 따라서 그 도시 내에서 주거를 옮기는 경우일지라도 그 전체가 전혀 다른 성격을 띠게 되는 것이다.

이와 같은 사정은 완전히 새로운 주거지로 이사하는 경우 더더욱 분명하다. 그 새로운 도시를 통해 새로운 경치가 전개되고, 여타 도시와의 관계도 전혀 새로운 방향으로 전개된다. 지금까지 주변에 놓여 있던 것이 중앙으로 옮겨오기도 하고, 그 반대로도 되는 것이다.

이상의 예시는 모든 사람이 체험할 수 있는 것을 보여주고 있다. 즉 우리는 이사를 할 때 그 삶의 상황도 완전히 바뀌는 것을 잘 알고 있다. 특히 다른 도시와의 관계를 말해 주는 마지막 대목이 인상적이다. 이러한 사실은 예컨대 지금까지는 단지 휴양지로만 생각해 오던 어떤 도시로 이사하게 되어, 그 곳이 일상적 환경으로 바뀌고, 또 다른 관광지가 중요하게 되는 경험을 해 본 사람에게는 누구에게나 실감날 것이다. 독자들은 현상학자와 같이 말로 잘 표현은 할 수 없을지라도, 이미 자신이 느낀 바 있는 체험에 대한 기술과 해석에 대해 "아! 역시 그렇구나"하는 공감을 할 수 있을 것이다(Seiffert: 41-43).

을 스스로 '체험된 삶'으로 해석하여 "아 그렇구나"라는 반응을 보이며 받아들일 수 있는 오늘날의 사람들'이나 해당 사회의 인물에 관심을 두고 있을 뿐이다.

제 2 부 관리로서의 행정

제 5 장 공공부문에서의 조직 관리
제 6 장 공공부문에서의 인력 관리
제 7 장 공공부문에서의 예산 관리
제 8 장 공공부문에서의 전략적 관리

제 5 장

공공부문에서의 조직 관리

개 요

사람들은 혼자서 생활하기보다는 두 사람 이상이 모여 조직을 구성하고, 조직을 통하여 공동의 목적을 추구한다. 조직을 만드는 근본 이유는 '전체는 부분의 합보다 크다'(The whole is more than sum of it's parts)라는 명제와 같이 조직을 구성하면 구성원 개개인의 능력을 합한 것보다 더 큰 잉여력이 생기기 때문이다.

조직에 관한 연구는 크게 세 가지 측면에서 이루어진다.

첫째는, 조직구조에 관한 것이다. 조직은 그 목적이나 기능에 따라 구조가 다양하다. 어떤 구조로 조직화되었는가에 따라 업무 수행과정이나 구성원의 행태에 미치는 영향이 다르다. 그러므로 조직목표를 달성하고, 조직에 대한 다양한 욕구를 충족시키기 위해서는 조직구조를 잘 설계하여야 한다. 조직구조적 측면에서는 관료제가 전형적인 조직형태이다. 그러나 오늘날에는 관료제의 한계를 극복하고 새로운 환경에 대처하기 위해 Adhocracy, 연계망 조직(network organization), 팀(Team) 등의 새로운 조직구조가 개발되고 있다.

둘째는, 조직 속의 개인에 관한 것이다. 조직은 사람에 의해 움직여지는 것이므로 조직 속의 개인 및 이들간의 관계에 대한 논의는 대단히 중요하다. 이러한 연구는 과학적 관리법이나 인간관계론과 같은 전통적 접근법에서 출발하여 인성이론(人性理論, personality theory), 동기부여이론(motivation theory), 그리고 인간형(人間型, model of man) 연구로 이어지고 있다.

셋째는, 조직문화에 관한 것이다. 고전적 조직이론에서의 기계적 관점과 인간관계론 이후의 사회적 관점으로 나누어 볼 수 있다. 또한 다원화된 환경 속에서 조직문화의 유형도 다양한 관점에서 연구되고 있으며, 새로운 시대에 걸맞는 새로운 조직문화를 개발하고자 노력하고 있다.

I. 조직의 개념과 유형

1. 조직이란 무엇인가?

우리가 자주 접하는 조직으로는 학교, 행정기관, 회사, 군대, 시민단체, 동아리 등이 있다. 이러한 조직을 올바로 알기 위해서는 먼저 조직의 개념을 이해할 필요가 있다. 그런데 사회에 존재하는 모든 조직을 포괄할 수 있도록 조직을 정의하는 것은 불가능하다. 그래서 조직에 대한 연구자들은 각자의 관심에 따라 조직의 특정 측면에 초점을 맞추어 개념화하는 것이 보통이다. 여기서는 조직이 무엇인가를 보다 쉽게 이해하기 위해 조직학자들의 정의를 세 가지로 유형화하여 보기로 한다.

첫째, 조직을 사회체계 내지 사회적 단위라는 측면에서 정의하는 것이다. 즉 조직은 일정한 환경에서 특정한 목적을 추구하며, 이를 위해 일정한 구조를 지닌 사회적 단위이다. 이러한 관점은 조직은 공동의 목적을 추구하는 사람들의 집합체로 보는 것이다.

둘째, 조직을 구성하는 사람들의 계층적인 관계를 강조한 정의도 있다. 이는 조직을 몰인간적 관계로 맺어진 2차집단으로 보는 것이다. 그러나 오늘날의 조직은 계층적 구조의 중요성이 약화되고 있으며, 조정의 정도나 다른 체계와의 상호작용 형태가 다양하게 나타나고 있다.

셋째, 조직이 구성원에게 미치는 영향을 강조하여 개념화하기도 한다. 조직은 어떤 절차나 규정을 만들어 구성원들의 행동을 통제하기도 하고 촉진하기도 한다.

이상에서 소개한 정의들은 각각 나름대로의 범위 내에서 유용성이 있지만 조직을 정의하는 데 충분한 것은 아니다.

여기서는 조직을 "공동의 목적이나 목표를 달성하기 위해 외부와 구별되는 일정한 경계 안에서 협력적으로 활동하는 둘 이상의 사람의 집합체"고

정의한다. 이를 좀 더 구체적으로 설명하기로 한다.

첫째, 조직은 사람의 집합체이다. 사람이란 원래 다양하고 복잡한 존재이기 때문에 조직의 인적 요소로 인해 조직도 복합체계(complex system)를 이루는 것이다. 따라서 조직을 관리하기 위해서는 사람을 이해하고, 어떠한 사람을 채용하고 또한 이들을 어떻게 동기부여 할 것인가를 알아야 한다.

둘째, 사람들이 함께 활동하기 위해서는 다양한 것들이 필요하다. 우선 전문성과 소유 지식을 기준으로 업무의 분업이 이루어져야 한다. 분업화된 일을 각자 수행하되 공동의 목적을 달성할 수 있도록 조정과 통제(coordination and control)를 해야 한다. 분업, 조정 그리고 통제를 위하여 특정한 역할, 책임 그리고 구성원간의 관계에 관한 공식적 구조를 갖추어야 한다.

셋째, 조직은 외부와 구별되는 일정한 경계를 지닌다. 조직의 경계는 기업의 근로자, 학교의 학생, 국가조직의 공무원 등과 같이 조직에 소속된 구성원의 특성으로 파악할 수 있다. 또한 조직이 수행하는 업무를 통해 조직의 경계를 파악할 수 있다. 즉 조직의 경계는 구성원을 통해 그리고 수행하는 업무를 통해 그 윤곽이 정해진다. 그런데 오늘날 계약직, 임시직, 컨설턴트 형태로 조직 업무를 수행하는 경우가 많아지게 되어 구성원을 중심으로 조직의 경계를 규정하기가 어렵게 되었다(Hodge, Anthony & Gales, 2003: 11). 정식 구성원과 동일한 업무를 수행하지만 신분적인 보장을 받지 못하는 임시직을 고려할 때, 조직의 경계를 사람보다는 과업에 의해 더 분명하게 파악될 수 있다.

넷째, 조직은 목적지향적이고 목표추구적인 집합체이다. 조직은 임시적이 아닌 항구적으로 추구하는 목표를 지닌다. 그러나 오늘날 조직은 조직목표를 누가 정하는지 알 수 없거나 조직의 목표를 파악하기 어렵거나 심지어 없는 경우도 있다.

2. 조직의 유형

조직현상의 복잡성 때문에 현상과 인식간에는 항상 차이가 발생하게 되며, 이는 일반성 있는 개념화를 곤란하게 한다. 그래서 우리는 이를 보다 쉽게 이해하기 위하여 조직을 유형화할 필요가 있다.

Etzioni(1961: 23-67)는 두 가지의 기준을 축으로 하여 조직을 유형화하였다. 하나는 조직관리자의 권력 행사정도이며, 다른 하나는 구성원의 관여정도이다. 여기서 전자는 강압적, 보수적 그리고 규범적 권력으로 구분되고, 후자는 도덕적 관여, 타산적 관여 그리고 소외적 관여로 구분된다. 이러한 기준에 따르면 아홉 가지의 조직유형으로 구성되는 매트릭스를 만들 수 있는데, 이 중에서 강제적 조직, 공리적 조직 그리고 규범적 조직이라는 세 개의 조직만이 현실성이 있다.

강제적 조직은 강제를 주된 통제수단으로 하며, 대부분의 구성원이 고도의 소외의식을 지니는 조직이다. 교도소, 구금적 정신병원 등이 이에 속한다. 공리적 조직의 전형적인 예인 사기업은 경제적 보상을 주된 통제수단으로 하며, 대부분의 구성원들이 타산적 성향을 지닌다. 그리고 규범적 조직은 이념, 당헌·당규, 규칙 등 규범적 권력이 주된 통제수단이며, 구성원이 높은 귀속감을 지니는 조직으로서 종교조직, 이념정당 등이 이에 속한다.

한편 Blau와 Scott(1962: 42-58)는 조직활동의 주된 수혜자가 누구인가를 기준으로 호혜적 조직, 기업적 조직, 봉사적 조직 그리고 공공복리 조직으로 유형화하였다.

호혜적 조직은 구성원이 주된 수혜자가 되며, 정당·노동조합·전문가 단체 등이 여기에 속한다. 이에 비해 기업적 조직은 조직의 소유자나 관리자가 수혜자가 되는 조직으로 사기업 및 경제단체 등이 이에 속한다. 그리고 봉사적 조직은 조직과 접촉하는 고객이 주된 수혜자이며, 병원·학교·봉사기관 등이 이에 속한다. 마지막으로 공공복리 조직은 대중이 수혜집단이 되는 조직으로서 각급 행정기관·군대조직·경찰조직이 이에 포함된다.

이외에도 많은 학자들이 조직의 유형화에 관한 설명을 하고 있으나, 여기에서는 엄격한 의미에서의 조직의 유형이라기보다는 조직의 형태라고 할 수 있는 공식 및 비공식조직을 설명하기로 한다. 그리고 조직 내의 부서를 권한관계에 따라 유형화할 경우 구분될 수 있는 계선(Line) · 막료(Staff)조직 그리고 합의제 조직인 위원회에 대하여 논의하기로 한다.

1) 조직의 형태에 따른 유형: 공식조직 · 비공식조직

(1) 공식조직

공식조직(formal organization)이란 법률이나 규칙 또는 직제에 의하여 인위적으로 명문화시킨 제도상의 조직이다. 공식조직은 인간의 인격과는 독립된 별도의 몰인간적 요소를 내포한 조직을 말한다. 다시 말해, 공식조직은 목표달성을 위한 수단으로서 계획적으로 창안된 것이며, 권한과 책임의 관계를 나타내는 구조와 종적 · 횡적 의사전달의 통로를 갖추고 있다. 그리고 구성원의 직무역할이 확정되어 있다.

공식조직이라 해서 반드시 형식적이거나 딱딱하다거나 혹은 부당하게 속박을 하는 등의 경직성을 띠는 것은 아니다. 그렇지만 공식조직은 업무수행방식이나 인간관계가 규칙에 따라 이루어지기 때문에 개인적 사정이나 사람간의 정을 배려하지 않는다. 이런 점에서, 공식조직을 몰인간적이라 한다. 그리고 조직의 규정이 모든 문제를 세밀하게 예측하고 규제할 수 없는 일반성을 지니며, 신뢰적 인간관계를 형성하기 곤란한 점 등의 한계가 있다.

공식조직은 그 구성에 있어 세 가지 기본 원리에 입각하고 있다: 분업의 원리, 부문의 원리 그리고 통솔의 범위.

분업(division of labor)은 하나의 과업을 여러 사람들에게 배정되도록 보다 작은 일의 단위로 나누는 것을 의미한다. 분업을 통해 업무의 전문화가 이루어질 수 있다. 부문(department)의 원리는 조직의 전체 과업을 보다 작은 과업들로 분류한 부문을 설정하고, 또한 분류된 과업들을 관리대상에 따라 적절한 집단으로 결합하는 것이다. 그리고 통솔의 범위(span of control)란 한 사람의 관리자가 얼마나 많은 사람들을 감독할 수 있는가를 결정하는 문제이다.

(2) 비공식조직

비공식조직(informal organization)은 동질성을 지니고 정규적으로 상호교류하는 사람들 사이에 자발적 · 정적으로 형성되는 집단이다. 공식조직을 '제도상의 조직'이라고 한다면, 비공식조직은 '현실의 조직'이라고 말할 수 있다.

비공식조직의 인간관계는 다음과 같은 특징을 지닌다.

첫째, 당사자 사이의 직접적 접촉에 의하여 성립되고 계속되는 관계이다.

둘째, 구성원 간에 특별한 감정과 가치판단을 가지고 이루어지는 관계, 즉 인격적 관계를 지닌다.

셋째, 공식조직에 의하여 설정되지 않고 사람들의 상호교류 속에서 자발적으로 형성된다. 비공식조직의 동태적인 상호관계는 사람의 수나 지도력의 변화에 따라 영향을 받게 된다.

이러한 비공식조직이 왜 존재하는가에 대한 문제는 사회 · 심리학 분야의 특별한 연구과제이기도 하다. 특히 여기서 강조하고자 하는 바는 비공식조직이 조직관리에 있어 매우 중요하다는 점이다. 많은 경우에 있어 행정업무가 공식조직을 통한 공식적 행정과정으로만 처리되지는 않는다. 공식적인 행정과정이 이루어지기 전에 비공식조직을 통한 상호 의사전달과정을 거쳐야 한다. 그러나 현실적으로 많은 지도자들이 비공식조직을 백안시하고 있다. 그러나 공식지도자는 효과적인 조직 관리를 위하여 비공식조직의 특성을 알아야 하며, 비공식조직의 순기능을 활용하면 조직 관리에 오히려 유리하다는 점을 인식하여야 할 것이다.

가. 비공식조직의 순기능

비공식조직이 조직의 목표달성에 기여하는 순기능으로는 다음과 같은 것을 들 수 있다.

① 구성원으로 하여금 귀속감 · 안정감 등 심리적 욕구를 충족시킴으로써 조직을 안정화시킨다.

② 구성원이 서로 정보를 교환할 수 있는 의사소통의 체계와 그 통로를 확장시켜 주는 역할을 한다.

③ 비공식조직 구성원간의 협조와 직무에 관한 지식 및 경험의 공유에 의해 업무의 능률적 수행을 돕는다.

④ 비공식조직은 구성원의 좌절감, 욕구불만에 대한 배출구 역할을 하기 때문에 이러한 감정을 어느 정도 해소하여 준다.

⑤ 지도자는 비공식조직을 통하여 조직 구성원의 업무태도와 내부사정 등을 파악할 수 있고, 조직의 목표달성에 적극적으로 기여하도록 촉구할 수 있다.

나. 비공식조직의 역기능

① 비공식적 접촉을 통하여 조직 전체의 이익보다 자기 집단의 이익을 도모하기 쉬워 집단이기주의와 정실이 조장될 우려가 있다.

② 파벌을 조성하여 구성원간에 갈등을 유발할 수 있다.

③ 공식적 의사전달을 오도하거나 혹은 왜곡된 의사전달을 함으로써 조직의 활동을 잘못된 방향으로 이끌 수 있다.

④ 비공식적 접촉을 통하여 개인의 이해와 관련된 활동을 하게 될 우려가 있어 행정의 중립성을 저해할 수 있다.

다. 비공식조직의 통제

관리자는 비공식조직을 무조건 무시하기보다는 공식조직 속에 존재하고 있는 비공식조직의 유형과 활동을 잘 파악하고, 이들의 역기능을 최대한 제거하여 조직목표에 이들이 공헌할 수 있도록 통제하여야 한다. 통제방법으로는 다음과 같은 점을 고려할 수 있다.

① 비공식조직은 억압한다고 해서 없어지는 것은 아니고, 오히려 그로 인한 부작용만 심해질 수 있으므로 이를 무조건 무시하거나 억압하는 것은 피해야 한다.

② 비공식조직의 구성원이 가진 불만의 원인을 분석하여 이를 제거할 수 있는 환경을 조성하고, 공식조직의 목적이 비공식조직의 목적이나 이익과 양립하는 것이라는 점을 인식시키도록 한다.

③ 비공식조직의 지도자를 파악하여 조직의 현황과 방향을 이해하도록 설득하거나 의사결정과정에 참여시킨다.

2) 조직 내의 권한관계에 따른 유형: 계선조직과 막료조직

모든 조직에는 적어도 두 가지 형태가 있다. 하나는 집행을 담당하는 계선조직이며, 다른 하나는 기획과 기타의 보조적인 서비스를 제공하는 막료조직이다. 조직의 규모가 확대되고 기능이 복잡해지면, 조직의 기능을 분화시켜야 하는데, 이를 위해 우선 고려해야 할 조직 설계의 방향은 계선과 막료조직에 대한 것이다.

(1) 계선조직

계선조직(line organization)은 조직의 목표를 달성하는데 직접적으로 기여하는 기능을 집행하는 조직을 말한다. 계선조직은 대체로 계층제 구조를 가지고 있으며, 법령을 집행하고 정책을 결정하며, 국민에게 직접적으로 봉사하는 역할을 담당한다. 이를 '단일(unitary) 조직'이라고도 한다.

(2) 막료조직

막료조직(staff organization)은 전문 지식과 기술을 가지고 계선의 활동이 보다 효과적으로 이루어질 수 있도록 촉진시키는 기능을 수행하는 조직이다. 막료는 계선이 원활하게 기능을 수행하도록 지원·촉진하는 역할을 맡는다. 막료는 자문·권고·협의·정보의 수집과 판단·기획·통제·인사·회계·법무·공보·조달·조사 및 연구 기능을 담당한다. 막료는 조직의 목적달성에 간접적으로 기여하고 조직 최고 정책결정권자의 업무를 보조하지만, 명령·집행 및 결정을 행할 수 있는 독자적인 권한을 가지고 있지는 않다. 막료업무는 행정성을 띠고 있어 '지적 기능의 제도화'라고 불리운다.

(3) 계선과 막료의 한계

계선과 막료의 전통적인 구분은 근래에 와서 많은 비판을 받고 있다. 이론상으로는 계선과 막료간의 기능구분이 가능할지 모르나, 실제적으로는 양자의 엄격한 구분이 곤란하여 서로 상충된 명령이나 지시가 내려질 가능성이 많다. 때로는 명령과 조언을 엄격히 구별하기 곤란한 경우도 많다. 현실적으로—특히 전문·기술 분야에서—조언이 명령과 동일한 효과를 발휘할 때가 많다.

(4) 기능적 권한

관리자가 직접 명령하고 업무를 감독하는 대신 자신의 담당직무에 대하여 직능별로 전문화하고, 직능별 전문가로 하여금 지시·통제를 하도록 하는 것이 효과적인 경우가 많다. 이런 측면에서 계선과 막료의 관계에서 제기될 수 있는 '기능적 권한'(functional power)에 대하여 설명하기로 한다.

기능적 권한이란 특정 업무활동을 통제하기 위하여 어느 개인이나 조직에게 위임된 권한이다. 만약 명령통일의 원칙이 예외없이 준수된다면 명령권은 계선조직의 상급자에 의해서만 행사되어야만 한다. 그러나 전문 지식의 결여, 여러 과정을 감독할 능력의 부족, 정책이 다르게 해석될 위험 등의 이유 때문에 계선조직의 책임자가 이러한 권한을 행사하기가 곤란한 경우 전문막료나 다른 계선조직의 관리자에게 위임되기도 한다.

막료는 업무활동을 통제할 권한을 가지지 못하지만 기능적 권한을 위임받은 경우에는 계선에게 명령과 지시를 직접 내릴 수 있다. 과거 경제정책의 경우 경제수석비서가 경제관련 장관에게 막대한 영향력을 미치는 경우를 종종 볼 수 있었는데, 이 때 막료가 갖는 권한이 기능적 권한에 속한다.

이와 같은 기능적 권한은 지나치게 남용될 수 있고, 또 그 권한의 행사가 불가피한 경우에는 그 한계가 모호한 경우도 발생한다. 따라서 기능적 권한은 어느 관리자 또는 어느 조직에 위임되며, 언제 어떻게 행사되어야 하는가를 명확하게 규정하여야 한다. 예를 들어, 인사국장의 기능적 권한을 고충처리, 봉급계획, 휴가 수속 등과 같은 사항을 위한 절차와 규정을 정하는 일에 한정되도록 하는 것이다. 결국 최고 관리자가 기능적 권한을 위임하여 최선의 성과를 달성하기 위해서는 권한의 범위를 그것을 행사하는 사람과 그것에 복종하는 사람 양쪽 모두에게 명확히 규정해야 할 것이다.

3) 합의제 조직: 위원회

위원회(committee)란 계층제적 단독제 조직에서 소홀하기 쉬운 민주적 결정과 조정을 보완하기 위하여 여러 사람들이 동등한 지위로 참여하여 합의적으로 의사결정을 하고 그에 대하여 책임을 지는 조직을 말한다. 중앙인사위원회, 독립규제위원회, 자문위원회, 조정위원회 등이 그 예이다. 위원회 조직은 구성원 개개인의 의사와는 별개의 독립된 의사를 가지는 것이 특징이다. 즉 위원회에서 결정된 사항은 위원 개개인의 책임이 아니라 구성원 전체를 의미하는 위원회의 책임인 것이다.

행정조직에서 위원회 조직이 필요한 이유는 크게 두 가지이다. 하나는, 전문 지식의 활용이 요구될 뿐만 아니라 준입법적 또는 준사법적 기능까지를 담당해야 할 경우가 많기 때문이다. 다른 하나는, 정책결정의 정당성이나 민주성을 확보하기 위해서는 합의제가 더욱 신뢰적이기 때문이다. 그러나 모든 의사결정을 다수의 위원들이 합의를 통하여 수행하기 때문에 결정이 지연되고 기밀 유지가 어려우며, 경비가 많이 소요되며, 책임의 한계가 모호하다는 등의 문제점이 있다.

3. 공 · 사조직의 비교 및 행정조직의 특성

1) 공 · 사조직의 비교

공조직이란 중앙정부와 관계된 것이든, 지방정부와 관련이 있는 것이든 간에 정부기관을 뜻한다. 이에 비해 사조직은 정부기관이 아닌 개인 또는 사적단체에 의해 소유되고 운영되는 회사나 비영리기관을 의미한다.

이 두 유형의 조직들은 특정한 목표를 추구하기 위해 의도적으로 구성된 인간의 집합체로서 어느 정도의 영속성을 가진 존재라는 점에서는 공통점을 가진다. 또한 양자 모두 대규모조직에서 볼 수 있는 관료제적 성격을 가지며, 목표달성을 위한 수단이라는 점에서도 공통점을 가진다. 그러나 공조직과 사조직 간에는 차이점도 적지 않다. 근본적으로는 공공조직은 규모가 민간조직에 비하여 대단히 클 뿐만 아니라 세금이나 징병 등과 같이 투입을 강제할 수 있는 권한을 지니고 있다는 점에서 민간조직과 다르다. 그러나 모든 공공조직이 규모가 큰 것은 아니며, 징병권이나 조세권을 가지고 있는 것은 아니라는 점에서 절대적 기준은 못된다. 이런 점에서 과연 공·사조직에 근본적 차이가 있느냐 하는 점에 대해 의문을 제기할 수 있다. 그래서 공 · 사조직의 차이를 인정하는 학자들이 있는가 하면 이를 인정치 않는 학자들도 있다. 차이를 인정하는 학자는 환경적 요인, 조직과 환경과의 관계 그리고 내부 구조와 과정이라는 세 측면에서 공 · 사조직간의 차이를 설명한다.

(1) 내부구조와 과정

사조직의 목표는 비교적 단순하고 명확하여 그 목표 달성도를 평가하기가 용이한 데 비하여 공조직의 목표는 다양하고 복잡하고 애매하므로 성과평가가 쉽지 않다. 일반적으로 공조직은 지나친 문서주의, 경직성, 책임 전가, 그리고 유인장치의 미흡 등으로 인해 사조직에 비해 그 성과가 낮다. 또한 공조직의 관리자는 사조직의 관리자보다 의사결정의 자율성이나 융통성이 적다. 그 이유는 행정의 결정에는 다양한 법적 · 절차적 통제가 부과되고 있기 때문이다.

(2) 환경적 요인

공조직은 시장기제(market mechanism)보다 예산기제(budget mechanism)에 의해 움직이므로 비용의 절감이나 생산성 향상을 위한 유인체계가 상대적으로 미흡하다. 또한 사조직에 비해 법률적 · 공식적 제약을 많이 받기 때문에 법규정에 의존하려는 경향이 강하다. 공조직은 결정에 있어서 시민들의 협조와 지지도 필요하며 또한 이해관계를 달리하는 다양한 참여자들의 상충적 요구로 인하여 사조직에 비해 외부로부터 훨씬 더 다양한 압력을 받게 된다.

(3) 조직과 환경과의 관계

공조직의 활동은 강제성과 독점성을 가지며, 그 결정의 영향은 민간조직보다 넓고 상징적 의미가 크다. 따라서 행정관료들의 행동은 주민들의 감시와 주목을 받게 되며, 관료들에게는 보다 책임성이 강하고 정직할 것이 요구된다. 이상의 내용을 요약하여 정리하면 [표 5-1]과 같다.

공·사조직의 구별을 상대적인 것으로 보는 학자는 정부조직에 못지않은 대규모 민간조직의 출현을 든다. 그리고 민간조직이 사회에 미치는 영향도 커지고 있어 공 · 사조직간의 고유 경계영역이 점차 허물어지고 있다고 본

표 5-1 공 · 사조직 비교

범 주	포함요소	비 교
내부구조와 과정	목적 및 평가 결정기준	정부조직이 더 복잡함
	조직활동의 창의성	정부조직이 더 낮고 경직적임
	조직성원의 직무만족도, 귀속감	정부조직이 비교적 낮음
환경적 요인	시장에의 적응성	정부조직이 더 낮음
	법적 · 공식적 제약	정부조직이 더 많음
	정치적 영향(선거민 지지 등)	정부조직이 더 큼
조직과 환경의 교호작용	강제성	정부조직이 더 큼
	공공의 감시	정부조직이 더 큼

다. 즉 명령-복종관계를 중시하는 관료조직과 경쟁관계를 중시하는 시장조직의 구별은 더 이상 공 · 사조직의 구분과 일치하지 않는다는 것이다. 더욱이 오늘날의 많은 조직들이 재원의 출처, 사회적 통제방식, 조직의 소유권을 명확하게 구분하기 어려운 혼합조직화(organization hybridization)되어 공 · 사조직을 구분하기 위한 기준이 더욱 모호해지고 있다(Bozman, 1987).

Ⅱ. 조직이론의 발전

조직이론이 발전되어 온 과정을 크게 세 학파로 구분하여 설명한다; 고전학파, 인간관계학파, 그리고 상황학파. 조직이론의 발전에 관한 설명 중 상당부분은 이미 제 2 장 행정학의 발전에서 설명하였기 때문에 가능한 중복 부문을 생략하고 설명하고자 한다.

1. 고전학파

고전학파에 속하는 대표이론은 Taylor의 과학적 관리법과 Weber의 관료제론이다. 이와 더불어 산업조직의 다양한 활동 중 관리활동이 중요하다고 보고, 관리활동의 원리와 구성요소를 제시하였던 프랑스 학자인 Fayol의 이론도 고전학파를 구성하는 중요 원천이다. Taylor가 조직의 하위계층인 근로자의 작업에 초점을 둔 반면, Fayol은 조직의 상위층인 관리층의 업무를 위한 합리적인 모형을 제시하였다는 점에 차이가 있다. 그러나 두 사람의 이론은 관리를 위한 최선의 방법(one best way)을 찾고자 하였고, 조직 관리에 있어서 조정(coordination) 활동에 필요한 구조와 과정을 형성하는 데 도움이 될 합리적 기술을 개발하고자 시도하였다는 공통점이 있다.

Fayol은 관리의 중요한 두 기능을 조정과 전문화(specialization)로 보았다(Scott, 1992). 조정은 다음의 네 가지 원리에 의해 이루어질 수 있다고 하였다. 첫째, 계층원리(scalar principle)는 조직의 권위를 계층적으로 배분함으로써 조정이 효율적으로 이루어진다. 둘째, 명령통일(unity of command)의 원리로서 근로자들은 한 상관의 명령에만 따라야 한다. 셋째, 통솔의 범위(span of control)로서 한 상관이 효과적으로 통솔할 수 있는 부하의 수에 대해 관심을 가져야 한다. 넷째, 제외의 원리(exceptions principle)로서 일상적 업무는 하위계층의 사람들이 다루어야 하고, 행정가는 비일상적이거나 예외적 일들만 다루어야 한다. 두 번째 관리기능으로서 전문화는 어떻게 부문(department)을 설립하고, 업무(jobs)를 묶을 것인가에 관한 것이다. 즉 유사한 업무나 기능은 계, 과 또는 부와 같은 동일한 단위로 묶여져야 한다는 것이다.

Fayol의 산업관리론을 바탕으로 행정관리론을 제시한 Gulick과 Urwick도 고전 조직이론의 발전에 기여하였다. 이들은 어디에서나 적용가능한 관리업무를 개선을 위한 원리들을 개발하고자 하였다.

고전학파를 구성하는 이론들의 구체적 내용들은 다르지만 각 이론에서 발견할 수 있는 공통점은 조직의 합리적인 권위구조를 만들고, 관리를 위한 유일한 최선의 방법을 찾아야 한다는 것이다. 그러나 고전학파에서는 인간을 인간적 특성을 배제하여 결국 기계와 같은 존재(machine-like entities)로 취급하였다. 또한 근로자는 경제적 요인에 의해 동기부여 된다고 보는 경제성장모형에 입각하여 이론을 형성하였다. 이러한 고전학파의 시각은 근로자를 인간적 · 사회적 존재로 다루는 인간관계학파의 등장에 의하여 쇠퇴하게 되었다. 또한 조직과 환경과의 관계에 대한 고려가 없이 오직 조직의 구조에 초점을 두고 설명하였던 한계는 상황학파가 등장하게 된 배경이 되었다.

2. 인간관계학파

인간관계적 접근은 조직 내의 집단(group)의 역할과 사회화 과정에 초점을 두었다. 인관관계학파는 Roethlisberger와 Dickson에 의한 Western Electric 회사의 호오손연구와 Mayor와 그의 동료들에 의해 행해진 연구에 의해 고전학파와 다른 시각을 형성하게 되었다. 이러한 연구들은 능률성을 추구하는 과학적 관리법에 대해 의문을 제기하면서 시작되었다. 인간관계학파는 업무성과에는 경제적 보상뿐만 아니라 근로자의 심리적 충족이 중요한 동기요인이 된다는 점을 발견하였다. 또한 합리적인 조직구조와 업무절차뿐만 아니리 구성원간의 상호작용, 사회적 분위기도 중대한 영향을 미친다는 점을 설명하였다. 요컨대, 인간관계학파는 비공식조직의 순기능, 민주적 리더십과 상향적 의사소통을 강조하였다.

그 후 Barnard(1958)가 집필한 「집행자의 기능」(The Functions of the Executive)과 Argyris(1964)의 「개인과 조직의 통합」(Integrating the Individual and the Organization), McGregor(1960)의 「기업의 인적 측면」(The Human Side of Enterprise)을 비롯한 행태적 접근을 기초로 형성된 동기부여이론, 욕구이론, 리더십이론이 등장하였다. 이러한 연구들은 초기 인간관계론을 바탕으로 전개되었다는 점에서 후기 인간관계론으로 분류되기도 한다. 후기 인간관계론도 고전학파의 능률성에 대한 인식이 잘못된 것이었다는 점을 강조한 점에서 초기 인간관계론과 동일한 시각을 가졌지만 좀 더 다양한 측면에서 기계와 같은 존재(machine-like entities)로서의 조직에 대해 대한 검증을 하였다. 이들은 조직이란 조직에서 부과한 이상의 역할과 책임을 지닌 사람으로 구성되어 있다는 점을 강조하였다. 또한 조직구성원은 다원적이고 때로는 갈등적인 역할과 목표를 가지고 있기 때문에, 고전학파에서 조직을 기름이 잘 쳐진 기계로 본 것과는 달리 다양한 욕구를 지닌 사람의 집합체로 보아야 한다는 점을 설명하였다.

3. 상황학파(The Contingency School)

상황학파는 환경조건에 적합한 최선의 모형(one-best-way-model)은 없으며, 조직의 관계성은 — 특히 구조, 규모, 기술 그리고 환경과의 관계성 — 조직이 처해 있는 상황(situation) 또는 맥락(context)에 따라 달라진다고 설명한다. 조직은 환경에 대응하는 존재이며, 조직구조의 설계는 환경적 요인에 의하여 결정된다고 설명하는 구조적 상황론이 대표적 예이다. 조직의 효과성은 조직과 환경의 적합도에 의하여 결정되며, 조직의 적절한 구조에 대하여 처방하기 위해서는 조직이 처해 있는 상황을 잘 이해해야만 한다는 것이다. 이런 시각에서, 상황학자들은 조직기술(업무과정), 외적 환경, 목적, 조직규모에 대한 분석을 하고, 이러한 상황적 요인들(contextual conditions)이 조직구조와 어떻게 연계되어 있는지를 설명하고자 하였다.

상황학파에 있어 환경은 맥락적 요인들 중의 하나이다. 1960년대 영국 학자인 Burns와 Stalker(1961)는 환경적 조건에 적합한 조직구조 기준으로 기계적(mechanic) 조직과 유기적(organic) 조직으로 대별하였다. 기계적 조직은 중앙집권적인 엄격한 계층조직이며, 규칙을 엄수해야 하고, 분업과 전문화, 수직적 의사소통에 의존하는 구조로 되어 있어 안정적이고 단순환 환경에 적합한 조직유형이다. 이에 비하여, 유기적 조직은 의사결정권위가 분권화되어 있으며, 규칙이 느슨하며, 통합된 작업형태, 수평적 의사소통 강조 등을 특징으로 조직형태를 갖추고 있어 불안정하고 복잡한 환경에 적합한 조직유형이다. 구조적 측면에서 보면, 유기적 조직은 복잡한 환경에 잘 적응할 수 있도록 납작한(flat) 구조를 지니고, 공식화정도도 낮으며, 분권화된 의사결정구조를 지닌다. 이에 비해, 기계적 조직은 안정적 환경에 적응하기 용이하도록 키가 큰(tall) 구조를 지니고, 공식화가 높으며, 신속한 결정을 하기 위해 집권화된 의사결정구조를 지니고 있다.

요컨대, 상황학파의 기본 시각은 조직요소들이 유기적으로 배열된 형태의 적절성에 대한 평가는 조직이 처해 있는 상황이나 환경과의 관계를 달라진다는 것이다. 다시 말해, 조직구조의 적절성을 진단하거나 조직 설계를 하기 위해서는 상황적 조건들(the contextual conditions)을 측정해야 한다는 것이다. 상황학파는 조직을 개방체계로 보고 조직은 상황에 따라 환경과의 관계를 적절히 적응해야 한다는 시각을 제시하여 후속 연구에 새로운 장을 열었다고 평할 수 있다. 그러나 조직의 상황이나 환경은 대단히 복잡하고 불확실하기 때문에 적절한 조직구조를 설계하는 것은 상황론자들이 생각하는 이상으로 복잡하고 어려운 작업이다.

4. 현대 조직이론들

최근의 조직이론들을 보면, 상황이론의 한계를 극복하기 위한 다양한 새로운 시각들이 등장하였다. 여기서는 조직 경제학, 제도이론, 문화적 관점(Cultural Perspectives), 그리고 생태적 시각(Ecological Perspectives)으로 구분하여 설명한다.

1) 조직경제학(Organizational Economics)

조직경제학은 경제학적 관점에서 조직을 설명하는 이론이다. 거래비용경제학(transaction cost economics)과 주인-대리인(principle-agency theory)이 조직경제학을 구성하는 대표 이론이다. 두 접근법은 약간의 차이는 있지만 이들의 기본 시각은 유사하다 즉 두 접근법은 조직을 근로자와 사용자간의 계약관계로 본다.

조직경제학적 접근법은 조직을 거래관계에서 발생하는 이전비용의 불확실성을 감소시키기 위한 존재로 취급한다. 또한 인간의 본질을 이기적이고 기회주의적이라고 가정한다. 이런 점에서, 조직의 관리자가 수행해야 할 일차적 업무는 근로자, 고객, 공급자 등 조직관계자들이 이기적이고 기회주의적으로 행동하지 못하도록 조직을 구조화 하는 것이다(Hodge, Anthony and Gales, 2003: 21).

거래비용경제학은 조직의 내외에서 발생하는 거래비용을 분석하고, 조직을 재화와 용역의 거래비용을 줄이기 위한 장치로 본다. 불확실한 환경에서 거래하는 당사자들은 합리적 결정을 하기가 어렵기 때문에 그 만큼 비용이 발생하게 된다. 거래비용은 신고전경제학에서 중요시 하는 생산비용과 대칭되는 개념이다. 여기서 거래비용이란 단지 재화나 서비스 비용뿐만 아니라 계약을 위해 소요되는 다양한 비용이 포함된다. 거래자는 재화 또는 서비스비용과 거래비용의 합을 최소화하고자 할 것이다.

거래비용을 결정하는 중요 요인은 불확실성이라고 보았다. 불확실성은 다시 일반적 불확실성과 행태적 불확실성으로 나누어 볼 수 있다. 일반적 불확실성은 정보 부족, 조직성과 측정의 곤란 등에서 기인된다. 그리고 행태적 불확실성은 인간의 기회주의(opportunity)에 기인하는 것으로 결국 거래당사자간의 신뢰와 연관된다(Williamson: 1985). 거래비용이론에서는 불확실한 환경에서 거래로 인해 발생할 수 있는 간접 손실을 줄이기 위하여 조직을 형성한다고 설명한다.

한편 주인-대리인이론은 주인인 사용자(owner)와 대리인인 근로자(worker)의 일차적 관심은 서로 다르다는 전제에서 출발한다. 사용자는 근로자를 최대한 효율적으로 활용하여 조직성과를 높이고자 한다. 반면에, 근로자는 자신의 노력은 최소화 하는 한편 보수는 최대로 받기를 원한다. 이러한 상반된 관점이 혼재하는 상황에서, 사용자는 근로자가 업무를 성실히 수행하도록 하여 자신의 이익을 확보할 수 있도록 다양한 형태의 계약을 체결함으로써 조직화한다는 것이다.

2) 제도이론(Institutional Theory)

제도이론에서는 조직을 갈등적인 규칙, 목표, 또는 행태들이 복잡하게 뒤섞여 있는 것으로 복합체로 본다. 제도이론가들은 사회는 유사한 행동이 반복하는 조직구성원들로 구성되어 있다고 본다. 여기서 제도란 조직구성원의 반복적 행위를 통해 형성된 사회적 실체에 대해 어떠한 의미를 부여한 것이다.

조직에 대한 제도적 접근은 조직들간의 유사성을 강조한다는 점에서 다음에 설명할 문화적 관점과 다르다. 제도론자는 조직을 세부적 수준에서 합리적으로 분석하기 보다는 조직구성원에 대한 관습 또는 제도화된 믿음을 따르게 하는 사회적 압력이라는 거시적 차원에서 설명하고자 한다. 예컨대 관리자는 과거의 관행이나 다른 성공한 조직의 실체를 따르려는 존재로 본다. 이러한 제도적 이론은 때로는 비합리적으로 보이는 조직행태를 설명하는데 강점이 있다.

3) 문화적 관점(Cultural Perspectives)

문화적 관점은 제도적 관점의 연장으로 볼 수 있다. 대부분의 조직이론가들은 조직에 대하여 수 많은 합리적이고 단순화된 가정을 설정한다. 조직을 공식적으로 구조화된 집합체라고 가정하는 것이 그 예이다. 이렇게 조직의 특정 부분에 대한 단순화된 설명은 조직을 축소주의자적 관점(reductionist view)에서 보는 것이다. 즉 이들은 특정 시점에서 조직의 작은 부분에만 초점을 맞추어 설명하는 것이다. 상황이론가는 조직구조, 환경, 기술 그리고 규모에 국한하고 있으며, 조직경제학자는 거래비용과 계약이라는 측면에서만 조직을 설명한다. 이에 비해, 문화적 접근은 이들과 달리 비공식적 조직을 포함한 전체 조직을 다룬다(Smircich, 1983; Beyer, 1993).

문화란 사람의 규범, 가치, 그리고 믿음을 이끌어내는 조직이념의 산물이다. 문화는 조직 안에서 구성원이 일정한 기준에 따라 행동하도록 하게 하여 그 조직만이 가지는 고유한 특징을 이끌어내는 규범이요, 가치이며 또한 믿음이다. 그러나 문화적 관점은 지니는 유일한 조직을 다룬다는 점에서 제도적 관점과 다르다.

4) 생태적 시각(Ecological Perspectives)

조직 환경의 절대성을 강조하고, 생물학적인 자연 도태이론을 적용한 이론이다. 조직은 조직에 잘 적응하는 방향으로 변화되고 적응치 못하는 조직은 도태된다. 조직을 수동적·소극적 존재로 파악하고 조직이 환경 변화에 좌우된다고 본다. 조직의 생존과 발전은 조직 그 자체의 노력에 의존하기보다는 환경적인 것에 의하여 결정될 수밖에 없다는 시각이다. 따라서 조직을 개별적으로 이해하지 않고 조직군(組織群)의 집합체로 파악한다.

생태적 이론은 크게 지역생태(community ecology)와 집단생태(population ecology)로 나뉜다. 조직에 대한 지역생태적 접근은 조직집합체는 그들이 처한 환경적 불확실을 통제하기 위하여 함께 협력한다고 보는 것이다. 예컨대 상공인들은 정부의 규제에 대응하기 위하여 자율적으로 단체를 만들어 정부에 로비를 한다는 것이다. 이에 비해 집단생태주의자는 환경의 불확실성을 통제하기 위한 이러한 노력들은 비효율적이거나 엉뚱한 환경에 접근할 수도 있다고 본다. 이들은 조직은 일반적으로 관리가 필요한 모든 중요한 환경적 위협들에 잘 대처할 수 없다고 단언한다. 대신에, 어떠한 유형의 조직이 환경에 적응하여 생존·번영할 수 있는지를 결정한다고 본다. 이런 관점에서, 집단생태론에서는 조직의 탄생과 소멸에 설명의 초점을 맞춘다.

5) 전략적 선택이론

조직의 생존과 발전을 좌우하는 것은 환경에 의하여 결정되어 지는 것이라기보다는 관리자의 자율적 판단과 인지에 의하여 이루어진다는 입장이다. 동일한 환경에 처한 조직이라 할지라도 관리자의 환경에 대한 지각 차이로 인해 판이한 판단을 할 수 있다고 본다. 목적 달성에 조직구조가 중요하다고 보는 점에서는 상황론과 유사하나 조직구조가 관리자가 선택한 전략에 따라 결정된다는 점에서 구별된다.

전략적 선택이론과 유사한 관점은 자원의존이론이다. 조직이 희소자원을 통제할 수 있는 능력이 있다면 다른 조직에 비해 비교적 더 많은 권력을 획득하게 된다는 본다. 조직의 유효성을 증대시키기 위해서는 환경에 대한 의존도와 불확실성을 감소시켜야만 한다. 그러므로 조직은 가급적 환경에의 의존도를 축소시키려 노력한다는 것이다. 전략적 선택론은 일반 환경에 관한 이론이나 자원의존론은 개별적 · 구체적 조직간의 관계에 관한 것이다.

Ⅲ. 조직의 구조

1. 정부조직의 구조

정부조직이란 중앙정부나 지방자치단체와 같은 행정주체가 권한행사를 통하여 공공의 목적을 달성하려는 조직을 말한다. 정부조직은 방대한 인력과 예산으로 구성되는 계층제적 조직구조를 지니고 있다. 건국 이후 수많은 정부조직의 개편이 있었으며, 이 명박 정부에 이르러서는 [그림 5-1]에서 볼 수 있듯이 대통령, 국무총리 및 15개 부처로 이어지는 정부조직의 형태를 이루게 되었다. 정부조직법에 규정하고 있는 주요 행정기관의 기능은 다음과 같다.

대통령은 정부의 수반으로서 법령에 따라 모든 중앙행정기관의 장을 지휘·감독한다. 대통령은 국무회의 의장으로서 회의를 소집하고 이를 주재한다. 국무총리실장·법제처장·국가보훈처장 그 밖에 법률로 정하는 공무원은 필요한 경우 국무회의에 출석하여 발언할 수 있다. 대통령의 직무를 보좌하기 위하여 대통령실을 둔다.

국무총리는 중앙행정기관의 장의 명령이나 처분이 위법 또는 부당하다고 인정될 경우에는 대통령의 승인을 받아 이를 중지 또는 취소할 수 있다. 국무총리의 직무를 보좌하고 각 중앙행정기관의 행정의 지휘·감독, 사회위험·갈등의 관리, 심사평가 및 규제개혁에 관하여 국무총리를 보좌하기 위하여 국무총리 밑에 국무총리실을 둔다.

각 행정기관의 장은 소관사무를 통할하고 소속공무원을 지휘·감독한다. 행정각부에는 장관이 지시하는 사항에 관하여 장관과 차관을 직접 보좌하기 위하여 차관보를 둘 수 있으며, 중앙행정기관에는 그 기관의 장, 차관·차장·실장·국장 밑에 정책의 기획, 계획의 입안, 연구·조사, 심사·평가 및 홍보 등을 통하여 그를 보좌하는 보좌기관을 둘 수 있다. 중앙행정

그림 5-1 정부조직도

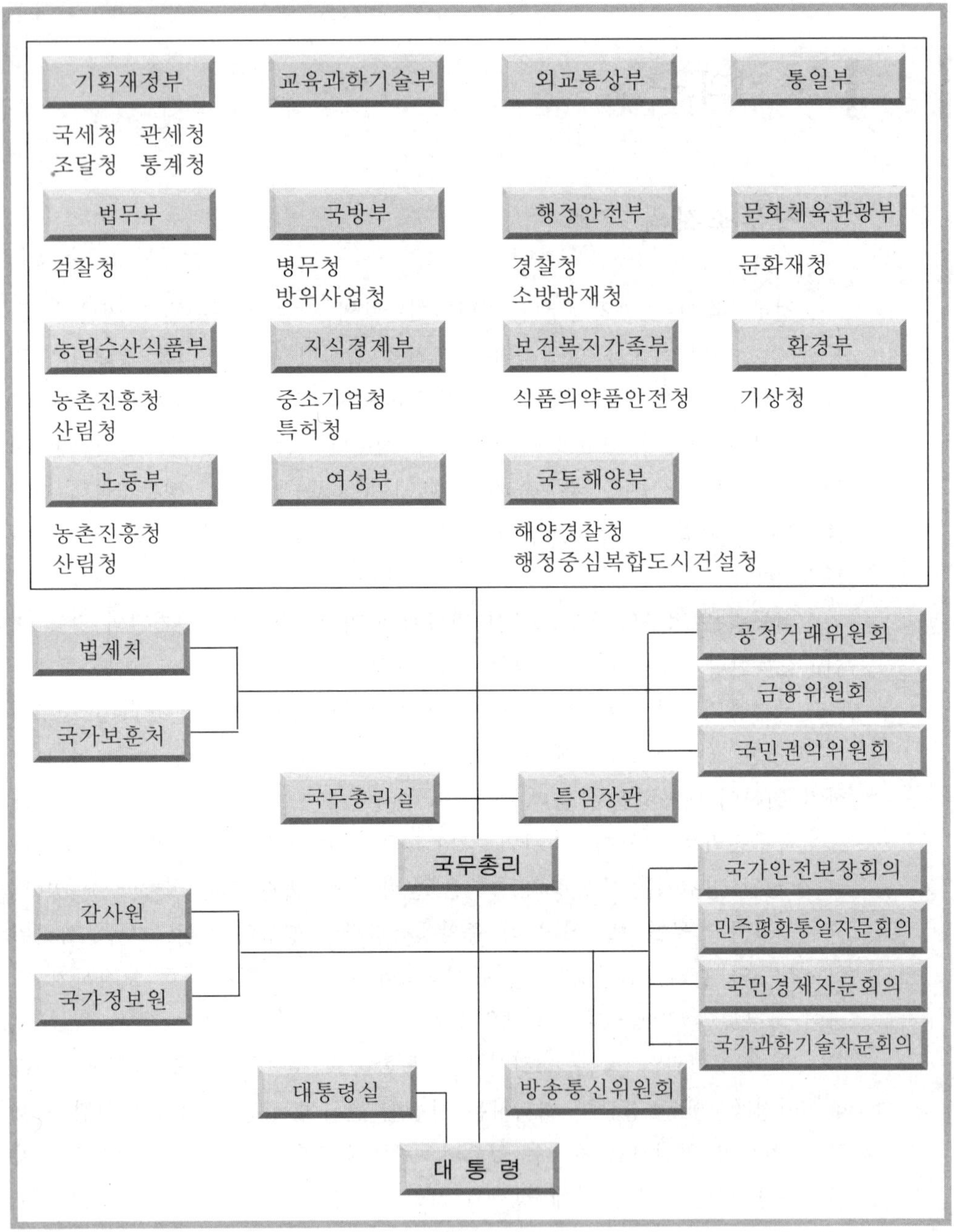

자료: 청와대 홈페이지, 2008.

기관에는 소관사무를 수행하기 위하여 필요한 때에는 지방행정기관을 둘 수 있다. 지방행정기관은 업무의 관련성이나 지역적인 특수성에 따라 통합하여 수행함이 효율적이라고 인정되는 경우에는 관련되는 다른 중앙행정기관의 소관사무를 통합하여 수행할 수 있다.

행정기관에는 그 소관사무의 범위에서 필요한 때에는 시험연구기관 · 교육훈련기관 · 문화기관 · 의료기관 · 제조기관 및 자문기관 등을 둘 수 있다. 행정기관에는 그 소관사무의 일부를 독립하여 수행할 필요가 있는 때에는 행정위원회 등 합의제 행정기관을 둘 수 있다.

행정기관은 법령으로 정하는 바에 따라 그 소관사무의 일부를 보조기관 또는 하급행정기관에 위임하거나 다른 행정기관 · 지방자치단체 또는 그 기관에 위탁 또는 위임할 수 있다. 보조기관은 위임받은 사항에 대하여는 그 범위에서 행정기관으로서 그 사무를 수행한다. 행정기관은 법령으로 정하는 바에 따라 그 소관사무 중 조사 · 검사 · 검정 · 관리 업무 등 국민의 권리 · 의무와 직접 관계되지 아니하는 사무를 지방자치단체가 아닌 법인 · 단체 또는 그 기관이나 개인에게 위탁할 수 있다.

2. 관료제 조직을 넘어서: 새로운 형태의 조직구조

급변하는 환경에 대응하여 조직구조를 어떻게 설계해야 할 것인가 하는 문제는 조직의 생존에 있어 매우 중요하다. 경직성, 형식성, 비효율성, 비대응성 등의 문제점들을 노정하고 있는 관료제 조직으로는 급변하는 환경에 대응하기가 쉽지 않다. 그래서 관료제 조직을 탈피하기 위한 새로운 유형의 조직형태들이 출현되었는 데, 그것이 바로 Adhocracy, 팀 조직(Team Organization), 연계망 조직(Network Organization), 임시조직(Task Force) 등이다.

계층제 구조에 의해 엄격한 통제와 규칙을 강조하는 관료제 조직은 20세기 후반 지식 · 정보화 혁명의 영향으로 더 이상 이상적인 조직형태가 되지 못하고 있다. 인터넷을 비롯한 정보기술 발달로 정보소통과 의사전달 방법이 획기적으로 바뀌었고, 이는 기존의 권력관계나 지도력 행사방식, 사람이 행태, 사회 문화 등에 있어서 광범위한 변화를 야기시키고 있다.

Adhocracy의 기원

제 2 차 세계대전 중 특수 임무를 수행했던 기동타격대 'adhoc team'에서 유래된 것으로, 이 부대는 그들의 임무가 완수되면 일단 해산되었다가 새로운 임무가 주어지면 그 임무에 적합한 병력으로 재구성되었다.

1) Adhocracy

Adhocracy는 관료제 조직과는 달리 공식적 계층구조가 없으며, 표준화된 운영절차도 없는 매우 유동적인 조직으로 환경이 불안정할 때 유용하게 이용되는 동태적 조직형태이다.

'Adhocracy'란 용어는 Toffler가 기능적 또는 임시적 조직이라는 뜻으로 처음 사용하였다. 즉 일정한 목표를 달성하기 위하여 임시적으로 조직을 구성하였다가 목표 달성이 완수되면 일단 조직을 해체하고, 또 다른 새로운 목표가 설정되면 그 목표에 적합한 인력으로 재구성되는 조직을 말한다.

메트릭스형태인 Adhocracy는 전통적 조직유형인 관료제 조직과 크게 두 가지 측면에서 다른 특징을 가지고 있다.

하나는, Adhocracy는 공식성이 약한 반면에 전문적 성격이 강하다. 대체로 어느 조직이든지 공식성이 강하면 형식을 중요시하여 융통성과 신축성이 결여되기 쉬울 뿐만 아니라 급격한 변혁에 대하여 저항하게 된다. 그러나 전문성을 강조하게 되면 이러한 단점을 극복하기가 용이하다. 모든 의사결정권이 전문가들로 구성된 팀에 의해 이루어지는 분권적인 구조는 융통성과 신축성을 유지하기 쉽다.

다른 하나는, Adhocracy는 대부분의 조직 구성원이 고도의 전문 지식을 가진 전문가들로 구성되어 있기 때문에 계층제를 중요시하는 관료제 조직과는 달리 수평적 분화가 이루어져 있어 분권적인 의사결정을 수행할 수 있다. 여기에 속하는 Adhocracy의 예로는 첨단기술연구소를 들 수 있다.

Adhocracy의 특성은 두 가지로 구분할 수 있다: 복수 상위자로부터의 명령, 전통적 기능부서와 프로젝트팀 조직간의 결합.

첫째, Adhocracy의 구성원은 부서별 관리자와 프로젝트를 담당하고 있는 관리자 등 두 개의 명령계통을 가지고 있다. 즉 각각의 프로젝트에서 일하게 되어 있는 전문가들은 기능적 구조에 속해 있는 각각의 부서에서 차출되어 오는데, 이들은 원래 본인이 속해 있던 부서의 관리자로부터 통제를 — 예컨대 승진, 근무성적 평정, 보수 인상 등 — 받을뿐만 아니라 새로 속하게 된 프로젝트팀의 관리자가 행사하는 통제도 받아들여야 한다는 것이다.

둘째, Adhocracy의 기능적 구조는 전문적인 인적·물적 자원들을 — 여러 부서에서 다같이 필요로 하는 자원 — 중복되지 않게 필요한 수만큼 확보하여 공동으로 사용할 수 있으며, 생산적 구조는 각 집단에 속해 있는 전문가들의 협동을 용이하게 한다. Adhocracy는 다양하고 복잡한 업무가 상호관련되어 있는 경우 조정이 용이하다. 특히 환경의 변화와 경제적 효율성을 고려하여 각 부서의 전문가들을 적절히 배치할 수 있다는 이점이 있다.

2) 팀 조 직

특정한 목적을 달성하기 위하여 임시적으로 조직 내의 인적·물적 자원을 결합한 조직을 팀(team)이라 한다.

팀 조직은 일상적·기계적인 조직형태로 대처하기 힘든 어려운 문제를 해결하기 위하여 구성되는데, 종래의 계선조직이 지니는 경직성을 제거하고 전문성과 신축성을 보완하기 위하여 구성된다.

팀은 서로 다른 분야에 전문 기술을 보유하고 있는 소수의 조직구성원들로 구성되며, 관련 계선조직으로부터 파견된 전문가들로 구성되기 때문에 설정된 임무가 완수되면 원래의 소속부서로 복귀하게 된다. 구성원들간의 횡적인 관계가 중시되고, 전문가로서의 자율성 및 동기부여 등을 중시한다.

많은 민간조직에서는 이미 팀조직을 도입·활성화하고 있으며, 우리나라 정부조직의 경우에도 행정개혁의 차원에서 과제별 팀제를 추진하고 있다.

3) 연계망 조직

연계망 조직(network organization)이란 핵심 기능을 담당하는 중심 조직이 기능적으로나 지역적으로 분산되어 어느 정도 독립성을 지닌 하위 조직들과 연계하여 공동의 목적을 추구하는 조직이다. 즉 독립적인 여러 개의 조

핵심국가(hollow state)

정부기관이 제 3 의 집단들과 ― 공공기관, 비영리법인, 기업 등 ― 계약을 체결하여 이들에게 공공 서비스 전달기능을 광범위하게 이양하는 국가를 의미한다(Milward, 1996: 79). 핵심국가에서는 다양한 분야의 공공 서비스을 관료조직보다는 계약으로 맺어진 연계망조직에 의존한다. 그러나 핵심국가라 하더라도 연계망조직은 책임성이 낮고 연계성도 약하기 때문에 계층제적 관료조직이 담당하는 비율은 여전히 높다.

직단위가 유동적으로 결합된 조직형태를 말한다. 그리고 연계망 조직은 위계적 서열과는 관계없이 조직구성원 개개인의 전문적 지식과 자율권을 기초로 하는 조직이다.

관료제조직은 급격한 환경 변화에 신축적으로 대응하기 어려운데 비하여 연계망 조직은 전문적 기능을 지닌 다양한 연계기관들이 빠르고 융통성 있게 환경 변화에 대응할 수 있다. 또한 관료제가 수직적 계층제 구조를 지닌데 비하여 연계망 조직은 업무 수행권한이 수평적으로 분산되어 있다. 그러나 독립적인 권한을 지닌 연계조직들이 공동의 목적을 효율적으로 달성하기 위한 협조와 조정장치가 마련되어 있다.

연계망 조직의 지능지수는 정보기술을 활용한 하부구조를 구축하고 이를 통해 정보를 공유하고 체계화하는 정도에 의해 결정된다. 사람과 마찬가지로 조직도 여러 업무를 조정하는 내부의 의사전달체계 즉, 신경망을 가지며, 신경망의 발전정도에 의해 조직의 능력이 결정된다. 정보기술의 발달에 따라 연계망 조직의 능력도 향상되고 있다. 즉 변화하는 상황에 맞추어 필요한 만큼의 사람과 돈 또는 역량을 필요한 곳에 모을 수 있도록 디지털 신경망을 갖춘 연계조직 형태로 나아가고 있다(Gates Ⅲ, 1999).

연계망 조직의 특징은 조직의 업무 중 상당부분은 외부용역으로 맡겨지는 아웃소싱(outsourcing)이 보편적이며, 재택근무가 가능해지는 가상조직도 연계망 조직 형태를 지니게 된다. 오늘날 '핵심 회사'(hollow organization)도 연계망 조직에 해당한다.

4) 가상조직

가상조직(virtual organization)은 정보기술의 발달로 인해 생겨난 조직 형태이다. 가상조직은 지리적으로 분산된 개인, 집단, 또는 조직단위가—동일한 조직에 속하거나 그렇지 않거나를 불문하고—공동의 목적을 달성하기 위하여 전자적으로 연계된 임시 또는 영구적 집합체로 볼 수 있다. 그러나 가상조직은 전자상거래를 위한 조직처럼 특정한 목적을 위해 전 세계에 흩어져 있는 사람들이 웹(web)을 통해 연계되는 일시적 또는 단기적 모임과는 구별된다. 가상조직은 전자 기업과는 다른 형태로서, 구성원들은 장기적 관점 · 목적에서 전자적으로 연계된 조직이다.

가상조직을 구성하는 구성원들은 각기 독립적인 주체이지만 상호 협력을 증대시켜 통합된 파트너십을 구축하기 위해 신뢰에 기반을 두고 구축된 조직이다. 따라서 지리적으로나 조직적으로 분산된 상호 독립적인 조직들을 가상조직이라는 틀 안에서 어떻게 협력적 행태를 이끌어 낼 것인가가 하는 점이 중요한 과제이다. 그러므로 가상조직은 전자상거래를 목적으로 전자기업과 다르게 조정과 협력을 촉진시킬 수 있는 조직적 틀을 마련해야 한다(Frank, 2002). 이런 점에서, 가상조직은 최소한 세 가지 하위체계로 이루어진다: 가상 웹 플랫폼(the virtual Web platform), 가상단체(the virtual corporation), 그리고 넷 중개인(the Net-broker).

첫째, 가상 웹 플랫폼은 협력에 대해 일반적 동의를 한 독립적인 조직들간의 연합체를 말한다. 플렛폼을 통해 신뢰를 구축하고 업무 조정을 위한 기제를 마련하고, 고객지향적 가치와 같은 공유할 가치를 창출하는 등의 환경을 조성하게 된다.

둘째, 안정적인 플랫폼을 바탕으로, 가상단체는 상황을 분석하고 전체적인 업무 관리를 담당하며 일상적인 업무를 처리한다. 또한 가상단체는 공동 연구개발 프로젝트나 수평적수직적 협력체계를 구축하는 등 다양한 형태의 이익을 제공한다.

셋째, 넷 중개인은 웹 플랫폼을 구축 · 관리하고, 소속 조직들과의 관계도 관리한다.

5) 학습 조직

조직의 경쟁력을 증대시키기 위해서는 높은 수준의 기술력과 지식을 보유하기 위해 지속적인 노력이 필요하다. 이를 위해서는 개인으로서가 아니라 조직으로서 집단적인 학습능력을 수용할 수 있는 문화가 만들어져야 하는데, 이것이 오늘날 학습 조직이 증대되는 주요 이유이다.

학습 조직이란 조직 구성원이 새로운 지식과 창의력을 개발할 수 있도록 지속적인 학습체계와 문화를 지닌 조직이다. 즉 학습 조직은 배우는 조직(learning organization)이기보다 가르치는 조직(teaching organiztion)을 의미한다.

학습 조직은 특징을 보면, 공식적인 교육·훈련뿐만 아니라 비공식적·비정규적으로 이루어지는 자발적 학습을 강조하며, 단기 요법적 치료효과보다는 장기적 측면에서 점진적 발전을 추구한다. 또한 학습 조직은 타인의 경험과 시행착오를 통한 학습활동을 높이 평가하고, 환류와 표출(disclosure)의 조직문화를 형성한다(이창원·명승환·임영제, 2004: 199). 이러한 특징을 지니는 학습 조직은 조직의 구조나 과정의 변형이 용이하고, 조직내·외의 의사소통이 개방적이고 참여가 제도화 된 연성조직(soft organization)이다.

Ⅳ. 조직과 개인

조직 속의 개인에 관한 연구는 접근방법이나 분석의 초점이 매우 다양하여 이에 관한 이론체계를 정형화하기 곤란하나, 크게 세 부분으로 나누어 볼 수 있다.

하나는, 인성이론(人性理論, personality theory)이다. 이는 고대에서부터 오늘에 이르기까지 중요한 연구대상이 되어 온 인간의 본질에 관한 이론을 바탕으로 하고 있다.

다른 하나는, 동기부여이론(動機賦與理論, motivation theory)이다. 조직 관리를 위해서는 조직 속의 개인의 인성을 파악하고 이들이 조직목표에 효율적으로 기여하도록 동기부여를 해야 하므로, 인성이론은 동기부여이론으로 이어진다.

마지막으로 인간형(人間型, model of man) 연구이다. 동일한 동기요인에 의하여 모든 사람이 동일하게 동기부여되는 것은 아니므로 이러한 문제를 설명하기 위해서 동기부여이론은 인간형에 관한 연구로 확대되었다.

여기에서는 이러한 이론의 흐름에 따라 설명하기로 한다.

1. 인성이론

1) 개 념

인성이란 개인의 행동을 결정하는 데 중요한 구실을 하는 지속적 성향을 의미한다. 원래 인성이란 연극배우가 쓰는 가면을 의미하는 희랍어의 'personare' 에서 유래하는데, 이러한 어원을 볼 때 인성은 사람이 대중 앞에서 연기하는 역할의 개념을 포함하고 있다. 인성은 유사개념인 태도(attitude)와 구별된다. 인성은 태도보다 더 깊은 성향으로서 태도 발현의 토대이며,

이는 일반 심리학이나 정신분석학에 그 근원을 둔다. 이에 비해 태도는 넓은 의미의 성향연구로서 행태주의와 밀접히 관련되어 있다.

2) 인성이론의 발달

인성이론은 인성개념 자체의 복잡성과 다양성으로 인해 그 접근방법이 다양하게 전개되고 있다. 이들을 정리하면 정신분석이론, 유형이론 그리고 자질이론 등으로 구분된다.

인성에 관한 연구는 정신분석 학자들에 의하여 시작되었다. Freud는 인간을 정신적인 갈등상태에 있는 존재로 보고, 인간 내의 주요한 동기를 유발시키는 본질적인 힘을 무의식이라 보았다. 그는 무의식 연구에 관한 방법론, 비정상 행위에 대한 연구 등으로 정신분석학적 접근법의 기초를 형성하였다.

Freud는 인간의 마음을 빙산에 비유하고, 물위에 떠있는 작은 부분이 의식이라면 물 속의 훨씬 큰 부분을 무의식 영역으로 보았다. 성격을 구성하는 요소를 의식, 전의식(preconsciousness), 그리고 무의식으로 구분하였다. 의식은 어떤 순간에 알거나 느낄 수 있는 경험과 감각을 말한다. 정신생활의 극히 일부만이 의식의 범위 안에 포함된다. 전의식은 이용가능한 기억이다. 즉, 어느 순간에는 의식되지 않으나 조금만 노력하면 곧 의식될 수 있는 경험이나 기억을 말한다. 전의식은 의식과 무의식의 영역을 연결해 준다. 예컨대, 치료에 의하여 무의식의 내용이 전의식으로 나타나고 또 그 다음에 의식이 될 수 있다고 Freud는 생각했다. 무의식은 인간정신의 가장 크고 깊은 심층에 잠재해 있으면서 의식적 사고와 행동을 통제하는 힘이다. 경험은 잠시 동안 의식의 세계에 있을 뿐 시간이 지나면 전의식을 거쳐 무의식 상태로 되지만 이는 소멸된 것이 아니어서 행동에 강력한 영향력을 행사한다.

Freud는 인성을 모든 행태의 기초를 제공하는 동태적 체계로서 본성(id), 자아(ego), 초자아(super ego)라는 세 가지 하위체계로 구성되어 있다고 보았다. Freud는 인성을 기본적으로 쾌락을 극대화하고 고통을 극소화하기 위해 노력하는 쾌락 추구적인 것으로 파악하고, 이의 동인(動因, motive)을 본능이라 하였다. 본능이란 무의식의 결정체로서 쾌락을 위해 투쟁하는 원초적 충동이다. 본능이 무의식을 내포하고 있는 것에 비해 자아는 의식이며,

인성의 현실지향적인 부분이다. 본능이 맹목적으로 긴장 해소를 추구할 경우 사회적 처벌을 받게 되어 오히려 고통이나 긴장이 증가될 우려가 있기 때문에 현실을 고려하면서 기능을 수행하는 자아의 형성이 불가피하다. 이런 점에서 자아는 본능의 확장이며, 지성 또는 이성을 통하여 현실을 해석해 줌으로써 본능이 현실을 이해하고 평가할 수 있게 지도하는 역할을 담당한다. 한편 초자아는 인성에 윤리적 · 도덕적 차원을 첨가한다. 자아가 현실적이라면 초자아는 이상적이다.

Freud이론에서부터 발전되어 온 인성이론 분야는 크게 두 가지로 구별되고 있다. 하나는, 기본적으로 인성 한 도구로서 인성변수를 다루는 것이다. 다른 하나는, 임상치료보다는 인성에 주된 관심을 두어 정신치료를 인성의 교정에 초첨을 두고 연구하는 것이다.

2. 동기부여이론

1) 동기부여이론의 발전

(1) 동기부여란 무엇인가?

조직에서 개인이 이룩하는 성과는 사람에 따라 천차만별이다. 전통적으로 이러한 차이는 개인의 능력이나 특성에 연유하는 것으로 여겼으나, 현대 조직이론에서는 개인의 능력뿐만 아니라 능력을 발휘하고자 하는 자발적인 의욕, 즉 동기부여가 개인의 성과를 결정하는 중요 요소라고 설명한다. 동기부여란 에너지나 목적을 가지고 행동하게 하는 추진력을 의미하는 바, 조직성과는 조직구성원의 동기부여 정도에 따라 달라진다는 사실을 인식하게 된 것이다.

사람은 동기부여에 따라 평소보다 더 많은 능력을 발휘할 수 있다는 사실을 밝히기 위해서 영국의 한 대학에서 고통실험을 실시하였다. 즉 고통을 어느 정도까지 참을 수 있는가를 실험하기 위하여 20%에서 30% 정도의 고통을 가하면 대개의 실험대상자들은 잘 참는다. 점차 다양한 유인들을 제공하면서 고통의 강도를 높여가면 사람이 인내할 수 있는 수준의 80%에서

그림 5-2 동기부여의 잠재적 영향력

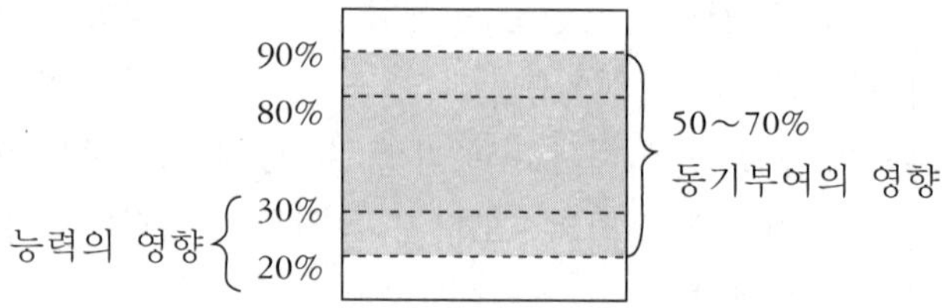

90%까지 실험대상자들이 참아낼 수 있다는 것이다. 다음의 [그림 5-2]에서 보는 바와 같이 동기부여가 없을 경우에 개인은 자신의 능력을 20%에서 30% 정도밖에 발휘하지 않고 있으나, 동기부여를 하면 평소의 자기능력에서 50%에서 70%까지는 더 발휘할 수 있다는 것이다.

이런 점에서 동기부여는 조직이론에서 매우 중요한 위치를 차지하며, 많은 학자들에 의하여 연구되어 왔는데, 지금까지 연구된 동기부여이론의 발전과정은 크게 세 가지로 나누어 볼 수 있다.

초기이론은 동기부여를 하는 요인들에 연구의 초점을 맞추는 내용이론(content theory)이며, 이는 동기부여의 선택, 방향 그리고 목표 등의 과정적 측면을 분석하는 과정이론(process theory)으로 발전하였다.

그 후 개인의 행태가 어떻게 유발되고 지속되며 또한 멈추어지는지, 그리고 동기부여과정에서 어떤 주관적인 반응이 나타나는지에 초점을 두는 강화이론(reinforcement theory)이 출현하였다. 그런데 강화이론에 대한 설명은 이 책의 범위를 벗어나는 것이므로 앞의 두 이론들에 대해서만 설명하기로 한다.

(2) 동기부여요인에 관한 모형

동기부여이론에서 동기부여요인(motivator)이 무엇이냐에 대한 논의들을 종합해 보면 다음과 같은 세 가지 모형으로 분류해 볼 수 있다.

우선 과학적 관리법이나 인간관계론 이전의 것으로, 강압 또는 힘만으로 사람을 동기부여 할 수 있다고 보는 '강압과 강제모형'이다. 이 모형의 기본적 가정은 사람은 일을 안하면 벌을 받게 되는 상황에서 일을 잘하게 된다는 것이다. 그러나 동기부여를 힘이나 강압에만 의지하는 것은 개인을 고립시키게 되고 반항을 유발시키는 결과를 초래할 가능성이 있다.

다음은 사람을 기계와 같은 존재 또는 경제인(economic man)으로 보는 '경제적-기계모형' 이다. 사람은 원천적으로 돈을 위하여 일하는 존재, 즉 경제적 보상이 주어질 때 일할 동기를 가진다는 것이다. 이 모형은 근로자를 경제적 보상과 제재에 의하여 동기부여를 할 수 있는 것으로 가정하였던 과학적 관리법에 의하여 보편화되었다. 그러나 과학적 관리법은 인간관계론에 의하여 심한 비판을 받았다.

오늘날 동기부여이론에서 일반적으로 인식되고 있는 것은 '성장-개방체계 모형' 이다. 이 모형은 사람은 목표지향적 존재이며, 자신의 욕구나 가치와 양립할 수 있는 질서에만 따른다고 본다. 또한 개인에게 성장을 위한 조건이 주어졌을 때 사람은 자기의 성장이나 목표 달성을 위하여 노력하는 존재로 본다. 그리고 이 모형은 개인은 굉장히 복잡한 동기요인을 가지고 있으며, 외부와 상호 관련성을 가진 것으로 본다.

성장-개방체계모형을 골격으로 하는 동기부여이론이 비약적으로 발전하게 된 계기는 1943년에 Maslow가 발표한 '인간 동기부여이론' (A Theory of Human Motivation)이다. 그 후 동기부여요인을 구체적으로 분석한 Herzberg의 이원론, Alderfer의 ERG이론, Maccoby의 내 · 외적 동기부여요인 등이 등장하였다.

2) 동기부여의 내용이론

(1) Maslow의 욕구계층론

가. 욕구계층론의 내용

Maslow는 인간의 욕구에는 낮은 단계에서 높은 단계로 순서가 정해진 계층이 있으며, 낮은 단계의 욕구가 만족됨에 따라 그 단계의 욕구는 더 이상 동기유발의 역할을 수행하지 못하고 다음 단계의 욕구가 차례로 동기요인으로 작용하게 된다고 가정하였다. 또한 그는 인간은 만족을 추구하는 동물이며, 보다 큰 만족을 위한 끝없는 욕구충족에 의하여 동기부여된다고 가정하였다. 그러나 이러한 욕구계층제는 엄격하게 고정되어 있는 것은 아니며,

그림 5-3 Maslow의 욕구계층론

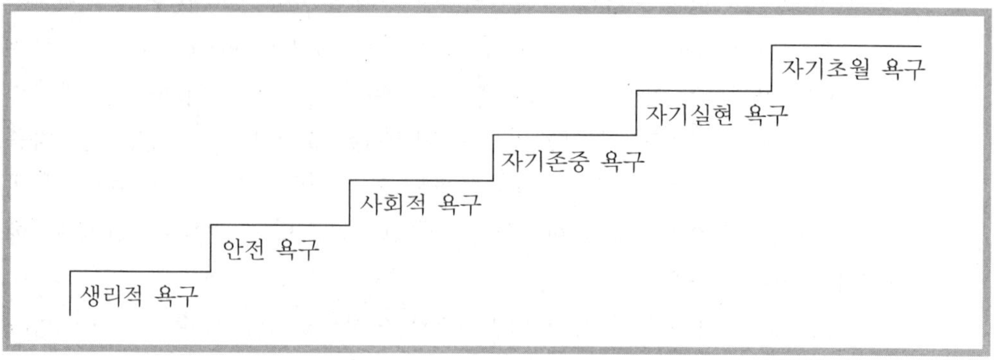

한 욕구가 100% 만족되어야 다음 욕구로 옮겨가는 것은 아니라고 보았다.

[그림 5-3]에서 볼 수 있듯이, 사람은 맨 먼저 생리적 욕구를 추구하며, 이러한 욕구가 일단 충족되면 안전과 보호 욕구를 추구한다. 다음은 사회적 욕구나 소속감에 초점이 맞추어지고, 그 다음은 자기존중이나 사회적 지위를 원한다. 인간이 경험할 수 있는 최고의 욕구는 자기실현 욕구이다. Maslow는 그 자기초월 욕구 후 인간이 가지고자 하는 최종 단계의 욕구는 자기실현 욕구가 아니라 '자기초월' 또는 '자신보다 더 높은 목적을 위한 삶'이라고 보아 자신의 이론을 수정하였다(Covey, Merrill & Merill, 1994: 48에서 재인용).

① 생리적 욕구(physiological needs): 이는 삶 그 자체를 유지하기 위한 인간의 원초적인 욕구이다. 즉 음식, 의복, 거처, 성 등에 대한 욕구가 그것이다. 이러한 기초적 욕구들이 육체의 활동을 위해 충분히 만족될 때까지는 다른 수준의 욕구들은 거의 자극을 주지 못한다.

② 안전 욕구(safety needs): 일단 생리적인 욕구가 어느 정도 충족되면 안전 욕구가 나타나게 된다. 이 욕구는 위험이나 위협 또는 박탈감에 대해 보호를 받고자 하는 것으로, 작업환경 · 후생복지 · 안정된 직장 · 노조 가입 등을 추구하는 행위가 이에 해당된다.

③ 사회적 욕구(social needs): 이 욕구는 '소속 및 애정 욕구'(belonging & love needs)라고 불리기도 하는데, 소속감, 연합, 사랑, 우정, 친화와 같은 대인관계를 갖기 원하는 욕구들을 말한다.

④ 자기존중 욕구(self-esteem needs): 이는 지위를 얻고 남으로부터 인정을 받고자 하는 이른바 존경에 대한 욕구이다. 여기에는 자기 자신으로부터 나오는 자신감, 능력, 성취, 지식에 대한 자부심과 아울러 다른 사람의 자신에 대한 존경심도 포함된다.

⑤ 자기실현 욕구(self-actualization needs): 이 욕구는 자기가 가지고 있는 잠재적 능력을 발휘하고, 추구하는 목표를 실현하고자 하는 욕구를 말한다. 음악가가 자신의 음악세계를 창조하려는 것이나, 관료가 자신의 업적을 남기고 싶어 하는 욕구가 이에 속한다.

⑥ 자기초월 욕구(self-transcendence needs): 이는 자신을 위한 이기적 욕구를 초월하여 '자신보다 더 높은 목적을 위한 삶'(living for a purpose higher self)을 살고자 하는 욕구이다.

나. 욕구계층론의 의미와 관료제 조직

욕구계층론이 지니는 의미와 관료제 조직에의 적용 문제에 대해 생각해 보기로 하자.

욕구계층론의 요체는 최소한 사람을 기계적·경제적 유인으로 통제해서는 안된다는 것이다. 즉 일에 보람을 느끼는 사람에게는 일을 주고, 사회적 활동을 원하는 사람에게는 이를 충족할 수 있는 기회를 제공해야 하며, 자기존중 또는 자기실현을 추구한다면 조직은 구성원들의 업무활동을 어느 정도 통제하거나 의사결정과정에 참여할 수 있는 통로를 마련해 주어야 한다.

그러나 실제적으로 관료제 조직이 지니는 특성들은 이러한 욕구들을 충족시키기가 곤란하다. 예를 들어 관료제의 핵심적 특성인 계층제나 전문화는 자기실현이나 자기존중 욕구를 추구하는 대부분의 개인에게 방해적 요소로 작용한다. 또한 조직의 목적을 효율적으로 추구하기 위한 공식화나 몰인간성은 개인을 기계의 톱니바퀴와 같은 존재로 취급하여 사회적 욕구를 추구하는 개인에게 깊은 좌절감과 고립감을 줄 뿐이다.

욕구계층론에 입각하여 볼 때, 이상과 같은 관료제 조직은 바람직하지 않다는 것을 알 수 있다. 관료제 속의 개인은 보람있는 일이나 지위를 가지고자 하며, 정책과정에 참여함으로써 자기의 이상을 실현시키기를 원한다. 관료제가 이러한 개인의 욕구에 적절히 대응하지 못한다면, 관료는 불만을 가지게 될 것이고, 결국 조직의 효율성을 확보할 수 없게 된다. 이런 점에서 많은 학자들이 민주주의를 실현하기에 용이한 관료제의 조직 구성을 여러 가지로 제안하고 있다. 그럼에도 불구하고 관료제가 개인의 욕구단계를 파악하고, 이를 충족시킬 수 있는 조직적 장치를 갖추기에는 본질적인 한계가 있다.

다. 욕구계층론의 한계

동기부여이론의 획기적 발전의 계기가 되었던 욕구계층론도 계층제와 관련하여 크게 세 가지 점에서 이론적 한계가 지적될 수 있다.

첫 번째 비판은 욕구계층론은 경험적으로 검증되어질 수 있는 가설에 입각한 것이지만, 이를 검증하기가 매우 곤란하다는 점이다. 많은 경험적 연구들은, 동일한 단계에 있는 사람들에게 동일한 욕구를 충족시켜 주더라도 동일하게 동기부여되는 것이 아니라는 것을 밝혔다. 즉 욕구수준이 동일한 단계에 있는 사람들 중에서도 동기부여되는 자극이 다양하다는 것이다. 예를 들면 자기존중 욕구를 추구하는 사람들 간에도 이에 대한 욕구 강도는 다양하기 때문에 이를 동일 계층으로 설명할 수가 없다.

둘째, 욕구계층론의 분류범주가 너무 광범위하여 실제로 조직 설계를 할 때 동기부여와 연계시키기가 매우 곤란하다. 이러한 문제는 특히 Herzberg와 그의 동료들에 의하여 제기되었다(Herzberg, 1966).

셋째, 욕구계층론은 조직 속의 개인이 높은 계층으로 순차적으로 승진하면서 낮은 수준의 욕구에서 점차 높은 수준을 추구하게 된다는 가설을 포함하고 있다. 즉 조직의 하위 또는 중간수준에 위치한 사람은 돈이나 지위 또는 권력에 의해 동기부여되지만, 지도자계층이 되면 전체적 또는 자기 초월적으로 된다는 것이다. 그러나 사회의 다양화에 따라 낮은 계층에 있는 사람이라 해서 낮은 수준의 욕구만을 추구하는 것은 아니기 때문에 지식·정보화와 분권화를 특징으로 하는 오늘날에 있어서는 Maslow의 이론은 한계가 있다.

(2) Herzberg의 이원론

Herzberg는 생산성과 사기와의 관계를 알아보기 위하여 200명의 회계사와 기술자들을 선정하여 면접을 실시하였다. 그 조사는 궁극적으로 다음과 같은 질문에 대한 반응을 얻기 위한 것이었다: "당신은 당신의 직무에 대하여 아주 좋게 느꼈던 경우를 구체적으로 말할 수 있습니까?"

이 조사를 통하여 그는 만족과 불만족을 동일선상의 양극점으로 파악하던 종래의 인식과는 달리 만족과 불만족은 별개의 차원이며, 이들에게 영향을 주는 요인들도 전혀 별개의 것임을 밝혀냈다. 즉 불만족 상태에서 특정한 동기요인에 의해 점차 만족상태로 나아가는 것이 아니라, 불만을 야기하는 요인과 만족을 일으키는 요인은 별개하는 것이다.

Herzberg는 직업 만족은 '위생요인'과 '동기요인'이라는 두 유형의 요인에 의하여 영향을 받는다고 가정하였다. 위생요인(衛生要因: hygiene factor)은 작업조건, 감독자의 감독방식, 봉급, 회사의 정책, 동료 · 상사 · 부하들과의 관계, 직무 안정, 지위 등과 같은 주로 환경에 관한 것이 포함된다. 위생이라는 용어는 바람직하지 못한 상태를 방지할 수 있는 환경적 그리고 맥락적 요인을 의미하는 의학용어에서 따온 것이다. 위생요인을 불만요인이라고도 하는데, 이는 이러한 외적 요인들이 충족되지 않을 때는 근로자들 사이에 불만족이 생기지만 이들을 제거한다고 하더라도 반드시 만족을 가져다 주는 것은 아니라는 의미이다. 즉 불만족 요인이 제거되면 그동안 지녔던 불만이 사라지게 되지만 그렇다고 만족하게 되어 더 많은 일을 하려는 동기요인으로 작용하지는 않는다는 것이다.

사실 우리는 불만족 사항이 충족되면 지금까지의 불만은 없어지지만 그렇다고 동기부여되지 않는 경우를 흔히 경험할 수 있다. 생계비에도 못 미치는 낮은 수준의 임금을 받게 되어 조직에 대해 불만족하던 근로자는 임금수준이 높아짐에 따라 불만은 점차 사라지지만 그렇다고 해서 임금 상승에 비례하여 직무 만족이 증대하는 것은 아니다. 반면에 동기요인 또는 만족요인은 직무 자체, 인정, 성취, 성장 가능성, 책임과 같은 직무내용에 관련된 것으로, 이들이 충족되면 이에 비례하여 만족도가 높아진다.

이상과 같은 이원론에 비추어 볼 때 근로자에게 동기부여를 하기 위해서는 일단 어느 정도 위생요인을 충족시켜 준 후에는 동기요인에 주의를 기울이는 것이 효과적이다. 과학적 관리법에서 중요시하였던 위생요인보다 승진, 책임, 인정감, 일의 성취 등과 같은 동기요인이 더 중요하다. 특히

Herzberg는 동기요인으로서 일의 본질에 관심을 가졌다. 전통적 조직이론에서는 고도의 전문화가 생산성을 높이는 것으로 보아 왔지만, Herzberg의 관점에서는 오히려 개인의 동기부여를 약화시키는 것이 된다.

그러나 Maslow의 이론과 마찬가지로 Herzberg적 접근도 보편성을 인정받지 못하고 있다. 실제로 다른 학자들에 의해 행해진 Herzberg의 가정에 대한 경험적 검증의 결과는 다양하게 나타났다. 예를 들면, 보수를 위생요인으로 보고 있으나 이는 많은 사람들에 있어서는 매우 중요한 동기요인이 될 수 있다. Herzberg가 보수를 위생요인으로 본 것은 조사대상이 경제적으로 일정수준 이상이 되는 회계사나 기술자를 대상으로 하였기 때문으로 볼 수도 있다.

(3) Alderfer의 ERG 이론

Alderfer는 Maslow의 욕구계층론에 수정을 가하여 ERG 이론을 제시하였다(Alderfer, 1972). 그는 인간의 욕구를 존재 욕구(existence needs), 관계 욕구(relatedness needs), 성장 욕구(growth needs)의 세 단계로 구분했으며, ERG는 이러한 영문표기의 머리 글자를 따온 것이다.

여기서 존재 욕구는 인간의 생존을 위해 필요한 기본적 욕구로서 음식, 의복, 주거에 대한 욕구를 들 수 있다. Maslow의 욕구계층론에서 생리적 욕구와 물리적 측면의 안전 욕구가 여기에 해당된다. 그리고 관계 욕구는 대인관계에 관한 것으로서 직장 내·외에서의 상호작용을 필요로 하는 욕구이다. Maslow의 대인관계 측면의 안전 욕구, 사회적 욕구 및 다른 사람으로부터의 존경 욕구가 여기에 해당된다. 마지막으로 성장 욕구는 개인적인 발전을 위한 욕구로서, 자기의 능력을 새롭게 개발하고, 창의적으로 성취하고자 하는 것을 말한다. Maslow의 욕구계층론에서 자기존중 욕구와 자기실현 욕구가 이에 해당된다.

Alderfer의 ERG 이론이 Maslow의 욕구계층론과 크게 다른 점은 두 가지이다.

첫째, Alderfer는 한 가지 이상의 욕구가 동시에 작용할 수 있다는 점을 주장하였다. 이것은 Maslow의 욕구계층론처럼 한 단계의 욕구충족만을 강조하는 기계적인 사고방식이 아니고 욕구들의 복합적 성격, 즉 총체적 욕구 구성의 개념에 입각한 것으로 현실적인 개념으로 받아들여지고 있다.

둘째, Maslow는 저차원의 욕구가 만족되면 고차원의 욕구로 올라가는 이른바 '만족-진행과정' 만을 주장한 데 반하여, Alderfer는 만족-진행과 아울러 고차원적 욕구에서 저차원적 욕구로 내려가는 이른바 '좌절-퇴행과정'을 가미했다(Szilagyi, Jr. & Wallace, Jr.: 114).

(4) Maccoby의 내 · 외적 동기부여요인

지도자의 주요 임무는 조직이 추구하는 목적에 구성원들이 기여하도록 하는 동기요인이 무엇인가를 발견하는 것이다. 그런데 동기부여요인은 조직이나 사람의 유형에 따라서 달라질 뿐만 아니라 시대적 상황에 따라서도 달라진다.

엄격한 계층제와 기계적 모형에 입각한 산업-관료제적 시기의 지도자는 구성원이 명령에 복종하고 주어진 업무를 능률적으로 수행하도록 그들을 동기부여하려고 노력하였다. 그러나 오늘날과 같은 지식 · 정보화 및 탈관료제적 시기에 있어서 지도자는 구성원들이 문제 해결, 업무 조정, 고객욕구 충족 및 생산과 서비스의 지속적인 개선에 스스로 책임지도록 동기부여를 해야 한다(Maccoby, 1995: 7). 산업-관료제적 시대에는 개인적 판단이 허용된 관리층을 제외한 대부분의 구성원은 지시된 것을 충실하게 이행하도록 동기부여되었다. 그러나 지식 · 정보화 시대에는 이러한 복종만으로는 충분치 않으며, 다른 유형의 동기부여가 필요하다. 즉 다원화되고 분권화된 사회에서 생존하기 위해서는 전문성을 지닌 구성원들이 스스로 판단하도록 동기부여해야 한다.

이런 점에서 동기부여를 두 유형으로 구분해 볼 필요가 있다.

하나는, 외적 동기부여(extrinsic motivation)이다. 이는 사람들이 비록 원치 않더라도 업무를 수행토록 하는 것이다. 외적 동기부여는 '당근과 채찍'과 같이 적극적 그리고 소극적 유인을 통해 이루어진다. 심리학자들은 쥐와 비둘기가 지시된 행동을 하는 경우에만 먹이를 주는 반복 훈련을 통해 외적 동기부여의 유효성을 설명하였다. 그런데 외적 동기부여는 구성원이 욕구나 공포심을 지니고 있어야만 효율적이다. 배부른 말이 당근에 의해 움직이지 않을 것이며, 자존심이 강한 사람은 상관의 위협에도 굴하지 않을 것이다.

이런 점에서 가능한 한 구성원에게 구성원이 필요로 하는 적절한 유인을 제공하는 동시에 공포감을 줄여주는 것이 조직에 유익할 것이다. 사람들은 단순 업무를 반복적으로 하기보다는 정보 수집 및 해석에 있어 자신의 판단을 중시하고, 고객이나 다른 구성원들과의 의사소통을 중요하게 여긴다. 그러므로 이들이 실수를 두려워하기보다는 새로운 도전을 시도하도록 동기부여하는 것이 바람직하다.

다른 하나는, 내적 추진력이나 가치와 관련된 내적 동기부여(intrinsic motivation)이다. 또 다른 심리학자들은 자신이 흥미를 느끼는 경우에 문제해결법을 배우려는 배부른 원숭이에 대한 실험 — 자물쇠 여는 방법 — 을 통해 내적 동기부여를 설명하고 있다. 배부른 원숭이에게는 먹이와 같은 외적 유인은 동기부여요인이 되지 못하며, 오히려 자신이 자물쇠에 대한 호기심이 있기 때문에 이를 열려고 노력하는 것이다. 마찬가지로 사람도 자신을 나타내고 싶어하며, 업무에서 자신의 능력을 발휘하고 싶어한다. 그러나 사람의 내적 동기요인은 다양하고 또한 복합적이다. 다른 사람을 돕는 것에 높은 가치를 두는 사람, 성취욕구가 강한 사람, 자신의 지식을 활용해 보고자 하는 전문가, 안전성을 추구하는 방어적인 사람 등 다양한 유형이 있다.

Maccoby는 근로자들을 대상으로 한 조사를 통해 이들이 외적 요인과 내적 요인을 복합적으로 선택한다는 사실을 설명하였다. 외적 요인에는 더 나은 보수와 복지, 작업 안전, 승진기회 그리고 작업조건이 포함되었다. 그리고 내적 요인으로는 도전할 만한 가치 있는 일, 좋아하는 일, 보람 있는 일 그리고 무엇보다도 성취감을 느낄만한 일 등의 업무성격이 포함되었다.

그러나 무엇이 가치 있고 보람있는 일인가 또는 성취감을 느낄 수 있는 일인가 하는 것은 개인적 가치에 따라 달라지며, 같은 업무라도 사람에 따라 달라진다. 또한 내·외적 요인들을 명확히 구별하기가 곤란하다. 단순히 재미만을 위해서 게임을 하듯이, 아무런 보상을 받지 않더라도 업무 자체를 통하여 동기부여된다면 이는 순수 내적요인이다. 그리고 순수 외적보상이란 아무런 보상이 없다면 사람이 어떤 일도 하지 않는다는 것을 의미한다. 그러나 대부분의 사람들은 — 비록 게임이나 자원활동인 경우에도 — 그들의 활동에 대한 보상을 받고 싶어한다.

그러므로 동기부여요인을 종합적으로 파악하기 위해서는 내적 요인과

그림 5-4 동기요인에 따른 개인의 반응유형

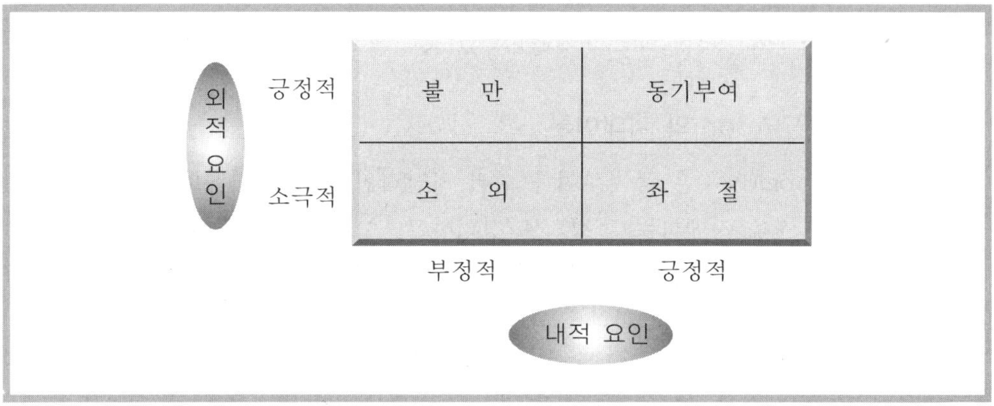

외적 요인을 모두 보아야 한다. [그림 5-4]는 동기요인을 내적 · 외적 요인 모두 고려한 개인의 반응을 유형화한 것이다.

내·외적 요인이 모두 동기부여에 긍정적인 경우에는 동기부여되지만, 이 중 하나라도 부적절할 경우에는 구성원이 불만을 호소하거나 좌절한다. 그리고 내·외적 요인이 모두 부정적인 경우에는 소외를 느낀다. 이처럼 내·외적적 동기부여 요인을 사용하는 조직문화는 그 속에서 활동하는 구성원의 행태에 영향을 미칠 것이다.

예를 들어 내적으로 동기부여된 경찰관이 — 범죄를 예방하려고 애쓰고, 동료들에 대해 가능한 도움을 주고자 하는 — 조직이나 환경으로부터의 부정적 외적 요인에 지속적으로 부딪히면 — 계속 승진에 누락되면 — 결국 좌절하여 방어형으로 변하게 된다.

3) 동기부여의 과정이론

내용이론은 관리자가 근로자를 동기부여하는 요인들을 보다 잘 이해시켜 주었다. 그러나 이는 왜 사람들이 목표를 달성하기 위하여 특정 행동방식을 선택하는지에 대해서는 설명을 하지 못한다. 이러한 선택이라는 측면에 초점을 맞춘 것이 바로 과정이론이다. 즉 내용이론이 행동을 일으키는 욕구와 충동에 초점을 맞춘데 반하여, 과정이론은 어떻게 개인의 행태가 나타나며, 지속되고 멈추는가 하는 문제를 설명하려고 한다.

이러한 과정이론은 Vroom의 이론이나 Porter와 Lawler의 모형으로 대표되는 기대이론(expectancy theory)이 있다.

(1) Vroom의 기대이론

Vroom(1964)은 동기부여를 여러 자발적인 행위들 가운데서 사람들이 선택하는 것을 지배하는 과정으로 정의하고, 이러한 과정을 기대, 유의성, 결과, 수단성, 능력, 힘이라는 변수들간의 관계로 설명하고 있다. 우선 이들 변수들을 소개하기로 한다.

① 기대(expectancy): 기대란 특정 행위에 의해 특정 결과가 나오리라는 가능성 혹은 주관적 확률을 가져올 수 있을 것이라고 하는 신념이다. 즉 어떤 안을 선택하였을 때 성공할 확률이 얼마인가 하는 것으로, 결과의 가능성에 대한 확신이 전혀 없는 0에서부터 결과의 가능성을 확신하는 1까지의 값을 가진다.

② 유의성(valence): 유의성이란 어느 개인이 특정 결과를 선호하는 강도를 말한다. 개인이 결과를 획득하는 것을 하지 않는 것보다 선호할 때 유의성은 정(正)의 값을 지니며, 그 반대의 경우에는 부(負)의 값을 가진다.

③ 결과(outcomes): 이는 보상이라고도 하는데, 특정 행위의 최종 산물이다. 이는 다시 일차 및 이차수준의 결과로 구분된다. 일차수준 결과는 목표 달성과 같은 성과의 측면을 지칭하는 것으로서 개인의 과업 수행노력의 결과이다. 그리고 이차수준 결과는 일차수준 결과가 초래할 것으로 기대되는, 예컨대, 봉급 인상이나 승진과 같은 결과의 산물을 가리킨다.

④ 수단성(instrumentality): 수단성이란 일차수준의 결과가 이차수준 결과를 가져오게 되리라는 주관적 인식으로서, −1에서 +1 사이의 값을 가진다. 만약 일차수준 결과 — 예컨대, 높은 성과 — 가 반드시 이차수준 결과 — 예컨대 높은 봉급인상 — 를 초래한다면 그 수단성은 +1의 값을 가진다.

⑤ 능력(ability): 과업을 성취할 수 있는 잠재력을 지칭한다.

⑥ 힘(force): Vroom은 힘을 동기부여와 동의어로 보았다. 이는 개인이 선택할 수 있는 여러 안들 중에서 행위의 방향을 정하는 역할을 한다.

Vroom은 이들 제개념들의 상호관계를 다음의 세 원리로 파악함으로써 동기부여 과정을 설명하고 있다. 우선 성과(P)는 동기부여(M)와 능력(A)의 곱의 함수라고 보았다. 이를 식으로 나타내면, $P=f(M\times A)$이다. 그리고 동기부여는 일차수준 결과를 선호하는 강도인 유의성(V)과 일정 행위가 특정한 일차 수준 결과를 가져오리라고 믿는 기대(E)의 곱의 함수이다. 이를 식으로 나타내면, $M=f(V\times E)$이다. 이 식에 의하면 만약 한 결과가 높은 정(+)의 유의성을 갖고 있다 하더라도 그 결과가 나오리라는 기대가 없으면 동기부여는 별로 되지 않게 된다. 마지막으로 일차수준 결과의 유의성(V_j)은 모든 이차수준 결과의 유의성(V_k)과 일차수준 결과가 이차수준 결과에 대하여 가지는 수단성의 곱의 함수이다. 이러한 과정을 식으로 표현하면, $V_j=f(V_j\times I)$이다.

이상과 같은 Vroom의 이론을 바탕으로 기대이론은 더욱 발전하여 보다 포괄적 이론체계를 구성하였다. 발전한 내용들 중 중요한 것을 들면, 우선 내부적 결과와 외부적 결과를 구별하였다. 즉 결과는 그것이 낳는 파생 결과의 유의성 말고도 그 자체로서 유의성을 지니는 것으로 보았다. 예를 들어 훌륭한 성과를 냄으로써 그것이 가져다 줄 여러 혜택도 좋겠지만, 그 자체로서도 일을 수행한 사람에게 만족감을 준다는 것이다.

그리고 산출과 만족간의 관계를 동기부여과정에 포함시켰다. Porter와 Lawler는 동기부여가 업적과 만족에 일치하지 않는다고 전제하고, 이들 변수는 모두 분리된 변수로서 전통적 방법의 가정과는 다르게 관련되어 있다고 보았다(Porter & Lawler, 1968: 165).

(2) Porter와 Lawler의 모형

Porter와 Lawler(1968)는 원래 관리자의 동기부여에 관한 기대모형을 개발하였으나, 그 후 관리자뿐만 아니라 근로자에 대해서도 설명력을 지니는 것으로 인정받게 되었다. 우선 이들의 동기유발-성과-만족의 모형을 보도록 하자.

이 모형에서, 보상가치는 유인력(attractiveness)과 욕망의 정도에 달려 있다. 즉 승진, 임금, 인정 등은 사람마다 다르게 평가한다. 심지어 승진에 대하여 조기 퇴직 가능성의 증대라는 면에서 불안정을 느끼는 사람도 있다. 지각된 노력에 대한 보상 가능성이란 상이한 노력은 상이한 보상을 가져오게 된다는 가능성을 개인이 지각하는 것을 말한다. 그리고 노력이란 주어진 과업에 대하여 근로자가 쏟는 힘의 총량이다. 노력의 총량은 보상의 가치와 노력에 대한 보상 가능성에 대한 지각의 상호작용에 의하여 결정된다.

업적은 조직이 객관적으로 측정할 수 있는 실질적인 결과를 나타낸다. 노력은 업적을 전제로 하지만, 이들이 반드시 일치하는 것은 아니다. 노력과 업적간의 괴리는 개인의 능력과 자질 및 그들의 역할 지각에서 생긴다. 즉 업적은 노력은 물론 개인의 능력이나 담당한 역할을 지각하는 방식 등에 의하여 차이가 난다. 또한 보상은 내적·외적인 것으로 구분되는데, 특히 내적 보상이 업적과 관계된 만족의 태도를 낳기 쉽다. 그리고 업적에 상응하는 보상의 수준으로 인식하는 지각된 보상도 업적과 만족의 관계에 중요한 영향을 미친다.

마지막으로 만족은 동기부여와 일치되지 아니하며, 이는 태도 또는 내적 인식 상태를 말한다. Porter와 Lawler모형에서 만족은 단지 하나의 변수이며, 내용이론에서와 같이 다양한 내용의 통합은 아니다. 그리고 만족은 지각된 보상에 의하여 결정되며, 업적이 만족에 의하여 결정되는 것이 아니라 만족이 업적에 의하여 결정된다. Porter와 Lawler의 이러한 관점은 만족과 업적간의 관계에 대한 전통적 시각과 정반대이다.

Lawler는 자기의 모형을 더 개발하여 기대를 노력(E)에 대한 업적(P)의 기대와 모든 업적에 대한 산출(O)의 기대로 대별하고, 노력은 이 두 기대와 함수관계를 가진다고 보았다. 이를 식으로 표현하면, $E=(E \rightarrow P) \times \Sigma[(P \rightarrow O)(V)]$이다. 즉 노력은 노력에 대한 업적의 기대가 모든 업적에 대한 산출의 기대와 유의성(valence: V)의 곱을 곱한 것이다. Lawler는 $E \rightarrow P$ 기대에 있어서 가장 중요한 것은 객관적 상황이며, 더 나아가 자존심, 과거의 경험, 타인과의 의사소통 등이 중요한 투입물이 된다고 보았다.

이상에서 설명한 Porter와 Lawler의 모형 그리고 이를 더 개발한 Lawler의 모형은 동기부여의 과정을 이해하는 데 도움을 주었지만, 이는 너무 복잡하여 실제 적용에는 어려움이 많다.

4) 동기부여 기법

앞에서 우리는 여러 가지 동기부여이론들을 살펴보았는데, 이러한 이론들이 실제적으로 의미있는 것이 되기 위해서 관리자는 구체적인 방법을 제시할 수 있어야 한다. 물론 동기부여 자체가 매우 복합적이고 개별적인 것이기 때문에 최선의 방법이란 있을 수 없지만, 조직이론가들은 꽤 많은 기법들을 제시하고 있다. 이들 기법들은 성과를 올리고 직무 만족을 증대시키는 데 초점을 맞추고 있으며, 특히 Porter와 Lawler의 모형에서 볼 수 있는 바와 같이 성과를 이룩하기 위한 내적 · 외적 보상을 마련해 주는 것들이다. 전자의 것으로는 경제적 보상이 가장 큰 비중을 점하고 있고, 후자의 것으로는 직무 확충(job enrichment)이 주목을 받고 있다.

(1) 경제적 보상

동기부여의 수단으로써 화폐와 같은 경제적 보상에 대한 인식은 시대에 따라 달라져 왔다. 과학적 관리의 시대에는 경제적 보상이 유일한 동기요인으로서 인식되었는가 하면, 인간관계론의 시대에 와서는 경제적 유인의 중요성을 적게 인정하였다. 그러나 최근에는 그 중요성이 다시 각광을 받고 있다. 그 이유는 경제적 보상을 통하여 직무성과를 올리기 위한 관리전략을 개발할 수 있기 때문이다.

능력급 혹은 성과급은 사기업에서 흔히 사용되는 경제적 보상의 동기부여 수단이다. 그러나 급여를 생계비와 결부시키고 성과와는 상관관계가 없는 것으로 인식하든가, 근로자들은 성과를 측정하는 인사고과에 오류가 있는 것으로 인식하는 등 성과급은 시행상의 문제점도 많다. 그런데 경제적 보상이 강력한 동기요인임에도 불구하고, 그것이 동기요인으로서 작용할 때 과연 그 영향력이 모든 경우에 똑같이 발휘될 수 있을까? 동기요인으로써 경제적 보상은 그 자체만 가지고 고려할 수 없고 개인별, 지위, 문화 등과 같은 상황요인들과 관련하여 파악하여야 한다.

(2) 직무 확충과 직무 확대

근로자들의 직무성과를 높이기 위해서는 화폐를 중심으로 한 외적 보상도 중요하지만, 직무 자체와 관련된 내적 보상도 중요하다. 여기서 내적 보상이란 직무 자체가 성취 · 책임 · 인정 · 성장에 대한 기회를 제공해 주는 것을 말한다. 이를 위하여 '직무 확충'(job enrichment)이라고 하는 직무 설계기법을 활용할 필요가 있다. 직무 확충이란 근로자들이 그들의 직무를 단순히 수행할 뿐만 아니라 그 직무를 어느 정도 계획 · 통제하는 등의 직무설계를 담당하는 것을 말한다.

전문화나 분업은 업무의 경제성과 효율성에 초점을 맞춘 전통적 직무 설계의 원리이다. 특히 직무를 세분화함으로써 짧은 훈련기간, 짧은 작업주기, 작업자의 신속한 대체 가능성 등을 통해 조직의 목표를 달성하고자 하는 입장을 '직무 공학'이라고 부른다. 이러한 직무 설계방식은 1900년대에 시작한 이래 지배적인 방식이 되었고, 1950년대와 1960년대의 자동화, 그리고 최근의 사이버네틱스(cybernetics: 자동조절장치)와 정교한 컴퓨터체계로까지 연결된다. 그러나 행태학자들에 의하여 이러한 직무공학적 접근에 대한 폐단이 지적되었다. 즉 고도의 분업과 전문화는 필연적으로 직무 권태와 직무 불만족을 초래하고, 이는 다시 피로, 긴장, 결근, 전직 등과 같은 부작용을 유발하게 되어 결국에는 성과를 크게 떨어뜨린다는 것이다.

그리하여 새로운 직무 설계방식으로 제시된 것들 중의 하나가 '직무 확대'(job enlargement)이다. 직무 확대란 근로자들로 하여금 그의 기본과업은 물론 다른 관련 과업을 동시에 수행하도록 하는 것이다. 그러나 이는 직무에 대한 종업원들의 단조로움을 줄여줌으로써 만족을 증대시키고 결근율과 이직률을 감소시키는 데에는 효과적이었으나, 적극적으로 동기부여하여 높은 성과를 달성하는데는 미흡하였다. 그리하여 Herzberg에 의하여 새롭게 제시된 직무 설계방식이 바로 '직무 확대'인 것이다.

직무 확대는 Herzberg의 이원론에 바탕을 두고 있는데, 이는 적극적인 동기부여를 통한 직무 만족과 성과를 높이기 위해서는 직무자체를 성취 · 인정 · 발전의 기회를 제공하도록 설계하는 것이다. 즉 직무 확대란 단순히 직무의 수를 양적으로 확대하는 것이 아니라, 직무의 내용을 질적으로 충실하게 만드는 것이다. 직무 확대의 방법으로는 개별 종업원들에게 그들의 작업을 통제하고 기술을 개발할 수 있도록 최대한의 자유를 주고, 각 개인에게 의미가 있고 해볼만하며 보람을 느낄 수 있는 과업을 제공하도록 직무를 설계하며, 상·하급자라는 계층개념을 없애는 대신 공동 목표를 추구하는 팀개념을 강조하는 것이다.

직무 확충이나 직무 확대는 정부조직보다는 사기업에 널리 원용되어 생산성이 향상되고, 사기가 올라가는 성과를 거두고 있다. 그러나 이에 못지 않게 다음과 같은 문제점들도 지적되고 있다.

첫째는, 전문화된 기계나 조립공정 기법이 이용되는 상황에서는 결코 모든 직무를 의미 있는 것으로 만들 수 없다.

둘째는, 작업자가 소외감을 느끼지 않으며 오히려 참여를 꺼려하는 성향을 지니는 경우도 많다. 특히 육체노동을 하는 작업자들은 머리를 쓰는 창의적이고 적극적인 활동보다는 오히려 일정한 방법에 의하여 기계적으로 일하기를 바라며, 직무의 책임을 될 수 있는대로 지지 않으려는 경향이 있다.

마지막으로, 직무 확대는 처음 얼마 동안은 직무의 성격 자체에 관심을 갖게 되지만, 시간이 경과함에 따라 직무 자체에는 무관심해지고 오히려 감독의 성질, 동료와의 관계 그리고 임금 등 직무의 외적 특성에 더욱 관심을 갖게 된다.

5) 관료조직에 있어 동기부여이론의 적용문제

McGregor는 인간을 욕구하는 동물로 보고, 욕구를 네 가지 기본 영역으로 분류한다. 심리적 욕구 및 안전 욕구, 사회적 욕구, 자아실현 욕구, 그리고 자기성취 욕구가 바로 그것이다. 그는 지금까지 조직이 인간의 개성 속에 자리 잡고 있는 이러한 기본적 욕구를 인식하는 데 태만해 왔으며, 특히 자아성취 욕구에 대한 인식을 등한시해 왔다고 주장한다. 이러한 관점에서, 그는 Y이론에 근거한 새로운 관리를 통하여 조직목표와 인간욕구를 통합시킬 수 있는 접근법을 제시하였다. 그는 기본적으로 동기화 및 발전을 위한 잠재력, 책임성을 다할 수 있는 능력, 그리고 조직목표를 향하여 행동을 지시할 수 있는 준비성은 누구에게나 존재한다고 본 것이다. 그러므로 관리의 책임은 사람들로 하여금 그러한 인간적 특성들을 인식하고 개발하도록 하는 데 있다. 관리자의 필수적 임무는 조직의 분위기와 운영방법들을 제대로 배열하여 사람들이 자신의 노력을 조직의 목표를 향해 투입함으로써 자신의 목표를 최선으로 달성할 수 있게 하는 것이다.

Argyris는 건강한 개인의 욕구와 공식조직의 욕구 사이에 존재하는 불일치에 대해 분석하고 '성숙-미성숙이론'(adult-child theory)을 개발하였다. 그는 사회조직은 크게 공식조직과 개인으로 구분된다는 점을 관찰하였다. 그는 건강한 개인들의 욕구와 공식조직의 욕구간에는 모순적인 경향이 있어서 대부분의 관리자들은 비공식적 행태를 나쁜 것으로 진단하고 독재적 지도력, 통제 등을 통해 조직의 비공식적 행태를 없애려고 애쓴다는 결론을 내렸다. 업무의 전문화, 복종 그리고 통제를 강조하는 전통적 관리관은 개인을 수동적 · 의존적 · 복종적이 되게 강요하는 것이다. 이러한 조직의 욕구는 자기 통제와 발전을 중요하게 여기는 성숙한 인격체의 욕구에 반하는 것이다.

그러나 우리는 다음과 같은 점들을 유의해야 한다. 우선 자기성취 욕구는 관료제의 하부에 있는 사람들보다는 관리자나 전문가들에게 더욱 중요한 것처럼 보인다는 사실이다. 또한 어떤 사람이 직업을 주로 소득의 원천으로 간주하고 업무를 명시해 주는 비적대적 감독자를 환영한다고 해서 그를 미성숙하다고 단정해서는 안 될 것이다. 동기이론에서 자기성취를 절대적인 가치로 신봉하는 근거는 무엇인가? 모든 사람의 욕구는 동일한 방식으로 충족될 수도 없으며, 각 개인에게 맞는 행동규범이나 동기부여의 기준이 있다. 실제로 Argyris는 나중에 그의 이론을 수정하여, 성인의 욕구는 사람의 개성이나 상황에 따라서 달라질 수 있다고 지적하였다. 이러한 점에서 자아성취는 언제나 보편적인 인간의 욕구는 아니다. 때로는 개인적 자아성취가 아닌 집단적 규범을 더 중요시하여 행동하는 조직도 얼마든지 있다.

3. 인간형 연구

1) 사람의 본질에 관한 연구

사람의 본질에 관한 연구는 아주 오래 전부터 있어 왔지만 아직까지도 명확하고 일반성 있는 설명을 하지 못하고 있다. 어떤 학자들은 사람을 본질적으로 악한 존재로 보는가 하면, 인간의 본질을 선한 것으로 보는 학자들도 많다. 그런가 하면 중립적인 위치에서 사람은 무한히 개발될 수 있다는 긍정적인 견해를 가진 학자들도 있다.

(1) 중립적인 견해

Locke는 사람은 처음에는 선이나 악으로 기울지 않고 도덕적으로 중립적이거나, 합리적 사고를 위한 능력을 개발시킬 수 있다고 보았다. 즉 인간성은 성장할 수 있는 잠재력을—신이 제정한 자연의 법칙을 이성적으로 이해할 수 있는 잠재력—지니고 있다는 것이다. 이러한 시각은 그로 하여금 인간의 순응성과 경험의 중요성을 강조하도록 이끌었다. Locke와 같이 Mayo도 인간이란 도덕적으로는 어느 쪽으로 치우치지 않는 중립의 위치에 있지만 무한한 발전의 가능성을 지닌 존재로 보았다. 그래서 그는 마치 주조물에 따라서 여러 가지 형태의 그릇이 만들어지듯이 인간의 태도와 행위도 그 환경에 따라서 여러 가지 형태로 발전할 수 있다고 믿었다.

(2) 나쁘게 보는 견해

Spencer는 적자생존의 개념을 인간에게 적용시킴으로써 인간의 공격적인 성질을 강조하였다. Freud도 인간의 본성이 사회의 지시나 명령과 충돌할 때, 불안 · 걱정 · 근심을 일으키는 공격적인 성향이 인간 속에 내재해 있다고 보았다. Ardrey와 같은 생물학자도 역시 영토와 종족의 방어를 위하여 공격적인 성향이 형성된다는 것을 강조하였다.

Hobbes도 인간을 제멋대로 내버려둔다면 인간은 그의 행동을 지배하는 죽음에 대한 공포로부터 자신을 보존하기 위하여, 그리고 다른 사람으로부터 침해를 받지 않기 위하여 악한 짓을 하게 된다는 것이다. Hobbes의 비관적인 견해와 유사하게 Taylor도 조직에서 질서를 유지하기 위해서는 최대한의 통제를 하는 방향으로 나아가야 한다고 주장하였다. Hobbes와 Taylor는 다같이 인간의 본성 속에 내재해 있는 본질적인 악을 극복하기 위해서는 공권력의 권한을 강화할 필요가 있다고 보았다.

(3) 좋게 보는 견해

Rousseau는 Hobbes나 Taylor와는 반대의 견해를 가졌다. Rousseau는

본래 인간이란 자기 보존의 본능을 지니고 태어나지만 그것이 모든 사람들에 대한 동정심으로 순화된다고 믿었다. 그래서 인간은 근본적으로 단순하고 선량하며 서로를 신뢰하고 있다는 것이다.

이 밖에도 많은 학자들이 인간의 이중성격에 관한 이론들을 표명해 왔다. 그 중에서도 이러한 양분법을 현대적으로 이론화한 학자가 바로 X이론과 Y이론으로 유명한 McGregor이다.

2) X이론과 Y이론

우리는 조직 속의 개인을 보는 시각을 크게 두 가지로 나누어 볼 수 있다. 하나는 인간을 기계적 존재로 보는 시각이고, 다른 하나는 인간의 자율성을 강조하는 사고방식이다. 그러면 이와 같이 대립되는 시각이 형성된 배경은 무엇일까? 그리고 인간행위의 기본 가정은 무엇인가? 여기에 대해서는 McGregor의 X이론과 Y이론으로부터 그 해답을 얻을 수 있다. McGregor는 X이론을 비판하고 Y이론을 제기함으로써 지금까지 X이론에 충직한 관리자들의 의식에 일대 변혁을 꾀하고자 하였다. 이러한 Y이론은 안전 욕구에 치중한 종래의 인간관계적 접근방법의 소박한 철학으로부터 새로운 인도주의로 나아가는 중대한 시도라고 볼 수 있다. 그러면 McGregor의 가설을 구체적으로 살펴보기로 한다.

(1) X이론의 가설

McGregor(1960: 33-34)는 인간성에 대한 다음과 같은 세 가지의 전통적인 가정을 X이론 속에 포함시켰다.

첫째, 보통 사람들은 선천적으로 일을 하기 싫어하고, 될 수 있는 한 일을 피하려 한다.

둘째, 일을 싫어하는 이러한 인간의 속성 때문에 대부분의 사람들에게 그들이 조직의 목적을 달성하는데 적절한 노력을 기울일 수 있도록 관리자는 강제력을 동원하고 통제력을 행사하며, 지시를 내리며 처벌한다고 위협을 가해야 한다.

셋째, 일반적으로 사람들은 지시받기를 원하고, 책임지기를 싫어하며,

야망이 적고, 무엇보다도 안전을 바라고 있다.

이와 같은 가정하에서 관리자들은 경제적 보상과 같은 외적 제약장치를 통하여 개인의 행동을 통제하려고 한다. 한편 근로자들은 할당된 업무를 겨우 통과할 만큼만 적당히 생산해냄으로써 조직으로 하여금 그들의 욕구를 알아차려서 반응을 보이도록 하려고 한다. 따라서 관리자들이 더 한층 제약을 가하려 들게 되고, 이에 근로자는 다시 반하게 되는 악순환이 되풀이된다. 그 결과로 빚어지는 상황은 이해타산적인 냉혹한 상태만 전개될 뿐이다.

McGregor는 이와 같은 불신으로 얼룩진 자멸적인 분위기를 불필요한 것으로 보았다. 그는 근로자가 이따금 게으르고 비협조적이며, 창조적이지 못한 점을 부정하지는 않았지만 이는 이들에게 통제력을 행사하려는데 대한 반응으로 나타나는 것이라고 주장하였다. 근로자들이 X이론에 따라 행동할 때, 관리자들은 만족스러운 성과를 얻기 위해서 보다 강압적인 통제의 필요성을 정당화시키려는 구실로, 바로 이러한 행동들을 지적한다. 그것은 마치 자기 자신의 힘으로 달성되는 가설을 입증하는 식이다. 그러므로 McGregor는 관리자들이 인간행태에 대한 이와 같은 전통적인 가정 때문에 비효과적이고 적합하지 못한 의사결정에 흔히 사로잡히게 된다고 주장하였다. 그는 결국 전통적인 관리방식의 전제가 되는 이와 같은 X이론과 정반대되는 새로운 이론을 제시함으로써 관리자들을 그 올가미로부터 해방시키고자 하였던 것이다.

(2) Y이론의 가설

McGregor(47-48)는 Y이론의 가설을 여섯 가지로 제시하였다.

첫째, 육체적으로 그리고 정신적으로 일하는 것은 놀이나 휴식과 마찬가지로 자연스러운 것이다.

둘째, 외적인 통제나 처벌의 위협만이 조직의 목표달성을 위한 유일한 수단은 아니다. 사람은 그가 맡은 목표를 추구함에 있어 스스로 지도력을 발휘하고 스스로 자제력을 행사하려 한다.

셋째, 목표를 추구하는 정도는 그 목표의 성취에 관련된 보상의 크기에 비례한다. 가령 자기실현 욕구의 충족과 같은 값진 보상들은 목표를 추구하는 추진력을 강하게 할 것이다.

넷째, 사람은 조직이 합당하게 주어질 경우 책임을 받아들일 뿐만 아니라 자진해서 책임을 지려고 한다. 책임을 회피하고, 야심이 적고, 안전에 집착하는 것은 대체로 경험에서 나온 것이지 인간 본래의 특성은 아니다.

다섯째, 조직의 문제를 해결함에 있어 고도의 상상력과 재능 그리고 창의력을 발휘할 수 있는 능력은 일부 사람들에게만 국한된 것이 아니라 많은 사람들이 소유하고 있다.

여섯째, 현대산업생활의 조건 아래에서 보통 사람들의 지적 잠재능력은 오직 부분적으로만 활용되고 있다.

그리고 McGregor는 Y이론의 단순한 적용만으로 모든 관리문제가 해결될 것이라고는 보지 않았다. 그는 인간형에 대한 인식과 이들에 대한 동기부여를 상황 뿐만 아니라 과업이나 지도자의 성숙도와 능력에 따라서 변하는 조직행태의 차원으로 보았다. 만약 어떤 집단이 과업에 대한 적합성과 그것을 수행하는 데 필요한 기술을 가지고 있다면 그 집단은 보다 많은 통제력을 행사할 수 있으며, 지도자로부터 보다 적은 지시를 받게 될 것이다. 만약 이와 같은 상황이 조성되어 있지 않을 경우, McGregor는 전적으로 개인 스스로 통제하는 것을 반대하였으며, 모든 조직이 어느 정도의 공식적인 통제를 필요로 한다는 것을 인정하였다. 다만 그는 Y이론이 관리자들에게 그들의 통제방침을 설정하는데 보다 탄력적인 접근방법을 제공한다고 주장하였다.

(3) Y이론의 한계

X · Y이론이 대립되는 인간형을 잘 설명하고는 있지만 이는 인간을 이것 아니면 저것이라는 식으로 분류함으로써 너무 일반적이고 단순하다. 인간은 서로 다르며, 상황에 따라 다양하게 행동하고, 심지어 비슷한 상황이더라도 다르게 행동하기도 한다. 그러므로 유능한 관리자라면 인간형에 대한 다양한 시각을 가지고 이들을 동기부여할 수 있는 어떤 절충적 접근방법을 모색해야 할 것이다. 관리자는 적어도 전체 상황과 그 속에서 각기 다른 역할을 맡고 있는 개인을 이해하여야 한다.

이와 같은 관점에서 McGregor도 그의 X · Y이론에 함축된 상황적 접근을 강조하였다. 비록 McGregor는 Y이론이 관리자들이 밟아야 할 보다 바람직한 길이라고 느끼기는 했지만, 그것이 모든 상황에 적합한 최선의 접근방법은 아니라는 것을 인식하였다. 그 대신 그는 최선의 접근방법은 수행될 과업의 성질에 적합한 방법이라고 제안하였다. 즉 X이론이 일반적 조직관리에는 잘 맞지 않지만 어떤 경우에는 오히려 효과적일 수 있으며, Y이론의 경우도 마찬가지다. 최선의 접근방법은 없으며, 다만 조직과 그 구성원 그리고 과업이 서로 어우러질 때 보다 효과적으로 조직목표를 달성할 수 있다.

V. 조직문화

1. 조직문화의 개념

조직문화의 개념은 매우 다의적인데 우선 대체로 조직을 구성하고 있는 사람들이 공통적으로 소유하고 있는 가치관, 신념, 이념, 관습, 지식 및 기술 등을 포함하는 거시적이고 종합적인 개념으로 파악할 수 있다. 이러한 조직문화는 조직 운영에 내재되어 있는 구성원들의 의식구조 및 가치관, 의사결정 방식, 지도력 유형 등으로 나타난다. 좀 더 구체적으로 설명하면, 조직문화는 다음의 내용들을 포함한 다양한 방법으로 나타나게 된다(Shein, 1997: 8-10).

첫째, 사람들이 상호 관계에서 관찰되는 행태적 규칙성. 조직구성원간에 사용하는 언어, 관습, 전통, 의식 등에서 나타난다.

둘째, 집단 규범. "무노동 · 무임금"과 같이 조직의 업무과정에서 잉태된 표면화되지 않았지만 구성원이 따르는 표준 규범이다.

셋째, 지지하는 가치. 조직이 달성하고자 노력하는 공식적으로 채택한 원칙이나 가치이다.

넷째, 공식 철학. 조직구성원, 이해관계자, 고객 등에 대한 조직 행동을 이끄는 정책이나 이념을 말한다.

다섯째, 게임의 규칙. 조직 구성원이면 누구나 따라야 하는 규칙이다. 특히 신입 사원이 조직원으로 받아들여지기 위해서는 배워야만 할 규칙이다.

여섯째, 분위기. 구성원간에, 고객관계, 외부인과의 관계 등에서 고유한 특성으로 받아들여지는 느낌이다.

일곱째, 고유한 기술. 문서로서 전래되는 것은 아니지만 그 조직이 고유하게 지니고 있는 업무처리 방식이나 제품이나 서비스 생산방식을 말한다.

여덟째, 사고방식이나 정신 상태, 조직구성원의 고유한 인식이나 사고 또는 언어 사용 방식이다. 이는 조직 구성원이 되면서부터 학습을 받아 형성된다.

아홉째, 공유된 의미. 구성원간의 지속적인 상호관계를 통해 형성된 공통적인 이해나 시각이다.

열째, 근본적 은유(root metaphors) 또는 통합적 상징(integrating symbols). 건물 형태, 사무실 배치, 색깔, 로고 등을 통해 의식적으로 형성된 조직의 인상이나 느낌이다.

이상과 같은 특성들을 통해 파악되는 조직문화는 조직 혁신을 이루고자 할 때 특히 고려해야만 요인이다. 조직의 구조나 행정과정을 바꾼다고 혁신의 목적이 달성되는 것은 아니다. 조직문화가 이를 수용할 수 있거나 수용할 수 있도록 변화되어야만 한다. 이런 점에서, 조직문화는 조직 관리의 또 다른 중요 개념인 조직 학습과 밀접하게 연계되어 있다. 조직이 학습 조직이 되어야만 잘못을 시정할 수 있고, 장애를 극복할 수 있으며, 표면적인 행태·구조·과정뿐만 아니라 조직문화의 수준까지도 높일 수 있다(Denhardt & Grubbs, 2003: 313).

2. 조직문화에 대한 연구시각

문화를 제일 먼저 체계적으로 연구한 학자들은 문화·인류학자들이었다. 이들은 미개사회에 대한 비교연구를 통하여 인간의 행위가 사회에 따라 다양함을 발견하였고, 이러한 다양성을 생물학적 차이로 설명할 수 없다는 결론에 도달하였다. 이들은 한 사회에서 무엇이 옳은 행동인가를 결정하는 것은 본능이 아니라 후천적 학습의 효과라는 것을 밝혀 냄으로써 문화의 개념을 정립하기에 이르렀다. 즉 개별사회는 나름대로 생활수단으로서 독특한 생활양식을 발전시켜 왔는데, 이는 문화개념을 통하지 않고서는 설명하기가 곤란하다고 본 것이다.

이러한 관점을 이어받아, 사회학자들은 조직문화를 특정 조직의 구성원들이 학습한 행동양식, 전통, 의식 및 믿음의 총체로 정의하고 있다(이장현, 1990). 또한 조직문화는 조직 구성원들에 의해 고안된 생활설계이며, 구성원은 이 문화를 습득하고 또 문화의 영향을 받으며 생을 영위한다. 한편 조직문화는 특정 조직의 생활양식을 뜻하기도 한다. 생활양식은 한 세대에 의해서만 학습·공유되는 것이 아니라, 한 세대에서 다음 세대로 전승되는 사회·역사적 산출이다. 그러므로 조직문화는 조직 구성원에 대하여 환경으로서 작용할뿐만 아니라 조직 구성원들에 의하여 형성·변화되어지기도 한다.

다른 한편으로, 사회과학자들 중에서 특히 행태학자나 조직이론가들은 조직문화를 사회현상을 분석하기 위한 수단적 측면에서 보기도 한다. 이들에 의하면 조직문화란 사회나 조직의 구성원들이 공유하고 있는 가치관, 사고방식, 태도 및 신념 체계의 총체를 뜻한다(백완기, 1992). 이러한 관점은 사회 및 조직과 환경과의 상호 작용에 영향을 미치는 하나의 변수로 보는 것이다. 그래서 이들은 개인의 행태를 유도하거나 형태화시켜 주는 통제장치로서의 문화기능에 초점을 두게 된다. 극단적인 문화결정론에 의하면 인간의 행위란 처음부터 끝까지 문화의 함수라고 보기도 한다. 다시 말하면 인간이 왜 그렇게 행동하는가는 그렇게 행동하게끔 하는 특수한 문화적 전통에서 태어났기 때문이라는 것이다. 즉 문화가 모든 행위를 규제하고 조건 지우고 있는 것으로 본다.

이상과 같은 문화에 대한 연구시각들을 살펴보았는데, 어떠한 시각이든 조직문화는 조직 구성원들이 어떻게 행동해야 하는가에 대한 구성원 사이의 공통된 이해를 창출해 낸다는 점에 대해서는 대체로 동의하는 것으로 보인다. 그러나 조직에 대한 연구들 중에는 이러한 특징을 자세히 설명하려고 하지 않고 막연히 환경(milieu)이라고 치부해 버리는 경우가 많다. 만약 문화가 존재한다면 이에는 정의되고 측정되어 지는 독특한 차원이 있을 것이다.

3. 조직문화의 유형

조직문화란 특정 조직의 생활양식이며, 조직 구성원들이 공유하고 있는 정신적 활동이다. 이런 점에서 조직문화는 한 조직이 다른 조직과 구별되는 경계이기도 하다. 그러나 특정 조직만이 지니는 문화적 특성을 나열하거나, 각 조직들간의 문화적 차이를 양분적으로 — 어떤 조직에는 문화적 특징이

그림 5-5 Quinn과 McGrath의 조직문화의 유형

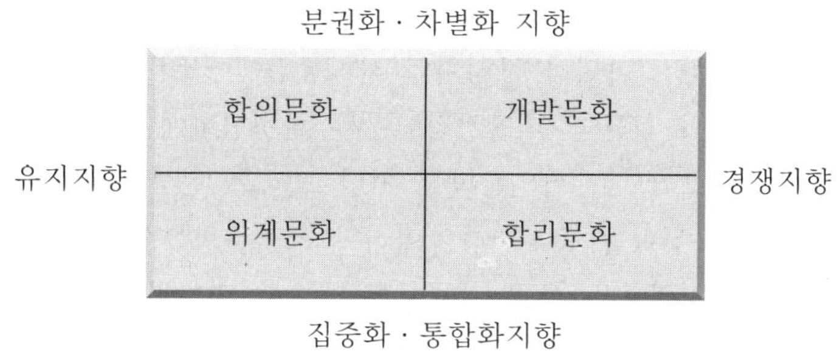

자료: Quinn & McGrath(1991).

있으나 다른 조직에는 없다는 식으로 — 비교해서는 안 된다. 왜냐하면 세계화를 지향하는 오늘날에 있어 고유한 조직문화란 상대적일 수밖에 없기 때문이다. 그러므로 상대적인 관점에서 조직문화적 특성을 설명 · 비교하기 위한 기준이 무엇인가를 탐색할 필요가 있다.

개별 조직차원에서 조직문화의 유형에 관한 연구는 주로 경영학자들에 의해 이루어졌다. 많은 학자들이 다양한 기준에 따라 조직문화의 유형화를 시도하였는데, 여기서는 Quinn과 McGrath(1991)의 정보처리에 관한 두 가지 기준에 따라 행한 유형화를 소개하기로 한다.

하나의 기준은 확실성의 정도이다. 즉 환경에 대한 인지도, 예측성 및 이해력이 낮을수록 확실성이 낮아진다. 이렇게 확실성이 낮으면 권력과 의사결정은 분권화 또는 차별화되고, 환경의 확실성이 높을수록 집중화 · 통합화된다.

다른 하나의 기준은 환경의 반응형태에 대한 것이다. 즉 즉각적인 반응이 필요할수록 조직의 목표 또는 성과측면에서 목표지향적이고 성과지향적이게 되어 조직이 경쟁지향적이게 된다. 반면에 장기적인 반응이 필요할 수록 경험지향적 · 감정지향적이 되므로 조직체계가 유지지향적으로 된다.

조직문화는 분권화 · 차별화 지향과 집중화 · 통합화 지향으로 구분된 하나의 축과 유지지향과 경쟁지향으로 구분되는 또 다른 축에 따라서 [그림 5-5]와 같이 네 가지로 유형화할 수 있다.

합의문화(consensual culture)란 집합적 토론과 참여가 제도적으로 보장되는 등 정책과정이 분권화되어 있고, 각 부분의 차별화를 지향한다. 정책과정에 구성원의 참여가 제도적으로 보장되어 있고, 이러한 민주적 제도가 조직의 목적 달성뿐만 아니라 구성원의 사기증진에 긍정적인 영향을 미친다. 합의문화에서는 조직환경이 안정적이어서 환경변화에 대해 즉각적인 반응이 불필요하다. 그러므로 합의문화를 지닌 조직은 현상태 유지를 목적으로 하고, 사기와 응집력을 중시한다. 이러한 조직문화유형에서 지도자유형은 지원적이다. 구성원들은 상호 관계성을 중요한 평가기준으로 삼으며, 이들에 대한 주요 동기요인은 친교이다.

위계문화(hierarchical culture)는 문서화, 계산 및 평가 등의 경험적 정책결정을 구축하고 있어 안정, 통제 및 협동에 의해 계속성이 유지되고 있는 조직문화이다. 이러한 유형의 조직문화에서는 환경의 확실성·안정성을 높게 인식하고 있어서 즉각적인 반응이 불필요하다. 이 유형의 조직은 정책이나 규정의 효율적 집행을 이상적으로 생각한다. Weber의 관료제모형과 같이 안정과 통제를 중시하며, 권위의 소재가 명확하다. 이러한 조직문화에서는 정책결정이 사실을 기초로 이루어지며, 지도자유형은 보수적이고 신중하며, 안전이 동기부여의 주된 요인이다. 산업화 관료제 시대에서의 행정문화는 이 유형에 속한다고 하겠다.

합리문화(rational culture)는 목적의 명확화 및 합리적 판단 등 정책결정과정이 능률성, 생산성 및 이윤 등의 성과 개선을 위한 수단이 된다. 합리문화는 조직환경의 확실성을 높게 지각하고 즉각적으로 반응할 때 나타날 수 있는 유형이다. 합리문화는 생산성과 능률성을 중시하고, 상급자의 권위를 인정한다는 점에서 위계문화와 유사한 특성을 지닌다. 그러나 능력에 따라 권한을 부여하며, 정책결정이 한 가지 목표에 의해 신속히 이루어진다는 점에서 차이가 있다. 이러한 조직문화에서 지도자 유형은 지시적·목표 지향적이며, 구성원들은 성과에 기초한 보상에 의해 동기부여 된다.

개발문화(developmental culture)에서는 통찰력, 혁신, 창의력 등 직관적 정책결정과정이 자원의 획득 및 성장 등 목적 달성을 위한 수단이 된다. 이 유형의 조직은 현실에 대한 확실성을 낮게 지각하고, 환경 변화에 즉각적으로 반응한다. 이러한 문화유형에 속하는 조직의 특성은 여러 개의 기업 목표가 있으며, 외부의 지지와 조직 성장을 중시한다. 또한 카리스마적 권위를 인정하며, 가치를 권력의 기반으로 삼는다. 이러한 조직문화에서의 정책결정은 직관적으로 이루어진다. 따라서 지도자 유형도 창의적, 모험 지향적이다. 구성원에 대한 평가는 노력의 열성도, 개인적 성과에 의해 이루어진다. 따라서 성과에 상응한 보상이 인정된다.

이러한 개별 조직차원에서의 조직문화에 대한 유형화는 어떤 조직문화가 '좋다' 또는 '나쁘다'라는 가치 판단을 하기 위한 것이 아니다. 복잡하고 다양한 조직문화들을 일정한 기준에서 유형하여 조직간의 비교를 용이하게 해 준다는 점에서 유용하다.

4. 조직문화와 지도자 유형과의 관계

문화를 조직 또는 집단수준에서 분석하면 문화가 어떻게 형성되며 또한 어떻게 변화되는 지를 잘 이해할 수 있다. 즉 문화가 형성 · 관리되는 역동적 과정이 바로 지도력의 본질이며, 지도자가 조직이나 집단을 만들면 그 조직의 문화도 아울러 형성된다. 이런 점에서 문화와 지도력은 동전의 양면과 같다(Schein, 1992: 15).

다시 말해 조직문화가 형성되는 과정에 영향을 미치는 요인들은 여러 가지가 있겠지만, 지도력이 핵심적인 요인이 된다는 것이다. 또한 조직문화는 지도력을 통해 창조되며, 창조된 문화는 지도력 발휘에 영향을 미친다. 만일 환경변화 등으로 인해 조직의 생존이나 성장에 있어 현재의 조직문화에 한계가 있다고 지각할 때는 현 상황에 적응할 수 있는 새로운 문화를 개발해야 한다. 문화를 개발하고 변화시키는 능력은 지도력의 본질이며 지도자의 궁극적인 과제라고 하겠다. 물론 조직문화를 형성하거나 변화시키는 것은 조직 구성원들의 상호 작용에 의해 이루어지지만, 주역은 바로 지도자가 발휘하는 지도력이다.

오늘날의 정부조직문화는 정부조직을 충원하고 있는 고위지도자들의 인간형이나 이들의 지도력에 의해 독특하게 개발된 것이라 할 수 있다. 또한 정부조직문화의 독특성이 정부조직에서 효율성을 지닐 수 있고, 생존력 있는 인간형의 인물을 지도자로 성장시키게 한 것이다. 최근 CEO형 장관이 다수 영입되고 있어 이들에 의해 행정문화가 점진적으로 변화될 것으로 기대되고 있다.

제 6 장

공공부문에서의 인력 관리

개 요

정부 인력 관리(public personnel administration)란 인적 자원을 충원하여, 이들의 능력을 계속적으로 발전시키고, 높은 근무의욕을 가질 수 있도록 동기부여하는 한편 공무원으로서 품위를 지키도록 통제하는 일련의 활동을 말한다. 정부 인력에 대한 관리는 사기업의 인력 관리와 크게 다를 것은 없다. “인사가 만사”라는 말이 있듯이 어떤 조직이든지 유능한 인재를 유치하고, 적재적소에 배치하여 능력발전과 근무의욕 고취를 위한 제도적 장치를 마련하는 등의 인사과정(人事過程)은 동일하다. 이를 위한 시험 · 교육훈련 · 성과 평정 등의 인력 관리를 위한 절차나 기법에 있어서도 별 차이가 없다.

그러나 공공조직의 인력 관리는 정부조직에서 일하는 공무원을 대상으로 한다는 점에서 사기업의 인사 관리와 몇 가지 점에서 차이가 있다.

가장 큰 차이점은 행정의 공공성으로 말미암아 경제성 또는 수익성이 결정적 기준이 되지 못하며, 성과 평정이 어렵다는 점이다. 그리고 공공성 확보를 위해 법령에 의한 규제 · 제약이 많기 때문에 제도 변화가 어렵고, 관리자의 재량이 보다 제한적이어서 정부 인력 관리는 경직적이다. 또한 정부 인력 관리는 관리대상 인력의 규모가 대단히 크며, 정치권력으로부터의 영향도 상대적으로 더 많이 받는다.

이 장에서는 이러한 특징을 지니는 공공조직의 인력 관리를 위해 사기업의 인력 관리와의 차이를 구분해 보고 지금까지 발전되어온 주요 제도들을 설명하여 우리나라의 인력 관리를 위한 몇 가지 방안들을 제시하기로 한다.

I. 공공조직과 사기업의 인력 관리 차이

공공조직이든 사기업이든 능력 있는 사람이 대우를 받을 수 있도록 제도적 장치가 마련되어야 조직의 효율성과 공정성이 확보된다. 그러므로 어떤 조직에서든지 우수한 인력을 모집하고, 이들을 적재적소에 배치하고, 능력발전과 근무의욕을 고취하여 그들의 잠재능력을 최대한 발휘할 수 있도록 효율적으로 인력 관리를 해야 한다. 그런데 공공조직의 인력 관리는 공공성의 지향이라는 근본적인 기준으로 말미암아 경제성 또는 수익성이 결정적인 기준이 되지 못하고 있다. 그리고 관리대상이 되는 인력의 규모가 상대적으로 크며, 정치권력으로부터 오는 영향도 더 많이 받는다. 또한 연공서열을 중시한 나머지 능력 또는 성과 본위의 인력 관리가 상대적으로 어렵다.

최근에는 이와 같은 문제들을 해결하기 위한 혁신방안들이 시행되고 있다. 특히 공공조직에 개방형 임용제도가 확대되고, 인력 관리 절차와 구조의 유연화 등에 대한 관심이 증대되고 있다. 공공조직 인력 관리 체계의 효율화를 위하여 소위 '기업가적(entrepreneurial) 인력 관리기법'이라고 불리우는 사기업의 인력 관리모형을 도입하려는 노력이 있다. 공공조직에서 기업가적 인력 관리 개혁이란 연공서열 중심인 기존의 인력 관리 운용방식을 지양하고, 직업구조와 임용체계를 개방하고, 인력 관리에 경제성과 탄력성을 높이고, 성과에 기초한 합리적인 보상과 징계체계를 확립하는 등 시장경제의 경쟁원리와 자율원리를 적용하려는 혁신활동을 의미한다.

그러나 우리가 지방행정의 '팀제' 도입을 통하여 경험하였듯이 — 대개의 경우 종래 지방행정 부서의 계(系) 단위를 '담당' 또는 '팀'으로 명칭만 변경하고 팀장에게 상응하는 인사권과 재정권은 주어지지 않았음 — 기업가적 인력 관리가 공공조직의 인력 관리를 효율화시키는 절대적인 방안은 아니다. 이는 공공조직과 사기업은 본질적인 차이를 가지기 때문에 사기업의 인력 관리기법을 공공조직에 적용하는 데는 한계가 있다.

그렇다면 공공조직과 사기업의 인력 관리는 어떤 점에서 차이가 있는가? 이러한 의문에 대해서는 여러 가지 의견이 제기되고 있으나, 여기서는 그 중에서 중요한 두 가지 측면에 대해서만 설명하기로 한다.

첫째, 공공조직과 사기업간에는 상이한 목표 지향과 이를 각기 달성하기 위한 인력 관리구조라는 측면에서 본질적인 차이가 있다. 공공조직의 인력 관리는 공익을 위한 봉사자로서의 공복(公僕)을 대상으로 엄격한 절차와 구조를 강조한다. 이에 반하여 사기업의 인력 관리는 그 근본 기준을 경제성 또는 수익성에 초점을 두고 운용하기 때문에 상대적으로 신규 채용, 해고 및 징계권의 발동 등에 대하여 유연하게 대처할 수 있다. 뿐만 아니라 공공조직의 인력 관리가 법·제도적인 규정에 얽매여 연공서열에 의해 운용되다 보니, 사기업에서 추구하는 성과급 인력 관리방식과는 구조적인 차이가 있다. 이는 권위관계를 중시하는 공공조직의 인력관리는 경쟁관계를 중시하는 기업조직의 인력관리의 차이에서 기인된다. 즉 공공조직과 사기업의 인력 관리방식은 경제적 변수 또는 관리적 변수 — 예컨대, 조직의 의사결정체계, 보상체계, 승진체계, 근무 환경 등 — 에 의해 차이를 보이고 있을 뿐만 아니라 특히 정치적 변수 — 정치적 책임, 서비스 수혜자들과의 관계, 시민윤리와 행동규범 등 — 들에 의해서도 차이가 있게 된다.

둘째, 공공조직과 사기업 구성원들의 행태 차이도 존재한다. 공공조직의 구성원들은 직무 수행을 통해 다양한 사회적 목표를 달성하기 위하여 경제적 관점에서는 비효율적이지만, 형평성의 관점에서는 효율적인 대표관료제를 비롯해 적극적 인력 관리정책(affirmative action) 등을 추구하기 때문에 능률과 경쟁만이 절대적 기준이 아니다. 이에 반하여 사기업은 본질적으로 단일의 측정 가능한 목표를 가지고 있고 목표 달성도를 통하여 개인과 집단을 평가하기 용이한 환경을 갖추고 있다. 즉 사회의 다양한 가치들을 통합해야 하는 공공조직의 본질적인 특성만을 기준으로 삼더라도 공공조직의 구성원과 사기업 구성원들의 행태는 차이를 보일 수밖에 없으며, 이에 따른 인력 관리 전략도 차별적으로 제시될 필요가 있다.

셋째, 관리 대상의 규모면에서 큰 차이가 있다. 정부조직에서 고용하고 있는 인력의 수는 아무리 큰 사기업이라 하더라도 비교가 되지 않는다. 〈표 6-1〉에서 볼 수 있듯이 2008년 현재로 행정부 공무원 수는 100만명을 상회한다. 이는 2008년 현재 경제활동인구 약 2,400만명의 4.2%가 공무원이라는

표 6-1 행정부 공무원의 정원 현황

(2008년 기준, 단위: 명)

구 분	합 계	별정직 국 가	별정직 지 방	일반직 국 가	일반직 지 방	경찰 소방	교육직	법관 검사	기능직	공안직	기타
계	1,029,836	5,036	3,668	81,561	215,166	132,557	353,205	4,029	142,077	31,734	60,803
5년 미만	170,556	2,748	358	17,155	40,038	13,445	60,799	565	12,578	5,408	17,462
5년 이상	155,60	398	251	12,362	24,243	18,336	70,058	1,425	15,039	5,358	8,136

자료: http://www.geps.or.kr(2008. 12).
참고: 기타는 정무직, 연구직, 지도직, 공중보건의, 군무원, 고용직 등임.

것을 의미한다(통계청, 2008). [그림 6-1]는 공무원의 종류별 비율을 도표로 나타낸 것이다. 교육직 공무원이 약 34%로 가장 많고, 일반직 공무원, 기능직 공무원, 경찰 · 소방직 공무원의 순이다.

대규모의 공공인력을 관리하기 위해서는 사기업에서 채용하고 있는 기법들을 적용하는데 한계가 있으며, 또한 정부의 관리정책이 사회에 미치는 영향이 사기업에 비해 훨씬 크다.

그림 6-1 공무원의 종류별 비율

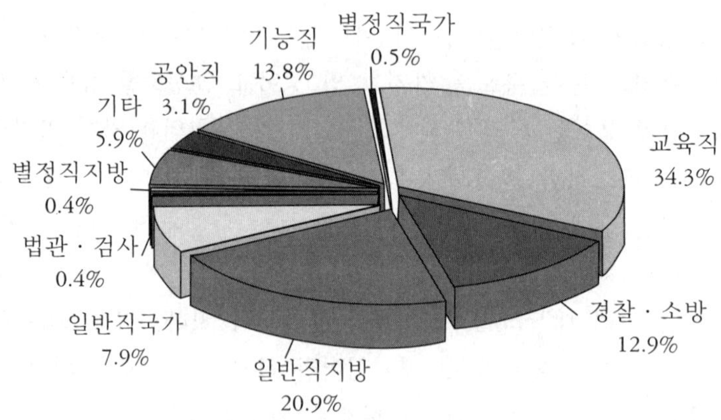

자료: http://www.geps.or.kr(2008. 12).

Ⅱ. 공공부문의 인력 관리를 위한 기본 원리

1. 엽관주의와 실적주의

정부의 인력 관리는 행정목표를 효율적으로 달성하기 위하여 정부조직에 필요한 인적 자원을 충원하고, 능력을 개발하며, 관리하는 행정기능을 말한다. 인력 관리의 기본 원칙은 엽관주의 또는 정실주의와 실적주의로 대별할 수 있다. 오늘날 대부분 국가에서의 인력 관리는 실적주의에 기초를 두고 있다. 그러나 각 나라에서 운영되고 있는 인력 관리의 원칙은 역사적 전통, 문화적 가치, 사회구조의 특성, 공무원제도, 법령, 관습 등에 따라 약간씩 다르게 적용되고 있다.

1) 엽관주의

엽관주의(spoils system) 또는 정실주의(patronage)란 사람을 공직에 임용함에 있어서 능력 · 자격 · 업적이 아니라 당파성 · 개인적 충성심 · 학벌 · 문벌 · 지연 · 혈연 · 정치적 영향력에 인사의 기준을 두는 제도를 의미한다.

Spoils system을 우리는 엽관주의로 번역하여 사용하고 있는데, 여기서 spoils란 전리품(戰利品)을 의미한다. 즉 선거에서 승리한 정당이 모든 관직을 전리품처럼 임의로 처분할 수 있는 제도를 말한다. 이에 비해 정실주의는 영국에서 발달되기 시작한 인사제도로서 정권이 교체되면 공직의 광범한 경질이 단행되었던 미국에서의 엽관주의와는 달리, 대대적인 교체가 없었고 일단 임용되면 관직은 종신적 성격을 띠어 신분이 보장되었다. 그러나 오늘날에 있어서 엽관주의와 정실주의는 동일한 의미로 사용되고 있다.[1)]

1) 미국에서의 엽관주의의 발전과 폐해 그리고 실적주의 대두에 대해서는 제 2 장의 '행정학 성립 이전 미국의 행정발전'에 대한 설명을 참조할 것.

2) 실적주의

제 2 장에서 행정학 성립 이전 미국의 행정 발전에 대해 설명하면서 지적한 바와 같이, 대부분의 국가가 행정국가화되면서 인력 관리상 엽관주의의 병폐를 극복하기 위한 실적주의의 채택이 불가피하게 되었다. 특히 행정의 전문화 · 기술화 현상, 정당과 엽관주의와의 관계 약화, 취업기회의 확대, 직업공무원제도의 도입 등은 이러한 경향을 촉진시켰다. 1870년의 영국 공무원제도 개혁과 1883년 미국의 펜들턴법(Pendleton Act) 제정으로 실적주의는 확립되었으며, 이는 오늘날 민주국가의 주요한 인사제도로서 인식되고 있다.

(1) 실적주의의 개념과 특징

실적주의(merit system)란 공직에의 임용이 당파성이나 정실 · 혈연 · 지연이 아니라 능력 · 자격 · 성적을 기준으로 하여 행하여지는 것을 의미한다. 엽관주의의 병폐를 극복하기 위하여 도입되었던 실적주의는 종래의 단순한 반엽관주의 · 보호주의라는 소극적 · 정태적 성격으로부터 오늘날 적극적 · 동태적 성격으로 변모되고 있다. 실적주의는 생애직으로서의 직업공무원제를 확립하기 위한 기반이 된다.

실적주의의 특징을 요약하면 다음과 같다.

첫째, 능력 · 자격주의를 중시하여 공개 경쟁을 통해 공무원을 선발한다. 공무원의 임용은 능력 · 실적 · 성적 등을 기준으로 하며, 정실이나 당파성은 배제된다. 이러한 실적의 평가에는 공개 경쟁이 핵심이 된다.

둘째, 공직에의 기회 균등이다. 공직은 모든 국민에게 개방되어 성별 · 신앙 · 사회신분 · 출신지역 · 학벌 등에 의한 차별을 두지 않는다. 이는 정치적 평등과 함께 사회적 · 실질적 평등의 중요한 실현 수단이다.

셋째, 정치적 중립이다. 공무원의 정치적 중립은 어떠한 정당이 집권하더라도 공무원은 당파성을 떠나 전문적 지식과 경험에 의하여 공평하게 봉사하고 특수 이익이 아닌 공익을 추구하는 것을 의미한다.

넷째, 신분 보장이다. 공무원은 법령에 저촉되지 않는 한 신분에 대한 위협을 받지 않음으로써 행정의 안정성 · 계속성을 유지하는데 기여할 수 있으며, 또한 신분 보장으로 인해 장기 근속으로 쌓은 경험 · 기술을 가진 공무원이 확보될 수 있다.

(2) 실적주의의 공과

오늘날 대부분 국가에서 인력 관리원칙으로 확립되고 있는 실적주의는 공직에 취임할 수 있는 기회 균등이 보장됨으로써 진정한 민주주의적 평등 이념의 실현에 기여하였다. 실적주의는 시험제도를 통하여 무자격자나 정치적 부정행위자를 배제함으로써 행정능률의 향상과 공무원의 자질 향상에 이바지하였다. 그리고 공무원의 신분 보장을 통하여 행정의 계속성과 공무원의 직업적 안정성을 확보할 수 있게 하여 행정의 전문화와 직업공무원제가 발전되기도 하였다. 또한 공무원의 정치적 중립이 확립됨으로써 관료가 공익의 대변자로서의 역할을 수행할 수 있다는 이점을 가지게 되었다.

그러나 실적주의는 이러한 이점에도 불구하고 다음과 같은 비판을 받게 되었다.

첫째, 지나친 실적주의에의 집착은 최고정책결정자와 이념을 같이하는 인사의 등용을 어렵게 한다. 이로 인해 정책을 적극적으로 추진하기가 곤란해진다.

둘째, 실적주의는 인사권자의 개인 능력과 업적에 대한 전략적 · 자율적 결정을 어렵게 한다. 우리나라의 행정문화에는 인사권자의 책임을 강조하면서 재량권은 약화시키려는 특성이 있었다. 이런 점에서 최근 인사권자의 재량권을 확대시키고자 개방형 임용제나 계약직 확대를 위한 제도적 장치를 만들었다.

셋째, 실적주의는 공무원의 신분 보장을 강화하여 관료제의 특권화 · 보수화를 초래한다. 공무원 신분 보장을 강력하게 하는 것이 언제나 바람직한 것은 아니며, 그 정도는 직무의 직업화 정도에 따라 비례적으로 적용되어야 한다. 여기서 직업화란 공무원이 전문지식을 가지고 자율적으로 자신의 직책에 최선을 다하는 것을 의미한다.

3) 엽관주의의 재인식

현대행정국가는 실적주의의 확립에 노력해 왔으나 엽관주의 또는 정실주의를 완전히 배격하였던 것은 아니다. 엽관주의는 정당정치의 발전에 기여하고, 정부 관료제의 민주화를 촉진시키며, 공무원의 적극적인 충성심을 확보할 수 있는 이점이 있다. 이런 점에서 오늘날에도 엽관주의는 다음과 같은 존재 이유와 필요성을 가지고 있다.

고위직은 조직의 책임자와 정치적 신념이 일치하고 감정적 융합이 이루어져야 하므로 실적과 함께 엽관주의적 고려가 요청된다. 특히 정권 교체에 따른 큰 정책 변동이 있을 경우 새로운 정책을 추진하기 위해서는 고위직의 엽관주의적 임명이 요구된다. 그리고 실적주의의 발달로 신분이 강력히 보장되는 새로운 관료제가 대두되어 이에 대한 민주 통제의 필요성이 커졌다. 따라서 관료제에 대한 민주적 통제의 한 방안으로 엽관주의적 임명을 활용할 수 있다.

2. 대표관료제

대표관료제(Representative Bureaucracy)란 모든 사회 집단들이 소속 국가의 전체 인구 범위 안에서 각 집단의 수적 비율에 비례하여 정부관료제의 직위를 차지하는 인력 관리 모형이다. 즉 관료제에 인종·성별·직업·계층·종교·지역 등 여러 가지 기준에 의하여 분류되는 국가 전체의 부문별 인력 집단을 고루 흡수하여 대표성을 강화한다는 의미이다. 여기서 대표성이란 관료 조직 내에서 특정 집단의 구성원이 차지하는 인력 규모는 그 출신 집단이 전체 인구에서 점하는 규모에 비례한다는 점에서 다분히 비례적인 것이며, 공직 임용에의 기회나 가능성을 보장하는 수준이 아니라 실현된 대표성을 요구하기 때문에 결과적인 것이다. 이런 점에서 공공조직의 인력 관리방식인 대표관료제는 결과로서의 형평성 구현에 초점을 둔 인력 관리모형이라고도 한다.

대표관료제는 산업화 과정에서 빚어진 불균형적 성장의 폐단과 행정국가화 과정에서 빚어진 민주성 침해의 폐단을 치유하려는 대안으로 출발되었다. 따라서 대표관료제의 원리는 사회적 비혜택 집단을 도우려는 진보적 자유주의, 집단주의 그리고 성과주의를 그 기반으로 한다.

대표관료제가 추구하는 목표는 두 가지이다(오석홍, 1999: 266).

하나는, 공직 임용의 형평성을 실질적으로 보장하는 것이다. 기존의 실적주의 인력 관리방식은 기회의 균등(equal opportunity)에만 집착했었기 때문에 실제에 있어서는 명목적인 형평성 보장과 여러 가지의 차별을 표출시켰다. 실적주의가 공직 임용의 기회 균등은 제공했지만 상대적으로 비혜택 집단에 대한 차별을 초래하였다는 점이 대표적인 예이다. 이런 점에서 대표관료제는 실적주의 인력 관리방식으로는 수습할 수 없는 결과적 차별을 시정하는 도구로 개발되었다.

다른 하나는, 정부관료제의 민주화를 추구하는 것이다. 실적주의에 입각한 중립적 관료제는 민주주의적 요청으로부터 유리되어 국민에 대한 대응성이 낮다는 비판이 부각되면서 그 대안으로 대표관료제를 제안하게 된 것이다. 대표관료제의 인적 구성이 사회의 각급 계층을 비례적으로 대표한다는 것 자체가 민주적 가치에 부합되는 것이라고 평가했기 때문이다.

한편, 대표관료제는 실천과정에서 실적기준 적용의 침해 및 역차별을 야기할 수 있다. 또한 대표관료제는 사회 계층별 · 집단별 대표성을 공직 임용의 1차적인 기준으로 삼기 때문에 실적주의 인력 관리방식의 기준인 능력 · 자격 등은 다소 소홀히 다루어져 행정의 전문성을 저해할 우려가 있다.

3. 명예로운 생애직으로서의 공직: 직업공무원제

1) 직업공무원제의 의의

직업공무원제(career system)란 공직이 유능하고 인품있는 젊은 남녀에게 개방되어 매력적인 것으로 여겨지고, 업적과 발전에 따라 명예롭고 높은 지위에 올라갈 수 있는 기회가 부여되어, 공직을 생애를 바칠 만한 보람있는 일로 생각할 수 있게 하는 조치가 마련되어 있는 제도를 의미한다.

오늘날 직업공무원제는 세계 여러 나라에서 원칙적으로 채택되고 있다. 유럽 각국에서는 일찍부터 직업공무원제가 확립된 바 있으며, 실적주의를 오래 전에 성립시킨 미국에서도 점차 이를 도입하고 있다.

우리나라의 경우는 1981년에 개정된 국가공무원법에서 공무원을 직업공무원인 경력직과 비직업공무원인 특수 경력직으로 구분하였다. 경력직 공무원은 실적과 자격에 의하여 임용되고 그 신분이 보장되는 공무원으로서 일반직, 특정직 그리고 기능직으로 세분된다. 여기서 직업공무원은 주로 일반직 공무원을 의미한다.

2) 직업공무원제와 폐쇄형 · 개방형과의 관계

사람 중심의 서열(rank-in-person)에 입각하여 직업공무원제를 확립시키고 있는 유럽제국(諸國)의 경우 신규채용자는 누구든지 원칙적으로 당해 계급의 최하위로부터 승진하여 올라가야 하며, 외부인사의 등용이 금지되는 폐쇄형(closed system)을 택하고 있다. 이에 반하여 실적주의의 기반 위에 업무 중심의 서열(rank-in-job)을 채택하고 있는 미국은 외부로부터의 충원이 자유로운 개방형(open system)을 따르고 있으므로 직업공무원제가 발전될 수 있는 조건이 갖추어져 있지 못하다. 그러나 폐쇄형과 개방형은 상대적인 문제이며, 개방형이 직업공무원제와 전적으로 상반되는 것은 아니다.

3) 직업공무원제의 전망

오늘날 사람 중심의 공직구조를 갖는 계급제 · 폐쇄형 · 일반 행정가 중심의 직업공무원제가 발달되어 온 서구 제국은 직업공무원제의 결함을 극복하기 위하여 직위분류제 · 개방형 · 전문 행정가 중심의 미국식 인사제도를 채택하는 방향으로 나아가고 있다.

미국도 채용 · 승진 · 전직 · 훈련 등에서 직업공무원제적 요소를 흡수해 가려는 실정에 있다.

우리나라는 장기적인 인력 수급계획을 수립하여 합리적인 인력 관리를 운영하고 정권 교체가 공무원의 신분 보장에 영향을 미치지 않도록 해야 한다. 그리고 국제화에 맞는 전문 인력을 '새로운 피'로 관료제에 수혈할 수 있도록 직업공무원제의 틀을 유지하면서 사회 변화에 대응하기 위한 폭넓은 개방형 임용이 요구된다.

4. 공무원의 범위와 종류

공무원(civil servant)의 개념 또는 범위는 나라에 따라서 다르다. 예컨대 프랑스나 이탈리아에서는 교원이 공무원에 포함되지만, 영국이나 미국에서는 공무원으로 간주되지 않는다. 또한 이탈리아에서는 철도 · 전신 · 전화 · 우정관계 종사원이 일반적으로 공무원으로 포함되지 않는 반면, 스위스에서는 공무원으로서 인정된다. 그런데 인력 관리는 정부에서 일시적으로 근무하는 임시 직원이 아니라 정부로부터 보수 · 연금 · 신분 보장을 받으며, 일반적으로 공무원법 또는 실적주의의 적용을 받는 사람을 대상으로 한다.

인력 관리의 효율적 수행을 위하여 다수의 공무원을 일정한 기준에 따라서 분류 · 관리하여야 할 필요가 있다. 나라에 따라서 공무원의 분류 명칭은 다르지만, 우리나라는 경력직 · 특수 경력직, 일본은 일반직 · 특별직, 미국은 경쟁직과 제외직 또는 비분류직, 영국은 항구직과 비항구직으로 구분하고 있다.

1) 경력직과 특수 경력직의 구분

(1) 경력직 공무원

우리나라는 공무원을 경력직과 특수 경력직 공무원으로 구분하고 있다.

경력직 공무원은 신분이 보장되는 공무원으로서 평생토록 공무원으로 근무할 것이 예정되는 공무원을 말한다. 즉 경력직 공무원은 직업공무원으로서 공직에서 장기간 근무하면서 정부로부터 보수 · 신분 보장 · 연금 등 특별한 혜택을 받으며, 실적주의의 적용을 받는다. 정부의 인력 관리는 주로 경력직 공무원을 대상으로 한다. 경력직 공무원은 다시 일반직 공무원, 특정직 공무원 그리고 기능직 공무원으로 구분된다.

가. 일반직 공무원

일반직 공무원은 우리가 흔히 통상적으로 말하는 공무원으로 기술적인 업무, 연구, 농어촌 지도업무 그리고 행정일반에 관한 업무를 담당한다. 국민들의 일상생활과 가장 밀접하게 연결되는 공무원으로 1급에서 9급까지의 계급으로 구분된다. 중앙부처, 도청, 시·군·구청, 읍·면·동 사무소 등 일반 관공서에 근무하는 공무원이 이에 해당된다. 연구직, 지도직 공무원은 연구관 및 연구사, 지도관 및 지도사의 2계급으로 분류되며 이들 역시 일반직 공무원에 속한다.

나. 특정직 공무원

법관, 검사, 외무공무원, 경찰공무원, 소방공무원, 교육공무원, 군인, 군무원 및 국가정보원의 직원과 특수 분야의 업무를 담당하는 공무원으로 다른 법률이 특정직 공무원으로 지정하는 공무원을 말한다. 여기서 특정직이란 일반직과는 다른 '특수한 신분'이라는 뜻이 아니고 업무가 특수한 영역에 속한다는 의미이다.

다. 기능직 공무원

기능직 공무원이란 국가기술자격법에 의해 기능자격증을 취득하고 사무보조원이나 철도, 체신, 운전 등 기능적인 업무를 담당하는 공무원을 말한다. 일반적으로 계급 구분이 1등급에서 10등급까지로 구분된다.

(2) 특수 경력직 공무원

특수 경력직 공무원이란 공무원법이나 실적주의의 획일적 적용을 받지 않으며, 정치적 임용이 필요하거나 특수한 직무를 담당하는 공무원이다. 특수 경력직 공무원에게는 특별한 규정이 없는 한 국가공무원법이 적용되지 않으나, 보수와 복무규율에 관한 규정은 적용된다. 특수 경력직 공무원은 정무직 공무원, 전문직 공무원 및 별정직 공무원으로 구분된다.

가. 정무직 공무원

선거, 국회 동의, 정치적 동기에 의해 임용되는 차관급 이상의 공무원을 말한다. 이에 해당하는 공무원은 신분 보장이 되지 않으며, 임용권자가 언제라도 교체할 수 있다.

정무직 공무원에는 감사원장, 감사위원 및 사무총장, 민주평화통일자문회의 사무총장, 국회 사무총장 · 차장, 헌법재판소장 · 상임재판관 및 사무총장, 중앙선거관리위원회 상임위원 및 사무총장, 국무총리, 국무위원, 처의 처장, 각 원 · 부 · 처의 차관 또는 차장, 중앙행정기관의 청장, 국무조정실장, 차관급 상당 이상의 보수를 받는 비서관, 국가정보원장 및 차장 그리고 기타 다른 법령이 정무직으로 지적하는 공무원 등이 속한다.

나. 정무관과 행정관

정무관이란 정치적 입장에서 임용되고 정치권력의 변동에 따라 신분이나 거취에 영향을 받아 신분 보장을 받지 않는 공무원으로서 주로 정책결정 기능을 수행한다. 이에 비해 행정관은 실적주의의 원칙에 따라 임용되고 정권 교체에 따라 신분상의 영향을 받지 않는 공무원이다. 우리나라에서는 특수 경력직 공무원 중 정무직 공무원이 전자에, 경력직 공무원 중 직업공무원인 일반직 공무원이 후자에 주로 해당된다. 1급 공무원은 경력직에 속하지만 신분 보장이 없어 사실상 정무관으로 보아야 한다.

정책결정을 담당하고 집권당과 긴밀한 관계를 가지는 정무직과 경력직인 행정관의 구분은 나라에 따라서 다르다. 대체로 경력직 공무원인 행정관의 승진 한계가 높은 나라는 영국 · 독일 · 일본을 들 수 있고, 그 다음이 우리나라 · 프랑스이며, 승진 한계가 가장 낮은 나라는 미국이다. 미국이나 프랑스를 제외한 많은 나라에서는 차관급까지 승진할 수 있으며, 미국에서는 국장급까지 승진할 수 있으나 일부 국장급은 정무관이 임명되고 있다. 경력직 공무원이 높은 계층까지 올라갈 수 있는 경우 공무원의 사기가 앙양되고 행정의 능률화 · 기술화가 촉진될 수 있으나, 그 반면 관료의 권력이 강화되고 민주 통제가 보다 어려워진다.

다. 고용직 공무원

단순한 노무에 종사하는 공무원이다. 사환을 제외하고는 고용직이 기능직으로 신분 전환하였다.

5. 공직 분류의 기준

정부조직 내에는 여러 개의 직위와 수많은 공무원이 있다. 이러한 직위와 공무원을 개별적으로 관리하게 되면 인력 관리상의 낭비와 불편 또는 혼란이 초래된다. 따라서 수많은 직위와 공무원을 효율적으로 관리하기 위해서는 일정한 기준과 원칙이 마련되어야 한다. 즉 직위와 공무원을 일정한 기준에 따라 질서있게 분류하고 배치하는 것이 공직 분류의 기준이며, 이는 인력 관리의 기본이 된다.

공직구조를 분류하는 방법에는 일반적으로 두 가지 방법이 사용된다. 하나는 직무를 중심으로 하여 공직을 구조화하는 직위분류제이며, 다른 하나는 사람을 중심으로 하여 공직의 계층적 구조를 구축하는 계급제이다.

1) 업무를 중심으로 한 공직 분류: 직위분류제

(1) 직위분류제의 의의

직위분류제(position classification 또는 rank-in-job)란 다수의 직위를 각 직위에 내포되는 직무의 종류와 곤란성 · 책임도를 기준으로 하여 직류별 · 직렬별 · 등급별로 분류 · 정리하는 제도이며, 이는 임용 · 보수와 기타 인력 관리의 합리화를 위한 수단으로서 인식되고 있다. 직위분류제는 객관적인 직무를 중심으로 공직을 분류하는 방법으로 '직무지향적 제도'(job-oriented career system)이다.

(2) 직위분류제의 특징과 발전요인

직위분류제는 일과 책임의 단위인 직위를 기초로 그 직위에 내포된 직무의 특성이나 차이를 기준으로 하여 유사한 직무는 수평적으로 분류하고, 직무의 곤란성이나 책임성이 유사한 직무는 수직적으로 분류하여 공직의 구조를 체계화하는 특징을 지닌다. 따라서 직위분류제는 시험이나 모집, 보수 기타 인력 관리의 합리화를 위한 수단으로 활용할 수 있다.

이 이외에도 직위분류제는 다음과 같은 특징을 가지고 있다.

우선 출신성분이나 학력과 관련성이 적고 직무 수행능력을 중요시하며, 외부로부터 자유로운 충원이 이루어질 수 있는 개방형(open career system)을 채택한다. 그리고 직위분류제의 기본 구조인 등급은 제도상으로는 사회적 신분이나 지위를 나타내는 것이 아니므로 상·하위직간의 대립의식이 크지 않으며, 능률적 · 과학적 인력 관리의 기반을 제공한다.

(3) 직위분류제의 구조

직위분류제는 직위를 직무의 종류와 성질을 기준으로 하여 직렬 및 직군별로 종적 분류를 한 다음 직무의 곤란성 및 책임도를 기준으로 하여 등급별 · 직급별로 횡적 분류를 한다. 그 구조를 이루는 구성요소는 직위, 직급, 직렬, 직류, 직군 및 등급 등이다.

직위(position)는 한 사람의 공무원에게 부여할 수 있는 직무와 책임을 말한다. 직위는 일 그 자체를 의미하는 것이고, 거기에 사람이 배치되어 있는 여부와는 상관이 없다. 그리고 직급(class)은 직무의 종류, 곤란도 및 책임도가 유사하며, 인력 관리상 동일한 직급에 속하는 직위에 대해서는 임용자격, 시험, 보수 등에 있어 같은 취급을 할 수 있다.

직류(sub-series)는 동일한 직렬 내에서 담당 분야가 동일한 직무의 무리인데, 수직적 단위의 최소 분류에 해당한다. 직렬(series of class)은 직무의 종류가 유사하고 그 곤란도와 책임도가 다른 직급의 무리를 말한다. 즉 직무는 같은 종류에 해당하지만 의무와 책임의 수준이나 곤란도가 다른 직급을 모아 직렬이라 한다. 직렬은 여러 개의 직류가 모아져 구성된다. 그리고 직군(occupational group)은 직무의 종류가 유사한 직렬의 무리를 말한다. 즉 직군은 비슷한 성격을 가진 직렬들을 모아 놓은 직위분류의 대단위라고 할 수 있다.

마지막으로 등급(grade)은 직무의 종류는 다르지만 그 곤란도와 책임도 및 자격수준이 유사하여 동일한 보수를 지급할 수 있는 계층상의 모든 직급의 총칭을 말한다.

(4) 직위분류제 도입의 문제점과 향후 대응방향

우리나라의 공직 분류제도는 계급제에 기반을 두고 있다. 1963년에 직

직무 분석(job analysis)

직무를 종류에 따라 직렬(series of class) · 직군(occupational group)으로 수평적 또는 수직적으로 분류하는 작업이다. 직무 분석은 직류의 종류가 같거나 유사한 직위들을 묶어 직렬을 형성하고 다시 동일하거나 유사한 직렬들을 묶어 직군을 형성한다. 즉 직무 조사(collecting of job information) 에서 얻은 직무에 관한 정보를 토대로 직무를 종류별로 구분하는 작업이다. 직무 분석에서는 업무내용이 무엇이며, 그 업무를 수행하기 위해 어떠한 자격을 가진 사람이 필요한가를 알려준다.

위분류제를 규정한 국가공무원법과 직위분류법의 제정으로, 1967년부터 적용키로 되어 있었으나 실현되지 않았으며, 1973년에는 국가공무원법의 관계 조문이 개정되고 직위분류법은 폐지되었다. 따라서 직위분류제는 정식으로 채택되고 있지는 않다. 이처럼 현행 제도는 계급제에 입각하고 있으나 보직관리의 원칙, 직군 · 직렬 · 직류의 분류, 시험 · 전직 · 승진 등과 관련되는 국가공무원법의 내용에 비추어 직위분류제적 요소를 보다 많이 가미시켜 가고 있다.

직위분류제는 과학적 · 합리적 인사제도라는 장점에도 불구하고 많은 나라에 널리 보급되어 있지는 못한 실정이다. 따라서 이를 도입하려 할 때의 문제점과 앞으로의 방향을 제시하면 다음과 같다.

첫째, 직위분류제를 수립하여 효과적으로 운영하기 위해서는 분석적 · 객관적 · 합리적인 행정문화가 형성되어야 한다. 서열관계를 중요시하고 인간관계에 치중하는 행정문화에서는 직위분류제의 도입에 한계가 있다.

둘째, 직위분류제 도입시 일반직 공무원을 모두 분류대상으로 할 것인

직무 평가(job evaluation)

직무 분석의 결과 유사한 종류별로 묶여진 직위들을 각 직위가 내포하고 있는 상대적 수준 또는 등급별로 구분하는 방법이다. 직무 수행의 곤란성, 책임성 및 복잡성에 따라 그 직무를 수행하는데 필요한 자격요건 — 예컨대 지식, 기술, 능력 등 — 등에 차이가 있을 수 있다. 이러한 차이에 기초하여 각 직위의 상대적 수준과 등급(grade)을 구분하여 직급(class)들의 수평적 분류구조를 형성하는 작업이 직무 평가이다.

직무 기술서

직무를 조사할 때 가장 많이 사용되는 설문방법(questionnaire method)의 도구로써 특정 지위의 직무를 수행하고 있는 사람이 자신의 직무에 관한 내용을 — 예컨대, 직무의 책임, 교육요건, 요구지식, 기술 등 — 설문지에 직접 기입하게 하는 방법이다.

가, 고급 관리직을 분류대상 직위에 포함시킬 것인가의 문제가 제기된다. 그런데 고위 행정직 · 과학직 · 전문직의 경우 그 직을 맡고 있는 사람의 능력 여하에 따라서 그 직위의 직무내용이 달라진다는 점을 고려해야 한다.

셋째, 상위직과 하위직은 행정조직의 특수성을 고려하여 직렬의 수를 대폭 줄이고, 중간직은 상대적으로 세분하는 것이 필요하다.

넷째, 분류 해당자의 경험, 능력이 부족하고 직위보다 당사자의 입장에 치중하게 되면 직무 기술서(job description) 작성이 부실하여 직무 분석, 직무 평가의 객관성, 정확성 여부의 판단이 어려워진다.

2) 사람을 중심으로 한 공직분류: 계급제

(1) 계급제의 의의

계급제(rank-in-person 또는 rank-in-corps)는 직위 · 직무를 중심으로 공직의 구조를 체계화하는 직위분류제와는 달리 사람을 중심으로 학력 · 경력 · 능력을 기준으로 하여 공무원을 계급으로 분류하는 제도이며, 신분상의 자격 · 지위에 중점을 둔다. 계급제를 채택하고 있는 국가는 관료제의 전통이 강한 서구제국을 비롯하여 이들 국가의 문화적 영향을 많이 받았거나, 농업사회적 전통이 강한 나라들이다. 우리나라는 임용 · 시험 · 승진 등에서 직위분류제 요소를 가미하고 있으나, 기본적으로 계급제 중심의 공직구조형태를 따르고 있다.

계급제는 공무원의 개인적 특성에 따라 공직을 종적으로 구분하여 계층을 만들고, 행정업무를 수준별로 담당하게 하는 '인간중심적 제도'(person-oriented system)이다.

(2) 계급제의 특징

대개의 국가에서 유지되고 있는 계급제는 국가체제를 유지하기 위한 공식구조의 기본적인 틀로 구성되어 있다. 계급제는 사회의 분화가 수평적으로 이루어지지 못하고 수직적으로 이루어졌던 과거 계급사회의 전통에서 계층화된 공식구조를 형성한 것이었는데, 이것이 효율적인 행정장치로 기능하게 된 것이다. 계급제의 주요 특징은 다음과 같이 설명될 수 있다.

첫째, 넓은 시야를 가진 유능한 인재의 등용이 가능하다. 계급제에 있어서는 담당할 직무의 내용과는 관계없이 폭넓은 일반적 교양이나 능력을 가진 사람을 채용할 수 있다. 채용 및 승진시험에 있어서 일반적인 지적 능력을 다루게 되므로 다수의 응시자를 유도할 수 있다. 따라서 인재를 그 개성과 능력에 따라 신축성 있게 활용할 수 있다.

둘째, 계급제하에서는 계급만 동일하면 보수액의 변동없이 전직 · 전보가 가능하므로 적재적소의 배치가 용이하며, 공무원의 능력을 여러 분야에 걸쳐 발전시킬 수 있다.

셋째, 직위분류제하에서는 동일한 직렬에 따라서만 승진할 수 있는데 반하여 계급제하에서는 직위의 종류에 구애됨이 없이 승진할 수 있으므로 공무원의 적응력, 창의력을 발전시킬 수 있다. 또한 장기간에 걸친 복무로 직업공무원제의 확립에 크게 이바지할 수 있다.

넷째, 직위분류제하에서는 고도의 전문화가 이루어지고 있으므로 전문가간의 의사소통이나 조정이 어려운데 반하여 계급제하에서는 보다 용이하다.

다섯째, 계급제에 있어서는 공무원이 기구 개혁에 의한 영향을 받지 않으므로 보다 강한 신분 보장에 의하여 안정감을 느낄 수 있다.

3) 직위분류제와 계급제의 비교

(1) 인간과 직무

직위분류제는 주관적 · 감정적 · 비합리적 요인에 의하여 지배되기 쉬운 인간적 요인을 배제함으로써 인력 관리의 합리화를 의도한 것이다. 직무 분석과 직무 평가는 점직자의 특성 · 욕망 · 인간관계에 대하여 고려하지 않는다는 것을 전제로 삼고 있다. 이에 비해 계급제는 직무는 인간이 수행한다는

표 6-2 우리나라의 직위분류제(연구직 공무원의 예)

직 군	직 렬	직 류	계 급	직 급
			연구관	연구사
학 예	학예연구 편사연구	학예연구 편사연구	학예연구관 편사연구관	학예연구사 편사연구사
공 업	공업연구	기 계 전 기 전 자 금 속 섬 유 화 공 화 학 산업경영 물 리	공업연구관	공업연구사
농 림	농업연구 임업연구 잠업연구 축산연구 가 축 위생연구 농공연구	작 물 식물환경 농업경영 원 예 유전공학 농촌생활 임업연구 잠업연구 축산연구 가 축 위생연구 농공연구	농업연구관 임업연구관 잠업연구관 축산연구관 가 축 위생연구관 농공연구관	농업연구사 임업연구사 잠업연구사 축산연구사 가 축 위생연구사 농공연구사
물 리	기상연구	기상연구	기상연구관	기상연구사
보 건	보건연구 환경연구	의학연구 약학연구 공 중 보건연구 환경연구	보건연구관 환경연구관	보건연구사 환경연구사
수 산	수산연구	해양환경연구 수산자원연구 수산양식연구 수산공학연구 수산가공연구 수산경제연구	수산연구관	수산연구사

자료: http://www.kipa.re.kr(2008.12).

견지에서 능동적 · 창의적 행정인을 지향한다.

(2) 채용과 시험

직위분류제에서는 시험과 채용이 서로 연결됨으로써 필요로 하는 자격요건을 기준으로 시험내용이 결정되는 합리성을 띠고 있다. 그러나 계급제는 이러한 합리성을 확보하기는 어렵지만 시험 관리가 용이하고 또한 넓은 시야를 가진 유능한 인재를 등용할 수 있는 가능성이 많다.

(3) 보 수

직위분류제의 큰 장점은 직무제도에 따라서 보수액이 공평하게 책정될 수 있다는 데 있으며, 생활급 위주의 계급제의 경우와 같이 직무내용이 달라도 동일 계급이라는 이유로 동일 보수를 받는 비합리성을 극복할 수 있다. 그러나 직위분류제하에서도 동일 직무 · 동일 보수의 원칙이 엄격히 적용될 수는 없으며, 근무년한이나 근무성적도 고려되지 않을 수 없다.

(4) 인사 배치

직위분류제는 인사 배치의 정실화나 자의성을 방지하고 승진 · 전직 · 전보제도의 합리적 운영을 가능하게 한다. 그러나 특정인이 직무 수행능력을 가지고 있다 하여도 반드시 그 직무를 현실적으로 잘 수행하게 된다는 보장은 없다. 그러나 계급제는 인사 배치의 신축성을 기할 수 있고 적재적소의 인사가 용이하며, 다방면에 걸친 능력 발전을 기대할 수 있다.

(5) 행정계획

직위분류제는 조직이나 환경에 큰 변동이 없는 경우 현재 조직구조와 인원으로 단기적인 사업계획을 수립하여 능률적으로 집행하는데 적절하다. 이와 달리 계급제는 동태적 환경에 잘 적응할 수 있고 신축성 있게 인력 활용이 가능하므로 장기 행정계획의 수립 · 추진에 기여할 수 있다.

(6) 훈련 · 연수

직위분류제하에서는 훈련, 연수가 해당 직책의 내용과 관련성을 가지므

표 6-3 우리나라의 계급제(공무원의 계급 및 직위)

계급	직명	해당부처			
		중앙부처	서울특별시	광역시	지방시 · 도
장관급		장관, 대통령비서실장, 경호실장, 국가정보원장, 평통사무총장, 감사원장, 국회사무총장, 국무조정실장, 공정거래위원장	시 장		
차관급		평통사무차장, 감사원사무총장, 소청위원장, 중앙교육원장, 청장, 치안총감	부시장	시 장	도지사
1급	관 리 관	차관보, 실장, 감사원사무차장, 소청위원, 행정조정관, 통계청장	기획관리실장, 종합건설본부장, 공무원교육원장	부시장	부지사, 시 · 도 부교육감
2급	이 사 관	공보관, 감사관, 비상계획관, 국장, 치안총감	공보관, 감사관, 국장	실 장	인구 25만 이상 시의 시장
3급	부이사관	국장, 감사원과장, 심의관, 지방청장, 경무관	부구청장	공보관, 교육원장, 국장, 실장, 구청장, 부구청장	실장, 인구 25만 이상 시의 부시장, 이하 시장
4급	서 기 관	과장, 담당관, 총경	담당관, 과장, 구청국장	국장, 담당관, 과장, 교육원장, 부구청장	시 · 도 국장, 교육원장, 인구 25만 이하 시 부시장, 구청장
5급	사 무 관	계장, 경정	계장, 구청과장, 동장	과장, 담당관, 계장, 동장, 구청과장	시 · 도 과장, 부군수, 구청 과장, 면장
6급	주 사	행정실무자, 경감	동사무장	계장, 구청 계장	시 · 도 계장
7급	주 사 보	행정실무자, 경위	동계장, 주임	동계장, 주임	읍 · 면 계장
8급	서 기	경사, 경장	행정실무자	행정실무자	행정실무자
9급	서 기 보	순경	행정실무자	행정실무자	행정실무자

자료: http://www.kipa.re.kr(2008. 12).

로 효율화를 기할 수 있다. 오늘날의 훈련 · 연수가 단순한 능력보완이 아닌 잠재능력의 개발이나 자기 계발 · 행태 변혁에 중점을 두어가고 있으므로 훈련수요의 정확한 측정이 요구된다.

(7) 일반 행정가 · 전문 행정가

직위분류제는 서로 다른 직종간의 직원 이동은 원칙적으로 허용하지 않으므로 유능한 전문 행정가를 양성시킬 수 있다. 그러나 전문가는 거시적 입장을 취하기 어렵다. 계급제는 통찰력 · 판단력 · 지도력이 뛰어난 일반 행정가를 육성할 수 있으나, 행정의 전문화 · 능률화에 장애를 초래할 수 있다.

(8) 행정상의 협조 · 조정

직위분류제하에서는 협조의 내용 및 그 한계가 명확하기 때문에 행정활동의 조정이나 협조가 원활하게 이루어질 수 있다. 그러나 엄격한 전문화와 분업화로 인해 오히려 원활한 의사소통이나 조정 · 협조가 어려워지는 폐단이 빚어지고 있다. 계급제하에서는 넓은 시야를 가진 관리능력 · 적응능력의 발전에 중점을 두게 되므로 행정상의 조정 · 협조가 보다 원활하게 될 수 있다.

(9) 신분 보장

직위분류제에서는 현재의 직위에 초점을 두므로 신분 보장이 직위와 밀접한 관련성을 가지며, 조직의 개편 등에 의하여 신분이 영향을 받는다. 계급제하에서는 신분 보장이 특정 직위의 변동에 좌우되지 않으며, 전보 · 전직이 가능하므로 상대적으로 신분 보장이 강하다.

4) 직위분류제와 계급제의 평가 · 전망

(1) 계급제와 직위분류제의 선택기준

앞에서는 계급제와 직위분류제가 반드시 대립적 · 배타적인 것이 아니라 상호 보완적 관계에 있음을 보았다. 따라서 양 제도의 원리를 절충하여 채택하는데 있어서는 다음과 같은 세 가지 측면의 선택기준이 고려될 수 있다.

하나는 상하계급 구분에 따라 지위와 위신이 존중되는 사회에는 계급제가 무리없이 사회관념에 부합될 수 있는 반면, 실적에 기반을 두는 사회에서는 직위분류제가 보다 적응성이 높다.

다른 하나는 직업구조의 분화가 낮은 사회에서는 일의 전문성에 입각한 직업관이 확립되어 있지 않고 역할 배분이 특정화되어 있지 않으므로 계급제가 보다 적합하며, 직업 분화가 고도화된 사회일수록 직위분류제가 적합하다.

또 다른 하나는 교육제도의 계층이 공직의 계층과 서로 밀접한 연관성이 있다. 교육기관이 일반 행정가 지향적인 일반 교양에 치중하는 경우에는 계급제가 보다 적합할 것이며, 전문 직업교육에 치중하고 전문분야별 인적 자원이 풍부한 경우에는 직위분류제가 적합하다.

(2) 직위분류제와 계급제의 접근

종래에 계급제를 채택하여 온 국가에서는 행정의 단순성으로 말미암아 일반적인 교양 및 지적 능력을 가진 관료로써 충분히 행정을 감당할 수 있었다. 그러나 점차 사회가 기능적으로 분화됨에 따라 행정 전문화 · 기술화되었고 이를 위한 인력 관리기법으로 직위분류제를 도입하게 되었다. 예를 들어 영국은 Fulton 보고서에 따라 행정 · 집행 · 서기계급을 행정그룹으로 통합시킨 바 있으며, 직무평가 제도의 도입이 고려되고 있다. 한편 직위분류제를 채택한 미국에서는 직위분류제를 충족시키기 위하여 공무원 능력의 적극적인 활용 · 발전을 위하여 계급제적 요소를 도입하고 있다. 영국과 미국 이외에도 세계의 대부분의 국가들은 정도의 차이를 띠기는 하지만 직위분류제와 계급제를 절충하여 혼용하면서 각 제도의 장점을 취하고 있다. 우리나라의 경우도 계급제를 근간으로 하면서 직위분류제의 요소를 가미하는 공직구조 형태를 띠고 있다.

이런 점에서 직위분류제와 계급제간의 양 제도를 조화시키는 방법은 두 가지 측면으로 설명될 수 있다. 하나는 계급제의 기본 골격 위에서 직위분류제의 방법을 접목시키는 방법이고, 다른 하나는 그 반대로 직위분류제의 기반 위에 계급제적 요소를 가미하는 방법이다. 전자는 사람(person) 중심의 인력 관리 체계에 실적주의 요소를 강화시키기 위하여 직위(job 또는 posion)분류제적 요소를 접목시킨 형태이기 때문에 '계직제'(階職制, person-job system)

라고 칭할 수 있다. 그리고 후자는 반대의 양상을 띠기 때문에 '직계제'(職階制: job-person system)라고 볼 수 있다.

Ⅲ. 중앙인사기관

1. 중앙인사기관의 의의

중앙인사기관은 정부의 인력정책을 결정하고 인적 자원 관리를 통괄하는 기관이다. 대부분의 나라에서는 중앙인사기관을 설치하고 있는데, 이의 구성과 기능 그리고 운영에 있어서는 나라마다 상당한 차이가 있다. 일반적으로 중앙인사기관은 소극적·방어적 기능과 적극적 기능을 아울러 수행하고 있다. 여기서 소극적·방어적 기능이란 엽관주의의 폐해를 방지하고, 부처 간의 할거주의적 인사행정을 방지하기 위한 전통적 기능을 말한다. 적극적 기능은 인사행정의 범정부적 통일성과 인사행정의 과학화와 전문화를 통하여 인사행정의 효율성을 높이고, 행정수반에게 인사관리의 효율적 수단을 제공하는 등의 현대적 기능을 말한다(강성철 외, 2008).

여기서는 중앙인사기관의 조직형태와 기능, 각 국의 중앙인사기관, 우리 나라 중앙인사기관의 현황과 문제점 그리고 개선방안에 대해 논의하기로 한다.

2. 중앙인사기관의 조직형태

중앙인사기관의 조직형태는 독립성과 합의성이라는 두 기준에 따라 [표 6-4]과 같이 네 가지 형태로 구분할 수 있다. 독립성이란 중앙인사기관이 행정수반으로부터 독립성 정도를, 합의성은 의사결정방식이 단독이냐 아니면 집단적이냐 하는 것을 의미한다. 중앙인사기관을 설치할 때 국가별 상황을 고려하여 적절히 두 기준을 조합해야 한다. 예컨대 실적주의와 직업공무원제가 정착된 나라에서 공무원의 대응성·책임성 확보 및 인사 관리의 효

표 6-4 중앙인사기관의 조직형태

합의성 \ 독립성	독립적	비독립적
집단적	독립 · 합의형	독립 · 단독형
단독적	비독립 · 합의형	비독립 · 단독형

율성 증진을 기하고자 하는 경우에는 단일 기관장에 의한 단독형이 바람직하다. 또는 정치권력의 인사권 남용으로 공직의 불안정성이 우려될 때에는 독립성을 지닌 합의형이 바람직할 것이다.

실제의 중앙인사기관의 조직은 [표 6-4]의 네 가지 형태 중에서 독립 · 합의형과 비독립 · 단독형 그리고 이들을 복수로 설치하는 소위 복수형으로 분류할 수 있다(강성철 외, 2008; 오석홍, 1993).

1) 독립 · 합의형

독립 · 합의형 중앙인사기관을 위원회형(commission-type)이라고도 한다. 이러한 형태의 중앙인사기관은 정치적 중립성을 보장하기 위하여 행정수반으로부터 독립된 지위를 지니며, 양당적(兩黨的) 또는 초당적(超黨的)인 사람들로 구성된 위원회 형태로 이루어진 중앙인사기관을 말한다.

독립합의형의 중앙인사기관의 예는 1883년부터 1978년까지 존속하였던 미국 연방인사위원회(Federal Civil Service Commission)가 대표적이다. 그리고 1978년에 설립된 실적제 보호위원회(Merit System Protection Board: MSPB)와 연방 노사관계청(Federal Labor Relation Authority: FLRA)도 이에 속한다. 일본의 인사원(人事院)은 형식상 내각에 속하지만 실질적으로는 내각 및 각 성에서 독립한 합의체 형태를 띠고 있다.

독립 · 합의형의 장점은 ① 정치적 중립을 확보할 수 있고, ② 신중한 결정을 할 수 있으며, ③ 위원들의 임기를 엇갈리게 함으로써 인사행정의 계속성을 확보할 수 있고, ④ 다수 위원들의 합의체로 운영하기 때문에 다양한 이익집단이나 정부부처의 요구를 균형 있게 수용할 수 있다는 것이다.

한편 독립 · 합의형의 단점은 ① 위원회 형태이므로 책임의 소재가 불분명하며, ② 의사결정이 지연될 가능성이 높고, ③ 정치적 중립을 위해 초당적 인사들에 의한 합의제적 결정은 인사행정의 전문성을 낮추고 비능률적이거나 비합리적일 가능성이 있으며, ④ 중앙인사기관의 독립성으로 인해 행정수반은 인사권이 제한되어 정책 추진력이 떨어지는 점 등이다.

2) 비독립 · 단독형

행정수반에 의해 임명된 한 사람의 기관장에 의해 운영되는 집행부 형태이다. 비독립 · 단독형 중앙인사기관을 집행부형(executive-type)이라고도 한다. 중앙인사기관은 행정부에 소속되어 있으면서 행정수반이나 내각의 지시를 받고, 인사정책의 책임도 기관장에 귀속된다.

비독립 · 단독형 중앙인사기관의 예는 한국의 행정안전부, 일본 총무성의 인사 · 은급국, 미국의 인사관리처(Office of Personnel Management: OPM), 영국의 내각사무처(Cabinet Office), 등이다.

비독립 · 단독형의 장점은 ① 인사행정의 책임 소재가 분명하며, 인사정책을 신속히 결정할 수 있고, ② 행정수반이 인사권을 가지고 정책을 강력히 추진할 수 있으며, ③ 기관장 교체 등의 방법으로 행정환경의 변화에 신속히 대처할 수 있다는 점이다.

한편 단점은 ① 정치적 중립성이 약화되어 있으므로 인사행정의 엽관화될 가능성이 있으며, ② 단독제 기관장의 독선적 결정을 견제하기 어렵고, 기관장이 바뀔 때마다 정책이 달라져 인사행정의 일관성과 계속성이 결여되기 쉬우며, ③ 엽관주의로 인한 행정의 전문성 약화 또는 공무원의 권익 침해 가능성이 높고, ④ 기관장의 정치적 성향으로 인해 초당적인 인사 관리가 어렵다는 것이다.

3) 복 수 형

실제에 있어 많은 나라들은 중앙인사기관을 한 가지 형태로 운영하기보다는 복수로 설치하여 양자가 각 국의 실정에 맞게 인사기능을 분담하여 수행하고 있다. 복수의 중앙인사기관을 운영하는 이유는 정치적 중립성과 공무원 개인의 권익 보장, 막료적 기능을 고려한 인사행정의 효율화를 도모할 수 있는 등 독립·합의형과 비독립·단독형 조직형태의 장점을 모두 취하기 위해서이다(Stahl, 1983).

미국의 인사관리처와 특별심의관실(Office of Special Counsel: OSC), 그리고 실적제 보호위원화와 연방 노사관계청이 대표적 예이다. 즉, 인사관리처가 비독립·단독형으로 내부 고발자 보호를 위한 소청심사와 실적제 보호를, 연방 노사관계청이 독립·합의형으로 연방기관의 노사관계 감독, 단체협상 등과 같은 노사관계업무를 수행한다. 일본의 내각소속인 인사원이나 총무청의 인사·은급국도 이러한 유형에 속한다. 즉, 인사원은 법상으로 볼 때는 내각에 속하여 있으나, 실질적으로는 강력한 신분 보장과 회계 독립 및 국가행정조직과 정원에 관한 법률의 적용을 받지 않아 독립형에 가깝다. 그러나 총무성의 인사·은급국은 비독립·단독형으로 운영되고 있다. 한국은 김대중정부(1999년-2004년)에서는 중앙인사위원회와 행정자치부로 이원화되었다가, 노무현정부(2004년-2009년)에서는 중앙인사위원회로 일원화하였고, 이명박정부(2009년부터)에서는 행정안전부로 통합하였다.

3. 중앙인사기관의 기능

중앙인사기관의 전통적 기능으로는 인사법규 제정, 소청, 중립적이고 통합적인 관리, 감사와 통제를 들 수 있다. 그러나 인력 관리의 질적 변화가 요구되는 오늘날에 있어서는 중앙인사기관이 정치적 중립성 보장이나 단순한 기능의 통합보다는 적극적인 관리도구로서의 역할을 수행하도록 기대되고 있다.

1) 준입법적 기능

국회에서 제정한 법률의 범위 내에서 정부 인사 관리의 법적 기초가 되는 인사관계법령을 제정·개정한다. 이는 중앙인사기관의 독립성과 관련된 기능으로서, 독립 · 합의형 중앙인사기관은 비독립 · 단독형보다 준입법적 기능이 강화되어 있다.

2) 집행기능

중앙인사기관은 인사관계 법령에 따라 공무원의 임용 · 훈련 · 분류 · 승진 · 보수 · 연금 · 인사기록 보존 등 인력 관리를 위한 구체적 사무를 처리한다. 중앙인사기관의 집행기능은 집권성과 관련하여 국가마다 차이가 있다. 인력 관리가 집권화되어 있는 나라에서는 통합된 중앙인사기관이 정책결정뿐만 아니라 집행까지 담당한다. 그러나 분권화된 나라에서는 중앙인사기관이 세부 분야별로 나누어져 있고, 개별적 인력 관리업무를 운영기관과 지방자치단체에 더 많이 분담시키고 있다.

3) 준사법적 기능

중앙인사기관은 위법 · 부당한 처분을 받은 공무원의 소청이 있을 때 이를 재결(裁決)할 수 있는 권한을 지닌다. 행정자치부 장관 소속의 소청심사위원회는 준사법적 기능을 수행하는 독립적인 합의제 기관으로서 공무원의 징계 및 기타 불리한 처분에 대한 소청을 심사 · 결정하며, 그 결정은 처분청을 기속한다.

4) 감사기능

중앙인사기관은 각 부처 인사기관에 의한 인사사무의 처리에 대하여 감사 · 통제 기능을 가진다. 이러한 감사기능은 인력 관리의 분권화의 필요성에 비추어 그 중요성이 높아지고 있다. 중앙인사위원회는 감사의 결과, 위법 또는 부당한 사실이 밝혀지면 지체없이 관계 기관장에게 시정을 촉구하고 관계 공무원을 징계 · 처분하도록 되어 있다.

5) 보좌기능

행정수반이나 내각이 행정의 전반적 관리를 효율적으로 수행할 수 있도록 보고 · 지원하는 기능이다. 중앙인사기관의 조직이 비독립 · 단독형인 경우 보좌기능은 본질적 기능이 된다.

6) 정책기능

오늘날에 있어 중앙인사기관은 정책 입안과 조언을 하는 정책기능을 담당할 것이 요망되고 있다. 즉 정치적 중립성 보장이나 단순한 기능의 통합보다는 적극적 관리도구로서의 기능을 더욱 중요시하고 있다. 또한 많은 국가에서 중앙인사기관의 역할은 전통적인 세밀한 통제기능에서부터 개략적 지침(looser guidelines) 및 지켜야 하는 기초적 기준(basic standard)의 제시로 강조점이 변화되고 있다.

이외에도 중앙인사기관에 요구되는 새로운 기능들로는 ① 인사 관리상 요구되는 전문성과 기술의 도입 · 보급 및 활용, ② 인사 관리의 과학화, ③ 행정수반에 대한 인력 관리 수단의 제공, ④ 전략적인 인적 자원의 관리 및 발전, ⑤ 전정부적인 인사정책에 대한 관련 이익집단들의 합법적인 이익의 통합과 반영 및 그들의 지지 동원 등이다(김판석 외, 1997: 38).

4. 주요 국가별 중앙인사기관의 유형

1) 미 국

미국은 인사관리처, 실적제 보호위원회, 특별 심의관실(Office of Special Counsel), 그리고 연방 노사관계청에서 세부 분야별로 나누어 담당하고 있다.

대통령 직속기관인 인사관리처는 대통령의 팔'로서 준사법적 기능을 제외한 주요 인사기능들을 담당한다. 대통령은 인사관리처를 통하여 자신의 정책을 신속 · 강력하게 추진할 수 있다. 인사위원회 위원들은 정당적 배경을 가질 수는 있으나, 3인이 동시에 같은 정당적 배경을 가지지 못한다. 인사관리처의 주요 기능은 첫째 인사행정 전반에 관하여 대통령에게 직접 조언을 할 수 있다. 둘째, 인사에 관한 최종 권한은 갖지만 각 부처에 인사권을 이양하여 각 부처별로 인사에 관한 결정을 할 수 있도록 하고, 필요한 기술적 지원을 한다. 셋째, 연방인사위원회에 의한 견제와 감시의 틀에서 벗어나 공무원의 사기를 높이고 능력을 발전시킬 수 있도록 각종 인사행정에 관한 규제를 완화한다. 이러한 기능을 통하여 인사관리처는 인사행정에 관한 대통령의 권한을 강화하고, 각 부처 인사기관과 동반자적 관계를 형성하여 인사행정의 대응성과 효과성을 높이고자 한다.

실적제 보호위원회는 실적제를 보호하고, 위법 · 부당한 인사조치로부터 공무원을 보호하는 등 준사법적 기능을 수행한다. 이 기관은 독립 · 합의형의 조직구조로 되어 있다. 실적제 보호위원회 위원은 대통령이 상원의 동의를 받아 임명하는 세 사람으로 구성된 7년 임기의 양당적 합의체 조직이다.

특별심의관실은 단독형 조직형태로 조직되어 있으며, 공무원법을 위반한 사람을 기소하거나, 공무원의 정치적 중립을 언명한 해치법(The Hatch Act)을 시행한다.

마지막으로 연방 노사관계청은 노사 분쟁의 해결을 위한 정책을 수립하는 기능을 담당한다. 대통령이 상원의 동의를 얻어 임명하는 5년 임기의 세 명의 위원으로 구성된 독립 · 합의형 조직형태로 운영되고 있다.

2) 영 국

중앙정부의 인사행정은 수상 직속의 내각장관(Secretary of the Cabinet) 겸 국내 인사처장(Head of the Home Civil Service)과 내각사무처 장관(Ministry of the Cabinet Office)이 관리한다. 이 두 기관이 중앙인사기능을 담당하고 있지만, 실질적인 중앙정부의 인사행정은 수상 직속의 내각사무처 장관에게 소속된 인사관리처장(Head of Civil Service Corporate Management)이 담당하는 비독립 · 단독형 형태로 운영되고 있다. 내각장관 겸 국내인사처장은 그 직속에 관리 및 정책연구센터(Center of Management and Policy Study)가 있다. 이 기관은 인력 개발 및 훈련국, 정책연구국, 기업 및 자원국, 공무원대학으로 구성되어 있다. 한편 인사관리처장 산하에는 인사관리국과 고위공무원단 관리국이 있다.

3) 일 본

일본의 중앙인사기관은 인사원과 총무성(總務省) 인사·은급국으로 이원화되어 있다. 인력 관리의 중심 역할을 수행하는 인사원은 내각에 소속되어 있으나 실질적으로 독립·합의제적 기관으로 운영하고 있다. 인사원은 양원의 동의를 얻어 내각이 임명한 3명의 인사관으로 구성된다. 정치적 중립과 인사의 공정성을 위하여 임기 전 5년이내에 정당원, 공직 후보자였던 사람은 인사관이 될 수 없으며, 2인 이상이 동일한 정당에 속하거나 동일 대학교를 졸업해서는 안된다. 인사원은 인사행정 개선에 관한 권고, 시험, 임면, 급여, 연수, 징계, 고충 처리, 직무윤리 유지 등의 업무를 담당한다.

총무성 인사·은급국은 인사행정 뿐만 아니라 행정관리, 평가업무, 자치행정업무, 정보·통신, 우정업무, 통계업무 등을 수행하는 중앙행정기관이다. 인사관리에 관한 종합 조정, 국가공무원의 급여·복무·계발·인사교류·노무관리·고령대책, 연금제도 등을 담당한다(本田弘, 2007).

5. 우리나라 중앙인사기관의 변천과 개선방향

1) 중앙인사기관의 변천

정부 수립 후 수 차례에 걸친 정부조직의 변천에 따라 중앙인사기관도 그 조직과 기능이 바뀌어 왔다. 우리 나라 중앙인사기관의 주요 변천과정을 설명하면 다음과 같다.

1948년에 제정된 정부조직법에서는 중앙인사기관을 대통령 직속의 고시위원회와 국무총리 소속의 총무처 인사국으로 이원화하였다. 고시위원회가 대통령 직속기관이었고, 위원 임명도 국회의 동의 없이 대통령이 할 수 있었기 때문에 엄격한 의미에서 독립성을 갖추었다고 보기 어렵다. 총무처 인사국은 고시와 전형 이외의 인사기능을 수행하는 비독립 · 단독형의 조직이었다.

1955년에는 대대적인 정부조직의 개편에 따라 고시위원회와 총무처가 폐지되고 고시과와 인사과로 구성된 국무원 사무국에서 범정부적 인사행정을 담당하게 되었다. 중앙인사기관이 이와 같이 축소됨에 따라 엽관주의 팽배, 인사행정의 공정성과 공무원의 정치적 중립성 약화, 인사행정의 비효율성이 야기되었다.

4 · 19혁명을 거쳐 수립된 민주당정부가 1960년에 단행한 정부조직 개편에 따라 국무원 사무국이 국무원 사무처로 승격되었고, 이에 소속되었던 인사과도 인사국으로 승격되었다. 5 · 16혁명을 거쳐 수립된 박정희정부에서는 1961년에 국무원 사무처를 내각 사무처로 개칭하였고, 인사국 기획과를 폐지하고 행정관리국를 신설하여 여기에서 교육 · 훈련과 인사제도를 담당하게 하였다. 1963년 정부조직법의 대폭적인 개정에 따라 내각 사무처가 총무처로 개편되었다. 이와 아울러 소청심사위원회와 총무처장관의 자문기관인 비상설의 인사위원회가 설치되었다. 그러나 인사위원회는 1973년에 폐지되었지만, 총무처는 하부조직의 분화와 합병을 거듭하면서 이후 전두환정부, 노태우정부 그리고 김영삼정부까지 중앙인사기관으로서 지속되었다.

김대중정부는 1998년에 대대적으로 정부조직법을 개편하면서 종래의 총무처와 내무부를 통합하여 행정자치부를 발족하였다. 행정자치부 소속 인사기관으로서 인사복무국, 고시훈련국, 그리고 행정관리국을 두었다. 동년 7월에 인사복무국과 고시훈련국은 인사국으로 통합된다. 그리고 합의제인 소청심사위원회를 설치하였다. 다음 해인 1999년에는 대통령 직속의 심의 · 의결기구로 중앙인사위원화를 설치하여 중앙인사기관을 행정자치부와 더불어 이원화하였다. 중앙인사위원회는 대통령 직속으로 설치된 합의제 기관이다. 중앙인사위원회는 인력 관리에 관한 기본 정책을 수립하고, 3급 이상의 공무원인사 심사, 개방형 직위제도 운영 및 인사 감사 등의 기능을 수행하였다. 반면에 행정자치부는 인사과, 복지과, 교육훈련과 그리고 고시과로 구성된 인사국에서 4급 이하 공무원의 임용, 연금을 포함한 후생복지, 교육훈련에 관한 사무를 담당하였다.

노무현정부에서는 그간 중앙인사기관이 이원화되어 있어서 정책연계가 잘 이루어지지 않았던 것으로 평가하여 2004년에 중앙인사위원회로 일원화하였다. 그간 행정자치부가 담당하였던 신규 채용, 임용, 교육 · 훈련 등의 업무를 중앙인사위원회에서 담당하고, 소청심사위원화도 중앙인사위원회 소속으로 되었다.

이명박정부도 2009년에 정부조직을 대폭적으로 개편하였는데, 중앙인사위원회를 새로 설립한 행정안전부에 통합시켰다. 행정안전부는 인사업무뿐만 아니라 정부조직, 재난관리, 정보화전략, 지방행정, 지방재정세제, 지역발전 등에 관련된 정책을 수립하는 업무도 포괄하고 있다. 인사정책관, 인력개발관, 성과후생관으로 구성된 인사실이 중요 인사행정조직이며, 지방공무원 인사행정은 지방행정국에서 담당한다. 그 외에 인사기획관, 공무원노사협력관이 인사행정을 담당하고 있다. 그리고 행정안전부 소속기관으로 중앙공무원연수원, 소청심사위원회, 그리고 지방행정연수원이 있다.

2) 중앙인사기관의 문제점과 개선 방안

중앙인사기관의 권한과 기능은 초기에는 실적주의 확립 등 주로 임용에 관한 것이었으나, 근래에는 공무원의 권익 보호를 포함한 인사행정 전반에 걸친 광범위한 기능을 수행하고 있다. 따라서 중앙인사기관은 엽관주의와 정실주의 방지라는 방어적 · 소극적 기능에서 벗어나서 유능한 인적 자원 확보, 능력 발전, 전문성 향상, 권인 보호를 위한 적극적 기능을 수행할 수 있어야 한다(강성철 외, 2008). 현재의 행정안전부는 비독립 · 단독형 중앙인사기관으로서 행정수반이 인력정책을 신속하고 강력하게 추진할 수 있지만 다음과 같은 문제점들도 있다.

첫째, 독립성이 결여되어 있어 인력 관리의 객관성과 공정성이 저하될 우려가 있다. 독립 · 합의형 중앙인사기관에 비하여 인사행정에 정치성이 개입될 소지가 많기 때문에 정치적 중립성을 지키기가 어렵다.

둘째, 행정안전부는 인사기능 이외의 이질 · 복합적 기능을 수행하고 있기 때문에 인사행정의 전문성을 확보하기가 곤란하다. 이명박정부는 작은 정부라는 목표에 치중하여 부처의 수를 줄이느라 부처를 병합하다보니 한 기관에서 이질적 업무를 담당하게 되었다. 그 결과 중앙인사기관으로서의 전문성이 약화될 우려가 있다.

셋째, 국가공무원과 지방공무원 인사 관리의 연계성이 부족하다. 국가공무원은 제 1 자관 산하의 인사실에서, 지방공무원은 제 2 차관 산하의 지방행정국에서 담당하여 국가공무원과 지방공무원에 대한 인사 관리의 연계성이 낮다.

이상에서 분석한 문제점들을 바탕으로 개선 방안을 제시하면 다음과 같다.

첫째, 공정하고 중립적인 인사행정을 구현하기 위해서는 독립성을 가진 중앙인사기관으로 개편하는 방안을 모색해야 한다. 대통령의 정치적 영향력이 작용하지 않도록 독립·합의형의 중앙인사위원회를 설치하거나, 현재의 행정안전부가 실질적인 중앙정부의 인사행정을 담당하되, 고위공무원의 임명을 승인하고 공무원 충원을 감독하는 독립·합의형의 인사위원회를 설립하는 등의 방안을 모색할 수 있다.

둘째, 인사행정의 전문성을 확보하기 위하여 현재 이질적 업무를 수행하고 있는 행정안전부의 기능에서 인사정책만을 담당하는 조직으로 개편하는 것이다. 독립·합의형의 중앙인사기관을 설립하거나, 인사업무와 관련된 조직을 통합하여 인사처와 같은 조직을 만드는 방안을 고려해 볼 수 있다.

셋째, 국가인력관리라는 측면에서 중앙공무원과 지방공무원을 통합적으로 관리할 수 있도록 조직체계를 마련해야 한다. 중앙인사기관이 지방공무원에 대한 인사권을 행사하는 것은 바람직하지 않지만 국가인력관리라는 측면에서 중앙공무원과 지방공무원의 인사정책을 개발하는 조직체계가 마련하여 정책 연구 및 입안기능을 더욱 강화해야 한다.

Ⅳ. 채 용

1. 모 집

1) 모집의 의의와 적극적 모집의 중요성

모집(recruitment)이란 공직 희망자를 경쟁에 유치하는 과정을 의미한다. 훌륭한 자질이나 능력을 갖추지 못한 사람이 공직에 들어오는 경우 아무리 다른 인사기능이 합리화되어 있다 하더라도 높은 수준의 공무원제도는 확립될 수 없다. 따라서 효과적인 모집방법을 통하여 훌륭한 자질을 갖춘 자가 공직에 들어오도록 유도해야 한다.

이를 위해서는 잠재능력을 가진 유능한 젊은 인재가 사기업이나 기타 분야에 진출하기보다 공직을 지망하도록 적극적으로 유인을 제공하는 정책이 필요하다. 이를 적극적 모집(positive recruitment)이라 한다. 그러나 보수면에서 민간부문에 비해 매우 낮은 수준일 뿐만 아니라 공무원 보수를 공기업의 수준으로 인상하겠다는 정부의 공언에도 불구하고 여전히 낮은 수준에 머물러 있다. 이에 따라 공직에 대한 사회적 평가도 상대적으로 낮아졌기 때문에 적극적 모집이 더욱 중요성을 지니게 되었다.

2) 적극적 모집의 방안

공무원은 국민 전체의 봉사자로서 충분한 인정을 받아야 하고 직업적 성공의 기회가 보장될 수 있어야 한다. 민간 기업체의 보수수준에 상응하는 공무원 보수의 적정화, 강력한 신분 보장, 합리적인 승진 등이 보장되는 공직의 높은 사회적 평가가 이루어져야 한다. 또한 장기적인 관점에서 공무원의 수급에 관한 인력 계획이 수립되고 정부의 사업 계획에 필요한 인력 수요를 차질없이 충족시킬 수 있어야 한다. 그리고 적극적 모집을 위하여 시험절차·시험방법이 개선되어야 한다. 이를 위하여 시험방법과 과목의 개선, 시험 실시기관의 분권화 및 전문가에 대한 우대 등이 고려되어야 한다.

2. 시 험

1) 시험의 의의와 종류

시험이란 공직 희망자에게 요구되는 직무수행 능력의 여부를 상대적으로 정확하게 판정하는데 그 목적이 있다. 실적주의에 입각한 인력 관리의 기초는 경쟁시험이며, 이를 통해 정실주의가 배제될 수 있고 유능한 인재를 확보할 수 있다. 즉 공개 경쟁시험은 공직에의 기회 균등에 의하여 행정의 민주성을 확보할 수 있고 아울러 행정의 능률성도 보장하게 된다.

미국은 직위분류제를 채택하여 왔기 때문에 시험내용도 기술적·전문적 분야에 중점을 두었으나, 최근에 와서는 일반 능력심사에 치중하는 경향을 나타내고 있다. 우리나라의 공무원 임용시험은 직급별로 실시하되 특수 직렬에 대하여는 직류별로 분리하여 실시할 수 있다. 시험 종류는 채용·승진·전직시험 등이 있다. 채용시험에는 5급 공개경쟁 채용시험, 6급 이하 및 기능직 공개경쟁 채용시험과 특별 채용시험이 있다. 승진시험에는 6급에서 5급으로 승진할 때의 일반 승진시험과 공개경쟁 승진시험이 있다. 시험방법은 필기, 면접, 서류전형 또는 신체검사 등이 있다.

2) 시험의 효용성

시험이 올바른 역할을 수행하기 위해서는 먼저 어떠한 능력을 갖춘 사람을 선발할 것인가 하는 시험의 목표가 명확하게 설정되어야 하고, 그러한 목표에 적합한 시험방법이 동원되어야 한다. 창의성과 장래의 발전 가능성 등과 같은 중요한 능력은 전통적인 시험방법으로서는 측정하기 곤란하다. 이런 점에서 시험의 효용성이 요구되는 것이다.

시험의 효용성을 제고시키기 위해서는 대상직무와 이를 수행하는데 필요한 능력이 무엇인가를 먼저 밝혀야 한다. 능력의 판정은 대상 직위에 따라 차이가 있으므로 이를 식별·판정하는데 적절한 시험방법 — 시험종류·시험내용 등 — 이 선택되어야 한다. 그리고 시험은 합격 후 응시자의 직무수행능력이나 근무태도를 예측할 수 있어야 한다. 즉 시험이 응시자의 성적, 능력의 우열순위를 정확하게 판정할 수 있어야 한다. 아울러 장래에 발전될 수 있는 잠재능력도 평가되어야 한다.

3. 개방형 임용

공직사회의 유연성을 확보하기 위하여 모든 계급이나 직위를 불문하고 신규 채용이 허용되는 인사체계를 '개방형 임용제도'라 한다. 공직의 개방에 따라 외부 전문가나 경력자에게 공직의 문호를 개방하여 새로운 지식과 기술 그리고 새롭고 참신한 아이디어를 받아들임으로써 공직의 침체를 막고 새로운 기풍을 진작시켜 행정의 효율성을 높이려는 의도에서 요구된 인력관리 기법이다. 따라서 개방형 임용제도는 개방형 정부를 지향하여 공직의 경쟁력과 전문성을 제고시키고, 민관 교류를 통해 공직사회를 활성화시키려는 것을 목적으로 하고 있다.

1) 개방형 임용제도 도입배경

기존의 폐쇄적인 직업공무원제에 대한 비판이 제기되면서 개방형 임용제의 필요성이 요청되었다. 공직사회는 그 동안 직업공무원제의 폐쇄적인 틀 속에서 이루어진 지나친 신분보장으로 인하여 외부 환경의 변화에 둔감하고, 연공서열의 인력 관리체계의 운용으로 스스로의 권익 보호에 치중하는 경향을 보이고 있으며, 전문가(specialist)보다는 일반행정가(generalist)를 중심으로 운영되고 있어 상황 변화에 유연하게 대처하기 어려운 한계를 지니고 있었다.

2) 우리나라 중앙정부의 개방형 임용제도

폐쇄적 직업공무원제의 성격이 강한 유럽제국에서도 개방형 임용제도를 점진적으로 도입하고 있듯이, 우리나라의 경우도 1999년도에 정부조직법과 국가공무원법을 개정하여 전문성이 요구되거나, 효율적인 정책수립을 위하여 필요한 경우에는 일정한 직무 수행요건을 설정하여 공직 내부 또는 외부에서 적격자를 임용하는 개방형 직위를 지정하여 계약직 공무원으로 임용할 수 있도록 하였다.

개방형 직위는 공직 내외의 적격자가 폭 넓게 응시할 수 있도록 공모한 후에 부처별로 선발위원회를 구성하여 임용하도록 하였으며, 개방형 직위에 임용될 경우 계약직 공무원으로서 근무하는 것이 원칙이지만, 현직 공무원이 개방형 직위에 임용될 경우 전보 · 승진 · 전직의 요건을 갖추게 되면 경력직 공무원의 신분을 유지토록 하였다. 그리고 급여수준은 계약직 공무원의 경우 개인적인 자격요건과 사기업의 급여수준 등을 감안하여 경력직 공무원보다 다소 높게 책정하고, 경력직 공무원에게도 일정의 수당을 지급하도록 되어 있다. 이와 아울러 개방형 임용제도 도입으로 초래될 부작용을 줄이기 위하여 현 재직자의 신분을 보장하여 개방형 직위에 대한 전면적인 임용이 아닌 현재 경력직 공무원이 보직되어 있는 직위는 결원이 발생하는 때로부터 임용토록 하고 있다.

3) 개방형 임용제도의 평가

개방형 임용제도는 내부 관료들에게도 임용의 기회를 주고 경쟁하게 함으로써 관료제의 전문성 축적을 위한 자극제가 될 것이다. 그리고 관료제 내부에서 부족한 전문가를 외부에서 활용함으로써 부족한 전문성을 보완할 수 있다.

좀더 세부적으로 설명하자면 개방형 임용제도는 공직 채용에 있어서 모집범위가 제한되지 않기 때문에 조직 내외의 광범위한 인재들을 대상으로 가장 적합한 인물을 충원할 수 있으며, 조직 외부로부터 일정 비율을 채용함으로써 기존 조직에 새로운 정보와 지식 및 가치관을 유입하고 조직에 새로운 기풍과 문화를 형성시킬 수 있다. 그리고 대상 직위에 따라 가장 적합한 인재를 활용할 수 있으므로 교육·훈련에 소요되는 시간과 비용을 절감할 수 있다.

그러나 문제는 분야별 전문가들에 의한 지나친 분파성이 나타날 가능성과 이익집단에 의한 전문가의 포획 가능성, 그리고 국가기밀의 누출 가능성 등이다. 특히 개방형 임용이 정치적인 영향을 받거나 정실주의로 흐를 경우 제도 도입에 따른 이점보다는 부작용을 초래할 경우가 더욱 많다. 그리고 개방형 임용에서 보수 결정의 핵심이 되는 성과 측정 문제가 어렵기 때문에 이 문제는 심각하다(최병대 외, 1999: 91-92; 정정길 외, 2000: 180-181). 그럼에도 불구하고 개방형 임용이 바람직스러운 것은 전문적 엘리트들이 공공조직과 사기업 분야를 오가면서 전문성과 관리 능력을 향상시키는 경력 관리를 만드는 것이다.

V. 능력발전

1. 교육 · 훈련

1) 교육 · 훈련의 의의

교육 · 훈련(education & training)이란 현재 담당하고 있는 직무 또는 앞으로 담당할 직무를 수행하는 데 요구되는 적절한 근무태도 · 기술 · 지식 · 가치관을 발전시키기 위한 체계적 · 계속적 과정이다. 특정 직책과 직접적인 관련성을 가지는 훈련과 달리 교육은 일반적인 교양 · 지식의 습득이나 인격의 도야 등을 의미한다.

공무원의 교육 · 훈련은 현재 또는 장래의 직무수행 능력향상이라는 차원을 넘어 장기적인 인재육성 계획의 일환으로 인식해야 한다. 공무원 교육 · 훈련이 중요한 이유는 정책결정의 품질을 높이기 위해서는 공무원의 정책결정능력 향상이 필수적이기 때문이다. 그리고 행정환경이 급변하고 있으므로 행정이 이에 신속히 대처할 수 있는 적응능력을 발전시켜야 하기 때문이다. 특히 폭발적인 지식의 확산과 정보 혁명에 부응하여 지식 및 정보 관리능력을 향상을 위한 교육 · 훈련이 중요하기 때문이다. 또한 직급 상승에 따른 리더십 능력이 향상되어야 하는데 이는 교육을 통하여 효과적으로 달성할 수 있기 때문이다.

2) 교육 · 훈련의 목적

교육 · 훈련의 가장 큰 목적은 직책을 효과적으로 수행하는데 필요한 지식 · 기술을 습득함으로써 직무 수행능력을 향상시키기 위한 것이다. 그리고 교육 · 훈련은 인적 · 물적 자원의 효율적 활용, 소요 경비의 절감, 문서 관리 · 사무 관리의 개선 등에 대한 능력을 키운다. 또한 경찰관 · 납세공무원 등 공직에만 있는 직책을 맡을 사람에 대해서는 훈련이 필요하다.

3) 공무원 교육 · 훈련의 한계 및 개선방향

모든 공무원과 시보공무원이 될 자는 담당업무와 관련된 학식 · 기술 및 응용능력의 배양을 위하여 훈련을 받아야 하며, 각 기관장과 각급 감독자는 계속적으로 부하 직원을 훈련시킬 책임이 있고, 훈련성적은 인사관리 면에 반영시키도록 되어 있다(국가공무원법 제50조). 훈련기관으로서는 중앙공무원교육원, 서울시 공무원 교육원, 지방공무원교육원 등이 있고, 이 밖에 각 부처별 훈련기관들이 있다.

그런데 우리나라의 공무원 교육훈련은 다음과 같은 문제점을 가지고 있으며 그 개선이 요구되고 있다.

첫째, 훈련이 강제성을 띠어 피훈련자의 자율적인 호응을 얻지 못한다.

둘째, 훈련수요의 정확한 파악이 이루어지지 못하고 있다.

셋째, 장기적 · 거시적으로 인재 육성의 입장에서 보는 태도가 결여되어 있다.

넷째, 훈련효과에 대한 실효적인 사후평가가 뒤따르지 않고 있다.

다섯째, 훈련과 공무원의 자기 개발간에 연관성이 적다.

따라서 훈련방법을 다양화하여 강의방식보다 토론방식 · 사례연구 또는 감수성훈련 · 역할연기법 등을 활용함으로써 문제 해결능력을 개발하고 향상시키는데 주력하여야 한다. 그리고 교육훈련 계획을 운영하는데 있어서 훈련수요를 정확하게 측정하여 훈련이 직무수행과 연관성을 갖도록 해야 한다. 민간인과 공무원을 공동으로 훈련하는 제도를 연구할 필요가 있다.

2. 근무성적 평정

1) 근무성적 평정의 의의

어떠한 조직이든지 조직에 소속되어 있는 대부분의 사람은 고용주든 고용자든 그의 업무성과에 관한 평가(performance evaluation)를 받고 있다. 이러한 평가는 보수, 배치, 승진, 퇴직에 영향을 미친다. 평가행위는 피평가자는 물론이고 평가자에게도 상당한 부담을 준다. 피평가자의 잘못을 알고있는 평가자가 솔직하게 평가하는 것은 아무리 건설적인 의미를 지녔더라도 쉬운 일이 아니다. 조직 관리에서 설명한 바와 같이 조직에 존재하는 비공식 조직을 통해 형성된 규범, 다양한 사회적 배경에 연유한 인간관계 등으로 객관적 평가를 한다는 것이 현실적으로 어려운 경우가 많다.

그러나 어떤 조직에서든 근무성적 평정은 피할 수 없는 것이다. 인사 관리를 위해서는 — 누구를 승진, 보직 변경 또는 퇴직시킬 것인가를 결정하기 위해서는 — 근무성적 평정을 해야만 한다. 인사 관리가 체계적 평정 결과에 따라 수행되지 않는다면 결국 업무의 질과는 관계없이 자의적으로 또는 무작위적으로 할 수밖에 없다.

인사권사의 임의대로 혹은 구성원들이 제비뽑기를 통해 인사 관리를 하는 것은 형평성에 어긋날 가능성이 많으므로, 평가를 위한 어떠한 노력이 있어야 한다(Huddleston, 1996: 91).

여기에서 핵심적 용어는 '어떠한 노력'이다. 어떤 조직이라도 구성원에 대한 평가를 하지만, 체계적이고 객관적으로 하는 경우는 드물다. 그리고 타당한 근무성적 평정을 위해서는 체계적 평정방법을 연구·개발해야 하는데, 이를 위해서는 시간과 자원이 많이 소비된다.

이런 점에서 평가자는 근무성적 평정의 결과가 조직목표를 달성하는데 도움이 되며, 나아가 피평가자로부터 평가방법이 공정하고 왜곡되지 않았다는 신뢰를 확보해야 한다.

요컨대, 근무성적 평정이란 조직에 있어서 구성원의 직무 실적이나 능력, 성격과 적성을 체계적·객관적·정기적으로 파악·평가하여, 합리적인 인사 관리의 기초가 되도록 운영되어야 한다. 근무성적에 대한 객관적이며 공정한 평가는 직원의 근무능력·근무태도의 발전, 근무실적에 따른 공정한 인사 처리, 조직 전체의 능률 향상 등에 기여함으로써 인력 관리의 합리적 기준을 제공 할 수 있다.

이러한 점에서 참여정부에서는 평가의 객관성과 타당성을 높이고 근무능력 개발에 도움을 줄 수 있는 다면평가제도를 도입하였다.

2) 근무성적 평정의 용도

근무성적 평정은 인사 관리에 있어 중요한 기준을 제시한다. 즉 평정결과는 공무원에게 이익을 주는 승진 · 승급을 결정하거나 혹은 징벌적 성격을 띠는 면직 · 휴직 · 강임(demotion) · 감원 · 징계 등의 불이익 처분을 내리는데 반영된다. 그런데 징벌 목적으로 사용하면 제도에 대한 불신을 초래하고 사기를 저하시키는 경향이 있다.

공무원의 채용시험 성적과 근무성적이 일치하는 경우 그 시험은 타당도가 높다고 할 수 있다. 양자간에 아무런 상관관계가 없을 때는 그 채용시험의 당부에 의문을 가질 수 있을 것이다. 이런 점에서 근무성적 평정은 시험제도의 개선에 중요한 자료를 제공하여 줄 수 있다. 그리고 훈련수요를 결정하는데도 근무성적 평정이 도움을 준다. 이러한 목적을 위해서는 감독자가 부하의 훈련수요 분석을 위하여 적극적으로 노력하도록 하는 절차가 요구된

공무원의 징계처분의 종류

징계: 공무원의 의무위반에 대하여 공무원 관계의 목적을 달성하기 위하여 국가 또는 지방자치단체가 사용자로서의 지위에서 과하는 제재이다. 형벌과 징계벌은 그 권력적 기초 · 대상 · 목적 등을 달리하므로 동일한 행위에 대하여 양자를 부과할 수 있으며, 부과하더라도 일사부재리의 원칙에 저촉되지 아니한다.

견책: 훈계하고 회개함에 그치는 가장 가벼운 징계벌이다.

정직: 1개월 이상 3개월 이하의 기간 동안 직무에 종사하지 못하고, 보수의 2/3를 감하는 것이다.

직위해제: 공무원으로서의 신분은 보존시키되 직위를 부여하지 않는 임용행위이다.

면직: 공무원의 신분을 상실시키는 행위를 말한다. 이는 공무원 자신의 자유로운 의사에 따라 공무원관계를 소멸시키는 의원면직과 공무원 자신의 의사와는 관계없이 일반적인 의사에 의하여 공무원의 신분을 박탈하는 직권면직으로 나눌 수 있다.

파면: 징계절차를 거쳐 국가 · 지방공무원을 면직시키는 것을 말한다.

강임: 동일한 직급 내에서의 하위계급에 임명하거나, 하위계급이 없어 다른 직렬의 하위계급을 임명하는 것을 말한다.

다. 감독자는 부하의 장점과 약점을 분석하여 서면으로 훈련계획 담당자에게 알리도록 하여야 한다.

근무성적 평정은 공무원의 직무에 대한 적응성을 파악하려는데 있으므로 전직 · 전보의 결정에 적절한 기준을 제시해 줄 수 있다. 공무원의 능력이 현재의 직책에 적합하지 않은 경우, 그리고 훈련으로서도 이를 보완할 수 없는 경우에는 적재적소주의에 의하여 다른 직위로 옮김으로써 직무능률을 향상시키고, 공무원의 능력과 소질의 재조정을 가능케 한다.

3) 근무성적 평정을 위한 접근법

근무성적 평정을 보다 효율적으로 수행하기 위해서 평가자에게는 두 가지의 정보가 필요하다. 하나는 평가자가 피평가자의 직무의 특성을 정확하게 이해하는 것이고, 다른 하나는 점직자가 실제로 어떠한 업무를 수행하는가에 관해 정확히 파악하는 것이다. 전자의 경우는 평가자가 직무분석 등을 통하여 알 수 있으며, 후자의 경우는 점직자의 실제적 업무 수행정도를 표준화된 척도를 사용하여 측정할 수 있다. 그런데 업무 수행정도를 측정하기 위한 표준화된 척도를 어떻게 만들것인가? 여기서는 업무 수행정도를 측정하기 위한 세 가지 접근법에 대해서 설명한다: 자질, 행태 및 결과.

하나는 피평가자의 '자질'(traits)에 초점을 둔 접근법이다. 자질이란 개인이 소유하고 있는 창의성, 신속성, 인내심 등과 같은 특정한 인성(personality), 사회적 특성, 그리고 신체적 특성을 말한다. 업무 수행정도를 자질에 초점을 두고 측정하는 방법은 평가자가 피평가자의 업무 수행에 필요한 자질을 상·중·하로 등급을 매기거나, 특별한 개인적 자질을 부각시킬 수 있는 자유로운 형태의 기술로 — 예컨대 '홍길동 과장은 예산 절약을 위한 창의적 제안을 하였다' — 평가한다. 이를테면 대학원과정 지원자에게 학생의 자질을 평가하기 위한 자료로 요구되는 지도교수의 추천서와 유사한 것이다.

그러나 개인의 자질을 평가하기란 쉽지 않은 일이다. 심리학자들은 자질이란 타고난 것이기 때문에 일시적인 것도 아니고 쉽게 조작될 수 있는 행태도 아니라고 지적하고 있다. 따라서 자질에 초점을 둔 평가는 형식화를 초래할 수 있을뿐만 아니라 평가자나 피평가자 상호간에 성과 향상을 위한 건설적인 제안을 불가능하게 한다.

다른 하나는 업무 수행정도를 피평가자의 업무수행 '행태'(behaviors)에 초점을 맞춤으로써 '자질'에 근거한 평가의 결점을 극복하는 접근법이다. 행태란 사회집단이나 그 구성원인 개인의 인간적 행태 — 인간의 행동양식이나 존재상태 — 를 말한다. 따라서 행태에 초점을 둔 업무 수행정도 측정은 개인 자체를 평가하는 것이 아니라 피평가자가 업무를 어떻게 수행했는가에 대해 평가한다.

즉 점직자의 업무 수행과정에 — 예컨대, 문서 작성, 전화 응대, 사무기기 운영 등 — 관한 행태를 목표달성의 중요도에 비추어 가중치를 부여하고, 최우수에서부터 형편없는 수준까지 일련의 순서대로 평가한다. 예를 들어 전화 응대는 공손한지, 컴퓨터 · 복사기 · 팩스 등 사무기기는 잘 조작하는지, 문서 작성시에 오타는 어느 정도 발생하는지 등을 측정하는 것이다. 이런 점에서 '행태'에 초점을 둔 근무성적 평정은 효과적으로 업무 수행능력을 발휘하는데 어떠한 행태가 요구되는지를 알려 준다. 그러나 이 방법 또한 약점을 지니고 있다. 한 개인의 업무 수행행태를 측정하는 데는 시간이 많이 소요될 뿐만 아니라 조사를 위한 설계비용이 많이 든다.

또 다른 접근법은, 피평가자의 업무수행 '결과'(results)에 초점을 둔 것이다. 앞의 두 가지 방법이 개인의 속성과 행동양식을 평가하는 방법이라면, 이 접근법은 업무 수행결과 또는 실적을 평가하는 결과 지향적인 접근법이다. 예를 들어 일선 구청의 민원실에 근무하는 공무원들에 대하여 업무 수행실적을 — 민원전화 응대횟수, 민원서류 발급건수, 국세 및 지방세 고지서 발급건수, 여권 발급건수 등 — 통하여 측정하는 경우를 말한다.

4) 근무성적 평정의 한계 및 개선방향

근무성적 평정은 그 제도의 유용성에도 불구하고 다음과 같은 점에서 비판을 받고 있다. 근무성적 자체에 대한 평정이 이루어져야 함에도 불구하고 인간관계, 외부의 압력 및 학력 · 경력 등이 평가에 큰 비중을 지녀왔다는 점, 평가자의 주관을 완전히 배제할 수 있는 평가방법을 발견한다는 것은 사실상 불가능하다는 점, 타당도와 신뢰도가 극히 낮으며 관대화 · 집중화의 경향과 후광효과(halo effect)의 영향이 심하다는 점, 그리고 과거의 근무성적 평정에만 너무 치중하여 장래의 발전 가능성을 적절히 평가하지 못한다는 점 등이다.

근무성적 평정의 한계에 대한 분석을 토대로 이의 개선방향에 대한 논의가 필요하다. 근무성적 평정은 피평가자로 하여금 조직에 있어서의 자기 역할에 대하여 적응할 수 있도록 도와주어야 한다. 따라서 직원 개인의 장래 발전, 그리고 그 직원과 조직이 직원의 능력을 발휘하도록 하는데 무엇을 하여야 할 것인가에 중점을 두게 된다. 또한 근무성적 평정이 평가자와 피평가자의 계속적인 상호작용과정이 되어야 한다. 현재와 같이 근무실적보다 경력 · 학벌 · 정실 · 인간관계 · 외부 압력의 작용 등에 기인한 형식적인 평가의 관행은 없어져야 한다. 마지막으로, 직원 자질의 특성에 중점을 두는 기준 평정보다 구체적으로 파악할 수 있는 실세의 업적 · 성과를 기록하는데 중점을 두는 방향으로 나아가야 할 것이다.

Ⅵ. 인력 관리

1. 전자인사관리체계

1) 개 념

전자인사관리체계(Personnel Policy Support System: PPSS)는 인사권자가 인사정책 수립 및 업무 수행과정에서 인력에 관한 다양한 정보와 최근 자료를 탐색할 수 있도록 지원하기 위한 인사정책지원체계이다. 또한 이 제도는 인사담당자 뿐만 아니라 개별 공무원과 국민에게도 일정 범위 내에서 인사관련 행정서비스를 제공한다. 각 부처는 이 시스템을 활용하여 직원의 인사정보를 체계적으로 관리할 수 있고, 직원들은 각종 인사서비스를 편리하게 이용할 수 있다. 중앙인사위원회는 2001년에 이 제도를 개발하여 2004년까지 전 중앙부처에 구축토록 하였다.

2) 구성요소

[그림 6-1]은 전자인사관리체계의 구성요소들을 나타내고 있다. 각 기관에 서버가 설치되고, 인사권자, 인사실무자는 그 서버에 접속해서 자료를 얻고 업무를 처리한다. 개별 공무원들은 웹브라우저로 접속하여 서비스를 이용하고 필요한 정보를 얻을 수 있다. 기관 서버에 있는 자료 가운데 일부는 중앙의 통합서버에 네트워크로 연계되어 취합된다. 정책결정자는 인사정책을 수립할 때 통합서버에 접속하여 정책자료나 통계 분석자료를 검색한다. 국민은 통합서버와 연결된 웹서버에 접속해서 채용정보를 검색하거나 온라인으로 지원할 수 있고, 일정 범위 내의 통계정보를 이용할 수도 있다. 정부는 인사관리체계를 국가인재 데이터베이스 등 정부의 다른 데이터베이스와의 연계망을 구축하기 위해 노력하고 있다(중앙인사위원회, 2001).

그림 6-1 전자인사관리체계의 구성요소

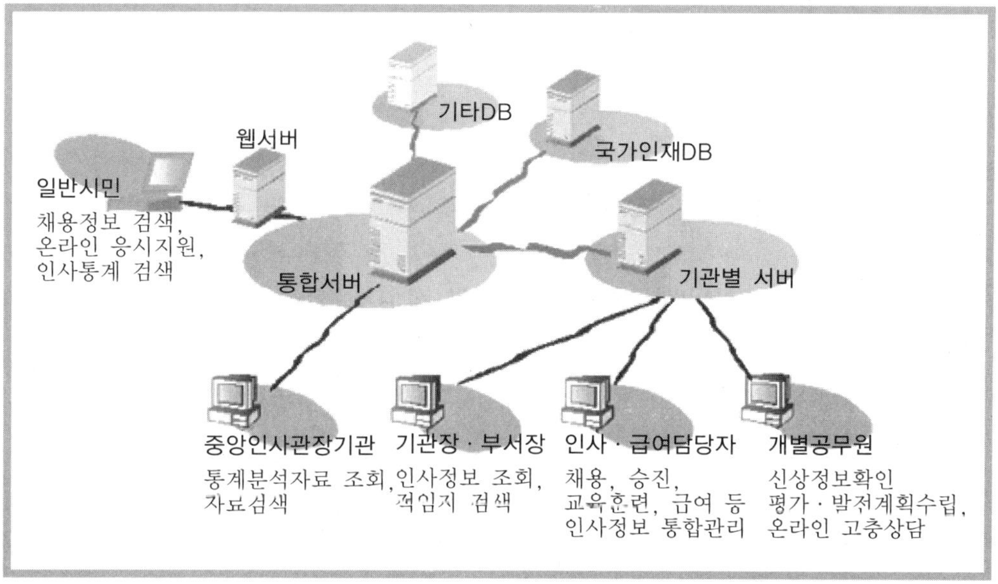

3) 특　징

첫째, 통합 측면이다. 채용, 승진, 급여, 교육훈련, 복지 등 공무원 인사전반의 업무가 단일의 데이터베이스와 관리시스템으로 통합됨으로써, 업무의 이중작업이나 불일치 등의 문제를 해소하고 정보의 최신성과 정확성을 확보할 수 있게 된다.

둘째, 연계 측면이다. 각 기관의 서버와 중앙의 서버가 연계망으로 연계됨으로써 자료의 정리, 제출, 취합 등에서 발생하는 작업이 사라질 것이다. 이는 정부 전체적으로 균형 있는 인사 운영을 가능케 할 것이고, 인사의 형평성이나 적재적소 구현 등에 기여한다.

셋째, 관리 측면이다. 업무를 처리하는 과정에서 자료가 자연스럽게 입력 또는 갱신되기 때문에 별도로 기록관리에 들이는 노력이 줄어들 것이다. 또한 봉급표나 업무처리규정 등이 변경되었을 때에는 각 기관의 인력정보가 연계망으로 신속하게 초신 자료를 제공함으로써 관리비용이 크게 줄어든다.

넷째, 서비스 측면이다. 종전에는 인사정보체계를 인사실무자들만 쓸 수 있도록 제한하는 경우가 많았다. 인사실무자만이 아니라 인사권자, 정책결정자, 일반공무원, 나아가 국민들에 대해서도 권한별로 일정 범위 내에서 사용할 수 있도록 하고, 고품질의 인사행정서비스를 제공한다.

2. 목표에 의한 관리

1) 목표에 의한 관리의 용도와 개념

목표에 의한 관리(Management by objective: MBO)는 민간조직뿐만 아니라 공공조직에서도 널리 사용되고 있다. 목표 관리는 개인에 대한 근무성적 평정 뿐만 아니라 조직의 중요하고 핵심적인 관리활동을 체계적 방법으로 통합하고, 조직과 개인의 목표를 효과적이고 효율적으로 달성하고자 의도적으로 관리하는 포괄적 관리체계를 의미한다.

목표 관리는 기획과 통제의 수단으로서 뿐만 아니라 평가도구 및 동기유발의 기법으로 활용될 수 있다. 즉 '결과 관리'(Management By Results)라는 또 다른 이름에서 짐작할 수 있듯이 자기 평가와 자기 발전을 촉진시키며, 그 사람의 성격보다는 업무 실적에 초점을 두고 평가할 것을 강조한다. 그리고 평가과정에 부하 직원들이 적극적으로 참여하게 됨으로써 조직목표의 실현 가능성이 높아지고, 조직 내의 동기를 부여하는 환경이 조성된다. 요컨대 목표 관리는 조직내 각 구성원들이 달성한 구체적인 성과의 평가를 강조하는 결과 지향적 관리체계를 말한다.

2) 목표에 의한 관리의 발전

Drucker의 '목표와 자기통제에 의한 경영'과 McGregor의 '기업의 인간적 측면(Y이론)'이 목표에 의한 관리의 이론적 토대가 되었다. 그 후 경영학자나 경영자들도 MBO 프로그램을 적용하는 기업은 목표달성의 개선과 생산성의 향상을 이룩한다는 사실을 밝혀내고 개별적인 목표 설정의 중요성을 강조하였다. 다만 공공조직에서는 목표가 추상적인 경우가 많기 때문에 이를 동기부여나 생산성 향상과 연계시키기 위해서 더 세심한 절차를 개발하고 있다.

한편 업적평가와 동기부여를 강조하다보면 자칫 단기 목표에 초점을 맞추는 경향이 있는데, 이것이 때로는 바람직하지 못한 결과를 가져온다. 이런 점에서 MBO 프로그램에 장기적이고 전략적인 계획을 포함시키게 되었다. 앞으로는 조직구조의 설계, 경력의 개발, 보수계획 및 예산수립 등과 같은 관리활동을 목표에 의한 관리 프로그램에 체계적으로 통합시키는 방안이 모색되어야 할 것이다.

3) 목표에 의한 관리의 실행

MBO는 조직구성원들이 함께 조직의 목표를 설정하는 방법으로서 그 실행절차는 용도에 따라 다양하게 구분할 수 있다. 여기서는 기본적으로 네 가지 과정으로 구분하여 설명하기로 한다: 목표 설정, 실행 계획 개발, 정기적인 검토, 그리고 성과 평가.

첫째, 특정인 또는 특정 조직이 일정기간 내에 성취해야 할 구체적인 목표를 설정하고 그에 따라 행동 계획을 입안한다. 목표 설정은 여러 단계를 거치게 된다. 먼저 조직 활동에 중요하다고 생각되는 영역을 찾고, 영역을 다시 조직의 각 기능별 또는 각 단위별로 구체화한다. 그리고 각 영역에 대한 성과의 척도를 결정한다.

둘째, 목표 달성을 위한 실행계획을 개발하기 위하여 관리자는 요구되는 모든 활동을 규정하고 이들을 단계별로 분할한다. 다음으로 관리자는 누가 각 활동에 대한 책임을 져야 하고, 어떤 자원이 필요하며, 어느 정도의 기간이 요구되는가를 결정하여야 한다. 그 과정은 모든 활동의 착수시기와 완료시기를 계획하고 설정할 수 있는 토대를 마련해 준다.

셋째, 정기적인 검토를 통하여 수행되는 활동들을 점검한다. 점검의 목적은 제시된 목표를 성취할 수 있는지의 여부와 성취할 수 있다면, 얼마나 효율적으로 달성할 수 있는지를 알아보는 것이다. 이를 통해 조직구성원에게 제시된 목표에 대한 그들의 진척도를 알려준다.

넷째, 수행된 업적을 매년 평가하는 것이다. 최종 평가의 결과는 목표

성취 여부에 대한 판단으로 나타나며, 이는 다음의 과정으로 환류 된다.

4) 목표에 의한 관리의 장 · 단점

(1) 장　　점

첫째, 명확한 목표 설정은 조직 구성원의 동기유발 측면에서 큰 이득을 가져온다는 사실이 많은 실험연구의 결과로 밝혀졌다.

둘째, 관리자로 하여금 활동이나 과업을 단순히 계획하도록 하지 않고 결과를 위한 계획수립을 함으로써 관리를 개선할 수 있다. 또한, 관리자로 하여금 목표 달성방법과 그에 필요한 자원들에 대해 생각하도록 한다.

셋째, 관리자로 하여금 조직의 역할과 구조를 명확히 하도록 하는 것이다. 조직은 주요 결과를 가져오는 영역을 중심으로 구축되어야 한다.

넷째, 조직구성원이 스스로 자신의 목표 달성에 기여하도록 촉진시킨다. 조직구성원은 누구나 지시를 따르거나 명령과 결정을 기다리지 않고 명확히 규정된 목적을 가진 독자적인 의사결정자이다.

다섯째, 효과적인 통제를 개발하는데 도움을 준다. 원래 통제는 목표가 달성되었는지를 확인하기 위하여 결과를 측정하고 계획으로부터 벗어난 편차를 수정하는 것이다. 통제기능에서 중요한 문제 가운데 하나는 지켜봐야 할 표적을 아는 것이다.

(2) 단　　점

첫째, 관리자는 부하직원들에게 그것이 무엇이며, 어떻게 작용하고, 왜 행해지며, 업적을 평가할 때 어떤 역할을 하는가, 그리고 함께 참여하면 어떻게 이득을 얻을 수 있는가를 설명할 수 있어야 한다. 그러나 실제로 조직과 개인 목표간의 연계 미흡 및 주기적인 평가체계의 미확립으로 인한 환류체계의 결여 등으로 구성원이 MBO의 철학을 납득하기 어렵다.

둘째, 목표 설정자에게 지침을 주기가 곤란하다. 관리자는 조직의 목표가 무엇이며, 그 자신의 행위가 그것과 어떻게 조화를 이루는가를 알아야 한다. 조직의 목표가 애매하거나 일관성이 없다면 관리자가 목표를 설정하기 곤란하다.

셋째, 목표 설정의 어려움이다. 효과적으로 달성될 수 있는 목표는 명료해야 하고, 만만치 않으면서도 달성할 수 있어야 하며, 또한 조직 전체에 유용하다고 인정되는 것이라야 한다. 현실적으로 점증적인 목표 설정을 하는 경우가 많은데 이는 MBO가 형식적으로 운영되게 하는 주요 요인이 된다.

넷째, 단기 목표만을 강조할 위험이 있다.

다섯째, 탄력성이 결여되기 쉽다. 관리자는 흔히 목표를 변경시키기를 주저한다. 목표가 너무 자주 바뀌어도 문제이지만, 그렇다고 조직의 목표가 수정되거나 환경이 변화로 말미암아 시기에 적절치 못한 목표를 추구하는 것은 더욱 어리석다.

따라서 이와 같은 문제점을 극복하기 위해서는 전략적 관리나 다면평가 등과 같은 대안적 방법들로 보완할 필요가 있다.

다면평가제

특정 개인을 평가할 때 직속 상사만이 평가하는 것이 아니라, 관련 부문의 상급자, 동료, 그리고 부하직원이 평가에 참여하는 제도이다. 필요한 경우에는 시민, 외부 전문가, 심지어 피평가자 본인도 참여할 수 있다. 다면평가제는 상관만이 평가하는 전통적 평가방식에 비해 인사고과의 객관성 제고, 조직원의 자기발전 촉진, 의사교환을 통한 조직 활성화, 합리적인 조직관리를 위한 객관적 자료 확보 등의 면에서 장점을 지닐 수 있다. 평가요소는 평가목적에 따라 조절된다. 대체로 의사교환을 원활하게 하여 생산성을 높일 수 있고, 환류에 의해 피평가자의 능력 개발에 기여할 수 있는 평가요소를 선정한다.

다면평가제가 성공적으로 정착되기 위해서는 조직원의 저항과 조직원간의 갈등이 최소화되도록 작성 · 운영되어야 한다. 또한 다면평가의 결과를 인사고과에 반영하는 데 주된 목적을 두기 보다는 피평가자의 약점을 보완하고 강점을 부각시켜 정부경쟁력 향상에 초점을 맞추어야 한다.

제 7 장

공공부문에서의 예산 관리

개 요

오늘날 정부활동이 국민생활과 경제에 미치는 영향은 지대하다. 이에 따라 예산에 대한 효율적이고 효과적인 결정이 이루어지도록 정부활동에 관한 정보를 작성 · 제공해야 한다는 인식이 증대되고 있다. 특히 정부부문에서는 한정된 자원이 효율적으로 운영되도록 공공회계 책임을 평가하고, 경제 · 사회적 정책결정에 유용한 정보를 제공하는 회계제도의 정립이 선행되어야 한다.

공공부문에서의 예산 관리는 정부단위의 법규 준수 여부뿐만 아니라 재원의 조달과 분배과정에 있어서 효율성과 형평성을 지녀야 한다. 이런 점에서 국민이나 국가 수익사업 또는 국가재산으로부터 거두어 들이고 또한 지출하는 막대한 재원에 대한 관리는 그 규모 면에서 뿐만 아니라 공공성이라는 측면에서도 사기업의 재원 관리와는 다를 수밖에 없다.

그리고 공공부문에서의 예산 관리는 단순히 국가업무를 효율적으로 유지하기 위해서뿐만 아니라 부문별 예산 배정에 관한 우선 순위를 결정하거나 예산집행방법 여부에 따라 국가경제에 미치는 영향이 매우 크다. 또한 국민의 입장에서는 자신이 낸 세금이 어떤 용도로 사용되는가에 대한 관심을 갖지 않을 수 없으며, 정부의 입장에서는 국가가 사용하는 재원은 체계적이고 계획적이며 형평성 있게 사용되고 있다는 국민적 이해와 신뢰가 필요하다. 이를 위해서는 사회 변화에 잘 대응할 수 있는 예산관리제도의 개선을 통하여 재정의 기능 및 역할을 새롭게 개혁해 나가야 한다.

공공부문의 예산 관리에 대한 논의는 주로 지출 측면에만 초점을 맞추어 왔다. 그러나 예산 관리의 또 다른 측면인 수입 측면에 대하여 고찰할 필요가 있다. 왜냐하면 공공부문에서는 수입 측면과 지출 측면이 함께 고려될 때 정확한 재정분석이 가능하기 때문이다. 여기서는 정부의 공공투자 지출과 이전 지출 등을 위하여 필요한 자금의 조달 원천인 조세에 대하여 설명한다.

Ⅰ. 예산 관리를 위한 조직과 예산의 종류

1. 예산의 개념과 기능

1) 예산의 개념

예산은 영어 · 불어 · 독어로 'budget' 이란 말을 쓰고 있다. budget은 'budgette' (가죽 주머니)에서 파생된 말이며, 영국의 재무장관이 의회에 제안하는 재정계획을 기재한 문서를 가죽가방에서 끄집어냈던 사실에서 유래하고 있다. 그리고 예산안(豫算案)을 제출하는 것을 'open the budget' 이라고 한다.

그러면 예산이란 무엇인가? 여기서는 세 가지 측면에서 예산을 설명하기로 한다.

첫째, 예산은 일정 기간동안 국가의 수입과 지출에 대한 계획이다. 예산은 일정 기간동안 국가가 해야 할 일에 얼마만큼 지출하고 이를 위해 재원을 어떻게 조달할 것인가를 금액으로 표시한 것이다. 예산은 회계년도 단위로 작성 · 운영되는데 우리나라 회계년도는 1월 1일부터 12월 31일이다. 그리고 '회계년도 독립의 원칙' 에 따라 특정 회계년도의 지출은 당해 회계년도의 수입으로 이루어진다.

둘째, 예산은 국회 의결로 성립한다. 예산은 국회의 의결 또는 법률의 형태로 성립된다. 우리나라는 국회 의결로 성립되지만, 미국 · 영국 · 프랑스 · 독일 등은 법률 형태로 성립된다.

셋째, 예산서는 예산총칙, 세입 · 세출예산, 계속비, 명시이월비, 국고채무부담행위로 구성된다. 예산총칙은 예산전반에 걸쳐 적용되는 총괄적인 규정으로 일반회계와 특별회계별 예산총액, 국채와 차입금 발행한도, 비목상호간의 이용 · 허용범위 등이 포함된다. 세입 · 세출예산은 회계년도 내 모든 수입과 지출 예정액이 소관별 · 회계별로 표시된다. 계속비는 완성에 수

년이 걸리는 대형 투자사업의 총사업비와 연간 투자예정액을 일괄하여 국회의 의결을 받아 행정부가 수년에 걸쳐 지출을 할 수 있는 것으로서 '회계년도 독립의 원칙'의 예외가 된다.

명시이월비는 당해 회계년도 내에 지출하지 못할 것이 예측될 경우 그 사유를 예산에 미리 명시하여 국회의 승인을 얻어 다음 연도에 이월하여 사용할 수 있도록 하는 경비이다. 국고채무부담행위는 정부가 공사계약 등 지출원인행위는 당해 연도에 하면서도 실제지출은 다음 연도 이후에 할 수 있도록 한 것으로서 예산서에 국고채무부담행위를 할 수 있는 한도를 명시하고 그 상환액은 다음 연도 이후 세출예산에 반영시킨다.

한편 국가의 주요 정책이나 사업계획은 예산을 통하여 구체화되고 실제 행동에 옮겨진다. 이러한 측면에서 예산을 국가 철학의 재정적 표현이라고도 한다

2) 정부활동에 있어서의 예산의 기능

예산은 정부활동에 대한 국민의 기대와 국가의 정치철학을 반영한 것이므로 그 기능도 국가가 당면한 시대적 상황에 따라 달라지게 된다. 근대행정에서는 조세법률주의와 재산권의 보호가 강조되었기 때문에 의회에 의한 행정부 통제기능과 수지균형의 건전재정을 통하여 국민경제의 중립적 기능을 유지해 왔다. 그러나 현대행정에서는 행정관리적 측면을 중시하게 되었다. 국민경제의 균형자로서 경기 조절기능과 효율적인 내부 통제기능이 추가된 것이다. 이처럼 예산기능의 변화는 행정기능의 양적 증가와 질적 변화, 재정활동의 책임성과 효율성에 대한 요구 확대, 관리과학·정책분석 기법의 발

수지균형의 건전 재정

수입과 지출이 총액으로 균형을 이루어야 한다는 것으로 세출에 자금이 부족하면 차입 등의 방법으로 균형을 유지하거나, 장기적 안목의 투자활동을 회피할 수 있다.

세출이 세입보다 적은 경우에는 예비비를 많이 설정하거나, 임시적 수입을 줄여서 편성하는 방법으로 균형을 유지할 수 있다.

전 등에서도 그 요인을 찾을 수 있다

(1) 통제기능

예산제도는 원래 행정부에 대한 통제수단으로서 발전되었다. 근대국가에서는 자의적 · 독단적인 국민에 대한 과세를 견제하기 위하여 국민의 대표들이 모인 국회에 재정권을 귀속시켰다. 또한 조세 부과 · 공채 발행 등 국민에게 직·간접적으로 경제적 부담을 지우는 모든 정부활동은 법률에 의하도록 하였다. 그러나 오늘날은 예산의 기획기능이 중시됨에 따라 재정 통제의 중요성은 상대적으로 약화되어 가고 있다.

(2) 관리기능

국가 예산제도가 성립된 초기의 예산제도에서는 통제기능이 강조되었으나, 그 이후 관리기능이 강조되었다. 예산에 있어 관리기능의 강조는 미국에서 1930년대 New Deal 정책을 추진하는 과정에서부터 시작되었으며, 이러한 요구에 적합한 예산제도가 성과주의 예산이었다. 품목별 예산제도에서 성과주의 예산제도로의 개혁은 정부가 추진하는 일의 성과를 효율적으로 수행하기 위한 예산의 관리기능을 강조한 것이다.

예산과정은 매우 복잡하며 여러 가지 분석업무를 수반하고 있다. 예산과정의 상당 부문은 관례에 따라 수행되고 있지만, 한편으로는 보다 능률적이고 책임 있는 재무행정을 위해 관리기능을 향상시켜 왔다.

(3) 기획기능

정부가 어디에 얼마나 지출하는가는 국가의 전통이나 정부의 역할에 따라 다르다. 정부가 어떠한 영역을 중요시 하느냐에 따라 예산 배분의 우선순위가 달라진다. 미국정부의 지출 중 가장 큰 항목은 사회보장이나, 우리나라의 경우는 일반행정비용이다. 그 다음으로 교육비, 경제개발비, 통일 · 외교 · 국방비, 사회개발비의 순이다.

이처럼 예산은 국민의 경제생활에 의식적으로 영향을 미치는 수단, 즉 재정정책의 도구로 사용된다. 재정정책의 도구로서 예산은 바로 기획기능을 의미한다. 장기적인 기획과 단기적인 예산 편성을 연결시킨 것이 기획예산제도(PPBS)이고, 우선순위에 의한 예산을 강조한 것이 영기준예산제도(ZBB)이다. 예산의 기획기능은 세 가지 측면으로 구분되어 설명될 수 있다: 자원배분기능, 소득 재배분기능 그리고 경제안정과 성장 촉진기능.

첫째, 자원 배분의 기능이다. 근대사회에서는 국방, 외교, 치안과 같은 행정의 고전적 업무 외에는 시장원리에 입각하여 개인에 의한 재화의 배분이 이루어졌으나, 현대행정은 공공재, 교육, 문화, 복지 및 환경업무의 기획과 집행을 주도적으로 담당하게 되었다. 정부는 이러한 부문에 대한 기획을 하고, 이의 집행에 필요한 재원을 예산에 반영함으로써 자원 배분의 기능을 담당한다.

둘째, 소득 재배분의 기능이다. 가처분 소득을 조정하는 누진세제, 조세 감면, 금융종합과세 등 조세체계를 변화시킴으로써 사회적 불평등을 해소시킬 수 있다. 또한 국민의 기본적 욕구를 충족시키기 위한 사회보장계획을 수립하고, 이에 대한 재정 지출을 통해 재배분기능을 수행한다.

셋째, 경제 안정과 성장 촉진기능이다. 우리나라에서 경험하였던 IMF 영향과 같이 급격한 경기변동에 의해서 바람직하지 못한 경제상황이 벌어질 때 이를 통제하기 위해서 정부 적극적인 역할이 필요하다. 이러한 경우에 정부는 경기 변동에 대응한 재정계획을 수립하게 된다. 세입·세출 등 재정구조의 변화, 투·융자 재정 지출, 민간자본 축적을 조장하기 위한 조세구조 변화, 실업수당 등이 이에 해당된다.

2. 효율적 예산 관리를 위한 조직: 중앙예산기관

1) 중앙예산기관의 의의

중앙예산기관이란 행정수반의 기본 정책과 정부의 재정·경제정책에 입각하여 각 부처의 예산 요구를 사정하고 예산안을 편성하여 국회에 제출하며, 정부예산의 전반적인 관리를 담당하는 기관이다. 중앙예산기관은 매년 각 부처의 사업계획과 예산 요구를 검토하고, 모든 정부기관의 예산 집행을 감독하는 권한을 가진다.

그런데 각국의 중앙예산기관은 권한 · 기능 · 위치에 차이가 있는데, 미국의 관리예산처, 영국의 재무성, 일본의 대장성과 우리 나라의 기획재정부 등이 이에 해당된다.

2) 중앙예산기관의 기능

중앙예산기관의 기능은 정부 기구상의 위치와 각국의 법 · 제도에 따라 상당한 차이가 있으나, 주로 예산 사정 및 편성, 집행, 관리 및 기획의 세 가지 기능을 수행한다. 현실적으로 이러한 기능은 특정 국가의 역사적 상황이나 정치적 · 사회적 환경, 행정 관리 수준 그리고 통제 · 관리 · 기획이라는 세 가지 예산기능 중 어디에 중점을 두느냐에 따라 차이가 있다.

예산 사정 · 편성기능이란 중앙예산기관은 각 행정부처의 경쟁적인 과다 예산 요구로 빚어질 낭비 · 비능률을 예방 · 제거하기 위한 기능을 말한다. 즉 성책의 목표나 우선순위에 따라 예산을 작성하도록 지도 · 감독하고, 국가적 차원에서 예산안을 사정 · 편성한다. 중앙예산기관이 편성한 예산안은 입법부에서 대폭적인 삭감을 당하는 일이 없다는 점에서 중요한 의미를 가진다.

예산 집행기능이란 중앙예산기관이 국회에서 예산이 의결 · 확정되면, 중앙행정기관의 장에게 예산을 배정하는 기능을 말한다. 또한 예산이 성립된 후 상황 변동에 적응할 수 있도록 예산을 신축적으로 운영하도록 조정한다.

마지막으로, 관리 · 기획기능이란 중앙예산기관이 예산의 효율적인 사정 · 편성 · 집행을 뒷받침하기 위한 관리 · 기획기능을 말한다. 이러한 기능을 수행하기 위하여 중앙예산기관은 사업계획의 전체적인 조정과 비용 · 효과를 분석 · 평가하며, 재정 전반에 걸친 정보 및 자료를 수집 · 분석하여 재무행정 개선에 반영시키기 위한 활동을 한다.

3) 우리나라의 중앙예산기관

우리 나라의 중앙예산기관은 그 동안 정부조직 개편 등을 통하여 여러 차례 변화를 거쳐 왔다. 이명박정부에서는 기획재정부가 중앙예산기관에 해당된다. 기획재정부의 예산실이 실질적인 중앙예산기관의 업무를 담당하고 있다. 예산실은 예산총괄심사관, 사회예산심사관, 경제예산심사관, 그리고 행정예산심사관으로 나누어져 있다. 예산총괄심사실에는 예산총괄과, 예산제도과, 예산기준과, 기금운용계획과로 구성되어 있다. 사회예산심의관 산하에는 복지예산과, 노동환경예산과, 교육과학예산과, 문화방송예산과가 있다. 그리고 경제예산심의관은 지식경제예산과, 국토해양예산과, 농림수산예산과, 연구개발예산과, 민간투자제도과, 민자사업관리과를 관리한다. 행정예산심의관 산하에는 국방예산과, 법사예산과, 행정예산과, 지역예산과가 있다(기획재정부 홈페이지, 2008).

3. 예산의 범위와 회계의 구분

1) 예산의 범위

국가의 경제활동은 크게 민간부문과 공공부문으로 구분할 수 있으며, 공공부문은 다시 공공기관과 정부활동으로 구분된다. 공공부문에서의 예산체계는 [그림 7-1]와 같이 표시될 수 있다.

넓은 의미의 재정은 중앙정부 재정과 지방자치단체 재정을 포함하게 되나, 예산의 편성이나 예산정책자료의 분석 등 실제 수행면에서는 중앙정부의 재정활동을 대상으로 하고 있다.

중앙정부 재정활동은 다시 예산과 기금으로 구분된다. 일반적으로 중앙정부 예산이라고 할 때는 일반회계와 특별회계만을 의미하며, 기금은 중앙정부 재정활동으로는 파악되나 예산에는 포함되지 않는다. 이 중 일반회계는 중앙정부 예산의 중심 회계로서 중앙정부에서 징수한 모든 조세수입을 포함한다. 기본적인 국가 고유 활동과 주요 재정사업이 모두 이 회계를 통하여 계리(計理)되기 때문에 통상 예산이라고 할 때는 일반회계 세입·세출예산만을 일컫는다.

예산의 범위와 관련하여 예산규모를 이야기 할 때도 세입·세출예산 총계, 세입·세출예산 순계, 일반회계 예산규모, 통합 예산규모 등과 같이 구

그림 7-1 공공부문에서의 예산체계

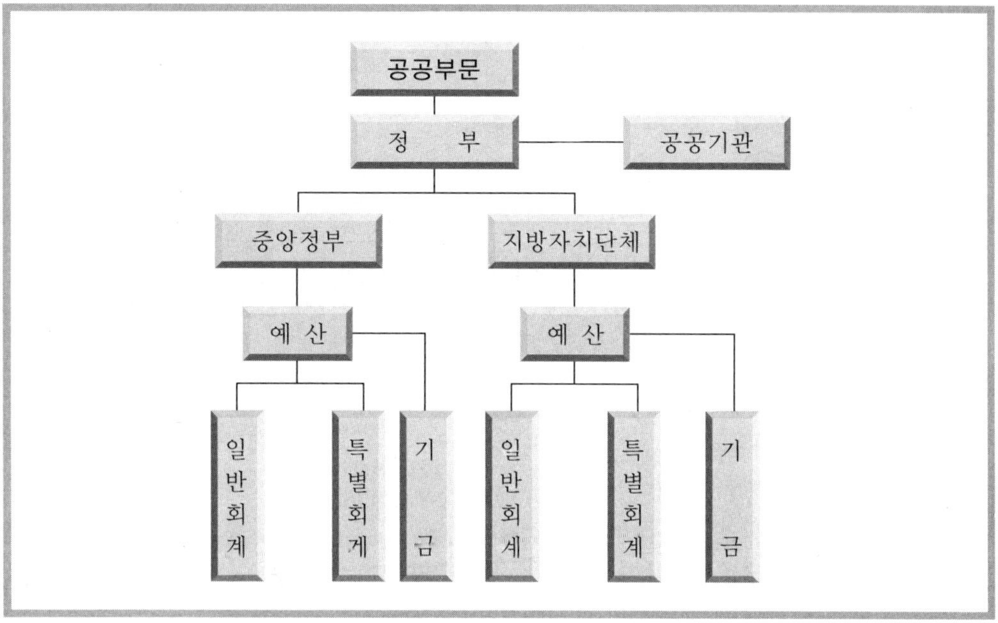

분하여 파악할 수 있다.

세입 · 세출예산 총계는 일반회계 규모와 18개 특별회계(2008년 기준) 총 규모를 그대로 합한 규모이다. 세입 · 세출예산 순계는 일반회계 규모와 특별회계 내부의 계정간 거래 — 계정 상호간 이중 계상 — 를 제외한 금액을 합한 것을 말한다. 즉 세입 · 세출예산 순계는 특별회계 내부의 계정간 거래는 물론 회계 상호간의 전출 · 입에 의한 이중 계상을 모두 공제한 후의 순예산 규모이다. 일반회계 예산규모는 글자 그대로 일반회계의 세입 · 세출예산액을 말한다. 그리고 통합 예산규모는 일반회계 및 특별회계 뿐만 아니라 정부 관리기금까지 포함한 규모를 말한다.

우리나라의 2008년도 일반회계 세출예산을 보면 174조 9,852억원이다. 일반회계 세출예산의 내역을 보면, 일반 행정에 28.2%인 49조 3,886억원, 교육비에 20.2%인 35조 3,190억원, 경제 개발비에 19.2%인 33조 5,463억원, 통일 · 외교 · 국방비에 16.5%인 28조 8,277억원, 사회 개발비에 14.6%인 25조 6,035억원, 예비비에 1.3%인 2조 3,000억원의 순으로 구성되어 있다.

그림 7-2 일반회계 세출예산의 기능별 비율

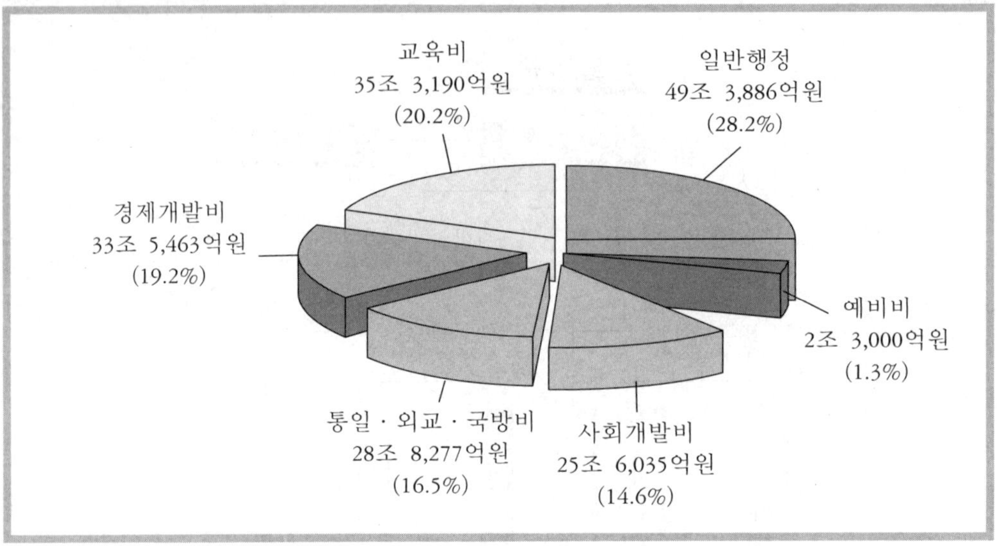

자료: 기획재정부 홈페이지(www.mosf.go.kr, 2008) 재구성

(기획재정부, 2008) 이를 그림으로 나타낸 것이 [그림 7-2]이다.

2) 일반회계, 특별회계, 그리고 기금

정부의 총지출을 구성하는 공공 재원은 일반회계와 특별회계, 그리고 기금으로 구성된다. 일반회계는 조세수입 등을 주요 세입으로 하여 국가의 일반적인 세출에 충당하기 위하여 설치한다. 일반회계는 일반 세입으로 일반적인 지출을 수행하는 회계로 국가 예산의 근간을 이룬다. 예산 동일의 원칙에 따라 국가의 재정활동은 일반회계에 망라되어야 하지만, 특별한 경우 특별회계를 통하여 처리한다.

특별회계는 국가에서 특정한 사업을 운영하고자 할 때, 특정한 자금을 보유하여 운용하고자 할 때, 특정한 세입으로 특정한 세출에 충당함으로써 일반회계와 구분하여 계리할 필요가 있을 때에 법률로써 설치한다. 정부의 사업이 다양해지면서 특별회계의 규모가 증대되고 있다. 집행부서에서도 운영 면에서 융통성을 발휘할 수 있는 특별회계를 선호하는 경향이 있다. 그러나 특별회계의 종류와 규모가 지나치게 확대되면 재정 운영면에서 일관된 기준을 적용하기기가 어렵다.

기금은 국가가 특정한 목적을 위하여 특정한 자금을 신축적으로 운용할 필요가 있을 때에 한하여 법률로써 설치할 수 있다. 정부 재정활동은 기본적으로 일반회계와 특별회계로 운용되어야 하지만 특정 분야의 사업을 추진함에 있어 지속적이고 안정적인 자금 지원이 필요한 경우 예산과 별도로 정부가 직접 기금을 조성·운영하거나 민간의 기금에 출연한다. 법률에 의하지 아니하고는 정부의 출연금 또는 법률에 따른 민간부담금을 재원으로 하는 기금을 설치할 수 없다. 기금은 주로 정부가 특정 부문의 육성과 개발을 촉진하기 위하여 원활한 자금 지원을 하거나, 정부가 직접 수행하는 사업에 — 예컨대 조달·보훈 등 — 수반되는 자금의 효율적인 운용·관리하기 위하여 설치하는 경우가 많다. 2008년 현재 61개의 기금이 있다(기획재정부 홈페이지, 2008).

기금은 자금의 조성이나 운용이 세입·세출 예산 외로 취급되어 사업 추진을 위한 자금의 공급과 관리에 탄력성을 부여할 수 있는 반면, 개별 목적을 위한 각종 기금이 독자적으로 운용됨으로써 전체 재정 운용과의 연계성을 저하시키기도 한다. 기금은 재정활동으로는 파악되나, 그 운용은 예산 외로 취급하고 있다. 그러나 기금이 특정 목적을 위하여 예산 외로 운영된다 하더라도 사업내용이나 재원 조달 및 운용과정은 통화, 재정수지 등 정부의 주요 재정활동과 국민경제에 큰 영향을 미치게 된다. 따라서 정부의 재정활동은 정부예산과 기금을 포함해서 총체적으로 파악할 필요가 있다.

특별회계 및 기금은 다음 각 호의 어느 하나에 해당하는 경우에는 이를 폐지하거나 다른 특별회계 또는 기금과 통합할 수 있다.

① 설치목적을 달성한 경우.

② 설치목적의 달성이 불가능하다고 판단되는 경우.

③ 특별회계와 기금 간 또는 특별회계 및 기금 상호 간에 유사하거나 중복되게 설치된 경우.

④ 그 밖에 재정운용의 효율성 및 투명성을 높이기 위하여 일반회계에서 통합 운용하는 것이 바람직하다고 판단되는 경우.

[표 7-1]은 2007년의 일반회계와 특별회계 및 기금의 총수입과 총지출

표 7-1 국가재정의 총수입과 총지출을 구성하는 재원의 규모

		총 수 입		총 지 출	
		규 모	비 중	규 모	비 중
예 산	일반회계	148	59.1	127	53.3
	특별 회계	19	7.4	39	16.1
기 금		84	33.5	73	30.6
합 계		251	100.0	239	100.0

자료: 기획재정부(2008), 「2008년 나라살림; 2008년 예산 개요」에서 재구성.

표 7-2

구 분	예 산		기 금
	일반회계	특별회계	
설치 사유	국가 고유의 일반 재정활동	• 특정 사업 운영 • 특정 자금 운용 • 특정 세입으로 • 특정 세출 충당	특정 목적을 위해 특정 자금을 운용
운용 형태	공권력에 의한 조세수입과 무상급부의 원칙	일반회계와 기금 운용 형태 혼재	출연금, 부담금 등 다양한 재원으로 융자사업 등 수행
예산확정 절차	• 부처의 예산 요구 • 기획재정부가 정부예산안 편성 • 국회 심의 · 의결 확정	좌 동	• 기금 운영주체가 운영계획 수립 • 기획재정부 장관 협의 · 조정
집행절차	• 엄격 통제 • 예산 목적 외 사용 금지의 원칙	좌 동	합목적성 차원에서 상대적으로 자율성과 탄력성 보장
수입과 지출의 연계	특정 수입과 지출의 연계 배제	특정 수입과 지출의 연계	특정 수입과 지출의 연계
계획 변경	추가경정예산 편성	좌 동	주요 항목 지출금액의 20% 이상 변경시 국회의결 필요(금융성 기금의 경우 30%)
결산	국회 결산 심의 · 승인	좌 동	좌 동

자료: 이종수 외(2008), 「새행정학」, 475면.

규모를 나타낸 것이다. 총수입 중 일반회계가 59.1%, 기금이 33.5%, 그리고 특별회계가 7.4%이다. 그리고 총지출에 있어서는 일반회계 53.3%, 기금 30.6%, 그리고 특별회계 16.1%이다.총수입과 총지출에 있어서 기금이 일반회계의 절반을 넘는 수준이다.

일반회계, 특별회계 그리고 기금을 설치 사유, 운용 형태, 예산 확정절차, 집행절차, 수입과 지출의 연계, 계획 변경 그리고 결산이라는 측면에서 비교하면 [표 7-2]과 같다.

4) 예산의 분류

예산은 회계체계, 예산 성립의 내용 그리고 예산의 형식을 중심으로 다음과 같이 분류할 수 있다.

(1) 본예산 · 수정예산 · 추가경성예산 · 준예산

예산은 성립 내용을 중심으로 본예산 · 수정예산 · 추가경정예산 · 준예산으로 구분할 수 있다.

본예산은 국회의 의결을 얻어 확정 · 성립된 예산이다. 다음 회계년도의 모든 세입 · 세출을 계상한 예산안은 기획예산처의 사정과 국무회의의 심의를 거쳐 대통령의 승인을 얻은 후 회계년도 개시 90일 전까지 국회에 제출되며, 국회는 회계년도 30일 전까지 이를 의결한다.

수정예산은 예산안이 국회에 제출된 후 심의를 거쳐 성립되기 이전에 부득이한 사유로 인하여 그 내용의 일부를 수정하고자 하는 경우 작성되는 예산안을 의미한다.

추가경정예산이란 예산성립 후에 생긴 사유로 인하여 필요한 경비가 부족한 경우 본예산에 추가 혹은 변경을 가한 예산이다. 본예산과 추가경정예산은 각각 별개로 성립되지만 일단 성립하면 본예산에 추가경정예산을 계상하여 전체로서 집행하게 된다. 따라서 한 회계년도의 예산총액은 본예산의 금액에 추가경정예산의 금액을 합계해야 알 수 있다. 우리나라는 추가경정예산이 빈번하게 편성되고 있는데, 이 제도의 남용은 예산의 단일성 · 통일성의 원칙에 배치된다. 수정예산은 예산안을 국회에 제출한 후 국회의 '심

표 7-3 예산의 분류

분류의 기준	종 류
• 회계체계를 중심으로	– 일반회계예산 – 특별회계예산
• 예산의 성립 내용을 중심으로	– 본예산 – 수정예산 – 추가경정예산 – 준예산
• 예산의 형식을 중심으로	– 세입 · 세출예산 – 계속비 및 명시이월비 – 국고채무부담행위

의 · 확정 전'에 내용을 수정하는 예산인 데 반하여, 추가경정예산은 '예산성립 후'에 생긴 사유로 예산 금액을 추가 또는 변경시킨다는 점에서 다르다.

한편 헌법은 새로운 회계년도가 개시될 때까지 예산안이 국회에서 의결되지 못한 때에 정부가 국회에서 예산안이 의결될 때까지 전년도 예산에 준하여 집행할 수 있도록 규정하고 이를 '준예산'이라 한다 있다. 준예산은 헌법이나 법률에 의하여 설치된 기관 또는 시설의 유지 · 운영과 법률상의 지출의무 이행 그리고 이미 예산으로 승인된 사업을 계속하기 위한 때 사용된다. 준예산은 당해연도의 예산이 정식으로 성립되면 그 성립된 예산에 의하여 집행된 것으로 간주된다.

잠정예산(暫定豫算)과 가예산(假豫算)

잠정예산이란 준예산과 유사한 제도로서 회계년도 개시일 전까지 예산안이 국회를 통과하지 못하는 경우 일정기간 동안 일정 예산의 지출을 잠정적으로 허용하는 제도이다. 우리나라는 이 제도를 채택한 일이 없지만, 영국은 상례적으로 잠정예산을 사용하고 있고, 일본의 경우에도 잠정예산을 작성하여 국회에 제출할 수 있다. 우리나라는 잠정예산과 유사한 가예산을 제 1 공화국 때 사용하였다. 이 경우는 부득이한 사유로 예산이 국회에서 의결되지 못하였기 때문에 국회가 1개월 이내의 가예산을 의결하였던 것이다.

(2) 세입 · 세출예산, 계속비, 국고채무부담행위

예산은 국회의 의결을 그 성립요건으로 하며, 정부가 국회에 제출하는 예산은 법률이 정한 일정한 형식을 구비하여야 한다. 이것은 주로 예산회계법에 규정되어 있는데, 이 법에서는 예산은 그 형식적 내용을 중심으로 세입 · 세출예산, 계속비, 명시 이월비, 국고채무부담행위로 구분하고 있다.

세입 · 세출예산은 예산의 가장 중심이 되는 것으로서 한 회계년도의 모든 수입과 지출의 예정액이 표시되며, 국가의 중요 정책이나 사업계획 및 경비소요 내역 등이 모두 세입 · 세출예산을 통하여 계리 · 운용된다. 세입 · 세출예산은 그 수입과 지출을 관할하는 중앙행정기관의 조직별로 구분할 수 있고, 세출예산에서는 그 내용을 기능별 · 성질별로 다시 구분한다. 또한 세출예산 중 경비의 성질상 회계년도 내에 그 지출을 하지 못할 것이 예측될 때에는 그 취지를 세입 · 세출예산에 명시하여 미리 국회의 승인을 얻어 다음 회계년도에 이월하여 사용할 수 있다.

계속비란 정부 발주공사나 제조 및 연구 개발사업에 있어서 그 완성에 수년을 요하는 경우 소요 경비의 총액과 연도별 액수를 정하여 미리 국회의 의결을 얻은 범위 안에서 다년도에 걸쳐 지출할 수 있는 경비를 말한다. 수년에 걸친 경비의 총액을 일괄하여 국회의 의결을 얻으면 당해 연도를 포함한 5년 이내에 허용된 경비 총액 범위 내에서 계속 지출할 수 있다. 각 연도별 예산액 중 당해 연도에 지출하지 못한 것은 5년 이내의 계속비 사업 완성 연도까지 연차로 이월하여 사용할 수 있다. 그러나 계속비 총액이나 연도별 액수에 변동이 있을 때는 다시 국회의 승인을 받아야 한다.

국고채무부담행위는 미리 국회의 의결을 얻어야 하는 예산 집행상의 재정 통제를 말한다. 즉 법률에 의한 것과 세출예산액 또는 계속비 총액의 범위 내의 것 이외에 국가가 채무를 부담하는 행위를 말한다.

(3) 통합재정

한 나라의 정부부문에서 1년 동안 지출하는 재원의 총체적인 규모로서, 정부부문의 모든 재정활동을 포괄하여 재정이 국민소득 · 통화 · 국제수지에 미치는 효과를 파악하고자 하는 예산 분류체계이다. 통합재정은 일반회계,

특별회계, 기금 간의 전출금 및 전입금 등 회계 간의 내부거래와 국채 발행, 차입, 채무 상환 등 수지차 보전을 위한 보전거래를 세입과 세출에서 각각 제외한 순계 개념이다. 통합재정은 재정이 건전하게 운용되었는지를 판단하는 데 유용한 지표로 활용되고 있다.

통합재정은 일반·특별 회계, 기금 등으로 구성된다. 통합재정은 비금융 공공부문을 포괄한다. 비금융 공공부문은 일반정부와 비금융 공기업으로 구성되며 중앙은행 등 공공 금융기관은 제외된다.

통상적인 예산에서는 '세입=세출'이 균형을 이루어 재정운영의 건전성을 파악하기 곤란하나 통합재정에서는 재정적자의 보전 또는 흑자 처분을 위한 거래는 제외되므로 재정의 건전성 판단이 가능하다. 또 정부의 수입·지출이 경상 및 자본 거래로 구분되어 파악되므로 통합재정을 통해 정부소비, 저축, 총 고정자본형성 등의 추정이 가능하다. 그리고 재정 운용에 따른 금융 거래를 금융기관, 기타 민간, 해외 등 경제 부문별로 구분 파악함으로서 재정 부문의 통화 효과도 분석할 수도 있다.

그러나, 통합재정에서는 융자 지출도 재정수지의 적자 요인으로 파악한다는 한계를 가지고 있다. 융자 지출은 회수되는 시점에서는 흑자 요인이 됨에도 불구하고 이를 당해 연도의 적자 요인으로 보고 이를 기초로 재정 운용의 건전성을 판단하는 것은 다소 무리라고 할 수 있다.

Ⅱ. 예산제도

고대로부터 공권력을 지닌 국가는 국민으로부터 오늘날의 세금에 해당하는 재화나 용역을 거두어 들였다. 그러므로 세금을 어떻게 효율적으로 거두어 들이고 사용할 것인가에 대한 연구가 오래 전부터 있었다. 그러나 조선시대의 법전들을 보면 수입에 관하여서는 많은 규정을 두고 있으면서도, 지출에 대해서는 봉급지출 이외에 별다른 규정을 두고 있지 않았다.

국가예산에서 지출할 액수를 미리 정하고, 그것에 맞추어 세금을 걷기 시작한 것은 서구에서 시민사회가 형성되면서부터 수립되었다. 영국은 왕이 국민의 자유와 권리를 인정한 대헌장(Magna Carta)을 1215년에 만들었는데, 여기서 "대표 없이 세금 없다"는 원칙을 천명하였다. 대헌장에서도 국왕이 얼마 이상의 세금을 거두지 못하도록 제약하였지만 왕이 그 돈을 어디에 쓰는가에 대해서는 제약하지 못하였다. 정부의 지출을 위한 예산서를 미리 국민의 대표기관인 의회의 승인을 받도록 제도화한 것은 의회의 권한이 확대된 18세기 중반부터이다. 영국은 이후 계속하여 보다 근대적인 예산제도를 개발하였다. 영국의 예산제도는 프랑스와 독일을 거쳐 일본의 근대 예산제도의 확립에 영향을 미쳤다.

그러나 오늘날 많은 나라에서 채택하고 있는 예산제도의 모형은 미국 연방정부에서 시행되었던 각종 예산제도이다. 초기의 통제 위주에서 점차 효율지향적 · 계획지향적 · 성과 및 결과지향적으로 발전되어온 미국의 예산제도는 곧 현대 예산제도의 변천과정이라 해도 과언이 아니다. 미국에서 발전된 예산제도들은 우리나라에서 중요한 기준들이 되고 있다. 따라서 미국정부가 시도하였던 예산 개혁의 동기, 구체적 내용 그리고 실패 원인들에 대해 차례로 설명하기로 한다.

1. 통제 중심의 예산제도: 품목별 예산

품목별 예산(line item budget)이란 예산을 품목별로 분류하는 방식으로 행정책임의 소재와 회계책임에 대한 감독부서의 통제가 용이한 제도이다. 이 제도는 예산 집행의 낭비와 부당 집행 방지를 위해 품목별로 구체적인 명시를 하여 그 집행결과를 결산으로 확인한다.

품목별 예산제도는 의회와 국민의 행정공무원에 대한 불신이 고조되었던 20세기 초 미국에서 창안되었는데, 세출예산을 품목별로 편성하기 시작한 것은 1907년 뉴욕시청 보건국 예산이었다. 이 제도의 도입 이전에는 정부예산을 조직별로 총액을 의결하였기 때문에 예산 지출에 대한 통제 및 회계책임을 밝히기 어려웠다. 즉 행정부 제출 예산제도의 단점을 보완하기 위하여 도입된 예산제도가 바로 품목별 예산이다.

이 제도는 경비주체 및 집행이 품목별로 표시되어 작성이 용이하고 회계 집행내용 및 책임소재가 명확해진다는 장점을 가진 반면에, 다음과 같은 문제가 노정되어 있다.

첫째, 계획과 지출이 괴리되기 쉽다. 계획을 효과적으로 수행하려면 예산과 밀접한 관계를 가져야 하는데 품목별 예산제도는 기존의 조직과 활동 때문에 재정구조의 경직화를 초래하는 경향이 있어 계획에 맞도록 지출할 수 없다.

둘째, 기능의 중복을 피할 수 없다. 조직별로 업무를 추진할 때에는 사업활동이 중복될 가능성이 많으므로 사업의 효율적 추진 및 타사업과의 연계가 용이하지 않다.

셋째, 의사결정을 위한 충분한 자료를 제시하기 어렵다. 의사결정의 기준은 자원의 효율적 이용인데, 품목별 예산은 지출만을 문제삼기 때문에 효율성을 평가하기 어렵다.

넷째, 품목별 예산제도는 서비스의 산출이 아니라 투입요소에 초점을 맞춤으로써 예산운용의 신축성을 저해할 수 있으며, 예산을 어떤 사업 어떤 목적에 사용했는지 정부사업의 전모를 파악하기 어렵다.

2. 효율 중심의 예산제도: 성과주의 예산

1) 성과주의 예산의 개념

성과주의 예산(performance budget)은 경비를 지출하기 위한 사업이나 기능에 대하여 그 사업이나 기능을 수행하기 위해 어느 정도의 예산이 소요되는지를 명백하게 나타내기 위한 예산제도이다. 즉 사업계획을 세부 사업으로 분류하여 각 세부 사업을 '단위원가×업무량=예산액'으로 표시하여 편성하는 예산을 말한다. 이러한 성과주의 예산은 정부가 구입하는 물품보다 정부가 수행하는 업무에 중점을 두는 효율적 예산제도이다.

품목별 예산제도는 정부가 구입하는 물품을 표시해 주기는 하나 왜 그것을 구입하는지에 대해서는 분명하게 나타내지 못한다. 따라서 성과주의 예산제도는 이러한 단점을 보완하기 위해 정부가 지출하려는 품목과 그 지출로서 달성하려는 사업을 연계시켜 나타내려는 제도이다.

2) 성과주의 예산의 내용

성과주의 예산은 사업수행의 성과와 그 책임을 명백히 하는 예산제도이다. 성과주의 예산의 기본 구조는 [그림 7-3]을 통해 잘 알 수 있다. 즉 예산과목을 사업별·활동별로 분류하여 편성하고, 목표 달성에 적절하고 완전한 경비를 계산할 수 있도록 사전에 사업별·활동별로 업무량을 측정한다. 그리고 이를 바탕으로 업무단위당 성과 산출, 정부계획의 성과 및 그 수행상태를 미리 설정된 성과표준으로 분석·평가한다.

그림 7-3 성과주의 예산의 기본구조

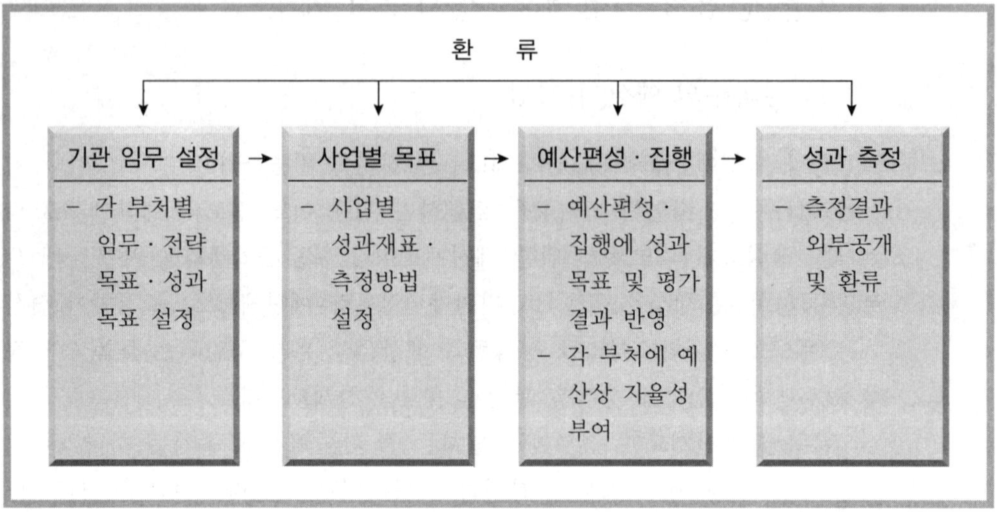

3) 성과주의 예산의 공과

성과주의 예산은 국민의 입장에서 볼 때 예산을 통해 정부활동을 쉽게 이해할 수 있도록 각종 정보를 제공해 준다. 국민의 세금이 어떠한 용도로 사용되었으며, 어느 정도의 성과를 거두었는지를 쉽게 알려 줌으로써 납세자들로부터 신뢰를 얻을 수 있다.

그리고 예산 편성에 있어 자원 배분을 합리화할 수 있고, 예산 집행에 있어서 신축성을 부여할 수 있으며, 입법부에서도 예산 심의가 간편하다. 또한 예산 집행에 대한 평가를 통하여 해당 부서의 업무능률을 측정할 수 있으며, 이를 다시 다음 회계년도에 반영할 수 있기 때문에 정부의 계획 수립이 용이하다.

이에 반하여 업무계획 수립, 업무 측정단위 선정 그리고 단위원가 계산 등의 어려움이 있다. 또한 공무원 봉급 등 인건비에 투입되는 기본 경비에 대해서는 성과주의 예산이 큰 의미를 가지지 못한다.

3. 목표 중심의 예산제도: 기획 예산

1) 기획 예산의 개념

기획 예산(planning programming budgeting system: PPBS)은 장기적인 기본 계획 수립과 단기적인 예산 편성을 프로그램 작성을 통하여 유기적으로 연결시킴으로써 자원 배분에 관한 의사결정을 합리적으로 하려는 예산제도이다.

기획 예산제도는 정부 지출의 대상인 사업계획의 효과와 비용을 가능한 한 계량적·체계적 분석방법에 의하여 대비시켜 목표 달성을 위한 합리적인 대안 선택 또는 자원 배분을 모색하는 제도이다. 따라서 기획 예산은 하나의 의사결정체계이기도 하다.

2) 기획 예산제도의 기본 요소와 과정

기획 예산제도에는 사업목표의 명확한 제시, 목표 달성을 위한 각종 대안의 비용·효과분석에 의한 체계적 검토, 현재 결정에 내포되는 미래 비용의 함축적 의미 등의 기본 요소들이 포함되어 있다. 기획 예산은 명확한 한계가 없이 서로 밀접하게 관련되면서 장기계획 수립과 실시계획의 작성 및 예산 편성과정으로 이루어지는 비교·조정의 동태적 과정이다.

(1) 장기계획 수립

조직의 목표와 목표들간의 우선순위를 결정하고, 목표달성을 위한 여러 대안을 평가·선택하는 단계이다. 설정된 목적을 달성하기 위한 여러 대안의 탐색, 조직의 목적을 가장 잘 실현시킬 수 있는 대안의 선택, 기본 계획의 체계적 분석과정을 거친다.

(2) 실시계획 작성

장기계획을 실행하기 위한 구체적 활동으로서의 실시계획, 즉 프로그램을 어떻게 할 것인가를 결정하며, 각 프로그램에 의하여 예측 가능한 기간 ― 일반적으로 약 5년 ― 에 걸쳐 달성시켜야 할 목표 수준과 소요비용을 시간적으로 결부시켜 실현 가능성을 검토한다. 프로그램은 상황 변화에 따라 적시에 가장 적합한 프로그램으로 변경될 수 있다.

(3) 예산 편성

채택된 프로그램의 초년도 사업을 수행하는데 필요한 자금을 뒷받침하는 과정이다. 이 단계에서는 각 활동을 수행하는데 필요한 여러 자원을 상세하게 조사하고, 각각 그 가격을 평가하여 조직이 초년도에 부담하지 않으면 안 되는 필요 자금의 총액이 계산된다.

3) 기획 예산제도의 공과

"인류가 수레를 발명한 이래 최대의 발명품"이란 찬사를 받으며 탄생한 기획예산은 1961년 미국의 국방예산으로 처음 도입되었다. 그 후 1965년 Johnson 대통령이 연방예산에 도입을 지시함으로써 1968년부터 제도화되었다. 1970년에는 미국 연방정부 예산액의 95%가 이 방식에 의해 편성되기도 하였으나, 결과적으로는 실패하여 1971년 Nixon 대통령 때에 와서 폐지되었다. 그럼에도 불구하고 기획 예산제도의 많은 요소들은 미국 연방이나 주(州) 및 지방정부에서 광범위하게 사용되고 있다.

기획 예산제도의 요소들이 광범위하게 사용되는 이유로는 다음과 같은 특징들을 갖고 있기 때문이다.

① 목표 지향의 예산제도이다. 조직 목표를 가능한 한 수치로 명확히 설정하고 대체적인 목표를 분석·비교함으로써 선택한 목표의 효과적 달성을 위한 활동을 산출로 표시한다.

② 경제적 합리성을 추구한다. 체계분석기법을 통하여 정치적 합리성보다는 경제적 합리성을 추구한다.

③ 효과성을 추구한다. 효과성이란 달성하려는 목표를 어느 정도 성취하였는가를 의미한다. 기획 예산에서는 목표 달성을 위한 여러 대안을 비교·평가하여 효과성이 높은 대안을 선택한다.

④ 능률성을 추구한다. 일정한 자원을 투입하여 최대의 산출을, 또는 일정한 산출을 내기 위하여 최소의 자원을 투입하는 것을 의미하는 능률성은 기획 예산의 주요한 이론적 기초가 되고 있다.

⑤ 과학적 객관성을 지향한다. 체계분석, 비용 · 효과분석 등 과학적인 기법을 통하여 가능한 한 의사결정자의 주관적 편견을 배제하고, 논리적 · 객관적 판단을 내리는 데 도움을 준다.

⑥ 장기적 시계를 갖는다. 일정 기간의 산출과 소요되는 모든 비용을 예측하여 장기적 시계에서 프로그램을 선택하고 예산을 결정한다.

⑦ 비교 · 조정을 특징으로 한다. 목표 달성을 위한 각 대안들을 비교하고, 대립을 조정하는 특징을 가진다.

기획 예산제도는 이상과 같은 특징을 가진 반면 다음과 같은 측면들에서 문제점을 내포하고 있다.

① 각종 정책목표들은 상호 의존성을 가지고 있어 명확한 설정이 어려울 뿐만 아니라 경제적 효율만을 중시하여 목표를 설정하는 것도 비현실적인 경우가 허다하다. 또한 정책목표 달성을 위한 대체안들의 선정도 그 범위와 기준을 설정하는데 많은 시간과 경비가 수반된다.

② 정부의 활동 중에는 경제성 분석을 위한 계량화 작업이 가능한 영역이 제한되어 있으며, 설령 계량화 작업이 가능할지라도 정확한 자료와 통계치를 얻는데는 많은 어려움이 따른다.

③ 비용 · 편익분석의 주된 가치기준이 경제적 효율이기 때문에 합리적이기는 하지만 정치적 · 경제 외적 요인을 감안해야 하는 현실성이 결여되어 있다.

그러나 기획 예산제도가 단명으로 끝난 주된 이유는 방대한 비용 · 편익분석을 수행할 유능한 전문분석가의 부족, 풍부한 자료의 부재, 예산 편성권한을 갖고 있는 미국 의회의 무관심 등 부수적인 요인에 기인하였다.

4. 우선순위 중심의 예산제도: 영기준 예산

1) 영기준 예산의 특징

영기준 예산(zero base budget: ZBB)은 예산을 편성할 때 전년도 예산을 기준으로 하여 점증적으로 예산을 책정하는 폐단을 시정하려는 데서 나온 제도이다. 전년도 대비 일정 수준을 책정하는 방식을 탈피하기 위해 전년도와 유사한 사업이라도 그 사업의 수행목적, 수행방법, 수행효과, 소요경비 등을 '처음 시작하는 수준(zero base)'에서 판단하여 우선순위를 결정하고 그에 따라 예산을 배정하는 제도이다.

2) 영기준 예산제도의 공과

영기준 예산제도는 선례 답습적 · 점변주의적 예산 편성에서 탈피함으로써 자원 배분의 효율성을 높이고 또한 신규 사업에 대하여 최소한의 경비를 산정함으로써 불필요한 경비를 최소한도로 줄일 수 있다. 영기준 예산은 행정조직을 운영해 나가는 과정에서 발생하는 역기능과 중복적 기능을 줄이고, 기능 · 기구 · 인력 · 정책을 의도적으로 축소해 나갈 수 있기 때문에 감축 관리의 좋은 도구로 활용된다.

그리고 영기준 예산은 그 원리가 일선 관리자로부터 상부로 올라가면서 의사결정이 이루어지게 되어 있어 예산결정과정에서 도외시되기 쉬운 실무계층의 참여를 증대시켜 합리성을 보장한다. 뿐만 아니라 프로그램을 구체적으로 집행하는 중간 관리자들에게 정보나 운영기준을 제시해 줌으로써 상 · 하간의 단절을 막고 효율적인 집행을 도모한다.

그러나 영기준 예산은 시간 · 정보 · 분석기술 등의 제약으로 인하여 모든 프로그램을 영기준에서 분석하기가 현실적으로 어렵다. 그리고 각 사업의 경제성 분석에 기초한 우선순위가 경제외적 요인을 고려했을 경우 항상 일치하지 않을 수도 있으며, 경제성 분석에만 국한할 경우 조직단위의 책임자들이 대안을 제시하기가 쉽지 않아 많은 시간과 노력을 필요로 한다. 예컨대 국방비와 같은 경직성 경비를 영기준에 의거하여 편성하는 것은 쉽지 않으며, 교육비나 인건비 같은 필수 불가결한 예산에 대해 매년 영기준을 전제로 검토한다는 것은 거의 불가능하다.

5. 계획과 예산간의 연계 강화: 자본 예산

1) 자본예산제도의 대두 배경과 특징

자본예산(capital budget)은 1930년대의 공황기에 스웨덴에서 개발된 예산제도로서, 제 2 차 세계대전 후에 공공시설의 투자자금을 조달하기 위한 방안으로 미국 도시정부에서 채택되었다(Cope, 1996: 307).

미국의 도시정부에서 운용되는 자본예산제도는 1930년대의 공황을 배경으로 1940년대에 확립되었으며, 제 2 차 세계대전의 산물이라 할 수 있다. 1920년대 무계획적으로 방만하게 실시되던 공공사업 계획이 불경기에 직면하여 미국의 도시를 파산상태로 몰아 넣었으며, 1930년대에는 연방정부의 보조금에 힘입어 도시정부는 각종 대형 투자사업에 큰 관심을 갖게 되었다. 그러나 세계대전으로 도시개발계획의 실시가 중단되었다가 종전(終戰)과 함께 다시 공공사업과 시설 확충에 착수하게 되었다. 이 당시 미국의 도시정부는 조세의 세목과 세율에 제한이 있었고, 정부의 재정 통제를 받아야 하는 관계로 조세 수입에만 의존할 수 없어 적자재정과 공채 발행에 의존하게 되었다. 이러한 여건하에서 미국 도시정부에서 자본예산제도의 발달이 촉진되게 된 것이다.

자본예산제도는 기본적으로 세입예산과 세출예산을 공히 경상예산(operating budgeting)과 자본예산(capital budgeting)으로 각각 구분한다. 경상예산의 지출은 경상수입으로 충당하여 균형을 이루도록 하고, 자본적 지출의 재원은 적자재정과 공채 발행 및 경상예산의 잉여분으로 충당한다.

이러한 자본예산제도는 장기적인 시설 투자사업계획에 효율적으로 대응할 수 있으며, 자본예산이 경상예산과 함께 사용될 때 복식예산(double budget)의 하나가 된다.

2) 자본예산 수립과정과 그 공과

자본예산 편성을 위해서는 먼저 '자본 증진 투자계획'(Capital Improvement Program: CIP)이 수립되어야 한다. CIP를 작성하기 위한 수립절차를 보면 크게 세 단계로 구분할 수 있는데, 제 1 단계는 향후 15~20년 앞을 전망하여 장기적인 종합개발계획(Comprehensive development planning)을 구상하는 것이며, 제 2 단계는 장기 계획에 기초하여 종합적인 시설 개발계획(physical plan)과 관련된 기본 계획을 작성하는 것이다. 그리고 제 3 단계는 정부의 세입·세출에 관한 재정 분석을 하고, 이에 입각하여 자본 증진 투자계획과 중기 재정계획을 작성하는 것이다.

자본예산제도는 적자재정의 정당화, 공채 발행의 합리화 등 여러 가지 문제점이 지적되고 있으나, 품목별 예산제도를 보완하고, 기획 예산제도나 영기준 예산제도를 현실적으로 응용할 수 있으며, 계획과 예산간의 연계성을 높일 수 있다는 점에서 긍정적인 평가를 받고 있다.

6. 신성과주의 예산제도: 성과관리제도

신성과주의 예산제도(New Performance Budgeting)는 정부의 산출물 또는 성과를 중심으로 예산을 운영하는 제도이다. 신성과주의 예산은 투입중심의 예산에서 탈피하여 사업목표와 그 성과 달성에 관한 정보를 예산 편성에 반영하고 또한 예산집행의 효율성을 제고하려는 목적을 가지고 있다. 신성과주의 예산은 '기업형'(entrepreneurial), '사명지향적'(mission driven), '결과지향'(result oriented), '성과에 기초한'(outcome-based) 예산 등의 이름으로 발전되어 왔다.

이러한 접근법의 핵심은 공공 관리자에게 충분한 융통성을 부여하여 비용 절감의 기회를 놓치지 않고, 서비스 전달에 있어 새로운 기술이나 기법을 창의적으로 사용할 수 있도록 하는 것이다. 신성과주의의 기본 취지는 결과에 초점을 맞춤으로써 정부는 시민의 욕구나 관심에 보다 대응적으로 되며, 서비스 전달에 있어 효율성과 효과성이 증대되게 된다는 것이다.

미국에서는 1993년에 성과 관리와 예산 자원 배분의 연계를 강화시키기 위한 정부성과 및 결과법(Government Performance and Results Act: GPRA)을 제정하였다. GPRA에 의하면, 연방정부의 각 기관들은 관리예산처(OMB) 및 국회와 연계하여 5개년 전략적 기획을 수립하도록 의무화되어 있다. 이 계획에는 구체적이고 측정 가능한 성과 목표를 설정하고, 예산 요구시에 업무 활동에 대한 성과목표를 달성하기 위한 연간 성과계획을 제출하도록 되어 있다. 그리고 과거의 성과주의 예산이 국회와 직접적인 연계 없이 행정기관이 목표, 발전 계획, 성과 측정을 하였던 것과 달리, 신성과주의 예산은 행정기관, 이해관계자, 그리고 위원회가 협상하여 성과 목표, 측정, 기획을 수립하는 과정에서 국회가 핵심적 역할을 한다. 이렇게 함으로써 행정기관에 획일적으로 예산이 배정되지 않고 각 기관의 수요에 맞게 예산이 배정될 수 있다. 또 다른 융통성의 원천은 행정기관이 OMB와 국회의 동의를 얻어 자신의 예산 구조를 변경하게 되어 있다는 점이다(Rosenbloom & Kravchuk, 2002: 323).

우리나라에서도 신성과주의 예산에 해당하는 성과관리제도를 1999년부터 추진하고 있다. 성과관리제도는 재정사업의 목표와 성과지표를 설정하고 지표에 의한 평가결과를 재정 운영에 반영하는 제도이다. 이 제도는 일정 재정사업을 통해 달성하고자 하는 성과목표를 사전에 설정하고, 성과목표의 달성여부를 측정할 수 있는 계량화된 성과지표를 개발하여 성과목표와 사업시행결과를 지표에 의해 비교 평가하여 그 결과를 재정운영에 환류하도록 되

그림 7-4 성과관리제도의 기본구조

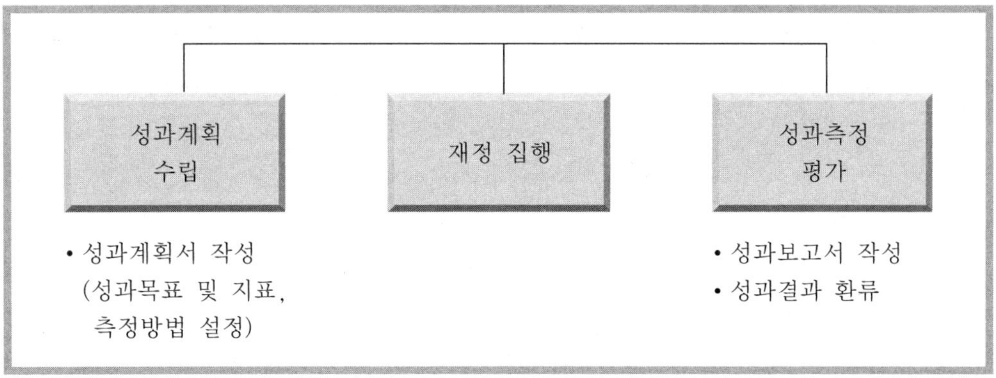

어 있다. [그림 7-4]는 성과관리제도의 기본구조를 나타낸 것이다.

성과관리제도는 국가재정운용계획 및 총액배분 자율편성(Top-down)제도를 토대로 각 부처의 예산편성 자율권이 대폭 확대하고, 이에 상응하여 재정집행에 대한 부처의 책임성을 제고하기 위해 도입되는 제도이다. 이제까지의 예산이 주로 투입·통제위주의 제도였다면 성과관리제도는 국민의 세금을 투입하여 추진한 사업의 최종 성과를 관리하기 위한 것이다. 예컨대, 거리청소사업의 경우 과거에는 "청소부 인건비, 청소차량 구입비 및 유지비가 예산대로 집행되었는가"에 관심을 두었지만 성과관리제도하에서는 거리청소사업의 성과목표인 "거리환경이 얼마나 깨끗해졌는가"에 관심을 갖도록 하는 것이다.

성과관리는 '예산편성-집행-결산'의 예산주기처럼 3년의 주기로서 '성과계획서 작성-당해연도 사업집행-성과보고서 작성'의 과정으로 이루어진다. 구체적으로 보면, '전략목표-성과목표-성과지표'의 구조로 체계화하여, 기관의 임무 수행을 위해 중장기적으로 추진하는 전략목표와 전략목표의 하위개념으로 주요 재정사업을 통해 달성하려는 복수의 구체적인 성과목표, 성과목표의 달성여부를 판별하기 위한 척도인 성과지표로 이루어진다. 성과지표에 의해 성과의 달성수준을 측정할 수 없을 경우에는 성과관리제도의 목적을 달성할 수 없기 때문에 성과지표는 성과관리제도의 가장 중요한 요소라 할 수 있다.

Ⅲ. 조세제도

정부가 활동을 하기 위해서는 많은 돈이 필요한데 이를 조달하는 방법을 크게 세 가지로 나누어 볼 수 있다.

첫째, 돈을 더 찍어낸다. 정부가 돈을 더 찍어내는 것은 통화량이 적정수준보다 적을 때는 소망스럽지만, 적정수준 이상일 때는 인플레 유발 우려가 있기 때문에 소망스럽지 못하다.

둘째, 개인기업 및 외국 등으로부터 돈을 빌린다. 우리나라는 경제발전에 필요한 많은 자금을 해외에서 차입했다. 선진국 정부들은 국채나 공채를 발행하여 개인이나 기업으로부터 많은 돈을 빌리고 있다. 정부채무에 대한 이자지불액이 주요한 정부예산 항목이 되고 있다.

셋째, 세금을 징수한다. 이를 조세라 한다. 조세(租稅)란 일반적으로 국가가 수입을 조달할 목적으로 특정한 개별적인 보상 없이 민간경제(사경제)로부터 강제적으로 징수하는 화폐 또는 재화를 의미한다.

조세의 징수 목적은 재정수입의 확보에 있으며, 이러한 목적을 국고적(國庫的) 목적이라고 한다. 현대 국가에 있어서 중요한 재정재원은 조세수입이기 때문에 조세수입이 충분하지 않은 경우에 국가재정의 부족분은 국공채 등 세외수입에 의하여 충당 될 수밖에 없다.

한편 정부수입은 경상수입과 자본수입으로 나누어지는데, 이중 경상수입에는 조세수입과 세외수입이 있다. 세외수입은 주로 정부가 받는 각종 수수료이다. 자본수입은 정부소유의 토지나 고정자산의 판매수입이다.

1. 조세의 기본 원칙

정부가 조세를 어떻게 징수하느냐에 따라서 경제는 큰 영향을 받게 된다. 역진세, 비례세 및 누진세가 곧 그것이다. 역진세는 가난한 사람들이 더 많은 비율의 세금을 내도록 하는 것이고, 비례세는 가난한 사람이나 부자나 똑같은 비율의 세금을 내는 것이며, 누진세는 부자들이 더 많은 비율의 세금을 내도록 하는 것이다.

조세는 국가재정의 원천이며, 국민경제에 미치는 영향이 매우 크기 때문에 일반적으로 다음과 같은 원칙에 의하여 부과 · 운용되어야 한다.

1) 조세부담의 공평성

국민 전체에게 조세의 부담이 공평하게 배분되어야 한다는 것으로 조세의 원칙 중 가장 근본적인 기준이다. 모든 납세자들이 세금을 공평하게 지불함으로써 소득재분배의 목적을 달성할 수 있다.

2) 경제적 효율성

조세는 시장에서 이루어지는 자원의 효율적 배분에 대하여 그 간섭을 최소화해야 한다. 예컨대 납세자들의 경제행위에 조세가 영향을 끼쳐 자원배분에 왜곡현상을 야기할 수 있기 때문이다. 따라서 이러한 왜곡현상이 최소화될 수 있도록 조세를 구성해야 한다.

3) 행정적 단순성

조세가 공평하고 효율적이라 하더라도 조세구조가 복잡하면 납세자들이 이해하기 곤란할 뿐만 아니라 행정적으로도 많은 어려움이 따를 수 있다. 따라서 가능한 한 단순하고 간단한 조세구조를 유지함으로써 납세자들로 하여금 납세 협력비용(compilation costs)을 줄이도록 하고, 조세행정을 수행함에 있어서도 최소 비용이 소요되도록 해야 한다.

4) 경기 변동에 대한 신축적 대응성

조세는 대개 자동 안정화기능을 가지고 있으며 적절한 유인조치를 통해 경제성장에 기여한다. 따라서 조세가 경기 변동에 신축적으로 대응할 수 있도록 구성된다면 경제정책의 수단으로서 매우 중요한 역할을 담당할 수 있다.

5) 정치적 책임성

조세는 정치적 책임소재를 납세자들에게 명확히 밝힐 수 있도록 구성되어야 한다. 납세자들로부터 불신감을 줄 수 있는 조세제도를 유지해서는 안 되며, 조세 부담 및 부담에 따른 혜택은 명료하게 밝혀야 한다. 이를 위해서는 조세제도 운용의 정치적 책임성이 필요하다.

2. 조세의 종류와 체계

1) 국세와 지방세

국세와 지방세는 조세를 징수하는 주체에 따른 구분이다. 즉 중앙정부가 징수하는 조세는 국세이고, 지방자치단체가 징수하는 조세는 지방세가 된다. 국세는 내국세, 교통세, 관세, 목적세 등으로 구분된다. 내국세는 다시 직접세 — 소득세, 법인세, 상속세, 토지초과이득세, 자산재평가세, 부당이득세 — 와 간접세 — 부가가치세, 특별소비세, 주세, 증권거래세, 전화세 — 등으로 세분된다. 지방세는 주로 주민세, 취득세, 등록세, 재산세, 자동차세, 종합토지세, 담배소비세, 농지세, 도축세, 경주 · 마권세 등으로 나누어져 있다.

2) 인세(人稅)와 물세(物稅)

인세(personal tax)와 물세(real tax)는 과세표준 및 과세대상에 따른 조세 분류체계이다. 인세는 납세자의 개인적 부담능력을 감안하여 부과하는 세금이며, 물세는 납세자의 개인적 상황과 관계없이 재산의 보유상태에 따라 부과하는 세금이다.

3) 직접세와 간접세

직접세(direct tax)와 간접세(indirect tax)는 전통적인 조세의 분류체계이다. 직접세란 과세 주체가 직접 부담하는 세금이며, 간접세는 과세 주체가 세금을 직접 부담하는 것이 아니라 다른 경제 주체에게 부담을 전가하는 세금을 말한다.

4) 조세체계

우리나라의 조세체계는 [그림 7-5]에서 제시하고 있는 바와 같이 중앙정부의 국세와 지방자치단체의 지방세로 대별되고, 국세는 내국세, 교통세, 관세, 방위세, 교육세 등으로 구분된다.

2008년 현재 총 세입예산 174조 9,852억원 중 내국세가 76.1%인 133조 1,709억원이다. [그림 7-6]은 내국세를 구성하는 조세들을 구체적으로 나타낸 것이다. 가장 높은 비중을 차지하는 조세는 부가가치세로 27.6%인 43조 9,290억원이다. 그 다음으로 23.8%인 소득세, 22.8% 법인세이다.

그림 7-5 우리나라 현행 조세체계

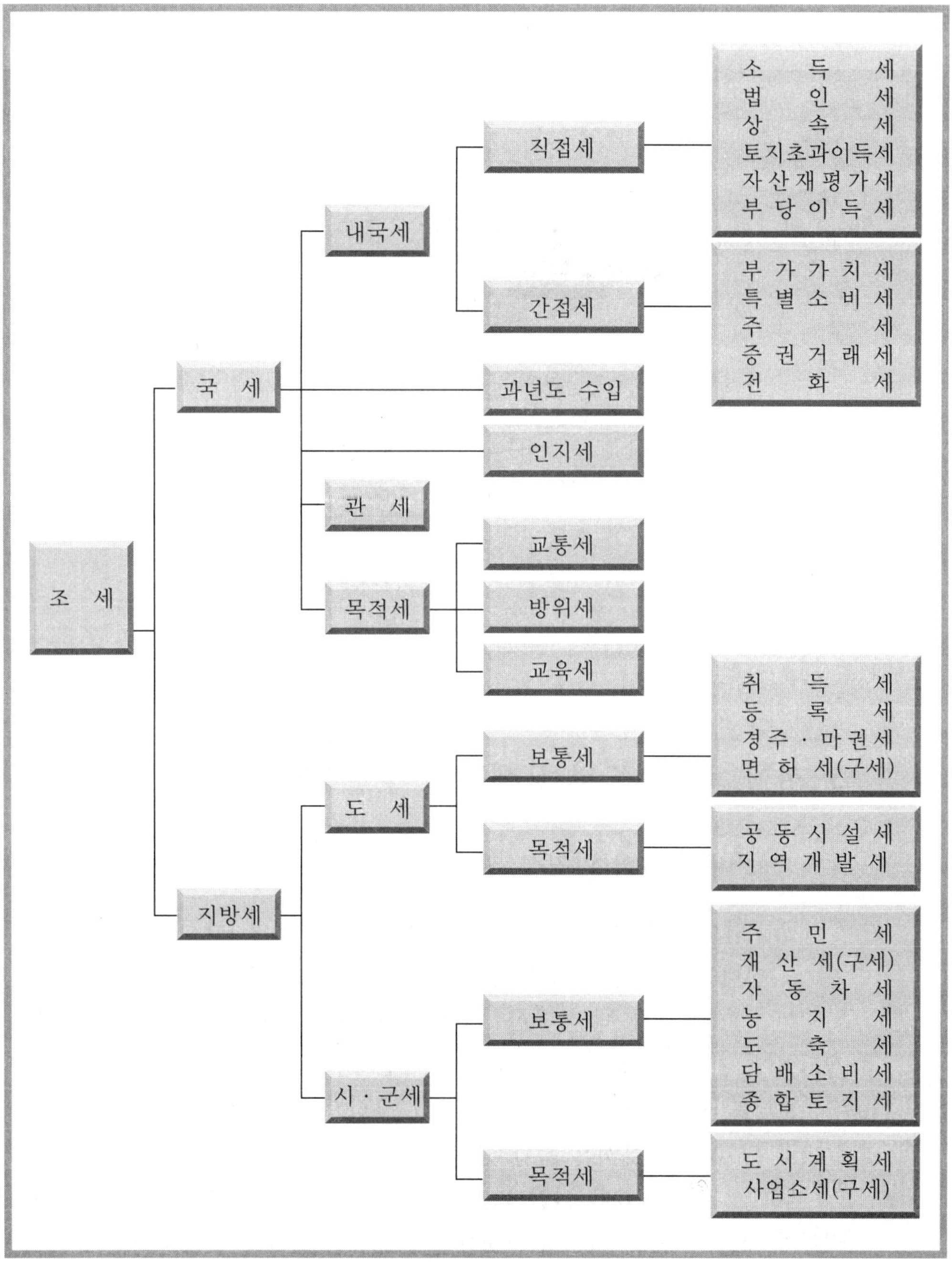

그림 7-6 내국세의 구성비율

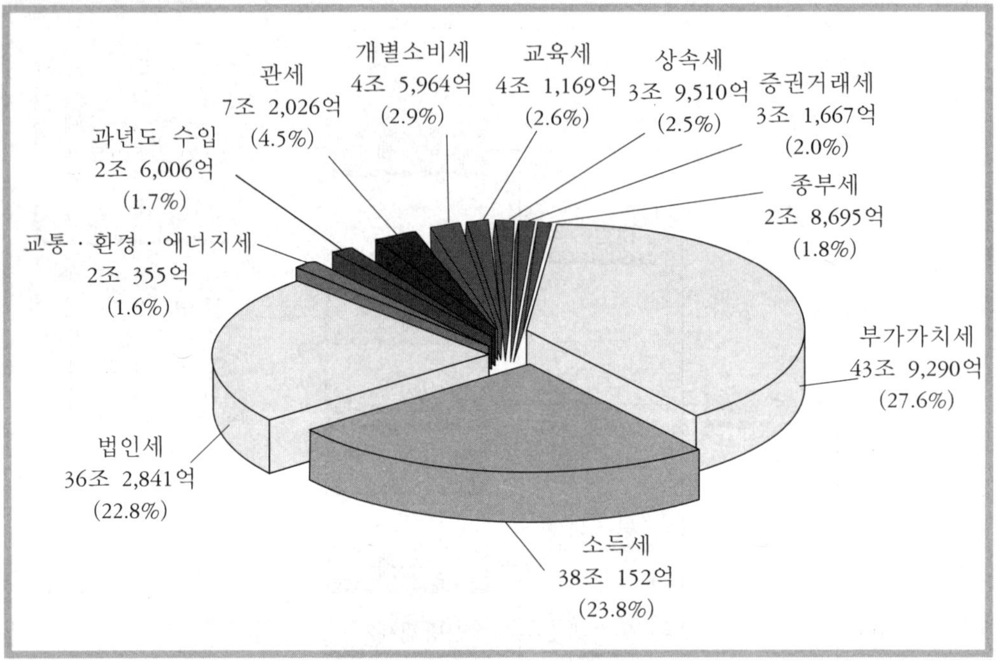

자료: 기획재정부 홈페이지(www.mosf.go.kr, 2008)에서 재구성.

3. 현행 조세제도의 문제점과 개편방안

1) 조세 부담의 형평성 제고

2008년도 우리나라 국민의 조세부담률은 21.6%이다(기획재정부 홈페이지). 국민개인당 평균 조세부담률과 더불어 중요한 것은 조세부과의 형평성 문제이다. 조세는 조세 부담이 각 계층간에 형평(equity)하게 부과되도록 구성되어야 한다. 조세 부담의 형평성을 제고하기 위해서는 소득세의 역할이 무엇보다도 중요한데, 소득세는 세제의 중심적인 역할을 담당하고 있기 때문이다. 우리 나라에서는 종합소득세의 정착을 위한 노력 등 소득세의 형평성 제고를 위한 노력이 있었지만 여전히 소득세법에 규정된 비과세 대상의 범위가 넓은 편이다. 따라서 고소득층에 유리한 결과를 낳게 하여 계층간 조세부담의 불공평성이 문제시 되고 있다.

2) 조세 체계의 단순화

복잡한 조세구조는 조세의 효율성을 떨어뜨린다. 그리고 준수해야 할 규칙이나 예외규정이 지나치게 많으면 국민들은 세무서를 기피하게 되고 납세의식은 저하되어 버린다. 우리나라 조세구조가 복잡하게 된 이유 중의 하나는 방만한 조세 감면제도의 운영에 있었다. 그러나 시대적 상황의 변화에 따라 조세 감면제도는 계속적으로 검토되어야 하며, 가능한 한 조세체계를 단순화시켜야 한다. 또한 세율(稅率) 단계도 단순화시키고 세정(稅政)도 단순화·간소화해야 한다.

3) 국제화에 대응한 세제 개편

자유무역질서의 확립을 목표로 하는 세계무역기구(WTO)의 출범 이후 세계적인 경제 여건은 많은 변화를 초래하고 있다. 이런 점에서 국제화·개방화에 걸 맞는 적합한 조세제도를 마련하여야 한다.

4) 조세 행정의 합리적 개편

납세는 국민의 의무인 동시에 권리이다. 따라서 조세 행정 또한 과세담당기관의 행정편의 위주의 운영에서 벗어나 고객을 위한 납세자 중심의 행정으로 변화하여야 한다. 이를 위해서는 조세 행정을 국민 누구나 알기 쉽게 이해할 수 있도록 단순·명료하게 개선해야 하며, 조세 행정조직의 개편도 고려해 볼 필요가 있다.

Ⅳ. 정부회계: 발생주의 회계와 복식부기

회계는 정보의 이용자가 올바른 판단과 의사결정을 할 수 있도록 경제적 정보를 식별하고 측정하며, 전달하는 과정이다. 이런 점에서 기업회계와 정부회계는 양자 공히 각 조직의 책임자와 관련자들의 의사결정에 유용한 재무정보를 제공해 주어야 한다. 그러나 정부회계는 정부조직의 목표 달성을 위하여 경제적 자원을 효과적으로 관리해야 하는 회계책임 — 법규 준수 여부뿐만 아니라 재원의 조달과 분배과정에 대한 정보제공 — 이 있으며, 자원의 관리는 관리자 정신에 입각하여 수행되어야 한다. 이를 위해서는 정부부문에서도 한정된 자원을 효율적으로 운영하도록 공공회계 책임을 평가하고, 경제 · 사회적 의사결정에 유용한 정보를 제공하는 회계제도의 정립이 필요하다.

발생주의 회계(accrual accounting)란 현금주의 회계(cash accounting)와 구분되는 회계제도로써 '기업형 회계'라고도 한다. 발생주의 회계하에서는 미래의 지출행위가 발생하게 되면 그것은 즉시 현재의 비용으로 처리된다. 예를 들어 10년 뒤에 원금과 이자를 상환해야 하는 지역개발 공채의 경우 오늘 발행하면 정부는 수입이 생기지만, 그것은 부채이기 때문에 자산의 순변동은 없게 된다. 그러나 현금주의 회계에서는 공채발행을 통한 수입을 자산의 증가로만 계산한다. 따라서 현금주의 회계에 근거한 수지 균형 — 수입과 지출의 균형 — 이 발생주의 회계로 전환하게 되면 적자 혹은 팽창예산일 때가 많다. 그 결과 보이지 않는 재정 손실을 명확하게 밝혀낼 수 없다.

또 다른 예로 정부에서 관용차량을 구입했을 경우 현금주의 회계에서는 자산의 증가로 표시한다. 그러나 발생주의 회계에서는 차량 구입 이후에 소요될 유지비용과 감가상각비용을 함께 고려한다. 즉 현재의 행정업무 수행에 대한 원가를 감가상각비를 고려하여 계산하면 다소 비싸다는 사실을 밝혀주기 때문에 그 만큼 행정업무에 대한 원가개념을 제고시킬 수 있다.

이런 점에서 발생주의 회계는 현금주의 회계에 비하여 다양한 재무정보를 제공하여 정부의 정책결정이 갖는 장기적인 영향을 쉽게 파악할 수 있다. 그리고 여러 해에 걸쳐 효능을 제공하는 유형자산을 인정하고 수익의 발생 시점에서 자산의 소비를 인식하기 때문에 정확한 비용계산이 가능하다.

부기(簿記, book keeping)란 회계를 기록하는 방법을 말한다. 전통적으로 행정기관은 단식부기가 적합하고 사기업은 복식부기가 적절하기 때문에 조직의 특성에 따라 회계기록 방식이 선택되어야 한다는 시각은 있어왔다. 그러나 복식부기는 단식부기의 단점을 보완하기 위해 거래를 발전적 개념으로 처리하는 기술적 방식으로서 단식부기에 비하여 다음과 같은 장점을 갖고 있기 때문에 이를 도입하려는 국가가 지속적으로 증가하고 있다.

첫째, 복식부기는 계수적 자기 검증의 수단이 구비되어 있다. 복식부기에서는 모든 장부의 기록들이 총계정원장을 중심으로 상호 계수적인 연계성을 가지고 내차내조표(balance sheet)와 수지계신서로 통합될 수 있다. 따라서 잘못된 것이 있을 때 여러 차례에 걸쳐 비교 · 검토해 주는 자기검증의 기능이 있기 때문에 계수상의 오류나 부정이 개입될 여지가 적다.

둘째, 재무 관리에 유용한 다양한 정보를 제공한다. 복식부기는 대차대조표와 수지결산서에 제시된 항목들을 논리적으로 연계시켜 안전성, 효율성 및 활동성 등과 같은 정보를 제공함으로써 여러 형태의 의사결정을 돕는다. 그리고 복식부기에서는 총계 자료를 바탕으로 당기에 변동된 것만 파악하여 세부 내역을 보기 때문에 실제와 차이가 나면 그 원인을 밝혀 낼 수 있다.

셋째, 정부의 성과 관리에 유용한 정보를 제공한다. 정부부문의 산출이나 성과를 가능한 한 구체적이고 명확하게 측정하여야 하는데, 복식부기는 이에 대한 유용한 정보를 제공해 준다.

V. 예산과정

1. 순환과정으로서의 예산과정

예산과정이란 매년 반복되는 순환과정이며, 또한 항상 새로운 결정을 해야 하는 정책결정과정인 동시에 정치에 의하여 현실적으로 가치가 배분되는 정치과정이다. 컴퓨터 등 전자기술과 관리과학의 발전으로 합리적 예산결정의 가능성을 높여 주고 있으나 전적으로 경제적 합리성만을 추구할 수도 없지만 그렇다고 또한 정치성에 너무 치중할 수도 없다. 따라서 예산상의 정책결정은 완전한 합리성과 완전한 정치적 협상을 두 축으로 하는 일직선상의 한 점에서 이루어진다고 보아야 한다.

예산과정은 순환적 · 계속적 과정이다. 예산과정은 순환적 단계에 의하여 구분되어 예산의 주기성이 강조되며, 예산결정과 예산 관리의 시간적 제약이 강조된다. 경제 변동이나 상황의 급변은 사업계획의 원활한 집행을 저해하므로 예산순환의 각 단계는 시간적 차원에 있어서 신축성이 인정되어야 한다.

예산순환은 예산편성(executive preparation & submission), 예산심의(legislative authorization), 예산집행(execution) 그리고 회계검사(audit)의 단계로 이루어진다. 즉 예산과정은 국가재정의 목표와 정책의 결정으로부터 시작하여 예산개요의 작성, 의회의 심의 · 결정절차를 통하여 진전되며, 그 후 예산집행단계에서 자금 배정 · 재정 보고 · 결산 · 회계검사 등의 제과정(諸過程)을 포함하게 된다.

2. 예산편성

1) 예산편성의 개념

예산편성이란 정부가 다음 회계년도에 수행할 정책이나 사업을 금액으로 표시한 계획을 작성하는 과정이며, 예산 편성지침의 작성·시달, 각 부처의 예산요구서의 작성·제출, 중앙예산기관의 사정, 예산안의 확정 등 일련의 계속적 과정을 의미한다. 예산 편성과정에서 각 부처별 예산액이 대체로 확정되므로 이 과정에서 예산확보를 위한 치열한 경쟁이 전개된다. 따라서 각 부처는 예산 요구액의 정당성을 내세우거나 각 부처가 동원할 수 있는 각종 자원을 동원하여 로비활동을 하게 된다. 결국 예산 편성과정은 경제적 합리성보다는 고도의 정치적 성격을 띠게 된다.

2) 예산 편성절차

우리나라의 예산 편성절차는 대체로 예산편성 지침 및 기준의 시달 → 중앙행정기관의 예산요구서 작성·제출 → 예산 사정 및 예산안 편성 → 국무회의 심의 및 국회제출 등의 순으로 진행된다. 이와 같은 과정을 기간별로 구체적으로 제시하면 〈표 7-4〉와 같이 나타낼 수 있다.

표 7-4 예산(안) 편성절차

기 간	사 항
2월 말까지	• 주요 신규 및 계속사업 계획서 제출(각 부처 → 중앙예산기관)
3월 31일까지	• 다음 연도 예산안 편성지침 및 기준시달 (중앙예산기관 → 각 부처)
4월-5월	• 주요 신규 및 계속사업의 사전검토 및 다음 연도 경제 전망, 예산 규모 추계 • 중기 재정계획 연동화(중앙예산기관)
5월 31일까지	• 예산요구서 제출(각 부처 → 중앙예산기관)

6월 7월	• 예산 사정 · 조정
8월 1일-15일	• 정책기관과 예산정책 기본방향 협의
8월 15일-30일 전후	• 주요 정책사업에 대한 부문별 예산안 작성 · 보고 • 예산협의회를 통하여 각 부처 의견 조정 • 중앙예산기관 예산안 작성
9월 5일-20일	• 정책기관과의 예산안 협의 및 보고
9월 25일 전후	• 국무회의 의결
9월 말	• 정부(안) 확정
10월 2일까지	• 예산(안) 국회 제출

3. 예산심의

예산심의란 국민의 대표기관인 국회가 행정감독권과 재정감독권을 행사하여 행정부가 수행할 사업계획의 효율성을 검토하고 예산을 확정하는 것이다. 민주국가에서는 의회가 예산심의를 통하여 국민에 대한 정치적 책임을 확보하게 된다는 점에서 중요한 의미를 갖는다.

입법부는 정부가 수행하여야 할 사업계획과 그 수준을 예산의 심의 · 의결을 통하여 결정한다. 또한 정부의 재정규모와 지출예산의 총액을 확정한다. 입법부는 행정활동을 감시하고 그 효율성을 평가하여 예산심의에서 이를 반영시킨다. 그리고 정부시책의 합리성을 검토하여 목표달성을 위한 합리적인 가용자원의 배분을 도모한다(이종익, 1998: 215-216).

정부의 예산안이 회계년도 개시 90일 전까지 국회에 제출되면 예산안 심의를 위한 국회가 개회된다. 먼저 정부의 대표자는 정부의 전반적인 정책 및 예산 편성의 방향에 대하여 국정연설을 하게 되며, 본회의에서 이러한 정책과 예산 편성 방향에 대하여 정책질의를 하게 된다.

또한 예산안의 종합심사를 위하여 예산결산위원회 — 약칭하여 예결위라 한다 — 가 구성되는데, 예결위의 종합심사는 종합정책 질의, 부처별 심의, 계수 조정 심의위원회의 계수 조정, 예결위 전체회의에서 소위원회의 조

그림 7-7 예산 심의절차

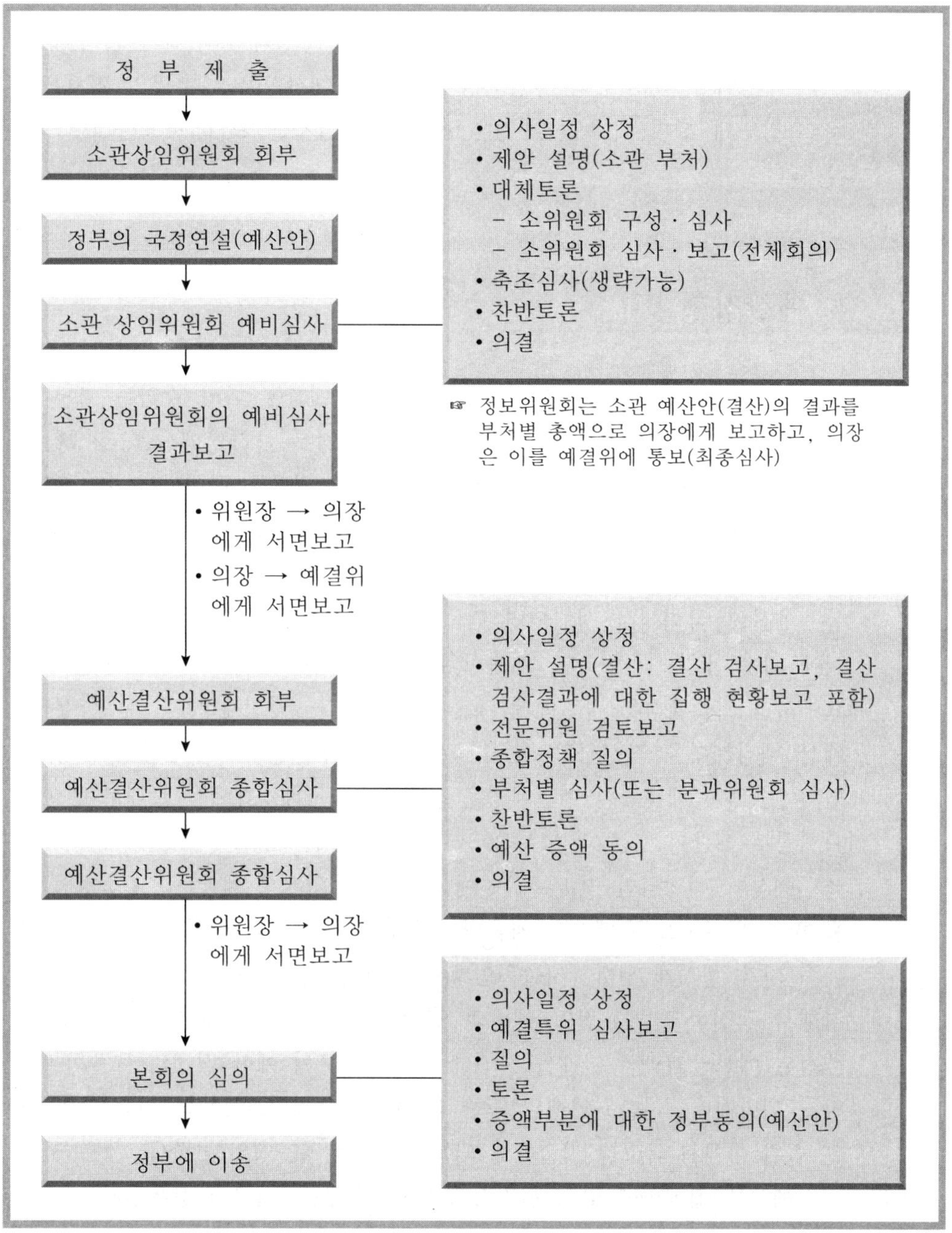
정 부 제 출
소관상임위원회 회부
정부의 국정연설(예산안)
소관 상임위원회 예비심사
• 의사일정 상정
• 제안 설명(소관 부처)
• 대체토론
– 소위원회 구성 · 심사
– 소위원회 심사 · 보고(전체회의)
• 축조심사(생략가능)
• 찬반토론
• 의결
☞ 정보위원회는 소관 예산안(결산)의 결과를 부처별 총액으로 의장에게 보고하고, 의장은 이를 예결위에 통보(최종심사)
소관상임위원회의 예비심사 결과보고
• 위원장 → 의장에게 서면보고
• 의장 → 예결위에게 서면보고
예산결산위원회 회부
예산결산위원회 종합심사
예산결산위원회 종합심사
• 의사일정 상정
• 제안 설명(결산: 결산 검사보고, 결산 검사결과에 대한 집행 현황보고 포함)
• 전문위원 검토보고
• 종합정책 질의
• 부처별 심사(또는 분과위원회 심사)
• 찬반토론
• 예산 증액 동의
• 의결
• 위원장 → 의장에게 서면보고
본회의 심의
정부에 이송
• 의사일정 상정
• 예결특위 심사보고
• 질의
• 토론
• 증액부분에 대한 정부동의(예산안)
• 의결

정안 승인의 순으로 행한다.

이 과정에서 가장 중요한 것은 부처별 심의와 소위원회의 계수 조정이라고 할 수 있는데, 이는 예산안의 실질적인 조정작업이 여기에서 이루어지기 때문이다. 예결위의 종합심사가 끝나면 예산안은 본회의의 의결을 거쳐 확정되게 된다. [그림 7-7]은 예산 심의절차를 보다 자세하게 나타낸 것이다.

4. 예산집행

예산의 집행이란 국회에서 의결·확정된 예산에 따라 수입을 조달하고 공공경비를 지출하는 재정활동을 의미한다. 정부는 세출예산을 집행할 때 원칙적으로 표시된 목적과 금액의 한도 내에서 지출을 하여야 하며, 세입예산의 집행에 있어서도 법률에 정해진 세율 및 징수방식을 엄격히 준수하여야 한다.

예산이 국회에서 성립되면 각 중앙행정기관의 장은 사업운영 계획 및 이에 의한 세입·세출예산, 계속비와 국고채무부담행위를 포함한 예산 배정요구서를 기획재정부 장관에게 제출하여야 한다. 기획재정부 장관은 분기별 예산 배정계획을 작성하고 이를 국무회의의 심의를 거쳐 대통령의 승인을 얻어야 한다. 매분기별 예산배정은 분기별 예산 배정계획을 토대로 하여 기획재정부 장관이 매분기별 15-20일 전에 하게 된다.

예산이 배정되면 각 부처는 예산의 범위 내에서 계약 등 지출원인행위를 하게 된다. 모든 예산은 지출원인행위를 한 때부터 예산을 지출할 수 있는 근거가 생기게 된다. 지출원인행위는 지출행위와 구별되는데, 이는 예산 집행시 적절하고 계획적인 예산의 집행을 기하는 동시에 지출의 합법성과 배정된 예산금액과의 관계를 사전에 확인함으로써 예산 집행의 효율화를 기하기 위함이다. 지출원인행위를 한 후 중앙예산기관으로부터 자금을 배정받은 범위 내에서 국고를 지출하게 되는데, 이를 지출행위라 한다.

예산을 집행함에 있어 원칙적으로 각 중앙행정기관의 장은 예산이 정한 목적 이외에 경비를 사용하거나 각 기관간, 각 장·관·항간에 상호 사용할 수 없다. 그러나 예산 집행에 탄력성을 부여함으로써 사업계획이나 여건 변화에 따른 집행의 신축성을 확보하기 위한 몇 가지 제도를 예산회계법은 인정하고 있다.

첫째, 예산의 이용(移用)이다. 이는 입법 과목인 장·관·항에 대한 조치이므로 예산 집행상의 필요에 의하여 미리 국회의 승인을 얻은 부문에 한하여 중앙예산기관의 장의 승인을 얻어 장·관·항간에 예산금액을 상호 사용할 수 있다.

둘째, 예산의 전용(轉用)이다. 이는 행정과목인 예산의 세항 또는 목간에 예산금액을 상호 사용하는 것으로 중앙예산기관의 장의 승인을 얻어 사용할 수 있다.

셋째, 예산의 이체(移替)이다. 이는 정부조직 등에 관한 법령의 제정·개정 또는 폐지로 인하여 직무와 권한에 변동이 있을 때에 예산을 이에 따라 변경하여 사용할 수 있음을 의미한다.

넷째, 예산의 이월(移越)이다. 이는 세출예산을 다음 연도로 넘겨서 사용하는 것을 말하며, 명시이월과 사고이월이 있다. 명시이월이란 세출예산 중 연도 내에 그 지출을 마치지 못할 것이 예측될 때에 미리 국회의 승인을 얻어 예산을 다음 연도로 넘겨서 사용하는 것이다. 사고이월은 연도 내에 지출원인행위를 하고 불가피한 사유로 인하여 연도 내에 지출하지 못한 경비와 지출원인 행위를 하지 않은 부대경비의 금액을 다음 연도에 이월하여 사용하는 것이다.

이외에도 집행의 신축성을 위하여 인정되고 있는 제도로서 예비비가 있다. 예비비란 예측할 수 없는 예산의 지출 또는 예산 초과지출에 충당하기 위한 경비를 말한다. 정부는 예비비를 책정하여 총액으로 국회의 의결을 얻어야 한다. 장래의 수입 예정에 지나지 않는 세입예산과는 달리 세출예산은 예산액의 부족으로 초과지출하여야 할 경우나 혹은 예산을 편성할 때에 전혀 예측할 수 없었던 사태가 발생함으로써 새로운 경비를 필요로 하는 경우를 예상할 수 있다. 그러나 예비비는 그 목적이 정해져 있지 않고, 그 계상을 의무화한 목적 외 예산이므로 실질적인 의미를 가진 예산은 아니다.

5. 결산과 회계검사

결산은 1회계년도 내에 있어서의 정부의 세입과 지출의 실적을 확정적 계수로써 표시하는 행위이다. 결산은 예산과는 달리 정부활동을 규제하는 직접적이고 명백한 법적 성격을 가지지 못하나, 결산이 정당한 경우 정부의 책임을 해제시킨다는 의미를 갖는다. 정부의 지출이 예산에 의하여 사전 감독을 받는 것과 마찬가지로 결산에 의하여 사후에 감독을 받는다.

결산절차를 보면 예산 집행이 끝난 후 각 중앙행정기관의 장은 매 회계년도의 자기 소관에 속하는 세입·세출 결산보고서, 계속비 결산보고서, 국가의 채무에 관한 계산서를 작성하여 다음 연도 2월 말까지 중앙예산기관의 장에게 보고하여야 한다. 중앙예산기관의 장은 각 중앙행정기관의 장이 제출한 세입·세출의 결산보고서에 의하여 총결산을 작성, 국무회의의 심의를 거쳐 대통령의 승인을 얻어야 한다. 중앙예산기관의 장은 세입·세출 결산을 다음 연도 6월 10일까지 감사원장에게 필요한 서류와 함께 보내며, 이어서 감사원에 의한 결산검사가 있게 된다.

감사원은 세입·세출 결산서를 검사하고, 국가의 세입·세출을 확인하여 검사보고서를 다음 연도 정기국회 개회일 전까지 중앙예산기관의 장에게 다시 보내야 한다. 감사원에 의한 결산의 확인은 결산의 합법성과 정확성에 관한 최종적·확정적 판정이며, 결산의 국회 제출을 위한 전제조건이다. 다만 결산이 위법·부당하다는 판정이 내려져도 이미 수입·지출된 행위를 무효로 하거나 취소할 수 없다. 따라서 감사원의 기능은 발견된 비위의 시정조치를 요구하는데 그 초점을 두고 있다.

제8장

공공부문에서의 전략적 관리

개 요

존망지추(存亡之秋)란 죽느냐 사느냐의 기로라는 뜻이다. 우리들은 환경 변화에 적극적으로 대처하지 못한 재벌회사의 해체나 외국 지방자치단체의 파산사례들을 자주 보게 된다. 오늘날의 환경은 행정부의 지속적 개혁을 강요하고 있으며, 이러한 환경에 있는 행정조직은 전략적 변화를 이끌고 관리하지 못한다면 발전은 물론이고 생존조차 어렵게 될 것이다.

전략적 기획(strategic planning)과 전략적 관리(strategic management)는 민간부문에서 이미 오래 전부터 연구되어 기업 운영에 적용되었다. 이는 지식 · 정보화 사회에서는 기업이 전략적으로 사고하고 행동하지 않으면 생존하고 번영할 수가 없었기 때문이었다. 반면에 공공부문은 경쟁기제보다는 예산기제가 작동하고, 또한 환경의 변화도 상대적으로 안정적이었던 만큼 전략적 관리에 대한 인식이 지금까지 별로 없었다. 그러나 오늘날 행정환경이 민간부문 못지 않게 변화의 급류에 휘말려 있다. 2000년대 초부터 미국에서 시작된 금융위기가 전세계로 퍼져나가면서 실물경제까지 극심한 위기에 봉착하게 되면서 정부의 역할도 변화 관리와 위기 관리에 치중하게 되었다.

전략적 관리란 조직의 성과, 명령, 조직 내·외적 환경, 핵심 참여자들의 이익 등을 분석하고 이들을 체계의 생존과 번영을 이룩할 수 있도록 통제하기 위한 합리적이고 창의적인 관리과정이다. 지식 · 정보사회에서 정부가 전략적 관리를 하기 위한 행정 혁신을 지속적으로 해야 할 당위성과 아울러 이를 공공부분에 원용할 때 나타날 한계에 대해 인식할 필요가 있다. 이러한 인식 하에서 전략적 관리를 공공조직의 방향성을 탐색하는 유용한 틀로서 연구할 필요가 있다.

Ⅰ. 전략적 사고의 필요성

1. 변화와 선택

지식 · 정보시대에 있어서 기업뿐만 아니라 공공조직의 관리자도 성과지향적 관리를 해야 하는 상황에 처해 있다. 관리자는 급변하는 환경에 부합하여 조직을 지속적으로 변화시켜야 하고, 변화를 위해 선택한 결과가 조직의 성패에 중대한 영향을 미친다. 따라서 정책관리자는 조직의 성과 향상을 위해 새로운 기술 도입, 인터넷의 활용수준 제고, 행정영역의 분권화, 갈등 관리 등 다양한 측면에서 전략적 사고를 해야만 한다.

이러한 실무적으로나 이론적 맥락에서 최근 전략적 관리(strategic management)에 관한 연구들이 활발히 진행되고 있다(Olsen & Eadie, 1982; Nut & Backoff, 1992; Hax & Majluf, 1996; Berry, 2002; Hughes, 2003). 행정의 전통모형은 조직의 내적 측면에 초점을 두고, 단기적 성과에 치중하였다. 또한 환경과의 관계에서 전략적으로 사고하거나 결과지향적 관점에서 전략적 관리하는데 관심이 적었다. 이러한 특성을 지니는 전통모형에 입각하여 행정을 하면 행정과정의 효율성에 집착하여 조직의 궁극적 목적을 망각하기가 쉽다. 또한 일관된 목적을 상실한 채 전략이 없이 일상적 업무를 처리하게 되어 결국 조직의 방향을 잃게 된다.

그러나 전략적 관리모형에 따라 전략을 사용하면 업무 초점을 좁히고, 일관된 조직목적을 추구할 수 있고, 전략적 행동을 이끌어 낼 수 있게 된다. 이런 점에서 조직이 무엇을 해야 하고 어떻게 이를 전략적으로 집행할 것인가에 대한 전략적 기획(strategic planning)과 전략적 관리가 중요하다. 물론 행정관리자가 모든 행정과정에서 장기적이고 전략적인 지도력을 발휘하기는 어렵다. 하지만 지시 · 정보사회에 부응한 행정을 위해서는 전통적 기획에 익숙한 행정가는 다음과 같은 전략적 접근의 특성에 대해 이해해야 할 필요가 있다(Berry, 2002).

첫째, 전략적 시각은 외적 환경과 연계하여 조직을 본다. 전략적 기획에서는 이해관계인(stakeholder)을 구체화하고 이들에 관해 수집한 정보를 정책결정과정에서 활용하는 등 전통적 기획에 비해 환경적 요인들에 대해 더 많은 고려를 한다.

둘째, 단기 계획보다는 5년 이상의 중 · 장기 관점에서 이상(vision)을 바탕으로 계획을 수립한다.

셋째, 전통적 기획은 기획전담 막료(staff)에 의해 수립되어 계선(line)이 배제된다. 그러나 전략적 관리의 수립과정에는 고위관리자뿐만 아니라 전략적 기획의 수행에 관련된 모든 수준의 관리자들도 참여한다.

2. 민간부분에서의 전략적 관리의 발전

원래 '전략'은 특정 전투에서 승리를 목표로 하는 '전술'보다 상위 개념으로서 전쟁에서 승리를 목적과 관련된 군사 용어다. 전략적이란 '일상적'이란 용어와 대칭적인 것으로 볼 수 있다. '일상적'이란 수립된 목표를 달성하기 위한 방법에 따라 또는 그 전에 해 온대로 하는 것을 의미한다. 이에 비해 '전략적'이란 목표 자체가 계속적으로 변하거나 목표 달성방법에 대해 갈등이 있어서 그 전에 해 온 방법으로는 도저히 목적을 달성할 수 없기 때문에 그 전과는 다르게 새로운 방법으로 하는 것을 의미한다.

제 2 차 세계대전 이후 군의 전략개념을 원용하여 단기적 시각에서 내적 문제 해결에 치중하기보다 장기적이고 외적 환경과의 관계에서 경영을 함으로써 좋은 결과를 얻었던 기업가들에 의해 민간부분에서 전략적 기획이 널리 활용되기 시작하였다.

Hax와 Majluf(1996)는 기업에서 행해졌던 기획의 발전과정을 예산 통제, 장기 기획, 전략적 기획, 협력적 전략적 기획, 그리고 전략적 관리라는 다섯 단계로 구분하여 설명한다.

예산 통제는 기획의 초보적 단계이다. 이러한 초기적 단계를 거친 조직은 미래를 구성하고 조직의 이상을 실현하기 위한 3년 또는 5년 정도의 장기계획 수립하게 된다. 그런데 장기계획은 경쟁자가 많지 않거나 경쟁이 심하지 않는 상황에서 활용도가 높지만 급변하는 환경에서나 경쟁이 심한 경우에는 한계가 있다. 이런 점에서 전략적 기획의 수립 필요성이 제기되는데, 오늘날까지 발전되어 온 전략적 기획의 유형을 세 단계로 나누어 볼 수 있다.

첫 번째 유형은 미국 기업계에서 1960년대 유행하였던 '기업 전략적 기획'이다. 이는 현재와 미래의 기업 활동영역과 상품 및 시장 상황 등에 대한 추세 분석을 바탕으로 조직 임무를 명확히 하고, 목표를 설정하고, 목표 달성을 위한 장단기적 계획을 작성하고, 계획의 집행을 위한 구체적인 자원을 배분하는 기법 내지 절차를 개발하는 것이다.

'협력적(coporative) 전략적 기획'은 기업이 경쟁력 심화, 사회적 가치 변화, 정치·경제적 불확실성 증대에 대한 인식이 높았던 1970년대에 개발되었다. 이는 세밀한 분석을 바탕으로 한 기획 수립을 강조한다는 점에서 기업 전략적 기획보다 한 차원 높은 기획으로 평가할 수 있다.

1980년대부터는 분석수단이 과거에 비해 고도화되고 기획의 범위도 더욱 확장된 '전략적 관리'가 유행되었다. 전략적 관리가 앞서 나타났던 전략적 기획들과 구별되는 가장 큰 특징은 기획의 초점을 최적의 전략적 결정에서 새로운 시장, 새로운 생산물, 새로운 기술과 같은 전략적 결과 산출에 둔다는 점이다. 또한 기획 수립 및 이의 집행에 관한 절차보다는 관계된 사람과 집단 그리고 조직문화를 중시한다는 특징을 지닌다.

Ⅱ. 전략적 기획을 위한 접근법들

전략적 기획이란 최고 집행자가 자신이 소속된 지역사회나 조직이 생존하고 발전할 수 있는 방안을 기획하는데 도움을 줄 수 있도록 고안된 일련의 절차나 모형이다. 지금까지 전략적 기획을 위한 다양한 접근법들이 개발되었지만, 이들 접근법의 핵심 과정은 사회적 추이 분석에 따른 정책 방향 모색, 조직 임무 설정, 대상집단 및 조직 내외의 이해관계자 구체화, 전략의제 설정 및 이를 해결하기 위한 구체적 실천방안 개발이다. 대체로 전략적 기획 과정에는 정책이나 조직의 방향 설정, 상황 분석, 전략적 의제 구체화, 전략 개발, 의사결정, 집행 그리고 평가로 구성된다(Bryson, 1995).

이러한 전략적 기획과정 중 특정 과정이나 측면을 강조하여 다양한 접근법들이 제시되고 있다. 여기서는 민간부문에서 발전되어 온 접근법들을 일반적 접근법, 내용 접근법 그리고 과정 접근법으로 대분류하고 이에 포함되는 주요 접근법들을 설명하고자 한다.

1. 일반적 접근법

일반적 접근법(general approach)이란 과정이나 내용이라는 좁은 범위에 초점을 두지 않고 조직이나 정책의 방향 설정을 강조하는 접근법이다.

1) Harvard 정책모형: SWOT 모형

Harvard 정책모형(The Harvard Policy Model)은 Harvard 경영대학원에서 1920년대부터 경영정책과목에서 가르치면서 개발되어 왔으며, 오늘날 공공분야 전략적 기획모형 연구에 있어 기초 원리로서 널리 원용되고 있다.

이 모형은 조직의 내부적 강점(strengths)과 약점(weaknesses) 그리고 외부적 기회(opportunities)와 위협(threats)을 체계적으로 분석하여 자신에 가장 적합한 전략을 파악하기 위한 분석 틀이다. 네 가지의 머리글자를 모아 'SWOT 분석' 이라고도 한다.

이 모형이 효과적이기 위해서는 조직이 처한 상황과 이를 헤쳐가기 위해 수립한 전략적 기획에 대해 구성원들이 공감하고 아울러 전략적 기획을 이끌어 갈 지도자의 권위를 인정하여 전폭적으로 지지해야만 한다.

Harvard 정책모형의 가장 큰 강점은 조직 자신뿐만 아니라 환경에 가장 적합한 발전전략을 수립할 수 있다는 점이다. 그러나 이 모형은 SWOT 분석을 바탕으로 효과적인 전략을 개발하고, 기회를 이용하고, 약점과 위기를 극복하거나 최소화하라는 것은 알려주는 정도이며 구체적으로 어떻게 전략을 개발할 수 있는지에 대해서는 도움을 주지 못한다는 한계가 있다. 따라서 이 모형은 아래에서 논의될 다른 모형들과 병용해서 사용할 필요가 있다.

2) 전략적 기획체계(Strategic Planning System)

전략적 기획체계는 관리자가 중요한 문제에 대해 의사결정, 집행, 그리고 통제하는 체계를 개발하려는 것이다. 전략적 계획체계를 고안하기 위해서는 적어도 다음의 네 가지 기본적 질문에 답할 수 있어야 한다(Lorange, 1980).

첫째, 우리는 어디로 가고 있는가?(사명)

둘째, 우리는 어떻게 거기에 도달할 수 있는가?(전략)

셋째, 우리의 활동 청사진은 무엇인가?(예산)

넷째, 우리가 올바른 궤도 위에 있는지를 어떻게 아는가?(통제)

조직의 전략 수립에 포함되는 다양한 요소들을 체계적으로 분석하려는 시도는 전략적 기획체계의 강점인 동시에 지나치게 포괄적이라는 점에서 한계가 되기도 한다. 또한 조직의 사명을 명확히 하고, 합리성에 입각한 전략을 수립하고 이의 집행방안을 강구하고 엄격히 통제하고자 하는 시도는 명확한 사명, 목표, 집중된 권위, 분명한 지시체계가 확립된 조직에서만 효과를 거둘 수 있다는 한계가 있다.

3) 이해관계자 관리접근법(Stakeholder Management Approach)

이해관계자 관리접근법은 주요 이해관계자들의 요구를 충족시켜 줄 수 있는 관리능력이 조직의 생존과 발전을 위한 핵심 요인으로 본다. 여기서 이해관계자(stakeholder)란 조직의 미래에 의해 영향을 주거나 받을 수 있는 개인, 집단 또는 조직을 말한다. 이 접근법은 결국 다원주의적 관점에서 이해관계자들의 관점을 충분히 고려하여 전략을 수립하는 것이다.

고객이나 거래처의 요구나 기대를 충족시켜 줄 수 없을 때에는 경쟁원리에 의해 도태될 수밖에 없는 기업의 생리를 생각할 때 이 접근법은 상당히 설득력이 있는 것으로 보인다. 또한 이 접근법은 이해관계를 달리 하는 많은 참여자들에 의해 구성된 공공부문에도 원용가능성이 높다. 최고 집행자는 공유된 권력세계에서 정책을 의도한 방향으로 결정 · 집행하기 위해서는 주요 이해관계자들과 그들의 이익을 파악하고 이들을 효과적으로 관리할 수 있는 전략을 수립해야만 한다.

이해관계자 관리접근법의 강점은 조직이 생존하기 위해서는 조직 내외의 주요 참여자의 이해관계를 파악해야 하고, 이들을 만족시켜야만 한다는 점을 강조한 것이다. 그러나 경합되는 요구간의 우선순위를 판정해 줄 기준이 부족하며, 다양한 참여자들의 이해관계를 다룰 전략 개발에 대한 지침이 결여되어 있다는 한계가 있다.

4) 전략적 쟁점관리(Strategic Issues Management)

전략적 쟁점관리는 전략적 쟁점을 인식하고 해결하는데 초점을 둔 접근법이다. 즉 조직에 중대한 영향을 미칠 가능성이 있는 조직 내외에 잠재되었거나 노정된 쟁점들을 전략적으로 해결할 수 있는 능력을 조직의 생존과 발전의 원천으로 보는 것이다.

전략적 쟁점이라는 개념은 SWOT 분석단계와 전략 개발단계 사이에 무엇인가 빠진 단계가 있다는 인식에서부터 형성되었다. 그 단계가 바로 전략적 논제의 구체화이다. 전략적 논제의 구체화는 전략적 기획과정의 일부분이며 또한 '포괄적 연차 전략 점검'(comprehensive annual strategic reviews)보다도 좁은 개념으로 보고 있다(Chakravarthy & Lorange, 1991). 조직전략을 매년 전체적으로 점검하는 것은 너무 많은 노력과 시간이 소요되어 실용적이지 못하며, 핵심 전략은 수년에 걸쳐 집행되는 것이 일반적이다. 그러므로 연차 전략 점검은 SWOT 분석 등 전략적 기획을 통해 도출된 소수의 핵심 전략적 논제에 초점을 두고, 전반적인 점검은 수년에 한번씩 하는 것이 바람직하다. 긴급한 전략적 논제에 직면하면, 최고 관리자는 가능한 빨리 임시조직을 조직하여 이들이 즉각 이 문제를 해결하도록 해야 한다.

전략적 쟁점 관리는 공공조직에 있어서도 원용가능성이 높다. 전략적 쟁점들은 필요에 따라서는 공식의제로 전환될 필요가 있기 때문에 전략적으로 관리되어야 한다. 다시 말해 잠재적 문제나 현시된 쟁점은 조직의 목표나 임무, 환경과의 관계, 주요 이해관계자 등에 대한 분석을 바탕으로 관리되어야 한다.

전략적 쟁점 관리 접근법의 강점은 핵심 논제를 적시에 인식하고 분석할 수 있는 능력에 있다. 그러나 논제를 어떻게 형성할 것인가에 대한 구체적인 방안을 제시하지 못한다는 한계가 있기 때문에 이를 보완하는 작업이 필요하다.

2. 내용 접근법

앞에서 설명한 네 가지 접근법들은 전략적 기획을 위한 구체적 내용을 개발하기 위한 것이 아니라 일반적인 전략적 기획과정의 관리에 대한 것이다. 그런데 일반적 접근법은 전략적 기획을 어떻게 수립할 수 있느냐에 대한 대답을 할 수 있게 하지만 환경 변화에 대응한 적절한 전략을 처방해 주지는 못한다. 이에 비해 다음에 설명할 포트폴리오 모형과 경쟁 분석은 내용에 관한 분석틀을 제시하는 것이다.

1) 포트폴리오모형(Portfolio Model)

포트폴리오란 용어는 본래 간단한 서류가방이나 자료 수집철을 뜻하는 말로, 주식 투자에서 투자자산의 집합이라는 의미로 사용된다. 즉 주식 투자에서 위험을 줄이고 투자수익을 극대화하기 위해 여러 종류에 분산 투자하는 방법이다. 경영학에서 연구되어 온 포트폴리오이론은 대단히 복잡하지만 그 기본 원리는 기업의 내·외적 환경을 대비·분석하여 자원을 적절히 배분하는 분석 틀을 개발하는 것이다.

포트폴리오모형의 장점은 전략적으로 중요한 요인들을—예컨대, 특정 시장의 성장성, 소비자들의 지불용의(willingness to pay: WTP)와 같은 외적 환경 요인과 세금 부담정도, 사업 전망, 기업의 경쟁력과 같은 내적 환경요인—다각적으로 분석하여 다양한 전략을 수립할 수 있다는 점이다. 그러나 급변하는 대내적 환경에서 전략적으로 중요한 요인 및 이들의 변화를 정확히 분석·예측하는 것은 현실적으로 어려운 작업이다. 따라서 포트폴리오 분석을 바탕으로 위험을 극소화하고 동시에 이윤을 극대화할 수 있는 전략을 개발하는 것이 실제로 쉽지 않다는 한계를 지닌다.

공공부문에서 이 모형을 원용하기는 용이하지 않다. 그러나 공공 병원이 수용자의 요구와 지불용의, 병원의 의료서비스의 공급능력 등에 대한 측정을 바탕으로 하여 경쟁력 있는 서비스 제공 방안을 결정할 수 있을 것이다. 또한 지방정부의 경제 개발 기획가는 기업 유치를 위한 지역적 이점과 기업을 유치함으로써 증가될 지역 경제 등을 측정하여 어떤 기업을 유치하고자 할 때 포트폴리오 모형을 이용할 수 있다.

2) 경쟁력 분석(Competitive Analysis)

전략적 선택을 돕는 또 다른 중요한 내용적 접근법은 Porter(1990)와 그의 동료들에 의해 개발된 경쟁력 분석이다. 이 접근법은 한 산업을 형성하고 있는 여러 세력들을 분석함으로써 산업전체의 이익수준을 예측할 수 있으며, 전략적 사업단위가 택한 특정전략의 성공여부를 알 수 있다는 것이다. Porter는 한 산업을 형성하는 다섯 가지의 중요한 세력들을 다음과 같이 가정한다: ① 고객의 상대적인 힘, ② 공급자의 상대적인 힘, ③ 대체생산물의 위협, ④ 새로운 경쟁자의 유입위협, ⑤ 산업에 있는 세력간의 경쟁적 활동량.

경쟁력 분석모형이 가지는 장점은 산업을 평가하고 특정 산업 내의 기업이 당면한 전략적 선택들을 평가하는 체계적인 방법을 제공한다는 것이다. 그러나 Porter가 제시한 다섯 가지 요인 이외에도 경쟁력에 영향을 미치는 요인들이 많다는 점에서 경쟁력 분석모형의 한계가 있다.

경쟁력 분석모형은 공공분야에서도 잘 원용될 수 있다. 오늘날 행정에 있어서도 고객의 개념이 중요시되고 있는데, 이는 공공서비스의 공급자의 경쟁력 확보가 중요하다는 것을 의미한다. 물론 공공분야에는 새로운 경쟁자의 유입가능성이 적지만, 오늘날 일부 공공서비스를 계약을 통해 민간기업이 공급하는 경우가 많아지고 있으며 때로는 민간서비스와 직접적으로 경쟁해야하는 산업도 많아지고 있다. 또한 경쟁력 분석은 지방자치단체가 지역경제를 발전시키기 위하여 전략적으로 육성하고자 하는 산업을 파악하고 발전전략을 세우는데 있어 중요한 분석 틀이 될 수 있다.

그러나 공공부문의 경쟁력 분석을 하는 데는 다음의 두 가지 어려움이 있다. 하나는, 공공부문에서는 경쟁력을 지녀야 할 산업이 없거나 부문별 경쟁력 요인들을 파악하기가 곤란한 경우가 많다. 다른 하나는, 공공부문에서는 경쟁보다는 협력이 오히려 중요한 경우가 많다. 따라서 공공부문에서의 경쟁력 분석은 사회적, 정치적 힘에 대한 고려와 협동가능성을 아울러 고려해야 한다.

3. 과정 접근법

과정 접근법으로 분류할 수 있는 대표적 접근법은 혁신을 위한 준거 틀로서 사용되고 있는 '논리적 점변주의'와 '혁신을 위한 준거틀' 두 가지이다.

1) 논리적 점변주의(Logical Incrementalism)

논리적 점변주의는 Lindblom의 점변주의에 영향을 받은 Mintzberg와 Quinn(1991)에 의해 개발된 개념이다. 이들은 여러 하위 집단들이 느슨하게 연계되어 있는 분권화된 조직이 발전하기 위한 전략으로서 점변주의적 접근을 설명하였다. 논리적 점변주의는 전략의 수립과 이의 집행을 통합적으로 분석하는 과정적 접근을 한다. 이와 더불어 지속적으로 조금씩 발전해 가는 점변적 변화를 통하여 궁극적인 변혁을 이루고자 한다.

이 접근법의 강점은 복잡하고 변화하는 상황에서 정치적 현실을 중시한다는 점이다. 즉 논리적 점변주의는 중요한 결정에 대해서와 마찬가지로 사소한 결정에 대해서도 또한 공식적 과정뿐만 아니라 비공식적 과정도 마찬가지로 중요시한다. 그러나 이 접근법의 약점은 다양하게 연계된 하위 집단에 의한 점변적 결정이 반드시 공동의 목적을 달성할 수 있다고 보장할 수 없다는 점이다.

논리적 점변주의는 다양한 참여자간에 권한이 공유되어 있는 공공부문에서 전략적 목적을 달성하기 위한 전략적 기획과정에 원용될 가능성이 매우 높을 것이다. 특히 지역사회에서 행정기관이 기업이나 시민과 협동으로 공동 생산을 기획하는 경우 논리적 점변주의적 접근이 매우 현실적인 방안이다.

2) 혁신을 위한 준거틀(A Framework for Innovation)

앞에서 설명한 전략적 기획체계는 임무, 전략, 조직 구조에 대한 포괄적 분석을 통해 체계에 대한 처방과 통제를 하고자 하는 접근법이다. 전략적 기획체계 접근법이 기획체계에 대한 통제에 초점을 둔다면 혁신을 위한 준거 틀은 혁신적 전략을 강조하는 입장이다. 그리고 이 접근법은 위에서 설명한 다양한 접근법들의 —SWOT 분석이나 포트폴리오 모형 등— 방법을 사용하지만 다음을 특히 강조한다는 점에서 차이가 난다.

(i) 혁신 자체를 전략으로 본다.

(ii) 혁신 전략을 실천하기 위한 전략적 관리를 중시한다.

(iii) 공통의 상위 목표를 추구하는 분권화된 그리고 기업적인 부분들에게 '성공에 대한 이상'(vision of success)을 개발한다.

(iv) 기업적 문화를 구축하고자 한다.

Ⅲ. 전략적 관리

1. 전략적 관리과정

전략적 관리는 조직이 수행해야 할 세부적 업무 및 중·장기적 미래의 업무에 대한 포괄적이고 장기적인 계획을 수립하여 이를 시행하려는 전통적 관리에서 탈피하고자 하는 개념이다. 전통적 관리의 한계는 확실성을 가지고 예측할 수 없는 미래에까지 현재의 추세를 연장시킬 수 있다는 가정에 있다. 급변하는 환경에 대응하여 목표뿐만 아니라 참여자, 절차, 조직체계 등이 계속적으로 변화해야 할 상황에서 전통적 기획에 따른 관리로 일관한다면 조직의 생존과 번영에 중대한 위협이 닥칠 수 밖에 없을 것이다.

전략적 관리의 첫 단계는 조직이 장기적으로 추구해야 할 이상을 구체화하는 것이다. 다음으로 조직의 현실을—현재의 수입, 인력, 정책, 기능, 시설 등—분석한다. 그러면 이상과 현실간의 괴리를 발견할 수 있으며, 이 괴리를 메우기 위한 과정이 전략적 관리이다. 다시 말해 전략적 관리는 외적 환경의 변화를 검색하고, 조직의 이상을 추구하기 위해 극복해야 할 내적 장벽들을 분석하여 이들을 개선하는 과정이다.

계획된 변화는 환경적 요소와 맞물려 매우 다양한 형태로 바뀌어져야 하며 전략적 기획의 효과도 애초의 기대된 것과는 다르게 나타날 가능성이 높다. 보다 구체적 활동으로는 내적 환경들의 전략적 기획을 추진할 팀을 설치하고, 이들에게 혁신적으로 사업을 추진할 수 있도록 권한을 부여한다. 또한 인사, 조직, 재정, 기술 등 필요한 자원을 환경 변화에 맞게 적시에 제공하는 활동 등이 포함된다.

한편 전략적 관리에 있어 중요한 측면 중의 하나는 지도자이다. 전략적 관리는 정책결정자, 계선 관리자 또는 이들 모두에 의해 이루어진다. 계선 관리자는 임명직 공무원이나 정치가에 비해 정치적 해결능력이 부족한 대신에 전문성이 높으므로 조직 혁신을 위해서는 양자 모두에게 적절한 지도력이 배분하고자 하는 것이다.

전통적 관리에 비해 전략적 관리가 지니는 특성을 크게 두 가지로 구분하여 볼 수 있다(Hax & Majluf, 1996).

첫째, 전략적 관리는 조직의 모든 단위에서 적용된다. 다시 말해 기획을 전담조직에서 수행하는 별도의 활동이 아니라 조직체계 전반에서 수행하는 관리의 한 유형이다. 다시 말해 전략적 관리란 기획과 관리 그리고 조직구조를 서로 잘 맞물리게 하고자 하는 것이다. 전략적 관리를 위해서는 의사소통과 정보체계를 통합되고, 또한 동기부여와 보상체계가 잘 연계되어야 한다. 그리하여 모든 관리업무에 기획기능을 통합하는 것이 전략적 관리가 추구하는 것이다.

둘째, 조직을 구성하는 사람과 이들에 영향을 미치는 조직 문화를 중시힌다. 그 이유는 전략적 관리는 계획 자체 보다 집행을 중시히는데, 관리는 조직문화를 구성하는 인적 요소에 의해 큰 영향을 받기 때문이다.

한편 과정적 측면에서 보면, 전략적 관리는 전략적 기획을 좀 더 발전시킨 것이다. 앞에서 설명한 전략적 기획 중 SWOT 모형은 기회와 위협이라는 기준에서 환경을 분석하고, 이를 바탕으로 기회를 이용하고 위협을 해소하기 위한 전략적 계획을 수립하는 두 단계로 이루어진 것이었다. 전략적 관리는 이러한 두 단계에 전략적 집행과 전략적 통제 단계를 덧붙인 것이다. 즉 전략적 관리는 전략적 기획에 비해 전략적 관리를 위한 계획 수립과 이의 집행에 더 많은 관심을 기울이는 것이다.

전략적 관리도 전략적 기획과 유사하게 기획을 수립하지만 약간의 차이가 있다. Nut와 Backoff(1992: 152)는 전략적 관리를 다음의 여섯 단계로 세분하여 설명한다.

첫째, 환경 변화의 관점에서 조직의 역사적 맥락을 분석하고, 조직이 나아갈 규범적 방향을 설정한다.

둘째, 현재의 강점과 약점 그리고 미래의 기회와 위협이라는 측면에서 조직의 현 상황을 측정한다.

셋째, 현재 해결해야할 전략적 의제들을 개발한다.

넷째, 개발된 의제들의 우선순위에 관한 전략적 선택(option)을 고안한다.

다섯째, 중요 이해관계자, 소요 자원 등에 관해 전략적으로 선택한다.

여섯째, 자원 동원 및 이해관계인 관리를 위한 단계별 전략들을 집행한다.

이상에서 설명된 전략적 관리의 단계 중 둘째, 셋째 그리고 넷째 단계는 전략적 기획과 유사하다. 그러나 첫째 단계에서 조직을 역사적 관점에서 재구성하는 점과 다섯째와 여섯째 단계에서 이해관계자에 대해 인식하고 이들에 대한 집행전략을 사용하는 점에서 차이가 난다.

한편 전략적 관리의 집행에 있어서 가장 어렵고도 중요한 것은 조직구성원에게 전략적 관점이 중요하다는 점과 이루어질 변화가 장기적으로 조직과 개인에게 유익할 것이라는 점을 확신시키는 것이다. 오랜 조직문화에 익숙해 온 사람들로부터 야기될 수 있는 반대를 예상하고 이를 관리하는 방안을 계획에 반드시 포함시켜야 한다는 점이 또한 집행전략에 있어서 유념해야 할 사항이다(Hughes, 2003: 143).

2. 공공부문에서의 전략적 관리의 유용성과 한계

1) 유 용 성

공공조직은 사조직에 비해 환경이 안정적이며 오랜 기간에 걸쳐 해결해야할 문제들이 많다. 그러므로 전략적 기획을 원용한다면 좋은 성과를 거둘 가능성이 높을 것이다. 우리나라도 수차례에 걸쳐 경제사회개발 5개년계획을 수립한 경험이 있다. 그러나 과거 국가가 수립하였던 계획은 기업 전략의 초기 단계에 해당하는 예산 통제와 장기 계획에 해당하는 것이었다. 미국에서 전략적 기획이 공공부분에 원용되기 시작하였던 시기는 1980년대 초부터였고, 전략적 관리는 그 보다 좀 더 시차를 두고 소개되었다(Hughes, 2003). 미국 연방정부에서 각 기관에 전략적 계획을 수립하도록 제도화시킨 것은 1993년부터였다(Joyes, 2000).

그러나 공공조직은 민간기업과는 여러 측면에서 다르기 때문에 전략적 사고를 그대로 적용시키기는 데에는 한계가 있다. 행정행위는 법령에 근거해야 하며, 1년 전에 책정된 예산에 의거해야 하며, 다양한 이해관계인을 포함한 정치적 상황을 고려해야 하며, 각종 감사와 통제를 받아야 하며, 조직이나 정책의 명확한 목적 설정이 곤란하다. 또한 명확한 목적 설정, 이윤 추구, 기업비밀 유지, 시장기제에 입각한 전략 분석 등 기업에서 채택하고 있는 가정들을 공공부문에서 그대로 적용하기 어렵다.

그럼에도 불구하고 불확실한 행정환경에서 다양한 참여자들과 협상관계에 있는 오늘날의 공공조직이 단순한 예측에 근거하여 예산 통제위주의 계획방식에서 벗어나 전략적 관리를 하기 위해 행정 혁신을 지속적으로 한다면 기업이 이루었던 성공의 경험을 재현할 수 있을 것이다.

2) 한 계

전략적 관리 자체에 관한 비판과 이를 공공부문에 원용할 경우 제기될 수 있는 문제에 대한 비판으로 구분해 볼 수 있다. 우선 전략적 관리의 일반적 한계를 보면 다음과 같다.

전략적 기획이나 전략적 관리는 논리적 · 분석적 절차를 통해 이루어지기 때문에 조직 안에서 이루지는 다양한 사회 · 정치적인 요인들을 모두 고려하지 못한다는 근본적 한계를 지닌다. 그리고 전략적 기획의 수립과정을 공식화하는 순간 이미 형식화되고, 창의성이나 혁신을 유도하기 어려워진다. 또한 기획 수립에 많은 시간이 소요되기 때문에 소용돌이 환경(turbulent environment)에 적절하게 대응하기 어렵다.

한편 기업과는 다른 조직구조와 조직문화를 지닌 공공부문에 전략적 관리를 원용할 경우에는 나타날 수 있는 문제점들은 다음과 같다(Hughes, 2003).

공공조직은 목표를 명확히 하기가 어렵다. 굳이 정책목표를 명확히 할 경우 조직이 추구해야 본질적인 부분을 빠뜨릴 가능성이 높다. 정부조직의 경직성, 행정과정의 형식성 등으로 인해 전략적 관리의 결과물은 단지 따라야 할 계획안일 뿐이고 실제적 변화를 이끌어내는 작동기제로 운용되지 못할 가능성이 높다. 그리고 행정책임 및 정치적 통제를 고려할 때 전략적 관리가 공공조직에서 혁신을 이끌어내는 데는 한계가 있을 것이다. 전략적 관리를 합리적으로 수립 · 집행하기 위해서는 정치성이 배제되어야 하지만, 현실적으로 정치적 요인을 무시한 계획은 성공하기가 어렵다는 점도 간과되어서는 안 된다. 더욱이 통제지향적 행정문화에서는 성과 향상에 초점을 두는 전략적 관리가 기대된 성과를 내기가 힘들 것이다.

이런 점에서 공공부문에서 전략적 관리를 지나치게 분석적으로 수립하거나 그 자체를 목적시하지 말고 융통성 있게 운영할 필요가 있다. 공공부문에서의 전략적 관리는 관료적 조직에서 전략지향적 조직으로 지속적으로 개선 해가는 과정으로 보아야 한다. 그리고 전략적 관리를 위한 계획서 그 자체보다 수립과정에서 거쳐야 하는 건설적 담론과 이러한 과정에서 형성되는 조직 학습이 중요하다(Berry, 2001).

3. 결 론

행정을 바라보는 시각이 전통적 행정모형에서 관리적 모형으로 변화되는 과정에서 많은 학자들은 기업에서 성공을 거두었던 전략적 관리의 공공부분에의 원용가능성에 관심을 가지게 되었다. 오늘날을 '변화와 선택의 시대'로 특징지을 때, 공공조직도 경쟁력 확보가 중요하며 이를 위해서는 조직을 지속적으로 재구조화하거나 민영화해야 한다. 비록 전략적 관리가 만병통치약과 같은 효능을 발휘하는 정도는 아니지만 공공조직에서도 행정정보 제공에 도움을 주는 유용한 도구로서 기능할 것이다.

그러나 전략적 관리를 활용하여 단숨에 무엇인가를 해야만 한다는 강박관념에서 자유로울 필요가 있다. 전략적이라는 개념에는 고위 관리자에서부터 알선 관리자에 이르기까지 미래를 위한 이상을 공유한다는 의미가 내포되어 있다. 따라서 전략적 관리를 결과물로서의 계획(plan)이 아니라 일련의 과정으로 이해하는 것이 중요하다.

제3부 정치로서의 행정

제 9 장 정부조직 내부의 정치현상
제10장 행정환경과의 정치적 관계
제11장 행정책임, 관료제의 통제 그리고 창의적 관료제를 위한 행정개혁 전략
제12장 공유된 권력세계에 있어서 지도력

제 9 장

정부조직 내부의 정치현상

개 요

관료제 정치에 대한 의문들 중의 하나는 "관료제가 어떠한 집단들과 어떤 정치적 관계를 통해 행정업무를 수행하는가" 하는 점이다. 이 장에서는 관료제의 정치적 현상, 정부부처간의 정치적 관계 그리고 중앙정부와 지방자치단체간의 정치적 관계에 대해 설명한다.

행정과정에서 가장 중요한 주체는 역시 공식적인 업무영역을 가지고 있는 참여자들이다. 공식적인 참여자 가운데서도 관료제가 가장 중요한 주체임은 말할 나위 없다. 관료제를 구성하고 있는 정부조직 내부의 공식적 참여자인 관료들은 각기 고유한 공식적인 권한을 가지고 있기 때문에 관련 참여자들간의 협력이나 타협이 필수적이다. 정치를 자신의 목적을 달성하기 위하여 보다 유리한 위치를 차지하기 위한 참여자들간의 투쟁이라고 정의할 수 있겠는데, 이러한 정치현상은 행정업무 수행을 위한 정부조직 내부에서 일상적으로 일어나고 있다.

또한 업무 수행과정에서 자신이 보다 유리한 위치를 점하기 위한 정치적 투쟁현상은 관료제 내부의 정치적 행위자들에게서도 발견될 수 있으며, 동일한 행정공간에서 활동하고 있는 행정기관간에도 일어난다. 이 장에서는 맨 먼저 관료제 내부의 정치적 행위자로서 직업관료, 대통령 그리고 임명직·선출직 관료에 대해서 '정치적 역할'과 '정치적 자원'이라는 두 측면에서 설명한다. 그 다음으로 정부조직간 그리고 중앙과 지방자치단체간의 정치적 현상에 대해 차례로 설명한다.

Ⅰ. 관료제 내부의 정치적 행위자

1. 직업관료

1) 정치적 역할

관료제는 정치적 행위자, 정치체계의 중요한 구성원, 권력의 중심, 사회안정 유지자, 변화의 역군, 사회적 엘리트, 이익의 결집자, 정책결정자 등의 역할을 수행하고 있다. 관료제는 이러한 역할을 잘 수행하기 위하여 계층제를 구축하고 있다. 즉 관료제는 하향적 모형(top down model)에 입각한 수직적 역할 배분이 잘 이루어져 있다. 대통령은 임명직 공무원을 지배하고, 임명된 정무관은 직업관료인 행정관을 통제한다.

관료는 계층제 원리에 입각하여 법령이나 상관의 명령에 따라 업무를 수행하기도 하지만 실제의 업무수행과정에서 자신의 정치적인 이해관계도 고려한다. 또한 전문성과 재량권을 지니고 있는 관료는 공익을 위해 봉사한다는 목표 외에도 다양한 욕구를 지니고 있다. 즉 관료는 권력, 수입, 위신, 안전, 국가에 대한 충성, 업무에 대한 긍지 그리고 공익에 대한 봉사 등 다양한 욕구를 지니고 있다.

여기서 특히 설명하고자 하는 점은 관료의 정치적 욕구에 관한 것이다. 조직에 몸담고 있는 대부분의 개인들과 마찬가지로 관료도 업무를 성공적으로 수행함으로써 상관으로부터 인정을 받고 이를 통해 승진의 기회를 얻고자 하는 욕구, 보다 중요한 업무를 맡고 싶은 욕구, 자신이 속한 조직이 확대되고 강해지기를 바라는 욕구 등을 가지고 있다.

관료적 정치는 개인적인 정치적 성향에서뿐만 아니라 다른 참여자들과의 관계에서도 더욱 잘 나타난다. 관료는 이익집단, 시민, 언론기관, 국회 등 행정부의 외부조직들과 정치적 관계 속에서 업무를 수행한다. 또한 관료제를 구성하고 있는 다른 부처들과도 정치적 관계에 있다. 이처럼 다양한 관계들 속에서 자신의 목표를 달성하려는 관료의 정치적 행태는 기본적으로 다음과 같은 두 요인에서 기인된다.

하나는, 영역 확장에 대한 욕망이다. 다양한 관계 속에서 특정 업무를 담당하는 관료는 다른 참여자와 업무적으로 관련된 공간(space)에서 일정한 영역을 점유하고 있는 셈이다. 원래 영역(territory)의 개념은 동물행동에 관한 연구에서부터 발전되었다. 동물학자의 연구에 의하면, 동물이 차지하고 있는 영역의 크기는 그 동물이 필요로 하는 음식의 양 그리고 점유동물의 힘과 공격성에 달려 있다고 한다. 동물학자의 이러한 관찰결과를 관료행태에 원용하여 설명할 수 있다. 즉 다양한 참여자들에 의해 수행되는 행정업무를 업무공간으로 보면, 공간은 다시 개별 참여자들이 차지하고 있는 영역권(Territorial Zones)으로 구성되어 있다. 여기서 관료의 영역권은 행정업무공간에서 관료가 발휘할 수 있는 영향력의 크기이다.

그런데 관료의 영역권에 있어 중요한 특성은 경계의 불명확성이다. 관료 영역의 불명확성은 업무 수행과정에서 나타나는 상호 의존성에서 야기된다. 행정업무란 한 부처에서 결정하고 이를 집행하면 되는 경우란 거의 없다. 하나의 업무를 처리하기 위해서는 관련된 많은 기관들로부터 협조를 받아야만 한다. 그렇기 때문에 어떤 업무의 주관부서라 할지라도 그 기관이 단독적으로 결정할 수 없으며, 다른 기관과의 관계나 결정을 고려해야만 한다. 또한 관료는 — 특히 상급관료계층에서 — 자신의 영역을 확장하려는 욕망이 있다. 영역의 경계가 불명확한 상황에서 영역을 확장하려는 욕망을 지닌 관료간의 영역싸움은 필연적이다. 더욱이 보상과 승진이 정책목표의 달성정도나 사회적 공헌과 같은 질적인 기준에 의하기보다는 상급 감독자에 의해서 결정되어질 때 영역싸움은 더욱 빈번해진다.

다른 하나는, 상대방에 대한 몰이해와 부처 이기주의이다. 행정부서는 고유한 업무기준이나 배경을 지니고 있기 때문에 관료는 행정목표나 목표의 달성방법에 대해 서로 상충되거나 반대적 입장을 보인다. 정책목표에 대해서는 비교적 쉽게 동의를 이끌어낼 수 있더라도, 집행방법에 대해서는 합의를 이루기가 어려운 경우가 많다. 이는 목표에 대한 동의단계에서 잠재되어 있었거나 인식되지 못하였던 이해관계의 상충이 집행단계에서 표면화되거나, 목표를 지침이나 방향 정도로 인식하여 이를 달성하려는 의지가 약하기 때문에 발생한다.

2) 정치적 자원

관료의 정치적 영향력의 원천을 세 가지 측면으로 나누어 볼 수 있다.

관료의 가장 큰 정치적 자원은 재임기간의 '장기성'(長期性, longevity)이다. 직업관료는 직업공무원제도에 의해 신분이 보장되어 있어 재임기간이 장기적이다. 직업관료는 대통령, 임명직 관료 또는 국회의원에 비해 상대적으로 오랜 기간 공직에서 활동할 수 있다. 그러므로 상대적으로 임기가 짧은 정무관은 새로운 정책의제나 장기적인 정책 개발을 위해 관료들을 통제하는 데는 한계가 있다. 관료들은 정권이 바뀌거나, 새로운 최고정책결정자가 급진적 개혁을 시도하거나 또는 관료적 이익에 상충되는 정책을 추진할 경우에는 보다 우호적인 상관이 올 때까지 소극적으로 업무를 수행하기도 한다.

두 번째 관료의 자원은 '전문성'이다. 직업관료는 소관 업무를 오랫동안 다루어 왔고, 이익집단과 국회 상임위원회와도 오랜 관계를 유지해 왔기 때문에 업무 수행방법을 터득하고 있다. 또한 관료는 행정업무와 관련된 중요정보의 흐름을 통제하고 있다. 물론 관료만이 전문성과 정보를 독점하고 있는 것은 아니지만 상대적으로 광범위한 정보와 오랜 경험에서 형성된 실무지식과 기술을 지니고 있다.

직업관료의 마지막 자원은 국회와 이익집단을 포함하여 행정공간에서 활동하는 다양한 참여자들과의 교류를 통해 형성된 '관계'(relationship)이다. 관료는 대체로 자신이 봉사하는 대상집단이 있으며, 또 업무적으로 연관된 국회 상임위원회가 있다. 이 삼자간의 — 관료, 상임위원회 그리고 이익집단 — 관계는 흔히 '철의 삼각 관계'라 일컫는다. 비록 대통령이라 하더라도 이들의 관계에 파고들기가 어려울 만큼 외부로부터 이 세 집단의 관계를 통제하기 어렵다는 의미이다.

2. 대 통 령

1) 정치적 역할

대통령은 국민 통합의 상징, 정치결사체의 중심 인물, 국가적 비전이나 과제 제시자, 정책 조정자 등 다양한 역할을 담당해야 하는 정부조직의 매우 중요한 존재이다. 특히 행정수반으로서의 대통령은 정부조직 내의 어떠한 참여자보다 행정과정에서 차지하는 정치적 역할이 크고 중요하다. 또한 대통령은 국무회의를 주재하거나 국회와의 관계 등을 통해 사회문제들 가운데 어떠한 문제가 중요하며, 정부가 이를 어떻게 해결해야 할 것인가를 결정하는데 있어 다른 참여자에 비해 훨씬 큰 영향력을 발휘한다.

대통령은 자신의 철학, 자신과 자신이 이끄는 정당의 정치적 이해관계 등을 고려하여 국정방향과 정책을 제시하며, 자신이 추구하는 정책의 정당성을 국민에게 알리고 설득해야 하고, 추구하는 정책이나 법령이 통과되도록 야당을 포함한 국회와의 관계를 원만히 이끌어야 한다.

그러나 대통령이 모든 행정업무를 통제할 수는 없다. 정책유형과 정책과정에 따라 대통령의 영향력에 차이가 있다. 예컨대, 물가 등 경제정책보다는 대미관계와 같은 외교정책에 대통령의 영향력이 더 많이 미친다. 그리고 정책과정의 측면에서 보면, 대통령은 정책의제 설정과정에 가장 많은 영향을 미치고, 정책결정과정과 정책집행과정의 순으로 영향력이 줄어든다(Kingdon, 1995: 24).

한편 대통령의 지도력의 형태에 따라 대통령으로서의 영향력이 달라질 수 있다. 정부부처간의 갈등을 해소하고 합리적으로 조정하는 협상력, 결정을 해야 할 시점에서 결단을 내릴 수 있는 과단성, 미래를 예측하는 능력, 정책분석가나 참모들의 의견을 청취하고 최선의 대안을 발굴해 내는 균형된 판단력 등 대통령으로서 갖추어야 할 지도력을 어느 정도 발휘하느냐에 따라 업무 수행 정도는 달라진다.

2) 정치적 자원

행정과정에서 대통령이 발휘하는 정치적 역할이 어떤 다른 참여자보다 큰 것은 대통령으로서 지니는 정치적 자원이 참여자들 중에서 가장 크기 때문이다. 대통령의 정치적 영향력이 가장 큰 첫번째 이유는 제도적 자원이다. 대통령은 헌법에 의거한 거부권과 임면권을 가지고 있다. 국회에서 의결된 법률안이라도 대통령은 거부권을 행사하여 재심의를 요구할 수 있다. 또한 대통령은 정부조직 내에서 장관을 포함한 핵심 공직에 자신의 뜻을 실천할 수 있는 사람을 임명할 수 있다. 만약 대통령이 임명한 사람이 효율적으로 국정을 운영하지 못한다고 생각하면, 그를 파면시킬 수도 있다.

두 번째 대통령의 자원은 조직적인 것이다. 국회나 법원에 비해 행정부의 조직은 단일적 의사결정체계의 특징을 지닌다. 대통령의 관료조직에 대한 지나친 영향력을 우려하는 논의들이 많음에도 불구하고, 정치적 중립을 표방하는 관료조직은 실제에 있어 대통령의 관심을 최우선 순위로 하여 업무를 수행하고 있다.

세 번째 정치적 자원은 공중의 여론을 환기하는 능력이다. 대통령은 사회여론을 이끄는 능력이 크며, 사회문제들 중 특정 문제를 가장 시급히 해결해야 할 과제를 지목한다. 그리고 국가가 나아가야 할 방향을 국민들에게 제시하고, 이에 대한 언론기관이나 여론의 반응을 통하여 국회나 행정부에 영향을 미친다.

마지막으로, 대통령은 특정 문제에 직접 관여하여 문제 해결을 주도한다. 대통령이 서면이나 담화를 통해 특정 문제에 대해 언급을 하면 이는 형식적인 언급 이상의 정치적 영향력을 발휘한다.

3. 임명직 및 선출직 공무원

1) 정치적 역할

장관, 청장, 각종 위원회의 위원장, 감사원이나 금융감독원 원장 등 임명직 관료와 지방자치단체장과 같은 선출직 공무원은 자신이 관할하는 부서 또는 지역의 최고 정책결정자이다. 이들은 정책과정에서 공식적인 정책결정권을 가지고 있을 뿐만 아니라 막강한 정치적 영향력을 지니고 있다. 이들은 자신의 조직을 통괄하고, 다른 부처와의 연관된 업무를 추진하는 과정에서 조직의 입장을 대변하고, 청와대와의 긴밀한 관계 속에서 정책 조정자로서의 역할을 담당한다.

그런데 특히 임명직 공무원은 관료조직에 의해 포획되거나, 관료조직의 역사나 관습에 의해 활동의 제한을 받을 가능성이 높다. 어떤 조직이든지 조직의 역사, 명성, 과거 업적에 의해 형성된 고유한 조직문화를 형성하고 있다. 또한 시민이나 이익집단 또는 다른 정부기관들이 그 조직에 대해 어떠한 역할을 해 줄 것이라는 기대를 가지고 있다. 임명직 공무원은 직업관료에 비해 임기가 짧고 전문성도 낮기 때문에 조직문화나 외부의 기대에서 크게 벗어난 결정을 하기가 현실적으로 어렵다. 때때로 전문성을 지닌 인사가 최고 정책결정자로 임명되기도 하지만, 임기가 직업관료나 중진 국회의원에 비해 상대적으로 짧기 때문에 관료조직을 통솔하는데 있어 한계가 있다.

또한 관료조직은 소관업무를 수행하는 고유한 방법이나 기술을 축적하고 있기 때문에 최고 정책결정자라 하더라도 조직에서 이미 확립된 표준운영절차, 업무 분장이나 승진순위, 업무 처리방식으로부터 자유롭지 못하다.

이러한 한계로 인해 계층제 조직에서 공식적으로는 상관의 위치에 있음에도 불구하고 실제로는 자신의 부하를 통제하지 못하는 사례들도 많다.

또한 임명직·선출직 공무원은 직업관료로부터 자문을 받아야 하는 경우가 많다. 그런데 자문을 하는 관료는 일반적으로 조직의 이해관계에 치중하는 한정적 시각을 지니고 있기 때문에 임명직 및 선출직 공무원이 조직의 큰 변화를 시도하려는 경우 종종 한계에 부딪힌다. 더욱이 직업관료는 정치적, 행정적 또는 기술적 요인을 모두 고려할 수 있는 능력이 부족할뿐만 아니라 조직이 지닌 근본 문제의 개혁에 관한 조언을 하지 않으려 하는 경향이 있다(Heymann, 1987: 7).

그러므로 임명직·선출직 관료는 추진하고 있는 정책의 특성, 업무 추진상황, 조직의 능력, 관련 조직이나 지역의 관심과 영향력을 가능한 빨리 파악하는 것이 바람직하다. 그리고 임명직 관리자는 자신의 임명권자로부

직업관료에 대한 통제의 어려움에 대한 사례

미국의 어느 부서 장관이 부하관료를 통제하기 어려웠던 일화를 다음과 같이 설명했다(Kindon, 31).

"내가 그에게 X방안을 이야기 하지만, 그는 Y방안을 선호하는 것 같았다. 그 후 그를 다시 불러 X를 하도록 명령하자, 그는 Y를 추진해야 하는 불가피성을 역설하였다. 결국 마지막에는 나는 Y를 받아들이는 것이 낫겠다는 결론을 내렸다."

우리나라에서는 미국과는 달리 유교적 전통으로 하의상달이 자유롭지 못하기 때문에 장관이 부하에 대한 통제의 어려움이 상대적으로 적을 것이다. 그러나 부하는 법적 책임을 지게 될 경우가 아니고는 장관에 직접 반대하기보다는 다른 사람을 통해 우회적으로 전달하는 등의 방법을 사용하는 경우가 많다.

터, 선출직 공무원은 지역 주민으로부터 정치적 지지를 지속적으로 확보하는 데도 많은 노력을 기울여야 한다. 아울러 이들이 자신의 역할을 잘 수행하기 위해서는 국회(지방의회), 다른 부처, 언론이나 이익집단 그리고 시민집단 등과 정치적 관계를 충분히 고려해야 한다. 마지막으로 자신이 속한 대규모 행정조직을 효율적으로 이끌 수 있는 지도력이 있어야 한다.

이와 더불어 임명직·선출직 공무원은 자신의 역할을 수행하는 과정에서 다음과 같은 의무를 지닌다.

첫째, 임명직 관료는 임명권자의 명령을 단순히 수행하는 것이 아니라 그 이상의 역할을 담당하게 된다. 조직목표를 설정하는데 도움을 주어야 하고, 대통령의 공약을 포함한 상위정책 및 관련부서와 정책 조정을 해야 한다.

둘째, 최고 정책결정자의 의무는 법을 준수하는 것이다. 입법부에서 이미 만든 법은 물론 사법부의 판결에 어긋나지 않아야 한다.

셋째, 조직의 전통이나 가치를 따라야 하며, 다른 조직이나 개인과 맺어온 공통의 이해관계를 급격하게 변화시키지 않는 것도 최고 관리자가 가져야 할 의무이다.

2) 정치적 자원

선출직 공무원의 경우, 자신이 지닌 권위의 원천은 '선거'이다. 또한 대통령과의 관계, 정당에서의 위치와 역할 등에 따라 그의 정치적 영향력이 달라진다. 그러므로 선출직 공무원은 자신의 활동이 선거구민에 미치는 영향이나 이들의 반응에 많은 관심을 가질 뿐만 아니라 대통령과 정당으로부터 지속적인 후원을 얻으려 노력한다.

임명직 공무원의 정치적 자원은 임명자의 '정치적 후원'이다. 이들은 대통령의 지지와 관심을 얻기 위해 자신에게 부여된 임무를 완수하려는 도덕적·정치적 의무를 지니고 있다.

Ⅱ. 부처간의 정치적 관계

1. 부처간의 정치적 관계 형성요인

정부조직표를 보면 대통령을 정점으로 하여 횡적 그리고 종적으로 분업화된 조직체계로 이루어져 있음을 알 수 있다. 이러한 공식 조직체계는 분업, 계층제 그리고 통솔의 범위라는 세 가지 기본 원리에 의해 설계된 것이다. 그러나 실제에 있어 행정업무가 정부조직표대로 움직여지는 것은 아니다.

일반적으로 행정업무는 공통의 책임을 공유한 여러 기관들에 의해 수행되는데, 이 과정에서 부처 이기주의와 부처간 지나친 경쟁으로 인하여 부처간에 타협 · 조정이 이루어지기 어려운 경우가 많다. 부처 이기주의를 극복하고 공동의 목적을 달성하기 위해서는 업무 조정이 필요한데, 이를 위해서는 부처간 갈등과 이해관계를 정치적으로 해결할 수 있는 상위의 제3자적 조정기관이 필요하다. 그러나 부처간의 잠재적 갈등이 노출되면, 최고 정책 조정자인 대통령도 이를 조정하기가 쉽지는 않다.

또한 직제상 상부기관이라 하더라도 하부기관을 통제하기가 곤란한 경우가 많다. 개별 기관이 수행하고 있는 업무는 당해 기관이 가장 잘 알고 있으며, 상위기관에서 하위기관이 담당해야 할 업무를 일일이 지정해 줄 수 없기 때문에 상당한 재량권을 하위기관에 부여할 수밖에 없다. 그러나 상·하위조직간의 권한 이양을 어느 범위까지 할 것인가는 행정적으로 정하기 어렵기 때문에 정치적 측면에서 해결하는 경우가 많다.

요컨대 업무를 수행해야 할 개별부서는 아무리 법적 · 행정적 권한을 지니고 있다 하더라도 이상과 같은 정치적 관계들로 인해 자신의 독립성이 상당한 제약을 받게 된다. 그러므로 부처의 관리자는 다른 부처와 공통으로 수행하는 업무의 특징이나 정부조직 활동의 이면(裏面)에서 이루어지는 정치적 관련성들을 잘 이해하고, 이를 해결할 수 있어야 한다.

공식 조직체계의 기본 원리: 분업, 계층제 그리고 통솔의 원리

분업(division)이란 업무의 전문화를 위하여 하나의 과업을 보다 작은 단위로 나누어 여러 부서에 배정하는 것이다. 분업은 횡적인 것뿐만 아니라 종적 또는 지역적 분업으로 구분할 수 있다. 부처간 또는 각 국(局)별 조직화는 횡적 분업이며, 국·과·계의 구분 은 종적 분업이고, 각 도별 지방행정기관은 지역별 분업화이다.

정부조직에서 종적 분업은 계층제를 뜻한다. 계층제란 권한과 책임의 정도에 따라 직무를 등급화함으로써 상하계층간에 직무상 지휘·감독 관계에 서는 것을 말한다. 즉 국장은 국(局)을, 과장은 과(課)를 그리고 계장은 계(係)를 각기 관리하며, 이들 간에는 직무상 통솔과 복종의 관계로 이루어져 있다. 상위기관은 하위기관에게 명령할 수 있는 권한과 하위기관간의 업무상 갈등을 조정하는 기능을 가진다. 그리고 하위기관은 상위기관의 명령에 복종할 책임이 있다.

통솔의 범위(span of control)란 한 사람의 관리자가 얼마나 많은 사람들을 감독할 수 있는가를 결정하는 문제이다. 조직의 형태는 통솔의 범위가 넓으냐 솝으냐에 따라 각기 다르게 나타난다.

2. 공동 목적을 수행하는 다양한 조직집단의 특징

행정의 공동 목적를 달성하기 위하여 유사한 책임을 공유하고 있는 조직들은 느슨하게 구조화된 체계이긴 하지만 집단의 공통적 특성을 지닌다. 예컨대 검찰, 경찰, 군수사대는 각기 고유의 업무영역을 가지지만, 각 기관은 범죄수사나 체포권한을 모두 가지고 있으며, '법 수호'라는 공통의 목적을 지니고 있다.

공동 목적을 수행하는 다양한 정부조직들은 업무를 원활히 수행하기 위해서 다른 기관의 협조를 얻어야 하는 경우가 많다. 그러나 각 기관은 협조자인 동시에 경쟁자의 관계에 있기 때문에 협조가 이루어지지 못하는 경우가 많다. 각 기관은 대통령을 포함한 상부기관, 국회 또는 시민으로부터의 지지를 획득하기 위해 경쟁하기도 한다. 특히 외부로부터 많은 관심이나 지지를 얻을 수 있는 소관부처가 명확하지 않은 새로운 업무가 발생할 경우 부처간 경쟁은 더욱 치열해질 것이다. 반대로 책임만 지게 되는 업무라면 서로 맡지 않으려고 노력할 것이다.

대통령이나 공동의 상관 또는 국회는 동일한 정도의 지지를 모든 기관에 주는 것이 아니라 특정 기관에 권위를 더 실어주거나 중요 업무를 맡기는 것이 일상적이다. 그러므로 각 기관은 지원을 할 수 있는 사람이나 기관이 중요하게 여길 것으로 보이는 업무를 맡아 이를 완수하려고 노력한다. 또한 조직의 업무가 시민, 언론기관, 대통령, 국회 등에서 가치 있는 것으로 평가받고자 한다.

이상과 같은 상황에서, 공통의 목적을 지닌 기관들로 구성된 행정공간에 존재하는 개별 부서는 두 가지 방향에서 다른 부서와의 관계를 모색해야 한다.

하나는, 다른 기관과 적극적인 협력관계를 유지하여 업무성과나 외부의 지지 또는 집단으로서의 정당성을 확보해 가는 것이다.

다른 하나는, 다른 기관과 협력관계를 유지하기가 어려울 것으로 판단되면 업무영역을 명확히 하고, 상호경계를 존중하여 일정한 거리를 유지한다.

Ⅲ. 중앙정부와 지방자치단체간의 정치적 관계

1. 정부간 정치적 관계의 형성요인

중앙정부는 그 직속기관을 통하여, 또는 독립된 법인격을 가진 지방자치단체로 하여금 행정업무를 수행한다. 그런데 지방자치단체가 독자적으로 권한을 행사할 수 있는 것은 아니고, 중앙정부와의 상호작용 속에서 업무를 수행한다. 이런 점에서 정부간 관계(Inter Governmental Relations: IGR)가 중요시된다.

정부간 관계에서 핵심적인 문제는 정부간의 역할을 적정하게 배분하는 것이다. 만일 정부간 역할분담이 적정하게 이루어지지 못하면 혼란이 야기되고 자원의 낭비와 행정서비스 공급의 지연을 가져오게 된다. 그러나 역할분담이란 쉬운 일이 아니다. 특히 우리 나라의 경우에는 오랜 동안의 중앙집권적인 정부구조를 유지해 오다가 지방자치로 전환된 역사가 일천하기 때문에 정부간 권한배분과 재정적 관계 등에 대한 갈등이 상존해 있다.

그렇다면 이러한 정부간 갈등을 해소하기 위한 방법은 무엇인가? 이에 대한 해결방안으로 여러 가지 측면들을 고려할 수 있겠으나, 일차적으로 정부간 타협과 조정 등을 통한 정치적 해결이 필요하다. 특히 정부간의 정치적 관계가 자원 배분에 영향을 미치기 때문에 지방자치단체의 관계자들은 자신의 입장을 중앙정부의 정책에 반영시키기 위하여 다양한 활동을 전개한다.

이들 정부간 관계에서 사용하는 정치적 자원은 위에서 설명한 '관료제 내부의 정치적 행위자'들의 그것과 크게 다를 바 없다. 정부간의 관계는 일반적으로 권한 배분, 재정적 관계, 인사관계 및 통제관계 등으로 구분되고 있으나(Agranoff, 1996: 214-217), 여기서는 권한 배분과 재정적 관계에 관련된 정치적 현상에 국한하여 설명하기로 한다.

2. 정부간 정치적 현상

1) 권한 배분

정부간의 권한 배분문제는 양자 모두에게 민주적이고 효율적인 행정을 이루어 나가기 위한 조직 운영상의 적정한 관계 정립을 의미한다. 아무리 중앙집권적인 국가라 하더라도 중앙정부 혼자서 전국을 모두 다스릴 수 없고, 아무리 분권적인 국가라 하더라도 지방의 문제를 자치단체 혼자서 처리할 수 없다.

우리나라 국민은 누구나 시·군·자치구의 주민인 동시에 특별시 · 광역시·도의 주민이며, 또한 대한민국의 국민이다. 따라서 권한 배분의 문제는 주민이 필요로 하는 다양한 공적 서비스의 공급기능을 그 성격에 따라 위의 세 가지 통치단체 중에서 누가 담당하는 것이 보다 합리적일 것인가의 문제이다. 일반적으로 국가적 기능은 중앙정부와 각 지방에 설치된 국가의 하부체계가 담당하고, 지방적 기능은 자치단체가 각각 분담하여 처리해야 한다. 여기에서 국가적 · 지방적 기능에 대한 구분은 결국 정부간에 정치적으로 해결해야 한다.

정부간 권한 배분의 형태는 분권화의 정도에 따라 달라진다. 가령 하급자치단체라면 권한 배분의 정도에 영향을 미치는 다음과 같은 요인들에 의해 결정된다. 즉 행정의 기본적인 가치가 집권과 분권 중에서 어느 것을 중시하느냐, 또는 정치 발전의 수준은 얼마나 성숙되어 있고 행정에 대한 주민통제는 얼마나 효과적인가 등의 문제가 정치적 관계에 있어서 기본적인 변수이다.

2) 재정적 관계

정부간 재정적 관계란 지방자치단체가 공공서비스를 생산하기 위한 재원을 확충하기 위하여 중앙정부와 상호작용하는 관계를 의미한다. 여기에서 중요한 문제는 두 가지이다. 하나는, 중앙정부가 지방자치단체에게 권한 배분에 상응하는 재원을 이양했는가 하는 점이다. 다른 하나는, 중앙정부가 지방교부세, 지방양여금, 국고보조금 등의 의존 재원을 모든 지방자치단체들에게 균형적으로 배분하고 있는가 하는 것이다.

배분된 권한을 수행하는데 필요한 재원이 배분·이양되지 않는다면, 지방자치단체는 권한에 대한 책임만을 갖게 되어 실제적인 업무 수행이 곤란하게 된다. 따라서 지방자치단체는 업무 수행에 필요한 재원을 확보하기 위하여 중앙정부에 대해 정치적 활동을 하게 된다. 재원 확보를 위하여 자치단체들은 중앙정부의 의존재원에 많은 기대를 갖고 있으며, 이들 단체들은 중앙정부로부터 더 많은 보조금을 확보하기 위하여 자치단체간 치열한 경쟁과 로비를 하고, 중앙정부는 설득과 타협을 통하여 보조금 배분을 조정하게 된다.

Ⅳ. 정치적 관계에서 영향력 행사방법

이상에서 설명된 다양한 정치적 관계에서 다른 기관으로부터 우호적 결정을 얻어내거나 투표에서 이기기 위해서는 상대방에 대하여 영향력을 미칠 수 있어야 한다. 영향력을 행사하는 방법은 다양하지만, 여기서는 권위, 설득, 협상 그리고 핵심 지위라는 네 가지 측면에 대해서만 설명한다.

1. 권위의 확보

권위(authority)란 어떤 사람으로 하여금 다른 사람(기관)의 결정이나 명령을 거역하기 어려운 지시로 간주하여 당연한 것으로 받아들이게 하는 힘이다. 예컨대 부하가 상관을 지시를 자발적으로 따르는 것은 그의 권위를 인정하기 때문이다. 권위는 명령이나 결정의 정통성을 인정하여 스스로 이를 따르려는 심리를 유발하는 것이다. 다시 말해 명령을 받는 사람이 자발적으로 자신에게 영향력을 미칠 수 있는 정당한 권리가 권위행사자에게 있다고 인정하는 심리적 요인이다.

이런 점에서, 권위는 권력(power)과 구별되는 개념이다. 권력이 상대방의 의지와 무관하게 자신의 의지를 관철시킬 수 있는 능력이라면, 권위는 상대방에 의해서 심리적으로 받아들이게 하는 힘이다. 지시하는 사람의 명령을 의심 없이 수용할 수 있는 범위에서 인정된다는 점에서 Barnard는 권위를 '무관심권'(zone of indifference), Simon은 '수용권'(zone of acceptance)이라 하였다.

관료제에서 명령체계가 확립되어 있다 하더라도, 상관에 대한 부하의 인식이 부정적이라면 표면적으로만 따르거나 불복하게 된다. 그러므로 상급자(기관)의 명령이나 결정에 권위를 인정받을 수 있는 방법을 개발해야만 한다. 행정부처에서 권위를 갖기 위한 방법으로는 다음과 같은 것들이 있다.

첫째, 적발 및 제재이다. 명령을 불이행한 사실이 적발될 가능성이 높고, 적발되면 제재를 받게 될 때, 부하는 명령에 복종하는 것이 유리하다고 생각할 것이다.

둘째, 법령이나 규칙도 권위의 원천이다. 법령이나 규칙을 강조하거나 이것을 준수하도록 호소함으로써 이에 따르려는 심리를 유발할 수 있다.

셋째, 법원의 판결을 통한 법적 권위의 확보이다. 법원이 일정한 형태의 행위를 금하거나 또는 합법성을 인정하는 판결을 내리면, 당해 행위는 법적 정당성을 부여받게 되어 강력한 권위를 인정받게 된다.

넷째, 특정 사안에 대해 결정권을 일임받는다. 행정과정에 참여하는 사람이나 집단이 너무 많고, 이들이 모두 너무나 바쁘기 때문에 특정 사안에 대하여 특정인에게 — 일상적으로 의장이나 집행임원들에게 — 결정권한을 일임하는 경우가 많다. 이러한 경우 일임을 받은 기관의 결정은 전체의 의사로 인정받아 관계자들로부터 권위를 인정받을 수 있다.

2. 설 득

어떤 대안이 자신 또는 사회 전체에 이익이 되는지를 명확히 판단할 수 없기 때문에 더 많은 시간, 정보, 기술, 노력 등이 필요한 경우가 많다. 설득은 아직 상대방의 제안에 대해 어떻게 대응해야 할지 결정하지 못하고 있는 상황에서 자신의 진의를 설명하고 이해시켜 이를 받아들이도록 하는 기술이다. 다시 말해 설득은 상대방에게 현재의 상황, 협조적 관계의 필요성, 가치나 신념, 이해관계의 일치 가능성, 원용할 이론의 적합성, 각자에게 돌아올 이익 등을 설명하여 상대방으로 하여금 자신이 의도하는 방향으로 판단하도록 유도하는 것이다. 설득을 위해서는 다음과 같은 단계를 거쳐야 한다.

첫 단계는 설득할 상대방에의 '접근'이다. 일반적으로 직위, 안면관계, 과거에 제공하였던 지원 등을 바탕으로 하여 설득할 상대방에게 접근할 수 있다. 특히 법적으로 접근이 금지되어 있거나, 업무상 접근이 용이하지 않은 경우 첫 단계의 중요성이 부각된다. 예컨대, 대통령, 장관, 국회의원, 직속상관의 상관에게 접근할 기회는 상당히 제약되어 있으며, 업무시간에 판사와의 면담은 법적으로 금지되어 있다. 또한 기밀 누설이나 부정부패를 방지하기 위하여 관료가 이해관계자를 직접 만나지 못하도록 규제하는 경우도 있다. 이러한 상황에서 접근이 불가능하다면 설득의 기회도 없어지기 때문에 설득의 역할을 '누가', '언제' 맡을 것인가 하는 것 자체가 중요한 결정이다.

그런데 접근은 설득을 위한 필요조건이지 충분조건은 아니다. 접근을 한 다음에는 자신의 진정성에 대한 '상대방의 신뢰'를 얻어야만 한다. 어떤 방향으로 결정하도록 유도하는 논리 속에 숨겨진 이해관계가 있는 것이 아닌가 하는 의심을 상대방이 가진다면 설득은 성공하기 어렵다. 신뢰는 당면 문제의 설득과정에서 생겨나기도 하지만 대체로 오랜 기간 동안 쌓아온 관계, 명성 또는 행동의 결과를 통해 얻어진다. 따라서 설득을 잘 하기 위해서는 자신의 도덕성이나 신뢰를 유지 · 개선하려는 지속적인 노력이 필요하다.

이상의 두 과정이 — 접근과 신뢰 — 확보되었다면, 정책문제와 관련된 사실에 대한 완벽한 '분석 · 개발능력'이 있어야 한다. 대체로 정보 분석이나 설득안 개발은 설득 당사자보다는 전문지식과 정보를 지닌 보좌관에 의해 이루어진다. 그러므로 관련 문제에 정통한 인적 자원을 확보하고 있지 못하다면 설득과정에 많은 취약성이 노정된다. 물론 관련 문제에 대한 전문성을 지닌 인적 자원을 충분히 확보하고 있다 하더라도 설득 당사자가 문제를 정확히 파악하지 못하거나, 자신이 알고 있는 사실을 상대방에게 효율적으로 보여 줄 수 없다면 설득과정에서 그의 영향력은 제한될 수밖에 없다.

또한 설득을 위한 제안이 당사자 및 관계 당사자에게 미칠 영향에 대해서도 파악하고 있어야 한다. 뿐만 아니라 설득을 하려는 사람은 상대방 및 관련 당사자들이 나타낼 수 있는 반응 그리고 설득을 위해 제시한 안이 받아들여질 경우 상대방에게 미칠 개인적, 정치적 또는 조직적 측면에서의 영향에 대해 알고 있어야 한다.

마지막으로, 상대방에게 매력이 있는 유인의 — 예컨대, 경제력, 지위보장 — 확보 정도가 설득의 중요 자원이다.

3. 협 상

비록 권위나 설득능력이 없더라도 상대방에게 영향력을 미칠 수 있는 방법은 협상이다. 협상은 상호 의존적인 당사자들간에 서로의 이익을 위하여 각자가 지닌 자원의 교환방법을 합의해 가는 기술이다. 과거 행정부는 행정과정을 주도하는 입장에 있었기 때문에 협상의 필요성을 별로 인식하지 못하였다. 그러나 세계화·분권화로 인해 상대방의 이해에 직·간접적인 영향을 미칠 수 있는 자원을 지닌 참여자들이 증가되었기 때문에 관료가 공적 목적을 달성하는 과정에서 다양한 참여자들과의 협상이 불가피하며 또한 중요하게 되었다.

1) 협상의 필요성

관료는 협상을 통해 시간과 예산을 절약할 수 있다. 또한 협상을 통해 도달한 정책결정은 집행과정에서 협상자들로부터 협조를 얻을 수 있기 때문에 집행효율성이 높아지게 된다. 협상은 시간과 예산이 많이 소요되고 협상의 결과가 최선이 아닌 차선의 합의에 도달하게 되더라도 이는 법원을 통한 소송에 의존하는 것보다 효율적이다.

2) 협상의 방법

협상의 방법은 명시적 또는 묵시적으로 편익을 약속하거나 위해가능성(危害可能性)을 협박하는 것이 일반적이다. 그러나 협상은 상호 협력적이고 모두에게 이익이 되어야 — 즉 승승협상(win win bargaining) — 이상적이다. 협상을 성공시키기 위해서는 많은 준비와 경험이 필요하다. 여기서는 협상을 몇 단계로 구분하여 협상의 방법 내지 기술에 대해 설명하기로 한다.

(1) 협상의 준비

협상 테이블에 앉기 전에 협상 당사자가 누구이며, 어떤 의제를 논의해야 하며, 만일 협상이 실패할 경우 서로에게 어떠한 영향을 주며 각자의 예상된 반응은 어떠한 것인가에 대해 미리 파악해야 한다.

가. 협상 의제와 범위의 구체화

협상이 문제 해결을 위한 것인지 아니면 새로운 계획을 수립하기 위한 것인지를 파악해야 한다. 문제 해결을 위한 협상이라면 상호간의 현재 입장이나 주장 그리고 문제가 된 사례에 대해 검토해야 한다. 또한 과거의 사건에 대한 것인가 아니면 계속적으로 제기될 문제인가도 판단해야 한다. 새로운 계획 수립에는 장기적 계약관계를 형성하기 위한 경우와 새로운 규칙을 만들기 위한 협상이 있다.

또한 협상해야 할 의제가 영화게임(zero sum game)인가 아니면 협상당사자 모두가 이득을 볼 수 있는 협상인가를 — 파이의 크기가 정해져 있는가 아니면 더 크게 할 수 있는가 — 판단해야 한다. 상대방의 손실을 통해서만 본인이 이득을 얻을 수 있는 영화게임적 협상이라 하더라도 전체가 이익이 될 수 있는 방안이 없는지 검토해 보아야 한다.

나. 협상의 최종권한이 누구에게 있는지 파악

협상에 임하기 전에 공식적인 협상권한을 지닌 사람이 참석하는지, 어느 직급의 사람이 참석하는지를 미리 파악해야 한다.

다. 협상을 통해 얻어낼 수 있는 최선의 대안 파악

협상 전에 자신과 상대방이 '협상을 통해 얻어낼 수 있는 최선의 대안'(best alterative to negotiated agreement: BATNA)은 어떠한 것인가를 파악해야 한다. 이를 파악하기 위해서는 세 가지 중요 변수들을 고려해야 한다: 협상력, 시간, 그리고 정보(Bingham, 1996: 651).

협상력이란 경제적인 측면에서 경쟁력, 정부의 승인을 받을 수 있는 정통성, 최종안을 집착하다 협상이 실패할 위험부담 정도, 난관 돌파력, 도덕성, 선례 등을 포함하는 개념이다. 협상력이 높을수록 협상을 통해 최선의 대안을 도출할 가능성이 높아진다.

협상에 있어 시간은 중요한 자산이다. 협상은 과정이기 때문에 상당한 시간이 소요된다. 협상기일을 얼마로 잡을 것이냐, 언제 타결을 도출할 것인가 등을 고려해야 한다. 협상의 최종 기한이 임박하거나 최종기일에 이르러서야 협상이 타결되는 경우가 많다.

세 번째 변수는 정보이다. 상대방의 자원이나 전략, 협상에 성공했을 경우와 실패했을 경우 부담량 등에 관한 가능한 한 정확하고 풍부한 양의 정보를 수집해야 한다.

라. 협상규칙 타결

협상 전 또는 초기에 협상규칙에 대하여 합의하는 것이 좋다. 다국간 국제협상에서는 협상규칙에 관한 의정서(protocol)를 채택하는 경우가 많다. 일반적으로 협상규칙에는 다음과 같은 사항들이 포함된다.

첫째, 언론에 대한 공개 여부이다. 협상을 소신있게 진행하기 위해서는 타결될 때까지 언론을 배제하기로 약속하는 경우가 있다.

둘째, 협상의 시한, 일정 그리고 장소 등에 대해 미리 약속해야 한다.

셋째, 최종기일 선에 실세적 의세는 모두 제기해야 한다. 협상이 디결된 후 일방이 새로운 의제를 제기한다면 협상 타결의 의미가 희석될 수 있다.

(2) 협상의 진행

협상의 진행은 협상의 성격이나 당사자의 시각에 따라 다양한 형태로 진행된다. 모두에게 이익이 될 수 있는 '승승적 협상'과 상대방의 손해를 통해 다른 한 편이 이익을 얻게 되는 '영화적 협상'은 진행과정에 있어 차이가 난다. 또 어떤 희생을 치르더라도 주어진 협상시한 내에 타결을 도출해야 하는 경우와 협상시한의 제약이 없이 각자의 진의를 숨기고 전략적 입장에서 이루어지는 협상은 진행방법이 다르다. 여기서는 일반적인 협상 진행방법을 소개하기로 한다.

가. 입장 위주의 협상과 원칙주의적 협상

입장 위주의 협상(positional negotiation)은 당사자가 각자의 입장을 표명하고 협상을 진행하면서 상대방의 입장에 한 걸음씩 접근해 가는 방법이다. 이에 비해 원칙주의적 협상(principled negotiation)은 일정한 원칙이나 기준을 제시하고 그 원칙의 수락 여부나 원칙에 입각한 해결방법을 모색하는 협상이다. 공공부분에서의 협상은 협상결과뿐만 아니라 협상의 과정이 중시되고, 공적 신뢰가 확보되어야 하기 때문에 입장 위주보다는 원칙주의적 협상을 하는 것이 바람직하다.

나. 대인관계적 역학(the interpersonal dynamics) 파악

어떠한 협상당사자도 협상과정에서 개성과 감정을 완전히 배제시키기 어렵다. 그러므로 협상과정에서 상대방이 논점에 대해 어떻게 인식하고 있는지를 파악하고, 상대방과의 인간적 관계를 형성하는 등 대인관계적 역학을 파악하고 이를 해결해야 한다. 또한 자신의 판단을 유보하거나, 상대방의 불평이나 화를 받아주는 등의 기술이 필요하다.

다. 상대방의 욕구와 관심 파악

협상 준비과정에서 상대방의 욕구에 대해 미리 파악을 하였더라도 협상과정에서 보다 실제적인 욕구나 관심을 가능한 빨리 파악해야 한다.

라. 협상타결을 가능케 할 요인들 창출

상대방의 욕구나 관심을 파악하여 협상타결에 이를 수 있는 요인들을 창출하기 위해서는 개방적이고 창의적인 노력을 해야 한다. 협상 대상과 타결이 가능하다는 확신을 가지고 가능한 타협안에 대해 상대방과 마음을 터

환경협상에서 입장 위주의 협상과 원칙주의적 협상의 예

지구환경 관리를 위한 국제협상에서 발전국가들과 개도국들간에 뚜렷한 입장 차이가 있다. 북쪽 국가는 지구환경 관리를 위해 모든 국가가 똑같이 노력해야 한다고 주장하는 반면, 남쪽 국가는 산업화 과정에서 지구환경을 오염시킨 북쪽 국가의 역사적 책임을 들어 북쪽 국가가 주도적인 노력을 해야 한다는 입장이다. 따라서 지구환경에 관한 남북 국가간의 입장 차이를 인식하고 상대방의 입장을 고려하면서 협상이 타결되어야 한다. 왜냐하면 지구환경 관리는 모든 나라가 참여해야만 효과가 있기 때문에 협상이 결렬되면 결국 지구환경은 파괴될 수밖에 없다.

기후변화 협상에서는 기후 온난화를 막기 위하여 모든 나라에서 이산화탄소의 배출량을 일정수준 이하로 감축시키고자 하는 '획일적 부담원칙'과 국가별로 차이를 인정하자는 차별적 부담원칙'이 대립되고 있다.

놓고 이야기를 하며, 최선이 아닌 차선의 방안에 대해서도 고려하는 것이다.

마. 협상중재인 개입

때로는 자신의 이익이나 관심을 직접적으로 거론하기 곤란한 경우가 있다. 이러한 때에는 중재인의 도움을 받아 협상을 타결할 수 있다. 중재인은 각자의 주장이나 이익을 초월하여 쌍방에 이익을 줄 수 있는 절충안을 제시하고 당사자들이 이를 수락하도록 설득하게 된다.

바. 협상의 종결

협상은 항상 성공하는 것은 아니다. 난관을 해결할 수 있는 가능성이 거의 없어졌다고 판단되면 협상을 언제 어떻게 종결시킬 것인가를 고려해야 한다. 협상의 계속여부는 법률, 선례, 전통, 시장 가치, 전문적 기준, 능률성, 투입비용, 과학적 자료 등을 이용하여 판단해야 한다. 때로는 상대방의 안을 수락하는 것보다 협상을 종결시키는 것이 바람직한 경우도 있다.

4. 핵심 직위: 지위, 강제력, 실권

영향력을 행사하는 네 번째 방법은 명령권이나 조정 권한이 있는 핵심 직위를 차지하는 것이다. 이 방법은 앞에서 설명한 권위, 설득과 밀접히 관련된 것으로, 특히 단일 책임자(조직)가 없거나 지도력이 약하여 참여자들의 자발적 복종을 이끌어내기 어려운 상황에서 효과적이다. 예컨대, 지위 자체가 강제력에 대한 법적 정통성을 가지고 있거나, 대등한 위치에 있는 참여자들을 조정하기 위한 상위 직위(조직)를 새로 만들거나, 혹은 대통령이나 국회가 재량권 — 특정문제를 협상하거나 수사하는데 필요한 모든 재량권 — 을 위임한 전권대사나 특별검사를 임명하면, 이에 임명된 사람은 업무와 관련된 사람들이나 조직에 대해 큰 영향력을 발휘할 수 있다.

관료조직에서 상위자(기관)의 지시에 대한 복종은 대체로 조직 학습을 통해 형성된다. 권위는 상위직위 자체에 대한 법적 정통성에 의해 형성되기도 하지만, 상위직위자의 넓은 시야, 최상급자의 그에 대한 신임, 상위자에게 부여된 책임 등으로 인해 조정 역할을 수행할 수 있다는 믿음이 조직생활을 통하여 형성되기도 한다. 또한 상위직에 있지 않은 사람이라 하더라도 이러한 믿음을 획득할 수 있다면 상급자의 권위와 마찬가지의 영향력을 행사할 수 있다.

핵심 직위에서 영향력을 행사하는 방법은 다양하겠으나, 기본적으로 다음의 두 가지가 전형적이다.

하나는, 공통의 목적이나 해결방안 또는 제안된 방법으로 인해 나타날 효과를 제시하는 것이다.

다른 하나는, 다양한 참여기관들 중 특정 기관의 견해에 비중을 실어주는 것이다.

제10장

행정환경과의 정치적 관계

개 요

행정기관과 정치적 관계를 맺고 있는 주요 외부집단으로는 국회, 이익집단, 언론기관, 시민단체 등을 들 수 있다. 이들은 행정부의 공식적 결정권을 지니고 있지는 않지만 행정과정에 참여하여 행정부와 상호 영향을 주고 받는다. 예컨대, 이익집단이 정부기관에 대해 로비활동을 하지만, 이들 또한 정부기관으로부터 로비활동의 대상이 되기도 한다.

그런데 정부업무의 특성이나 공익개념이 점차 불분명해지고 있고, 공공목적을 위하여 관과 민으로 — 예컨대, 환경문제에 관한 정부, 전문가, 시민단체 — 구성된 합동조직이 많아지고 있기 때문에 정부의 안과 밖이라는 구분이 명확한 것은 아니다. 공직의 개방에 따라 기업의 임원이나 전문가가 공직에 취임하거나 그 반대의 경우도 빈번해지고 있다. 이처럼 정부조직 내외간에 잦은 인사 교류는 정부관료 중 보편적 가치나 세계적 시각을 공유한 인사의 비중을 높이게 된다. 또한 전통적으로 정부관료의 의식구조나 행태로서 인식되어 왔던 특성들이 점차 사라지고 있으며, 행정과정에서 공식적 참여자와 정치적 환경으로 존재하는 집단들간의 공통 의제에 대한 아이디어나 정보의 흐름도 점차 빨라지고 있다.

그럼에도 불구하고 정부의 내부와 외부의 구분은 여전히 중요한 의미를 지닌다. 정부관료는 법에 의한 공식적인 권위를 가지고 있는 반면, 정치적 환경을 구성하는 집단은 행정업무에 관한 공식적 결정권이 없다. 이 장에서는 행정부 밖에 있는 중요 집단들에 대한 설명과 더불어 무형의 정치적 환경인 여론에 대해서도 설명한다.

Ⅰ. 국 회

1. 행정부와 국회의 정치적 관계

행정부에 있어서 입법부는 다른 어느 외부집단보다 중요하고 복잡한 존재이다. 두 기관의 관계는 원칙적으로 견제의 관계이다. 국회가 입법권을, 행정부가 집행권을 담당하도록 권력을 분립하고 서로 견제할 때 권력의 균형은 유지될 수 있다는 '삼권분립 원리'는 오늘날에 있어서도 그대로 적용되고 있다.

그러나 두 기관은 상호 견제관계인 동시에 협조관계도 유지할 필요성이 있다. 국회에서 행하는 다양한 활동은 직·간접적으로 행정에 영향을 미치기 때문에 행정부로서는 국회의 운영체계나 국회의원의 특성에 대해 이해하고 이들과 협력관계를 유지하고자 노력해야 한다. 국회 역시 행정부의 지원 없이는 의정활동을 수행하기 곤란하다.

우선 행정부에 영향을 미치는 국회의 중요 활동들을 살펴보면 다음과 같다.

첫째, 국회는 행정부가 사용할 예산액을 심의 · 확정한다. 더 많은 예산을 확보하고자 하는 행정부는 국회의 예산 심의과정에서 자신의 입장을 반영시키기 위하여 적극적인 로비를 하게 된다.

둘째, 국회는 법률안을 제·개정한다. 행정부는 국회가 만든 법률안에 따라 집행을 해야 한다. 또 국회가 행정기관의 권한 축소에 관한 법률안을 만들면 행정부는 이에 따라 기구나 인원을 감축하여야 한다.

셋째, 국회는 국정감사나 청문회 등을 통해 관료(제)의 행정과정, 정책실패 또는 부정을 밝힌다.

넷째, 국회는 헌법이 정한 특정한 정부행위를 승인하거나 거부할 수 있다.

다섯째, 국회는 다양한 이익집단들의 이익을 수렴하거나, 특정 이익집단을 대변하기도 한다. 행정부도 국회에 자신의 입장을 설득할 필요가 있다.

그러나 국회가 이러한 일들을 항상 잘 수행하고 있는 것은 아니다. 국회가 의결한 법률안에 대하여 대통령이 거부권을 행사할 수 있으며, 야당의 반대로 인해 의제가 상정되지 못하기도 한다. 일반적으로 행정관료에 비해 국회의원의 전문성이 낮기 때문에 형식적인 질책에 그치거나 호통을 치고 마는 경우에는 빈번하다. 그리고 행정부의 반대로 인하여 각종 위원회에 의원입법안이 상정되어도 통과되지 않고 계류되거나, 법이 통과되더라도 법 집행을 위한 시행령이 만들어지지 않아 사문화되는 경우도 있다.

그럼에도 여전히 국회는 국민의 대표기관으로서 행정부를 통제하는 입장에 있고, 다양한 통제권한을 가지고 있다. 행정부로서는 이러한 국회 운영의 특성을 파악하고 이에 적절히 대처할 필요가 있다.

2. 국회의 정치적 자원

국회가 행정부에 영향력을 미칠 수 있는 첫 번째 정치적 자원은 법적 권한이다. 선거를 통해 선출된 국민의 대표자인 국회의원으로 구성된 국회는 헌법에 의해 법률안을 제안·수정하거나 행정부의 예산을 삭감할 수 있는 법적 권한을 지니고 있다. 행정부 우위시대에 사회문제 해결은 행정부가 주도하고 있는 것으로 알려져 있지만, 실제로는 국회에서 발안되어 만들어진 법률도 많다.

두 번째 자원은 가공할만한 공개성(publicity)이다. 국회는 사회적 현안 심의, 청문회 개최, 연설 등의 다양한 정치활동을 하는데, 이러한 활동은 언론을 통해 시민이나 이해관계자들에게 전달되어 여론을 형성시킨다.

세 번째 자원은 국회가 수집하고 있는 다양한 정보이다. 일반적으로 국회가 가지고 있는 정보는 행정부의 오랜 경험을 통해서 또는 연구기관의 체계적인 연구에 의해 만들어진 정보에 비해서는 전문성이 낮다. 하지만 이익집단이나 시민 또는 지역구민 등 다양한 정보원으로부터 일반적인 정보를 수집하고 있다는 점에서 국회에서 수집한 정보는 매우 다양하다.

국회의 역할은 다양한 관점과 이해관계에 의해 산출된 각종 정보를 수

합하고 이에 대해 정치적 판단을 하는 것이다. 그러나 국회에서 다루어지는 정보는 다양성을 특징으로 하지만 전문성도 갖추어야 한다. 국회가 행정부에 관한 전문적 정보를 확보하기 위해서는 미국의 회계감사국과 같은 기구를 설치하여 입법 지원을 강화할 필요가 있다.

마지막으로 국회의원의 장기성이다. 물론 단임으로 끝나는 국회의원도 많고 직업관료에 비해서 근무년한도 짧지만, 재선 또는 그 이상의 중진의원들은 임명직 공무원이나 대통령에 비해 더 오랜 기간 동안 국정에 참여하게 된다. 이러한 국회의원직의 장기성으로 인해 정책의 일관성이나 행정부와의 관계에 대한 경험을 축적할 수 있다.

회계감사국(General Accounting Office: GAO)

미국 국회에서 행정기관들에 대한 회계 검사 및 사업 평가를 실시하는 기관이다. GAO는 우리나라의 감사원처럼 회계 검사, 경제성 · 능률성 감사, 성과 · 효과성 감사 등의 활동을 한다. 감사원은 대통령 직속기관이지만 GAO는 국회 소속이며, 감사원이 회계 검사에 치중하는 데 반하여 GAO는 성과 · 효과성 감사에 많은 업무를 할당하고 있다.

GAO는 중요한 프로그램들만을 평가하며, 심사 분석결과는 관련 의원들에게 보고되는 동시에 관련 부처에 시정방안을 권고한다. 부처는 권고받은 사항에 대하여 그 조치결과를 주기적으로 보고하게 되어 있다.

3. 국회에 영향력을 미치기 위한 행정부의 전략

행정부의 입장에서는 국회가 어떠한 원칙에 의해 움직이고 있으며, 이들이 구사하는 전략은 어떠한가를 이해하는 것이 대단히 중요하다. 그러나 이를 체계적으로 설명하기는 대단히 힘들 뿐만 아니라 오랜 연구가 필요하다. 여기서는 국회의원의 공통적인 동기요인들을 살펴보고, 국회에 영향을 미치기 위한 행정부의 노력을 단계별로 구분하여 설명한다.

1) 국회의원의 기본적 동기요인들

국회의원은 많은 집단들과 ― 예컨대, 정당, 위원회, 정치적 신념, 특정문제에 대한 공통적 견해, 출신지역 및 학교 ― 사회적·정치적으로 상호 연관되어 있다. 상호 연관된 각 집단은 국회의원에게 자신의 입장을 대변 또는 이해시키거나, 전략적 연대를 하고자 한다. 그런데 문제는 국회의원에 대한 각 집단의 요구가 상충되는 경우가 많다는 것이다. 이런 면에서 국회의원의 의정활동은 자신의 욕구와 상충된 외부의 요구들을 조정하는 과정으로 볼 수도 있다.

국회의원이 투표, 정치적 견해 표명, 특정 집단(개인)과 정치적 관계 형성 등의 정치활동을 하게 하는 동기부여 요인은 개인과 사안에 따라 다양하겠지만, 공통적인 요인들을 다음과 같이 네 가지로 분류해 볼 수 있다. 국회와 밀접한 관계를 유지하기 위해서는 적어도 이러한 국회의원의 공통적 욕구들을(needs) 이해하고 이것들을 가능한한 충족시킬 필요가 있다.

(1) 좋은 정책에 대한 자신의 철학 실현

국회의원은 특정 의안의 가치에 대한 자신의 판단에 근거하여 찬성 또는 반대 입장을 취할 것이다. 국회의원은 누구나 좋은 정책에 대한 자신의 철학이 있으며, 이를 의정활동을 통해 실현시키고자 할 것이다. 좋은 정책에 대한 판단의 기준은 얼마나 국가와 지역구에 이익이 될 것인가 또는 안건이 통과될 경우 초래할 결과에 대한 자신의 예측 등이 될 수 있다.

때로는 국회의 결정이 여러 집단간에 미칠 수혜 및 부담정도, 즉 공정성을 판단의 기준으로 삼을 수 있다. 그러나 국가나 지역구의 이익 혹은 특정 집단이 부담할 이익 또는 손실이 무엇이며 그리고 어느 정도인지 명확하지 않은 경우도 많기 때문에 자신의 판단이나 신념을 명확히 하기 곤란한 경우도 많을 것이다. 그래서 누가 제안했으며 그것이 누구에게 유리할 것인가를 판단의 기준으로 하거나, 자신과 가까운 집단이나 소속 정당의 방침, 의안에 소요될 비용의 규모 등을 고려하여 판단하는 경우가 많다(Heymann, 1987: 126).

(2) 정치적 지원: 선거에서의 승리

국회의원의 중요한 정치적 목표들 중의 하나는 지역주민을 만족시키려는 것이다. 국회의원은 자신의 의정활동을 지역주민에게 알려 국회의 공개성을 이용하여 지속적인 정치적 지원을 얻어 다음 선거에서 승리하려는 욕구를 지니고 있다. 때로는 선거활동에 도움을 주거나 정치활동에 필요한 재정적 지원을 담당하는 이익집단과 선거구민의 욕구가 상충되는 경우도 있을 수 있는데, 이러한 경우는 국회의원의 조정능력과 선거에의 영향력에 대한 판단에 의해 행동할 것이다.

(3) 정치적 명성

국회의원은 소속 정당에 충성심을 가지고, 당의 기본 정책과 명령을 존중하고, 국가기관으로서의 위치와 영향력을 — 특히 자신의 행동이 소속 정당에 미칠 영향 — 고려하여 처신할 의무가 있다. 이러한 의무와 더불어 국회의원은 정당 내에서 자신의 위치를 확고히 하고 영향력을 증대하려는 욕구를 가진다. 위원회에 배속되어 자신의 전문성 증대 및 다른 의원들과의 친분을 쌓고자 하며, 당의 중요 보직을 맡거나 중진으로서 성장하고자 하는 욕구를 지닌다. 또한 중요 사회문제를 제기하고, 이를 해결하는 과정에서 주도적인 역할을 함으로써 정치적 명성을 쌓고자 하는 욕구가 있다.

(4) 국회의 발전

국회의원은 국회의 입법과정이나 국회의 규칙 또는 문화를 발전적 방향으로 변화시키고자 하는 욕구에 의해 동기부여되기도 한다. 위원회의 전문성을 높이거나 많은 안건을 제약된 시간 내에 처리할 수 있는 효율적 방법을 모색하는 것은 이러한 요인의 발로이다.

2) 국회에 영향력을 행사하기 위한 전략

행정부가 국회의 의안이나 예산안 심의과정에 자신의 요구가 반영되도록 하기 위해서는 우선 관련 국회의원들을 설득해야 한다. 설득을 위해서는 위에서 설명한 국회의원의 동기요인들의 전부 또는 일부가 충족될 수 있는 전략을 세울 필요가 있다.

행정부가 국회에 영향력을 미치기 위해서는 국회의원의 의정활동을 몇 단계로 구분하여 각 단계별로 전략을 세워야 한다.

맨 먼저 특정 의안에 대한 개인적 선호가 결정되지 않은 단계이다. 그러나 국회의원은 소속 정당의 방침이나 개인의 정치적 철학이 있기 때문에 특정 문제가 공식적으로 거론되기 전에 이미 자신의 견해를 가질 수 있다. 행정부가 국회의원의 철학을 바꿀 수는 없지만, 행정부에서 추진하고 있는 정책이 자신의 철학과 상통하는 '좋은 정책'이라는 점을 이해하고 정부안을 지지하도록 해야 한다.

다음으로 상임위원회에서 의안이 심의되는 단계이다. 대개 정부 부처별로 관련된 상임위원회가 있으므로, 해당 상임위원회 위원들에게 행정부의 정책방향을 설명하고 관련 정책자료를 제공하는 등 국회의원의 위원회 활동에 도움을 주어야 한다. 또한 각종 위원회의 — 예컨대, 법안심사소위원회, 예산결산위원회 — 위원장과 위원들과 원만한 관계를 유지하여 행정부의 의지가 관철되도록 노력해야 한다. 위원회에서는 간사위원이 의안의 상정시기를 조정, 위원회 회의진행 및 의결에 중추적인 역할을 하기 때문에 이들과 긴밀한 협조체계를 유지해야 한다.

법안심사소위원회와 예산결산위원회의 구성과 기능

법안심사소위원회는 보통 각 상임위원회에서 상정된 법안들에 대하여 심도 있는 논의를 위해서 여야간 보통 3 : 3 비율로 이루어지며, 위원장은 대개 여당 간사위원이 담당한다.

예산결산위원회는 예산(안) 최종심의를 위해서 여야의원 약 50여명으로 구성되는데, 특히 국회가 최종적으로 예산(안)을 확정짓는 계수조정회의가 중요하다.

마지막으로 여당 정책위원회에서 각 부처를 담당하는 전문위원들에 대한 적극적인 정책 협력 및 실무 협의를 하는 단계이다. 행정부의 각 부처는 주요 정책, 법률안 제정, 시행령 및 시행규칙의 제·개정을 위해 여당 정책위원회와 당정협의회를 개최하는 등의 사전 조율을 하게 되어 있다. 여러 부처에 관련되거나 매우 중요한 현안들에 대해서는 국무총리와 관계부처 장관, 여당 총재단 및 정책위원회 간부들이 참석하는 '고위 당정협의회의'를 개최하여 정책 조율을 해야 한다.

Ⅱ. 이익집단

1. 행정부와 이익집단의 상호 관계

우리나라의 경우 권위주의적 정권에서는 공식적인 결정권을 지닌 공식 참여자의 영향력이 압도적이었지만, 민주화 과정을 거치면서 점차 이익집단과 같은 비공식적 참여자들이 다양한 통로로 참여하면서 영향력을 증대시키고 있다. 서구에서는 이익집단의 활동주체가 사회계층적으로 볼 때 주로 상위층에 치우쳐 있어서 빈민자나 소수민족의 요구가 무시되는 이익집단의 비민주성에 대한 비판들이 있다. 또한 로비에 사용되는 불미스러운 기법 등을 이유로 이익집단의 영향력 확대를 우려하는 시각도 있다. 그러나 사회에 실존하는 다양한 이익을 행정부에 수렴하고 이를 정책에 반영시키는 순기능도 있기 때문에 우리 나라에서 행정부와 이익집단의 관계는 앞으로 더욱 다양하고 긴밀해질 전망이다.

이익집단(interest group)은 압력단체(pressure group)라고도 한다. 압력단체는 행정부에 그 의사를 반영시키고자 행사하는 수단에 중점을 두는 개념인 반면, 이익집단은 집단의 이익과 이익의 표출과정을 보다 강조하는 개념으로 보고 여기서는 이익집단이라는 용어를 쓰도록 하겠다.

이익집단은 특정의 가치나 이익을 유지·향상시키기 위하여 정부에 영향을 미치고자 노력하는 집단이다. 이익집단은 특정한 정책문제에 대해 자신의 견해나 태도를 밝히거나, 언론 등을 통해 시민에게 자신의 주장의 가치나 근거를 확산시키려 하며, 정부의 현존 정책의 수정을 요구하거나 새로운 결정을 반대하는 활동을 한다.

행정부는 이익집단들의 다양한 이익이 수렴될 수 있도록 이들의 참여를 제도화하고, 다양한 이익에 대한 조정자로서의 역할을 함으로써 소수의 이익에 편중되지 않은 균형된 업무를 수행할 수 있다.

2. 이익집단의 종류

행정부와 상호작용하는 이익집단은 그 수가 많을 뿐만 아니라 형태도 다양하다. 따라서 이들을 구성원의 직업, 이들이 추구하는 이익의 성격, 집단의 규모, 활동방식 등을 기준으로 분류해 볼 필요가 있다.

이익집단의 구성원의 특성을 기준으로 하면 기업 및 산업, 전문가, 정부 관료 등으로 구분할 수 있다. 이러한 이익집단들은 자신의 이익이나 급료 또는 직업 안전과 같은 물질적 편익을 획득하는데 목적이 있다. 물질적 이익을 목적으로 하는 이익집단들 중 가장 높은 비율을 차지하고 있는 것은 기업 및 산업별 이익집단이다. 그 다음으로 많은 것은 조직화된 근로자단체, 전문가단체이다. 최근에는 정부 관료들에 의한 — 특히 지방자치단체장 — 로비활동도 점차 많아지고 있다. 이들은 중앙정부의 정책에 자신의 지방자치단체의 이익을 반영시키거나 중앙정부로부터 더 많은 예산을 할당받기 위해 노력한다.

이상과 구별되는 이익집단으로서 소비자단체나 환경단체와 같은 공익 이익집단' 도 오늘날 많은 활동을 하고 있다. 이들은 건강, 환경 오염, 인권, 정부 감시 등의 활동을 통해 공익 또는 시민의 이익을 증진시키기 위하여 정치적 · 도덕적 가치를 공론화하거나 정부활동에 영향을 미치고자 노력한다.

3. 이익집단의 활동방식과 활동대상

1) 활동방식

이익집단의 활동방식은 매우 다양하다. 어떤 활동은 행정기관이 제도적으로 보장하거나 법규에 허용된 활동이 있는가 하면, 때로는 법으로 금지되어 있는 경우도 있다. 즉 이익집단의 활동은 합법성을 기준으로 합법적 활동과 비합법적 활동으로 구분할 수 있다.

합법적 활동은 행정과정에 이익집단의 참여가 법적으로 보장된 활동이다. 이는 다시 공식적 활동과 비공식적 활동으로 구분할 수 있다. 정부와 이익집단이 공동 참여하는 간담회 · 공청회 · 위원회 출석, 민원 제기, 이의 신청, 대표자 방문 등이 전자의 예이다. 후자에는 편지 보내기, 지지자들과 연대, 여론 조성, 합법적 시위가 포함된다. 그런데 교통기관이나 의료기관의 준법투쟁과 같이 합법적 활동이긴 하지만 시민에게 불편과 손해를 끼칠 경우에는 사회적 문제가 된다. 폭력이나 항의, 비합법적 시위는 비합법적 활동의 전형적 방법이다. 또한 이익집단이 공무원에게 개인적 이익을 제공하거나 제공할 것을 약속하고 그 대가로 특혜를 받으려는 행위도 비합법적 활동이다. 비합법적 활동은 사회질서를 교란하거나 부정부패를 초래할 가능성이 높다.

한편 행정부에 영향을 미치는 경로를 기준으로 직접 방식과 간접 방식으로 구분할 수 있다. 전자는 이익집단이 행정과정에 직접 참여하는 방식인데, 이는 다시 공개적 방식과 비공개적 방식으로 구별할 수 있다. 후자는 시민이나 언론에 호소, 성명서 발표, 집회 개최 등의 방법으로 집단의 의사를 표명하고 이를 통해 행정과정에 영향을 미치고자 하는 방식이다.

이상과 같은 방식들 중 어떠한 것이 더 효과적으로 행정부에 영향을 미칠 것인가에 대해서는 아직 정확히 밝혀진 것이 없다. 행동방식을 결정하기 위해서는 이익집단의 영향력의 크기, 목적, 다른 참여자와의 관계 등을 고려해야 할 것이다.

일반적으로 이익집단이 행정부를 자주 방문하거나 시끄럽게 할수록 정책결정자는 이익집단의 주장에 대해 보다 심각하게 인식하게 된다. 단식, 항의 방문, 납부 거부 등의 극단적인 행동이나 시민생활에 큰 영향을 미치는 대중교통기관과 의료기관에서의 파업은 행정부의 즉각적이고 적극적인 반응을 얻어낼 가능성이 높다.

그러나 이는 시민들의 반대나 윤리적 비난을 받게 되어 장기적으로는 영향력을 감소시키는 결과를 초래할 수도 있다. 그래서 이익집단은 극단적인 방법을 사용하기보다는 다른 참여자들의 반응을 살펴가며 조심스럽게 접근하려고 노력한다. 새로운 의안을 먼저 제시하거나 특정안에 직접적으로 반대하기보다는 관련 문제가 대두되고 난 후 자신의 이익을 표명하거나, 다른 집단에서 대안을 제시하면 이를 검토하여 수정안이나 자신의 대안을 제시하는 경우가 많다(Kingdon, 1995: 49).

2) 활동대상

전통적으로 이익집단의 활동은 국회를 대상으로 치중되었으나 오늘날에는 오히려 행정부에 치중되고 있다. 그런데 이익집단이 행정부의 정책과정 중 어떤 단계에 더 많은 영향을 미치는가 하는 점은 정책유형에 따라 그리고 행정문화에 따라 다르다. 비민주적 행정문화를 지닌 국가에서는 정책과정에 이익집단의 참여가 제한되어 있다. 비민주적 국가의 정책과정에서 나타나는 특징은 행정부가 독점적으로 만든 급진적 정책으로 인해 이익집단이 중대한 영향을 받게 된다는 점이다. 따라서 비민주적 행정문화를 지닌 국가에서 이익집단의 활동은 정책집행과정에 집중된다. 의제설정과정이나 정책결정과정에 참여하여 자신의 이익을 반영시키지 못한 이익집단은 자신에게 유리한 방향으로 정책집행이 이루어지도록 행정부에 로비활동을 하게 된다.

행정문화가 민주화될수록 정책과정의 모든 단계에서 이익집단의 참여가 확대된다. 행정기관의 의제설정과정에 자신이 원하는 안을 포함시키고자 하거나 혹은 원하지 않는 안이 제기되지 못하게 하거나 상정이 지연되도록 노력한다. 예컨대 댐 건설을 주장하는 이익집단은 이를 반대하는 환경보호단체의 주장이 정책의제에 포함되지 않도록 노력할 것이다. 이러한 현상은 '무의사 결정이론' 에서 잘 설명하고 있다.

또한 정책결정과정에 자신의 이익을 반영하기 위하여 고위 정책결정자

무의사 결정(non decision making)

Bachrach와 Baratz(1970)는 무의사 결정을 "의사결정자의 가치나 이익에 대한 잠재적인 도전을 억압하기 위한 결정"으로 정의하였다. 즉 새로운 정책의제가 상정되어 기득권을 잃을 가능성이 있을 때, 의사결정자가 폭력, 혜택 박탈이나 새로운 이익 제공, 지배적 규범이나 절차 강조 또는 미리 규칙이나 절차를 수정 · 보완하여 새로운 요구를 봉쇄하는 방법 등으로 그 의안이 상정조차 되지 못하도록 하는 결정이다.

이익집단은 자신의 기득권이 손상될 가능성이 있는 의안에 대해 무의사 결정을 하도록 정책결정자에게 영향을 미치거나, 이에 실패할 경우에는 정책결정 및 집행과정에서도 정책이 성공하지 못하도록 영향력을 비밀리에 행사할 수 있다.

를 대상으로 로비활동을 하거나 전문 지식과 관계 자료를 제공하는 등의 노력을 한다. 정책집행 단계는 민주화된 국가에 있어서도 마찬가지로 중요한 활동대상이다.

4. 행정부와 이익집단의 정치적 관계에 관한 관점

행정부는 공익적 견지에서 중립적 역할을 수행해야 하는데 비해 이익집단은 자신의 특수 이익을 위하여 행정부에 접근하기 때문에 정부 관료제와 이익집단의 관계는 원칙적으로 상반적이다. 그러나 이러한 기능 차이에도 불구하고 양자가 반드시 대립적인 것은 아니다. 이익집단의 지지는 행정부의 대외관계에서 정치적 힘이 되며, 이익집단의 협조가 없다면 행정업무를 원활히 수행하기 곤란하기 때문에 행정부는 이익집단과 공존하거나 때로는 적극적으로 협조하는 경우도 있다.

특정 국가에 있어서 행정부와 이익집단의 정치적 관계는 적극 대립을 한 끝으로 하고 적극 협조를 다른 끝으로 하는 연속선상의 어느 점에 위치하게 될 것이다. 그리고 이를 보다 단순화하면 행정부가 이익집단에 수동적으로 이끌리는 관계, 행정부와 이익집단이 공존하는 관계 그리고 관료제가 독자적으로 행동하거나 주도권을 가지는 관계로 구별할 수 있다.

첫 번째 범주는 다원주의적 관점에서 설명되는 관계이다. 개인이나 단체는 자기의 이익을 위하여 자발적으로 이익집단을 구성하고자 하는 동기를 지닌다. 즉 이익집단이란 공동 이익에 기초하여 자발적으로 형성된 조직으로 보는 것이 다원주의적 시각이다. 그러나 이익집단의 형성과 유지를 위해서는 비용이 들기 때문에 공동 이익이 있다고 해서 이익집단이 형성되는 것은 아니다.

다원주의자들은 정책은 다양한 이익집단들간의 갈등과 타협의 결과이고, 행정과정은 이익집단들간에 협상이 이루어지는 중립적인 장(neutral field)이며, 행정기관은 이익집단들 중의 하나이기 때문에 주도적인 역할을 하지 못한다고 본다. 행정기관이 자신이 통제하거나 규제해야 할 이익집단에 오히려 지배되거나 이들을 위해 봉사하는 현상에 관한 '관료적 포획'

(bureaucratic capture) 이론은 기본적으로 이러한 관점에 속한다.

그런데 다원주의적 시각으로 한국의 이익집단을 설명하는 데는 한계가 있다. 정부의 인·허가없이 자생적으로 형성된 영향력 있는 이익집단이 많지 않기 때문이다. 건설인협회, 의사협회, 변호사협회 등의 예에서 볼 수 있듯이 단체 설립이 의무화되어 있으며 다원주의에서 가정하는 자율적으로 만들어진 단체가 아니다.

두 번째 관계는 '하위정부'(subgovernment) 이론이나 '논제 연계망'(issue network) 이론에서 보는 관점이다. 하위정부이론은 하위정부들은 각기 독립성을 지니는 자신의 영역을 확보하여 분할하고, 독립된 영역에서 행정부와 이익집단이 상호 밀착된 협력관계를 형성하고 외부세력을 차단하여 해당 분야를 실질적으로 지배하는 현상을 설명한다. 철의 삼각관계는 하위정부 중 행정기관, 국회 상임위원회 그리고 이익집단의 관계를 설명한 것이다. 이에 비해 논제망이론에서는 특정 논제와 관련된 다양한 이익집단들이 행정과정에 유동적으로 참여하는 현상을 설명하고자 했다. 이러한 관계는 업무영역의 경계가 불분명한 망으로 볼 수 있으며, 논제망에 참여하는 이익집단은 갈등의 표면화 또는 복잡한 협상과정을 거치게 되어 합의를 도출하기가 대단히 어렵다.

마지막으로 행정부가 주도적인 입장에서 이익집단을 통제하는 관계는 '관료정치'(bureaucratic politics) 이론이나 '조합주의적 시각'이다. 국가가 규제에 의하여 이익집단을 설립하며, 그 활동에 대하여도 국가가 규제를 하는 관계이다. 정부의 규제에 의하여 이익집단이 만들어지는 경우 이익집단이 정부의 규제를 수용하는 대가로 정부는 해당 이익집단에 대하여 이익대표권의 독점을 부여한다. 정부가 규제를 통하여 이익집단의 형성과 운영을 통제한다는 것은 정부가 이익집단의 상위에 있음을 의미한다.

관료정치이론은 직업관료제와 임명직 공무원이 행정과정에서 핵심 주체이기 때문에 이익집단의 행정부에 대한 영향력은 미미하다고 본다. 한편 다원주의에 대칭적 시각인 '조합주의'(corporatism)는 국가를 행정과정에서 주도적 영향력을 발휘하는 실체로 본다. 조합주의는 다시 국가 조합주의와 사회 조합주의로 구분된다. 국가 조합주의는 국가가 이익집단들을 강압적으로 편성하기 때문에 이익집단의 상향적 투입 기능보다는 정부가 이익집단을 동원 · 통제하는 특성을 설명하는 시각이다. 그러니까 국가 조합주의는 개발도상국가의 정부와 이익집단간의 관계를 설명하려는 이론이다. 이에 비해 사회 조합주의는 사회 경제적 위기를 해소하고 사회를 통합하려는 정부의 의도와 사회 경제체제의 변화에 순응하려는 이익집단과 맞물려 생성된 관계를 설명하는 이론체계이다. 이 이론은 선진 자본주의의 정부와 이익집단간의 관계에 대한 설명력이 높다.

한국의 경우 이익집단현상은 주로 조합주의에 의하여 설명해 왔으며, 이는 정부주도의 경제 개발을 위하여 불가피한 것으로 평가해 왔다(사공영호, 2004). 그러나 행정부와 이익집단의 관계를 조합주의적으로 설명하는 데는 다음과 같은 이유에서 한계가 있다.

첫째, 이익집단이 존재하는 영역에서 정부의 인가를 받아 경쟁적인 이익집단을 설립하는 것이 쉽지 않기는 하지만 이익의 세분화 · 경쟁화에 따른 경쟁적 이익집단들이 설립되고 있는 추세이다.

둘째, 우리 사회는 지속적으로 다원화되고 있으며, 행정부와 이익집단간의 관계도 다원화되고 있다. 조합주의적 이익대표방식의 핵심이라 할 수 있는 독점적 · 비경쟁적 이익대표방식은 성장기에는 수단이 될 수 있으나 오늘날에는 오히려 이익표출의 기회를 차단하고 비용를 증가시키는 요인이 될 수 있다.

셋째, 집단이익의 틈바구니에서 국민 전체의 이익을 배제하거나, 이익집단의 힘이 정부의 통제력을 무력화시키는 관료적 포획현상이 나타나고 있다.

5. 이익집단의 정치적 자원

이익집단의 영향력은 자신이 지닌 자원의 종류와 크기에 달려 있다. 그러나 정치적 자원이 많다고 해서 어떠한 상황에서든 그 만큼의 영향력을 발휘한다는 것은 아니고, 권위적 행정결정에 영향을 미치는데 유용할 수 있다는 의미이다. 이익집단이 지닌 정치적 자원은 대단히 다양하지만 여기서는 대표적 몇 가지에 대해서만 설명하기로 한다.

이익집단의 자원 중 가장 중요한 것은 구성원이다. 구성원의 수, 이들의 전문성, 경제력, 전국적 분포도가 이익집단의 인적 자원을 평가하기 위한 구체적 변수들이다. 또한 정부 관료는 이익집단의 집단행동이 여론이나 국민경제에 미칠 영향력도 고려할 것이다. 마지막으로 집단의 응집력도 중요한 자원이다. 집행부의 동원능력과 구성원의 참여 욕구, 집행부의 권위, 재원 등이 응집력을 결정하는 변수이다.

Ⅲ. 언 론

언론은 사회에 대해 엄청난 중요성을 갖고 있기 때문에 흔히 '제 4 부' 라고 불린다. 대중 언론은 기존의 사회질서 유지에 기여하고, 사회현상들을 감시하는 순기능을 수행하고 있지만 때로는 사회 안정을 위협하거나 개인생활에 해를 끼치는 역기능도 있다. 최근들어 언론의 자유 못지않게 언론의 책임을 강조하거나 언론 개혁의 시급성을 주장하는 목소리가 높아지고 있는 것은 과장 · 왜곡보도의 피해 사례가 그만큼 많아졌기 때문이다. 그러므로 행정부가 언론이 하는 일에 관심을 갖는 것은 자연스런 일이다. 나라에 따라 다르지만 대개의 정부는 언론활동에 대해 지원과 제재를 다양하게 전개해 왔다.

행정부와 관련된 언론의 역할을 보면 다음과 같다.

첫째, 행정활동의 내용을 대중에 전달한다. 언론은 대중에게 행정부와 관련하여 신속하게 변화하는 뉴스들을 — 대통령 동정, 주요 정책, 스캔들, 위기나 재난 보도 — 전달한다. 그런데 언론은 진실되고 보편타당한 사건들을 보도해야 한다. 그럼에도 불구하고 언론이 중요 사건들을 모두 보도하는 것은 불가능하기 때문에 언론기관의 판단에 의해 보도 내용이 선택되어진다. 또한 뉴스 기사는 독자의 흥미를 끌 수 있어야 하기 때문에 흥미 위주로 보도하게 된다. 기자는 행정관련 정보 중 상당부분은 관료들로부터 얻기 때문에 특정 기관의 출입기자는 당해 기관의 공무원들과 친분을 쌓게 된다. 이러한 요인들로 인하여 자칫 보도 내용이 특정 방향으로 편향되거나 왜곡되어질 수도 있다.

둘째, 정책의제설정 및 정책결정에 필요한 정보를 제공한다. 언론은 특정한 사회문제에 대한 시민들의 주의를 집중시키고, 사회문제의 해결책을 제시한다. 사람들은 이러한 언론활동을 통해 정보를 얻고, 이 정보를 바탕으로 의견을 형성하고 나아가 여론을 형성하게 된다. 사건 보도, 대담, 토론 등을 통하여 사회문제가 시민이나 관련 집단으로 인식이 확산되고 정부의 정책의제로 채택되게 하는 통로가 된다. 행정부는 언론의 보도에 관심을 기울이고 언론의 논조나 문제 제기에 의해 정책의제설정이나 정책결정이 영향을 받는다.

셋째, 언론은 시민과 행정부를 연계해 주는 역할을 한다. 언론은 행정기관의 정책방향을 설명하고, 이에 대한 시민의 반응을 보도한다. 대통령, 국회의원, 관료 등 행정과정의 공식적 참여자들은 언론의 보도와 조사결과에 관심을 가진다.

넷째, 행정부를 감시한다. 언론은 부정부패나 정책실패를 폭로함으로써 행정부에 대한 감시기능을 수행한다. 언론은 개인을 대신해서 사회의 각종 정보를 수집 · 분석하여 대중에게 전달해 주고, 국정의 각 부분을 감시하며, 잘못된 정책이나 행위를 바로잡아 계도하고, 공명정대한 보도로 국민의 알 권리를 충족시켜 준다.

다섯째, 정부 정책의 환류 및 홍보기능을 담당한다. 정책입안자들이나 결정자들은 정책 효과가 과연 있는지, 정책 효과를 거두기 위해 행정홍보가 제대로 이루어지고 있는지 등에 관심이 많다. 정부 정책은 언론의 보도에 영향을 받게 되고, 언론의 보도태도에 따라 잘못된 방향에 대해서는 수정을 한다. 정부가 특정 정책을 개발하는 과정에서 보도자료를 언론기관에 배포하는 것은 최종안을 확정할 때까지 많은 지적과 비판을 공론화하여 수용하기 위해서이다. 때때로 기자들은 취재과정에서 확정되지 않은 정책을 미리 보도하는 경우가 있다. 이때 정책관계자는 이를 부인하지만, 실제적으로는 보도된 정책에 대한 시민들의 반응을 파악하여 정책결정과정에서 일어날 수 있는 오류와 비판을 미리 점검해 보기도 한다.

Ⅳ. 시 민

1. 시민에 대한 인식 변화

민주주의이론의 핵심 논리는 시민에게 최대한의 안전과 만족을 주는 정부가 최선의 정부라는 믿음에서 출발한다. 이 논리의 연장으로, 민주적 행정이 되기 위해서는 행정과정에 시민의 참여를 증대시키고 정책과정에 시민의 의사를 충분히 반영해야만 한다. 다시 말해 행정과정에 시민의 참여를 지나치게 제한하거나 시민의 의견을 반영하지 않은 정부는 그만큼 시민이 바라는 수준의 서비스를 제공할 수 없게 된다.

그러나 우리나라에서 시민단체의 활동이 본격화되고, 행정과정에 시민의 참여통로가 마련되어 정책과정에서 시민의 목소리에 귀기울이기 시작한 것은 그리 오래되지 않았다. 민주적 정부형태를 갖추고 있었음에도 상당 기간동안 시민을 통제·규제의 대상으로 간주하고, 행정과정에 시민을 참여시키는 것을 비능률적이고 불안정한 것으로 생각하였다. 1987년 6월 항쟁을 계기로 민주화가 크게 진전되면서 행정과정에 시민참여가 적극화되기 시작하였다. 그 후 지식·정보화와 세계화에 따른 세계적인 NGO와의 연계 확대 등과 같은 사회변화에 따라 시민단체의 수나 활동영역이 급속히 확대되었다.

오늘날에 있어서는 행정업무를 서비스 차원으로 생각하게 되었고, 나아가 시민을 고객으로 여겨야 한다는 주장이 낯설지 않게 되었다. 또한 행정과 시민의 관계가 규제 및 서비스 제공이라는 일차원적 관계에서 다음에 설명하는 바와 같이 다차원적인 관계로 변하였다.

2. 시민과 관련된 용어

사회를 구성하는 주체는 국가, 기업 그리고 시민으로 나누어 볼 수 있다. 이러한 세 주체로 구성된 사회에서 시민운동이 보다 적극적이고 확대된 사회를 시민사회라 하겠다. 물론 시민사회에 대한 정의는 시민사회를 보는 시각에 — 신보수주의에서 신자유주의에 이르기까지 — 따라 다양하지만 여기에서는 시민사회를 이와 같이 간단하게 정의하고 이와 관련된 몇 가지 용어들에 대해 설명하기로 한다: 시민활동, 시민운동, 주민운동 그리고 시민단체.

우선 시민활동이란 사회적인 문제의식을 갖고 있는 시민이 자발적 · 계속적으로 행하는 활동을 말한다. 스스로 과제의 해결방법을 찾아 그것에 전념하는 것에 중점을 둔 개념이며, 거주지에 관계없이 문제의식을 공유하는 사람들에 의해 이루어지는 활동이다. 정부나 기업 등의 권력에 대하여 반대하거나 요구하는 일에 중점을 둔 시민활동을 시민운동이라고 할 수 있다. 행정에 대한 영향력 행사라는 제도화 및 정형화의 정도에 따라 시민운동과 시민 참여로 구분할 수 있다. 이에 비해 주민운동은 같은 지역 혹은 일정한 지역에 거주하고 있는 사람들이 지역과 관련된 과제를 해결하기 위하여 행하는 활동을 의미한다.

한편 시민단체는 사회 구성원으로서 권리와 책임에 대한 의식을 지니고, 공익 또는 비영리적 목적을 위해 자발적으로 구성된 단체를 의미한다. 시민단체는 흔히 NPO 또는 NGO라고도 불리운다. 비영리조직을 의미하는 NPO(Nonprofit Organization)는 미국의 문화나 제도를 — 법인제도나 세금제도 — 배경으로 만들어진 용어이다.

민간 비영리의 입장에서 공공서비스를 제공하는 조직, 교육, 의료, 사회적 서비스 등의 공익적 활동을 행하는 단체나 이러한 단체를 조성하는 재단을 의미한다.

비정부조직을 지칭하는 NGO(Non governmental Organization)는 UN에서 만든 용어이다. NPO는 국내 또는 일정 지역을 범위로 활동하는 단체라면, NGO는 범지구적 문제를 해결하기 위해 국경을 넘어 활동하는 비영리 민간조직을 — 예컨대, 기아, 인권, 환경문제 등 — 일컫는 경우가 많다.

3. 시민과 행정과의 관계

전통적인 시민은 행정으로부터 규제를 받거나 행정부가 제공하는 서비스를 받기만 하는 수동적 존재였다. 그러나 오늘날에 있어서 시민은 능동적이고 다양한 방식으로 행정기관과 관련을 맺고 있다. 여기서는 시민이 행정과 관련된 형태를 기준으로 세 가지로 구분하기로 한다: 특정 이익의 표출, 자원 봉사, 공공서비스의 공동 생산.

1) 특정 이익의 표출

오늘날 시민들이 다양한 방식으로 거버넌스 과정에 참여하고 있다. 이처럼 시민이 개인적으로 또는 단체를 구성하여 청원, 진정, 시위, 서명운동, 공청회나 위원회 참가 등의 방법으로 특정 이익을 표출하여 행정에 직·간접적으로 영향을 미치고 있다. 이런 점에서 오늘날을 시민사회라 할 수 있다. 또한 전자정부를 통해 행정에 시민들이 참여할 수 있는 통로가 확대되고 있다. 정부기관의 홈페이지를 통해 민원 처리. 정책이나 공공 서비스 전달체계에 대한 의견을 제시할 수 있다. 전자정부화가 될수록 인터넷을 통한 시민 참여를 위한 효율적 도구들이 개발될 것이고, 이로 인해 보다 다양한 시민 참여가 가능해 질 것이다. 또한 전자정부를 통해 시민의 의사를 보다 충실히 반영할 수 있는 투표방식이 개발될 것이다. 이러한 투표방식의 변화는 수동적 존재로서의 시민이 보다 적극적으로 정치행정과정에 참여할 수 있게 될 것이다.

대의 민주주의에서는 민의를 반영하거나 갈등적 문제 해결에 있어 정당성을 부여하기 위한 시민 참여의 방법으로 투표를 실시해 왔다. 그런데 현재의 투표제도는 시민 참여의 범위 확대에 초점을 둔 것이기 때문에 시민의 선호 강도와 다양성을 반영할 수 없다. 즉 현재의 투표제도는 여러 후보자들 중 한 사람 또는 특정안에 대한 가부(可否)만을 표시할 수 있다.

이런 점에서 시민이 자신에게 유리하거나 또는 정당하다고 생각하는 이익을 결집할 수 있는 새로운 투표방법으로 '복합 투표'(complex voting) 방식을 생각할 수 있다(Redburn & Cho, 1983). 복합 투표방식이란 복수의 제약 속에서 상호 관련된 문제들을 동시에 고려할 수 있도록 고안된 투표용지에 자신의 의견을 나타낼 수 있는 방식이다. 투표자가 일련의 대안들에 대해 여러 개의 선택을 할 수 있고, 각 선택에 있어 자신의 선호 강도를 표시할 수 있다. 예컨대 학교 운영방식에 대해 열 가지 안을 제시하고, 학교 운영에 도움을 주기 위한 찬조금의 부담 정도를 다섯 단계로 구분하는 것이다.

그러나 아직도 공무원들 중에는 과거 형태인 수동적 행정에 입각하여 시민의 참여를 비용 소모적이거나 전문성을 해치는 것으로 보는 경우가 많다. 행정부에 내재해 있는 시민 참여의 장애요인을 크게 세 측면에서 설명할 수 있다: 일상생활, 행정체계 및 과정, 그리고 참여 기술.

첫째, 많은 공무원과 시민들은 오랫동안 익숙해진 시민의 수동적 역할에서 벗어나질 못하고 있다. 이와 더불어 시민이 너무 바쁘거나 무관심이 시민 참여의 현실적 장애가 된다.

둘째, 적극적인 시민 참여를 활성화하기 위한 행정 제도나 과정의 변화가 없다. 시민 참여의 중요성을 강조하는 공무원이라 하더라도 자신의 현상태(status quo)나 기득권이 침해 받을 가능성이 있다고 인식할 경우에는 시민참여의 부정적인 측면을 강조하여 시민 참여를 제한하거나 형식화 하려고 한다(King & Stivers, 2001: 486). 이런 점에서, 행정부는 시민 침여를 촉진시킬 수 있는 제도들을 개발해야 한다.

셋째, 행정부나 시민 모두 적극적인 시민 참여의 기술이 부족하다. 바람직한 시민참여 방법이나 기술에 관한 훈련·교육기관을 만들고, 교육프로그램이 개발해야 한다.

시민 참여제도의 외국의 예

'지역사회활동프로그램' (community action program)은 불이익을 당한 시민의 진정한 대변인 역할을 지역의 정치인이나 공무원 보다 이웃이 더 잘 수행할 수 있다는 점에서 공공주택 개발, 범죄 등의 분야에서 주민들이 행정과정에 적극 참여토록 하는 프로그램이다. 정부는 시민 활동의 전문성을 높이기 위해 전문가, 법률가, 회계사 등이 시민과 함께 활동할 수 있는 제도적 장치들을 마련해 주기도 한다. 또한 행정부에서 계획하고 있는 사업에 시민들의 참여를 촉진시킬 수 있는 방안을 연구하는 정식 직원을 채용하기도 한다(Rosenbloom & Kravchuk, 2002: 206-207).

2) 자원 봉사

시민의 자원 봉사활동이 행정과 관련하여 주목을 받게 된 것은 신보수주의 시대가 상징하고 있는 '작은 정부'로 이행하는 하나의 수단으로서 민간의 기술이나 자본 등을 행정과정에 도입하기 시작하면서부터이다. 행정규제의 완화와 동시에 시민의 자발적 참여의 확대는 관료제의 한계를 보완하고자 하는 의미가 내포되어 있다. 오늘날에 있어서는 시민단체의 정부활동에 대한 모니터링, 특정 정책에 대한 시민단체의 의견 제시, 공공기관의 부패지수 측정, 주민들의 지역 발전을 위한 자원 봉사 등 보다 다양하고 전문화된 형태의 시민단체들에 의한 자원 봉사활동들이 증대되고 있다.

3) 공동 생산: 민-관 파트너십

공동 생산(coproduction)이란 행정 서비스의 수혜자 혹은 소비자라고 생각할 수 있는 시민을 '서비스의 공동 생산자'로 전환시킨 개념이라고 할 수 있다. 전통적으로 행정서비스 생산은 서비스 공급자로서의 행정기관과 소비자로서의 시민으로 구분되어 왔다. 그러나 공급과 소비의 일원적 관계는 행정기관의 재정적 부담, 서비스의 질 저하 등의 문제점이 있었다. 이러한 문제들을 해결하기 위한 하나의 방법은 행정기관과 시민 두 주체가 각자의 요구와 평가기준을 가지고 공공 서비스의 생산을 위하여 협동·조정하는 것이다.

예를 들어 주민조직이 지역의 가로등을 설치하는 것은 경찰의 순찰활동에 도움을 주게 됨으로써 치안서비스의 공동 생산이 이루어진다. 그리고 행정이 제공하는 복지서비스와 연계된 자원 봉사조직의 활동, 학부모 조직에 의한 학교행사 참가, 주민조직에 의한 쓰레기 수집장소의 설정과 청소행정 등이 공동 생산의 구체적인 예가 될 수 있다.

공동 생산은 민-관 파트너십(public-private partnership)을 형성하여 이루어진다. 민-관 파트너십은 정부, 비영리기관, 기업, 시민 등 다양한 조직들이 각자의 목표 달성이나 문제 해결을 위해 함께 작업하는 협동관계이다. 공동생산은 재정적 부담 및 수익 배분에 대한 권한은 물론이고 위험도 공유하는 지속적인 협동관계를 통하여 이루어지지만, 구체적 협력 내용에 대해 상세히 문서화하지는 않는다는 점에서 위탁계약과 구별된다(김동원, 2002: 401).

공동생산을 위한 민-관 피트너십은 권한이 분산되고 통제기제가 약화되기 때문에 책임성 확보의 어려움이 노정될 가능성이 있다. 또한 공동 생산과정에 참여가 특정 집단을 중심으로 이루어질 경우 오히려 공익을 저해할 수도 있다. 따라서 생산적인 민-관 파트너십을 형성하기 위해서는 공공부문과 민간부문간에 목표나 가치 등에 있어 차이점을 서로 적극적으로 이해하고, 역할과 책임을 가능한한 명확히 해야 한다.

V. 여 론

여론은 중요한 사회적 문제에 대해 서로 다른 집단이나 개인의 관점과 입장의 총체라 할 수 있다. 시민들의 의견이 하나의 같은 집단으로 구성되는 경우는 드물며, 서로 다른 의견을 지닌 '대중들'로 구성된다. 행정부가 새로운 정책을 제시할 때 이러한 다양한 대중들을 염두에 두게 된다. 언론은 행정부의 활동이나 하지 않는 활동, 시민생활에 충격을 주는 일련의 사건들, 공직을 위해 출마하는 후보들의 견해 등을 보도한다. 행정가는 중요 정책에 대한 시민의 관심사를 언론을 통해 얻을 수 있다.

언론기관이나 여론 조사기관을 통해 파악될 수 있는 여론은 기본적으로 다섯 가지 — 강경성, 유동성, 지속성, 잠재성, 적정성 — 특성을 지닌다.

강경성이란 주어진 현안과 나름의 생각들을 사람들이 얼마나 공개적으로 표현하려 하고, 강렬히 느끼는가 하는 정도이다. 강경한 집단은 무관심하고 비활동적인 다수보다는 정책의제설정이나 정책결정에 더 큰 영향을 미칠 수 있다.

유동성은 여론이 짧은 시간 동안 갑자기 변하는 것을 의미한다. 특정의 사건을 계기로 여론이 반전되는 경우는 허다하다.

지속성은 여론이 오랫동안 그대로 유지되는 특성을 말한다. 사람의 생각이 급격히 바뀌는 경우도 있지만, 몇 세대에 걸쳐 대물림하는 경우도 있다.

잠재성이란 보이지 않거나 드러나지 않는 여론은 빈번한 정보 교환이나 극적 사건에 의해 — 특히 대중매체에 의해 확산되지 않는 한 — 표면화되지 않는 특성을 일컫는다.

마지막으로 적정성이란 여론이 특정 문제가 개개인에게 얼마나 중요한지에 대해 의견을 수렴하여 적정한 수준을 제시하는 것이다. 예컨대 노인들은 노인복지에 대해 관심을 가질 것이지만, 군에 가지 않은 청년층은 군복무기간에 대해 관심을 가진 것이다.

제11장

행정책임, 관료제의 통제 그리고 창의적 관료제를 위한 행정혁신 전략

개 요

봉급생활을 하던 사람이 창업을 하면 잠을 제대로 못잘 정도로 사업에 몰두하는 것을 흔히 볼 수 있다. 이는 사업의 성패가 전적으로 자신의 책임에 달려 있기 때문이다. 책임의식이 업무의 수행방법이나 성과에 중대한 영향을 미친다는 사실은 관료제에도 그대로 적용된다. 다만 이윤이 아니라 공익이라는 추상적 가치를 실현하고자 하며, 대규모 조직에서 다양한 참여자들과 교류하며, 국가로부터 봉급을 받는 등의 특성으로 인해 행정책임 및 행정통제는 개인이나 사조직의 그것과는 차이가 있을 뿐이다. 특히 관료제에 대한 뿌리깊은 불신으로 인해 행정의 책임 및 통제문제는 기업의 경우에 비해 중요성을 지닌다.

그런데 행정부의 책임을 확보하기 위한 행정부의 내·외적 통제 강화는 행정의 효율성에 부정적 영향을 미치게 된다. 가령 통제 위주의 자금 관리는 불필요한 회계절차 및 비효율적인 구매절차를 만들게 하고 나아가 행정의 적시성(timing)을 해칠 수 있다.

또한 관료(제)는 행정환경으로부터의 다양한 기대에 부응하는 한편, 상충적 기대들을 초월하여 공익의 견지에서 독자적 결정을 해야 한다. 그러므로 하나의 기준이나 일부의 입장에서 관료(제)에 대한 책임성을 묻게 되면 전체적 가치가 손상된다. 더욱이 행정책임을 확보하기 위한 통제기제를 강화하면 관료가 복지부동하게 되고, 창의성이 저해된다. 행정책임과 행정 통제 문제와 더불어 관료(제)의 기업가 정신과 창의성도 중요한 문제이다. 이런 점에서 관료(제)의 창의성을 저해하는 요인들을 분석하고, 창의성 확대를 위한 방안들을 강구해야 한다.

Ⅰ. 행정책임

1. 기대 연계망과 책임

관료는 누구에게 봉사하는가?, 어떻게 업무를 수행하는가?, 그리고 얼마만큼의 재량권을 가져야 하는가? 이러한 질문에 답하기 위해서는 행정부의 책임에 대해 생각해 보아야 한다. 관료는 국민의 대리인으로서 주어진 행정업무를 충실히 수행해야 할 책임이 있다. 그러나 관료(제)가 행정과정이나 업무성과에 대한 책임을 어느 정도 져야 하는지 명쾌하게 판단하기는 어렵다.

역할이론에 따르면 조직 속의 개인은 그 개인의 역할에 대한 다양한 기대들의 총체, 즉 기대 연계망(expectation network)으로 분석되어진다. 이러한 시각에서 보면, 행정부 또는 관료는 다양한 이해관계자들로부터 특정의 역할 수행을 요구받고 있는 기대망의 일원이다. 행정부는 때로는 다양한 기대들을 조정하면서 자신의 업무를 통해 이들을 어떻게 충족시켰는지를 답할 수 있어야 한다.

예를 들어 홍수시에 댐 하류의 주민은 댐 관리공무원에게 방류량을 줄여줄 것을 요구하지만, 반대로 상류의 주민은 방류량을 늘려달라고 요구할 것이다. 이러한 상충된 요구들 가운데 어느 정도의 물을 방류할 것인가는 행정부의 과제이다. 즉 일방으로부터 항의를 받더라도 자신이 행한 업무가 전

역할이론(role theory)

역할이론이란 개인을 타인의 행태에 의존하고 반응하는 사람으로 가정하고, 사회환경과 개인의 특성과의 관계를 역할이라는 개념으로 연구하는 이론이다. 역할이론에서는 조직을 역할체계로 보고, 조직 속의 개인을 이러한 역할체계의 일원으로 본다.

체의 이익을 위한 것이었음을 밝혀 책임을 방어할 수 있어야 한다. 그러나 주민의 입장에서는 행정부의 판단을 믿지 못할 경우 이에 대한 책임을 추궁하게 된다.

행정책임이 중요시되는 이유는 정부에 대한 뿌리 깊은 불신 때문이다. 행정부를 믿지 못하기 때문에 관료의 책임을 추궁하게 되고 나아가 현재의 책임 구조에 새로운 책임을 부가하게 된다. 이로 인해 행정부의 책임체계는 더욱 복잡해지고 관료들에게 부과되는 책임의 종류도 많아지게 된다.

2. 행정책임의 유형

행정책임이란 행정부 또는 관료가 일정한 기준에 따라 행동해야 할 의무를 말한다. 여기서 '일정한 기준'이란 법, 정치, 전문성 등을 포함하기 때문에, 그만큼 행정책임의 유형도 다양하다. 여기서는 책임을 [그림 11-1]과 같이 통제의 원천과 통제의 정도라는 두 기준에 따라 위계적, 법률적, 정치적 그리고 정책적이라는 네 유형으로 구분하기로 한다(Romzek, 1987: 100). 통제의 원천(source of control)은 행정기관의 내부적 통제인가 외부적 통제인가의 구분이며, 통제의 정도(degree of control)는 통제의 강약을 의미한다.

위계적 책임(hierarchical accountability)은 하위관료(제)가 자신의 업무성과에 대한 상위자의 기대에 부응할 의무이다. 통제의 원천이 내부에 있으면 책임자에 대한 통제의 정도가 강하다. 이러한 유형의 책임관계에서는 조직 내

그림 11-1 행정책임의 유형

통제의 강도 \ 통제의 원천	내 부	외 부
강 함	위계적 책임	법률적 책임
약 함	정책적 책임	정치적 책임

의 상사나 고위 관료의 기대가 우선권을 지니며 직접적인 감독, 명령 이행, 표준운영절차 준수를 통해 부하의 재량권이 최소화된다. 군대가 전형적 예이지만 그 외에도 일상적이고 반복적인 직무를 — 영수증의 발행이나 납세 신고서 처리와 같은 — 수행하는 기관은 엄격한 감독·보고체계에 따른 위계적 책임을 강조한다.

법률적 책임(legal accountability)은 입법부나 사법부를 포함한 관료(제)의 외부기관에서 만든 헌법, 조약, 국제협정, 법률, 계약을 준수해야 하는 의무를 말하며, 이를 어길 경우에는 강력한 법적 제재를 받게 된다. 예를 들어 정부가 행하는 규제행위나 예산지출행위는 관련 법률이나 회계기준에 맞아야 한다.

정치적 책임(political accountability)은 관료(제)와 상호작용하는 외부 행위자들의 기대에 대한 대응성(answerability)을 의미한다. 관료(제)에게 시민의 대표인 국회가 만든 법집행의 책임을 부여하고 있는 민주정치의 틀 속에서 행정부는 시민, 민원인, 납세자, 고객, 기타 이해관계자들의 요구나 청원을 무시할 수 없다. 더욱이 오늘날 행정이 관주도에서 시장원리 중심으로 바뀌면서 행정업무를 '고객'에게 제공되는 서비스로 보는 시각이 확산되고 있다. 서비스 수혜자가 '민원인'에서 '고객'으로 바뀌면 고객의 요구에 대응하고 나아가 그들을 감동시킬 수 있는 대응성이 중요해진다.

정책적 책임(policy accountability)은 전문적 책임이라고도 한다. 행정부, 특히 고위 정책결정자는 적절한 정책적 판단을 할 것으로 기대되며, 상당한 재량권을 부여받고 있다. 이러한 점에서 정책적 책임은 책무 또는 의무 이행능력(responsibility)의 의미가 강하다. 정책결정자는 직업상의 규범과 동료들 간의 비평을 통해 스스로를 감시하고 규제할 것이라는 믿음에서 관료제 내외의 신뢰와 신임을 받고 있다. 지역사회의 주민들이 화재 예방과 진압에 능숙한 전문소방관들을 신뢰하고, 안전하며 효과적인 수송체계를 설계하는 교통정책결정자를 신뢰하는 것은 이들이 자신의 직업적 규범에 따라 성실히 공직의 의무를 수행할 것으로 믿기 때문이다.

3. 책임 관리

관료는 책임관계로 연결되어 있는 다수의 기대들에 부응하여 자신이 어떠한 책임을 완수해야 하는지를 파악하고 있어야 한다. 책임 관리란 행정책임자 자신에 대한 다양한 기대들을 재정의하고, 어떠한 수준에서 상충적 기대들을 조정할 것인지를 판단하여 이를 수행하는 것을 의미한다.

1) 책임 관리의 수준에 영향을 미치는 요인들

책임 관리의 수준은 어떻게 결정되는가? 이에 영향을 주는 요인들은 다양하지만 여기서는 크게 두 요인과의 관리자의 유형, 업무의 성격 및 기대의 유형 관계에 대해서 설명하겠다.

(1) 관리자 유형

관리자의 유형과 책임 관리 수준간의 관계를 설명하기 위해서는 관리자를 세 유형으로 구별하는 것이 편리하다: 반응적, 적응적 그리고 전략적 유형.

반응적 관리자(reactive manager)는 문제가 발생하면 이에 사후적으로 대처하려는 유형이다. 이들은 사전에 적극적으로 대처하기(proactive)보다는 변화된 상황에 따른 새로운 기대가 자신과 자신이 속한 기관에 어떠한 영향을 미칠 것인가를 예의 주시한다. 가령 범죄가 발생하지 않는 경우에는 범죄 예방에 신경 쓰지 않는 경찰서장이나, 에너지 가격이 폭등하고 나서야 에너지 수급대책을 세우는 에너지 담당부처가 이러한 유형의 예이다.

적응적 관리자(adaptive manager)는 변화하는 상황을 분석하여 비용이 많이 드는 업무 축소, 새로운 사업을 위한 기금 조성 등을 통해 기대에 상응할 수 있는 조치들을 취하려는 유형이다. 경찰서 예산이 삭감되면 수사인력을 줄이는 경찰서장이나, 에너지 가격의 동향을 분석하여 가격이 오르기 시작하면 에너지 절약정책을 수립하는 관리자가 여기에 속한다.

전략적 관리자(strategic managers)는 자신이 속한 조직의 미래를 예측하

미국 인공위성 Challenger호의 폭발사고에 대한 책임

미국의 NASA는 1958년에 우주항공 사업을 위한 전문기관으로 조직되었다. NASA는 소련과의 우주 진출경쟁과정에서 정치적으로 이용되기 쉬운 환경 속에서도 전문가적인 책임원리와 전문가의 자율성이 보장되고 연구 · 개발의 질을 중시하는 조직이다. 이를 위해 최대한 관료제적 절차와 법적 규제를 간소화하고 정치적 압력도 차단되어 있었다.

그러나 아폴로 계획의 성공과 함께 1970년대 이후에는 사회적 기대 뿐만 아니라 정치적 기대도 아울러 충족시키지 않으면 안되었다. 더욱이 1982년에 레이건 대통령이 우주선의 실용화 노선을 구축하게 됨으로써 NASA의 추진계획에 민간기업이 참가하게 됨과 동시에 상업주의가 조직 내에 침투하게 되었다. 이로 인해 각 부문간에 경쟁 및 관료제적인 조직질서가 형성됨으로써 NASA의 행동노선은 '관료제적', '정치적' 책임원리로 방향이 점차 전환되기 시작하였다.

1986년 Challenger호의 폭발 사고는 이러한 상황하에서 발생하였다. 발사 당일 이상 기온과 함께 기술적인 불안감이 있었음에도 불구하고 국가적 위신, 국민들의 기대, 보도진과 대중에게 받은 무언의 압력으로 인해 발사 연기라는 당연한 결단을 내릴 수 없었다. 만일 순수하게 기술적인 점검만을 중시한 발사계획이었다면, 정치적 · 관료제적 · 재정적 요인을 고려하지 않고 최첨단의 기술적 능력을 발휘할 수 있었을 것이다.

Romzec 와 Dubnick(1987)는 사고조사위원회의 보고서 내용은 기술과 관리면의 문제만을 중시하고 있으며, NASA의 제도적 변화에는 중점을 두고 있지 않다고 비판하였다. 또한 순수한 기술조직으로서 갖추어야 할 전문가적인 책임원리에 주목하지 않는다면 결국 사고의 근본 요인을 구성하고 있는 관료제적 통제를 오히려 강화 시킬 가능성이 높다고 경고하였다.

이상의 사례는 작은 판단 실수가 커다란 비극을 초래할 가능성이 있으며, 이러한 판단 실수에 부과할 수 있는 행정부의 책임들은 어떠한 것들이며, 그것들을 어떻게 통제할 수 있을 것인가에 대해 시사하는 바가 크다.

며, 급속한 환경 변화 속에서 생존 및 경쟁력 강화를 위한 전략을 개발하여 대처하려는 유형(proactive type)이다. 컴퓨터 범죄 등 신종 범죄의 출현과 범죄장비의 과학화에 따른 범죄의 발생 가능 상황을 예측하여 경찰장비를 개선하고, 보다 체계적인 인력 충원 및 새로운 교육 · 훈련체계를 개발하는 경찰서장, 에너지 가격의 상승에 대비하여 대체 에너지 연구 · 개발에 투자하는 에너지 개발부처는 전략적 관리자라 하겠다.

이상에서 결과에 대한 책임 회피부터 미래의 상황과 기대에 대해 주도적으로 대처하는 자세에 이르기까지 여러 가지 책임의 수준을 살펴보았다. 그런데 책임 관리의 수준을 결정함에 있어 March(1994: 237-240)가 설명한 개발(exploitation)과 탐색(exploration)의 개념은 대단히 유용하다. '개발'은 현재의 조건과 상황에 기초하여 결정하는 것인데 비해, '탐색'은 기존의 조건과 상황을 재구성하거나 새롭게 창조하는 것을 의미한다. 책임 관리자의 유형에 따라 개발과 탐색의 활용 정도는 다를 것이다. 아마도 반응적 관리자는 현 상황에 초점을 맞추어 당면 문제를 해결하려 하므로 '개발'에 초점을 둘 것이며, 이에 비해 전략적 관리자는 기관의 환경 지배력을 향상시키려고 하므로 탐색을 강조할 것이다. 그리고 적응적 관리자는 개발과 탐색의 조합방법을 추구할 것이다.

(2) 업무의 성격 및 책임의 유형

업무의 성격 및 책임과 관련하여 기대되는 행위유형에 따라 책임 관리 수준이 달라진다. 업무의 성격은 단순하고 일상적인 것에서부터 정책적 판단이 요구되는 비일상적인 것에 이르기까지 다양하다. 또한 책임의 유형은 복종, 법적 의무, 정치적 대응 그리고 정책적 판단으로 구분할 수 있다. 이 두 요인들을 — 업무성격과 책임유형 — 조합하면 책임 관리 수준을 [그림 11-2]와 같이 네 가지로 대별할 수 있다.

그림 11-2 업무 성격과 책임의 유형에 따른 책임 관리 수준

업무의 성격 (일상적 → 비일상적)

책임의 유형	일상적			비일상적
복종	위계적			
법적 의무		법률적		
정치적 대응			정치적	
정책적 판단				정책적

첫째, 위계적 관리 수준이다. 업무의 성격이 일상적이고 단순하며, 최소의 재량권을 가진 책임 관리자에게 복종만을 요구하는 상황에서 필요한 책임 관리 수준이다. 이러한 수준에서의 책임 관리는 지시의 복종과 표준운영절차를 준수해야 한다.

둘째, 법률적 관리 수준이다. 업무의 성격이 특정 상황이나 법적 기준에 해당하는지를 검토하는 등 법이나 규칙 또는 지침에 따라 업무를 수행하도록 요구되는 상황에서 필요한 책임 관리 수준이다. 책임 관리자는 자신의 결정이 정당한 절차와 규칙을 따랐다는 법적 책임을 확보할 수 있어야 한다.

셋째, 정치적 관리 수준이다. 업무의 성격이 보다 비일상적이며, 행정과정에 참여하는 다양한 이해관계들을 조정하는 상황에서 필요한 책임 관리 수준이다. 이러한 상황에서 책임 관리자는 자신의 결정에 정치적 지지의 획득이나 선거에의 영향과 같은 정치적 이해관계를 고려해야 한다.

넷째, 정책적 책임 수준은 경험해 보지 못한 복잡한 상황하에서 최선 또는 차선의 방법을 도출해 낼 수 있는 정책적·전문적 판단이 기대되는 상황에서 요구된다.

이상에서 네 가지 책임 수준을 설명하였으나, 현실의 상황은 이것보다 훨씬 다양하다. 관료는 — 특히 상위직으로 갈수록 — 다수의 기대나 책임을 동시에 처리해야 한다. 예를 들어 경찰은 복종과 법률 집행이라는 두 책임을 모두 수행해야 한다. 즉 경찰조직은 기강을 세우고 유지하기 위하여 위계적 책임뿐만 아니라 법률이나 법원 판결을 통해 수립된 법적 의무도 지켜야 한다.

2) 책임있는 관리를 위한 방안

책임 관리능력을 향상시키기 위하여 고려해야 할 점들은 다음과 같다.

첫째, 책임 관리자는 자신의 과업환경을 이용 가능하고 탐색 가능한 기대의 원천으로 간주해야 한다. 이러한 시각은 환경과의 관계에서 제시되는 책임을 도전적 과제로 이해하여 이를 보다 적극적으로 해결할 수 있다.

둘째, 책임 관리자는 자신이 직면하고 있는 기대들을 분류하고, 이 중에서 책임관계와 연결된 기대들을 파악해서 이러한 기대들을 충족·조정하도록 노력해야 한다.

셋째, 책임 관리자는 책임을 수행하는 기관 및 기관 구성원들의 현재와 미래의 역량을 평가해야 한다. 그리고 이를 통해서 이에 합당한 책임 관리 수준을 정해야 한다.

넷째, 기관과 그 구성원들이 보유할 수 있는 미래의 책임 관리역량이 어느 정도인지 판단해야 한다. 만약 기관 및 그 구성원들이 보다 전략적 · 적응적 · 효과적으로 반응하려면 어떠한 책임 관리능력을 개발해야 할 것인지 분석해야 한다. 이를 위해 책임 관리자는 관리역량의 개발을 위한 장·단기 계획을 수립할 필요가 있다. 적응적 혹은 전략적 관리자로의 변화가 단기적으로 어렵거나 불가능한 것으로 분석되면 변화를 위한 장기계획을 수립해야 한다.

다섯째, 책임 관리자는 구성원의 높은 책임의식, 조직의 적절한 책임관리제도에 대한 신뢰 향상, 조직문화의 변화를 위해 노력해야 한다. 다양한 갈등적 기대들로 인해 제시된 도전적 과제들을 열정적 · 대응적으로 해결하고자 하는 관료(제)의 책임 관리의식은 궁극적으로 조직문화에서 유래된다.

Ⅱ. 관료제의 통제

행정책임을 확보하기 위한 행정통제의 방법은 매우 다양하다. 국회 · 외부 행정기관 · 법원과 같은 행정담당 기관의 외부에서 이루어지는 통제를 '외부통제' 라고 한다면, 상부기관(상관)의 하부기관(부하)에 대한 관리 통제를 '내부통제' 라고 한다.

한편 법이나 제도가 부여한 공식적 권한을 지닌 기관(사람)에 의한 통제를 '제도적 통제' 또는 '공식 통제' 라 한다면, 공식적 권한이 없는 기관(사람)에 의한 통제를 '비제도적 통제' 또는 '비공식 통제' 라 한다. 이익집단, 시민단체, 언론기관, 조직문화 또는 여론은 비록 행정기관을 통제할 수 있는 공식적 권한을 가지고 있지는 않지만 실제적으로 통제기능을 수행하고 있다. 오늘날 행정과정에서 이해관계자와 관련 공중의 참여가 확대하고 있기 때문에 비공식적 통제가 보다 다양화되고 있으며, 그 통제력도 증대하고 있다.

행정통제는 이상에서의 두 기준에 — 통제의 원천과 공식적 권한 유무 — 따라 [그림 11-3]과 같이 유형화할 수 있다.

그림 11-3 행정통제의 유형

공식적 권한의 유무		통제의 원천: 내 부	통제의 원천: 외 부
	공식적	내부의 공식적 통제	외부의 공식적 통제
	비공식적	내부의 비공식적 통제	외부의 비공식적 통제

1. 내부의 공식적 통제

이 유형은 관료제 내의 계층제적 통제와 행정기관 상호간의 수평적인 통제로 나누어 볼 수 있다. 전자에는 대통령을 필두로 한 행정각부(行政各部) 및 집행기관간의 지휘 · 감독, 상관에 의한 직무명령이나 인사권에 의한 통제가 포함된다. 후자는 감사원에 의한 행정 감사나 중앙인사기관과 행정자치부에 의한 각 부처의 정원 관리 등이 전형적인 예이다. 또한 중앙 지방 관계에 있어서 기관 위임사무를 통한 중앙부서의 자치단체(장)에 대한 통제도 있을 수 있다. 여기서는 중앙행정기관과 감사원의 통제에 대해서 좀 더 설명하기로 한다.

1) 중앙행정기관

중앙행정기관은 대통령의 통할(統轄)하에 있는 행정부의 구성단위인 동시에 정책집행의 책임을 맡고 있는 최고 행정기관이다. 중앙행정기관은 대통령과 국무총리의 통할하에 그 소관사무에 관하여 하부기관을 지휘 · 감독한다. 중앙행정기관의 장은 소속기관의 소관사무를 통할하고, 소속공무원을 지휘 · 감독한다. 또한 중앙행정기관의 장은 지휘권, 재정권 그리고 인사권을 통하여 하부기관의 활동을 통제한다.

2) 감 사 원

대통령에 소속된 중앙행정기관인 감사원은 결산 및 회계 검사권과 직무감찰권을 가지고 있다. 감사원은 국가의 세입 · 세출의 결산을 매년 검사하여 그 결과를 대통령과 국회에 보고해야 한다. 대통령의 행정기관에 관한 업무 감독과 국회의 예산 심의 및 결산 감사에 있어서 감사원의 보고는 중요한 자료가 될 뿐만 아니라 행정기관의 부정 방지에도 크게 기여한다.

또한 감사원은 행정기관 및 공무원의 직무에 관한 감찰권을 가지고 있다. 직무 감찰에는 행정기관과 공무원의 비위 사실을 밝히기 위한 비위 감찰은 물론이고, 법령 · 제도 · 운영상의 모순을 찾아내기 위한 행정 감찰도 포함된다. 직무 감찰의 결과 처리는 결산 및 회계 감사의 경우와 같다.

2. 내부의 비공식적 통제

이 유형은 '조직문화' 혹은 '조직철학'과 같은 일종의 '직장 분위기'가 의외로 강한 통제수단으로 작용하는 경우이다. 각 부처가 견지하고 있는 양보할 수 없는 가치가 — 예를 들어 공정 인사, 건전 재정 — 영향력을 발휘하는 경우를 생각해 볼 수 있다.

새로운 정책 입안에 대해 관계 부처, 여당, 관련 의원, 이익집단 중에서 누구와 먼저 절충을 시작하면 좋을까 하는 관행은 사실상 중요한 비공식 통제로 작용한다. 또한 통치구조 내의 비공식적인 권력관계를 반영한 다양한 통제가 있을 수 있다. 예를 들어 기관위임사무는 공식적인 제도이지만 이를 배경으로 중앙정부가 지방자치단체에 대해 통제를 할 수 있으며, 예산편성과 같은 강력한 권한을 갖는 조직은 비공식적인 형태로도 강한 지배력을 갖는다.

3. 외부의 공식적 통제

공식적 통제권한을 지닌 외부기관에 의한 통제이다. 입법부나 사법부에 의한 통제가 대표적인 예이다. 행정 통제 중에서는 가장 기본적인 수단이며, 그 기본 골격은 헌법이 규정하고 있다.

1) 입법부의 행정통제

민주적 통제의 근간인 입법부에 의한 통제방법은 입법권에 의한 통제, 인사권에 의한 통제, 국정조사권에 의한 통제 등으로 나누어 볼 수 있다.

입법권에 의한 통제에는 예산안 및 국가재정작용에 관한 심의확정권,

특정한 조약의 체결 · 비준에 대한 동의권, 국회의장 법률공포권 등이 포함된다. 그리고 인사권 통제의 방법으로는 대통령 · 국무총리 · 국무위원 · 행정부처의 장 등에 대한 국회의 탄핵소추 의결권, 국무총리와 국무위원에 대한 해임 건의권, 국무총리와 감사원장 임명 동의권 등이 포함된다. 마지막으로 국회는 국정을 감사하거나 특정한 국정사안에 대하여 조사할 수 있으며, 이에 필요한 서류의 제출 또는 증인의 출석과 증언, 의견 진술을 요구하는 국정조사를 통하여 행정 통제를 한다.

이러한 입법권에 의한 통제의 중요 과제 중의 하나는 정부가 제출한 법안이나 예산의 수정, 결산 승인을 포함한 의원입법권을 어느 정도까지 적극적으로 활용할 수 있을 것인가 하는 점이다. 또한 입법부의 행정통제는 법적 책임 뿐만 아니라 정치적 책임도 포함한다. 정치성이 강한 영역에서는 정치가와 관료의 전문성, 정보량, 정책능력, 정권 교체 가능성 등이 중요한 결정요인이다.

2) 사법부의 행정통제

입법부의 행정통제가 '아마추어'에 의한 개괄적 통제인 반면에 사법부 통제는 '법의 전문가'에 의한 전문적 통제라는 점에서 의의가 있다. 사법부의 행정통제에는 두 가지 형태가 있다. 하나는 행정부로부터 권익을 침해당한 시민이 제기한 소송에 대해 사법적 판단을 하는 것이고, 다른 하나는 행정행위의 위헌 · 위법 여부를 심사하는 것이다.

헌법에서는 법치행정을 구현하기 위하여 행정부의 포괄적 위임입법을

행정입법권

> 대통령은 법률에 구체적으로 위임받은 사항과 법률을 집행하기 위하여 필요한 사항에 대하여 대통령령을 발할 수 있다. 대통령의 위임명령과 집행명령이 그것인데, 이를 행정입법권이라 한다.
>
> 지방자치단체는 법령의 범위 안에서 조례를 그리고 지방자치단체의 장은 법령 및 조례의 범위 안에서 그 권한에 속하는 사무에 관하여 규칙을 제정할 수 있다.

금지함은 물론 집행명령도 제한하고 있다. 또한 대법원은 행정부가 발하는 명령 · 규칙 · 처분이 헌법이나 법률에 위반되는지의 여부가 재판의 전제가 되는 경우에는 이를 최종적으로 심사할 권한을 가진다.

그런데 행정부가 주어진 재량권의 범위에서 행정행위를 한 경우 이에 대한 사법 통제는 크게 두 가지 측면에서 한계가 있다.

첫째, 법원은 행정기관의 위계적 책임이나 법적 책임에 대한 통제는 가능하지만 정책적 또는 정치적 책임의 판단은 실제적으로 어렵다. 이는 행정기관의 전문성과 정책적 판단의 적절성을 판단할 수 있는 지식이나 기술을 법원이 겸비하지 못하고 있기 때문이다.

둘째, 사법부는 구체적인 소송을 통해 개별적 · 사후적으로 행정책임을 추구할 수밖에 없다. 행정부에 의해 권익을 침해 당한 시민은 먼저 행정기관에 대해 이의신청을 하고, 이에 대해서 불복할 경우에 소송을 제기하면 비로소 법원이 법적 판단을 하기 때문에 시간과 비용이 많이 소비되고 소송이 끝날 때까지 행정행위는 그대로 인정된다.

3) 옴부즈만 제도

옴부즈만(ombudsman) 제도란 법원의 행정 통제의 한계와 경직적이고 복잡한 행정절차로 인해 행정활동에 대한 시민의 고충이 비효율적으로 처리되는 것을 보완하기 위한 제도로서 1809년 스웨덴에서 탄생하였다. 이 나라는 법률적 소양과 청렴한 인품을 겸비한 인물을 국회에서 옴부즈만으로 임명하고, 임명된 옴부즈만은 관료나 재판관의 직무 집행상의 위법한 행위나 태만을 적발하여 법원에 고발하고, 재판절차를 통해 해결하기 어려운 시민의 고충을 접수 · 조사하여 공표하였으며, 이를 매년 의회에 보고하였다. 이러한 제도는 관료적 형식주의(red-tape)을 타파하여 간결 · 신속하고 경제적으로 시민의 권리를 구제할 수 있는 유용한 수단으로 널리 활용되었다. 옴부즈만은 시민의 권리를 지키는 고충 조사관을 뜻하는 '호민관'(citizen defender) 또는 '행정 감찰관'이라고 할 수 있다. 우리 나라에서는 고충처리위원회가 이러한 역할을 담당하고 있다.

4) 국민투표와 국민발안

주민이 국가의 중요 정책결정에까지 관여하는 길을 열어주는 국민투표(referendum), 국민발안(initiative)은 중요한 행정 통제방법이 될 수 있다.

4. 외부의 비공식적 통제

이 유형에는 이익집단에 의한 통제, 시민참여, 풀뿌리 민주주의 등이 포함된다. 여기에 여론이나 언론의 감시기능, 행정정보공개에 관한 압력도 시민의 유력한 통제수단이 될 수 있다. 한편 의료, 토목, 건축 등과 같은 전문 영역에서는 전문가 집단이 중요한 행정 통제의 역할을 수행할 수 있다. 전문가 집단의 통제를 사법 통제와 같이 제도화하면 외재적·공식 통제에 포함될 수 있다.

Ⅲ. 행정 혁신

1. 행정 혁신의 개념

많은 나라에서 국제경쟁력을 확보하기 위하여 정부 혁신을 단행하고 있다. 나라에 따라 혁신 대상과 방법에서 차이가 나지만 혁신의 초점은 계층제의 한계를 보완할 수 있는 조직 고안, 인력 감축, 예산 절감, 행정 정보화, 지방 분권화, 성과 측정과 책임, 전략적 사고 등에 맞추어져 있다. 그러면 행정 혁신이란 무엇인가? 그리고 어떻게 하면 기대한 상과를 얻을 수 있을 것인가? 이러한 의문들이 행정 혁신에 대한 근본적 의문일 것이다. 우선 행정혁신의 개념에 대해 설명하고 다음으로 성공적인 행정 혁신을 위한 준거틀을 고안해 보기로 한다.

행정 혁신이란 행정의 경쟁력을 높이기 위해 합법적인 방법으로 행정 변화를 유발해 가는 과정이다. 이를 풀어 설명하면 다음과 같다.

첫째, 행정 혁신은 궁극적으로 행정의 경쟁력을 확보하기 위한 것이다. 그런데 지금까지 행해진 행정 혁신들은 지나치게 능률성 향상에 치중하였다. 정부경쟁력을 높이기 위해서는 능률성 향상이 필요조건이긴 하지만 필요충분조건은 아니므로 "누구를 위한 것이냐" 하는 본질적 의문에 답할 수 있어야 한다. 행정 혁신의 청사진에는 능률성뿐만 아니라 행정의 신뢰성, 책임성, 민주성, 투명성 확보를 위한 실천적 계획들이 포함되어야 한다.

둘째, 혁신은 합법적으로 수행해야 한다는 점에서 혁명과 다르다. 혁신 과정에서 불가피하게 긴장을 조성하고 정치적 수단을 동원하게 되지만 이도 합법성의 범위 내에서 이루어져야 한다.

셋째, 행정 혁신은 행정의 변화를 유발해 가는 과정이다. 변화의 대상에는 단순히 조직 개편이나 관리기술 개선과 같은 가시적 영역, 즉 하드웨어적 측면뿐만 아니라 조직 문화, 관료 행태와 가치, 행정인에게 부여하여야 할 동기 그리고 행정이 추구해야 할 소망성 등 비가시적 영역까지 포함된다.

넷째, 행정 혁신은 행정환경 변화에 대응하여 정부의 경쟁력을 높이기 위한 새로운 이상과 방법을 고안·적용하고 그 결과를 계속적으로 환류하는 과정이다.

2. 행정 혁신을 위한 거시적 준거 틀

행정 혁신은 상당히 오랜 시간에 걸쳐 행정의 경쟁력을 확보해 가야 하는 동적 과정이다. 행정 혁신이 일관성 있게 추진되기 위해서는 "거시적" 준거 틀 및 혁신 단계별 집행전략을 수립해 두어야 한다. 그리고 실제의 집행과정에서는 행정 혁신과정에서 나타나는 문제점들이나 효과들을 계속적으로 환류·수정하는 과정을 제도화해야 한다.

1) 자극-반응 모형에 기초한 행정 혁신의 순환 과정

행정 혁신이 성공하기 위해서는 가능한 많은 사회 구성원과 행정 혁신을 통해 달성하고자 하는 이상을 공유해야 한다. 행정 혁신계획을 중앙집권적 결정을 하고 이를 하향적 전달기제에 의존하여 집행한다면 성공의 가능성은 낮아진다. 이런 점에서 행정 혁신의 거시적 준거 틀 고안을 [그림 11-4]와 같이 조직 학습의 단순 모형인 자극-반응 모형에서부터 시작하기로 한

그림 11-4 행정 혁신의 순환적 과정

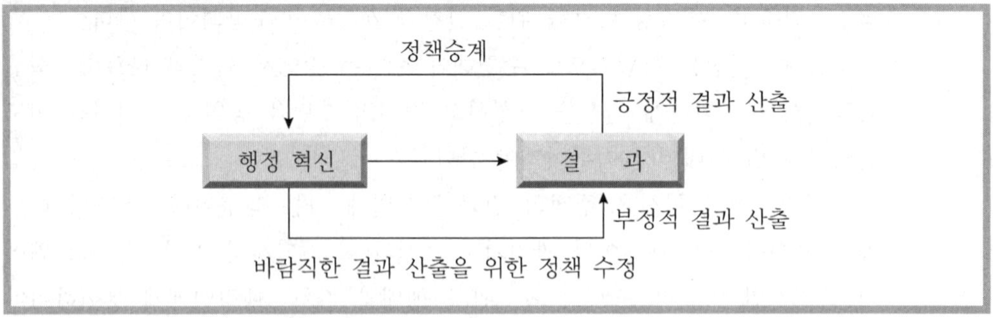

다. 이는 행정 혁신의 대상과 방법을 전략적으로 결정하고 집행한 결과가 긍정적이면 그 정책을 승계·확대하겠지만, 예기치 못한 부정적 결과가 발생한다면 기존 정책을 축소·수정하는 것이다.

2) 비가시적 영역만을 대상으로 한 부분모형

행정 혁신을 위한 준거 틀은 가시적 영역뿐만 아니라 비가시적 영역까지 포함한 일반적 요인들을 바탕으로 고안해야 한다. 지금까지 여러 차례 시행되었던 행정 혁신들은 인원 감축, 조직 축소, 행정과정 간소화, 규제 완화, 민영화, 법령과 규칙 정비 등과 같은 하드웨어적 측면의 변화에 치중하는 경우가 많았다. 이처럼 행정 혁신의 대상을 주로 가시적 영역에서 찾는 주된 요인은 정부업무의 측정 곤란성과 최고 행정책임자의 임기 내에 가시적 실적을 이룩하고자 하려는 단기적 안목 등이다. 그러나 행정 혁신에 있어 인력 감소와 조직구조 개편만을 추구하는 하드웨어적 방법은 단기효과밖에 보지 못한다.

행정 혁신은 사회 구성원의 공유된 이상을 바탕으로 해야만 지속적인 성과를 낼 수 있다. 행정 구조나 절차뿐만 아니라 행정문화가 변화되어야 한다. 이러한 시각에서 국제 경쟁력을 갖추기 위한 정부부문의 비가시적 영역의 정부 변화를 [그림 11-5]와 같이 도식화할 수 있다.

그림 11-5 비가시적 영역에 대한 행정 혁신의 준거 틀

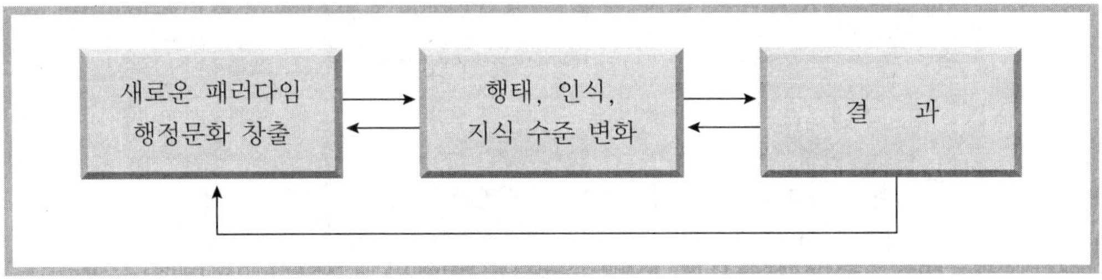

3) 가시적 영역을 포함시킨 부분모형

비가시적 영역의 변화는 가시적 영역의 변화로 이어져야 한다. 새로운 패러다임과 변화된 행정문화를 바탕으로 행정구성원들이 혁신의 대상으로서가 아닌 혁신의 주체로서 공유된 이상을 지니고 구체적인 행정과정을 개선시켜 나갈 때 행정 혁신이 지속적인 성과를 거둘 수 있는 것이다.

이런 점에서 [그림 11-6]은 [그림 11-5]의 모형에 "제도 혁신"과 "전략적 기획"이라는 두 부분으로 구별한 가시적 영역을 첨가하여 행정 혁신을 위한 거시적 준거 틀로 변형시킨 것이다.

여기서 제도 혁신은 정부업무 중 하드웨어적 부문의 의도적 변화를 의미한다. 즉 제도에는 조직, 인력, 규칙과 법령, 행정절차 등이 포함된다. 그러나 여기서 의미하는 제도는 기업 경영적 측면만을 의미하는 것은 아니다. 제도 혁신에 선행하거나 병행하여 진행되는 비가시적 영역의 변화를 바탕으로 공공성과 책임성을 고려한 제도 혁신까지 포함해야 한다.

그러나 기존의 제도를 일정 시점부터 혁신한다는 것은 사실상 대단히 어려운 작업이다. 정부내의 구성원뿐만 아니라 정부 밖에 있는 이해관계자

그림 11-6 가시적 영역을 포함한 행정 혁신의 준거 틀

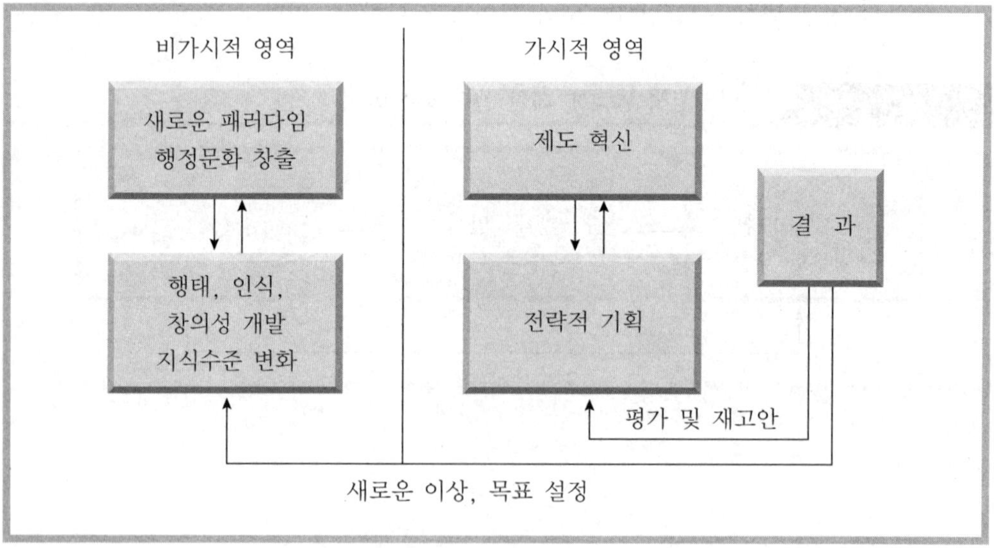

들의 공통적 이해가 없이는 혁신의 궁극적인 목적인 정부경쟁력을 확보하기 어렵다. 따라서 제도 혁신은 전략적 기획을 통하여 이루어져야 한다.

4) 단계별 구분된 행정 혁신의 거시적 준거 틀

이상에서 단계별로 보다 복잡한 모형으로 발전시킨 부분 모형을 바탕으로 행정 변화를 유발하기 위한 행정 혁신의 거시적 준거 틀을 형성할 수 있다. [그림 11-7]은 행정 혁신은 기본적으로 세 국면으로 구분하여 추진되어야 한다는 것을 나타낸 것이다. 그리고 각 국면별 변화를 이끌기 위한 구체적 단계들로 나누어지는데 총 열 단계로 세분한 것이다.

그림 11-7 국제 경쟁력 강화를 위한 행정 혁신의 준거 틀

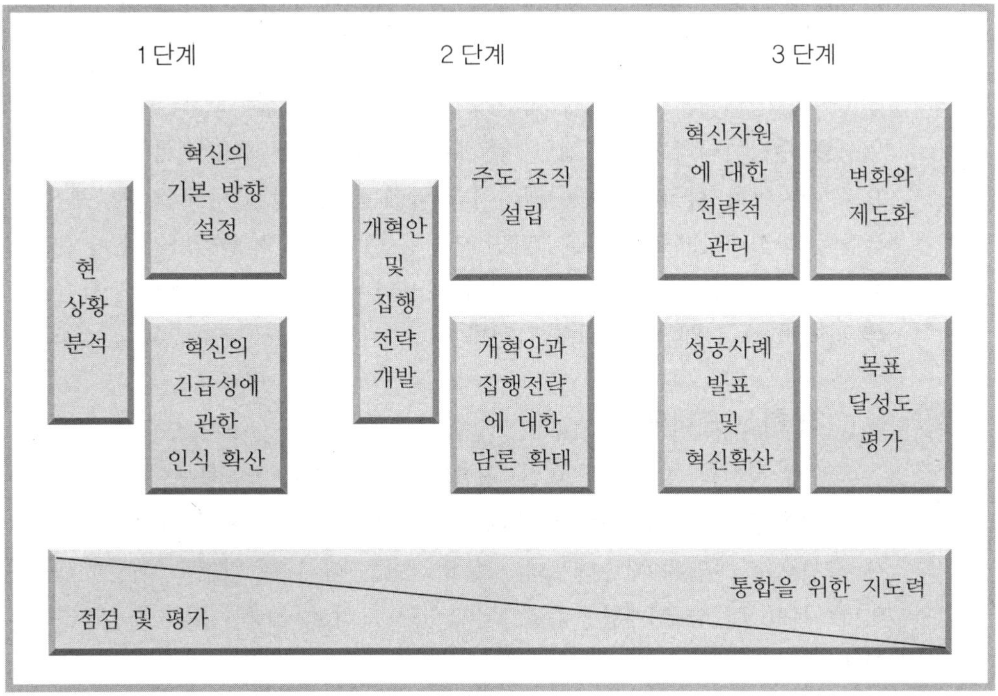

(1) 이상의 확산 국면

첫 번째 국면은 주도집단이 내적으로 무엇을 혁신할 것인가를 파악하고, 외적으로 행정 혁신의 필요성에 대해 사회적 인식을 확대시켜 가는 기간이다. 이 국면은 다시 세 단계로 구분해 볼 수 있다: 상황 분석, 혁신의 방향 설정 그리고 긴급성에 대한 인식 확산. 행정 혁신의 청사진과 추진 전략을 마련하기 위해서는 우선 상황 분석을 해야 한다. 상황을 분석함에 있어서는 "현 정권에 대한 국민적 기대가 무엇인가," "제도나 관행이 녹슬어 변화하는 환경에 부응하지 못한 녹슨 제도와 관행들은 무엇인가" 등을 파악해 내는 것이다.

상황 분석을 바탕으로 혁신의 방향을 설정하게 된다. 혁신의 기본 방향은 최고 정책결정자 및 혁신 주도집단의 상황 인식과 정치철학, 사회적 요구, 세계적 추세 등을 고려하여 설정된다. 아울러 다양한 집단들로부터 의견을 수렴할 필요가 있다.

다음은 변화의 긴급성을 확산시키는 것이다. 혁신주도자들이 혁신의 당위성을 주장하더라도 관료집단, 이해관계자, 시민의 호응이 없다면 일과성으로 거치거나 형식적으로 수행되어 결국에는 실패할 수밖에 없다. 특히 관료들을 혁신대상으로 몰아붙인다면 이들은 적극적으로 불응하거나 방관자세에 머물게 된다. 그러므로 이들에게 혁신의 불가피성과 긴급성을 확산시키는 다양한 접근법들을 마련해야 한다.

(2) 혁신 준비국면

행정 혁신의 청사진과 이를 집행할 집행전략을 마련하는 국면이다. 관료와 이익집단 그리고 시민에 대해 혁신의 이상을 확산시켜 나가면서 두 번째 국면으로 진입해야 한다. 혁신 준비국면을 다시 세 단계로 구분해 볼 수 있다: 목표 및 전략 개발, 주도 조직 설립 그리고 이상과 전략에 대한 담론 확대.

이러한 이상을 실천하기 위한 구체적인 전략들을 개발해야 한다.

한편 혁신을 주도할 전담조직을 설립하는 것이다. 최고 통치자의 철학을 실현하기에 충분한 권위와 자원을 확보한 전담조직을 만들어야 한다. 새로운 조직을 창설하는 경우도 있고, 기존 조직들 중에서 선택할 수도 있다. 행정혁신 전담조직은 장기적 혁신안을 마련하고 집행된 성과를 평가하여 다음의 과정에 환류시키는 역할을 담당하게 된다.

동시에 이미 마련된 이상과 이상을 실현할 수 있는 전략에 대하여 관료를 포함한 사회구성원들이 인식을 공유할 수 있는 다양한 전략들을 개발해야 한다. 과거의 행정개혁들의 특징과 진행과정 그리고 성과 등을 검토, 이해관계자나 사회 각 분야의 지도자들과의 담론, 홍보, 다양한 집단들로부터의 정치적 후원 확보 등이 포함될 수 있다.

(3) 행정 혁신의 집행국면

이상의 두 국면을 진행시키면서 마지막 세 번째 국면으로 진입하게 된다. 세 번째 국면은 다시 다음과 같은 네 단계로 구분해 볼 수 있다: 혁신 자원의 전략적 관리, 성공 사례 발굴, 변화의 제도화 그리고 목표 달성도 평가.

최고지도자는 행정 혁신을 위한 전략적 기획을 뒷받침하기 위해 자신이 사용할 수 있는 강력한 도구들을 탐색하여 이를 사용하도록 전략적 관리를 해야 한다. 전략적 관리의 첫 단계는 조직이 장기적으로 추구하는 목적을 달성하기 위한 분명하고도 확고한 이상을 구체화하는 것이다. 다음으로 조직의 현실을 — 현재의 예산, 인력, 정책, 기능, 시설 등 — 분석하고 추구하려는 이상과의 괴리정도를 파악한다. 파악된 괴리를 메우기 위해 새로운 인력을 충원하고, 전폭적인 예산을 할당하고 새로운 방안을 수용하는 등 비일상적 관리를 통해 장애를 극복하는 것이다.

전략적 관리를 통해 변화를 이끌어 내게 되면 다음은 이러한 변화가 일시적인 것이 아니라 지속적인 것이 되도록 변화를 제도화하기 위한 방안들을 강구해야 한다.

한편 행정 혁신의 시행착오나 변화에 대한 저항을 줄이기 위하여 성공사례들을 발굴하여 이를 홍보할 필요가 있다. 성공할 수 있었던 요인들을 분석하여 이를 다른 사례에 적용할 때 예기되는 결과들을 분석케 하거나 성공사례와 비교하여 각 조직에서 진행되는 혁신의 집행과정을 평가토록 한다. 여기서 특히 주의해야 할 점은 목표 달성도를 양적으로 뿐만 아니라 질적 방법으로 평가하여 개별 사례별로 참조해야 한다는 것이다. 평가 결과를 통해 목표 성취도를 정부조직간에 서열적으로 평가한다면 행정 혁신의 형식화를 초래할 가능성이 높다.

(4) 점검 및 평가 중심에서 통합을 위한 지도력으로

혁신 주도자는 초기 국면에서는 혁신 단계에 대한 점검 및 평가에 많은 관심을 기울여야 하지만 후기 국면으로 갈수록 통합을 위한 지도력 발휘에 더 많은 관심을 기울여야 한다. 대개 정권을 집권한 초기에는 사회 전체적으로 행정 혁신에 대한 긴장감으로 혁신의 이상과 구체적 방법에 대한 이견이 심각하게 대두되지 못하지만 집권 후기로 갈수록 행정 혁신으로 인한 사회 구성원들의 피로감이 점차 쌓여 가고 또한 정권 말기로 갈수록 정권의 누수 현상과 함께 긴장감이 완화되게 된다. 그러므로 집권시기별로 본다면 집권 후기에 이를수록 대통령을 포함한 행정 혁신 주도집단의 통합을 위한 노력을 강화해야 한다.

3. 행정 혁신을 위한 전제조건들

한편 행정 혁신의 세 국면을 구성하는 열 단계를 성공적으로 진행하기 위한 전제 조건들을 생각해 볼 수 있다. 이상에서 논의한 단계들을 성공적으로 수행하여 행정 혁신이 기대한 결과를 얻기 위해서는 최소한 다섯 가지 전제조건들이 서로 잘 엇물려 있어야만 한다: 지도력, 긴장, 수용성, 도덕성 그리고 지식.

지도력은 사회구성원에게 행정 혁신의 목표를 달성하도록 영향력을 행사하지만 기계적 · 강압적 추종 이상의 의미를 지닌다. 다양한 이해관계로 얽혀 있는 행정문제를 혁신해 가기 위해서는 대통령을 위시한 주도집단은 공유된 권력세계에서 지도력을 발휘할 수 있는 방법을 개발해야 한다.

혁신은 지금까지 지속되어 오던 행태와 제도를 바꾸는 것이기 때문에 사회 전체적으로는 혁신이 지체 · 실패할 경우의 역효과에 대하여, 개인적으로는 혁신과정에 동참하지 않을 경우의 불이익에 대하여 인식하고 있어야 한다. 따라서 행정 혁신과정에서 필연적으로 발생하는 긴장의 효율적인 관

그림 11-8 행정개혁을 위한 다섯 가지 전제 조건들

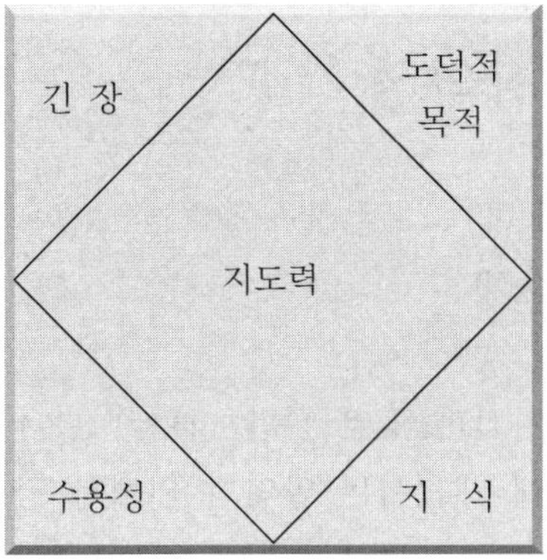

리가 중요하다.

수용성(receptivity)이란 행정 혁신의 필요성과 긴급성에 대한 사회 구성원들의 이해정도를 의미한다. 만약 국민이나 구성원이 일방적이고 너무도 급진적이라고 인식하여 수용성이 낮다면 성공 가능성은 희박하게 된다. 행정과정의 비가시적 영역의 변화를 중요시하고, 혁신의 진정한 목표와 공표된 목표가 일치한다는 공감대가 사회적으로 — 특히 관료사회에 — 확산되어야만 수용성이 높아지게 된다.

지도자와 주도집단의 도덕성 및 추구하는 도덕적 목적(moral purpose)은 대단히 중요한 전제 조건이다. 지금까지 많은 행정개혁들이 실패한 중요 요인은 도덕적 목적이 없었기 때문이다. 국가의 번영이 경제적 풍요만으로 이룩되는 것은 아니다. 행정 혁신을 통해 추구하는 목표가 도덕적 기준에 입각하여 설정되어져야만 한다. 정치적 목적이나 경제적 목적만을 위하여 이루어지는 행정 혁신은 결국 부분적인 결실을 얻을 수밖에 없다.

기초하는 이론이나 지식이 혁신의 본질과 합당하지 못하여 실패하는 경우가 많다.

행정 혁신의 기초가 되는 이론을 외국으로부터 무조건 받아들여 적용하기보다는 우리 사회에 검증된 지식을 축적하고 이를 바탕으로 해야 한다.

Ⅳ. 관료제와 창의성

1. 혁신과 창의성

행정 혁신은 가시적 영역 뿐만 아니라 비가시적 영역의 변화까지도 유발해야 한다는 점에 대해서는 앞의 논의에서 강조하였다. 그런데 비가시적 영역의 혁신에 있어 두 가지 상반된 기준이 행정 통제와 창의성 확보이다. 행정 책임을 확보하고 부패를 방지하기 위해서는 행정 통제가 행해져야 하지만, 이것이 지나치면 관료조직을 경직화시키고 새로운 아이디어를 창출할 수 있는 창의성을 발휘하기 어렵다.

혁신과 창의성이 같은 의미로 사용되기도 하지만, 엄밀히 보면 이 둘은 다른 의미를 갖고 있으며 각기 다른 방법과 기술이 요구된다. 즉 창의력이 새롭고 적절한 아이디어를 생산하는 것이라면, 혁신은 그러한 아이디어를 실행함으로써 행정 절차나 제도 또는 질서를 바꾸는 것이다(Amabil, 1996: 35). 진정한 혁신은 집중적인 창의적 노력이 필요하다.

지속적인 행정 혁신을 위해서는 관료제에 창의성이 확산될 수 있는 제도적 장치를 마련해야 한다. 조직에서 창의력을 개발하기 위해서는 개인의 창의력, 특정 업무를 담당하는 팀의 창의력 그리고 개인과 팀에 주어지는 조직의 지원이 필요하다. 그리고 관료가 정책을 개발하거나 집행함에 있어 창의성이나 기업가적 정신을 발휘하도록 고무하는 조직문화를 형성해야만 한다. 창의력이 발휘되기 위해서는 서로 공감할 수 있는 환경이 필요하다. 새로운 것에 무관심하거나 적대적인 문화에서 창의력을 육성·보호하는 문화가 형성되어야 한다.

2. 창의성의 개발

창의성은 예술가나 발명가 혹은 전문가들만이 소유하는 능력이 아니다. 특정 분야에서 보통 사람보다 더 창의적인 능력을 가진 사람이 있지만, 누구나 나름대로 자신의 업무방법이나 생활 방식에서 창의력을 발휘하고 있다. 다만 창의성을 자극하는 환경이 아닌 곳에서 생활하다 보면 창의성이 감퇴된다. 역으로 자신이 창의력을 개발하거나, 조직이 창의력을 발휘할 수 있도록 자극하면 누구나 창의력을 발휘할 수 있다(Mauzy & Harriman, 2003: 30-31).

창의적인 사람이란 누구인가? 이러한 물음에 한마디로 대답하기는 곤란하지만 다음과 같이 정의할 수 있다. 즉 특정의 목표를 달성하기 위해 지금까지와는 다른 새로운 시도를 하려는 성향을 지니고, 또한 지금까지 경험해 보지 못한 상황에 직면했을 때 이를 해결하기 위하여 새로운 시각이나 방법으로 계산된 모험을 즐기는 사람이다.

원래 사람은 어제 했던 일을 오늘도 하려는 관성력을 지니고 있을 뿐만 아니라 새로운 변화를 추구하는 변화력도 아울러 지니고 있다. 창의적인 사람은 이 중에서 변화력을 더 많이 소유한 사람이다. 변화력을 지닌 사람은 관습이나 습관에 따라 해 온 일이나 생각을 비판적으로 보고 상상력을 발휘하여 지금과는 다르게 생각한다. 또한 창의적인 사람은 지금까지 경험해 보지 못한 새로운 문제에 부딪쳤을 때 — 실제로 그 일의 성공 여부에 관계없이 — 일의 성공을 위한 가능성을 직관하면 새로운 사고나 방법을 창안하여 이를 시도한다. 결국 창의성은 모든 사람에게 잠재되어 있으므로, 이를 어떻게 개발시킬 것인가 하는 것이 중요한 문제이다.

사람은 누구나 외적 동기와 내적 동기에 의해 동기부여 된다(Maccoby, 1995). 마찬가지로 창의력도 내·외적 동기에 의해 개발될 수 있다. 외적 동기는 창의력을 발현시킬 수 있는 환경적 요인들이다. 내적 동기는 자신에 잠재되어 있는 창의성을 발휘하고자 하는 내적 요인이다. 외적 동기가 내적 동기와 긍정적 관계에 있을 때 창의력이 발휘될 수 있는 것이다.

(1) 창의성 발현의 내적 동기

창의력이 발현되려면 관료(제)에 내재되어 있는 변화력이 현재의 상황을 극복할 정도의 강하게 자극 받아야 한다. 하지만 변화력과 더불어 종종 관성력이 함께 작용하기도 한다.

가. 관 성 력

전통적 관료제에서는 관료의 법적·회계적 책임을 확보하기 위한 통제 기제를 발전시켜 왔기 때문에 창의적 관료는 생존하기 어려웠다. 그러나 오늘날의 지식·정보사회에서 경쟁력 있는 행정 서비스를 창출하기 위해서는 창의적 관료의 비율이 높아져야 한다. 새로운 지식과 정보가 홍수처럼 밀려오는 지식·정보사회에서 경쟁력을 지니려면 무엇보다 지금까지와는 다른 새롭고 창의적인 접근이 필요하다. 따라서 관료의 변화 욕구를 유발하기 위한 방안들을 모색해야 하며, 나아가 통제 위주에서 창의적 행정문화로 변화되어야 한다.

그러나 이러한 변화는 사실상 쉬운 것이 아니다. 변화가 어려운 가장 큰 이유는 사람의 성향 중 어제 했던 것을 오늘도 하려는 관성력(the force of inertia) 때문이다. 관성력이 작동하게 되는 근본 요인으로 고정성, 편협성 그리고 자기 만족을 들 수 있다.

고정성(constancy)이란 사람들이 문제 해결에 있어 특정의 시각이나 접근법으로 문제를 해결한 경험이 있을 경우 이에 집착하는 행태적 특성이다. 과거의 경험에 근거한 전형적 방식(stereotype)이나 특정의 관점·사고방식에 집착하면 창의적으로 문제를 해결할 수 없다.

편협성(compression)은 문제를 너무 좁게 보기 때문에 문제 해결이 어렵거나 불가능해지는 특성이다. 제한된 시간 내에 문제를 정의하고 가능한 해결책을 마련해야 하는 것이 현실이다. 그러나 서두르다 보면 창의적 대안까지 탐색의 범위를 넓힐 수 없게 된다.

자기만족(complacency)은 전문주의(professionalism)가 경시되는 문화와 정신적 게으름 등으로 인하여 대략적이고 비전문적으로 문제를 해결하려는 습성을 의미한다.

마지막으로 두려움(fear)은 창의적 호기심을 잃게 한다. 변화로 인해 야기될 불확실성에 대해 두려움을 느끼면 호기심이나 변화력이 유지될 수 없다. 사람에 따라 변화에 대한 두려움의 정도는 다르다. 어느 정도까지 위험부담을 견뎌낼 수 있는지는 내·외적 동기에 의해 결정된다.

나. 변 화 력

관료는 관성력을 지니고 있을 뿐만 아니라 변화를 추구하는 변화력(the force of change)도 지니고 있다. 창의적 관료가 되기 위해서는 관성력을 유발하는 심리적 요인들을 극복하고 관료(제)에 내재해 있는 변화력을 이끌어 낼 수 있는 방안을 모색하고 이를 제도화해야 한다. 우선 관료에 내재되어 있는 변화력은 다음과 같은 속성들로부터 야기된다.

첫째, 좋은 업무를 하려는 욕구이다. 특히 새로운 조직이 창설되거나 중요 업무가 생겨날 경우에는 현 상태에서 변화하려는 욕구가 높아진다.

둘째, 확장의 욕구이다. 현 상태를 고수하기보다 변화를 통해 더 큰 보상을 받을 수 있는 가능성이 있다면, 이는 변화의 요인이 될 수 있다.

셋째, 자기 방어의 욕구이다. 업무의 중요성이 감소되거나, 조직이 축소 또는 폐지되는 상황에 봉착하면 관료(제)는 새로운 역할을 찾거나 현재 업무의 중요성을 재정의 하려고 할 것이다.

이상의 욕구들이 동기부여 될 수 있는 유인을 개발해야 한다. 아울러 창의성을 가로막는 심리적 요인들을 극복할 수 있는 방안도 마련해야 한다. 이와 더불어 지나친 통제는 그만큼 창의성이나 새로운 아이디어를 개발할 수 있는 여력이 줄어들 수 있다는 인식을 확산시켜야 한다. 이런 점에서 창의적 사고와 문제의 창의적 해결을 위해서 조직의 분위기와 제도를 형성해야 하고, 개인별로 자신의 창의성을 개발할 수 있도록 격려하는 조직지도자의 노력이 중요하다.

(2) 창의력 발현의 외적 동기

창의적 행동을 위한 내적 동기를 자극하기 위한 환경적 요인을 조성하기 위한 구체적인 지침들을 제시하기로 한다.

가. 정치적 지원

창의적 행정가가 되기 위해서는 예산, 인력, 정보 등에 대한 조직 내적 관리기술 뿐만 아니라 특정 서비스 전달체계에 대한 지식도 습득하고 있어야 한다. 나아가 자신이 활동하고 있는 정치적 상황 또는 맥락에 대한 이해가 있어야 하며, 효율적인 정치적 기술도 갖추어야 한다. 이런 점에서 창의적 행정가가 추진하는 혁신전략이 정치적으로 가능하도록 필요한 정치적 지원을 해주어야 한다.

나. 성과 중시

전통적으로 내적 통제를 강조하던 시각에서 벗어나 과업이나 목표에 더 많은 관심을 기울이고, 성과측정의 기준을 재고안하거나 책임성을 확보할 수 있는 방안을 개발하는 등 성과와 책임을 중시하는 제도적 장치를 마련해야 한다.

다. 전략적 관리

쉽고 간단한 행정업무란 거의 없다. 그러므로 자신이 무엇을 통제할 수 있고, 변화하는 사회에 대응하기 위하여 최대 가용자원이 어느 정도인가를 안 후 이러한 일들을 하기 위한 전략을 개발해야 한다. 즉 업무의 질과 양을 개선할 수 있는 전략적 방법을 개발하도록 자극해야 한다.

라. 기업가적 정신 함양

새로운 고안이나 아이디어를 통해 조직이나 세상을 변화시키고자 하는 기업가적 정신을 함양시켜야 한다. 기업문화와 행정문화는 본질적인 차이가 있기 때문에 관료가 기업가적 정신을 갖는다는 것은 사실상 어려움이 많을 것이다. 정부조직에서 사실상 기업가적 관료가 활동하기에는 많은 제약이 있지만, 이러한 유형의 관료가 점차 늘어가도록 임용과 승진제도를 개선해야 한다.

마. 브레인 스토밍(brain storming)

브레인 스토밍이란 집단 모임을 통하여 자유롭게 착상을 내놓는 방법이다. 토의과정에서는 어떤 생각도 비평을 받지 않으며, 급진적인 착상일수록 더 좋게 평가한다. 참여자는 집단 토의과정 속에서 스스로의 사고방식을 개선하게 된다.

바. 시넥틱스(synectics)

시넥틱스는 회원들간의 자유토론에 의한 문제해결 방법이다. 회원들은 어떤 문제를 다루는 데 적격자들로서 신중하게 선정되어야 한다. 토의 문제의 구체적인 성격을 미리 알고 있는 토의지도자가 중요한 역할을 한다. 지도자는 문제 자체를 노출시키지 않은 채 토론의 범위를 좁혀 가면서 신중하게 결론에 이르도록 이끌어가야 한다. 이러한 방식을 취하는 주로 이유는 집단으로 하여금 문제의 성급한 풀이에 이르지 못하도록 하는 데 있다.

비록 브레인스토밍이나 시넥틱스가 창의적 아이디어를 개발하기 위한 좋은 방법이지만, 창의성이 집단 훈련을 통해서 개발된다고 가정하는 것은 잘못이다. 사실, 어떤 의미에서 일반적인 집단토의는 창의성을 저해할 수도 있다. 해당주제의 전문가들은 비웃음을 살까 두려운 나머지 집단에서 자신의 견해를 표현하지 않으려고 하는 경우도 있다. 또한, 하부계층이 관리자들 역시 상부계층 관리자들과 함께 한 집단에서 그들의 견해를 피력하기를 꺼려할 것이다. 다수의 견해에 따라야 한다는 강박관념이 소수의 기발한 견해의 표명을 가로막을 수 있다. 즉, 다른 사람들과 잘 지내야 한다는 생각이 문제의 해결에 창의적이지만 인기가 없는 대안들을 탐구하고자 하는 의욕보다 더 강할 수도 있기 때문이다.

제12장 공유된 권력세계에 있어서 지도력

개 요

조직의 각 분야 및 수준에서 적극적·창의적으로 활동할 수 있는 지도자들을 길러내는 지도자를 가진 조직은 성공한다. 오늘만이 아니라 내일 그리고 그 후에도 지속적으로 성공하는 조직이 궁극적으로 성공할 수 있다. 지도자에 대한 평가는 합리적 결정이나 효율적 집행능력 보다는 다른 사람이 지도자로 성장할 수 있도록 양육할 수 있는 능력에 달려 있다.

다양한 참여자들과 상호작용을 하면서 행정문제를 해결해야 하는 관료는 공유(共有)된 권력세계에서 지도력이 어떻게 발휘되는지를 이해해야만 한다. 과거의 명령·통제모형은 더 이상 효용성이 없으며, 오늘날에는 협조와 공동선(共同善)을 위한 공유된 이상을 강조하는 새로운 모형을 필요로 한다. 이런 점에서 지도력을 관리 기법의 차원에서 설명하려는 시각에서 벗어나 분권화 사회에서의 정치적 현상으로 파악할 필요가 있다.

이 장에서는 자질이론, 행태이론 그리고 상황이론 및 통합이론으로 통칭한 거래적 및 변환적 지도력과 공유된 권력세계에서의 지도력에 대해 설명한다. 그리고 지도자 유형에 대한 대표적 연구들을 소개하였다.

Ⅰ. 지도력의 개념

많은 학자들이 지도력이 조직이나 정책의 성패에 영향을 미치는 핵심적 요소로 설명하고 있다. 역동적인 조직 문화를 창출하고 업무과정을 혁신하며 조직의 내외적 관계를 원만하게 만드는데 있어 지도자가 대단히 중요한 역할을 담당하기 때문이다. 과거에는 지도력은 특정한 자질을 지닌 소수의 사람만이 발휘할 수 있는 것으로 보았지만 오늘날은 누구에게나 존재하는 것으로 본다. 비록 지도자로서의 능력을 현재로서는 발휘하고 있지 못하고 있더라도, 자신을 지속적으로 개발한다면 누구든지 지도자가 될 수 있다. 지도력은 당신 안에 존재하는 것이다(Leadership is there in you)(Tichy, 2002).

조직이나 집단이 목표 달성을 위하여 행동을 하도록 다른 구성원에게 영향을 미치는 사람을 지도자(leader)라 한다. 그리고 지도자가 일정한 상황에서 다른 구성원들로 하여금 조직이나 집단의 공동 목표를 달성하는 데 필요한 행위를 하도록 영향을 미치는 능력을 지도력(leadership)이라 한다.

지도력의 개념은 이를 활용하는 목적에 따라 다양하게 정의되어 왔지만, 개념의 핵심은 사람들이 공동의 목적에 기여하고, 성공적인 집단행동에 필요한 자신의 기능을 수행할 수 있도록 영향을 미치는 힘이라는 점에 대해서는 많은 학자들이 공감하고 있다(Rosenbloom & Kravchuk, 2002: 159). 그러나 지도력은 구성원에게 집단목표를 달성하도록 영향력을 행사하지만 기계적·강압적 추종 이상의 의미를 지닌다.

부하가 지도자를 좋아하고 존경하기 때문에 자발적으로 지도자의 영향력을 받아들이고자 할 때 비로소 지도력이 형성된다. 다시 말해 지도력은 일방적이고 강압적인 권한·권력 행사와는 달리 구성원의 동의와 자발적인 반응을 얻어서 지도자와 구성원간에 영향을 주고받는 관계이다. 지도력은 옳은 일을 하는 것이라면, 관리는 즉시 일을 하도록 하는 것이다(Bennis, 1989: 18). 이런 점에서 지도력을 "공통의 목적을 달성하기 위한 집단적 행동을 이끌어 가기 위해 다른 참여자들을 격려하고 동기부여하는 힘"이라고 정의할 수 있다.

Ⅱ. 지도력이론의 변천

지금까지의 지도력에 대한 연구들을 검토해 보면, 크게 두 가지 차원의 의문에 대한 답을 얻기 위한 노력해 온 것을 알 수 있다: 지도자의 자질은 무엇인가?, 어떻게 지도력을 발휘해야 하는가?

지금까지 이러한 의문들에 답하기 위한 초기 연구는 지도자의 자질을 파악하려는데 초점을 맞추었다. 그러나 많은 연구들이 있었음에도 불구하고 지도자로서의 공통적인 자질을 찾거나 성공적 지도자와 지도자적 자질간의 관련성을 발견하기 어려웠다. 그리하여 밖으로 드러나는 지도자의 행태와 조직 성과간의 관계를 규명하려는 행태적 접근에 의한 연구가 대두되었다. 하지만 행태이론 역시 조직성과 향상에 기여하는 최선의 지도자 행태를 설명하지는 못하였다.

그래서 1960년대에 들어 상황변수를 고려한 지도력 연구들이 각광을 받

표 12-1 지도력 이론의 변천

기 간	내 용	인 식 틀
1940년대 후반이전	자질이론 (지도자의 자질에 관한 이해)	과학적 관리론, 구조적 인식 틀
1940년대 후반 ~ 1960년대 후반	행태이론 (조직 성과와 지도자 행태간의 관계)	행태적 접근, 인간관계론
1960년대 후반 ~ 1980년대 초반	상황이론 (특정 상황에서 필요로 하는 지도자 유형, 지도자가 고려해야 할 상황)	상황적 접근, 체계이론
1980년대 초 이후	통합이론 (거래적 · 전환적 지도력 등)	통합적 인식 틀
2000년대부터	공유된 권력 세계에서의 지도자 (기업가적 지도자, 창의적 지도자)	탈 규제적, 분권적 인식 틀

았다. 상황이 변하면 당연히 지도력 유형이 달라지기 때문에 특정 상황에서 필요로 하는 지도력 유형에 관한 연구와 지도자 역시 상황을 잘 분석해야 한다는 점에 초점을 둔 상황변수에 대한 연구 등이 있었다.

1980년대부터는 조직문화에 대한 관심이 증대되고 조직과 조직문화를 변화시키는데 있어 지도자의 역할이 더욱 부각되었다. 그리하여 카리스마적 지도력, 전환적 지도력 등에 대한 논의가 있었다.

이상에서 간단히 검토한 지도력 연구의 변천을 시기적으로 나누어 보면 [표 12-1]과 같이 정리해 볼 수 있다.

1. 자질이론

자질이론(trait theory)은 특성이론이라고도 하는데, 이는 지도력의 원천이 지도자의 자질이라고 보고, 지도자의 능력과 관련하여 육체적·정신적 특성을 밝혀내고자 하였다. 예컨대 용모, 건강, 판단력, 직관력, 성취의욕, 책임감 등이 지도자의 자질로 제시되었다. 자질론적 접근은 1940년대와 1950년대에 본격적으로 연구되었다. 그러나 지도자는 후천적으로 만들어지기보다는 선천적으로 타고나는 것이라는 '위인이론'은 고대에도 있었다.

자질이론에 따르면 나폴레옹이 어린시절 골목대장을 하였던 자질 때문에 결국 위대한 지도자가 되었다는 설명이 가능하다. 그러나 평범하였던 그의 부모와 다른 비범한 자질은 어디에서 나타났는가? 위대한 지도자들은 공통적인 자질을 갖추고 있는가? 자질이론은 이러한 의문들에 대답을 할 수 없었다. 그러나 상황적·환경적 요인이 지도자가 만들어 내는 업적에 중요한 변수이긴 하지만, 여전히 지도자 위치에 있는 사람의 인간적 자질에 의해 많은 차이가 발생된다. 이런 점에서, 자질이론은 오늘날에도 상당히 설득력이 있다고 하겠다.

2. 행태이론

1950년대와 1960년대를 휩쓸었던 행태주의의 영향으로 지도력을 연구하는 학자들도 지도자의 특성보다는 지도자가 집단에게 어떻게 행동하는가에 분석의 초점을 맞추었다. 이들은 지도자의 행태에 보편성이 있는가를 알기 위하여 지도자의 행태를 관찰·기록하였다. 그 결과 지도자의 행태에 특정한 양식이 있음을 알아내었다. 예컨대, 정책결정을 할 때 어떤 지도자는 자문을 구하는가 하면, 다른 지도자는 그러하지 않았다. 이와 같은 연구들로 인하여 지도자의 행태가 밝혀지게 되면서 연구의 관심이 지도력 유형(leadership style)으로 확대되었다.

행태적 접근은 지도자의 행태가 집단구성원의 만족감이나 조직 성과에 중요한 변수가 된다는 가정에 바탕을 두었다. 그러나 다양한 행태이론(behavioral theory)도 지도자의 행태와 조직 성과와의 관계에 대한 명쾌한 설명을 하지는 못하였다.

3. 상황이론

상황이론(situation theory)은 특정한 상황에서 필요로 하는 인물이 지도자가 되며, 상황의 요구에 가장 부합하는 지도자가 효과적인 지도자라는 가정에 기초하여 연구되었던 이론들의 총체이다. 효과적인 지도력에 영향을 주는 상황요소로는 지도자와 부하의 특성, 업무의 성격, 조직의 구조 및 특성, 외부인들의 지도자에 대한 기대 등이다.

상황이론도 두 개의 범주로 나눌 수 있다. 한 범주는 지도자 행태를 종속변수로 보고 이에 영향을 미치는 독립변수인 상황요소들을 파악하려는 연구이다. 또 하나의 범주는 상이한 상황에서는 상이한 행태가 효과적일 것이라는 가정에 입각하여 지도자의 특성 또는 행태와 지도력의 효과를 상황의 매개변수로 하여 연결하고 상황요인들을 찾고자 하는 연구이다.

그러나 상황적 접근이 지도자의 인성(personality)을 경시하였다는 점에서 비판이 제기 되었다. 지도자에 대한 심리학적 접근을 한 연구들은 관리자는 자아(self)와 자신의 내적 느낌(inner feeling)을 중시한다는 점을 발견하였다. 또한 이들은 지도자는 옳고 그름의 이분법적으로 상황을 보기 보다는 다양한 가능성을 염두에 두고 있다는 점을 밝혀 내었다(Rosenbloom & Kravchuk, 2002: 160).

4. 거래적 지도력과 변환적 지도력

1980년대부터는 그 동안의 지도력에 대한 연구가 상이한 접근방법을 사용하였기 때문에 지도력에 대한 이해가 협소한 수준에 머물렀다고 보고, 보다 종합적인 차원에서 두 개 이상의 접근법을 사용하는 통합이론이 등장하였다. 여기에 포함되는 지도력이론들 가운데 대표적인 이론인 거래적 지도력(transactional leadership)과 변환적 지도력(transformational leadership)에 대해 설명하기로 한다.

1) 거래적 지도력

지도력이론을 연구하는 목적들 중의 하나는 지도자가 부하의 복종과 협동을 얻어내는 데 효과적인 방법을 발견하고자 하는 것이다. 지도력이란 지도자가 어떤 행태나 보상 또는 유인을 사용하여 부하로부터 바람직한 행태를 끌어내는 과정이다. 여기서 본질적인 측면은 교환이나 거래가 지도자와 부하간에 발생하여 부하는 동의된 목표를 달성하였을 때 지도자로부터 보상을 받고, 지도자는 부하들이 목표를 달성하도록 돕는 관계이다. 이러한 관점에서 연구된 지도력이론이 바로 거래적 지도력이다.

거래적 지도력은 조직목표를 달성하기 위한 부하들의 노력을 얻어내는 대가로 지도자가 자신의 노동력이나 지식, 아이디어 등을 제공하여 부하의 욕구를 충족시켜 주는 상호 교환적 또는 거래적 관계를 일컫는다. [그림 12-1]은 거래적 지도력의 역할을 과정적 측면에서 설명한 것이다. 지도자는 부하가 달성해야 할 업무를 명확히 하는데 도움을 준다. 거래적 지도자는 부

그림 12-1 거래적 지도력 과정

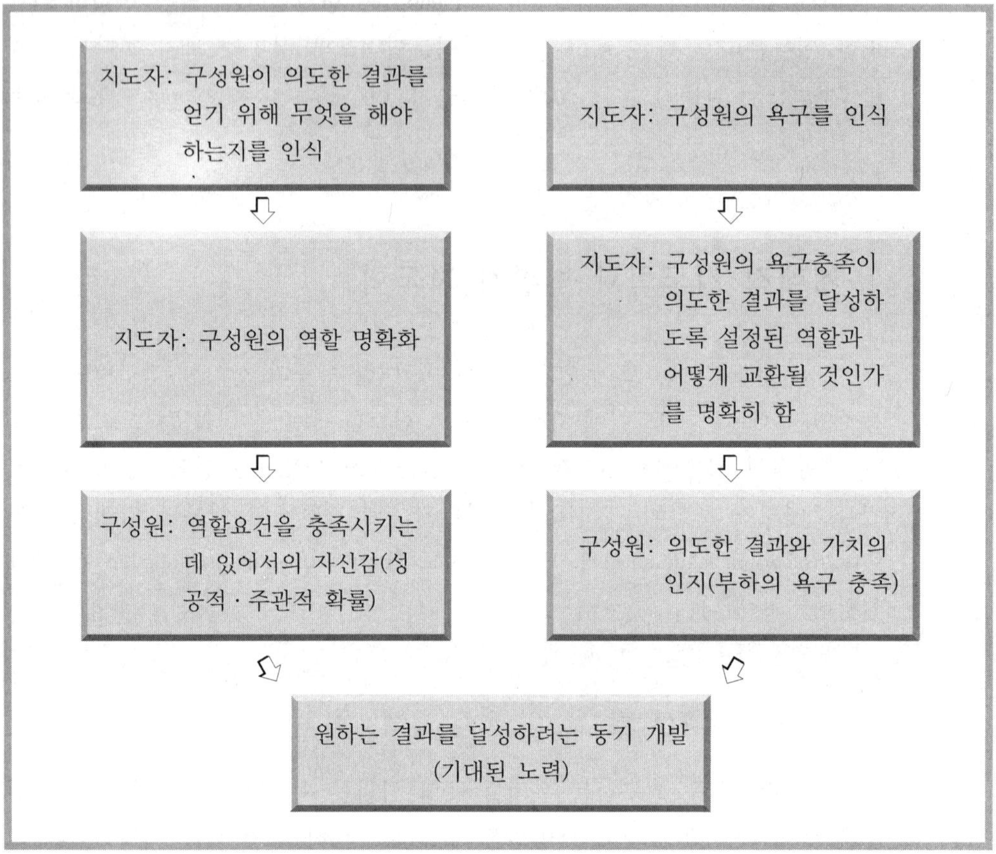

하에게 도움을 주는 과정에서 부하의 자기존중 욕구를 배려한다. 그리고 부하들은 그들이 추구하는 목표에 도움을 주는 지도자의 영향력을 호의적으로 받아들이게 된다.

거래적 지도력과정은 두 가지로 구분된다. 하나는, 부하들이 원하는 보상을 얻기 위해 무엇을 해야 하는지 인식하고 부하들의 역할을 명확히 한다. 다른 하나는, 부하의 욕구를 인식하여 부하들이 노력을 기울일 때 이러한 욕구가 어떻게 충족될 것인지를 명확히 한다. 거래적 지도력은 이러한 두 과정을 통해서 부하들이 자신들에게 기대된 성과를 달성하도록 하는 것이다.

일반적으로 거래적 지도력은 반복적이고 기대된 성과수준이 측정될 수 있는 상황에서 효과적인 방법이다. 그러나 부하들의 행태에 장기적이고 보다 더 높은 수준의 변화를 줄 수 있는 방법을 제시하지 못한다는 한계가 있다.

2) 변환적 지도력

변환적 지도력이란 정상적으로 기대할 수 있는 이상의 성과를 도출해 낼 수 있는 지도력을 말한다. 변환적 지도자는 구성원들이 공통의 이상(vision)을 가질 수 있도록 유도하여 이들의 몰입도를 높임으로써 기대 목표를 초월한 성과를 달성할 수 있도록 동기부여한다. 변환적 지도자는 구성원

그림 12-2 변환적 지도력 과정

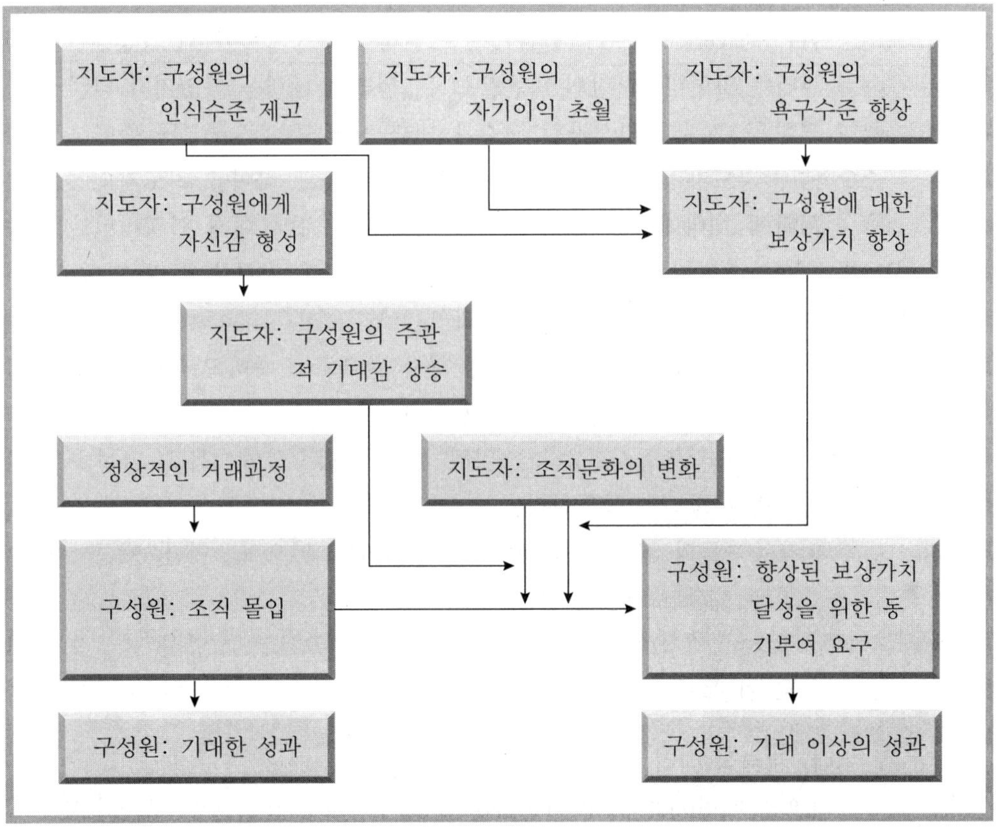

에게 이상을 제시함으로써 각 구성원이 지니고 있는 목표를 달성할 수 있게 한다. 지도자가 제시하는 이상은 구성원에게 자기보상을 위하여 열심히 일하게 하는 동기부여요인으로서 제공된다.

변환적 지도력은 [그림 12-2]와 같이 ① 특정 성과나 가치의 중요성 및 성과 달성방법에 관한 구성원들의 인식수준을 높이고, ② 구성원이 상위 집단이나 조직 전체의 관점에서 자기의 이기심을 초월하도록 하며, ③ 구성원의 욕구 수준을 높이는 것 등을 포함한 일련의 과정으로 파악할 수 있다.

(1) 변환적 지도자의 행태

변환적 지도자 행태의 중요한 요소를 세 가지로 구분할 수 있다: 카리스마, 지적 자극 그리고 개별적 배려(Bass, 1999).

가. 카리스마

카리스마(charisma)란 비범하거나 초인적인 특성으로 인해 정당성을 획득하는 권위를 말한다. 사람의 마음을 끄는 특별한 매력을 가졌거나 다른 사람에게 영향을 주는 카리스마적 요소가 변환적 지도력의 요소들 중에서 가장 중요하다. 지도자의 카리스마적 자질은 구성원들로 하여금 지도자의 이상이나 가치관에 대하여 신뢰감을 가지게 하고 지도자에 대해 열정적인 감정을 느끼게 한다. 카리스마적 지도자의 행태는 실제적 상황에 따라 다양하겠지만 일반적으로 다음과 같은 특성을 나타낸다.

① 현 상태(status quo)를 참을 수 없는 것으로 간주하고, 대폭 개선된 이상적 상태에 관한 이상을 제시한다.

② 이상과 목적을 달성하기 위해 위험을 감수하며, 목표 달성을 위한 비범한 방법을 동원한다.

③ 추종자들의 욕구와 관심에 늘 주목하고 있으며, 이를 충족시킬 수 있는 자신이 있음을 강조한다.

④ 상당히 과격한 변화를 추구하지만, 한편으로는 상당히 현실적인 면도 지닌다.

나. 개별적 배려

개별적 배려(individualized consideration)는 지도자에 대한 부하의 만족도 및 생산성에 영향을 미치는 주요 요인이다. 개별적 배려는 지도자가 구성원 개개인에 대해 관심을 가지고 이들을 이해하려는 의지가 있고, 부하의 관심 사항에 대해 함께 공유하는 것을 의미한다. 조직에서 발생하는 많은 정보를 갖고 있는 지도자가 부하가 필요로 하는 정보를 일방적이 아닌 쌍방향적으로, 문서화된 형태보다는 직접 대면하여 전달함으로써 이루어질 수 있다.

다. 지적 자극

지적 자극(intellectual stimulation)이란, 문제 해결을 위해 새로운 방법을 시도해 보도록 자극하거나, 지도자뿐만 아니라 구성원 개인이 지닌 신념이나 가치관에 대하여 의문을 가지도록 조장하는 것을 말한다. 다시 말해, 지도자가 구성원으로 하여금 스스로 문제를 명확히 하고 해결책을 강구하도록 자극하는 것이다. 변환적 지도자는 보다 새로운 방법과 변화를 모색하며, 높은 위험에도 불구하고 기회를 최대한 이용하려는 경향이 강하다.

(2) 변환적 과정

변환적 지도자가 조직이나 구성원들에게 변화를 가져오게 하는 변환적 과정에는 몇 가지 중요한 요소들이 있다: 이상 제시, 가치화, 연결, 고무, 권한 부여 그리고 지속적인 의사소통.

변환적 지도자는 대체로 조직의 미래에 대한 상상력 혹은 통찰력을 소유하고 있으며, 이러한 능력을 바탕으로 조직이 나아가야 할 이상을 제시한다. 그리고 변환적 지도자는 조직의 핵심 가치를 설정하고, 이를 구성원들에게 확산시키고, 이러한 가치에 입각하여 외부인과 관계를 형성한다. 나아가 이상을 다른 사람에게 분명하게 정의해 주고 알려주는 연결(articulating)역할을 한다. 이상 제시는 조직이 나아가야 할 최종 목표를 알 수 있게 하는 것인데 비하여, 연결은 이상을 구성원의 마음 속에 심어 주고 구성원들이 행동의 기초로 삼아야 할 신념과 가치를 명백히 해 주는 것이다. 또한 변환적 지도자는 구성원들을 고무시킨다(inspiring). 행동이나 말을 통하여 구성원들의 충성심을 자극하여 자신을 추종하도록 만들고, 구성원들에게 자신이 목적을 달성하는데 공헌할 수 있다는 신념을 가지도록 고무한다. 변환적 지도자는 구성원 스스로가 자신이 가치 있는 존재라는 것을 깨닫고 새로운 도전에 능동적으로 참여하도록 적절한 권한을 부여하고, 효과적인 의사소통을 통해 그들의 능력과 가치를 증대하도록 개인적인 지원을 아끼지 않는다.

(3) 거래적 지도력과 변환적 지도력의 차이

변환적 지도자는 조직의 미래에 대한 이상을 제시하고, 그 이상을 구성원에게 연결시켜 주며, 구성원들이 가능하다고 생각하는 것보다 훨씬 높은 수준의 동기를 촉진하고 고무시킨다. 거래적 지도자가 현실적 바탕에서 현실과 너무 괴리되지 않은 목표를 지향하며, 부하들에게 즉각적이고 가시적인 보상으로 동기부여하는데 비해, 변환적 지도자는 구성원의 일상적 과업수행에 연연하지 않고 보다 장기적인 철학을 가지고 구성원 개개인을 격려하고 발전시킨다.

Ⅲ. 공유된 권력세계에서의 지도력

'명령 · 통제'(command & control)모형에 입각하여 관주도(官主導)로 이끌어 가던 방식은 21세기 사회에서는 더 이상 적용되기 어렵다. 다양한 이해관계로 얽혀 있는 행정문제를 해결해야 하는 행정가는 공유된 권력세계에서 지도력을 발휘할 수 있는 방법을 터득하고 있어야만 한다. 오늘날의 지도력 모형은 참여자들에게 공동선(common good)에 대한 의식을 공유하고, 이의 달성을 위해 단합된 노력을 강조하는 것이다.

새로운 지도력의 준거 틀은 공동선을 추구하기 위해 권력을 공유하고 있는 조직구성원들을 동기부여하여 집합적 행동(collective action)을 이끌어 낼 수 있는 지도력에 기초를 두고 있다(Crosby, 1996: 613). 지도자가 공유된 권력 세계에서 개별적 영향력을 가지고 다양한 구성원들의 집합적 행동을 이끌어 내기 위해서는 다음과 같은 지도력들을 고루 갖추어야 한다.

1. 변화 관리적 지도력

오늘날 요구되는 새로운 형태의 지도자는 과거 명령 · 통제에 의한 지도력과는 다르게 변화를 관리할 수 있어야 한다. 변화의 관리는 지도력의 다른 이름이다. 변화 관리란 자신이 활동하는 상황을 객관적으로 분석하고, 상황 변화의 방향과 방법에 대한 근본적 이해를 하는 것을 말한다.

변화 관리적 지도자는 자신이 활동하고 있는 사회 · 정치 · 경제 · 문화적 상황에 대한 객관적인 분석을 할 수 있어야 한다. 또한, 변화 관리적 지도자는 상황의 변화과정에서 요구되는 새로운 형태의 지도력은 어떠한 것이며, 변화를 어떻게 그리고 어떤 방향으로 유도시킬 것인가에 대해 이해하고 있어야 한다.

한편, '전체적 균형'을 유지하면서 변화의 관리를 수행해야만 한다. 한 분야에서의 변화는 다른 분야에서의 균형을 파괴할 수 있다. 여러 부위를 동시에 수술한 환자가 각각의 수술은 모두 성공적이었지만 결국 죽고 말았다는 일화에서 우리는 변화의 관리에서 전체성과 균형이 중요하다는 점을 알 수 있다.

2. 개인 지향적 지도력

전통적 지도자는 조직 혁신을 통해 제도, 관행 또는 과정을 바꾸고자 했다. 그러나 변화의 성패는 조직 속의 개인이 전과 어떻게 다르게 느끼고 행동하느냐에 달려 있다. 결국 변화는 매우 개인적인 것이다. 따라서 지도자는 조직구성원들의 공통성과 더불어 개인적 특성을 파악하고 있어야 하며, 개인들의 감정 관리가 중요하다. 예컨대, 조직구성원의 수가 200명이라면 변화를 추구하는 지도자는 개인 200명을 만나 설득할 각오를 해야 한다. 자신이 견딜 수 없을 만큼 반복해야 겨우 구성원의 행태를 변화시킬 수 있다. 구성원의 행태 변화를 유도하기 위해서는 지도자 자신이 변해야 하며, 행동을 통해 일관된 메시지를 보내야 한다. 지도자 스스로 감정을 솔직히 드러냄으로써 구성원들 역시 자유롭게 새로운 생각과 해결책을 제시할 수 있도록 유도해야 한다.

3. 이상을 제시하는 지도력

이상을 제시하는 지도자(visionary leader)는 현실을 해석하고, 조직이 수행해야 할 임무와 미래에 공유할 이상을 개발하는 것이다. 이상을 제시하는 지도자가 지니는 강점은 현재와 미래의 상황에 대한 조직구성원들의 다양한 해석을 공식적 · 비공식적 대화나 논쟁을 통해 공유된 의미와 이상으로 개발해내는 것이다.

이상을 가진 지도자는 공유된 이상을 개발하기 위해 임시조직을 설치하거나, 아이디어와 제안을 이끌어내기 위한 기회를 마련하는 등 이상을 공유하기 위한 노력을 꾸준히 해야 한다. 또한 지도자는 추구하고자 하는 이상과 일치되는 행동을 해야 한다. 이러한 과정을 통해 지도자는 구성원의 열망과 이상에 대해 보다 더 잘 알게 되고 다양한 개인적 가치와 열망이 공유된 비전으로 승화시킬 수 있다.

4. 팀 지도력

지식 · 정보사회에서는 지도자가 혼자 조직의 모든 업무를 관장하기보다는 여러 명으로 구성된 팀(team)을 통하여 조직을 이끌어 가는 것이 효과적이다. 팀 지도력이란 팀 구성원들로 하여금 단순히 개인의 힘을 합한 것보다 더 큰 힘을 발휘하게 하는 지도력이다. 팀 지도자는 우선 팀을 만들어야 할 필요성을 관계자들에게 설득시켜야 하고, 일단 팀을 만들었으면 이를 유지하기 위해 집단구성원의 욕구, 성취해야 할 과업 등에 대해 깊은 관심을 가져야 한다.

팀을 만들기 위해서는 무엇보다 의사소통이 중요하다. 지도자는 편지나 전자우편(E-mail), 문서 등을 통해서 그리고 전화나 면담과 같은 개인적 만남을 통해 팀을 만들어야 하는 이유와 목표와 활동에 대해 분명하고 구체적으로 밝혀야 한다. 또한 지도자는 구성원들의 의견에 대해서도 주의 깊게 들어야 한다.

일단 팀이 만들어졌으면, 지도자는 팀을 유지하고 구성원 각자에게 역할을 배분하며, 나아가 팀의 과업을 달성하는데 필요한 제반 사항들에 대해 도움을 주어야 한다.

5. 윤리적 지도력

윤리적 지도력(ethical leadership)이란 윤리나 법 또는 규범에 기준을 둔 지도력이다. 윤리적 지도자는 구성원의 행동원칙을 도덕적 가치에 두도록 강조하고, 개인과 조직간에 계산적인 계약관계를 넘어 도덕적 헌신을 이끌어 내고자 한다. 이를 위해 윤리적 지도자는 구성원에게 윤리와 법 그리고 규범에 대해 교육하고, 이러한 것들을 실제 사례에 적용시키고자 노력한다.

6. 정치적 지도력

정치적 지도력(political leadership)은 참여자들과의 공식적 · 비공식적 활동의 장을 마련하고 이를 이용하는데 초점을 두는 것이다. 정치적 지도자는 다른 참여자들과의 관계에서 유리한 위치를 차지하기 위한 투쟁에 필요한 정치적 자원을 축적하고 또한 조직 내외의 집단들과 전략적 제휴를 한다. 정치적 지도자는 정치적 실현 가능성에 대한 감각이 뛰어나다.

또한 정치적 지도자는 일단 자신의 목표를 관철하였으면, 이의 집행과정을 계속적으로 점검하여 성공적으로 집행될 수 있도록 정치적 후원을 해주어야 한다. 집행환경이 변하게 되면 규칙이나 절차를 바꾸거나 새로운 인력으로 교체하고 나아가 새로운 조직을 만들기도 해야 한다. 그리고 정치적 지도자는 이러한 정치적 과정에서 발생되는 갈등을 효과적으로 관리할 수 있어야 한다.

7. 정책 지도력

정책 지도력(policy leadership)은 공유된 권력세계에서 지도자와 부하들이 정책과정에서 나타나는 다양한 문제들을 효율적으로 처리할 수 있는 지도력이다. 정책 지도자는 정책과정에서 봉착하게 되는 수많은 문제들을 해결하는데 중요한 역할을 담당한다. 정책 지도자는 정책과정에 대해서 뿐만 아니라 정책의 실체적 내용에 대해서도 전문적 시각을 지녀야만 한다. 또한 자신의 신념을 정책과 연결시키는 기회를 포착하고, 적시에 결단을 내릴 수 있는 능력을 가지고 있어야 한다.

Ⅳ. 지도자 유형

이상에서는 공유된 권력세계에서 필요로 하는 지도력에 대해 살펴보았다. 현실적으로 이상에서 설명한 지도력들을 골고루 갖춘 지도자는 드물 것이다. 조직의 특성이나 지도자와 부하간의 관계 등에 따라 지도자의 유형은 다양하다. 여기서는 몇몇 학자들의 지도자 유형에 대한 설명을 소개하기로 한다.

1. Miller의 생활주기에 따른 지도자 유형

Miller(1989)는 모든 생물체는 성장기로부터 쇠퇴와 소멸기로 이어지는 발전의 순환주기가 있는 것과 마찬가지로 지도자 행태 역시 이러한 성장과 소멸의 주기를 따른다고 보고, 조직의 생활주기(life cycles)에 따라 요구되는 지도자 유형을 일곱 가지로 제시하였다: 예언가(prophet), 야만인(barbarian), 창설자와 탐험가(founder & explorer), 관리자(administrator), 관료(bureaucrat), 귀족(aristocrat), 시너지주의자(synergists).

예언가는 조직이 나아갈 수 있도록 돌파구를 마련하고, 이상을 제시하는 지도자이다. 이러한 유형의 지도자는 자신의 아이디어를 실현시키기 위하여 시간과 에너지 등을 희생할 의지와 인내심이 있다.

야만인은 정복을 통해 조직을 급성장하도록 통솔하는 유형이다. 대체로 야만인형은 성격이 단순하고 사명감이 강하며 행동 지향적이지만 인내심이 약한 편이다. 그리고 조직의 의사결정권한을 자신에게 집중시킨다.

창설자와 탐험가형은 조직발전에 필요한 전문적인 기술과 구조를 개발하기 위해 노력한다. 창설자는 능률적인 생산기반의 구축에, 탐험가는 조직의 영역 확장을 위해 많은 노력을 기울인다. 창설자는 행동 지향적이며, 결과를 중시한다. 반면에 탐험가는 열정적이며 경쟁적 성향을 지닌다.

관리자는 확장된 조직이 안정기에 도달했을 때 요구되는 지도자 유형이다. 이러한 유형의 지도자는 부하의 충성심을 확보하기 위하여 직관과 감정보다는 사실과 숫자로 무장한 합리성에 의존한다.

관료형은 조직이 확대·복잡해짐에 따라 계층화된 구조가 나타나고, 자신의 이익 추구에만 몰입하는 ― 부처 이기주의가 심화되는 ― 단계의 조직에서 요구된다. 관료형 지도자는 무엇이 일어났고, 일어나야 하는가에 많은 관심을 가진다. 또한 고객보다는 조직의 평판에 더 관심을 기울이며, 엄격한 통제를 통해 조직 내의 문제들을 해결할 수 있다고 생각한다. 그리고 계선조직에 있는 실무자보다는 참모와 같은 막료와 더 많은 접촉을 한다.

귀족형 지도자는 업무 자체의 효율화나 경쟁력 확대보다는 재정문제, 전략적 기획, 조직 개편, 정치적 후원 확보에 더 많은 관심을 둔다. 이 유형은 조직 내의 권력 균형이나 관계성이 붕괴되면 부하보다는 자신의 이익에 따라 행동한다. 경쟁적인 환경에서 정당성을 상실하여 오래가지 못한다.

시너지주의자는 대규모의 복잡한 조직이 내외적 균형을 유지하면서 계속적인 성장을 이룩해 나갈 수 있는 지도자 유형이다. 이러한 유형의 지도자는 예언가, 야만인, 창설자, 탐험가, 관리자 그리고 관료가 지니고 있는 특징을 공유하고 균형을 유지하는 지도자이다.

Miller는 조직의 생활주기에 따른 지도자유형을 분석함으로써 조직이 과거 뿐만 아니라 현재와 미래의 성공과 실패에 대한 예측을 할 수 있다고 보았다. 또한 조직이 직면한 도전을 이해하고, 각 단계에서 극복해야 할 과제를 파악할 수 있다고 보았다.

2. Maccoby의 지도자 유형에 관한 연구

1) 초기의 지도자 유형

Maccoby(1976)는 미국 대기업의 최고관리자 250명을 대상으로 경험적 분석을 하여 네 가지의 지도자유형을 분석하였다: 기능인(craftsman), 회사인(company man), 밀림 투쟁인(jungle fighter), 그리고 경쟁인(gamesman).

기능인은 자신이 지닌 지식이나 기술에 대한 강한 자긍심을 지니고 있다. 또한 업무의 질과 일이 이루어지는 과정에 대해 많은 관심을 가지며, 윤리의식이나 직업의식이 강한 편이다. 이러한 유형의 지도자는 부하들에 대해 온정적인 편이지만, 자신이 결정한 것을 최선의 것으로 믿고 부하들에게 이를 강요한다. 또한 기업의 소유주나 자신을 인정해 주는 상관에 대해서는 맹목적으로 추종하려는 성향이 강하다.

조직인(organization man)이라고 부를 수 있는 회사인 유형의 최고 관리자는 회사와 자신의 운명을 동일시하며, 회사의 발전을 자신의 발전으로 여긴다. 자신이 속한 조직에 충성을 다해 열심히 일하여 최고 관리층까지 성장해 온 유형이다. 조직 내에서의 인간관계에 많은 관심을 가지고 있으며, 지도자로서 협조 분위기와 서비스 정신이 높으나, 외부 압력이 있을 때는 지나치게 소극적 · 보수적으로 된다. 경쟁적 · 혁신적인 조직을 이끌 수 있는 용기와 창의성이 부족하며, 상관에 대해서는 비굴할 정도로 복종적인 약점을 지닌다.

밀림 투쟁인은 인생을 밀림과 같은 것으로 보며, 패자의 오명을 가장 싫어한다. 즉 밀림의 약육강식(弱肉强食)을 특징으로 하는 먹이사슬 관계는 사회생활에도 똑같이 적용된다고 보는 것이다. 이 유형의 지도자는 자신의 집단에 속하는 부하에 대해서는 보호적이지만, 경쟁자에 대해서는 갈등적 · 적대적이다. 이러한 유형의 지도자는 조직 창설기에는 중요한 역할을 할 수 있으나, 조직이 안정된 시기에는 파벌을 조성하고 적을 많이 만들기 때문에 적합하지 못하다. 이 유형은 다시 사자형(lion type)과 여우형(fox type)으로 나누어진다. 사자형은 남보다 뛰어난 자질을 지니고 있기 때문에 지도자로서 역할을 하는 유형이다. 이에 비해 여우형은 남보다 뛰어난 용기나 지능보다는 권모술수를 동원하여 상대방을 이기고자 한다.

경쟁인은 계산된 위험을 기꺼이 부담하고자 하며, 새로운 기법과 방법에 매료되는 등 창의력이 높고 융통적이다. 이들은 상대방과의 관계나 업무를 경기로 간주한다. 경쟁인은 패자로서의 오명을 싫어한다는 점에서는 밀림 투쟁인과 유사하지만, 명성과 명예를 존중하고 팀 플레이어라는 점에서 차이가 있다. 그러나 환상의 세계를 창조하려는 경향으로 인해 현실로부터 유리된 행태를 띠는 경향도 있다.

2) 지식 · 정보 · 탈관료제적 사회에서의 지도자 유형

Maccoby는 1990년대 들어서 사회적 성격이 변화함에 따라 또다른 유형의 지도자가 대두되고 있다고 보았다. 즉 산업 · 관료사회와는 구별되는 지식 · 정보 · 탈관료제적 사회에 적합한 지도자 유형을 설명하기 위해서 정부와 민간기업의 지도자들을 대상으로 심층 면접과 설문 조사를 하여 자신의 연구를 확장하였다. Maccoby(1995)가 새롭게 제시한 지도자형은 전문가형(the expert type), 보호자형(the helper type), 원칙주의자형(the defender type), 자기 개발형(the self developer type) 그리고 창의자형(the innovator type)이다.

산업화시대의 대규모 조직에서는 전문가형의 최고 관리자가 가장 높은 비율을 차지하고 있다. 이러한 유형의 지도자는 교육기관이나 조직생활을 통해 오랜 기간 동안 전문성을 쌓아 왔다. 자신의 능력이나 전문 지식 또는 기술에 대해 자존심을 지니고 있다. 대체로 이러한 유형의 지도자는 자신의 지식을 발휘할 수 있는 기회와 자신의 능력이나 일에 대한 자신의 기여가 인정받을 때 동기부여된다. 독립적인 판단이나 독자적인 결정이 허용될수록 더 많은 능력을 발휘하게 된다. 그러나 정보 · 기술 서비스 사회에서 이들이 효율성에 필요한 변화에 둔감하거나 고객 위주의 새로운 가치나 태도로 바꾸지 않는다면, 이들의 강점은 오히려 약점이 될 수도 있다.

보호자 유형은 조직의 이익을 위한 일이나, 부하나 동료의 어려움을 해결해주는 데 많은 관심을 가진다. 기술자, 전문가, 보좌관 등 업무 자체가 다른 사람을 도와야 하는 경우도 있지만, 이러한 유형의 지도자는 업무와 상관없이 다른 사람의 삶이나 상황을 잘 이해하고 배려한다. 특히 부하 직원에 대해 많은 관심과 애정을 지니고 있다. 이러한 유형의 지도자는 다른 사람과의 관계 즉, 인간관계를 대단히 중요시한다.

원칙주의자형에 속하는 지도자는 비록 자신에게 손해가 돌아오더라도 불의를 보면 참지 못하는 편이다. 업무 수행에 있어서는 법, 규칙 또는 상식을 중요시한다. 따라서 이러한 유형은 약자의 위치에 있거나, 업무성과가 조금 떨어지는 부하이더라도 이들이 규칙을 잘 준수하거나 상식적 행동을 하는 경우에는 이들에 대해 온정적이다. 또한 조직의 이익보다는 고객 위주로 업무를 수행한다.

자기 개발형 지도자는 학습기회가 주어지면 가능한 배우려고 한다. 현직에서 높은 성과를 발휘하고 있더라도, 자기 개발을 할 수 있는 새로운 업무나 직업을 가질 기회가 오면 기꺼이 옮겨갈 만큼 모험적이다. 이러한 유형의 지도자는 자신의 능력을 믿고, 자기 존중심 및 자기실현 욕구가 강하다. 이들은 대체로 위계질서보다는 자유분방한 분위기에서 일하기를 좋아한다.

창의자형은 자신이 추구하는 이상에 의해서 동기부여된다. 이들은 새로운 고안이나 아이디어를 통해 조직이나 세상을 변화시키고자 하며, 정보를 전략적으로 설명하고 혁신의 과정을 잘 이용한다. 창의자는 현존 조직형태를 주어진 것으로 보지 않고 구성원들을 동기부여하기 위한 도구로 본다. 이들은 그들의 이상을 실현시키는데 너무나 열정적이어서 다른 사람들도 같은 방식으로 느끼기를 바라기도 한다. 창의자형은 인정과 영광을 즐기지만 이것이 주된 동기부여는 아니다. "나는 내 인생에서 나의 가장 큰 기쁨 중에 하나는 새로운 것을 만드는 때이다"라고 한 일본 소니회사의 이부까 마사루(井深 大)회장이나 "내가 없이는 일이 되지 않는 일들을 볼 때 보람을 느낀다"고 한 미국 벨회사의 Peace 회장은 창의자형의 동기요인을 잘 나타낸 사람들이다. 이처럼 창의자의 동기부여는 호기심, 도전, 개척정신 등이다. 그러나 창의적 지도자의 만족이 이해와 창조에서 유래되는 것만은 아니다. 보수적·계층제적 관료제의 한계를 극복하기 위해서는 개인주의를 극복하는 팀 지도자와 계층제적 권위를 초월한 지도자가 필요하다.

3. 새로운 지도자 패러다임

Sims와 Lorenzis(1992)는 종래의 지도자 이론들을 정리하고 네 가지 유형의 지도자 패러다임을 제시하였다: 강자형(strong man), 거래형(tranactor), 이상 제시형(visionary hero), 그리고 슈퍼 지도자(super leader).

'자질이론'(Traits Theory) 또는 '위인이론'(Great Person Theory)과 유사하게 강자형 지도자는 어떤 어려운 문제에 봉착하더라도 놀랄만한 돌파력과 지도력을 발휘하여 문제를 해결하여 구성원들로부터 존경과 찬사를 받는다.

강자형 지도자는 조직을 창설하거나 기업소유 경영자들에게서 많이 발견할 수 있는 지도자이며, 신언서판(身言書判)을 갖춘 지도자이다. 조직구성원들은 "지도자가 가장 많이 알고 있다"(The leader know best)라고 생각한다.

거래적 지도자는 강자형 지도자들이 가지는 카리스마는 없지만 보상력을 가지고 있다. 즉 구성원이 조직에 노동과 지식을 제공하고, 지도자는 구성원에게 물질적·비물질적인 보상을 제공하는 교환관계를 활성화한다. 거래적 지도자의 주된 지도력 행사방법은 조건적으로 보상을 해주거나, 부하직원들이 문제에 봉착하여 지도자가 반드시 나서서 해결해 주어야 할 '예외적인' 상황이 발생했을 때만 지도력을 발휘하는 '예외에 의한 관리'이다.

거래적 지도자는 구성원들의 마음을 얻는데 한계가 있다는 점에서 변환적 지도력 이론이 등장하였다. 이상 제시형 지도자는 구성원들에게 카리스마적 권위를 가지고 개인적인 배려와 지적인 자극을 줌으로써 추종자들의 마음을 얻는 변환적 지도자와 유사한 개념이다. 이상을 제시하는 지도자는 구성원들에게 조직에 몰입하도록 자극하고, 삶의 의미를 심어주며, 조직이 추구해야 할 방향을 제시하며, 현재와 미래를 이어주는 교량 역할을 한다.

슈퍼 지도자는 추종자들이 스스로 업무를 수행하도록 돕는다. 슈퍼 지도자 밑에는 '스스로 지도력'(self leadership)을 발휘하는 슈퍼 추종자(Super Follower)들이 많이 양성된다. 추종자 정신(Followership)은 지도력의 성공을 위해 긴요하다는 것이 최근의 많은 연구에 의해 밝혀지고 있다. 추종자 정신 연구는 부하의 특성, 행동 및 지도자와의 상호 작용을 연구하는 것으로 부하도 지도자에게 영향을 미친다는 가정하에 '상향적 영향력'(upward influence) 과정을 연구하는 것이다.

제 4 부 정책으로서의 행정

제13장 정책학에 대한 일반적 이해
제14장 정책분석
제15장 정책과정

제13장

정책학에 대한 일반적 이해

개 요

불교에서 사람의 일생을 생로병사(生老病死)로 설명하듯이 우리는 일생 동안 각종 질환이나 문제를 안고 산다. 다양한 개인과 집단으로 구성된 사회도 개인과 마찬가지로 수많은 문제를 지니고 있다. 개인의 병은 의사가 고치지만, 사회의 병은 누가 고치는가? 우리는 사회 의사(social doctor)의 역할을 우선 정부에 기대하게 된다.

정부는 주택, 환경, 교통, 범죄, 복지, 경제 등 다양한 사회문제를 진단하고 치료해야 할 일차적 책임이 있다. 물론 정부가 모든 사회문제를 해결할 수는 없다. 때로는 정부의 개입으로 문제가 오히려 악화되거나 또 다른 문제를 가져오기도 한다. 이런 점에서 사회문제의 해결은 시장기능에 맡기고 가능한 한 정부의 역할을 축소시켜야 한다는 주장도 있다. 이처럼 정부의 활동범위에 대한 인식이 차이는 있지만, 정부가 사회문제를 해결하는 중요 주체임은 부인할 수 없다.

그렇다면 정부는 어떻게 사회문제를 해결하는가? 그것은 바로 정책을 통해서이다. 그러나 정부가 정책을 주먹구구식으로 결정하거나 탁상공론에 따라 집행해서는 사회문제를 해결할 수 없다. 인류의 질병을 해결하기 위해서는 의학이 계속 발전하고, 이를 습득한 의사의 다양한 임상적 경험이 있어야만 한다. 마찬가지로 사회문제를 해결하기 위해서도 정책에 관한 전문지식이 계속 개발되어야 하고, 이를 습득한 정책 실무자의 경험을 필요로 한다. 따라서 인간의 존엄성을 위한 정책 실무자의 역할이 바람직한 정책방향으로 모색되고, 정책 실무자가 그 역할을 제대로 수행하고 있는지를 평가하며, 이들이 정책을 보다 잘 개발하고 집행할 수 있도록 방향을 제시해 주는 학문이 필요하다. 정책학이 바로 그러한 학문이다.

문제해결 위주의 학문적 성격에서 정책학은 행정학과 유사하다. 그러나 행정학이 "어떻게 할 것인가"(know how)에 주된 관심을 가진다면, 정책학은 이에 덧붙여 "무엇을 할 것인가"(know what) 그리고 "왜 해야 하는가"(know why)에 대해서도 연구하는 이론체계이다.

Ⅰ. 정책학의 발전과 학문적 특성

1. 정책학의 대두

동서양을 막론하고 정부의 결정에 도움을 주기 위한 지식을 만들려는 노력은 오래 전부터 계속되어 왔다. 그러나 독립된 분과학문으로서의 정책학은 Lasswell이 정책과학의 필요성과 중요성을 강조하고, 추구해야 할 방법론을 제시한 "정책 지향"(Policy Orientation)이라는 논문을 발표한 1951년에 성립되었다.

그러면 왜 정책학이 1950년대에 이르러 미국에서 성립되었는가? 직접적인 계기는 당시 사회과학 방법론에 대한 자성과 실용주의의 확산으로 '사회적으로 현실성 있는 지식'(societally relevant knowledge)을 산출하고자 하는 사회과학자들의 열망 때문이었다(DeLeon & Overman, 1989). 이론을 위한 이론 이상의 현실 문제 해결위주의 학문에 대한 열망이 1950년대에 이르러 팽배하게 된 원인을 크게 두 가지 측면에서 설명할 수 있다.

하나는, 방법론적 측면이다. 1930년대 후반부터 불어닥친 행태주의 열풍으로 인해 미국의 사회과학은 사회문제의 실제적 해결보다는 방법론의 발전에만 치중하는 결과를 낳았다. 학자들은 점차 '무엇을 위한 지식인가?'라는 의문에서 극단적인 실증주의적 연구경향에 대해 점차 회의를 품기 시작하였다. 지식의 궁극적 목적이 지식 그 자체를 위한 것이 아니라 보다 나은 사회 건설을 위한 것이어야 하며, 이를 위해서는 사회적으로 현실성 있는 지식을 산출할 수 있는 응용 사회과학이 필요하다고 인식하였다.

다른 하나는, 실용주의라는 새로운 이념의 대두이다. 즉 미국적 이념으로서의 실용주의는 정책학이 대두하게 된 이념적 배경이었다. 실용주의의 체계화에 기여한 Dewey에 의하면, 과학적 탐구의 목표는 진리의 추상적 해석이어서는 안 되며, 과학은 사회상황의 개선에 기여해야 한다고 보았다

(Dewey, 1927). 문제 정의, 대안 탐색 및 평가 그리고 최종안 선택으로 이어지는 탐구과정에 대한 Dewey의 설명은 정책학에 그대로 적용되었다.

그러나 실용주의는 정책학의 철학적 원리를 제공하기도 하지만, 다른 한편으로는 정책학에 대한 비판의 원천이기도 하다. 실용적 지식을 산출하려는 정책학의 도구주의적 특성은 지식이 궁극적으로 누구의 이익에 봉사하는가에 대한 고려를 소홀히 한다. 현실성이 있는 지식을 산출하는 것만으로는 충분하지 못하다. 정책학이 지식 산출에만 너무 치중하다보면 이는 자칫 정책학이 정치적 이익을 위한 도구로 전락할 위험이 있다. 그러므로 정책학은 누가, 무엇을, 언제, 어떻게, 얼마만큼 가지게 되는가에 대한 연구도 해야 한다.

실용주의에서 기인된 도구적 특성 외에도 정책학은 다른 학문들에 비하여 몇 가지 독특성을 지닌다. Lasswell(1951)의 설명에 따라 정책학의 학문적 특성들을 다음에서 설명하기로 한다.

2. 정책학의 학문적 특성

1) 여러 학문간 접근

복잡한 사회문제를 해결하기 위해서는 다양한 분야의 학자들이 공동으로 노력하는 '여러 학문간 접근'(interdisciplinary approach)이 필요하다. 여러 학문간 접근법은 개별 분과학문이나 전문가들이 각기 독자성을 유지하면서 다른 분야의 전문가와 협조관계를 이루어 특정 사회문제를 해결하려는 접근법이다. 유사 개념으로 '복합 학문적'(multidisciplinary) 접근법은 둘 이상의 학문이 각각 그 독자성을 버리고 융합하여 새로운 학문 또는 전공분야를 형성하여 어떤 문제를 해결하려는 방법이다(김형렬, 1990: 33).

환경문제를 해결하기 위해 행정학, 경제학, 법학 또는 산업공학을 전공한 학자들이 공동으로 노력하거나, 정책집행에 관한 책에서 관리분석(Management Science, OR)에 관한 내용을 수록하는 것은 정책연구에 있어 단일원리의 한계를 극복하기 위한 전자의 예이다. 정치학과 경제학을 배경으로 한 공공선택론은 후자의 예로 볼 수 있다.

한편 지금까지 정책연구에 원용된 이론들을 보면 정치학 · 행정학 이론이 가장 많았다. 이는 정책학이 정치학자와 행정학자들에 의해 개발된 학문이기 때문일 것이다. 정책분석을 위해 경제적 지표나 경제학적 계량모형이 빈번히 원용되기도 한다. 그러나 정책목표를 외부에서 주어진 것으로 보거나, 합리적 인간행태에 관한 적절하지 못한 가정, 효율성 및 최적화에 대한 지나친 강조, 정책과정에 대한 경시 등에서 경제학적 접근은 한계가 있다(Hoos, 1972).

한편 Comte가 사회과학과 공학을 통합한 사회공학(Social Engineering)을 주창한 것과 같이, 정책학도 거대이론으로 개발해야 한다는 주장도 있다. Dror(1983)가 정책과학은 다양한 지식체를 통합하여 정책결정에 초점을 둔 거대학문(supra-discipline)이 되어야 한다고 본 것이 바로 이러한 관점이다. 그러나 정책학을 통합할 수 있는 이론 틀에 대한 합의가 어렵고, 거대이론 개발에 집착하다 보면 이론화에 치중하여 자칫 사회문제 해결을 위한 응용학문적 특성이 소홀히 될 수도 있다. 그러므로 현 수준에서는 정책학이라는 하나의 틀로 묶은 거대이론보다는 분과학문들이 각기 주체성을 유지하면서 여러 학문적 접근을 시도하는 것이 바람직 할 것으로 보인다.

그러나 아직 여러 학문간 접근법이 정책문제에 대해 보완적 관점을 제공해 준다는 가설이 증명된 것은 아니다. 특정분야의 전문가가 이웃 학문의 전문가와 공동으로 연구를 할 수 있을 만큼 이웃 학문에 대한 인식이 높지 못한 현실적 한계도 있다.

2) 연계적 관점

사회문제는 그 문제가 존재하는 환경과 연계되어 있기 때문에, 정책학은 연계적 관점(contextual perspective)을 특징으로 한다. 여기서 연계성이란 시차 · 체계 · 하위 정책과정간의 긴밀한 관계를 의미한다. 시차의 연계성은 현재의 정책이 과거 및 미래의 정책과 직·간접적인 관련성을 의미한다. 한편 체계의 연계성이란 어느 한 정책은 다른 정책에 영향을 끼칠 수 있다는 의미이다. 그리고 정책과정간의 연계성은 의제설정, 결정, 집행, 평가의 각 단계가 서로 연결된 순환과정이라는 것이다.

3) 문제 지향적 관점

정책학은 인간의 존엄성을 실현하고, 인간이 가지는 근본문제를 탐색하는 학문이다. Lasswell(1971: 1)은 정책학이 크게 두 가지 지향성을 가지고 발전해 가야 한다고 보았다. 하나는, 사회·심리적 탐구방법을 사용하여 정책이 행해지는 과정에 대하여 연구함으로써 '정책과정에 관한 지식'을 개발하는 것이다. 다른 하나는, 정책결정자에게 유용한 정보나 정책의 실체적 내용에 관한 이론, 즉 '정책과정에 필요한 지식'을 산출하는 것이다.

행태주의가 사회과학을 휩쓸던 시기에는 과정에 관한 분석에 치중하였고, 이에 대한 반작용이 일어났던 시기에는 내용에 관한 연구가 상대적으로 많았다. 그러나 정책학을 너무 엄격하게 분리할 필요는 없으며, 통합적으로 연구해야 한다. Lasswell이 주창한 '민주주의의 정책과학'에서 과학은 과정에 관한 분석을, 민주주의는 민주사회 속의 인본주의에 관한 내용 및 연구를 모두 포함하고자 한 것으로 볼 수 있다.

4) 규범적 관점

Lasswell(1971: 15)은 정책과학의 목적을 민주주의의 발전 및 인간의 존엄성 실현에 필요한 지식을 산출하는 것이라고 강조하였다. 이는 정책학이 과학적 연구를 통해 정책현상을 설명·예측하는 데만 치중하지 않고 인간의 가치를 실현시킬 수 있는 조건들을 확립하는 데 기여하는 학문이어야 한다는 의미이다. 정책의 규범적·이념적 측면을 도외시하면 공허하거나 오도된 결론을 도출하게 될 가능성이 높다. 그러나 현실적으로 형평성에 대한 이해가 없는 사람이 복지정책을 결정하거나, 궁극적으로 누구에게 혜택을 주어야 할 것인가에 대한 고려 없이 대안을 탐색하는 경우가 종종 있다.

3. 정책학의 전망

정책학이 성립된 후 60년이 가까워지는 오늘까지 정책학은 급속히 발전되어 왔다. 정책과정적 측면에서 의제 설정, 결정, 집행, 평가, 변화에 관련된 모형과 이론들을 개발하였다. 정책 내용의 측면에서도 국방, 지속가능한 개발, 형평성 확보, 환경 등을 포함한 다양한 정책사례들을 개발하였다. 또한 방법적 측면에서는 정책분석적 접근, 정책평가적 접근, 가설 검증 또는 통계 분석적 접근, 상황기초적 연구(situation-based policy research) 등을 원용한 이론들이 축적되었다. 그러나 사회 성격의 변화와 지금까지 경험하지 못한 새로운 사회 현상들이 출현함에 따라 정책학 연구의 접근법이나 시각이 달라질 것으로 보인다.

20세기 말부터 탈냉전, 국가간 경제블록화, 하나의 지도원리에 따르기보다는 상황에 따라 대응하려는 움직임 등 정책환경이 급변하고 있다. 이에 따라 지금까지의 정책과정 위주의 연구에서 벗어나 다양한 대체이론에 관한 연구, 다양한 합리성을 선별적으로 활용하는 통합적 합리주의에 의해 현실문제를 해결하려는 시도, 탈현대주의(pos-tmodernism)에 입각한 다양한 가치수렴을 위한 방법론 개발 등이 정책연구의 주요 방향이 될 것이다.

Ⅱ. 정책의 개념과 유형화

1. 정책의 개념

우리는 실생활에서 주택정책, 농업정책, 교통정책 등과 같이 각종 사회문제 뒤에 정책이라는 용어를 붙여서 사용하며, 이렇게 사용되는 정책의 의미도 사람이나 상황에 따라 다양하다. 이처럼 정책이라는 용어가 광범위하고 다양하게 사용되고 있기 때문에 이를 보편성 있고 명확하게 정의하기가 곤란하다.

실 생활에서는 정책을 '중요한 결정'이라는 의미로 사용되는 경우가 많다. 이외에도 국민들의 관심이 높은 결정, 장기적 안목을 지닌 결정, 정치적 이념에 관련된 결정이라는 의미로 사용되는 경우도 많다.[1]

학자들도 각자의 강조점이나 관점에 따라 정책을 정의하고 있다. 극단적으로 말한다면, 정책학자마다 각자의 정의를 하고 있다고 할 정도이다. 여기서는 대표적인 몇몇 학자들의 정의를 소개하기로 한다.

Lasswell(1951: 5)은 정책을 "가장 중요한 선택"이라고 단순하게 정의하였다. 그리고 Dye(1984: 2)는 "정부의 하겠다 또는 하지 않겠다는 모든 결정"이라고 정의하였다. 이는 정책을 특정 목적을 위한 정부의 모든 활동을 포괄하는 정의이지만, 명확성과 한정성이라는 관점에서 한계가 있다.

이런 점에서 "정부의 중요한 활동"이라고 한 Sharkansky(1975: 4)의 정의는 보다 한정적으로 정책을 파악할 수 있게 한다. 그러나 중요한 활동이 무엇인가는 사람에 따라 다르게 해석될 수 있기 때문에 주관적이라는 한계가 있다. 따라서 정책과정이 지니는 목표와 이의 달성을 위한 대안 탐색 및 결정에 관련된 측면을 강조한 "문제해결을 위한 목적 있는 행동방책"이라는 Anderson(1990: 3)의 정의가 타당해 보인다.

1) 저자가 수 년간에 걸쳐 행정학과에 응시한 수험생들에게 질문한 결과이다.

한편 Easton(1953: 129)은 "사회 전체를 위한 제가치(諸價値)의 권위있는 배분"이라고 정의하여, 정책과정의 정치적 측면을 부각시켰다.

이상과 같은 초기 정책학자들의 정의를 바탕으로 우리 나라 학자들은 보다 구체적으로 정의하고 있다. 정정길(1999: 52)은 "바람직한 사회상태를 이룩하려는 정책목표와 이를 달성하기 위해 필요한 정책수단에 대하여 권위 있는 행정기관이 공식적으로 결정한 기본방침"이라 하였다.

김형렬(1990: 14-16)은 계층적 관점에서 정책을 상위개념인 이상, 목적, 목표와 그 하위개념인 계획, 사업, 단위사업 그리고 활동으로 구분하고 이러한 관계 속에서 정책을 설명한다. 이처럼 '목표 · 수단 계층제'적 관점에서

그림 13-1 정책의 상 · 하위 개념

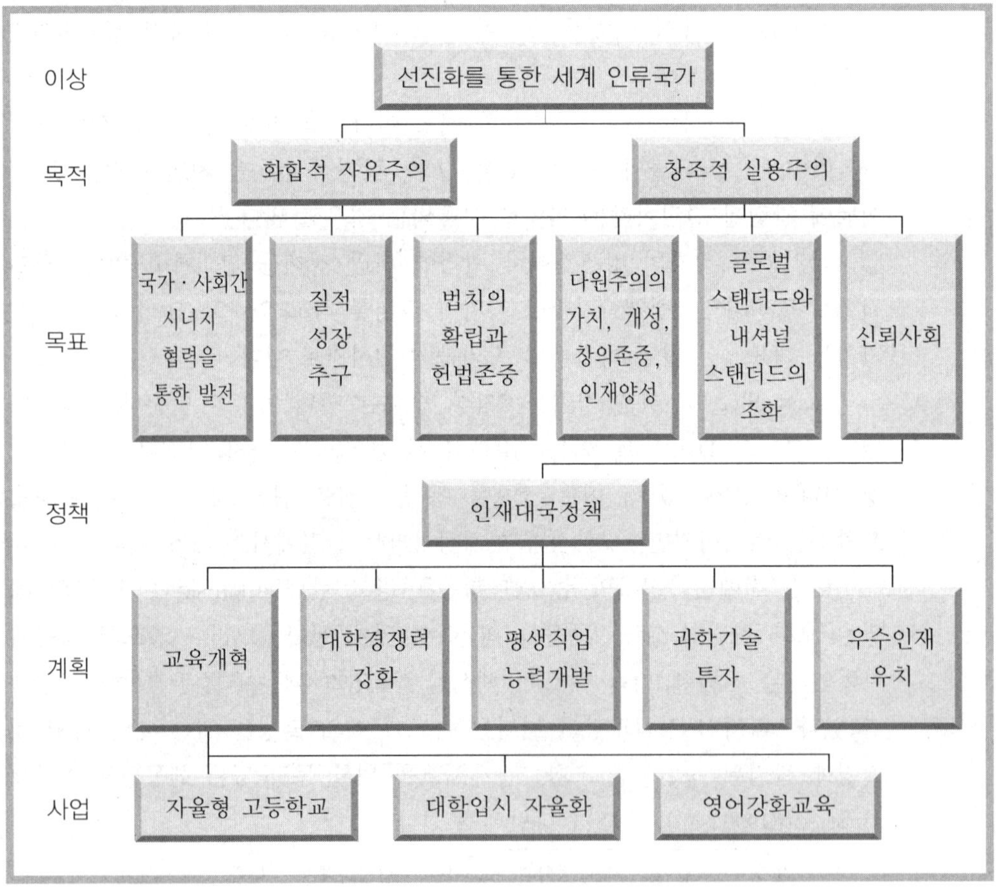

각 개념을 구분하는 것이 정책개념을 이해하는데 도움이 된다. 물론 이들 개념적 차이는 절대적인 기준이기보다는 상대적이며, 다분히 설명의 편의를 위한 구분에 지나지 않는다.

[그림 13-1]은 목표 · 수단 계층제의 관점에서 본 정책과 그 상·하위 개념의 관계를 나타낸 것이다.

'이상'(vision)이란 특정 정권이나 정부가 내거는 미래에 대한 구상이다. 이상은 특정 정권이 임기 동안 나아가고자 하는 방향이며, 상징적 표어(catch phrase)이다. 이러한 예로 미국 정부의 '위대한 사회'를 들 수 있다. 이명박 정부에서는 국가비전을 "선진화를 통한 세계 일류국가"로 삼고 있다.

이상을 바탕으로 하여 '목적'(goal) 또는 '국정이념'을 수립한다. 예를 들어 이명박 정부는 국가비전을 실현하기 위한 철학과 실천규범으로 "화합적 자유주의"와 "창조적 실용주의"를 제시하였다.

추상적인 용어로 표시된 목적을 토대로 구체적으로 정책을 통해 실현하고자 하는 '목표'(objective)를 설정하게 된다. 예컨대 이명박 정부는 국정목표를 '국가 · 사회간 시너지 협력을 통한 발전', '질적 성장 추구', '법치의 확립과 헌법 존중', '다원주의 가치, 개성, 창의 존중, 인재 양성', '글로벌 스탠더드와 내셔널 스탠더드의 조화' 및 '고신뢰사회'를 통한 신발전체계 구축으로 삼고 있다.

'정책'(policy)은 목표보다 하위개념으로 '국가의 이상을 구현하기 위한 공권력을 지닌 정부의 결정'이다. 예컨대, 이명박 정부는 신발전체계 구축이라는 국가 목표를 달성하기 위한 부분별 정책들을 개발하였는데 그 중 하나는 인재를 양성하여 국가경쟁력을 향상시키기 위한 "인재대국정책"이다.

'계획'(plan)은 정책보다 더 특정성 · 구체성을 지니는 결정이다. 따라서 계획은 정책에 비해 적용 대상이나 파급효과가 적다. 계획의 수립과정을 기획(planning)이라고 하는데, 여기서는 정책과정보다 정치적 요인에 대한 고려가 상대적으로 적다. 그러나 실제에 있어 정책과 기획의 구분이 어려운 경우가 많다. 앞에서 예를 든 '인재대국정책'을 위한 구체적 결정으로서 '교육개혁', '대학경쟁력강화', '평생직업능력개발', '과학기술투자', '우수과학인재 유치'를 제시하였다. 그런데 이 네 가지 계획은 각기 하나의 정책으로 볼 수도 있다.

한편 '사업'은 계획보다 하위개념이다. 사업은 다시 규모를 기준으로 '대단위 사업'(program)과 '세부 사업'(project)으로 구분할 수 있다.

2. 정책의 유형

복잡하고 이질적 요소로 구성된 현상에 대해 인과적 설명을 위한 이론을 만들기가 어려울 때가 많다. 이런 경우에는 몇 개의 구별되는 집단으로 나누어 보면 그 현상의 특성을 보다 용이하게 파악할 수 있다. 마찬가지로 우리는 다양한 특성을 지니는 수많은 정책들을 유형화해 봄으로써 각 정책유형별 특성을 보다 잘 이해 할 수 있다.

그러면 정책을 어떠한 기준에 의하여 유형화할 것인가? 유형화의 기준이 타당성을 지니기 위해서는 먼저 유형간 차이가 명확하고, 모든 정책을 하나의 유형에 포함시킬 수 있어야 한다. 또한 한 유형에 속한 정책은 다른 유형에는 포함되지 않는 배타성이 있어야 한다.

가장 간단한 유형화는 교통·국방·인력·노동 등과 같이 정책내용을 기준으로 하는 것이다. 이러한 분류는 '주택정책은 주택문제에 관한 것', '노동정책은 노동부에서 하는 것'과 같이 정책의 내용 및 주관부서를 파악하기가 쉽다. 그러나 환경정책이나 대북정책과 같이 정책내용이나 주관부서를 파악하기 곤란한 경우도 있다. 또한 내용별 분류는 정책의 특성을 밝히거나 비교하는데 별 도움이 되지도 않는다. 따라서 정책의 분류는 공통의 특성을 지니는 정책별로 유형화하는 것이 바람직하다.

정책 유형화에 관해 가장 잘 알려진 사람은 정치학자인 Lowi이다. 그는 정책 유형화를 통해 정치적으로 유의미한 통치의 특성을 파악하고자 했다. Lowi는 정부가 사용하는 강제력(coercion)이야말로 정부의 통치 특성을 파악할 수 있는 가장 유의미한 정치적 사실이라고 보고, 강제력을 "활용가능성" 및 "대상"을 기준으로 다음과 같이 네 가지로 유형화하였다.

[그림 13-2]는 정부에서 활용할 수 있는 강제력의 유형을 논리적으로 분류한 것이다. 수직축은 강제력의 활용 가능성(likelihood of coercion)을 나타낸다. 만일 정부기관이 인·허가권이 없다면 그만큼 강제력에서 멀어져 있는

그림 13-2 Lowi의 정책 유형화

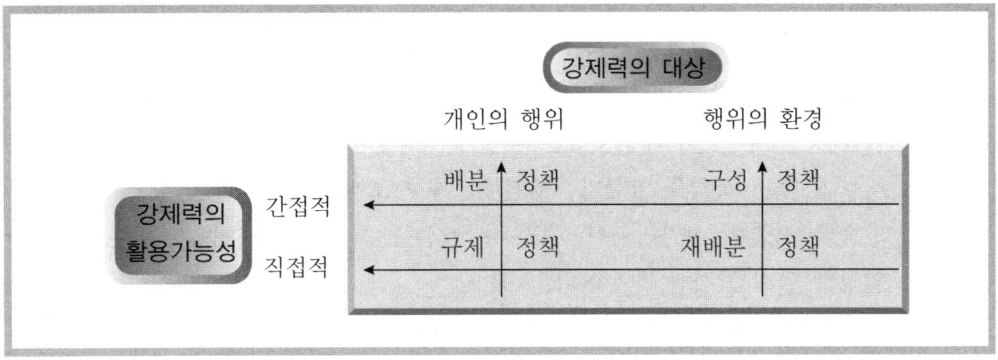

것이며, 보조금이나 서비스를 정해진 절차에 따라 배분하는 권한만 있는 기관은 간접적인 강제력을 행사할 수 있을 뿐이다. 그리고 수평축은 정책이 개인의 행위에 대한 것이냐 아니면 행위의 환경에 대한 것이냐에 대한 기준이다. 예컨대, 공정거래법은 불공정 거래를 한 행위자에 대해서만 적용되지만, 중앙은행의 지불준비율 변경은 통화량 조절이라는 경제환경에 영향을 미치는 것이다. 물론 지불준비율 변경이 은행 이율을 변경시키게 되고 나아가서 개인의 투자전략에 영향을 미치기는 하지만, 이 정책과정에서 정책결정자는 개인의 존재나 그의 행태에 대해 공식적으로 인지할 필요가 없다(Lowi, 1972). 이러한 기준에 따라 Lowi는 정책을 배분정책, 규제정책, 재배분정책, 그리고 구성정책으로 유형화하였다.

'배분정책'은 국가가 자원, 권리, 서비스를 개인에게 배분하는 정책이다. 정책대상이 배분정책에 불응하더라도 정부는 강제적으로 이를 집행할 수 없다. 배분정책은 다른 정책들과 직접적인 연계없이 독립적으로 시행할 수 있기 때문에, 다른 부분과의 갈등이 비교적 적어서 시행이 용이하다.

'규제정책'은 개인에게 재산권 행사나 행동의 자유를 규제하여 반사적으로 공익을 보호하려는 목적을 가진 정책이다. 오늘날에는 이 유형에 속하는 정책들이 가장 높은 비중을 차지하고 있다. 규제정책의 특징은 정책대상자가 특정 개인이나 집단이며, 정책불응에 대해 직접적인 강제력을 행사할 수 있다. 따라서 규제정책을 집행하는 과정에서 행정부의 자의가 개입하지 못하도록 분명한 법적 근거가 있어야 한다.

Ripley와 Franklin(1980: 23-24)은 규제정책을 다시 보호적 규제정책과 경쟁적 규제정책으로 구분하였다. 전자는 공정거래법, 식품위생법과 같이 다수의 국민을 보호하기 위하여 개인 행동을 통제하는 정책을 말한다. 이에 비해 후자는 다수의 경쟁자 중에서 특정 개인이나 집단에게 서비스나 재화를 제공할 수 있도록 허용하는 대신에 공익을 위해 서비스 제공과 관련된 규제를 가하는 정책을 말한다. 예컨대, 특정 조직에게 항공노선을 허가하거나, 방송국 개설을 허가하거나, 골프장 건설을 허가하는 대신에 그 운영과정에 일정한 규제를 하는 경우이다.

'재배분정책' 이란 사회계층이나 집단 사이에 존재하는 소득, 권리, 지위 등의 분포상태를 변화시키는 정책이다. 누진세, 부(負)의 조세(negative tax), 사회보장정책 등이 여기에 속한다. 앞에서 설명한 정책들은 개인을 대상으로 하는데 비해 이 유형의 정책은 계층이나 집단을 대상으로 한다. 즉 특정 개인에게 이익이나 손실을 주기 위한 것이 아니고, 사회적으로 상대적 불이익 계층이나 집단을 위해서 특정 계층에게 재산이나 권력의 손실을 감수할 것을 요구한다. 그래서 계층, 집단간 이해관계가 첨예하게 대립되고 갈등이 많기 때문에 정책과정이 공개화되어야 한다.

'구성정책' 은 정부기구의 구조와 기능의 변화를 목적으로 하는 정책이다. 이는 새로운 기관의 설립이나 선전 등 정치체계에서 투입을 조직화하고 체계의 구조와 운영에 관련된 정책이므로 정당이 중요한 영향을 미친다.

Lowi는 정책유형에 따라 참여자의 단위, 참여자간의 관계 그리고 개별 참여자의 역할이 달라진다는 점을 설명하였다. 17개의 정책을 유형화하여 각 유형에 속하는 정책의 참여자와 그들의 역할의 차이를 [표 13-1]과 같이

표 13-1 유형별 정책과정에 있어 참여자의 역할

정책유형	참여자 및 이들의 역할						
	주된 참여자	관련성	안정성	관료 · 전문가	로비	위원회	행정부
배분정책	개인	협력	매우 안정	미미	활발	결정적	보조적
규제정책	이익단체	협상	낮음	〃	〃	창의적	보조적
재배분정책	중심조직	이념적동질성	안정적	〃	〃	보조적	주도적

자료: Lowi(1972: 305) 재구성.

설명하였다.

배분정책에 있어서 주도적 행위 단위는 개인이며, 참여자간의 관계는 담합적(logrolling)이며 또한 매우 안정적이다. 이 유형에 속하는 대부분 사례에서 관료와 전문가의 역할은 미미한 반면에 로비는 활발하다. 또한 의회의 위원회가 결정적인 영향력을 발휘하는 반면, 행정부는 보조적 역할에 머물러 있다.

규제정책에서는 이익집단이 주된 참여자로 등장한다. 참여자간의 관계는 협상(bargaining)에 의존하며, 관계의 지속성은 대체로 불안정하다. 관료와 전문가의 역할은 분석되었던 다섯 사례 중 한 사례만 높고 나머지 사례에서는 모두 미미하다. 그리고 로비는 두 사례에서는 미미하지만, 나머지 사례에서는 매우 활발하다. 또한 의회의 위원회는 제안된 법안에 대해 대규모 수정을 가하는 등 창의적인 반면에 행정부는 대체로 보조적, 수동적 또는 조정적 역할을 수행한다.

재배분정책의 주된 참여 단위는 협회나 이익집단이고, 참여자간의 관계는 이념적으로 동질성을 지니며, 안정적인 상호관계를 유지한다. 정책과정에서 관료와 전문가의 역할은 상대적으로 미미한 반면, 로비의 역할이 위의 두 정책유형의 중간 정도이다. 그리고 의회보다는 행정부가 주도적인 역할을 수행한다.

3. 관련 용어들

정책학 연구에 있어서도 관련된 용어들이 통일적으로 사용되지 못하고 있다. 여기서는 정책학에서 자주 사용되는 용어인 정책과학, 정책연구 그리고 정책평가에 대해 설명하겠다.

정책과학(Policy Science)은 어떻게 정책이 만들어지고 또한 어떤 효과를 내는지에 대한 체계적, 경험적 연구들의 총체이다(Lasswell, 1971: 1). 다시 말해 정책과학은 사회적으로 중요한 문제들의 해결에 응용되어질 수 있는 광범위한 지적 접근을 서술하는 포괄 개념(an umbrella term)이다.

정책과학보다 더 포괄적인 정책연구(Policy Studies)라는 용어도 자주 사용된다. 즉 정책연구를 '공익에 관련된 또는 공익을 증진시키기 위한 연구'로 본다면, 사회정책에 관한 인문 · 사회과학은 물론 자연과학적 연구도 포함될 것이다. 그러나 사회문제를 해결하기 위한 정부 결정의 본질, 원인 그리고 결과에 관한 연구로 본다면 정책과학과 같은 개념이 된다.

정책평가는 정부의 정책과정, 산출된 정책 그리고 정책으로 인해 파생된 결과를 검토 · 수정하고 때로는 환류시키는 과정을 의미한다.

제14장

정 책 분 석

개 요

정책분석은 정책결정자가 올바른 정책을 결정할 수 있도록 돕기 위한 전문가의 고객 지향적 활동이다. 그러므로 정책분석이 정책과정에 공식적으로 참여하는 사람에 의해 이루어질 수도 있지만 대개는 외부의 전문가에 의해 이루어진다. 이러한 점에서 정책분석에 관련된 이론들을 다음 장에서 설명할 정책과정이론에 포함시키지 않고 별도로 설명하기로 한다.

이 장에서는 우선 정책분석의 개념과 정책분석가의 윤리 그리고 고객인 정책결정자와의 관계에 대해 설명한다.

전문활동으로서 정책분석을 수행하기 위해서는 기본적으로 정부의 역할과 한계에 대한 시각을 갖추어야 한다. 이러한 관점에서 시장실패이론과 정부실패이론을 소개한다.

정책분석의 기준으로서 정책의 소망성과 실현 가능성을 제시하였다. 정책소망성도 실제적 분석과정에서는 다양한 내용을 검토해야 하나, 여기에서는 효율성과 형평성에 대해서만 설명하였다. 그리고 정책의 실현 가능성을 분석하기 위한 기준으로서 가외성에 대해 검토하였다.

마지막으로 정책분석을 위한 기법으로서 관리분석과 비용-효과분석을 설명하였다.

Ⅰ. 정책분석의 개념 및 정책분석가의 역할

1. 정책분석이란 무엇인가?

정책분석이란 정책결정자가 보다 나은 판단을 할 수 있도록 이에 필요한 정보를 창출하고 제시하는 일체의 분석형태를 말한다(Quade, 1975: 4). 정책분석은 정책결정자에게 조언을 주기 위한 활동이다. 정책분석가는 만들어질 정책과 그 정책을 통해 달성 가능한 결과와의 연계성에 대하여 분석한다. 그리고 정책결정자에게 A대안을 채택하면 X결과가 야기될 것이라는 정보뿐만 아니라 이로 인해 누가 얼마만큼 유리해 질 것이라는 정보도 제공한다. 다시 말해 정책분석가는 "S전략을 통해 A정책을 만들면, 사회 전체적으로 C라는 비용이 소요되지만 B의 효용을 얻을 수 있고, 이로 인해 정책결정자는 D만큼 이익을 얻을 것이다"라는 조언을 한다.

이처럼 정책분석은 사회적 가치에 관련된 정보를 제공하거나 공적 결정에 도움을 주기 위한 고객 지향적 활동이다(Weimer & Vining, 1992: 1). 그러므로 정책분석은 사회적 가치에 관한 공적 결정에 관련된 활동에만 국한되며, 영리단체에서 사적 목적에서 행하는 정책조언은 여기서 제외된다.

2. 정책분석가의 역할

정책결정자는 사회봉사를 위한 신념을 가질 뿐만 아니라 자신의 정치적 생존·발전을 위해 정치권, 선거구민 또는 대상집단의 반응에도 관심을 가지고 있다. 그러므로 정책분석가는 단일 가치만을 — 예컨대 경제적 효율성 — 정책 분석의 기준으로 삼아서는 안된다. 대상집단이나 다른 정책 참여자들의 이익을 무시한 조언은 정책결정자에 의해 채택되지 않거나, 설령 채택되더라도 집행과정에서 많은 문제에 봉착하게 된다. 정책분석가는 자신의 고객이 정책결정과 집행을 잘할 수 있을 뿐만 아니라 정책영역을 유지·확대할 수 있도록 조언해야 한다.

이런 점에서 정책분석가는 흔히 경쟁적 가치들로 갈등을 겪는 상황에 직면하게 된다. 소수집단의 극심한 반대에도 불구하고, 사회적 편익이 비용을 초과하는 것으로 분석된다면 그 정책을 채택해야 한다고 조언해야 할 것인가? 이러한 갈등적 상황에 대처하는 방법은 정책분석가의 유형과 그의 지향성에 따라 다르다.

Weimer와 Vining(17-19)은 정책분석가의 가치와 분석가 유형이라는 두 기준으로 [표 14-1]과 같이 갈등적 상황을 설명하였다. 이들은 정책분석가

표 14-1 정책분석가의 역할에 대한 세 가지 관점

정책분석가 가치 / 정책분석가 유형	기본적 가치들		
	분석적 통합	고객에 대한 책임	자신의 신념에 대한 집착
객관적 기술자	• 분석가가 문제에 대해 주도적으로 이야기 한다. • 일차적 초점은 정책대안들의 결과를 예측하는 것이다.	• 고객은 필요악이다. • 자신의 정치적 입장은 이차적으로 생각한다. 고객과 일정한 거리를 유지하며, 가능하면 자신이 고객을 선택한다.	• 추구해야 할 가치들을 구체화하고, 고객이 최소한 지녀야 할 가치들 중에서 현실과 협상한다.
고 객 옹호자	• 명확한 결론을 유보한다. 고객의 입장을 고려하여 융통성 있는 방안을 제시한다.	• 고객의 분석가에 대한 배려에 상응한 충성심을 지닌다.	• 양립 가능한 가치를 지닌 고객을 선택하고, 오랜 인간관계를 유지하며 고객의 선에 대한 개념을 바꾸고자 한다.
의 제 옹호자	• 명확한 결론을 유보한다. 분석결과가 부정적일 때는 분석적 불확실성이나 배제된 가치를 강조한다.	• 고객이 제공하는 분석의 기회에 기회주의적으로 대처하며, 개인적 관심을 위해 고객을 바꾼다.	• 분석은 좋은 사회에 대한 자신의 개념을 증진시키기 위한 수단이다.

의 유형을 객관적 기술자(objective technician), 고객 옹호자(client's advocate) 고 의제 옹호자(issue advocate) 등의 세 가지 유형으로 구분하고, 각 유형의 분석가는 '분석적 통합', '고객에 대한 책임' 그리고 '좋은 사회에 대한 자신의 신념에 대한 집착'이라는 세 가치들 사이에서 직면하게 되는 갈등 상황을 설명하였다.

3. 정책분석가의 윤리

가치 판단은 정책결정자의 고유영역이며, 정책분석가는 가능한 가치 중립적이어야 한다는 주장도 있을 수 있다. 그러나 정책분석가도 정책의 목표나 이념에 대해 공개적으로 논의하는 등 가치 판단을 해야 할 경우가 많다. 만약 정책분석가가 대립되는 가치들 중 하나를 선택해야 할 상황에 직면하게 된다면 고객의 요구, 공익 등을 통합적으로 고려해야 한다. 이를 바탕으로 정책분석가는 소신에 따라 조언하고, 이것이 정책결정자에 의하여 받아들여지지 않을 경우에는 선택의 필연성을 재강조하거나, 맡은 업무에서 사임하거나, 조직에서 이탈 또는 외부에 공개하는 등의 방법들을 고려해야 한다(Weimer & Vining: 15-29).

Ⅱ. 정책분석을 위한 기초이론

1. 시장실패이론

1) 시장실패란 무엇인가?

시장이란 물건을 사고 파는 장소라는 물리적 의미가 아니라 시장기제 (market mechanism)로서 시장을 의미한다. 그런데 현실적으로 시장기제가 제대로 작동되지 못하는 요인들이 존재한다. 경제학자들은 완전경쟁 시장이론의 전제들이 실재의 경제활동에서 제대로 작동하지 못하는 다양한 요인들을 '시장실패'(market failure) 이론을 통해 설명한다.

이와 더불어 비경제학자들은 시장기능에 의해 파레토 최적의 자원배분이 가능하다 하더라도 분배문제가 보장되는 것은 아니라는 점을 지적한다. 비록 시장기구에 의해 파레토 최적상태에 도달하더라도 분배적 불공정이 존재한다면, 이 역시 시장실패라는 것이다(Wolf, Jr., 1991: 29).

시장실패는 시장에의 정부 개입을 정당화하는 주요 이유이긴 하지만, 이는 필요조건이지 충분조건은 아니다. 다시 말해 시장실패가 있을 때에는 언제나 정부의 적극적 역할이 바람직하다는 논리는 옳지 않다. 왜냐하면 시장기제의 결함만큼이나 정부 활동이 지닌 본질적 한계 때문에 정부 개입으로 인해 발생하게 될 부작용이 시장실패로부터 야기되는 것보다 더 클 수도 있기 때문이다.

2) 시장실패의 요인들

완전경쟁 이론에 따르면 효용 극대화를 추구하는 소비자와 이윤을 극대화하려는 기업의 행태에 의해 자동적으로 가격과 생산량이 결정된다. 사회의 모든 자원들이 이러한 시장기능, '소위 보이지 않는 손'에 의해 파레토 최적상태에 자동적으로 도달하게 된다. 그러나 현실적으로는 시장기능이 제대로 작동할 수 없는 요인들이 존재하는데, 여기서는 대표적인 요인으로서 공공재, 외부성, 독과점 그리고 정보 불균형에 대해서 설명하고자 한다.

(1) 공 공 재

왜 특정재화는 시장기제에 의한 효율적 배분이 이루어질 수 없는 것일까? 이는 경합성과 배제성을 지니는 일반재(private goods)와 다른 특성을 지니는 공공재(公共財, public goods) 또는 집합재(集合財, collective goods)가 존재하기 때문이다.

한 사람이 재화를 소비하면 다른 사람은 그 재화를 소비할 수 없는 것이 경합성(rivalry)이다. 배제성(excludability)은 재화를 구입한 사람이 배타적 지배를 하기 때문에 다른 사람은 그 재화의 소비나 사용이 배제되는 특성이다. 공공재는 비경합적이거나 비배제적 또는 이 두 특성을 모두 지니는 재화이다. 즉 공공재는 동시에 여러 사람이 소비할 수 있거나, 값을 지불하지 않은 다른 사람의 소비를 막지 못하거나 또는 누구나 동시에 소비할 수 있는 재화이다.

재화를 분류하는 또 하나의 기준은 혼잡성 또는 고갈성(congestion)이다. 이는 재화를 재생능력 이상으로 과다하게 사용함으로써 자원이 고갈되는 특성을 말한다.

경합성과 배제성 그리고 고갈성을 기준으로 재화를 [그림 14-1]과 같이 분류할 수 있다.

가. 경합적 · 배제적 재화: 사적 재화

구두를 예로 들어보자. 구두는 다른 사람과 공동으로 신을 수 없기 때문에 경합성을 지니며, 또한 소유자가 허락하지 않는 한 아무도 그 구두를 신을 수 없다는 점에서 배제성을 지닌다. 경합적이며 배제적인 특성을 지니는 일반재화는 시장원리에 의해 생산량과 가격이 결정되어 사회 전체적으로 파레토 최적상태를 이루기 때문에 시장실패가 일어나지 않는다. 이러한 재화에 대해 정부가 개입한다면 효율성보다는 다른 기준에 의해 정당성이 인정되어야 한다.

그러나 고갈적 재화의 경우는 소비가 적정수준 이상이 되면 가격이 생

그림 14-1 재화의 분류

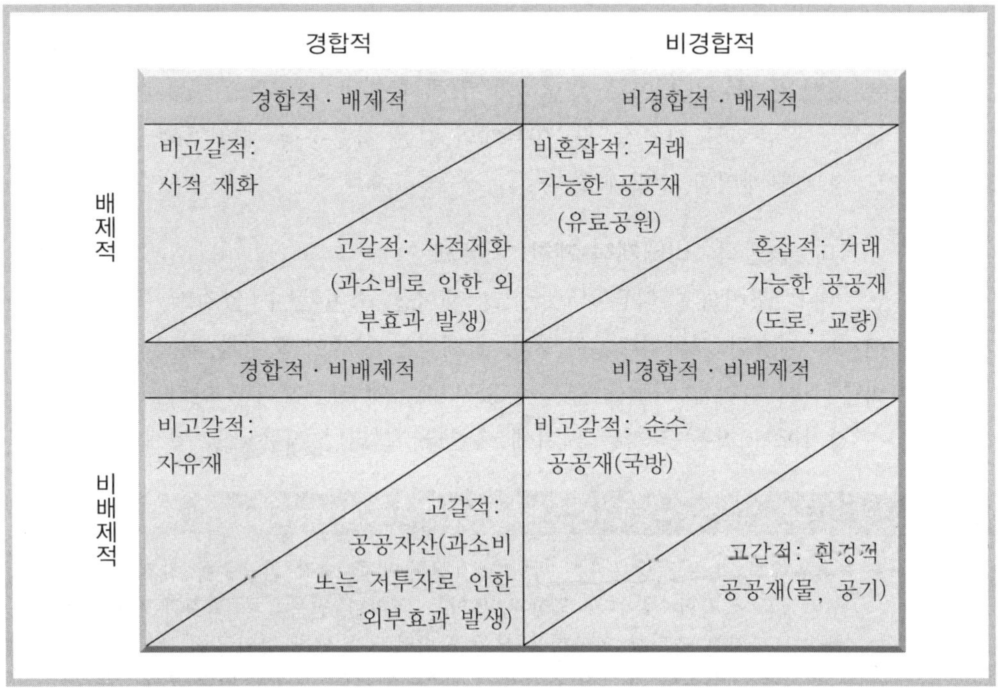

산의 한계비용이 아닌 소비의 한계비용에 따라 결정되기 때문에 시장실패가 발생된다. 이는 공공재로 인한 시장실패보다는 다음에 설명할 외부성으로 보아야 한다.

나. 비경합적 · 배제적 재화: 거래 가능한 공공재

도로, 교량, 유료공원과 같은 거래 가능한 공공재(marketable public goods)가 여기에 속한다. 도로를 예를 들면, 교통량이 적을 때는 개인의 통행이 다른 사람에게 거의 영향을 미치지 않으므로 비경합적이다. 그러나 어느 수준 이상으로 교통량이 증가하여 혼잡하게 되면, 그때부터 지체로 인한 시간적 비용을 포함한 혼잡비용이 발생된다.

그러나 대부분의 운전자는 혼잡비용을 고려하지 않는다. 왜냐하면 다른 운전자가 부담하는 추가적 시간비용은 운전자가 지불할 필요가 없는 외부비용이기 때문이다. 운전자가 도로를 이용할 때 자신의 편익과 도로를 통과할 때 드는 시간 지체를 포함한 비용을 고려하여 편익이 크다고 판단하면, 혼잡하더라도 그 도로를 이용할 것이다. 이는 결국 외부성을 발생시켜 자원배분의 왜곡을 초래하게 된다.

이러한 거래 가능한 공공재의 혼잡성으로 인한 비효율성을 줄일 수 있는 방안은 없는가? 이를 해결하기 위해서는 ① 시설확충, ② 혼잡통행료의 부과, ③ 출퇴근 시차제, ④ 10부제와 같은 차량운행 제한 등과 같은 정책으로 정부가 개입할 수밖에 없다.

다. 경합적 · 비배제적 재화: 자유재

내가 소비하면 다른 사람은 그 재화를 소비할 수 없지만, 사용은 누구에게나 개방된 재화이다. 이 유형의 재화는 공급이 소비를 훨씬 초과하여 소비를 위해 가격을 지불할 필요가 없기 때문에 자유재라고 한다. 공기, 물 또는 강가에서 잡은 고기는 여기에 속한다. 그러나 자유재도 무제한적으로 공

Hardin 의 공유지의 비극(tragedy of commons)

초원에서 가축을 방목하는 사람은 자신의 가축 수가 많을수록 자기에게 이익이 된다고 생각할 것이다. 또한 방목자는 과다한 방목으로 초지가 황폐화된다 해도 그 피해는 초지를 이용하는 모든 사람에게 분산될 것이므로 자신에게 돌아올 피해는 일부분에 불과하다고 생각한다. 이러한 판단에 따라 방목자는 가능한 한 방목하는 가축의 수를 늘리려고 한다. 문제는 이 초원에서 방목하고 있는 모든 사람들이 같은 생각을 한다는 것이다. 모든 방목자들이 초지가 유한하다는 것을 알면서도 방목 가축 수를 무제한적으로 늘리면, 결국 초지가 황폐화되어 단 한 마리의 가축도 방목할 수 없는 비극적인 결과가 모두에게 초래된다.

이러한 공멸을 피할 수는 없는가? 기본적으로는, 방목자가 도덕적 양심이나 윤리적 판단에 의해 가축의 수를 제한해야 한다. 그러나 Hardin은 이에 대해 비관적 견해를 가졌다. 장기적으로 보면, 도덕이나 양심을 지키는 사람이 그렇지 않은 사람보다 손해를 보게 된다는 것이 그 이유이다. 단기적으로도, 도덕적 양심에 따라 행동하는 사람은 그렇지 않은 사람들이 이익을 극대화하는 동안 자신은 그냥 지나고 있다는 심리적 모순 때문에 정신적 고통을 겪게 된다는 점이 또 다른 이유이다. 양심에 호소하여 자제를 유도하는 것은 결국 개인에게 자신의 이익에 반하는 행동을 아무런 대가도 지불하지 않고 요구하는 것이기 때문에 비극적 결과를 해결할 수 없다.

Hardin 은 '의된 강제'의 영역을 넓혀야 한다고 주장한다. 개인의 권리와 자유에 대한 인식의 전환이 필요하며, 상호간 '동의의 강제'에 의해 공동의 이익이 지켜질 수 있다는 것이다.

급이 가능한 것은 아니기 때문에 일정 수준 이상의 소비는 공공자산 문제를 야기한다. 예를 들어 강가에서 누구든 고기를 자유롭게 잡을 수 있지만, 너무 많이 잡으면 결국 고기가 고갈된다. 산림이나 초원 등의 자유재를 재생될 수 있는 수준을 넘게 소비하면 누구도 사용할 수 없게 황폐화된다.

Hardin(1968)은 '공유지의 비극'이라는 이야기를 통해 이러한 특성을 지니는 공공자산의 문제를 잘 설명하였다.

라. 비경쟁적 · 비배재적 재화: 순수 공공재

국방은 비경합성과 비배제성을 지니는 순수공공재의 예가 된다. 즉 국방의 혜택은 한 국가 내의 모든 사람이 동시에 누릴 수 있으며, 또한 국민은 누구나 국방의 혜택을 받을 권리가 있다. 순수공공재를 소비하는 사람은 그 재화의 소비를 위해 얼마만큼을 기꺼이 '지불할 용의'(willingness to pay: WTP)가 있는지를 밝히지 않는다. 또한 공짜로 공공재를 소비하는 것을 막을 수 없기 때문에 아무도 공공재의 비용을 부담하려 하지 않는다. 이러한 요인들 때문에 공공재에 있어서는 무임승차자(free rider)의 문제가 발생한다. 또한 정당한 대가를 치르지 않고 수요되기 때문에 공급의 질에 대한 수요자들의 선호가 적극적으로 반영될 수 없다. 예컨대 국방력 수준을 어느 정도로 할 것인가 하는 점은 시장원리에 의해 결정될 수 없다.

그렇다면 공공재의 생산비용은 누가 부담하며, 그 질은 누구에 의해 어느 정도에서 결정되는가? 우선 투표와 같은 방법을 통해 소비자의 선호가 표시되도록 하는 제도적 장치를 마련하는 방법을 생각할 수 있다. 이에 대해서는 제 4 장의 공공선택론에서 설명하였다.

(2) 외부성: 외부효과

가. 외부경제와 외부비경제

어떤 경제주체의 생산 혹은 소비활동이 다른 경제주체의 활동에 영향을 미치지만, 이렇게 발생한 편익이나 비용에 대한 보상이 이루어지지 않는 현상이 외부성(externalities)이며, 흔히 외부효과라고 불리운다. 여기서 외부'란 가격기구의 작동영역 외부에 존재한다는 의미인데, 이는 다시 외부에 편익을 주는 외부경제와 비용이나 손실을 초래하는 외부비경제로 구분할 수 있다. 교육이 전자의 예라면, 환경오염은 후자의 예이다.

나. 외부성에 의한 시장실패

외부성이 있을 경우에는 개인비용과 사회적 비용간에 차이가 있다. 기업이 제품생산과정에서 발생시킨 오염에 대해 비용을 부담하지 않는 경우를 생각해 보자. 이 경우 사회적 비용은 기업의 생산비용과 오염비용을 합친 것이지만, 기업은 사회적 비용을 고려하지 않고 자신의 한계비용만을 계산하여 생산량을 결정한다. 그 결과 기업은 제품을 더 많이 생산하게 되고, 이로 인해 자원의 최적배분이 이루어지지 못한다. 이처럼 외부성을 지니는 경제활동에 있어서는 시장 기능만으로 효율적 자원 배분이 보장되지 못한다. 그러면 외부성으로 인한 시장실패 현상은 어떻게 해결할 수 있는가?

다. 외부성으로 인한 시장실패의 해결방법

외부성으로 인한 개인적 비용과 사회적 비용의 차이에 대해 조세를 부과함으로써 두 비용을 같게 하여 효율적 배분이 달성될 수 있다. 이를 이론적으로 분석하였던 Pigou의 이름을 따서 Pigou조세라 한다.

다음으로 정부가 나서서 외부비경제를 야기한 사람들에 대해 강력한 규제를 하는 것이다. 정부의 각종 환경규제는 여기에 속한다. 문제는 정부가 행정규제를 통해 외부비경제를 없애거나 줄일 수 있는가 하는 점이다. 외부비경제를 발생시키는 모든 사람을 규제하기는 현실적으로 어려움이 많으며, 지나친 규제는 또 다른 문제를 야기할 수도 있다.

세 번째는, 전통적 시장기구 안에서 해결하는 방법이다. Coase는 이러

Coase정리의 예

강 상류에 위치해 있는 염색공장으로 인해 강물이 오염되었다고 하자. 그런데 맑은 물의 재산권이 하류에 거주하는 시민들에게 있다면, 염색공장은 강물의 오염에 대해 보상해야 한다. 반대로 강물의 오염권이 염색업자에게 있다면, 하류의 시민들은 염색공장에 보상하여 오염량을 줄이도록 요청할 수 있다. 염색업자는 생산량을 줄이더라도 시민으로부터 충분히 보상을 받는다면 합의한 수준까지 줄이려 할 것이다.

그러나 Coase 정리는 재산권을 명확히 설정한다거나, 협상을 위한 거래비용이 없다라는 가설은 현실적으로 불가능하다는 비판을 받고 있다.

한 논리를 전개한 대표적 학자이다. 그는 재산권이 명확히 설정되어 있고, 거래비용이 존재하지 않는다면 재산권이 누구에게 설정되었든 관계없이 당사자간 협상을 통하여 효율적 배분을 달성할 수 있다는 'Coase정리'(Coase Theorem)를 주장하였다.

네 번째는, 환경재의 경우에 논의가 되는 오염권 제도이다. 이는 특정 오염물질의 총량적 오염기준을 설정하고, 이 총량에서 오염주체의 수로 나눈 오염권을 발행하여 할당하는 제도이다.

기후변화 협약에서 오염권 제도

기후변화 협약에서 지구 전체적으로 이산화탄소를 배출할 수 있는 총량을 산정하고, 이를 국가별로 나눈 일정량까지는 각국에게 오염권을 교부한다. 각 국가는 허용 범위까지는 이산화탄소를 배출할 수 있지만 더 많은 양을 배출하고자 할 때는 오염권 시장에서 오염권을 구입해야 한다. 허용기준 이상으로 배출하려는 국가가 많을수록 오염권은 비싸게 거래될 것이므로, 각국은 이산화탄소 배출량을 줄이고 이를 오염권 시장에서 팔 것인지 여부를 결정할 것이다. 이는 결국 오염권 가치를 반영하는 시장기능에 의해 오염량이 결정되므로 정부개입으로 인한 파생적 문제를 줄일 수 있다.

그러나 오염 총량을 설정하거나, 오염권을 할당하는 기준을 설정하기 어렵고, 또 일정기준까지는 외부효과를 용인한다는 점에서도 비판의 여지가 있다.

(3) 독 과 점

독과점이란 한 두 개의 기업이 전시장을 점유하는 것을 말한다. 특정 산업에 진입·퇴출이 자유롭지 못하다면 이도 독과점에 해당한다. 독과점은 생산량을 제한하여 소비자 후생을 감소하고, 이로 인해 분배문제를 야기시킨다. 정부는 타기업들의 독점산업으로 진입 촉진, 가격과 수량 규제, 조세정책 등을 통해 독과점의 피해를 줄일 수 있다.

농촌지역 의료 서비스와 적자지역에서 운행되는 교통산업과 같이 공급가격이 너무 낮기 때문에 민간시장에서 재화나 서비스를 공급하지 못하는 산업, 통신·전력·철도와 같이 막대한 고정비용을 필요로 하지만 생산량이 증가할수록 평균비용이 하락하는 비용 체감산업은 독과점과 마찬가지로 시장실패를 야기한다.

(4) 불완전한 정보

가. 불완전한 정보

완전경쟁 시장이론에서 소비자가 상품가격, 품질 등을 정확하게 알고 있다는 가정은 비현실적이다. 대부분의 소비자들은 과대광고 등으로 상품에 관해 충분한 지식을 갖고 있지 못하며, 생산자 역시 소비자의 선호를 완벽하게 반영하지 못한다. 이러한 정보의 불완전성은 주로 정보를 얻거나 제공하는데 많은 비용이 소요되기 때문이다. 또한 현재뿐만 아니라 미래에 사용될 상품에 관한 완전한 정보를 갖기는 불가능하다. 예를 들면 선물시장(先物市場, futures market)의 할인율, 보험과 같이 미래의 재난에 대비하는 조건부 시장(contingency market)의 가격 등이다.

이러한 불완전한 정보는 소비자의 효용극대화를 저해할 뿐만 아니라 효율적 자원배분을 왜곡시킨다. 정부는 정보 수집의 대가를 지불하지 않은 사람도 정보의 이득을 누릴 수 있도록 공공재적 특성을 지니는 정보를 제공하거나, 과대 광고·표준가격·제품의 질 등을 규제함으로써 공정거래 질서 확립을 통해 정보 불완전성으로 인한 시장실패를 시정할 수 있다.

나. 비대칭적 정보: 역선택과 도덕적 해이

불완전한 정보를 지닌 상황 중에서 거래하는 한쪽이 다른 쪽보다 상대적으로 더 적은 정보를 보유하고 있는, 즉 비대칭적 정보(asymmetric information)의 상황도 시장실패를 야기한다. 정보의 비대칭적 상황은 상품의 특성을 한쪽만 알고 있는 경우와 한 당사자의 행동을 다른 쪽에서 관찰할 수 없기 때문에 정보를 알 수 없는 경우로 대별할 수 있다. 전자의 상황에서는 '역선택'(adverse selection)의 문제가, 후자에서는 '도덕적 해이'(moral hazard)가 발생한다(강태진 외, 1998: 550-589).

정보의 비대칭성으로 인해 발생한 역선택을 극복하기 위해서는 정보가 없는 쪽에서는 간접적이고 부정확하나마 상품이나 서비스를 선별(screening)하고, 판매자가 상품의 우수성 알리기(signaling) 또는 자신의 상표에 대한 평판(reputation) 만들기 등을 하여야 한다. 한편 정부로서는 모든 당사자들을 강제적으로 거래하게 할 수 있다. 현재 시행 중인 자동차 책임보험제도, 의료보험제도 또는 국민연금제도는 문제 발생시 당사자를 보호하기 위한 복지정책적 의미도 있지만, 역선택 문제도 아울러 해결하는 부수적 효과도 있다.

당사자 모두에게 영향을 미치는 한쪽 당사자의 행동을 상대방이 관찰, 통제할 수 없기 때문에 발생하는 도덕적 해이 문제는 '주인-대리인 모형'(principle agent model)을 통하여 분석 · 설명할 수 있다. 거래관계자 중 한쪽의 행동이 다른 쪽에 영향을 미치는 관계를 대리관계라고 하는데 행동을 취하는 쪽을 대리인, 영향을 받는 쪽을 본인이라 한다.

예를 들면 민주사회에서 정부는 본인인 국민을 대신하여 국가를 관리하는 대리인에 해당한다. 인을 위해 임무를 수행해야 할 대리인이 주인과 상충되는 이해를 가지게 될 때, 대리인은 자신의 이익을 위해 본인의 이익을 포기할 가능성이 높다. 본인이 대리인의 행동을 완전히 감독 · 통제할 수 있다면 이러한 가능성을 줄일 수 있을 것이지만, 현실적으로 이는 불가능하다. 이렇게 본인이 대리인의 행동을 감독 · 통제하지 못하여 대리인이 본인보다

중고차 시장에서의 역선택(레몬의 문제)

중고차는 동일 연도의 차종이라 하더라도 사고 여부, 관리정도에 따라 그 상태에 있어 차이가 난다. 원소유자는 중고차의 결함을 잘 알고 있겠지만, 구매자는 한두 번 타보는 것으로는 차의 품질을 알기 어렵다. 더욱이 중고차 시장에는 상등품과 하등품의 차가 섞여 있기 때문에 구매자는 구입가격이나 차종 선택에 있어 어려움이 많다. 판매자도 거래가격이 자신의 평가액에 부합하면 팔겠지만, 낮은 경우에는 팔지 않을 것이다.

그런데 판매자는 자신의 차의 품질을 알고 있지만 구매자가 이를 판단할 수 없는 상황에서는, 모든 판매자는 높은 가격을 받기 위해 자신의 차가 상등품이라고 주장할 것이다. 이로 인해 중고차 시장에서는 품질구분이 어려우며, 구매자는 중간수준의 차량가격에서 구매하려 한다. 이러한 상황에서는 상등품차량 소유자는 판매를 포기하게 되므로, 상등품차량이 중고차 시장에서 사라지게 된다. 구매자들은 점차 중고차 시장에는 하등품만 있다는 것을 알게 되고, 하등품 가격 이상을 지불하지 않게 될 것이다.

이처럼 시장에서 거래되는 제품품질에 차이가 있고, 오직 거래의 한쪽 당사자만 그 품질을 알고 있을 때, 시장에서는 저질의 상품만 거래되는 결과를 '역선택'이라 한다. 이로 인해 상등품의 거래를 통해 발생할 이익이 사라지게 된다. 미국에서는 상등품 중고차를 복숭아(peach), 하등품을 레몬(lemon)이라 부르기 때문에 역선택의 문제를 레몬의 문제라 부른다.

중고차 시장에서의 도덕적 해이의 예

중고차를 사려는 사람이 품질을 믿지 못하여 망설일 때, 판매자가 판매 후 1년 내에 중대한 고장이 있으면 수리비를 부담하는 품질보증을 해 주었다고 하자. 그런데 1년 이내에 중대한 고장이 났다면 그 고장이 거래당시 중고차의 상태가 좋지 않았기 때문인지, 아니면 매입자가 품질보증을 믿고 차를 거칠게 몰았기 때문인지 알기 어렵다. 이때 구입자가 품질보증을 받았기 때문에 과거와는 달리 거칠게 차를 몰았다면 이는 도덕적 해이에 해당된다.

는 자신의 이익을 위해 행동하는 것을 도덕적 해이라고 한다.

2. 정부실패이론

1) 정부실패란 무엇인가?

시장기제가 제대로 작동하지 못하는 시장실패의 상황에서는 정부가 개입하여 이를 시정할 수 있다. 정부가 개입하는 형태는 규제, 순수공공재 공급, 준공공재 공급 그리고 이전지출 관리라는 네 가지가 일상적이다(Wolf, Jr., 1991: 39-40). 그러나 정부의 수요와 공급구조의 본질적인 결함 때문에 정부의 개입이 오히려 역효과를 가져오기도 하는데, 이를 시장실패에 대비하여 정부실패(government failure) 또는 비시장실패라 한다.

비시장실패

Wolf(1979)는 시장실패와 대칭하여 '비시장실패'(非市場失敗, non-market failure) 개념을 사용한다. 이에는 정부 외에 공공단체나 비영리조직이 포함된다.

2) 정부 산출물의 수요와 공급의 특성

정부실패 요인을 설명하기 전에, 정부 산출물에 대한 수요와 공급측면에서의 특성에 대해 먼저 이해할 필요가 있다.

(1) 정부 수요의 특성

가. 시장실패에 대한 사회적 인식 증대

소비자, 환경, 교통 등 많은 사회문제들이 시장기능으로는 해결될 수 없다는 인식이 사회적으로 확산되면서 많은 사람들은 정부가 이에 대한 적극적인 대책을 마련해 줄 것을 기대하게 된다. 정부의 조정자 또는 문제 해결자로서의 역할에 대한 기대가 증대되고, 정부의 개입을 요구하는 정치적 압력이 커지면 그만큼 정부 수요도 확대된다.

나. 정치적 조직화와 정치적 권익 신장

오늘날 각종 이익집단이나 시민단체들이 조직화되고, 또 이들의 정치적 권익이 신장되고 있다. 정치적 민주화로 인해 정책과정에 소외되었거나 소극적이었던 이러한 집단들이 적극적으로 참여하여 시장실패를 시정하도록 정부에 압력을 가하게 된다.

다. 정치적 보상체계의 왜곡

정부는 정부에 대한 요구를 해결해 줌으로써 얻게 될 정치적 보상에 일차적 관심을 가진다. 이들은 문제의 본질에 대한 심층적 분석이나 문제해결을 위한 체계적 검토를 하지 않고, 문제의 해악과 문제해결의 당위성만을 강조하여 집행문제를 고려치 않고 무책임한 정책을 많이 만든다.

라. 정책결정자의 단견

단기적 성과에 치중된 평가체계, 선출직 정책결정자의 짧은 임기 등으로 미래를 내다보는 장기적인 정책개발보다는 임기 중에 결과를 낼 수 있는 단기계획에 치중한다. 이러한 관료의 근시안적 시각 때문에 백년대계를 바라보고 수립해야만 할 정책들이 기피되거나 연기된다.

마. 편익과 부담의 분리

시장에서는 이익을 보는 사람이 비용을 부담하지만, 정부수요에서는 수혜집단과 비용부담 집단이 다른 경우가 많다. 이를 미시적 분리(micro-decoupling)와 거시적 분리(macro-decoupling)로 나눌 수 있다. 전자는 정책으로 인한 편익은 특정 집단에 집중되어 있으나, 그 비용은 납세자나 일반 소비자인 경우이다. 정책수요는 다수이지만 그 재원을 소수에 의존하는 경우는 후자에 해당한다. 이런 경우 잠재적 수혜집단과 잠재적 손실집단은 정치적 조직화나 로비를 통해 자신의 이익을 극대화시키거나 손실을 극소화시키려고 노력할 것이다. 이러한 '이익집단 정치'(interest group politics)를 통해 산출된 정책은 불공정성 문제를 야기할 수 있다.

(2) 정부 공급의 특성

가. 정부산출의 정의 및 측정의 곤란성

정부업무를 정의하거나 정부산출을 측정 · 평가하기가 곤란한 경우가 많다. 교육이나 국방이 무엇인가 하는 정의를 내리기가 어렵고, 교육부의 연간 사업을 측정 · 평가하기가 곤란하다.

이런 경우 정부산출물 그 자체에 대해 정의 · 측정하기보다는 총예산 중 교육예산의 비율과 같이 투입된 비용이나 자원의 양이 무형적 산출물을 대신할 수 있다. 그러나 이러한 대용물이 정책산출을 어느 정도 반영하고 있는지를 파악하기 어렵다. 이 때문에 관료들은 궁극적 목표보다는 중간적 · 실천적 목표에 따른 부분 최적화(sub-optimization)를 추구하게 된다. 이는 현실적으로 불가피한 면도 있지만, 이것이 관례처럼 된다면 목표 대치(目標 代置, goal displacement)가 빈번히 일어나고, 완전한 최적화나 X-효율성을 추구할 유인들도 사라지게 된다.

나. 단일 원천에 의한 생산: 경쟁기제의 결여

공공서비스나 공적재화는 법률적 또는 행정적으로 독점적 관할권이 위임된 기관에서 공급한다. 법률이나 행정력에 의해 경쟁기제가 이루어져 있지 않기 때문에 산출물의 질에 대한 평가가 어렵다. 공공과 민간부문에서 공급하는 재화나 서비스의 효율성을 비교한 연구들의 공통적인 결론은 — 다른 조건이 동일하다면 — 공공부문에서 보다 민간부문에서 공급하는 경우가 더 효율적이라는 것이다.

그러나 민영화가 공공부문을 개혁하기 위한 유일한 대안은 아니라는 지적들도 많다. 즉 공공보다 민간부문에서의 공급이 더 효율적인 이유는 소유권 요인(ownership factor)보다는 자원배분에 있어 경쟁이 존재하기 때문이다(Lane, 1995: 248). 따라서 공공부문에 경쟁기제(competition mechanism)를 도입한다면 공공성을 배제하지 않더라도 효율성을 높일 수 있을 것이다.

다. 생산기술의 불확실성

정부산출물은 그것의 생산기술이 알려져 있지 않은 것이 보통이고, 설령 알려져 있다 하더라도 불확실하고 애매모호하다. 정책과정에 관한 자료가 없거나 비공개적인 경우도 많다.

라. '최저선' 또는 최종 기제의 결여

기업의 손익계산서와 같은 업적평가를 위한 최저선(bottom line)이 정해져 있지 않고, 정부활동이 성공적이지 못할 때 그것을 종결시킬 수 있는 기제도 마련되어 있지 않다.

마. 공급의 확대

정부부문에는 재화나 서비스 공급을 확대하려는 본질적 요인들이 존재한다. 불균형이론(asymmetry theory)에서는 공급 확대를 야기하는 정부의 제도적 요인을 의사결정, 생산 그리고 재정이라는 세 측면에서 설명하고 있다(Lane: 252).

첫째, 의사결정 불균형(the decision asymmetry)은 정책과정에서 시민의 이익과 특정 이익집단의 그것간에 균형을 이루게 하는 제도적 장치가 취약하기 때문에 시민보다는 특정 이익집단에 유리한 정책을 산출하는 경우가 많다.

둘째, 정부산출물을 생산하는 생산자 집단과 이를 소비하는 집단의 이익을 조정할 수 있는 효율성 기준이 — 시장기제에서 수요 · 공급곡선과 같은 — 없다. 또한 효과성이나 생산성을 명확히 측정할 수 없기 때문에 공적자원이 효율적으로 배분되지 못하고 생산 불균형(the production asymmetry)이 발생한다.

셋째, 재정 불균형(financial asymmetry)이란 공공부문에서 산출하는 재화나 서비스의 수요와 이를 공급하기 위해 소요되는 지출과의 차이를 말한다. 이는 '편익과 부담의 분리'와 유사한 설명이다.

3) 정부실패의 요인들

Wolf는 이상과 같은 정부의 수요와 공급 특성들로 인한 시장실패의 원천으로서 비용과 수입의 분리, 내부성(internality), 파생적 외부성(derived externality) 그리고 분배적 불공평을 든다. 여기서는 예산기제(budget mechanism)의 비효율성도 덧붙여 설명하기로 한다.

(1) 비용과 수입의 분리

민간부문에서는 제품의 가격과 생산원가가 어떠한 형태로든 연계되어 있는데 비해 정부활동은 비용과 수입이 분리되어 있는 것이 일반적이다. 즉 세금은 정부의 주된 수입(收入, revenue)인데, 이는 공공서비스나 정부산출물을 생산하는데 소요된 비용과 연계되어 있지 않는 것이 보통이다. 이처럼 공공부문의 수입과 비용의 분리는 공공서비스의 생산과정에 있어 비효율성 발생의 원천이 된다. 그러므로 가능하다면 공공서비스 공급기관을 독립채산제로 운영하거나 민영화하는 것이 바람직하다.

(2) 내부조직 목표와 사회적 목표와의 괴리: 내부성

민간조직이 분명한 경영목표를 지니고 있는데 비해, 정부조직은 내부목표가 없거나 있더라도 추상적이다. 또한 정부조직의 내부목표는 정부기관으로서 당연히 추구해야 할 공익목적과 연계되지 않는 경우가 많다. 또한 정부조직 성과에 대한 객관적 효과성 측정이 어렵고, 정부 활동은 경쟁이 없거나 제한되어 있기 때문에 생산성 향상을 위한 비용 절감의 유인이 별로 없다. 더욱이 정부활동이 비효율적이라 하더라도 이를 종결시키기가 어렵다.

이처럼 정부조직의 목표는 사회적 목표나 공익과 무관하게 사익적(私益的)인 경우가 많은데, 이를 내부성(internality)이라 한다. 비용이나 편익이 외부, 즉 생산자에게 돌아가는 '외부효과'와는 반대 개념으로 내부성은 생산자가 대가를 치르지 않은 편익을 향유한다는 의미이다.

정부조직이 갖게 되는 구체적 내부 목표들을 보면 다음과 같다.

가. 더 많은 예산의 확보

정부기관은 가능한 많은 예산, 수입, 인력을 확보하기 위해 노력한다. 이는 조직이 확보한 인력과 예산의 크기가 곧 조직성과를 대변하는 것으로 간주되고, 또 조직이나 조직구성원의 영향력이나 위신 정도를 나타내는 것으로 간주되기 때문이다.

물론 업무를 보다 충실히 하거나 더 많이 하기 위하여 인력과 예산이 많이 필요한 경우도 있겠지만, 정부조직의 성과 측정을 위한 객관적 지표가 존재하지 않는 한 인력이나 예산 확대의 필요성을 객관화하기 어렵다. 결국 "많을수록 더 좋다"는 식으로 되거나, 누구를 위한 증원·증액인가가 모호하게 된다.

파킨슨의 법칙(Parkinson's Law)

Parkinson이 공무원 수의 증가에 관한 관찰을 통해 "공무원의 수는 업무량의 증가와는 관계없이 증가한다"는 법칙을 발견하였다. 이 법칙은 조직관리자가 무작정 자기 부하의 숫자를 늘리려는 성향, 즉 '관료적 제국주의'(bureaucratic imperialism)를 지적한 것이다.

전북 어느 군의 인구는 1961년 11만 명에서 1996년 4만 명으로 줄어들었는데, 군 공무원은 오히려 118명에서 667명으로 증가했다. 또 다른 군의 경우, 인구는 1970년 12만 명에서 1996년 5만여 명으로 줄었으나 공무원은 같은 기간 2백여 명에서 660명으로 증가했다(「조선일보」, 1998. 3. 6.).

나. 최신 기술에의 집착

정부조직은 "새롭거나 복잡한 것이 더 좋다"는 관점에서 새로운 기술이 더 좋을 것이라는 관점을 추구한다. 이는 정부조직에 대한 효율성 측정이 어렵기 때문에 비용이나 조직상황에의 적합성 등에 대한 고려가 민간에 비해 상대적으로 취약하기 때문이다.

다. 정보 획득과 통제

정부조직은 정보를 일종의 권력을 유지·확대하는 원천으로 보아, 다른 사람과 정보를 공유하지 않으려 한다. 이러한 현상은 특히 외교·안보분야에서 뚜렷하다.

(3) 파생적 외부성

파생적 외부성(derived externality)이란 시장실패를 시정하려는 정부 개입이 초래하는 예기치 못한 결과를 의미한다. 이는 정부가 예기치 못하거나 비의도적인 파급효과를 일으킨다는 점에서, 다른 사람에게 아무런 대가없이 편익이나 손실을 초래하는 시장기제의 외부성과 유사한 속성이다.

파생적 외부효과는 인간의 예측능력 한계에서 그 원천을 찾을 수 있겠지만, 보다 직접적으로는 정책결정과정에서 다양한 집단들로부터 정치적 영향을 많이 받기 때문에 발생한다. 그 외에 정책결정의 조급성과 정책결정자의 근시안적 사고방식이 파생적 외부성을 일으킨다.

(4) 분배적 불공평

정부 개입의 중요 이유들 중의 하나는 시장기제에 의해 야기된 자원 배분의 불공평을 시정하기 위해서이다. 그러나 정부 활동으로 인해 오히려 또 다른 분배적 불공평이 생겨난다. 시장에 의해 야기된 불공평이 주로 소득과 부에 관련된 것이라면, 정부 개입은 '권력과 특혜'의 측면에서 나타난다. 그 이유는 정책이 이루어지기 위해서는 정책결정자나 집행자가 권한을 가지게 되는데 — 물론 이들의 권한 행사를 규제하기 위한 법령이나 감시기관이 있지만 — 그 과정에서 부정과 비리가 행해지거나 교묘하게 특정 집단이나 사람에게 이익을 줄 수 있기 때문이다.

(5) 예산기제의 비효율성

공공부문이란 기본적으로 자원을 동원하여 이를 재화, 서비스 또는 화폐형태로 배분·재배분하는 체계이다. 이러한 체계를 운용하는 기본 기제는 예산이다. 예산기제에 의한 자원 배분은 시장기제에 의한 경우와 여러 면에서 다르다. 예산에는 수요를 구체적으로 파악할 수 있는 절차가 없으며 단지 비용만을 파악할 수 있다. 예산항목의 한계가치와 한계비용이 일치하는 점을 누가 알 수 있겠는가? 이로 인해 생산자는 "아무리 많아도 충분치 않다"거나 "더 많은 예산이 더 큰 효과를 가져올 수 있다"고 주장하게 된다.

공공부문에 내재되어 있는 불균형이 정부실패를 야기시킨다면, 이를 어떻게 치유할 수 있을 것인가? 많은 학자들은 민영화를 대안으로 제시한다. 공공보다는 민간부문이 더 효율적이라는 가설을 지지하는 경험적 연구들도 많다. 그러나 시장실패의 우려 때문에 또는 이익집단이나 시민의 반대로 인하여 민영화가 곤란한 경우도 있다. 그래서 또 다른 학자들은 분권화가 또 다른 대안이라고 주장한다(Lane: 253).

3. 정부의 역할범위에 관한 논의

우리는 시장실패와 정부실패가 야기되는 원인들에 대해 이해하였다. 이러한 이해를 바탕으로 정책이 시장원리를 따라 정부의 역할을 최소화해 나가야 하느냐, 아니면 정부가 어느 범위까지 민간활동에 개입해야 하느냐, 시장원리에 충실하더라도 정부가 해야 할 역할범위는 어디까지이냐에 대해 논의할 차례가 되었다. 그러나 이러한 논의를 위해서는 시장원리가 충실히 작동할 수 있는 경제제도가 어느 정도 정비되어 있는가 하는 점과, 시장기능이 원활히 작동할 수 있도록 하는 정부의 역량을 어느 정도 갖추고 있는지에 대한 검토가 먼저 이루어져야 한다.

시장경제가 잘 운용되기 위해서는 우선 시장다운 시장이 형성되어야 한다. 여기서 시장다운 시장이란 파는 사람들과 사는 사람들이 자유롭게 모여 정보를 교환하고 흥정을 해 균형가격을 형성하고, 그 가격하에서 재화의 이동이 정상적이고 순조롭게 이루어지는 장소 또는 조직이 마련되어야 한다는 의미이다.

또한 시장이 형성되기 위해서는 거래에 관한 규칙이 설정돼 있어야 하고, 이러한 규칙에 따라 원활히 시장기능이 작동되도록 하는 관리자가 있어야 한다. 마치 운동경기에서 공정한 규칙이 있어야 하고, 경기자들이 규칙에 따라 시합이 잘 진행되도록 하는 심판이 있어야 하는 것과 같다. 세 번째로 시장기능이 원활히 작동될 수 있도록 규칙을 집행하는 유능한 정부가 있어야 한다.

우리 사회에 이러한 조건들이 충족되기 위해서는 정부의 역할이 중요하다. 다시 말해 정부가 시장기능이 잘 작동될 수 있는 기반을 조성하고, 시장기능을 저해하는 요인들을 제거하는 역할을 담당해야 한다.

Ⅲ. 정책분석의 기준

1. 분석기준으로서 소망성과 실현 가능성

정책분석의 대상이 되는 정책대안의 궁극적인 가치는 그 정책이 가져올 사회적 편익의 정도와 정책대안의 실현 가능성에 의해 정해진다. 즉 정책대안의 소망성과 실현 가능성은 정책분석의 중요한 기준이다.

소망성(desirability)이란 정책대안의 바람직스러운 정도를 의미한다. 그런데 소망성은 누구의 입장에서 분석하느냐에 따라 분석의 기준과 결과가 달라진다. 정책분석의 기준으로서 소망성은 다양하지만 여기서는 효율성과 형평성에 대해서만 설명하기로 한다.

한편 실현 가능성(feasibility)은 정책대안이 채택되어 집행될 수 있는 가능성을 말한다. 실행 가능성을 분석하기 위해서는 정치, 경제, 사회, 문화, 기술 등 여러 측면을 고려해야만 한다. 그러나 실제에 있어 관련 변수들을 모두 고려하여 실행 가능성을 분석하기란 어렵기 때문에 정책환경이나 상황에 따라 고려해야 할 변수들이 달라야 한다. 실현 가능성을 분석하기 위한 기준들은 여러 가지가 있지만 여기서는 가외성에 대해서만 설명하기로 한다.

2. 효 율 성

효율성의 개념은 정책분석의 기준으로서 뿐만 아니라 행정이나 정책을 평가하기 위한 기준으로서 광범위하게 사용되고 있다. 그런데 효율성이 무엇이며, 실제에 있어 이를 어떻게 측정할 것인가는 대단히 어려운 문제이다. 효율성 개념에 대해서는 본 장에서, 그리고 측정문제에 대해서는 제16장 정책평가론에서 설명하기로 한다.

1) 개 념

(1) 효 율 성

Wilson(1887: 209)은 행정 연구의 목적은 첫째, 무엇을 정부가 적절하게 그리고 성공적으로 할 수 있는가를 찾고, 둘째, 돈이나 에너지를 가능한 한 적게 들여서 이러한 일을 효율적으로 할 수 있는 방법을 연구하는데 있다고 보았다. Wilson이후 지금까지 학자들이 사용하고 있는 효율성(efficiency)의 의미를 살펴보면 매우 다양하지만, 다음과 같이 다섯 가지로 분류해 볼 수 있다.

첫째, 철학적 의미의 효율이라고 Waldo(1980: 201)가 지칭한 것으로 이는 힘, 에너지 또는 생산성을 의미한다.

둘째, 투입에 대한 산출의 비 또는 비율을 의미한다. 이는 기계적, 기술적 또는 관리적 효율이라고도 지칭되며, 가장 빈번히 사용되는 개념이다. 어떤 일을 달성하는데 소요되는 자원을 최소화거나, 동일한 양의 자원으로 최대의 가치를 거두었다면 기계적 효율을 달성한 것이다. 기계적 효율을 측정하기 위해서는 투입과 산출이 어떤 형태로든 비교되거나 측정될 수 있어야만 한다.

셋째, 순사회 이익(net social benefit)이 최대가 되는 파레토 최적(Pareto optimum)이 달성된 상태를 의미하는 배분적 또는 경제적 효율이다. 기계적 효율은 정책과정에 대한 개념인데 비해, 배분적 효율은 사회 전체의 자원 배분의 상태에 관한 개념이다. 이는 수없이 많은 개인이 이익을 추구하며 경제행위를 하면, 전체적으로 조화를 이루면서 생산과 교환이 이루어져서 더 이상의 개선의 여지가 없는 상태인 파레토 최적에 도달한다는 것이다.

넷째, 기계적 효율에 대한 비판적 입장에서 조직구성원의 심리적 만족감이나 사회적 욕구 충족도에 관련된 사회적 효율성이다. 어떤 면에서는 이러한 의미의 효율성은 민주성이라는 이념으로 설명할 수도 있다. 즉 사회적 효율성이 "누구를 위한 효율이냐"라는 효율의 목적이나 방향성을 내포하는 개념이다. 사회적 효율성이라는 기준이 필요한 이유는 기계적 효율이라는 측면에서 보면 우선 당장에는 효율적인 것 같지만 장기적인 면에서 오히려 비효율적일 수 있기 때문이다.

다섯째, X효율 개념이다. 경제학에서 Leibenstein은 기업이 이윤을 극대화하기 위해서는 주어진 자원으로부터 최대한의 생산을 이룩해야 하는데, 현실적으로 그렇지 못한 경우가 많다고 지적하면서 이를 'X비효율'이라 하였다. 즉 X비효율성은 경영능력이 부족하기 때문에 발생하는 잠재적 극대 생산량과 실제 생산량과의 차이로 측정할 수 있다. 또 Leibenstein은 X비효율성이 근로자들에게 동기를 부여하고 활성화하는데 필요한 관리자의 능력을 평가하는 수단으로 이용할 수 있다는 점을 강조한다. 그리고 X비효율은 독점력과 관련되어 논의되기도 한다. 즉 독점기업은 경쟁상대가 없기 때문에 비용을 줄이려는 동기가 결여되어 있다.

(2) 효 과 성

효과성(effectiveness)이란 설정한 목표의 달성 정도(the degree of goal achievement)를 의미한다. 효과성은 정태적 · 기계적 효율과는 달리 외부 또는 목표와의 관계에서 지향해야 할 동태적 · 목표 지향적 개념이다. 그런데 실제에 있어 효과성 · 효율성 또는 능률성의 개념이 혼용되고 있다. 정책에의 투입요소와 이의 산출결과간의 관계를 측정하는 개념을 능률성이라고 하고, 정책환경에 미치는 효과를 측정하는 기준을 효과성이라 하는데, 이 두 개념을 합한 개념, 즉 능률적으로 목표를 달성하였을 때 이를 효율성이라고 정의하기도 한다.

효과성 개념과 직접적으로 관계된 것은 아니지만 상충적 관계를 가지는 개념으로 책임성을 들 수 있다. 책임성이란 특히 다원사회에서 행정의 실제적 효과에 앞서 사회의 다양한 가치를 반영하는 정도를 의미한다. 다원주의 사회에서 효과적인 정책이 항상 책임있는 정책이라고 할 수 없지만, 비효과적인 정책은 책임있는 정책이기 어렵다.

2) 한 계

정책은 국민의 세금에 의해 운영되는 것이기 때문에 효율적이어야 한다는 점은 당연하다. 그러나 효율성은 좋은 정책이 되기 위한 필요조건이지 필요충분조건은 아니다. 왜냐하면 아무리 효율적인 정책이라 하더라도 다음과 같은 한계가 있기 때문이다.

첫째, 효율성은 그 자체가 정책이 구현해야 할 목적이 아니다. 효율성은 주어진 목적 안에서 투입 자원과 행정 성과와의 비율을 측정하는 것이다. 효율성에만 집착하다 보면 정책문제를 주어진 것으로 간주하거나 정책목적이 과연 정당하거나 바람직한 것인가에 분석을 소홀히 할 가능성이 있다. 다시 말해 효율성은 주어진 정책목표 안에서만 유용하기 때문에 이에 너무 집착하다 보면 그 정책을 통해 무엇을 달성하고자 하는 것인가 하는 점을 소홀히 하거나 잊어버리기 쉽다.

이런 점에서 Etzioni는 효과성과 산출한 단위의 생산에 투입된 자원의 양'에 의해 측정되는 생산성(productivity)의 관계를 [그림 14-2]와 같이 네 가지 유형으로 구분하여 설명하였다(Etzioni, 1964: 8).

Ⅰ은 효과성과 생산성이 모두 높은 경우인 반면, Ⅱ는 생산적이지만 효과적이지 못한 경우이다. Ⅲ은 비생산적이지만 목표는 잘 달성한 경우이며, Ⅳ는 생산적이지 못하면서 목표도 달성하지 못한 경우이다. 이러한 Etzioni의 설명은 비용 최소화에만 초점을 두어서는 안되고 바람직한 결과 또는 산출에도 아울러 관심을 가져야 한다는 것을 강조한 것이라 하겠다. 즉 비용이나 자원의 제약에 대한 고려 없이 목표만을 추구한다거나, 대안적 행동들의 다른 결과들에 대한 고려 없이 효율성만 추구하는 것은 성공적 정책이 될 수 없다.

그림 14-2 효과성과 생산성

		효과성: 성취	효과성: 실패
생산성	비용 최소	Ⅰ	Ⅱ
	낭비	Ⅲ	Ⅳ

둘째, 경제적 측면에만 초점을 두는 효율성 기준으로 보면, 정책과정에서 요구되는 민주적 절차나 정치적 비용은 비효율적 요인이 된다. 그러나 민주적이고 책임있는 정책을 결정 · 집행하기 위해서는 복잡한 사무절차 및 관료적 행태, 복잡한 규칙 등과 같은 관료주의에 따르는 상당한 비용을 감수해야 하는 경우도 많다. 왜냐하면 국민에 대하여 책임을 져야 하는 정부는 시간이 걸리고 경제적 비용이 들더라도 정책과정에 많은 사람을 참여시켜야 한다. 또한 정책 결정자는 정책의 일관성이나 다른 정책과의 연관성을 고려해야 하고, 다양한 이익집단들의 의사를 종합 · 조정해야 하며, 정책의 장·단기적 효과에 대해서도 신중히 평가해야 하는데, 이러한 과정에는 비효율적 요인들이 포함된다.

3. 형 평 성

빈부 격차에 따른 사회적 위화감, 대기업 위주의 불균형 발전에 의한 중소기업이나 근로계층의 상대적 소외는 어느 사회에서든지 해결해야 할 중요 과제이다. 누진세, 실업수당, 최저임금제, 사회복지 예산이 형평성 확보를 위한 제도적 노력의 예들이다. 이러한 정책은 다른 사람의 비용으로 특정 집단의 이익을 증진시키는 것이다.

문제는 형평성이 무엇인지, 그리고 어떻게 실현 가능한지에 대해 합의를 이루기 어렵다는 점이다. Buchanan(1975)이 배분 문제는 기본적으로 헌법적 문제라고 하였듯이, 형평성을 일상적 정책만으로 해결하기에는 한계가 있다. 그러나 형평성은 헌법을 구성하고 있는 제도나 헌법 정신에 입각한 다양한 정책들의 소망성을 분석하기 위한 중요한 기준이라 하겠다.

1) 개　　념

소망성의 기준으로 형평성을 논함에 있어 가장 어려운 점은 개념의 모호성에 있다. 형평성의 개념을 명확히 하지 못하면, 이를 측정하기 위한 기준을 제시하기가 곤란하다. 그리고 형평성을 측정할 수 있는 기준이 없다면,

정책분석이나 평가에 이러한 기준을 사용할 수가 없다. 이런 점에서 형평성 개념을 명확히 하기 위한 노력들이 있었다.

일반적으로 형평성은 정의, 평등, 공정성 등의 개념과 유사하게 사용되기도 하고, 동등한 권리(equal right)와 정당한 평등(just equality)을 합한 개념으로 보기도 한다. 동등한 권리란 부당한 차별을 받지 않고 동등한 자격을 지닌 사람은 동등하게 취급받을 권리를 말한다. 예컨대 병무정책에서 동일한 체력, 학력, 경력 및 기능을 가진 사람에게는 동일한 역종(役種)을 부여하는 것이다. 이에 비해 정당한 평등이란 불평등한 사람을 불평등하게 취급하는 차등적 대우를 하는 것이다. 경제적 · 신체적 또는 학력의 차이에 따라 군면제, 입영 등의 역종을 결정하는 것은 정당한 평등이 된다.

이와 유사하게 사회적 형평을 수직적 형평(vertical equity)과 수평적 형평(horizontal equity)으로 구분하기도 한다. 수직적 형평은 성, 연령, 건강, 부와 같은 다양한 인적 특성에 따라 자원을 배분하기 위한 기준이다. 차등적인 사람에게 차등적 대우를 하는 것이 정책의 수직적 형평에 부합된다. 수평적 형평은 '동등한 권리'와 유사한 개념으로 동일한 자격을 갖춘 사람에게 같은 대우를 하는 것이다. 이는 동일한 특성을 지니는 정책대상자는 동일한 질과 양의 봉사를 받아야 한다는 것이며, 결국 배분과정에 관한 기준이다. 정부의 다양한 복지정책 때문에 동일한 조건에 있는 복지수혜자들이 정부로부터 차등적 보조금을 받는 경우가 있는데, 이는 수평적 형평에서 문제가 된다.

그러므로 형평성을 측정하기 위해서는 수직적 형평뿐만 아니라 수평적 형평도 조사해야만 하며, 배분의 형태뿐만 아니라 과정에 대한 평가도 있어야 한다. 여기서는 이러한 이분적 구분을 넘어 지금까지 연구된 주요 연구들을 바탕으로 형평성 기준을 설명하기로 한다.

2) 형평성 기준

(1) 고전적 기준

형평성의 기준, 즉 사회정의를 어떻게 이룩할 것이냐는 동서양을 막론하고 정치사상에서 중요하게 다루어졌던 문제였다. 자기의 분수에 만족한다는 안분지족(安分知足) 또는 자기의 분수를 지킨다는 수분(守分)이 동양에서의 형평성 기준이었다. 이와 유사하게 "각자에게 자기 몫을 돌려주다"라는 뜻을 지닌 라틴어의 'suum quique'가 서양에 있어 정의관의 기초였다. 그런데 이러한 형평성의 고전적 기준은 주관적이며, 자기 몫에 대한 자의적인 판단을 할 가능성이 많다. 이런 점에서 점차 객관적 또는 제도적 기준이 개발되었다.

서양에서는 형평성의 기준이 크게 두 가지 측면에서 변화되었다. 즉 응분(desert)에서 권한(entitlements)의 개념으로, 그리고 정의로운 결과(just result)에서 정의로운 절차(just procedure)로 바뀌었다. 전자에 대해서 우선 설명하고 후자는 절차주의적 기준에서 다룬다.

가령 어떤 사람이 10년형을 구형받아 마땅하다고 할 때 그것을 정당화하는 기준은 그러한 죄를 지은 응분의 대가로 볼 수 있다. 그러나 겉으로 보기에는 10년 형을 받아 마땅한 사람이 사실 피치 못할 불가피한 사연으로 인해 범죄를 저질렀을 수도 있다. 또한 응분을 형평의 기준으로 적용할 경우 가장 큰 전제는 자유의지이다. 즉 그 사람이 마음만 먹으면 그렇게 하지 않을 수도 있었다는 것이다. 그러나 학자들은 점차 사람에게 과연 자유의지가 있는가에 대한 회의를 지니게 되었다. 그래서 많은 학자들이 생각해 낸 것이 공리주의이다. 즉 효용성(utility) 개념을 원용하여, 처벌을 통해 일벌백계(一罰百戒)함으로써 예방적 의미를 지니고자한 것이다.

처벌뿐만 아니라 분배문제에 있어서도 비슷한 어려움이 있다. 가령 어떤 사람이 많은 업적을 이룩하였기 때문에 응분의 대가로 보상을 한다고 하자. 업적은 노력, 능력, 유인 등에 의해 이루어지는데, 사실상 이를 판단하기가 어렵다. 즉 업적을 쌓을 수 있는 유인체계나 가정적·사회적 여건, 노력 정도를 판단한다는 것은 대단히 어려운 일이다. 또한 능력의 경우도 타고난 능력과 후천적 능력으로 구분할 수 있는데, 어떠한 능력도 응분의 기준으로 삼기가 어렵다. 사람마다 타고난 능력이 다른데, 이것을 기준으로 한다면 강자만이 살아남는 세계가 될 것이다. 우리가 형평성을 논의하는 것은 주어진 자연질서에 무언가 인간적인 수정을 가해서 진정 인간다운 사회를 만들자는 것이므로 천부적인 능력을 응분의 몫을 정하는 기준으로 삼는 것은 '밀림의 법칙' 일 뿐 형평의 기준이 되기 어렵다.

이런 점에서 어떤 사람이 어느 정도의 보수, 권한 또는 처벌을 받아야 마땅한가 하는 기준을 개인이 지닌 응분이 아니라 사회적으로 부여받은 권한 때문으로 보게 되었다. 여기서 중요한 것은 권한(title)을 누가 주느냐 하는 것이다. Rawls는 권한을 사회적 합의의 산물로서 도출할 수 있다고 보았다.

(2) 절차주의적 기준

형평성의 절대적 기준을 제시한다는 것은 어려운 일이므로 많은 학자들은 점차 절차, 즉 과정의 공정성을 중시하게 되었다. 절차적 기준을 제시한 대표적 학자인 Nozick(1994)은 정의에서 중요한 것은 어떤 과정, 어떤 절차를 거쳐서 지금까지 왔느냐이지 지금 현재 어떤 상태냐가 아니라고 본다. 그런데 재배분문제에 있어 무엇이 공정한 절차인가? Nozick은 소유권 이론에 기초하여 우리가 어떤 것을 소유함으로써 타인을 악화시키지 않는 한 — 이를 Lock적 단서라 한다 — 그 소유물을 취득할 권한을 갖는다는 것이다. 즉 소유권을 보호하기 위한 장치가 바로 정의라는 것이다.

한편 Rawls는 민주주의 체계에서 정부의 배분 또는 재배분 정책의 기준으로서 형평성을 가장 잘 설명한 학자이다. Rawls(1971)는 정의(justice)를 완전한 · 불완전한 · 순수 절차적 정의로 구분하였다.

완전한 절차적 정의란 정의가 무엇인지에 대한 독립적 기준이 존재하고 그 기준에 도달할 수 있는 방법, 즉 절차가 존재할 때 가능하다. 불완전한 절차적 정의는 정의를 평가할 수 있는 독립적 기준이 존재하지만, 그에 도달할 수 있는 방법이나 절차가 불완전한 경우이다. 마지막으로 순수 절차적 정의는 무엇이 정의인가를 평가할 수 있는 객관적 기준을 갖고 있지 못하고 단지 공정한 절차만 있는 경우에 추구될 정의이다.

Rawls는 자유경제 체제에서 가장 적합한 정의모형을 순수 절차적 정의라고 보았다. 순수 절차적 정의의 가장 큰 장점은 형평성의 기준을 설명하기 위하여 특정 개인의 무한하고 다양한 욕망이나 변화하는 상대적 가치를 일일이 추적할 필요가 없다는 점이다. 자유경제 체계를 게임과 비유하여 생각하면 이러한 점을 이해하기 쉽다. 공정한 게임규칙이 만들어져 있고, 심판은 규칙에 따라 공정하게 게임을 진행시켰다면 선수들의 생각이나 행태를 일일이 분석하지 않아도 게임 결과의 공정성을 인정하자는 것이다.

순수 절차적 정의론을 전개하는 방법론은 근대 자연법학자들에 의해 설명된 사회계약론적 방법이다. 사회계약론은 역사적 사실이 아니고 하나의 논변 방법이다. 즉 사회계약은 자유롭고 평등한 모든 사람의 합리적 자유의사를 전제로 한다.

그러면 Rawls의 '공정성으로서의 정의'(justice as fairness)에 대해 좀 더 구체적으로 설명하기로 한다.

(3) Rawls의 '공정성으로서의 정의'

사람은 생존과 욕구실현 또는 문화적 생활영위를 위해서 적당한 재화들을 필요로 한다. 다시 말해 사람은 의식주를 해결하기 위한 경제적 재화에서부터 투표권이나 피선거권과 같은 정치적 재화, 사회적 관계, 자기실현의 기회 등과 같은 재화를 필요로 한다.

우리는 이러한 모든 재화들을 스스로 만드는 것은 아니며, 각자의 전문화된 직무에 종사하여 그를 통해 산출된 재화를 다른 사람이 생산한 것과 교환하며 생활한다. 그러므로 사회생활에 있어 사회적 협동은 필연적이다. 개인이 필요로 하는 재화를 협동적으로 산출할 때 무엇보다 중요한 것은 사회구성원 사이에 재화를 공정하게 배분하는 것이다. 이런 점에서 정의란 협동생산된 재화의 공정한 배분상태를 의미한다. Rawls가 말하는 정의란 바로 배분에 있어서 공정, 즉 공정성으로서의 정의이다.

그러면 이러한 의미의 정의를 이룩하기 위한 원리는 어떤 것일까? 정의의 원리, 즉 형평성의 기준은 특정 개인이나 집단의 신념만을 대표하는 것이 아니라 모든 구성원이 동의할 수 있는 것이라야 한다.

우선 고려해야 할 것은 정의원리를 선택하는데 있어 우리는 개인을 특별히 이타적 또는 도덕적이라거나 박애와 자비를 행하는 존재로 가정해서는 안된다. 대부분의 사람은 자기의 이해관계에 최대의 관심을 쏟는 이기적 존재이되, 목전의 이익만을 추구하는 근시안적 이기주의자가 아니라 미래에 대한 전망과 타인과의 관계를 염두에 두고 이해관계를 계산하는 합리적 이기주의자들이다. Rawls는 이러한 개인의 합리적 이기심을 전제로 하고 공정한 분배를 실현케 하는 정의의 원리를 탐색하였다.

그는 합리적 이기심 이외에 또 한 가지를 고려하였다. 인간에 관한 중요한 사실 중의 하나는 우리가 태어날 때부터 신체적 · 정신적 능력에 있어서 불평등을 안고 있으며, 가족 배경과 같은 사회적 차이를 갖는다는 점이다. 처음부터 어떤 사람은 유리한 반면, 또 다른 사람들은 불리한 출발점에서 있다. 자연은 우리에게 개인적 능력을 불평등하게 분배하고 있으며, 그래서 어떤 자는 행운아인가 하면 어떤 자는 불운아이다. 이런 점에서 사람은 태어날 때부터 사회적 불평등은 물론이거니와 자연적 불평등 상태에 있다고 하겠다.

Rawls는 이러한 원초적 불평등성을 누락한 채 그 정의의 원리를 선택해서는 안된다고 보았다. 그래서 그는 모든 사람들이 장차 자신들이 속할 계급의 위치를 모르고 있는 원초적 상태에서 합리적인 사람들이 선택하는 원리가 정의이며, 이것이 다른 하위 합의사항을 지배한다고 보았다. Rawls는 사회계약론자들이 가정한 자연상태와 유사한 개념으로 '원초적 입장'(original position)을 상정하였다. 이는 인간사회에 최초의 평등이 존재했던 가상적 사회를 뜻한다. 원초적 상태를 가정하는 이유는 그것이 인간의 합리적이며 공정한 선택에 도움이 되기 때문이다. 이와 더불어 또 하나의 가정은 '무지의 베일'(veil of ignorance)이다. 원초적 상태에서는 누구도 자신의 사회적 지위나 재산 소유의 정도 그리고 각자의 개인적 능력에 대하여 알지 못한다는 것이다.

Rawls가 원초적 입장과 무지의 베일을 가정한 것은 사람이 자신의 현재와 미래의 처지를 모르는 상태에서 진정 옳은 것을 찾아낼 수 있다고 보았기 때문이다. 현실적으로 인간사회는 불평등해 질 수밖에 없다는 것을 예견하고 있는 원초적 이성인은 도래할 사회적 불평등이 정당하다고 모든 구성원이 동의할 수 있는 원리를 찾으려 할 것이다. 즉 자신이 사회 내에서 가장 낮은 집단에 속할 가능성을 고려하여, 그러한 처지에 있을 때의 자신에게 최대의 혜택이 가도록 분배 기준을 선택한다는 것이 Rawls의 논리이다.

무지의 베일에 쌓여 지식과 정보가 없는 불확실성하에서 개인이 택할 수 있는 합리적 선택은 '최악의 결과'를 피하는 조심스럽고 보수적인 전략이 될 수밖에 없다. 즉 게임이론에서 논의되는 '최대 손실의 최소화 해결'(maximum solution)이 바로 그것이다. [표 14-2]의 예에서 불확실한 상황에

표 14-2 Rawls의 최소이익의 최대화 해결

결정(dicisions)	상황(circumstances)		
	C_1	C_2	C_3
d_1	−7	8	12
d_2	−8	7	14
d_3	5	6	8

자료: Rawls(1971: 153).

놓여 있는 개인이 합리적 선택을 한다면 d_3을 택하게 된다. 그것은 d_3을 선택할 때의 최악의 결과(5)가 d_1과 d_2를 선택할 때의 최악의 결과인 −7과 −8보다 낫기 때문이다.

이러한 논리로 선택된 원리인 공정성으로서의 정의는 다음과 같은 두 가지의 명제로 구성된 원칙을 제시하고 있다.

첫째, 모든 사람은 다른 사람의 자유와 상충되지 않는 한도 내에서 최대한의 기본적 자유를 누릴 동등한 권리를 가져야 한다. 이는 무엇보다 자유가 우선시 되고, 모든 사람에게 자유를 평등하게 최대한 제공하라는 의미의 '평등적 자유의 원칙' (principle of equal liberty)이다.

둘째, 사회적 · 경제적 불평등은 다음의 두 조건을 충족시키도록 조정되어야 한다.

① 불평등으로 인해 생겨난 이익은 최소 수혜층에 유리하도록 쓰여져야 한다. 이는 차등원칙(the difference principle)이라고 불리는데, 소득과 부의 배분이 다소 불평등하게 되는 것은 불가피하더라도 그것이 최소수혜층에게 이득이 되는 방향에서만 허용될 수 있다는 전제이다.

② 불평등의 기원이 되는 직위와 직무는 모든 사람에게 균등하게 개방되어야 한다. 이는 공정한 기회균등 원칙인데, Rawls는 이 원칙이 정의문제를 해결하는데 지극히 불완전하다고 본다. 따라서 최소 수혜자를 우선적으로 고려함으로써 공정한 기회균등 전략을 보완할 수 있다.

Rawls가 제시한 정의 원칙들은 원초적 입장이라는 가상적 상태에서 합리적 개인이 선택한 '최소이익의 최대화전략'이라는 점에서 현실 세계와는 다소 거리가 있다. 그러나 이 원칙들은 공정한 상태에서 합리적인 합의의 결과로 얻어진 것이다. 다시 말해 이러한 정의원칙은, 사회는 구성원 모두의 자발적인 설계의 산물이라 할 수 있다. 이런 점에서 정의의 원칙을 만들어 내는 개인들은 가장 자율적(autonomous)이며, 그들이 갖는 의무는 그들 스스로가 정하는(self-imposed) 성격을 지닌다(Rawls: 13).

(4) Walzer의 다원적 평등

Michael Walzer(1983)는 '다원주의'와 '평등'은 현대 사회에서 가치는 다양할 수밖에 없다고 보고 다원주의와 평등에 대한 독특한 옹호론을 전개한다. 정의는 무엇보다 사회적으로 인정된 가치들의 분배와 관련된다. 그리고 정의의 원리인 평등은 사회적 가치의 다원성을 반영하는 다양한 분배기준을 요구한다. 다원주의와 평등의 문제의식을 결합한 이른바 '다원적 평등(complex equality)'은 사회적 가치들이 서로 다은 의미를 가지며, 따라서 각각의 분배 원칙도 상이할 수밖에 없다는 사실을 기초로 한다.

Walzer는 자신의 다원적 평등 개념을 '단순 평등'과 대비시킨다. 일반적으로 평등주의자들이 주장하는 단순 평등은 우선 기본적 가치의 목록을 규정하고, 이 가치들 간의 전환가능성을 전제로 기본적 가치의 평등한 배분과 최소한의 보장을 지향한다. 앞에서 설명한 Rawls의 정의론이 대표적인 예이다. 이에 비해 Walzer는 현대와 같은 다원적 사회에 바람직한 정의와 평등은 획일적 기준에 의해 달성될 수 없음을 강조한다. 지배와 독점의 폐해를 줄이기 위해서는 다원적 평등이 필요하다. 지배는 사회적 가치들이 나름대로의 근거에 따라 상이한 형태로 분배되는 경우에만 극복될 수 있다. 즉, 각 사회 영역의 자율성이 보장되어야 하며, 한 영역에서의 영향력이 다른 영역으로 확대되어서는 안 된다는 것이다.

Walzer가 중요시하는 사회적 가치들은 다양하다. 국적이나 시민권과 같은 공동체 구성원의 자격, 안전과 복지, 돈과 상품, 공직, 노동, 자유시간, 교육, 혈연과 사랑, 신의 은총, 명예, 정치권력 등이 그 예들이다. 그는 우선 이런 가치들이 우리의 삶에서 어떤 모습으로 나타나며 어떤 의미를 지니는지 밝히려 한다. 가치의 다원성은 각각의 분배 절차 및 주체, 나아가 그 기준의 원성과 연관된다. Walzer는 서로 다른 시대와 장소에서 볼 수 있는 무수한 가치들과 다양한 분배 형태들을 살핀다. 그는 역사학과 인류학에 의존하는 자신의 방법을 경제학과 심리학에 의존했던 Rawls의 방법과 구별한다.

Walzer는 전통적인 철학자와는 달리 동료 시민들에게 우리가 공유하고 있는 의미의 세계를 해석해 주려 한다. 그에 따르면 정의로운 분배 원칙은 추상적으로 정식화되어야 하는 것이 아니라 분배의 대상에 대한 사회적 의미 이해를 통해 명료화되어야 한다. 분배 정의의 대상이 되는 모든 재화와 가치들은 본질적으로 사회적 재화 또는 가치들로서 그 의미 자체도 기원과 속성상 사회적이기 때문이다.

Walzer는 모든 사회에서 그 중요성이 동일하게 인정되는 일단의 기본 가치는 존재하지 않으며, 특정 재화의 분배는 사회별로 고유한 기준에 따라 이루어진다고 주장한다. 또한 구체적 재화의 사회적 의미를 살펴보면 그 속에 이미 특유의 분배 원칙이 포함되어 있음을 알 수 있고, 그 원칙들을 명료하게 드러내는 것이 이론가의 중요한 임무임을 강조한다. 이렇듯 Walzer는 획일성이 아닌 다원성을, 보편성이 아닌 특수성을 우선시하며, 이러한 이론적 노력이 민주적 실천의 일환임을 역설한다.

'정의와 다원적 평등'은 획일적인 가치에 지배되어 온 우리 사회에 많은 시사점을 던진다. 세속적 물질주의와 권력지상주의가 팽배한 오늘날의 사회에서 진정한 정의를 구현하는 길은 더 많은 사람들이 가치의 다원성을 인식하고, 사회 각 영역의 자율성을 확보하는 것이다.

Walzer의 표현을 빌면 영역들을 분리하는 '훌륭한 담장이 좋은 사회를 만든다'. 지나친 통합에의 열망과 가치의 획일화가 불러오는 위험에 둔감했던 한국사회가 이제 성숙한 합리적 사회로 나아가기 위해서는 Walzer의 다원적 정의론은 우리에게 많은 시사점을 준다.

4. 가 외 성

가외성(redundancy)이란 여분, 중복성 또는 초과분을 의미한다. 정책담당조직이 여유 자원을 많이 가지고 있을 때 이를 가리켜 가외성이 높다고 한다. 가외성에는 자원뿐만 아니라 조직의 중복성도 포함된다. 조직의 중복성이란 동일한 기능을 여러 기관들이 독자적으로 수행하는 정도를 의미한다. 연구기관이나 정보 수집기관 등에서 조직의 중복성의 예를 찾을 수 있다.

가외성은 어떤 면에서는 중복적 조직을 두거나 자원을 필요 이상으로 확보해 두는 것은 비능률적이라는 지적도 있지만 다음과 같은 점들 때문에 정책의 집행 가능성을 높이는데 기여할 수 있다.

첫째, 예산이나 자원이 제약되어 있다면 안전한 정책만 시행하거나 정책을 경직적으로 집행할 수밖에 없지만, 가외적 자원을 확보한 정책기관은 창의성을 발휘하여 모험적 사업을 시행할 수 있다.

둘째, 가외성은 정책환경의 불확실성에 대처하여 정책실패를 줄이고 변화하는 환경에 잘 적응할 수 있게 한다.

셋째, 중복적 조직들에 의한 업무수행은 오류의 발생 가능성을 예방하고, 정확성과 신뢰성을 높인다.

넷째, 가외적 자원이 있는 조직은 신축성 있게 협상을 진행할 수 있다.

Ⅳ. 정책분석을 위한 기법들

1. 관리과학

1) 관리과학이란 무엇인가?

관리과학(Management Science)은 OR(Operations Research), 결정과학(Decision Science), 계량분석(Quantitative Analysis)이라는 용어들과 혼용되기도 한다. 관리과학이란 정책문제를 과학적이고 체계적으로 해결하기 위한 접근법들을 통칭한다. 관리과학은 수학적 · 계량적 모형을 이용하여 최적의 대안을 발견하는데 목적이 있기 때문에 서술적이기보다는 규범적 · 합리적 최적 모형을 추구하는 접근방법이다. 정책분석가는 관리과학을 통해 계량적으로 도출된 최적해(最適解)를 정책결정자에게 제시함으로써 그의 최종 판단에 도움을 줄 수 있다.

관리과학은 본질적으로 대안들을 비교하기 위하여 분석적 절차를 응용하는 것으로서 다음과 같은 세 가지 특성을 지닌다.

첫째, 응용 지향적이다. 즉 순수 연구의 대상은 아니다.

둘째, 수리적 · 논리적 모형 수립을 위한 분석절차이다.

셋째, 정책결정의 기준으로서 보다 나은 정보를 제공해 줄 수 있을 뿐이지, 정책결정자를 대치할 수 있는 것은 아니다.

2) 미국에서의 관리과학의 응용 역사

아직도 우리 나라 행정에서는 관리과학이 응용되는 사례가 별로 없기 때문에 미국에서 어떻게 발전되어 공공부문에 응용되어지고 있는가를 설명하기로 한다.

관리과학은 원래 OR이라는 이름으로 제 2 차 세계대전 동안에 개발되었다. 당시 영국은 독일 침공에 대응하여 병기를 확보하거나 새로운 병기를 개발해 내는데 주력하였는데, 점차 병기 확충뿐만 아니라 확보된 병기를 효과적으로 관리하는 것도 중요하다고 인식하게 되었다. 그래서 영국군은 공학·생물학·수학·통계학 등 다양한 학문적 배경을 지닌 학자들로 팀을 형성하여 이들의 협력에 의해 무기의 최적 관리방안을 연구하도록 하였다.

영국군대는 이러한 협동적 연구를 통해 수색을 위하여 제한된 레이더 장치를 최적으로 배치하는 방법, 수송군단이나 폭격기의 전략적 배치 등에 있어 최적의 해결책을 찾기 위한 방법을 개발하였고, 그 결과 전쟁 자원의 활용이 크게 개선되었다. 이에 응용된 기법들을 총칭하여 OR이라 하였다. 미국의 경우에도 OR을 활용하여 많은 전력증대 효과가 있었다.

제 2 차 세계대전 후에 OR의 중요성에 대한 인식은 더욱 높아졌다. 1952년 미국 OR연구회가 발족되어 OR연구의 요람이 되었으며, 연구결과들을 산업분야에 활용하여 많은 성과를 거두었다. 산업체에서도 OR연구가 활성화되어 1960년대 초에 이르러서는 OR원리들이 확립되었으며, 대학에서도 OR에 대한 연구가 본격화되기 시작하였다.

국방부 장관이었던 McNamara는 그가 Ford 자동차 회사를 경영할 때 응용한 OR기법을 정부업무 분석을 위하여 도입하면서 1960년대부터 미국의 행정분야에서 OR이 활용되기 시작하였다(Byrd, Jr., 1975: 6–8). 미국의 경우 군에서 연구되기 시작한 관리과학이 산업체에서 꽃을 피우고, 그 연구의 열기가 공공분야로 옮겨지고 있다. 그러나 정부업무의 분석을 위하여 관리과학적 사고를 원용하는데는 두 가지 측면에서 어려움이 있다.

첫째, 계량적 분석능력을 지닌 정책분석가는 양적 자료를 토대로 한 최적해를 도출하는데 치중한다. 그러나 정치적 요인 등 정책문제의 질적 요인까지 고려하는 정책결정자는 관리분석의 결과에 크게 비중을 두지 않는다.

둘째, 정책결정자가 다루는 정책문제는 사기업에 비해 계량화하기 어려운 경우가 많다. 정책 대안들을 모두 구조적으로 분석할 수는 없는 것이며, 이러한 질적 요인들을 관리분석 모형에 포함시키기란 실제적으로는 대단히 어렵다.

3) 정책결정의 세 가지 수준과 관리과학의 응용

정책결정에 대하여 관리과학적 분석을 응용하기 위해서는 정책결정의 수준을 다음의 세 가지로 구분하는 것이 편리하다.

가장 낮은 단계의 의사결정 수준을 '집행적 결정'이라고 할 수 있다. 이는 주어진 세부계획의 일정이나, 특정 프로그램이 필요한 인력 수 또는 지하철 노선 결정 등과 같은 집행적 문제를 대상으로 하는 것이다. 이러한 집행적 문제는 대체로 단일한 목표를 가지고 있으며, 또한 그 목표는 잘 정의되어 있어 갈등이 없다.

정책결정자가 직면하는 두번째의 수준은, 복수의 목표가 있으며 이들 목표간에 갈등관계가 존재하는 경우이다. 정책방향은 정해져 있지만, 집행을 위한 대안결정의 문제에서 갈등이 존재하는 경우이다. 이러한 유형의 정책결정을 '전략적 결정'이라 할 수 있다. 예를 들면 고속도로의 위치선택이나 예산품목간의 배분과 같은 경우이다.

끝으로 가장 복잡하고 높은 수준의 정책결정은 목표들간에 갈등이 내재해 있을 뿐만 아니라 상위 목표나 상위 정책들간에 갈등관계가 존재하는 경우이다. 상위 정책간에 갈등이 존재할 경우, 공공문제에 대한 정책결정은 그냥 착수하든지, 상위 정책결정자가 정치적으로 조정하든지 또는 빈번하게 정책을 수정하게 된다. 이러한 유형의 결정을 '정책적 결정'이라고 부를 수 있다.

이상과 같이 수준에 따라 정책결정의 유형을 구분하는 것은 관리과학의 적용단계를 설명하기 위해서이다. 즉 정책결정의 수준에 따라 관리과학 모형의 원용 가능성이 달라진다. 관리과학에서 개발된 수리모형은 대체로 집행적 결정을 대상으로 한다. 전략적 결정에서도 관리과학이 응용될 수 있으나 이러한 경우에 몇 가지 목표들을 한꺼번에 달성할 수 있어야 한다. 그러나 정책적 결정에 관리과학의 모형을 원용하는 데는 한계가 있다.

정책결정의 수준과 관련하여 또 하나 고려할 사항은 관리과학 모형을 통한 해결책의 효용성에 관한 것이다. 문제와 정책목표가 명확하게 제시되어 있는 집행적 수준에서는 관리과학 모형이 최선의 해결책을 제시해 줄 수 있다. 그러나 전략적 수준에서는 다양한 경쟁적 대안들이 동일한 단위로 측정되어지기 때문에 최선의 대안을 선정하기가 어렵다. 이러한 경우에 모형이 가지는 역할은 정책결정자가 고려해야 할 대안의 범위를 축소시켜 주는 것이다. 정책적 수준에서는 관리과학이 최선의 정책대안을 추출하는데 한계가 있기 때문에 관리분석의 역할은 정책분석을 위한 통찰력을 제공하는 정도이다.

4) 관리과학의 기법들

(1) 선형계획법

원래 선형계획법(Linear Programming)은 1947년에 Dantzing가 발표한 단산법(simplex method)에 관한 논문을 기점으로 실제적인 관리문제에 적용되기 시작하였다. 오늘날에 있어서 선형계획법은 인력계획, 수송계획, 급식·급수·토지 이용·업무공간 활용·자금 활용·에너지 수급계획 등의 수립에 응용되고 있다. 선형계획법은 선형함수로 표시되는 목적함수와 선형부동식으로 표현되는 제약조건을 가지며, 제한된 자원의 적정배분을 위한 최적해(最適解, best solution)를 구하기 위한 수리적 계획기법이다.

(2) PERT와 CPM

PERT(Program Evaluation & Review Technique)와 CPM(Critical Path Method)은 1950년대부터 민간회사에서 개발되어 오늘날 어떤 확정된 목표를 최단시일 내에 최소 비용으로서 완성할 필요가 있는 사업에 널리 사용되고 있는 기법이다. PERT정보가 불확실한 상황에서 사용된 반면, CPM은 상대적으로 정보가 확실한 상황에서 사용되었다. 따라서 PERT는 장기적이고 불확실한 계획의 관리에 적용되며, CPM은 과거의 경험을 기초로 한 확정적 계획의 관리에 적용되었다. 이와 같이 PERT와 CPM은 시간적 개념에 있어서는 약간의 차이가 있으나 망(network)을 이용한다는 점에서 유사하다.

PERT/CPM은 민간부문에서 발전되었지만 정부부문에서도 이 기법을 활용할 수 있다. 물론 정책집행 기간이 장기적이고 일정이 불명확한 정부정책에는 이 기법을 적용할 수 없다. 그러나 목표 연한과 비용이 정해진 정부의 사업에 대해서는 일정과 비용을 계획하고 통제하는데 필요한 정보를 얻기 위해 이 기법을 사용할 수 있다.

일반적으로 정부의 사업은 여러 단계의 세부 활동들로 구성된다. 그리고 각 단계별 세부 활동은 시간적으로 선후관계에 있으며, 앞 단계가 완료되어야 다음 단계의 활동을 할 수 있다. 그러므로 최고 집행자는 사업이 예정대로 완료될 수 있도록 각 세부 활동들을 계획하고 조정할 임무를 갖게 된다. 이 임무를 수행하는데 있어서 중요한 요인은 각 세부 활동간의 관련성을 즉 선후관계 파악하는 것이다. 세부 활동간의 관련성이 파악되면 최고 집행자는 다음과 같은 의문들을 해결하는데 PERT를 이용할 수 있다.

① 사업의 완료 예정일은 언제인가?
② 각 세부 활동들의 일정은 어떻게 계획되어야 하는가?
③ 사업을 예정대로 완료하는 데 있어서 여유시간 없이 예정대로 수행해야 할 활동은 어떤 것인가?
④ 사업을 지연시키지 않는 범위 내에서 지연시킬 수 있는 세부 활동은 어떤 것이며, 얼마동안 지연이 가능한가?

(3) 게임이론

자신의 결정이 자기 혼자만이 아니라 관계되는 사람들의 결정과 연계되어 있는 경우가 많다. 의사결정자는 잠재적 반대자의 행태와 반응을 예측하고, 그것에 대응하는 방법까지 생각해야만 한다. '게임이론'(game theory)은 상호관계를 고려하여 실행하는 전략적 결정을 연구하는 행태과학의 한 분야이다. 좀 더 구체적으로 설명하면, 게임이론이란 둘 또는 그 이상의 참여자가 결정을 하고, 결정의 결과가 그들 각각의 선택에 의존되어 있는 상황에서 행하는 합리적 결정에 관한 연구이다. 게임이론은 국제관계, 정부간 관계(IGR), 국방정책 등과 같은 정부부문에서도 빈번히 사용되고 있다.

게임이론에서 가장 단순한 상황은 '2인 영화게임'이다. 2인 영화게임은 참여자가 2명이고, 양쪽 모두 게임에서 발생하는 이득과 손실에 대해서 정확히 예측할 수 있다고 전제한다. 여기서 영화(零和, zero sum)란 두 경쟁자 중 한 편이 이득을 보면 다른 편이 반드시 손해를 보게 되어, 게임과정에서 동일하게 발생된 이득과 손실의 양을 합하면 영이 된다는 의미이다. 한 지역의 공단조성이 다른 지역의 환경오염을 가져오는 경우 두 지방자치단체간의

죄수의 딜레마

스탈린시대 소련의 어느 오케스트라 지휘자는 연주회장으로 가는 전차 안에서 그날 밤 지휘할 곡의 악보를 훑어보고 있었다. KGB 요원이 그것을 지켜보고 악보 속에 무언가 비밀암호가 있지 않을까 의심하여, 그를 간첩혐의로 체포하였다. 그는 단순히 차이코프스키의 바이올린협주곡이라 항의하였지만, 결국 감옥에 갇히게 되었다. 그 다음날 조사요원이 와서 다음과 같이 말했다. "숨김없이 말하는 것이 좋을거야! 당신 친구 차이코프스키도 체포되었어. 그리고 이미 다 털어 놓았으니까." 또한 KGB는 이름이 차이코프스키라는 이유만으로 체포된 다른 사람에 대해서도 지휘자를 다루었던 것과 똑같은 방법으로 다른 방에서 심문을 하였다.

다음의 그림에서 볼 수 있듯이, 만약 두 사람이 묵비권을 통하여 심문을 잘 견뎌낸다면 두 사람은 3년형을 선고받을 것이다(Ⅳ). 만약 지휘자가 공범자가 있다고 거짓 자백을 하고, 차이코프스키는 자백을 하지 않는다면, 지휘자는 1년형이 되고 차이코프스키는 반항적이라 하여 25년의 중형을 선고받는다(Ⅲ). 반대로 지휘자가 자백하지 않고 차이코프스키가 거짓 자백을 하면 반대가 된다(Ⅱ). 또한 두 사람 모두 자백하면 각각 10년형을 선고받는다(Ⅰ).

		차이코프스키	
		자 백	묵비권
지휘자	자 백	Ⅰ(10,10)	Ⅱ(1, 25)
	묵비권	Ⅲ(25, 1)	Ⅳ(3, 3)

그렇다면 여기에서 지휘자는 어떻게 생각할까? 차이코프스키가 자백한다고 생각할까 그렇지 않다고 생각할까? 차이코프스키가 자백하는 것을 전제로 한다면, 자신이 자백하면 10년, 그렇지 않으면 25년형이 되기 때문에 자신은 자백하는 편이 좋다고 생각할 것이다. 차이코프스키가 자백하지 않을 것을 전제로 하면, 자신이 자백하면 1년, 자백하지 않으면 3년형이 되기 때문에 역시 자백하는 편이 좋다고 생각하였다. 따라서 지휘자의 입장에서는 자백하는 것이 최선의 대책이 되는 것은 자명한 일이다. 또 다른 방의 차이코프스키도 똑같은 것을 생각하고 동일한 결론에 도달하였다. 결국 두 사람은 모두 자백을 하고 말았다.

그 뒤 그들은 수용소에서 만나게 되었고, 서로의 이야기를 비교해 본 결과 자신들의 실수였음을 알 수 있었다. 그리고 만약 심문받기 전에 서로 만나 이야기를 나눌 기회가 있었다면 두 사람 모두 자백을 하지 않기로 약속할 수 있었을 것이라고 생각하였다. 그러나 결국 이와 같은 합의는 지켜지지 않을 것이다. 일단 그들이 따로 다른 방에 나뉘어져 심문을 받게 되면, 상대방이야 어찌되든 자신은 가능한 짧은 감옥살이를 해야겠다는 이기심이 발동할 것이기 때문이다.

전략을 2인 영화게임으로 분석할 수 있다. 그리고 전형적인 비협력적 게임으로는 '죄수의 딜레마'가 있다.

2. 비용-편익분석

1) 비용-편익분석이란 무엇인가?

비용-편익분석(cost-benefit analysis)은 장기적이고 넓은 안목에서 정책의 바람직한 정도를 평가할 수 있는 실용적 방법이다(노화준, 1999: 269). 즉 정책에 투입될 모든 관련 비용과 정책으로 인해 파생될 편익을 비교·분석하는 기법이다.

비용-편익분석은 1908년 미국 재무부 관리였던 Gallatin이 수송정책의 효율성을 체계적으로 측정하기 위해 개발한 기법으로 사용한 이래 홍수 통제, 수자원 관리 등에 활용되었으며, 오늘날 광범위하게 원용되고 있다.

비용-편익분석을 원용하기 위해서는 정책의 중요 가치를 효율성으로 보며, 이의 측정에 포함될 모든 요소를 화폐가치로 환산할 수 있어야 한다. 그러나 비용-편익분석을 통해 형평성도 어느 정도 측정할 수 있다. 예컨대 환경보존의 관점에서 환경보존을 위한 현세대의 비용부담과 다음 세대의 편익을 비용-편익모형으로 분석함으로써 세대간 형평성을 분석할 수 있다. 또한 정책이 지향하는 가치를 화폐가치로 환산할 수 없는 경우에도 비용·편익분석을 원용한 연구가 다양하게 행해지고 있다.

한편 유사 개념으로 비용-효과분석(cost-effective analysis)이 있다. 이 분석기법은 정책에 포함될 비용과 편익을 화폐가치로 환산하여 측정할 수 없는 경우에 사용할 수 있다. 특히 각 대안에 소요될 비용이 동일하여 효과만 비교해도 되거나, 각 대안의 효과가 동일하여 비용만 비교·분석해도 되는 경우에 적절히 이용할 수 있다.

2) 비용-편익분석의 절차

비용과 편익을 체계적으로 분석하기 위해서는 일상적으로 거쳐야 할 단계가 있지만, 각 단계들은 분석의 상황이나 용도에 따라 다를 수 있다. 여기서는 다음과 같은 단계로 구분하기로 한다(Henley & Spash, 1993).

(1) 정책의 정의

비용-편익분석은 분석대상이 될 정책에 대한 정의에서부터 시작한다. 정책을 정의하기 위해서는 우선 정책으로 인해 재배분될 자원들을 명시해야 한다. 예컨대 '지금까지 연락선에 의해 육지와 연결되었던 섬에 새로운 교량을 건설하는 정책'이라고 명시하는 것이다. 이를 통해 무엇을 분석해야 할지를 알 수 있다.

또한 이 단계에서는 분석에 포함될 비용과 편익의 범위를 명확히 해야 한다. 예컨대 특정 지역에 원자력발전소 건설정책을 분석하는 경우, 우리 나라 에너지 정책에의 영향까지도 분석에 포함시켜야 할지 아니면 특정 지역에 미치는 효과로 제한해야 할지를 정해야만 한다.

이와 아울러 정책으로 비용과 수익을 통합할 모집단(population)을 정해야 한다. 대상집단이나 수혜집단이 법으로 정해져 있는 경우도 있지만, 분석자가 판단하여 정할 수도 있다. 앞서 예시한 교량건설정책의 예에서 행정구역에 포함된 섬의 주민만을 고려할 것인가 아니면 지역, 국가 또는 국제적 영향까지 포함시킬 것인가를 정해야 한다.

마지막으로 정책의 수명주기(life span)를 결정해야 한다. 다리의 수명과 같이 물리적 수명을 측정하기가 비교적 용이한 경우도 있지만, 환경보존의 혜택과 같이 다음 세대들까지 고려해야 하는 경우도 있다.

(2) 비용과 편익의 구체화

정책을 정의하였다면 그 다음 단계는 정책집행에 소요되거나 이로 인해 나타날 모든 비용과 편익을 구체화하는 것이다. 교량건설정책의 예에서 교량건설을 위해 소요될 모든 자원 — 시멘트, 철근, 노동시간 등 — 에 대한 목록, 지역의 고용효과, 재산가치에 미치는 영향, 재산가치로는 환산될 수 없는 질적 가치 — 예컨대 풍경, 환경, 주민의 인심 등 — 에 미치는 영향 등을 구체화하는 것이다.

이 단계에서 부가성(additionality)과 대체성(displacement)이 중요 개념이다. 부가성이란 정책의 순효과(net impact of the policy)를 의미한다. 지방도로에서 속도 제한을 하려는 경우 예상되는 순효과는 정책변화로 인한 사고율 감소 정도를 측정함으로써 얻을 수 있다. 이에 비해 대체성은 대안별 차이를 측정하는 것이다. 예컨대 자동차 공장을 부산지역에 건설하는 것과 광주지역에 건설하는 경우의 차이를 분석하는 것이다.

(3) 비용과 편익에 포함될 가치의 경제적 추정

비용-편익분석의 목표는 시장뿐만 아니라 비시장적 재화의 소비를 통해 사회적 총효용을 극대화할 수 있는 대안을 탐색하려는 것이다. 그러므로 무엇을 긍정적 또는 부정적 효용으로 보고 이를 어떻게 측정할 것인가 하는 점을 생각해야 한다. 또한 현재뿐만 아니라 미래의 효용, 양적·질적 효용까지 포함해야 한다.

교량건설로 인한 섬 주민의 어획량 감소는 시장가치로 계산 가능하지만 훼손된 경치의 가치를 측정하기는 대단히 어렵다. 그러나 대안비교에 있어 화폐가치로 환산할 수 없는 가치가 대단히 중요하다.

비시장적 재화

물고기나 자동차가 시장 재화라면, 문화인으로서의 긍지나 좋은 경치, 맑은 공기 등은 비시장적 재화이다.

(4) 가치의 흐름을 계량화

이 단계에서는 비용과 편익 흐름(flow)의 실체적 양을 계산하는 것이다. 교량건설정책의 예에서, 일년간의 통과 차량의 수, 연락선 대신에 교량을 이용하는 사람들의 시간 절약 정도, 교량의 내구 연한, 생태계 변화 등이 포함될 수 있을 것이다. 그러나 이러한 추정은 불확실성하에서 이루어질 수 밖에 없다. 이런 점에서 발생 확률과 가능성을 곱한 기대치(expected value)

를 계산해야 하는 경우도 많다. 예컨대 교량이 10년간 유지될 확률이 30%이고, 15년이 50% 그리고 20년간 지탱할 확률이 20%라면, 교량 유지기간의 기대치는[$(0.3\times10)+(0.5\times15)+(0.2\times20)$]으로 계산하여 14.5년으로 추정하는 것이다.

(5) 관련 비용과 효과들의 화폐가치화

비용과 편익의 측정 · 비교를 위해서는 동일한 단위를 사용해야만 한다. 비용-효과분석에서 사용되는 동일 단위는 원이나 달러와 같은 화폐이다. 즉 투입된 시멘트 양과 절감된 시간을 화폐를 통하여 비교하는 것이다. 특히, ① 비용과 편익이 장기간에 걸쳐 나타나거나, ② 시장가격으로 비교할 수 없을 때, ③ 시장가격이 존재하지 않을 경우에 화폐가치화 작업이 어렵다.

미래의 가치 흐름(value flows)을 추정하여 화폐가치화하는 경우 가장 큰 어려움은 미래 가격이 계속적으로 변한다는 점이다. 예컨대 30년간의 쌀 농작으로 인한 편익을 화폐가치화하는 경우 자연재해, 인플레이션 등으로 가격이 변할 수 있으며, 밀에 대한 상대가격 측면에서 변할 수도 있다. 자연재해의 경우는 어쩔 수 없겠지만, 인플레이션이나 상대가격의 변화는 할인율(discount rate)이나 물가지수 등을 이용하여 어느 정도 반영할 수 있다.

독과점 산업과 같은 불완전 경쟁시장이나 사병봉급과 같은 시장에 정부가 개입하는 경우에는 시장가격에 준하는 그림자 가격(shadow price)을 산정할 수 있다. 깨끗한 공기와 같이 시장에서 거래되지 않는 재화에 대한 화폐가치화를 위해서는 그것을 계속적으로 유지하기 위한 사회적 한계편익(social marginal benefit)이나 사회적 한계비용을 계산하는 방법이 있다.

(6) 비용과 편익의 흐름에 대한 할인

미래에 산출될 모든 관련 비용-편익의 흐름(cost benefit flows)을 화폐가치로 나타내기 위해서 이를 현재 가치(present value)로 환산해야 한다. 설령 인플레이션율이 영(0)이라 하더라도 시간 선호율(time preference rate)을 반영해야 하기 때문에 미래의 가치는 일정한 기준에 따라 할인되어야 하는 것이다.

일상적으로 이자율 i를 할인율로 하고, t시점의 편익이 X_t인 경우 현재

가치(PV)는 다음과 같이 계산할 수 있다.

$$PV(X_t) = X_t[(1+i)^{-t}]$$

만약 환경보존을 위해 투자해야 하는 현세대의 부담액과 다음 세대들이 누리게 될 편익을 비교하기 위한 비용과 편익의 흐름을 현재 가치로 할인해야 한다면, 할인율을 어느 정도로 해야 적정할 것인가는 결국 가치 판단의 문제이기 때문에 할인율에 관해 논란이 일게 되는 경우가 많다.

(7) 민감도 분석

앞에서 설명된 단계들을 거치면서 진행되는 비용-효과분석은 사용된 자료나 할인율이 확정적이거나 정확히 추정된 것을 전제로 한다. 그러므로 자료가 변하거나 할인율을 변경한다면 비용-효과분석의 결과는 달라지게 된다. 그러나 불확실성하에서 미래의 물리적 흐름을 예측하는 것이 작업이기 때문에 추정상의 오차로 인해 어떠한 차이가 발생할 수 있는지를 분석·검토해야 한다. 즉 최종적 결론에 앞서 "만일 채택한 계수(parameter)가 변한다면 어떻게 되겠는가?" 하는 가상적 의문에 대답하기 위하여 대체된 계수를 적용한 분석결과와 원래의 결과를 비교하는 것이다. 특히 다음의 계수들에 대해 중점적으로 검토해야 한다.

① 할인율
② 투입물의 물리적 양과 질
③ 이러한 투입들의 그림자 비용
④ 산출의 물리적 양과 질
⑤ 이러한 산출들의 그림자 비용
⑥ 정책의 수명 주기

제15장

정 책 과 정

개 요

정책학은 바람직한 사회상태를 이룩하기 위해 정책과정 및 정책내용을 과학적 방법으로 연구하는 사회과학의 분과학문이다. 이러한 정책학은 크게 두 가지 차원에서 연구되어질 수 있다. 하나는, 정책과정에 관한 지식을 도출하기 위한 연구이며, 다른 하나는, 정책의 실체적 내용에 관한 연구이다.

많은 정책연구자들은 정책산출에 초점을 맞추고 있다. 이는 정부에서 만든 정책이 사회에 어떤 영향을 미치는지를 분석하고, 바람직한 사회를 위한 정책대안들을 개발하려는 것이다. 이에 비해 일단의 다른 학자들은 정책과정과 정책결과간의 관련성에 대해 연구하고자 한다. 정책과정에 대한 이해를 높이는 것이 정책을 연구하기 위한 좋은 방법이기 때문이다.

물론 정책과정에 대한 이해를 높이면서 정책개발 능력도 아울러 키울 수 있다면 이상적이다. 교육정책에 대한 전문가이면서 정책과정에 대한 깊은 이해를 하고 있는 사람이 교육인적자원부 장관을 맡으면 자신의 역할을 성공적으로 수행할 가능성이 높을 것이다. 그러므로 정책학을 공부하기 위해서는 두 방향에 대한 지식을 — 정책과정에 관한 지식과 정책의 실체적 내용에 관한 지식 — 모두 습득해야 한다. 대학에서 개설된 정책학 과목들을 보면 정책과정에 관련된 과목과 더불어 개별 정책에 관련된 과목들도 — 환경정책, 인력정책, 문화정책 등 — 개설되어 있는 경우가 많다.

그러나 여기에서는 정책과정에 대한 설명에 국한하기로 한다. 그리고 정책과정은 정책의제설정, 정책결정, 정책집행, 정책평가 그리고 향후 정책에 대한 결정이라는 다섯 단계로 구분한다.

Ⅰ. 정책과정

1. 다차원적 · 순환적 정책과정

실제의 정책과정은 한 단계가 끝나야 다음 단계가 작동되는 단일 방향적 · 순차적 과정은 아니다. 정책과정은 앞 단계가 원인이 되어 다음 단계가 도출되어지는 것도 아니다. 정책과정은 한 단계가 끝나기도 전에 다음 단계의 활동들이 시작될 수 있으며, 때로는 둘 또는 그 이상의 단계의 정책활동이 혼합적으로 동시에 이루어지기도 한다. 또한 한 단계에서 이루어진 내용이 다른 과정에 영향을 주기도 하고 또한 다른 단계의 기능적 활동이나 산출물로부터 영향을 받기도 하는 다방향적(多方向的)이고 순환적인 과정이다.

정책의제설정과정에서 정책문제의 본질을 어떻게 인식하느냐에 따라 정책결정과정에서 대안 탐색의 방향과 범위가 달라진다. 또한 정책결정을 하면서 집행과정에서 발생할 수 있는 문제점들을 고려하지 않으면 그 정책은 성공적인 집행이 어려울 것이다. 그러므로 집행과정에서는 변화하는 상황에 맞게 정책의도가 달성될 수 있도록 계속적인 정책결정이 이루어져야 한다. 정책평가의 결과는 다른 모든 단계들에서 항상 고려해야 한다.

그러나 정책과정을 순차적 관점에서 단계별로 설명하는 것은 복잡한 정책과정을 단순화함으로써 정책과정에 대해 명료하게 이해할 수 있고, 의사소통을 명확하게 해 주는 장점이 있다. 여기서는 다른 학자들의 정책과정에 대한 설명을 소개하지는 않겠지만, 여러 학자들의 설명에서 대체로 발견될 수 있는 단계들과 각 단계별 명칭을 사용하여 정책과정을 단계별로 설명하고자 한다.

2. 주요 단계들

[그림 15-1]은 정책과정의 주요 단계들의 흐름, 각 단계에서 이루어지는 주된 정책활동들 그리고 각 단계에서 정책활동이 성공적으로 이루어졌을 때 기대되어지는 산출물을 나타내고 있다. 여기서 단계란 특정 정책결과를 도출해 내기 위한 일련의 정책활동들의 집합을 의미한다. 그리고 정책활동이란 정책의 하위 단계에 참여하는 사람들에 의해 이루어지는 구체적인 활동이라 할 수 있다. 마지막으로 산출물은 각 단계의 산출 또는 최종 결과를 말한다.

정책과정은 크게 정책의제설정, 정책결정, 정책집행, 정책평가 그리고 정책변동 이라는 다섯 단계로 나누어진다. 각 단계의 왼쪽 편에 연결선들은 한 단계가 다른 단계들과 다방향적으로 영향을 주거나 받고 있다는 점을 나타낸 것이다.

요컨대 정책과정을 다차원적 · 순환적 관점에서 볼 때 정책과정의 한 단계에서의 성공이 반드시 다음 단계에서의 성공으로 이어지는 것도 아니다. 실제로 앞 단계에서의 정책활동들이 다음 단계에서 발생될 현상들을 충분히 검토해서 이루어지지 않는 경우도 많다. 예컨대 어떤 정책문제는 입법부에서의 통과나 다른 부처에서의 비협조를 고려치 않고 선정될 수 있으며, 아무리 심사숙고하여 결정된 정책이라도 의도한 방향으로 집행되지 못하는 경우도 많다. 이는 정책 활동과 정책 산출물과의 연결선으로 표시되어 있다.

그림 15-1 정책과정의 단계, 기능적 활동 및 산출물

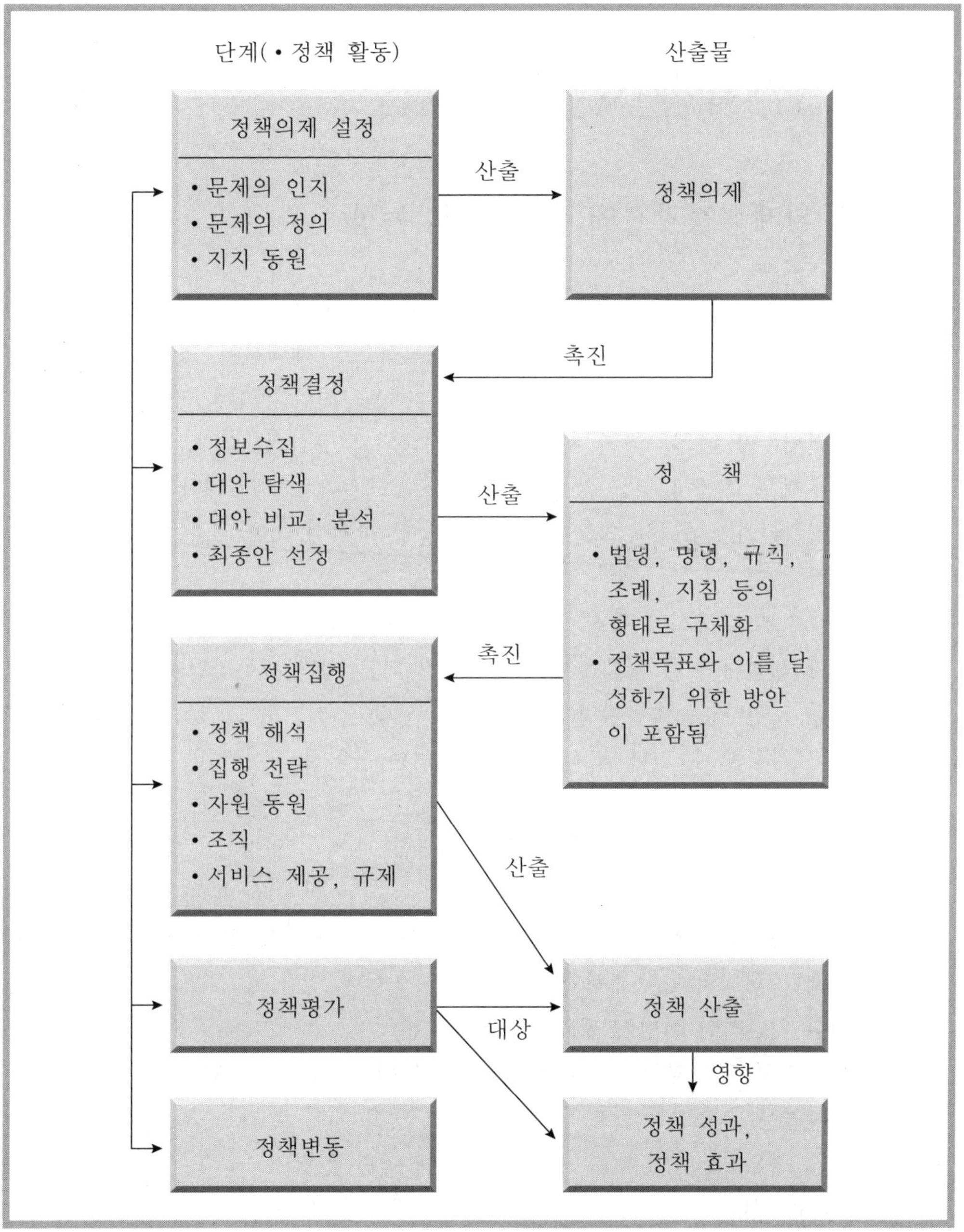

Ⅱ. 의제설정과정

1. 의제설정과정에 관한 주요 논점

의제설정(agenda setting)이란 여러 사회문제 중 하나 또는 그 이상을 정부가 해결하기 위하여 정책문제로 공식적으로 채택하는 과정이다. 수많은 사회문제들 중에서 특정 문제는 정부가 공식적인 관심을 갖는 정책의제로 채택되는가 하면, 어떤 사회문제는 채택되지 못한다. 왜 정부는 수많은 사회문제들 중에서 다른 것이 아닌 바로 그 문제를 해결해야 할 정책의제로 설정하는가? 이러한 의문이 정책의제설정 과정에 대한 주요 논점 중의 하나이다.

정부나 국회의 공식 정책 참여자들이 특정 시기에 특정 사회문제를 정부가 해결해야 할 정책문제로 인지하게 되는 계기는 무엇인가? "소 잃고 외양간 고친다"는 속담처럼 어떤 사건의 발생을 계기로 그 문제를 해결해야겠다고 인식할 수 있다. 그러나 반드시 어떤 사회적 사건이 발생되어야만 문제해결의지를 가지는 것은 아니다.

많은 사람들이 "이제 문제를 해결할 때가 되었다"고 생각하는 경우도 있다. 이처럼 시간이 지남에 따라 특정 문제를 더 이상 방치할 수 없다는 인식의 공감대가 형성되면 그 문제는 정책의제가 되기도 한다. 그 외에도 사회문제가 정책의제로 채택되는 다양한 요인들이 있을 수 있을 것이므로 이에 관한 일반적인 설명이 필요하다.

또한 정책의제는 어떠한 과정을 통해 채택되며, 채택과정에 참여하는 주체들은 누구인가를 파악하는 작업도 중요하다. 누가 문제를 제기해서 어떻게 정의하느냐에 따라 문제의 본질에 대한 진단이 — 또는 시각 — 달라질 수 있다. 예컨대, 교통 혼잡문제의 원인을 도로가 부족하기 때문이라고 인식하는 사람이 있는가 하면, 대중교통의 미비로 보는 이도 있다. 교통 혼잡의 원인을 도로 부족으로 진단한 사람이 찾을 정책대안의 방향은 도로 건설 확대이다. 반면에 대중교통의 미비로 보는 사람은 버스 고급화, 지하철 확충 등 대중교통 이용 확대방안에 관심을 가질 것이다.

마지막으로 특정 사회문제를 정책의제로 채택되도록 할 전략도 논의에 포함되어야 한다. 이에 관련해서 이익집단이나 시민단체가 특정 사회문제를 정책문제화하기 위한 전략이나 정부의 무의사 결정도 논의의 대상이 된다.

2. 정책의제의 개념과 유형

1) 정책의제의 개념

'의제'는 일상생활에서 빈번히 사용되는 용어이다. 회의의 공식 안건을 의제라고도 하며, 모임의 주최측에서 참여자들을 어떠한 방향으로 유도하기 위해 감추어둔 계획을 '숨긴 의제'(hidden agenda)라 부르기도 한다. 또한 "2000년대의 의제는 환경문제이다"라고 하는 경우와 같이 특정 시기에 많은 사람들이 관심을 가지는 문제를 의미하기도 한다.

의제라는 용어는 이처럼 다양한 의미로 사용되고 있는 것처럼 정책의제(policy agenda)도 사용자에 따라서 그 의미가 달라질 수 있다. 여기에서는 정책의제를 '정책결정자에 의해 정부가 해결하기로 채택된 사회문제'로 정의하고자 한다. 이러한 정의에서 핵심적 개념은 '문제'이다. 문제에 대해서는 다음에 보다 자세히 설명하기로 하고, 여기서는 문제를 인식하는 주체에 따른 구분에 대해서만 언급하기로 하겠다.

문제의 인식 주체에 따라 개인문제, 사회문제 그리고 정책문제로 구분할 수 있다. 개인문제란 개인에 국한된 문제로써 이의 해결은 개인이 스스로 해야 하는 것이다. 이에 비해 사회문제는 사회구성원 중 누구든지 그 문제로 인한 희생자가 될 가능성이 있고, 개인 수준에서는 해결될 수 없는 문제이다. 사회문제들 중에서 문제의 본질과 해결방법에 관해 다양한 집단이나 개인간의 갈등이 사회적으로 표면화된 것을 사회적 쟁점(social issue)이라 부른다. 사회적 쟁점들 중에서 정부가 공식적으로 문제의 존재를 인지하고 이를 해결하기로 채택한 것이 정책문제이다.

2) 정책의제의 유형

Cobb과 Elder(1983: 85-86)는 정책의제가 정책환경에 의해 제기된 것이냐 아니면 정부 내의 참여자들에 의해 제기된 것이냐에 따라 분류하고, 이러한 주체별 차이에 따라 의제설정과정이 달라진다는 점을 설명하였다. 전자를 체계의제(systemic agenda)라 하고, 후자를 기관 내지 정부의제(institutional or governmental agenda)라 했다. Eyestone(1978: 87-88)은 공중의제(public agenda)와 공식의제(official agenda)로, Anderson(1990)은 토의의제와 행동의제로 분류하고, 정책의제를 제시한 주체별로 의회의제, 대통령의제, 행정부의제 및 사법부의제로 나누었다.

한편 정책의제는 정책결정자의 재량으로 이를 채택할 수 있는지를 기준으로 하여 선택의제와 강요의제로 분류할 수 있다. 강요의제란 정기적으로 실시하는 선거, 정기국회에서의 예산심의 등과 같이 헌법을 위시한 각종 법에 의해 실행해야 하는 의제이다. 반면에 선택의제는 공식적 정책결정자의 재량에 의해 선택할 수 있는 의제를 말한다.

또한 의제발생의 반복성을 기준으로 구의제와 신의제로 분류하기도 한다(Cobb & Elder: 89). 구의제는 강요된 의제와 같이 반복적으로 제기되는 의제를 말하며, 신의제는 전국적 파업이나 돌발적인 외교사태와 같이 특수한 상황변화에 의해 야기되는 문제를 말한다. 구의제는 반복성의 양상에 따라 정기적으로 재발생되는 의제와 산발적으로 재발생되는 의제로 세분되기도 한다.

이 밖에 정책결정자가 이익집단의 요구를 무마시키거나 정치적인 긴장을 완화시키기 위하여 겉으로만 관심을 표명하는 가의제(pseudo agenda), 국회에서 주어진 기간 내에 어떠한 의제를 먼저 다룰 것인가를 정하는 운영의제(operational agenda) 등이 있다.

3. 정책의제설정과정에 관한 이론의 발전

사회현상은 이질적인 요소들이 복잡하게 얽혀져 있기 때문에 우리 사회에는 어렵고 미묘한 문제들이 끊임없이 발생하고 있다. 이러한 사회문제들을 정부가 해결해야 할 필요성이라는 측면에서 구분해 보면, 사회 전체에 중대한 영향을 미치기 때문에 정부가 해결해야 할 필요성이 있는 것과 일부 사람이나 집단에게만 해당되는 문제여서 정부가 개입할 필요성이 없는 문제를 양극으로 한 어느 위치에 속하게 된다. 양극단에 속하는 사회문제의 경우에는 왜 그 문제가 정책의제가 되는가 또는 되지 못하는가를 설명하기가 비교적 쉽다. 그러나 중간적 성격에 속하는 문제들 중에서 정부가 공식적으로 해결하려는 문제와 그냥 방치되는 문제의 차이점과 그 이유를 설명하기가 매우 어렵다.

여기서 우리가 가지는 의문은 중간적 성격에 속하는 문제들 중에서 왜 어떤 문제는 정부에 의해 정책의제로 채택되어지고, 또 어떤 문제는 정부의 관심을 끌지 못하는가 하는 점이다.

1) 초기의 설명들

비록 의제설정과정을 설명했던 것은 아니지만, Simon(1963)의 의사결정단계에 대하여 설명하였는데 우리는 이를 통해 왜 특정의 사회문제가 정책의제가 되는가에 대한 의문에 대한 답을 찾을 수 있다.

그는 의사결정과정을 주의 집중(attentive directing), 대안 설계(design) 그리고 선택(choice)의 세 단계로 나눈다. 그런데 주의 집중 및 설계과정에서 인간은 능력의 한계가 있기 때문에 모든 대안들을 한꺼번에 생각할 수가 없다. 따라서 먼저 머리에 떠오른 대안에 대해 생각하는 등 제한적으로 문제를 채택하게 된다는 것이다. 우리는 이러한 Simon의 설명을 통해 무수히 많은 사회문제들 중에서 왜 일부 특정 문제만이 정책의제로 형성되는가에 대해 어느 정도 이해를 할 수 있다. 그러나 우리가 가지고 있는 기본적 의문인 왜 특정 문제가 정책의제로 채택되는가에 대한 의문은 여전히 남아 있다.

정치학자인 Easton의 '문지기이론'(gatekeeper theory)을 통해 우리는 보다 직접적인 설명을 할 수 있다. Easton(1953)은 정치체계도 유기체와 같이 문제처리능력에 있어 한계가 있다는 점에 착안하여 이를 이론화했다. 즉 어떤 사회문제가 부각되고, 관련집단에서 이를 정부가 해결해 줄 것을 요구하더라도 정부입장에서는 사회에서 제기되는 모든 요구를 수용하여 정책의제화할 수는 없다. 정치체계의 문지기가 특정 사회문제를 정치체계 안으로 통과시켜야 정책의제로 된다. 여기서 문지기란 정치환경에서의 요구를 정치체계 안으로 받아들일 것인지 여부를 결정하는 권한을 지닌 개인이나 집단이다. 대통령, 국회의원, 행정관료 등 문지기는 정치체계의 해결능력 한계를 인식하고, 정치체계의 부담량을 줄이기 위해서 환경으로부터의 요구들 중 일부만을 통과시킨다.

문지기이론은 체계의 과중한 부담을 피하기 위해 소수의 사회문제만을 정책의제로 채택하고, 문지기가 선호하는 사회문제를 정책의제로 채택한다는 것이다. 그러나 이 이론은 문지기가 어떠한 문제를 선호할 것인지에 대해서는 설명을 하지 못하는 한계가 있다. 이런 점에서 사회문제가 형성되는 과정과 정부의 정책결정과정이 어떻게 연계되어 있는지에 관한 구체적인 설명이 필요하다.

2) 주도집단이론

Cobb과 Elder(1983: 104-109)는 사회문제와 관련된 집단의 규모와 정치적 자원을 기준으로 동일화 집단, 주의 집단, 주의 공중, 그리고 일반 공중으로 구분하고, 주도집단의 확산에 따른 정책의제설정과정을 단계별로 설명하였다.

특정 사회문제에 의해 자신의 이해관계가 직접적인 영향을 받았다고 인식하는 하는 사람들이 집단을 형성하게 되는데, 이를 동일화 집단(the identification group)이라 한다. 동일화 집단은 사회적 공감대를 확산시키기 위해 자신의 주장에 적극적으로 동조하는 주의 집단(the attentive group)까지 세력을 확장하고자 한다. 그러나 주의집단의 활동으로서도 사회문제를 정책의제화 시키기에는 부족하기 때문에 더 많은 사람들의 관심을 모으고 여론화시켜야 한다. 여론화과정에서 주의 대중(the attentive public)의 역할이 중요하다. 주의 대중은 사회적 쟁점에 대해 비판적이고 그 해결책을 제시하기 위하여 적극적인 태도를 지닌 대중이다. 주의 대중에 의해 일반 대중(the general public)은 점차 특정 사회문제에 대한 인식을 바꾸게 되고, 결국 정부가 정책의제로 채택해야 한다는 여론을 형성하게 된다.

대체로 사회문제가 일반 공중에게까지 확산되었을 때에는 정치체계의 반응이 즉각적이어서 정책의제로 채택될 가능성이 높다. 그러나 사회문제가 주의 공중에까지만 확산되었을 때에는 동일화 집단이 정당 등의 중간 매개체나 브로커를 통해서 정책의제화되도록 노력해야만 한다. 그리고 주의 집단까지만 확산되었을 때에는 체계의 문지기에 대해 압력이나 폭력의 위협 등의 수단을 동원하여 정책의제화를 시도한다. 그러나 동일화 집단에게만 국한될 경우에는 그 문제를 정책의제화 하는 데는 많은 어려움이 있게 된다.

3) 정책의제설정과정

Eyestone(1978: 69-86)은 사회문제가 공식적 정책의제로 바뀌어 가는 과정에 초점을 두어 정책의제설정과정을 설명하였다. 사회문제가 정책의제로 전환되는 과정을 단계별로 구분해 보면 다음과 같다.

특정의 사회문제에 대해 부정적 견해를 가지거나 해결방법에 대해 다른 견해를 지닌 다수의 집단이 나타나 문제 해결에 대한 합의점을 찾지 못하고 있는 상황이면 그 사회문제는 사회적 쟁점(social issue)이 된다. 사회적 쟁점이란 지위나 자원의 배분과 관련된 절차적 또는 실질적 문제에 관해서 당사자들 사이에 일어나는 갈등이다.

그림 15-2 사회문제가 정책의제로 전환되는 단계

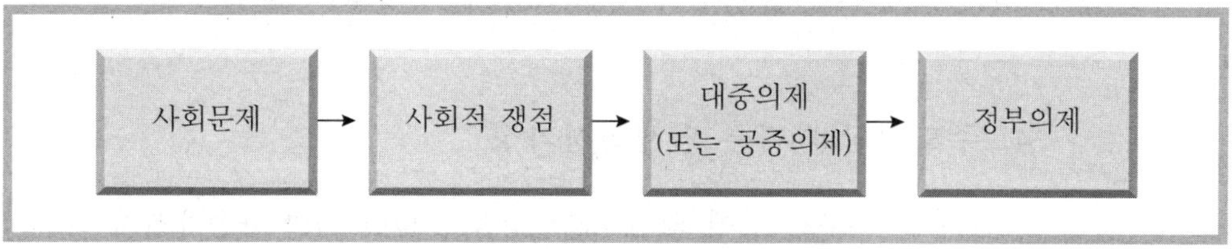

쟁점의 제기는 대체로 지위나 자원 배분에 있어 불리하게 취급되었다고 생각하는 사람이나 집단에 의해 제기된다. 그러나 자신의 이익을 증진시키기 위한 개인이나 집단에 의해서나, 또는 타인의 가치를 옹호하기 위해 발생되기도 한다. 한편 쟁점을 발생시키는 사건은 내부적 사건과 외부적 사건으로 구분할 수 있다. 내부적 사건에는 홍수 · 지진 · 산불과 같은 자연적 피해, 데모 · 폭동 · 태러 · 경제적 위기 등과 같은 사회적 · 경제적으로 예측하기 어려운 사건, 새로운 기술, 인구 폭발 · 도시 과밀 · 자연 훼손과 같은 생태적 변화 등이 포함된다.

사회적 쟁점을 특징별로 구분해 보면, 내용이 추상적일 수도 있고 구체적일 수도 있다. 또한 쟁점은 범위면에서 전세계적인 것에서부터 동네수준에 국한되는 것까지 다양하다. 그리고 쟁점의 시간적 측면에서 단기간에 해결가능한 것에서부터 장기적으로 해결해야 하는 경우까지 다양하다. 그리고 이해의 정도면에서 추상적이고 복잡한 경우가 있는가 하면 구체적이고 단순한 것도 있다. 마지막으로 쟁점이 과거의 사례가 있어서 관례적인 경우가 있는가 하면 전혀 새로운 쟁점도 있다.

한편 대중의제(public agenda) 혹은 체계의제란 일반 대중의 주목을 받을 가치가 있으며, 정부가 문제를 해결하는 것이 정당한 것으로 인정되는 사회문제이다. 사회적 쟁점에 대한 논쟁이 확산되면서 대중들이 이를 인식하게 되고 관심을 갖게 됨으로써 자연스럽게 대중의제로 형성된다. 사회적 쟁점이 대중의제가 되려면 다음의 세 가지 전제조건이 충족되어야 한다. 쟁점의 대중의제화는 많은 사람이 그 문제에 대해 관심을 가지고 있고, 문제 해결책이 강구되어야 한다는 공감대가 형성되어야 하며, 해결책을 강구하는 것이 정부의 권한에 속한다고 생각될 때 가능하다.

이상과 같은 단계를 거처 대중의제가 정부 내부로 진입해 들어감으로써 정부의제화된다. 물론 정부의제가 되었다고 해서 모두 정책결정의 대상이 되는 것은 아니지만, 정부가 해결책을 강구할 가능성은 높다.

4) 주도집단에 따른 의제설정과정

사회문제가 주도집단에 의해 사회 쟁점화 되어 일반 대중에까지 확산되어 결국 정책의제로 채택되는 일련의 과정은 일반 국민이 정치체계에 요구를 투입하고 이에 따라 정책이 결정되는 민주적 의제설정과정을 나타낸 것이다. 그러나 의제설정의 주도집단이 외부에만 있는 것은 아니며 정부 내부에도 존재한다. 주도집단에 따른 정책의제설정과정은 달라지는데, 크게 세 가지 모형으로 구분해 볼 수 있다(Cobb, Ross and Ross, 1976: 126-128): 외부 주도모형, 동원모형 그리고 내부 주도모형. 여기서는 정책의제설정과정을 문제 제기, 구체화, 확장 그리고 진입이라는 네 단계를 기본으로 하여 각 모형별 특성을 설명한다.

외부 주도모형(outside initiative model)은 정부 외부에 있는 집단이 주도해 정책의제를 정부가 채택하도록 강요하는 모형이다. 이 모형도 정책의제설정과정이론에서 설명한 단계들과 유사하게 쟁점 제기, 구체화, 확장 그리고 진입이라는 네 단계 거친다.

외부 주도모형은 정부가 외부의 요구에 민감하게 반응하는 정치체계에서 많이 볼 수 있다. 외부 주도형에 따라 결정된 정책은 상호 대립되는 주체들간의 타협의 산물이기 때문에 정책 내용이 모순적인 성격을 띠거나 단기적인 해결책일 경우가 많다.

한편 동원모형은 외부 주도모형과 반대로 사회문제 → 정부의제 → 대중의제로 진행되는 과정을 거친다. 많은 경우 정치지도자의 지시에 의해 사회문제가 바로 정책의제로 채택되기도 한다. 정부는 성공적인 정책집행을 위해 대중의 지지를 얻을 필요를 느끼며, 이를 위해 정책홍보 활동을 한다. 이 모형에서는 새로운 정책이 정부기관의 정책결정자에 의해 공표됨으로써 문제가 제기된다. 구체화 단계에서는 거시적 방향만 제시된 정책의 세부적인 사항까지 정하는 것이다. 확장단계에서는 상징과 대중매체를 이용하여 지지를 확보한다. 결국 정부주도의 확산과정이 성공으로 정부의제가 공중의제로 전환된다.

동원모형은 정부가 강하지만 민간부문이 취약한 후진국에서 자주 나타나는 유형이다. 그러나 국방, 통일, 외교정책의 경우는 선진국에서도 나타난다. 이 모형에서는 정책결정이 좀 더 분석적으로 이루어지고, 정책이 종합적이고 장기적 성격을 지니는 경우가 많다.

마지막으로 내부 접근모형은 정부 내의 관료집단에 의해 주도되어 사회문제가 공식의제로 채택되는 형태이다. 이 모형은 의제설정과정에 일반 대중의 참여가 배제된 특성을 나타낸다. 사회문제가 정책결정자에 의해 바로 정책의제가 되어서 일반 대중에 인식되는 확산과정이 없다. 이 모형에서는 주도집단이 정책의 내용을 미리 결정하고, 결정된 내용을 그대로 또는 최소한의 수정만으로 집행하려고 시도한다. 그래서 정책집행과정에 꼭 필요한 집단에게만 알리고, 반대할 가능성이 있는 집단이나 사람에게는 이를 숨기려 한다.

일반적으로, 관료집단이 경제발전을 주도하는 후진국이나 부나 권력이 집중된 나라에서 흔히 나타난다. 선진국의 경우 이익집단이 비밀리에 정부의 혜택을 보려는 경우에도 나타난다. 선진국의 국방정책이나 외교정책의 경우에도 이 모형이 적용되는 경우가 있다.

5) 의제설정에 영향을 미치는 요인들에 대한 설명

Kingdon(1995: 16-18)은 정책의제가 설정되는 과정에 관심을 가지고 이 과정에 영향을 미치는 세 요인들을 설명하였다: 문제, 지식이나 관점, 그리고 정치.

첫째, 해결되어져야 할 문제의 발생과정이 의제설정에 영향을 미친다. 위기나 극적인 사건이 문제 발생의 신호가 된다. 예컨대 중요 시설의 붕괴나 신종 범죄 발생은 그 이면에 잠재된 문제를 인식하는 계기가 된다. 문제를 인지하게 되는 또 다른 계기는 지표(indicator)의 변화이다. 범죄율, 교통 사망률의 급격한 변화는 문제를 인지하는 중요한 계기가 된다.

둘째, 특정 정책분야의 전문가 집단에 의해 제기된 지식이나 관점이다. 1970년대 과학자들이 지구 성층권에 있는 오존층에 구멍이 생겼고, 그 원인이 프레온가스(CFC)라는 것을 밝혀내었다. 이러한 과학자들의 발견을 계기로 프레온가스의 생산 및 사용규제 필요성에 대한 인식이 국제적으로 확산되었고, Montreal 의정서를 체결하는 계기가 되었다. 또한 고효율의 축전기 개발이 전기차 개발정책에 영향을 줄 수 있는 것과 같이 새로운 기술개발이 정책의제에 영향을 미친다.

셋째, 정치적 과정이 의제에 영향을 미친다. 여론, 선거 결과, 행정관료나 국회의원들의 성향 변화 등이 정책의제에 강력한 영향을 미친다. 정책의제에 얼마나 많은 변화를 일으킬 수 있는가는 행정부나 국회의 중요 정책결정자들이 얼마나 다른 정치관이나 시각을 지닌 인물들로 얼마나 많이 바뀌었는가에 달려 있다.

Kingdon은 — 쓰레기통모형적 시각에서 — 문제, 정치 그리고 대안의 흐름을 각각 고유한 규칙과 역동성을 지니고 있다고 보았다.[1)]

문제의 흐름은 정책대안이 개발되는 방법과 다른 과정을 거칠뿐 아니라 정치적 사건이 펼쳐지는 것과도 다른 방법으로 인지되고 규정된다. 정책대안은 그것이 문제에 대한 해결책이든 아니든 또는 정치적 고려에 대한 반응이건 아니건 간에 자신의 유인(incentives)과 선택기준에 의해 개발된다. 정치적 사건 또한 문제나 대안과 상관없이 자신의 일정과 규칙에 따라 흘러간다.

그러나 세 개의 흐름이 동시에 만날 때도 있다. 예를 들어 시급한 해결을 요하는 문제는 많은 사람들의 관심을 유발시키고 정책대안은 이의 해결책으로 문제와 결합된다. 혹은 행정부의 교체와 같은 정치적 흐름에서의 사건은 서로 다른 방향을 요구하기도 한다. 이때에는 정치적 사건과 합치되는 정책대안이나 새로운 행정부의 철학에 합치되는 것들은 전면에 부상하게 된다.

흐름의 결합은 완전 결합과 부분 결합으로 구분된다. 여기서 완전 결합이란 문제, 정치 그리고 대안이 모두 결합하는 것을 말하고, 부분 결합은 이 중 두 가지만 결합하는 것이다. 이들 흐름의 결합작용을 통하여 어떤 공중 의제는 정부의제가 되고, 정부의제는 다시 정부가 공식적 정책결정의 대상이 되는 결정의제(decision agenda)가 된다. 그러나 Kingdon은 결정의제는 부분 결합으로는 어려우며 세 가지 흐름이 완전히 결합될 때 가능하다고 보았다.

한편 Kingdon은 정책 창(policy window) 개념을 통해 정책의제설정과정의 역동성을 설명한다. 정책 창이란 정책의제 설정과정에 참여자들이 특정문제에 관심을 집중시키거나 그들이 옹호하는 정책대안을 관철시키는 기회를 말한다. 예컨대 우주선이 발사되려면 목표 행성이 적절한 배열상태에 있어야 하는데, 이러한 상태는 오래 머물러 있지 않는다. 정책창이 열렸다는

1) 쓰레기통모형에 대해서는 정책결정모형을 참조할 것.

것은 어떤 정책을 지지하는 사람들이 그들이 선호하는 해결책을 강요하거나 자신들의 특별한 문제에 관심을 기울이도록 압력을 행사하여 정책의제설정의 기회를 맞이하였다는 것을 의미한다(kingdon, 1984: 173-174).

정책 창은 예측가능하게 열릴 수도 있고, 예측 불가능하게 열리기도 한다. 예측가능하게 열리는 예로는 국회에서 법안 심사 또는 예산 심의를 들 수 있다. 예측 불가능한 경우는 갑작스런 재난, 정책결정자의 예상치 않은 교체이다. 그러나 정책 창이 열리는 기회는 오되 곧바로 지나가 버리기 때문에 기회를 잘 활용하는 것이 중요하다. 만약 정책의제 설정과정의 참여자가 자신의 시간, 노력, 자금, 신뢰 등의 자원을 적극적으로 투자한다면 기회를 잡을 수 있을 것이다. 이런 점에서 정책의제설정과정에서 정책활동가(policy entrepreneur)의 역할이 중요하다. 정책활동가란 정책공동체에서 자신이 선호하는 미래의 정책에 대한 보답으로 기꺼이 자신이 갖고 있는 자원을 투자하려는 사람을 말한다.

정책공동체(policy community)

정책연계망을 형성하고 있는 다수의 참여자로 구성된 공동체를 말한다. 특정 정책분야에서 공통의 관심을 갖는 관료, 국회의원, 학계, 이익단체, 시민 등으로 구성된다.

이상과 같은 세 흐름은 — 문제 인지, 정책안 제안 그리고 정치적 사건 — 정책의제 설정에 촉진적으로 또는 제약적 요인으로 작용하게 된다. 이 중에서 특히 문제 인지는 의제설정과정뿐만 아니라 그 후의 과정에서도 중요하기 때문에 다음에서 좀더 설명하기로 한다.

4. 문 제

문제(problem)란 사람들에게 해결하려는 욕구를 유발시키는 불만족스러운 조건이나 상황이다(Anderson, 1990). 그러나 문제의 존재 자체로는 정책의제설정과정에 영향을 미칠 수 없으며 행정부 내외의 사람들에 의해 문제로 인지되어야 한다. 문제 인지란 문제의 존재와 본질을 파악하고, 이를 해결하고자 하는 의식을 가지는 것을 의미한다. 문제를 인지하는 주체는 그 문제를 정책의제화하려고 노력하는 정부 내외의 수많은 주도 집단들이다. 그러나 설명의 편의를 위하여 다음부터는 문제 인지의 주체를 정책결정자로 한정하기로 한다.

1) 어떻게 문제를 인지하게 되는가?

일상적으로 정책과정에 참여하는 사람들은 관련 정책분야에 대한 문제 목록(list of problem)을 이미 가지고 있다. 목록에 포함되어 있는 문제들은 인지된 문제라고 볼 수 있다. 물론 목록에 없었지만 문제로 인지하고 있는 경우도 있다. 정책결정자가 특정 문제를 정책의제화하기 위해 구체적 노력을 하는 것은 정치적 압력에 의한 경우도 많지만 그 외에도 다양한 요인들의 영향을 받기 때문이기도 하다. 여기서는 이러한 요인들 중 지표(indicator), 극적 사건이나 위기, 환류(feedback) 그리고 예산에 대해서만 설명하겠다.

(1) 지　　표

정책결정자는 문제가 거기에 있다는 것을 나타내는 지표를 통해 인지하게 된다. 정부기관이나 정부 밖에 있는 기관은 — 대학교, 연구소, 시민단체 등-지속적으로 사회에서 일어나는 다양한 활동과 사건들에-예컨대 교통사망률, 환경 오염도, 물가, 유아 사망률 등 — 대해 측정하여 지표를 만들어내고 있다. 따라서 정책과정에서 활용할 수 있는 지표들은 대단히 많으며, 정책결정자는 이러한 지표들을 해석하여 문제의 존재, 변화 양태 그리고 심각성을 파악할 수 있다.

지　　표

통계치는 단순히 사회적 사실에 대한 객관적 측정치라면, 지표는 사회현상이 지닌 '의미'를 측정한 수치이다. 예컨대 삶의 질(quality of life: QOL)을 측정한 지표는 삶의 가치와 의미를 반영할 수 있는 양적·질적 요인들을 측정·비교할 수 있도록 고안되어 있다.

정책결정자들은 지표의 추이를 통해 체계의 변화를 파악한다. 지표가 점변적으로 변화한다는 것은 체계가 안정적인 것이고, 급변한다면 체계에 문제가 있는 것으로 파악할 수 있다. 그러나 지표에 나타난 수치가 지니는 의미는 정책결정자의 해석을 통해 이루어진다. 때로는 정치적 의도에서 지표의 의미를 과장하거나 축소될 수도 있다. 또한 지표에 포함된 개별 변수에 대해, 자료 수집방법에 대해 그리고 지표의 결과에 대한 해석에 관해 관계자들간에 뜨거운 논쟁이 일어날 수 있다.

특히 상황에 대한 인식이 다른 사람들간에는 지표가 지니는 의미에 대한 해석에 있어 큰 괴리(gap)가 있다. 예컨대 경제개발을 중시하는 경제관련 부처와 환경을 중시하는 환경관련 부처의 사람들간에는 동일한 지표에 대한 해석에 있어 큰 차이가 날 수 있다.

(2) 극적 사건이나 위기

지표에 의해서 문제가 자동적으로 인지되어지는 것만은 아니다. 특정 문제를 해결하기 위하여 노력하는 정부 내외의 주도 집단의 압력이 있어야 한다. 이러한 압력은 극적 사건이나 위기가 발생하면 이를 계기로 사회적 문제에 대한 사회적 시선이 집중되고 이의 해결을 위한 주도 집단의 노력이 시작되거나 증대된다. 사건 발생의 원인이 정부의 행위 또는 불행위로 — 법률용어로 부작위(inaction) — 인한 것이거나, 또는 피해의 규모가 크거나 범위가 넓을수록 정책의제화에 대한 압력이 증대된다. 또한 정치적 제안이나 정치적 사건이 지닌 상징(symbol)이 의제설정에 대한 압력으로 작용한다. 고위 공무원의 부정 사건이 알려지면서 시민들은 이를 공직사회에 만연된 부정부패의 상징으로 보고 공직윤리의 확립문제가 정책의제로 다루어지는 경우를 예로 들 수 있다.

그런데 사건이나 위기 그 자체가 의제설정에 영향을 주는 경우는 드물고 다음과 같은 요인과 결합될 때 강력한 압력요인이 될 수 있다.

첫째, 문제에 대한 선입견이 있을 때 사건이나 위기의 발생을 계기로 문제에 대한 관심이 증폭된다. 특히 발생한 사건과 유사한 정책결정자의 개인적 경험이 의제설정에 중대한 영향을 미친다. 예컨대 과거 투옥된 경험이 있는 대통령은 교도행정 문제가 발생하면 이의 해결에 더욱 관심을 가질 것이다.

둘째, 때로는 극적 사건이나 위기의 발생이 문제 해결을 위해 미리 대처해야 한다는 경고로 받아 들여진다. 지진으로 인해 건물이 붕괴되는 사건은 지진에 대비한 건축기준에 관련된 법령을 만들지 않으면 대형 참사를 일으킬 수 있다는 경고가 된다. 또는 1997년도 우리나라가 직면하였던 IMF 위기는 우리 사회에 만연된 문제들을 해결하지 않고서는 경제적 위기가 계속될 수밖에 없다는 경고로 볼 수 있다.

셋째, 특정 사건이 다른 유사한 사건과 겹쳐져서 문제 인지에 영향을 미친다. 대형 화재, 교량 붕괴, 가스 폭발 등의 사건이 계속적으로 발생하면 정책결정자는 안전문제에 대해 관심을 가지게 된다.

(3) 환　류

정책결정자들은 일상적으로 정책과정에 관련된 정보를 환류받는다. 환류의 통로는 크게 세 가지이다: ① 체계적 모니터링이나 평가연구, ② 비공식인 활동 또는 자신의 일상적 정책활동을 통한 개인적 경험, ③ 다양한 환류통로를 통한 정책결정자의 문제 발견 및 인지.

정책결정자는 다양한 환류 통로를 통해 정책이나 법규의 취지를 확인하게 되고, 정책에 소요된 경비를 점검하고, 예상치 못했던 새로운 문제를 집행과정에서 보고받거나 또는 대상집단으로부터 불평이나 제안을 받기도 한다. 그리고 정책결정자는 환류를 통해 얻게 된 정보를 바탕으로 집행방향을 수정하거나 경비 절감을 위해 정책을 축소하고, 발견된 새로운 정책문제에 대해 관심을 가지게 된다.

(4) 예　산

예산은 정책활동에 있어 대단히 중요하기 때문에 정책결정자는 예산에 대해 많은 관심을 기울이며, 예산의 변화를 특별한 문제로 인지하는 경우가 많다. 예산의 증감은 정책의제화하는데 기여하기도 하고 때로는 제약하기도 한다. 그러나 예산은 제약요인으로 작용하는 경우가 일상적이다. 정책결정자는 예산을 고려하여 어떤 문제를 고려 대상에서 제외하고 대신에 비용이 적게 드는 문제에 대해 관심을 가지기도 한다. 예산의 제약으로 인한 정책결정자의 문제 인지의 양식은 두 가지로 나누어 볼 수 있다.

하나는, 경비를 규제·통제하려는 의제를 만들려고 한다. 예컨대 공무원 인건비가 지나치게 상승하면 정책결정자는 공무원의 수를 줄이거나 공무원 봉급을 동결하는 문제를 고려하게 된다.

다른 하나는, 경비가 많이 드는 문제를 채택할 수 없는 상황이라면, 비록 종국적으로는 경비를 절감하는 방안이 아니라 하더라도 당장에 경비가 적게 드는 문제에 관심을 기울이게 된다.

2) 문제의 정의

조건(condition)과 문제는 다르다. 우리는 빈곤, 치료 불가능한 질병, 나쁜 기후 등 일상생활에서 부딪히는 악조건하에서 생활하고 있다. 우리를 둘러싸고 있는 나쁜 요인들을 우리가 조건으로 받아들이는 한 우리는 이를 개선할 수 없다. 그러나 우리가 이러한 조건들을 개선하기 위해 무엇인가를 해야 한다고 믿게 되면 조건은 더이상 변화불가능한 것이 아니라 바꿀 수 있는 대상으로 변화된다. 즉 우리는 관찰된 조건과 이상적 상태에 대한 개념간의 괴리를 문제로 정의하게 된다. 다시 말해 문제 정의에는 단순한 조건이나 외적 사건에 대한 지각적·해석적 요소가 포함된다(Kingdon, 109-110).

문제 정의에는 가치가 내재되어 있다. 어떤 가치를 중시하여 문제를 정의하느냐에 따라 그 해결방식도 달라진다. 따라서 문제 정의과정에는 정치적·경제적 이해관계가 얽혀 있으며, 문제 정의에 참여하는 사람들은 각기 자신의 가치를 반영시키고자 노력한다. 또한 현 조건에서 불리한 입장에 있는 사람들이 문제를 제기하게 된다. 예컨대 대기업 위주의 시장조건 개선문제는 대기업이 아닌 중소기업자들이 이를 문제라고 정의한다. 때로는 정부가 문제 정의과정에서 나타나는 관계자들간의 가치적 갈등을 조율해야 하는 경우도 있다.

실제에 일어날 수 있는 상황들을 특정한 기준에 따라 유형화하고, 각 유형별 대처방안을 달리하도록 규정하는 경우도 있다. 특정 사건이 발생하면 이것이 어느 유형에 속하는지를 정의해야 하는 것이다.

Ⅲ. 정책결정과정

앞에서는 사회문제들 중에서 일부가 정책문제로 되는 과정인 정책의제 설정과정을 설명하였다. 여기에서는 다음 단계로서 정책결정체계에서 정책문제를 선정하고 나서 구체적인 정책내용으로 만들어 가는 과정을 설명하기로 한다.

지금까지 정책결정에 관한 연구는 정책결정과정의 단계 및 특성을 추상화한 모형에 대한 것이 대부분이다. 따라서 이 장에서는 정책결정에 관한 주요 모형으로서 포괄적 · 합리모형, 점변모형, 쓰레기통모형 그리고 Allison모형에 대하여 설명하기로 한다.

모형(model)

모형이란 연구자의 관심대상 또는 탐구의 주제가 되는 실상(實像)을 추상화(抽象化)한 것이다. 정책결정과정에 대한 설명에서 모형을 사용하는 것은 다음과 같은 이점들이 있기 때문이다.

첫째, 정책결정과정 중 중요 변수들만을 추출하여 단순화하였으므로 복잡한 정책결정과정을 보다 명확하게 이해할 수 있다.

둘째, 정책결정에 관련된 중요 특성 내지 변수를 보다 잘 파악할 수 있다.

셋째, 정책결정과정의 핵심적인 국면에 초점을 맞춤으로써 연구자들간에 의사소통이 원활하게 되도록 한다.

넷째, 정책에 대한 인과관계를 모형을 통하여 분석함으로써 정책에 대한 설명 · 예측이 용이하고 나아가 정책 개발이 가능하다.

정책결정모형들에 대한 설명과 더불어 “정보와 정책결정”에 대하여 설명한다. 지식 · 정보사회에 있어서 정책결정자는 정보의 유용성을 인식하고, 이를 관리하기 위한 관리정보체계에 대해 이해해야 한다.

1. 포괄적 합리모형

1) 합리성과 정책결정

원래 합리주의는 동양보다는 서양에서 발달된 사상으로 특히 17세기 계몽주의 시대에 인간의 이성을 가치의 보편성으로 취급하려는 사회운동에서부터 발전되어 왔다. 철학에서는 합리성을 이성(理性)과 오성(悟性)으로 구분하는데, 이성이란 인간이 논리적으로 사유하는 능력 또는 본능이나 감정적 충동에 의하지 않고 개념적 사유에 기초하여 의사와 행위를 규제하는 능력을 말한다. 이에 비하여 오성이란 본능이나 감정적 충동에 근거한 감성과 대칭적 개념이긴 하지만, 이성에 비해 상대적이고 유한성을 지니며 경험 세계에만 관계되는 지성이다. 이런 점에서 합리적 결정이란 이치에 합당하거나 논리에 따른 결정이라 하겠다.

정책결정에 있어서 합리성의 개념은 실질적·절차적인 것으로 구분하여 설명할 수 있다(Simon, 1963). 실질적 합리성은 적절한 행동대안이 선택되는 정도를 의미한다. 이에 비해 절차적 합리성은 대안의 결과에 관계없이 대안을 선택하기 위하여 사용된 절차가 인간의 인지 능력과 한계에 비추어 보았을 때 얼마만큼 효과적이었는가 하는 정도를 의미한다. Simon은 최적 대안을 선택하려는 실질적 합리성은 인간에 의하여 포기되고 있으며, 만족할만한 대안을 선택하기 위한 절차적 합리성을 추구하고 있다고 주장한다. 왜냐하면 인간은 인지능력에 있어서 한계가 있기 때문이다. 또한 완전한 정보를 수집하기가 현실적으로 곤란하며, 대안을 탐색하는데 소요되는 시간과 비용이 제약되어 있는 것이 일반적이다. 따라서 Simon은 의사결정자는 완전한 합리성보다는 '제한된 합리성'을 추구할 수밖에 없다고 본다.

정책학자인 Dye는 합리적 정책이란 정부가 정책을 선택함에 있어서 사회에 대한 소득이 비용보다 훨씬 상회하도록 사회적 소득을 최대한으로 달성하는 것이라 정의하였다. 이는 정책을 통하여 달성하려는 가치가 정책으로 인해서 희생되는 가치보다 높으며, 또한 다른 어떤 정책에 비해 이러한 순이익(純利益)이 높을 때 합리적이라는 것이다.

그런데 합리성을 측정할 때에는 경제적 기준만이 아니라 정치적 · 기술적 측면도 포함시켜야 한다. 기술적 합리성이란 일정한 수단이 목표를 얼마만큼 잘 달성시키느냐에 따라서 목표와 수단간에 존재하는 인과관계의 적절성을 의미한다. 다시 말해서 수단의 효과성, 즉 수단의 목표달성 정도를 의미한다. 정치적 합리성은 의사결정 구조의 보존 · 개선 또는 정책의 실현 가능성 등을 고려하는 것이다. 즉 정책과정에서 대안이 제기되면 이것이 정치구조에 미치는 영향을 먼저 평가해야 한다. 어떤 대안이 비록 사회적 · 경제적 문제를 해결할 수 있다고 하더라도 정치적으로 해결하는데 많은 어려움이 발생할 가능성이 예상된다면 그 대안은 기각되는 것이 합리적이다.

2) 포괄적 · 합리모형의 전제

합리모형은 이성과 오성에 근거하여 최선의 결과를 도출하고자 하는 과정을 설명한다. 점진적이거나 만족 수준의 결정도 합리적일 수도 있지만 포괄적이지 못하다는 점에서 순수한 합리모형을 포괄적 · 합리모형(comprehensive rational model)이라고 부른다. 점변모형과 만족모형이 "네가 가질 수 있는 것만큼 가져라"는 입장이라면, 합리모형은 "네가 한 만큼 가져라"는 입장이다. 또한 포괄적 · 합리모형은 정책결정을 어떻게 하여야 하는가를 제시하는 기준(guideline)을 제시한다는 점에서 규범모형이라 하겠다.

포괄적 · 합리모형에 입각하여 정책결정을 하기 위해서는 다음과 같은 조건이 전제되어야 한다.

- 잘 정의된 문제
- 고려해야 될 대안들에 대한 완전한 탐색
- 각 대안의 결과에 대한 완전한 정보
- 시민들의 가치와 선호에 대한 완전한 정보
- 충분하고도 적절한 시간, 기술 및 자원

포괄적 · 합리모형을 실제 상황에 응용하기 위해서는 이상과 같은 전제에 입각하여 다음과 같은 단계들을 따라야 한다.

3) 합리적 정책결정의 단계

이상에서 설명한 조건들을 갖추고 합리적 절차에 따라 정책을 결정한다면, 최선의 정책을 찾을 수 있을 것이다. 그러나 실제에 있어 이러한 전제들이 모두 갖추어지기는 어렵다. 합리적 정책결정을 위해 따라야 할 단계에 대해서는 학자에 따라서 다양하게 제시되고 있으나, 대체로 다음과 같은 단계를 거쳐야만 한다.

① 달성하려는 모든 정책목표들을 실증적이고 측정 가능한 단위로 정의하고, 동시에 각각의 목표에 대해서 상대적 중요성을 측정 가능한 단위로 제시한다.
② 목표와 관련된 다른 가치와 자원의 상대적 비중을 종합적으로 조사한다.
③ 가능하다고 생각되는 모든 대안들을 작성한다.
④ 각 대안의 비용과 효과, 예컨대 목표 달성도, 소요될 자원의 양, 다른 가치에 대한 영향 등을 종합적으로 예측한다.
⑤ 확률을 적용하여 각 대안에서 기대되는 순편익 또는 순효과를 분석한다.

순기대치를 비교하여 그것이 가장 높은 대안을 규명한다.

따라서 이와 같은 과정을 통하여 산출되는 정책이 곧 최선의 정책이며, 실제 정책결정과정이 포괄적·합리모형에 얼마나 접근하느냐에 따라 그 정책의 합리성 정도를 판단할 수 있다.

4) 합리모형의 평가

합리모형에 입각한 정책결정은 결국 최선의 대안을 선택할 수 있을 것이다. 그러므로 비용-효과분석, 게임이론 등과 같은 합리적 결정을 위한 기법들을 정책결정에 응용하기 위한 노력을 계속하여야 한다. 그러나 이러한 합리모형의 중요성에 불구하고, 다음과 같은 점에서 비판을 받고 있다.

합리모형의 가장 큰 취약점은 현실성 결여이다. 실제에 있어 정책결정은 합리적 · 분석적이기보다는 관습, 직관, 감정, 우연에 의해 이루어지는 경우가 많다. 따라서 합리모형은 만족모형이나 점변모형 등에 비해 설명력이 떨어진다.

다음은, 합리모형이 전제 조건들을 현실적으로 충족하기가 곤란하다. 정책결정을 위해 고려해야 할 정책환경은 급변하며 불확실성이 높다. 또한 정책의 인과관계를 설명하는 지식이나 기술이 부적절한 경우가 많다. 부적절한 지식과 기술을 바탕으로 정책결정을 한다면 그 과정이 아무리 합리적이라도 합리적 결정을 하기 어렵다.

또한, 매몰 비용이 있는 경우 합리모형을 따르기 어렵다. 이미 많은 자원이 투입되어 있는 경우에는 최선의 대안이 아니더라도 합리적 새 대안을 선택하기보다는 과거의 정책을 그대로 유지하거나 부분적으로 수정하는 것이 현실적일 수 있다.

마지막으로, 정책은 신속하게 결정하여야 하는 경우가 일반적이다. 합리적 결정을 위해 지나치게 많은 시간을 투입하는 경우 오히려 문제를 악화시킬 가능성이 있다.

매몰 비용(sunk cost)

정책을 종결하였을 때, 회수할 수 있는 비용이 있고 그렇지 못한 비용이 있다. 후자가 바로 매몰 비용이다. 예컨대 공공주차장을 건설하기 위해 건물을 지었으나 이를 다른 용도로 사용하고자 할 경우 토지는 회수가능한 것이지만, 주차건물이나 시설이 무용지물이라면 여기서 매몰 비용이 발생하게 된다.

정책결정에 있어 매몰 비용을 고려해야 한다. 예컨대 음식점에 들어가서 주문한 음식을 먹어본 후 자기의 입맛에 맞지 않은데도 아까워서 억지로 먹는 경우를 생각해 보자. 음식을 주문했으면 비용을 지불해야 하는데, 이것이 매몰 비용이다. 이 경우 매몰 비용이 아까워 억지로 먹은 음식이 체했을 때는 더 큰 비용을 감수해야 할 위험성도 있음을 고려해야 한다.

2. 점변모형

1) 점변모형의 특성

점변모형(incremental model)은 합리모형의 비현실성을 비판하고, 현상태(status quo)를 바탕으로 조금씩 증가하거나 감소하는 점변적 결정을 하는 것이 일상적이라고 본다. 규범적 측면에서 보더라도, 점변적 변화를 통해 결국 최선의 결과에 도달할 수 있다고 본다. 이런 점에서 점변모형은 실증모형의 특성을 지닐 뿐만 아니라 처방·규범모형의 성격도 아울러 지닌다.

Lindblom은 포괄적 합리모형과 구별하여 정책결정과정은 혼잡한 장애를 하나하나 헤치고 나가는 과정이라는 측면에서 점변모형을 '장애를 헤쳐 나가기' (muddling through)라고 명명하면서 점변적 정책결정과정에 대한 기본 논리를 제시하였다. 그 후 예산액의 증가 추이에 대하여 실증적으로 분석하는 등 많은 학자들에 의해 점변모형이 수정·보완되면서 점변모형은 오늘날까지 합리모형과 더불어 중요 정책결정모형으로 인정받고 있다. 오늘날에는 점변모형이 정책결정과정뿐만 아니라 인간행태에 일반적으로 적용될 수 있기 때문에 점변주의(incrementalism)라는 사회적 이념으로 되었다.

2) 주요 내용

점변주의는 인간 능력의 한계에 큰 장애를 받지 않고, 민주적 다원주의 사회에서 잘 적용될 수 있도록 현 상태(status quo)에 대한 변동을 조금씩 시도하는 것이다. 이는 점진적 변화가 결국 이익의 극대화를 보장해 줄 것이라는 관점이다. 다음에서는 이러한 점변모형의 주요 내용을 Lindblom의 논리를 바탕으로 설명하겠다

(1) 가지적 방법

합리모형은 문제인지에서부터 최종 대안 선택에 이르는 포괄적·합리적 과정을 거칠 것을 요구한다. 즉 정책문제의 근본적 원인을 체계적으로 분석

하고, 이를 해결할 수 있는 획기적 정책을 도출해 내는 과정을 거쳐야 한다는 것이다. 이는 나무가 병들었을 경우 뿌리에서부터 원인을 분석하여야 하는 것과 같다. 이런 의미에서 합리모형은 '뿌리 방법'(root method)이라 하겠다. 이러한 뿌리방법은 비교적 단순한 문제에 대해서만 그것도 어느 정도 수정된 형태로만 적용할 수 있는 것이며, 나무가 병들었다고 해서 매번 뿌리까지 파내어 병의 원인을 진단할 수 없는 것이다.

이에 비해 점변모형은 현존 정책으로 개선할 수 있는 모든 대안들을 탐색하기보다는 약간 수정·보안한 대안들 중에서 하나를 선택한다고 본다. 이는 나무가 병이 들었을 경우 구태여 뿌리까지 파서 진단하지는 않으며, 병든 가지들만 살펴보고 이를 바탕으로 몇 가지 치료 가능한 처방들 중에서 하나를 선택하는 것이다.

즉 점변모형은 뿌리 방법과 대칭되는 '가지적 방법'(branch method)에 따르는 것이다. 성취할 수 없는 완전성보다는 성취할 수 있는 최선의 것을 기대하는 것이 현실적이며 또한 바람직하다. 예컨대 예산 심의에 있어서도 모든 현존사업의 가치를 검토할 수 없으므로, 현존 기초액에 근거를 두어 증가 또는 감소부분에 대해 세심한 주의를 기울이는 입장이다.

(2) 계속적·한정적 비교

정책결정자는 정책대안이나 대안의 결과들을 모두 분석하지 않는다. 합리모형에서는 대안이나 대안의 중요 결과들을 포괄적으로 비교·분석한다고 보는 반면, 점변모형은 정책대안과 대안의 결과 중 일부만을 한정적으로 비교한다는 것이다.

물론 포괄적·합리모형이 포괄적으로 모든 대안들을 비교하는 것과는 달리 점변모형은 한정적 대안들만 비교함으로써 사소한 것은 물론 중요한 대안도 누락될 수도 있다. 그러나 다음의 정책과정에서 이를 고려하기 때문에 결국 최선의 결과에 도달할 수 있다.

(3) 다원주의와 부분적 상호 조정

정책이란 자율권을 가진 다양한 참여자와 이해집단들의 상호 조정의 산물이다. 정책결정 과정에서 부분적 상호 조정이 활발히 이루어지는 것은 다원주의 사회에서 두드러지게 나타난다. 우리 사회는 다양한 이해관계를 지닌 사람이나 집단들로 구성되어 있기 때문에 어느 특정의 참여자가 정책과정을 주도할 수 있는 권위를 가지기가 어렵다. 따라서 어느 정도 영향력을 발휘할 수 있는 참여자들간의 상호 조정이 이루어질 수밖에 없다.

실제에 있어 참여자간의 부분적 상호 조정이 집권적 조정보다 더 나은 결과를 가져올 수 있다. 왜냐하면 다양한 자기 이익이 정치과정을 통해 자발적으로 조정되기 때문에 집권적 결정에 의한 것보다 더 현실적이며 또한 각자의 이해관계를 반영할 수도 있기 때문이다. 더욱이 정책문제가 너무 복잡하여 조정자의 능력을 넘은 경우에는 상호 조정을 통하지 않고는 문제해결이 불가능하다.

물론 정책결정이 부분적으로 이루어짐으로써 중요한 대안이나 결과를 빠뜨리게 될 가능성은 한정적 비교의 경우와 마찬가지로 상존한다. 그러나 다양한 참여자들간의 부분적 상호 작용을 통하여 한 부분에서 무시된 중요 가치를 다른 상호 작용에서 고려하게 되므로 오히려 포괄적·합리모형보다 더 바람직한 전략이 될 수도 있다. 그리고 정책결정이 보다 다양하고 작은 과정으로 분할되어 있고, 이러한 과정에 참여하는 다양한 이해관계자간의 계속적인 상호 작용은 상호 견제와 균형을 통한 권력제한의 방법이 되기도 하며, 또한 정책결정에 있어 정보의 수준이나 합리성을 높일 수도 있다.

사회문제는 특정인들이 합리적으로 분석·결정함으로써 해결되기보다는 여러 사람들간의 상호 작용의 결과로써 해결되는 경우가 많다. 더욱이 아무리 합리적으로 분석하려고 해도 현실적으로 완전하지 못할 경우가 더 많기 때문에 분석에 의하는 것보다 차라리 참여자들간의 다양한 상호 작용에 의하여 더 잘 문제를 해결할 수 있다.

3) 점변적 분석의 세 가지 유형

Lindblom(1979: 517-518)은 점변모형에 대한 비판을 분석하고, 초기의 이론을 보다 세련화하기 위하여 정책분석으로서 점변주의를 세 가지 유형으로 나누었다.

(1) 단순한 점변주의

현 상태에서 약간 다른 정책대안만을 한정적으로 분석하는 것이다.

(2) 분할된 점변주의

Lindblom이 초기에 설명한 점증모형 및 단순한 점변주의적 분석도 이에 포함된다. 구체적인 과정은 다음과 같다.

- 소수의 친밀한 정책대안에 대한 분석
- 문제의 경험적 측면과 관련된 정책목표와 가치에 대한 분석
- 추구하여야 할 적극적 목표에 대한 것보다는 치료하여야 할 병에 대해 더욱 분석적으로 몰두
- 시행착오와 재시험의 연속
- 고려된 대안의 중요한 결과들 중 일부만 탐색하는 분석
- 정책결정의 수많은 참여자에 의한 분할적 분석

(3) 전략적 분석

과거의 내용에서 새로이 추가된 것으로, 복잡한 정책문제를 단순화시키기 위하여 신중히 선택된 일련의 전략에 한정된 분석을 말한다. 즉 전략적 분석이란, 합리적·과학적 분석을 단순화시킨 방법으로 Simon의 제한된 합리성에 입각한 분석과 유사하다.

4) 점변모형의 평가

점변모형의 가장 큰 공헌은 포괄적·합리모형의 비현실성을 논리적으로 지적하고, 현실적인 정책결정방법을 설명한 점이다. 그렇다고 점변모형이 목표를 설정하고 대안을 계량적으로 분석하는 과학적·이론적 접근법을 포기하는 것은 아니며, 단지 이러한 방법은 실제적이지 못하다고 본다. 현존정책에서 약간 다른 정책만을 고려하고 중요한 결과와 가치를 무시하는 것이 비합리적인 것은 아니며 완벽하지 않을 뿐이다. 왜냐하면 중요한 이익이

나 가치를 지키려는 다양한 감시자들의 존재로 인해 특정 개인이나 집단이 자의적으로 특정 가치나 결과를 무시할 수는 없기 때문이다.

정책결정과정에 참여자는 자신의 가치와 이익을 포함시키기 위하여 상호 조정을 해야 하며, 이는 결국 바람직한 정책을 산출할 수 있다. 점증모형은 이러한 강점에도 불구하고 다음과 같은 한계를 지적할 수 있다.

(1) 점변성의 기준

현존 정책에서 소폭의 변화만을 고려한다고 할 때, 얼마만큼의 변화를 소폭으로 볼 것인가 하는 점이 명확하지 않다. Wildavsky는 미국 행정부의 예산액이 10% 이내의 예산 변화율을 보인 분석결과를 토대로 20%의 기준을 점변적인 것으로 보았다. 이러한 사실로 미루어 볼 때, 점변성의 기준은 모호하다.

(2) 현실적 설명력

정책이 실제로 점변적으로 결정되지 않는 경우도 많다. 전체적으로 보면 점변적인 결정이 이루어졌지만, 부분적으로는 큰 변화가 있을 수 있다. 예컨대 특정 기관의 예산 변화가 전체적으로는 점변성을 지니더라도 그 내부에서는 정책선택의 우선순위나 부처의 확대나 축소 또는 지도력 등에 따라 대폭적 변화가 일어나기도 한다.

더욱이 점변모형은 모든 이해관계자의 정치적 자원이 비슷하게 배분되어 있는 다원주의 사회에서 설명력이 높다. 정치권력이 일부에 독점된 사회에서는 점변모형은 기존정책을 옹호하는 이론적 무기가 될 수 있다. 따라서 권위주의적 행정문화에서는 점변모형의 설명력은 매우 약하다. 권위주의적 형태를 지닌 정책결정자는 조금씩 변화하는 개혁의 필요성을 인정치 않고 일시적이고 대폭적인 변화를 선호하기 쉽다.

정책은 특정 전환점(shift point)에 이르러 정책의 질이나 양에 있어 갑자기 변화되기도 한다. 그러나 정책과정에서 이러한 전환점이 왜 생기는지 그 후의 과정은 어떻게 되는지 등과 같이 정책의 복잡한 내부과정은 설명될 수 없다.

(3) 쇄신성 결여

점변모형은 미래를 과거의 선형함수로 파악하려는 것이며, 이는 현존 정책에 대한 한계적 변화만을 고려하므로 모험과 변화에 한계가 있다. 그러므로 더욱 바람직한 결정을 하기 위해서는 점변주의로부터 탈피하여야 한다. 급변하는 정책환경에 대처하기 위해서는 정책의 대전환이 필요한 경우가 많다. 쇄신적 진보란 작은 단계들의 연속이 아니며, 선형적이거나 타협적인 것이 아니다. 이런 점에서 점변모형은 안정된 환경에는 잘 적용될 수 있으나 급변하는 여건에는 적합하지 못하다.

그러나 Lindblom은 극적 변화와 마찬가지로 연속적인 점증적 변화를 통해 사회구조의 근본적 변화를 야기시킬 수 있다는 점에서 점변모형이 비쇄신적이라는데 동의하지 않는다. 조그만 변화를 계속적으로 하는 것이 단지 이따금씩 대폭적으로 변화하는 것보다 더 극적인 변화를 이룰 수 있다. 즉 변화의 속도는 변화의 폭과 빈도의 함수이므로, 가장 빠르게 변화하는 한 방법은 계속적으로 그리고 점변적으로 변화하는 것이다. 더욱이 다원주의 사회에서는 정치적 변화가 현존의 경쟁규칙과 근본가치를 위협하지 않아야 하는데, 이러한 사회적 특성상 작은 변화가 아닌 큰 변화는 실제로 일어나기 어렵다.

이러한 Lindblom의 재반박에도 불구하고 점변모형은 보수적이며, 쇄신성이 결여되어 있어서 급변하는 정책환경에서 그 적용의 한계가 있다는 점은 부인하기 어렵다.

(4) 과학적 분석의 경시

규범적 · 처방적 모형으로서 점변모형에 대한 비판은 합리모형이 이상적 모형은 아니라고 하더라도 점변모형보다는 더 나은 전략적 모형이 제시되어야만 한다는 점이다. 굳이 포괄적 · 합리모형을 따르지 않더라도 우리는 점변모형보다 더 나은 수준의 분석방법들을 발견할 수 있다.

점변모형은 가까이 있는 대안들 중에서 현재보다 약간 더 좋은 부분적 최적을 발견할 뿐이며, 멀리 있는 훨씬 더 좋은 가능 대안들을 탐색하지 않는다. 결국 점변모형은 타협과 흥정을 통한 타성적이고 주먹구구식인 정책결정 방식을 마치 민주적인 것으로 미화함으로써 관료들이나 관료조직이 분석적 접근방법을 경시하는 이론적 무기가 된다.

이에 대해 Lindblom도 점변모형이 분석에 있어서 필수적인 것은 아니라고 인정한다. 그러나 어떠한 모형도 결국 불완전한 것이어서 부분적 유용성만 가질 뿐이며, 따라서 좋은 정책을 위한 규범적 비판을 모두 수용하는데 실패할 수밖에 없다는 것이다. 심지어 Lindblom은 Kuhn이 제시한 과학의 혁명도 부분적 점변주의자들의 성취일 뿐이라고 본다.

(5) 부분적 상호 조정의 문제

다원주의 사회에서는 중앙집권적이 아닌 부분적 상호 조정에 의해 정책이 결정된다는 점에 대해 다음과 같이 비판할 수 있다.

정책결정의 참여자들에 의하여 모든 이익이 표출되어지는 것은 아니며, 또한 참여자가 가지는 영향력의 크기도 다른데 이를 소홀히 취급하고 있다. 이에 대해 Lindblom은 부분적 상호 조정의 불평등이 있다고 해서 중앙집권적 정책결정이 보다 진보적이라는 견해는 너무나 순진한 사고라고 한다. 역사적으로 볼 때 오히려 강력한 집권적 권위가 역사적으로 내려온 불평등을 옹호하는 수단이 된 경우가 많다는 것이다.

또 다른 비판으로는, 정책과정의 참여자들이 다양한 이익이나 가치를 사실상 제대로 대표하지 못한다는 점이다. 대신에 이들은 지배적인 이익이나 가치를 공유하고 있기 때문에 다원주의 사회에서 나타나는 건전한 경쟁이 사실상 이루어지지 않는 사실을 점변모형은 간과하고 있다. Lindblom도 이러한 비판을 부분적으로는 인정하면서 정책의제를 거대의제와 일상의제로 나누어 볼 필요가 있다고 본다. 거대의제는 수입과 부(富) 또는 권력 배분과 같이 정치·경제 생활의 근본 구조에 관련된 정책의제이다. 일상의제는 부분적 상호 조정이 가능하지만, 거대의제는 참여자간에 내재해 있는 동질성에 의해 이루어져 있기 때문에 부분적 상호 조정은 대단히 곤란하다.

마지막으로, 부분적 상호 조정은 특정 국가에서만 가능한 것이기 때문에 점변모형을 모든 나라에 적용하는데는 한계가 있다는 점을 지적할 수 있다. 미국과 같은 사회에서는 부분적 상호 조정이 어느 정도 이루어질 수 있겠지만, 다원성이 결여된 사회의 경우에는 부분적 상호 조정이 이루어지기가 어렵다.

3. 쓰레기통모형(Garbage Can Model)

1) 특　성

Cohen, March 그리고 Olsen은 조직 또는 개인간에 응집성이 아주 약한 상태에서 이루어지는 의사결정 상황에 대하여 독창적 설명을 하였다. 여기서 쓰레기통이란 복잡하고 혼란한 상태를 의미하는 '조직화된 혼란상태'(organized anarchies)를 의미한다.

쓰레기통모형은 엄격한 계층조직보다는 상하 관계가 분명하지 않은 대학이나 친목단체에서 이루어지는 의사결정과정을 주된 대상으로 하였다. 그러나 이 모형은 행정부 내의 여러 부저가 관련되어 있는 조직세계나 다당제의 의회와 같이 상하 관계를 지니지 않는 참여자에 의하여 이루어지는 정책결정과정에도 잘 적용될 수 있다.

2) 조직화된 혼란상태의 속성

이 모형은 합리성을 극도로 제약하는 조직화된 혼란상태는 다음의 세 가지 속성을 지닌다고 보고 있다.

(1) 문제성 있는 선호

의사결정에 참여하는 사람들은 서로 다른 선호를 가지고 있다. 그러나 어떤 경우에는 자기의 선호가 무엇인지조차 모르면서 의사결정에 참여했다가 참여 도중에 자기의 선호를 발견하게 된다.

(2) 불명확한 기술

여기서 기술이란 의사결정을 달성하려는 목표와 이를 달성하기 위한 수단간의 인과관계를 의미한다. 조직은 이러한 기술을 분명히 알고 있다기보다는 시행착오를 거쳐 파악하게 된다. 이는 목표가 명확하더라도 최선의 대안을 모르기 때문에 합리성이 제약된다는 것을 의미한다.

(3) 일시적 참여자

의사결정에 참여하는 사람들은 계속적으로 그리고 똑같은 열의를 가지고 참여하는 것은 아니다. 참여하기로 된 사람이 우연히 참석하지 못하기도 하고, 새로운 참여자가 관여하기도 한다. 또한 특정 문제가 자기에게 이해관계가 적을 경우에는 열성적으로 참여하지 않는다.

3) 세 가지 의사결정 요소의 흐름

쓰레기통모형은 갖가지 쓰레기가 쓰레기통 속에 우연히 모여지듯이 의사결정의 요소가 서로 다른 시간에 우연히 모여져서 의사결정이 이루어진다고 본다. 즉 의사결정은 다음에서 설명하는 바와 같이 조직화된 세 가지 요소가 우연히 결합되어 이루어진다. 여기서 의사결정 요소의 흐름이란 각 요소는 시간의 흐름에 따라 개별적으로 참여하게 된다는 의미이다.

(1) 의사결정의 기회

의사결정의 기회는 개인의 경우에는 결정 순간이고, 집단의 경우에는 회의가 된다. 그런데 의사결정의 대상이 되는 사건, 즉 문제가 발생한다고 해서 즉시 이를 해결하기 위한 의사결정의 기회가 마련되는 것은 아니다.

(2) 해결책의 흐름

해결책이란 문제를 해결하기 위한 대안을 의미한다. 일반적으로 문제가 있으면 이의 해결책을 찾게 되지만 때로는 해결책이 있으면 그것으로 해결할 수 있는 문제를 해결한 후에 여타의 문제도 탐색하기도 한다. 예컨대 특정 사회문제가 심각하게 인식되면 정책결정 주체들에 의해 그 문제가 정책의제화되기 전에 미리 여러 정책대안들이 탐색되고 비교 · 평가되기도 한다.

(3) 참여자의 흐름

참여자는 의사결정을 할 수 있는 지위에 있거나, 의회 등에 참여하기로 되어 있는 사람이다. 정책과정에 다양한 이해관계를 가진 사람들이 다양한 배경과 영향력을 가지고 참여하게 된다. 참여자들은 문제의 발생 여부에서부터 의사결정이 이루어질 때까지 계속적으로 참여하는 것이 아니라 자신의 시간, 사정이나 관심 여하 그리고 문제의 성격 등에 따라 부분적으로 참여한다. 따라서 의사결정의 전과정을 통하여 참여자는 계속 바뀌게 된다.

4) 의사결정과정모형

Olsen은 의사결정요소의 세 가지 흐름이 교체되는 것, 즉 결정과정을 세 가지 유형으로 나누고 있다.

(1) 순수한 혼란

각 흐름간의 교체에 대해 전혀 인위적 규제가 가해지지 않는 상태로서 세 가지 흐름이 서로 시간의 우연적 동시성 때문에 만나게 된다. 이 경우 문제의 인지, 해결책의 탐색, 의사결정 기회 그리고 참여 구조는 개방적 성격을 갖는다.

(2) 환류가 있는 경우

과거의 행동이나 사건을 통한 환류가 있는 경우에는 각 흐름들은 학습의 함수로서 연결된다. 따라서 학습내용이 어떠하냐가 의사결정 형태에 중요한 영향을 끼친다.

(3) 흐름을 규제하기 위하여 조직적 수단을 가하는 경우

흐름간의 바람직하지 못한 교차를 미리 피하기 위하여 계층제, 전문화, 정보 배분, 시간 제약 등의 규제를 가하는 경우이다. 이러한 경우에는 실제로 중요한 문제가 의사결정 기회에 연결되지 못하고 잠재화되거나 또는 어떤 상황에서는 갑자기 의사결정의 기회를 개방하게 되면 큰 혼란이 야기될

수도 있다.

5) 평 가

이 모형에서 가정하고 있는 조직화된 혼란상태는 민간조직은 물론 공공조직에서도 쉽게 발견할 수 있는 것인만큼 그 유용성이 인정된다고 하겠다. 그러나 대부분의 조직은 쓰레기통모형에서 전제로 하는 것보다는 훨씬 더 안정되고 체계가 잡혀 있다는 점에서 조직의 모든 결정형태에서 발견되는 것이 아니고 일부분의 조직에서 또는 일시적으로 나타나는 결정형태를 설명하는데 적합하다고 볼 수 있다. 뿐만 아니라 의사결정과 관련된 요소들이 무질서하게 쓰레기통 속에 들어가 있으면 언젠가는 정책결정으로 전환될 것이라는 기대는 매우 막연하고 가능성이 적어 보인다.

4. Allison모형

1) 이론적 배경

Allison은 당시까지의 정책결정모형을 합리적 행위자 모형과 조직과정모형으로 재분류하고 여기에다 관료정치모형을 새로이 부가하였다. 각 개별 모형은 정책결정체인 정부의 구성에 관한 각기 다른 가정에서부터 출발한다. 즉 합리적 행위자모형은 정부를 잘 조정된 유기체로, 조직과정모형은 정부를 느슨하게 연결되어 있는 반독립적인 하위조직체들의 집합체로, 그리고 관료정치모형은 정부를 정치적 관계로 연결된 집합체로 본다. 결국 Allison모형은 정부조직의 구성형태에 따라 정책결정과정을 다르게 설명하려는 시도이다.

2) 합리적 행위자모형(Rational Actor Paradigm: 모형 I)

합리적 행위자모형은 최선의 문제 해결방법으로 정부에 의해 선택된 정책을 분석대상으로 한다. 정부조직은 잘 구조화된 유기체로 볼 수 있으며,

이러한 정부조직에 의한 정책결정과정은 본질적으로 개인의 그것과 같다. 즉 정책결정은 정책결정자의 이성적 판단과 사물에 내재된 논리에 따라 이루어진다. 정책결정자는 목표로서의 효용함수, 문제해결과 관련된 일련의 행동대안, 각 대안으로부터 야기될 수 있는 비용과 효용, 목표가치의 극대화를 도모할 수 있는 선택이라는 네 가지 하위 개념에 의해 합리적 판단을 한다.

특정한 정책이 채택된 경우 그 정책에 의해 극대화할 수 있는 목표가 있으며, 이는 목표와 수단관계에 대한 분석을 통해 설명·예측할 수 있다. 특정 정책은 그 국가의 목표, 인지된 대안, 대안의 결과 추정, 추정된 결과에 대한 평가를 통해 산출된다. 대안 비교과정에서 특정 대안의 비용이 증가하면 — 의도한 결과를 가져오지 못하면 — 그 대안이 채택될 가능성은 줄어들고, 비용이 감소하면 그 대안은 채택될 가능성이 커진다.

3) 조직과정모형(Organizational Process Paradigm: 모형 II)

조직과정모형에서는 정책결정에 참여하는 하위 조직들은 독립적이기보다는 느슨하게 상호 연합된 관계를 이루고 있다고 본다. 정책문제는 여러 조직들이 연계되어 있기 때문에 각 하위 조직이 취급하기 적당한 정도까지 분할되어야 한다. 이와 비례하여 분할된 문제를 처리하는데 필요한 만큼 권력이 각 하위 조직에 분배되어 있다.

하위 조직들은 일정한 범위의 문제에 대해 일차적 책임이 있기 때문에 조직 내에는 '지방색'이 형성된다. 즉 나름대로의 고유한 문제인지 방법과 대안 선정의 기준을 가지고 있다. 또한 정부기관들은 각기 목표가 다르고 저마다 독립적으로 정책결정을 갖기 때문에 같은 문제라도 각기 다른 방법으로 이를 해결하려 한다. 더욱이 각 부처는 자신이 미리 정한 표준운영절차에 따라 정책을 결정한다.

한편 조직은 장래에 일어날 사건들과 그 발생 확률을 예측하여 불확실성에 대응하기보다는 오히려 불확실성 그 자체를 피하려고 한다. 이를 위해 환경 및 타조직과 안정적인 관계를 맺거나 돌발사태에 대처하기 위한 시나리오를 만든다. 표준운영절차에 따라 정형적 결정을 할 수 없는 상황에서 조직은 문제 중심의 탐색활동을 하는데, 이 과정에서 조직의 관행이 새로운 상황에 적응할 수 있도록 조금씩 변화한다. 이러한 변화는 구성원들의 학습을 통해 조직 학습을 유발된다.

4) 관료정치모형(Bureaucratic Politics Paradigm: 모형 Ⅲ)

관료정치모형에서는 정치적 게임의 결과로서의 정책을 분석대상으로 한다. 정책을 문제에 대한 최선의 해결책으로 선택된 것이기보다는 오히려 정부관료들간에 타협, 경쟁, 연합, 지배 등을 내용으로 하는 정치적 게임의 산물로 본다. 여기서 주요 개념은 '참여자'와 '참여자의 입장'이다. 참여자는 정부조직 내에 정책결정과 관련된 특정의 직위를 맡고 있는 사람이다. 개인은 이러한 직위를 통해 정책결정의 참여자가 될 수 있다. 그리고 정책결정에 임하는 참여자의 입장은 다음과 같은 요인에 의해 결정된다.

첫째, 조직 내의 우선순위와 문제인식 방법은 참여자의 입장에 영향을 미친다.

둘째, 국가목표, 조직목표, 개인의 이해관계 및 참여자의 자기 역할에 대한 인식에 따라 참여자의 입장이 달라진다.

셋째, 일련의 사건의 흐름 속에서 움직이는 참여자는 사건의 마감 시한에 쫓기게 된다. 따라서 마감 시한의 완급은 참여자의 입장에 영향을 미친다. 한편 관료정치모형에서는 정책은 조직 내에 이미 축적된 대응 조치들 중에서 정부 지도자가 선택하여 다듬은 대응 조치로 본다. 따라서 조직 모형에서의 설명과 예측은 정책을 산출한 조직 내의 기존 대응 조치들과 관행을 확인함으로써 가능하다.

마지막으로 관료정치모형은 세 가지 일반적 명제들을 제시하고 있다: 조직에 의한 집행, 조직에 의해 제시된 선택의 범위, 그리고 제한된 신축성과 점변적 변화.

첫째, 조직이 집행해 온 범위에서 정책결정이 이루어진다. 표준운영절차에 의해 정형적인 상황들에 대처하기 위한 관행들이 형성되고, 이러한 관행은 조직 내의 많은 구성원들로 하여금 매일매일 깊이 생각해야 하는 부담없이 많은 사건들을 처리할 수 있게 해 준다. 그리고 대응 조치들은 '그 조직에 맞게' ── 지방색을 가진 ── 개발된 것이기 때문에 이것이 특수한 상황에서 종종 들어맞지 않는 경우도 있다.

둘째, 조직에 의해 제시된 선택의 범위 내에서 정책결정을 한다. 하위 조직에 의해 작성된 일련의 대안은 대안작성 비용뿐만 아니라 전체적인 선택과정을 통제하려는 하위 조직의 이해관계까지 반영하고 있다. 따라서 대체로 하위 조직의 운영목표에 맞는 대안이 제시되고, 다른 조직과의 조정을 요하는 대안은 별로 제시되지 않으며, 조직들간에 관할권이 모호한 대안은 거의 거론되지 않는다.

셋째, 정책결정은 점변적 변화로 인해 신축성이 제한된다. 특정 시점의 조직 행태는 이전 시점의 조직 행태와 약간 다르다. 조직의 예산, 우선순위, 문제의식 양식, 조직의 절차와 대응 조치들 등이 점진적으로 변화하며, 상대적으로 안정되어 있어서 신축성이 별로 크지 않다.

5. 정보와 정책결정

1) 정보의 유용성

정책결정을 위해서는 정보를 수집하고 이를 분석 · 평가해야 한다. 그런데 정보의 홍수라 할 만큼 우리는 많은 정보를 접하게 되므로 가치 있는 정보만을 수집하여 정책과정에 활용해야 한다. 정책결정에 유용한 정보만이 정보로서 가치가 있다. 정책결정에 유용한 정보란 무엇인가? 유용한 정보의 특성을 여섯 가지로 구분할 수 있다: 적절성, 정확성, 풍부성, 즉시성, 접근성, 그리고 상징성.

정책결정에 적절한 정보란 필요한 기관에 필요한 양만큼 수집되어야 한다. 적절성은 정보의 양과 정보의 내용이라는 두 측면에서 결정된다. 즉 정책결정자가 활용할 수 있을 만큼, 그리고 또한 정책결정자가 필요한 정보가 제공되어야 한다. 바쁜 일정으로 시간에 쫓기는 정책결정자는 두꺼운 보고서를 일일이 점검할 여유가 없다. 따라서 정보가 너무 많으면 정책결정자는 그 정보를 모두 무시해버릴 가능성이 있다. 그러므로 정보 제공자는 수집된 정보를 검토하여 적절한 양의 정보를 제공해야 한다.

정보가 정확해야 정보로서의 가치가 있다. 정책결정자가 실상을 정확히 나타낸 정보라고 신뢰해야만 정보로서의 가치가 인정된다. 정확한 정보를 수집하기 위해서는 비용이 많이 든다. 정확한 정보를 수집하기 위해 드는 비용이 잘못된 정보로 인해 발생될 손실보다는 작아야 한다. 또한 정책결정과정에서 반드시 알아야 할 정보가 빠진 경우에도 정확성이 낮아진다.

1종 오류와 2종 오류

정보의 정확성을 해치는 오류는 크게 두 가지 유형이 있다. 1종 오류는 정보가 실제로는 잘못된 것인데, 정책결정자가 정확한 것으로 받아들일 때 발생한다. 2종 오류는 정보가 실제로 정확한 것인 데도 오류로 받아들이는 것이다.

정책결정자에게 부담을 줄 정도로 정보의 양이 너무 많아서도 안 되지만, 정책결정과정에서 다양한 측면을 고려할 수 있을 만큼 충분한 양의 정보가 제공되어야 한다. [그림 15-3]은 정책결정자가 제공 받는 정보를 세 가지 유형으로 나누어 본 것이다. 이를 통해 볼 때, 정책결정자가 필요한 정보(상자 3)의 상당 부분이 원하는 정보(상자 2)와 일치되지 않고 있음을 알 수 있다. 이는 제공 받은 정보 중에서 정책결정자가 원하는 정보이면서 또한 합리적 정책결정을 위해 필요한 정보는 아주 적다는 것을 의미한다.

적시성은 정보의 시간가치를 말한다. 정보란 발생된 사실에 관한 것이다. 이런 점에서 정책결정에 사용되는 정보는 역사성이 있다. 역사적 정보는 선형 분석이나 예측 기법 등을 통해 미래의 추세를 예측하는 데 활용될 수 있다. 정보의 적시성에 있어 핵심은 정책결정에 활용할 수 있을 만큼 빠르게 제공되었는지 여부가 즉시성을 판단하는 핵심적 기준이다.

정보의 접근성이란 정책결정자가 정보를 쉽게 얻을 수 있는 정도를 의미한다. 정책결정자의 정보원(information sources)에 대한 선호도를 결정하는 요인을 분석한 연구에서 정보의 접근성이 질보다 더 중요하다는 사실을 발견하였다(Boynton, Gales, & Blackburn, 1993). 정책결정자가 고급 정보를 제공하는 정보원보다 정보의 질이 조금 떨어지더라도 쉽게 접근할 수 있는 정보원에서 정보를 선택하는 경우가 많다. 정책결정자가 접근성을 기준으로 정

그림 15-3 정책결정자와 정보유형

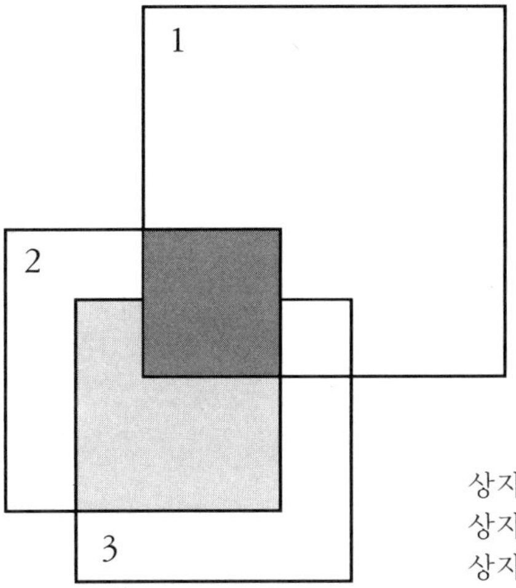

보를 선택하는 가장 큰 이유는 가치 있는 정보를 얻기 위해서는 사회적 · 경제적 비용이 많이 들기 때문이다. 그리고 조직이 구조적으로 가치 있는 정보를 얻을 수 있는 정보원을 차단하고 있는 경우도 있다. 또한 정보는 본질적으로 애매하거나 불확실하며 다양한 해석이 가능한 것이기 때문에 정책결정자는 어느 정도 신뢰할 수 있고 쉽게 접근할 수 있다고 판단하여 오랫동안 사용해 온 정보원에 의존하기 때문이다(Hodge, Anthony, & Gales, 2003: 285).

마지막으로, 정보는 상징적 가치를 지닌다. 정책결정자가 특정의 정보원에 접근하거나 정보를 제공받았다는 사실만으로 — 비록 그 정보를 필요하지 않거나 사용하지 않더라도 — 그 사람에게 지위와 특권을 부여한다. 국가기밀문서나 대외적 보안정보는 특정 직위 이상의 사람에게만 제공된다는 예를 통해 정보의 상징적 가치를 이해할 수 있을 것이다.

2) 관리정보체계

(1) 관리정보체계의 개념

정책과정에 있어 사람, 돈, 조직과 같은 자원과 마찬가지로 정보자원을 효율적으로 관리해야 한다. 그러므로 정책과정에서 관리정보체계(Management Information System: MIS)를 활용할 수 있도록 고안해야 한다. 정보관리체계란 정책결정을 위하여 적시에 정확하고 적절한 정보를 관리할 수 있도록 공식화된 체계를 말한다. 다시 말해, 최선의 정책을 결정할 수 있도록 적절한 정보가 적시에 적절한 직위의 정책결정자에게 제공될 수 있도록 고안된 공식체계이다. 조직의 정보처리능력을 향상시키기 위해서는 조직 전체적으로 통합된 정보이용자-컴퓨터 결합체계를 구축해야 한다. 정보관리체계는 컴퓨터 하드웨어와 소프트웨어는 물론, 분석, 계획, 통제 및 정책결정에 필요한 모형, 그리고 데이터베이스 등이 이용된다.

(2) 관리계층에 따른 정보체계

관리정보체계는 이를 활용하는 계층에 따라 지원하는 종류가 다양하다. 일상적 업무를 반복적으로 담당하는 하위 관리층은 업무 처리체계나 거래처리체계를 많이 활용된다. 조직업무의 통제를 담당하는 중간 관리층을 위해서는 관리정보체계, 의사결정지원체계 등이 개발되어 있다. 마지막으로, 거시적 정책 결정이나 전략적 관리를 해야 하는 최고 관리층은 최고 관리자 정보체계, 정보보고체계, 시뮬레이션체계 등을 주로 활용한다. 대표적인 관리정보체계들을 설명하면 다음과 같다.

가. 업무 처리체계

업무 처리체계(Transaction Processing System: TPS)란 조직의 운영상 기본적으로 발생하는 업무자료를 신속·정확하게 처리하는 정보체계이다. 수작업 또는 기계장치로 수행되던 사무업무를 컴퓨터를 이용하여 업무과정에서 빈번히 발생하는 자료들을 효율적으로 처리하기 위한 것이다.

나. 관리 정보체계

업무처리체계는 업무 처리의 효율성은 높였지만, 정보의 종합·요약 및 보고 등과 같은 중간 관리직이 수행해야 할 업무에는 큰 도움을 주지 못한다. 이런 점에서, 하위직을 통제하며 최고 정책결정자에게 필요한 정보를 제공하는 중간 관리층의 업무를 지원하기 위해서 관리정보체계(Management Information System: MIS)가 개발되었다. 중간 관리층의 관리업무에 도움을 주기 위한 관리 정보체계는 조직 관리에 활용되는 모든 종류의 정보체계를 포함하는 광의의 관리정보체계와 구별하기 위해서 정보보고체계(Information Reporting System: IRS)라고 부르기도 한다.

다. 최고 관리자 정보체계

최고 관리자 정보체계(Executive Information System: EIS)란 최고 관리층의 전략적 관리 및 정책결정에 필요한 정보를 제공하는 체계를 말한다. 정책결정 지원체계와 달리 특정 문제에 국한하지 않고, 여러 가지의 상황에 적용될 수 있는 정보 제공이 주목적이다. 특히 조직의 전략적 목적을 달성하는데 있어서 중요한 요인에 대한 정보를 신속하고 용이하게 제공해 줄 수 있어야 한다.

라. 정책결정 지원체계

정책결정 지원체계(Decision Support System: DSS)란 관리자의 정책결정을 지원해주는 정보체계이다. 다시 말해서 관리활동에 관한 자료를 검색하여 문제를 발견하고, 필요한 정보자료를 수집하여 정책문제에 대한 해결대안을 마련할 수 있도록 지원하는 정보체계이다. 정책결정지원체계는 특정 문제 또는 사용자를 위한 체계이다. 일반적인 관리정보체계는 조직 내의 구조화된 정보 흐름을 담당하는데 비해서, 정책결정 지원체계는 사용자의 의사결정 방법과 의사결정상의 행동 특성에 맞도록 설계한 것이다. 즉 정책결정자의 비정형적 정책결정을 지원하기 위하여 보다 쉽게 정책결정모형과 자료에 접근할 수 있게 해주는 대화식 체계이다.

마. 전문가체계

전문가체계(Expert System)란 전문가의 지식과 경험을 체계화하여 컴퓨터에 기억시켜 둠으로써 전문가가 아닌 많은 사람들이 전문가체계를 이용하여 전문가의 능력을 빌릴 수 있도록 개발한 체계이다. 전문가체계는 오래전부터 인공지능(Artificial Intelligence: AI) 분야에서 발전되어 왔다.

Ⅳ. 정책집행과정

1. 정책집행 연구의 중요성

정책집행론은 법령이나 정책이 관료에 의해 어떻게 구체화되는가를 설명하는 이론체계이다. 정책학자들이 정책집행에 대해 연구하는 것은 정책효과 또는 정책결과에 영향을 미치는 집행과정에 내재해 있는 중요 특징들을 설명하기 위해서이다. 우리는 수많은 정책실패 또는 정책 성공사례들을 연구해 봄으로써 정책집행을 성공 또는 실패로 이끄는 요인들을 알게 된다. 나아가 실제로 정책집행을 담당할 때 일반적으로 범하기 쉬운 실패요인들을 예측하고 이를 피할 수 있게 된다.

정책이 합리적으로 결정되었고, 이를 집행하기 위한 지원체계가 충분히 갖추어졌음에도 불구하고 그 정책이 실패하는 사례는 빈번하다. 이는 정부가 능력 밖의 일을 하려고 했기 때문일 수도 있겠지만, 집행과정에 다양한 실패요인들이 내재해 있기 때문이기도 하다. 비록 정책을 합리적으로 결정하였더라도 집행과정에서 원래 의도대로 이루어지지 못하는 현실적인 문제점들이 많다.

정책집행을 어렵게 하는 가장 큰 요인은 집행환경의 복잡성이다. 정책결정에 비해 정책집행은 상대적으로 오랜 시간이 걸리기 때문에 정책결정 당시에 전제한 정치적 · 경제적 · 사회적 조건들이 계속적으로 바뀌게 된다. 원래의 정책 의도를 달성하기 위해서는 집행 단계에서 변화하는 환경을 분석하여 실천 계획을 계속적으로 변경해야 하지만 실제에 있어 이는 대단히 어려운 작업이다.

또 다른 집행 실패의 원천은 집행과정에 참여하는 다양한 이해관계자들이다. 집행과정에 참여자의 수가 많을수록 이들간의 이해관계나 관점 또는 상대방에 대한 이해 부족 등으로 인해 갈등이 발생한다.

2. 정책집행의 개념

집행은 행정의 또 다른 이름인가? 행정과 정책집행은 여러 면에서 유사점이 있지만, 이 두 개념은 구별되어야 한다. 우선 행정이 일상적 또는 정형화된 업무를 수행하는 것이라면, 집행은 새로운 정책을 실행하기 위해 처음으로 도전하는 전례가 없는 과정이다. 정책집행은 경험이 없는 새로운 정책을 시행하는 과정이며, 일단 집행된 다음 단계에서 그것이 일상화 내지 정형화되면 집행이 아닌 행정 또는 관리로 보아야 한다.

국어사전에서는 집행을 법률, 명령, 재판, 처분 등의 내용을 현실로 구체화하는 일이라고 설명한다(http://www.encyber.com.). 그리고 초기 집행연구자들은 집행을 "실행, 성취, 생산 또는 완성하는 것" 또는 "정책결정에 의하여 이미 설정한 목표를 달성하기 위한 정부 및 민간부문의 개인이나 집단이 하는 활동"으로 정의하였다. 이러한 정책집행의 정의는 T_1시기에 X라는 정책이 만들어졌으면 T_2시기에 Y라는 결과가 발생한다는 단순 가정에 입각한 것으로서, 정책결정 후에 야기되는 문제들에 대한 대처가 원래의 결정만큼이나 중요하다는 인식이 결여된 것이다(Smith, 1973: 197-200; Edward & Sharkansky, 1978: 292).

이처럼 집행을 정책내용의 세부적이고 체계적인 시행으로만 본다면, 정책실패나 지체의 원인은 제대로 파악될 수 없다. 왜냐하면 정책을 잘 만들고 이를 효율적으로 집행할 수 있도록 고안한 조직체계에 따라 실행하면 정책목표를 무난히 달성할 수 있다고 본다면, 정책실패의 원인을 정책결정이나 집행체계의 잘못에서만 찾을 것이기 때문이다.

그러나 정부가 정책을 합리적으로 결정했다고 해서 그 결과가 의도대로 이루어지는 경우는 드물다. 장기적인 집행과정에서 예기치 못한 집행환경의 변화, 참여자간의 이해관계의 변화 등이 일어나기 마련이다. 하지만 이에 대응하여 적시에 적절한 결정을 내리기란 참으로 어렵다. 이런 점에서, 정책실패의 원인은 정책결정뿐만 아니라 집행과정에서도 찾을 수 있다. 이런 점을 고려한다면, 정책집행이란 "환경 변화에 대응하여 원래의 정책목표를 달성하기 위하여 계속적으로 새로운 결정을 하는 과정"이라 하겠다. 이는 의제설정, 결정, 집행 그리고 평가로 구성되는 정책과정을 다차원적·순환적 과정으로 본 정의이다.

의제설정단계에 이미 대안이나 해결책이 어느 정도 제시되기 때문에 이 과정이 잘못된다면 다음 단계서도 계속 영향을 미치게 된다. 마찬가지로 정책결정을 할 때 미리 집행과정에서 야기될 문제에 대한 고려가 있어야만 한다. 또한 집행과정에서도 문제 인지와 새로운 집행전략을 결정해야 한다. 정책평가단계에서는 정책집행이 끝난 후의 정책효과에 대해서뿐만 아니라 모든 하위 정책과정에 대해 계속적으로 평가·환류해야 한다.

따라서 정책결정을 할 때 미리 집행과정에서 야기될 문제에 대한 고려가 있어야 한다. 또한 집행과정에서 변화된 상황에 대응하여 원래의 정책을 수정하거나 나아가 정책종결까지도 고려해야 한다.

3. 정책집행 연구와 기존 행정학 연구의 차이

정책목표를 달성하기 위해서는 정책결정 못지 않게 정책집행이 중요하다. 따라서 법령이나 정책이 관료들에 의해 어떻게 구체화되는가를 연구할 필요성이 있다. 우리는 이러한 정책집행 연구를 통해 집행과정에서 공통적으로 범할 수 있는 실패요인들을 미리 알 수 있으며, 나아가 실제 과정에서 범하기 쉬운 중대한 실수를 피할 수 있다.

정책학의 성립 후 정책결정과정이 주된 연구대상이었으나, 1973년 Pressman과 Wildavsky가 「집행」(*Implementation*)이라는 책을 발간한 것을 기점으로 정책집행에 관한 연구가 본격화되었다. 이후 다양한 정책사례들을 대상으로 정책의 효과 또는 결과에 영향을 미치는 정책집행의 과정이나 구조에 내재하는 중요요인들을 분석하기 위한 연구들이 매우 활발하게 이루어지고 있다. 이러한 정책집행 연구들을 통해 기존의 행정학과는 다른 새로운 관점들이 제시되었다.

1) 행정학적 시각으로부터의 새로운 변화

전통적인 행정학적 접근법은 시민들이 대표자를 선출하고, 선출된 대표자들은 시민을 대신하여 법을 만들고, 의회로부터 책임을 위임받은 관료가 법을 집행하는 민주정치의 틀을 근간으로 한다. 이러한 정치적 틀 속에서, 전문 관료들을 채용하고, 이들이 도구 — 구조, 과정, 자원 등 — 들을 잘 고안하여 이미 만들어진 법을 집행하면 의도한 결과를 도출할 수 있다고 보았다. 그러나 집행 연구자들은 시민, 선출직 공무원 그리고 관료로 이어지는 연결과정이 아무리 잘 이루어졌다 해도 반드시 좋은 성과를 산출할 수 있는 것은 아니라는 사실을 밝혀냈다.

행정학의 기본 가정은 목표를 분명히 하고, 책임을 명확히 부여하며, 적절한 관리의 틀을 고안하고, 나아가 행정을 담당할 관료의 전문성을 높이면 기대한 결과를 얻을 수 있다는 것이다. 하지만 정책집행 연구자들은 이러한 시각으로는 해결할 수 없는 정책실패 현상들을 발견하고 새로운 시각에서 실패의 원인을 찾기 시작했다.

많은 집행 연구자들은 합리적으로 결정된 정책을 잘 고안된 관리체계로써 집행했음에도 불구하고 결국 실패하게 된 집행사례들을 분석하였다. 이러한 사례분석들을 통해, 관료제를 아무리 잘 통제하더라도 항상 의도한 결과를 얻을 수 있는 것은 아니라는 점을 설명하였다. 집행 연구자들은 전통행정원리의 비현실성을 강하게 비판하였다. 예컨대 명령통일의 원리는 — 정책집행에 참여하는 기관들이 다양하기 때문에 각 정책은 하나의 기관에 의해 수행되어야 하고, 각 기관 내에서도 단일 상관에게만 책임을 져야 한다는 원리 — 집행과정에 참여하는 다양한 참여자들로 인하여 더 이상 적용하기 어렵다. 또한 환경 변화에 대응한 새로운 조직형태의 출현에 따라 권위와 계층제 원리도 더 이상 중요한 행정원리가 아니다.

요컨대 집행 연구는 행정학적 시각에 대한 자신감 상실에서 새로운 해결책들을 찾아 긴 여행을 하고 있는 셈이다. 그러면 정책집행 연구는 전통적 행정 연구와 어떠한 차이점이 있는가?

2) 행정 연구와 집행 연구의 차이

행정 연구와 집행 연구에 있어 두 가지 본질적인 차이점이 있다.

하나는, 각 연구의 분석초점이 다르다. 행정 연구에서는 과정과 구조를 분석의 초점으로 하여 이들이 정책에 어떻게 영향을 미치는가를 분석하고자 한다. 이에 비해 집행 연구에서는 정책을 분석의 중심에 놓는다. 다시 말해 전자는 정치적 결정이 행정가의 효율적인 관리를 통해 기대한 결과를 이룰 수 있을 것이라는 믿음을 바탕으로 하는 데 비해 후자는 성과를 중요 분석 대상으로 하여 기존의 행정적 접근으로는 설명할 수 없었던 성과에 영향을 미치는 다양한 요인들이 존재한다고 가정한다(Kettle & Milward, 1996: 4).

다른 하나는, 집행 연구는 그 이론적 기초에 있어서 행정학이나 정치학을 포함한 보다 다양한 학문적 영역들을 원용하는 여러 학문간 접근이라는 특성을 지닌다. 원래 정책학이 여러 학문간 접근(interdisciplinary approach)이라는 특성을 지니지만, 특히 집행 연구에서 현저히 나타난다. 집행연구자들은 조직이론을 바탕으로 한 행정학적 접근 이외의 새로운 준거 이론들을 찾고자 노력했고, 또한 다른 분야의 학자들도 그들의 전문 지식을 통해 집행성과를 향상시킬 수 있는 영역을 찾고자 하는 노력이 많았다.

요컨대 조직의 구조나 과정보다는 성과에 대한 초점 및 여러 학문적 접근이라는 두 경향은 집행 연구로 인해 나타난 새로운 변화였다.

4. 정책집행모형

1) 모형 형성에 있어 상이한 시각

Pressman과 Wildavsky(1973)의 연구를 기점으로 본격화된 정책집행 연구는 정책학의 타분야에 비하여 비교적 짧은 역사를 가지고 있다. 정책집행에 관한 초기 연구들은 주로 사례연구 방법으로 이루어졌는데, 이러한 연구들로 인하여 실제의 정책집행과정과 성공적인 정책집행에 영향을 미치는 요인들에 대한 이해가 크게 증진되었다. 그러나 합의된 이론적 틀 없이 각기

상이한 정책영역에서 개별 연구자가 정책집행의 실패 또는 성공사례의 원인을 설명하고자 하였기 때문에 이론적 측면에서 많은 문제가 제기되었다.

특정 집행사례에 대한 연구 결과가 다른 사례에도 적용되기 어렵거나 다양한 사례 연구의 결과들이 지나치게 장황하여 실제의 정책과정에 큰 도움을 주지는 못하였다. 이러한 집행 연구의 이론적 문제점에 대응하기 위하여 일부 학자들은 정책집행모형을 형성하여 다양한 정책집행과정에서 공통적으로 발견할 수 있는 주요 변수들과 이들 변수간의 관계를 설명하고자 하였다.

여기서는 다양한 집행모형들을 일일이 소개하기보다는 여러 정책집행모형에서 공통적으로 지적하고 있는 주요 변수들을 간추려 소개하기로 한다. 정책실무자는 이러한 변수들을 미리 고려함으로써 집행의 효율성을 높이거나 정책실패를 막을 수 있을 것이다.

설명의 편의상 집행체계 내에서 상호 작용하는 내적 환경요인과 체계 밖에서 집행의 효율성에 직접적으로 영향을 미치는 외적 환경요인으로 구분하기로 한다.

(1) 내적 환경요인들

가. 의사전달

의사전달(communication)이란 언어적 또는 비언어적 통로를 이용하여 개인간, 조직간 또는 국가간에 의미를 공유하는 것을 말한다. 정책결정자와 일선 집행자간에 효율적으로 의미를 공유할 수 있어야만 집행의 효율성이 그만큼 높아진다.

정책결정자가 개발한 정책이 일선 집행기관까지 전달되기 위해서는 우선 정책목표가 명확해야 하지만 현실적으로 애매하거나 추상적으로 설정되어 정책의도가 일선 집행기관까지 정확하게 전달되지 못하는 경우가 많다. 그 이유는 다양하겠지만, 정책과정에 많은 참여를 통해 지지를 유도하려는 전략적 이유와 정책집행자들의 정책목표를 실천하기 위한 것이기보다는 정책이 장래에 대한 지침(guideline)이나 방향 정도로 인식하기 때문인 경우가 많다.

또한 상의하달, 하의상달 그리고 횡적 의사전달이 효율적으로 이루어지지 못하기 때문에 집행실패나 지체가 일어나기도 한다.

하향적(downward) 의사전달에는 업무지시, 업무와 관련된 정보, 업무 절차나 지침, 성과에 대한 환류 등이 포함된다. 만약 상관이 업무지시나 지침만을 내려보낸다면 부하는 구체적 임무나 조직성과에 관련된 정보를 알 수 없다. 또한 통제 위주의 하향적 의사전달을 지나치게 강조하면 일선 집행자의 사기가 낮아지고 현장에서의 문제점을 파악할 수 없게 된다. 그러므로 집행의 효율성을 높이기 위해서는 하향적 의사소통의 통로를 다양화해야 한다.

조직의 보고체계는 상향적(upward) 의사전달이 기본 통로이다. 상향적 의사전달을 통해 집행결과, 조직의 욕구와 문제, 부하가 상관에게 전달해야 한다고 판단한 중요한 정보를 파악할 수 있다. 최고 정책집행자는 조직의 공식적 의사전달체계의 한계를 극복하기 위하여 상향적 의사전달을 활성화할 수 있는 방법을 적극적으로 개발해야 한다.

동료간 또는 동일 직위의 기관간의 횡적(lateral) 의사전달은 효율적 정책집행을 위하여 대단히 중요하다. 부처간 협조를 얻기 위해서는 공식적 의사전달 통로를 — 예컨대 협조전이나 공식회의 — 통하기 전에 비공식적으로 정책문제를 조율하거나 정책의도를 설명하거나 또는 공식통로이지만 공식적 지위가 아닌 개인적 입장에서 의견을 교환하면 집행의 효율성이 높아진다.

마지막으로 애매한 언어를 사용하여 그 뒤에 숨으려는 관료적 행태는 효율적인 의사전달을 어렵게 한다. 의사전달은 정확 · 간결 · 명확하게 — 의사전달의 ABC — 이루어져야 한다.

의사전달의 ABC(accuracy, brevity, clarity)

① Accuracy(정확성): 의사전달은 두 가지 점에서 정확해야 한다. 하나는, 내용이나 인용한 통계치 또는 도표가 정확해야 한다. 다른 하나는 철자, 구두점 그리고 문법이 정확해야 한다.

② Brevity(간결성): 의사전달은 요점을 간결하게 표현해야 한다. 만일 보고서가 서너 장 이상이면 전면에 요약문을 부착하는 것이 좋다.

③ Clarity(명확성): 문장은 분명하고, 가능한 짧게 단문으로 표현해야 한다 (Huddlestone, 1996: 6-7).

나. 자　원

전통적으로는 인적 · 물적 자원 그리고 권위를 효율적 집행을 위한 중요요소로 보았지만 오늘에 있어서는 정보 및 지식이 중요한 자원으로 부각되고 있다. 집행체계 내에 지식 · 정보관리체계를 정립하고, 이를 활용할 수 있는 인적 · 물적 자원을 확보할수록 집행의 효율성은 높아진다.

다. 집행자의 특성

정책집행은 집행자의 적극적 행위를 필요로 한다. 집행과정에서 상당한 재량권을 가지고 있는 집행자의 전문성, 사기, 정책에 대한 인식 등이 집행의 효율성에 영향을 미친다. 특히 지식 · 정보사회에 있어서는 집행자의 창의성이 필수적이다. 창의적 집행자가 되기 위해서는 예산 · 인력 · 정보 관리뿐만 아니라 집행체계에 대한 지식도 있어야 한다. 그리고 내부 통제를 강조하는 시각에서 벗어나서 성과와 자신의 책임을 더 강조하는 시각을 지녀야 한다. 또한 창의적 집행자는 다양한 집단들과 협상을 위한 복잡한 연결망 속에서 ― 이러한 상호 작용에서 집행자는 대단히 한정된 영향력을 가진다 ― 책임성을 확보할 수 있는 방법을 개발해야 한다.

라. 점　검

최고 집행자는 정책집행이 의도한 방향으로 진행되고 있는지에 대해 계속적으로 점검(fallow-up)을 해야 한다. 반면에 최고 집행자가 너무 집행적 측면에 관여해도 문제가 야기될 수 있다.

마. 이론적 배경의 적절성

정책집행에 관련된 적절한 이론을 배경으로 해야 한다. 이론적 기초가 없는 정책집행은 실패 가능성이 높으며, 또한 잘못된 이론을 바탕으로 한 정책집행은 정책의 역효과를 초래하게 된다. 예컨대 교육시간을 늘리면 집행자의 집행효율성이 그만큼 높아질 것이라는 막연한 인과관계에 입각한 집행전략은 자칫 탁상공론이 될 수 있다.

바. 지 도 력

정책집행의 성과는 행정수반을 포함한 정치관료들의 관심과 이들의 지도력에 큰 영향을 받는다. 최고 집행자가 정책집행을 방해하는 집단에 대한 수호자로서 그리고 집행과정에 대한 감독자이며 비판자로서 지도력을 얼마나 잘 발휘하느냐 하는 것은 집행의 성공에 있어 대단히 중요한 요인이다.

(2) 외적 환경요인들

집행을 어렵게 만드는 근본 요인은 정책결정에 비해 정책집행은 상대적으로 오랜 시간이 걸리기 때문에 정책결정 당시에 전제한 정치적 · 경제적 · 사회적 조건들이 계속적으로 바뀌기 때문이다. 그러나 무엇보다도 집행 지체나 실패의 근본 원인은 집행환경의 변화 그 자체에 있는 것이 아니고 집행체계가 환경변화에 적절히 적응치 못한다는데 있다. 환경 변화에 대응하며 원래의 정책의도를 달성하기 위해서는 집행자의 창의성이 요구되며, 실천계획을 환경 변화에 따라 계속적으로 수정해야 하지만 실제에 있어 이는 대단히 어려운 일이다.

가. 정책문제

정책을 통하여 해결하려는 문제가 집행체계의 해결역량 범위를 넘은 경우에는 집행 지체가 나타난다. 예컨대 비교 불가능한 가치나 대안들 중에 선택을 해야 하거나, 한 대안을 선택함으로써 포기해야 할 다른 대안이 가져올 기회손실이 매우 큰 딜레마 상황에서는 집행의 효율성을 기대하기 어렵다.

나. 참여자들간의 갈등

집행과정에는 이해관계를 달리하는 다양한 참여자들 — 정치가, 중앙부처, 지방자치단체, 이해집단, 시민단체 등 — 이 있는데, 이들간의 갈등이 정책오류를 야기하기도 한다. 특히 정책결정과정에서 여과되지 않은 참여자들간의 갈등은 집행과정에서 재현되거나 심지어 확대되기도 한다.

다. 대상집단

대상집단(target group)이란 정책집행을 통하여 서비스를 전달받거나, 새로운 행태가 요구되어지는 집단이다. 대상집단의 조직화 정도, 지도력 및 과거의 정책이 집행의 효율성에 영향을 미친다. 또한 대상집단의 범위가 광범위한가 아니면 국지적인가, 대상집단의 행태가 다양한가 아니면 동질적인가에 따라 집행효율성이 달라진다(Smith: 204).

환경 오염을 해결하기 위한 기술 개발과 시장원리

시장원리를 주장하는 경제학자들 중에는 환경문제를 해결하기 위한 인위적 노력은 불필요하다고 주장한다. 즉 비재생 자원이 희소해지면, 가격이 상승할 것이고 이로 인해 대체물질의 개발이 촉진되어 기술적 난점을 해결할 수 있다는 것이다. 그러나 해양, 대기, 생물 다양성과 같이 시장에서 거래되지 않고 있는 환경의 오염은 시장원리에 의해 해결하기 어렵다. 따라서 비재생 환경을 보존하기 위한 기술 개발을 위해 계속 노력해야 하겠지만, 아울러 기술 개발의 한계를 인정하고 개발과 환경을 조화시키는 집행전략이 필요하다.

라. 상급기관의 지지

상급기관이란 행정수반, 기관장, 정치적 후원자 등 집행기관의 정치적, 행정적, 재정적 또는 상징적 자원에 영향을 미칠 수 있는 권한을 지닌 기관을 말한다. 상급 기관이 정책에 대해 얼마나 열성적으로 지지를 하는가에 따라 집행효율성이 달라진다.

마. 기술적 난점

정책문제를 해결할 수 있는 기술의 확보 정도에 따라 집행효율성이 달라진다. 공해나 에너지 문제 등은 이를 해결할 수 있는 기술이 개발되면 집행적 어려움을 해결할 수 있을 것이다.

5. 정책집행 연구를 위한 접근법들

정책집행을 연구하기 위해서는 사회과학에서 발전된 주요 접근법들을 원용할 필요가 있다. 우리는 이러한 접근법들을 통해 성공적 집행을 위한 주요 변수들을 추출해 낼 수 있다. 지금까지 다양한 접근법들을 제시하고 있지만(김형렬, 1990; Hogwood & Gunn, 1984), 여기서 구조적, 절차적·관리적, 행태적 그리고 정치적 접근법에 대해 설명하기로 한다.

그런데 동일한 접근법이라도 집행환경에 따라 집행의 본질이 다르기 때문에 다른 차원의 시각이 필요하다. 여기서는 집행환경을 '안정적 환경'과 '급변적 환경'으로 대별하고, 각 접근법의 특성을 설명하기로 한다. 전자는 집행자가 정책을 통해 달성하고자 하는 변화의 방향, 폭 그리고 시기에 대해 통제가 가능한 상황을 의미한다. 안정적 환경에서의 집행은 본질적으로 기술적 또는 관리적 문제에 불과하다. 이에 비하여 후자는 집행환경을 구성하는 다른 조직들이나 정책여건이 불안정하고, 환경요소들의 반응이나 변화를 집행자가 예측·통제하기가 대단히 곤란한 상황을 의미한다. 이러한 환경에서의 집행은 계속적인 문제 인지와 정책결정을 해야 한다.

1) 구조적 접근법

집행의 효율성을 높이기 위해서는 우선 합리적인 조직구조를 갖추어야 한다. 즉 집행계획은 담당조직에 대한 고안에서부터 출발하는 것이 일상적이다. 구조적 접근은 위에서 구분한 두 가지 환경에 따라 달라져야 한다.

우선 '안정적 환경'에서의 집행구조는 명확한 과업할당과 계층제를 강조하는 관료제 형태가 바람직하다. 여기서는 전문화, 통솔의 범위, 조정체계 등 전통 조직이론에 따른 집행구조를 마련하면 된다.

반면에 '급변적 환경'에서는 관료제와는 다른 형태의 조직구조가 필요하다. 이러한 환경에서 집행조직은 변화하는 상황에 신속히 적응할 수 있는 형태로 고안해야 한다. 이를 위해서는 계층제적 구조보다는 유기적인 조직구조를 갖추고, 변화에 신속히 대응할 수 있는 조직형태가 되어야 한다. 이러한 조직구조로서는 Adhocracy, 임시조직, 연계망 조직 등이 있다. 유기적이고 동태적인 형태의 조직은 공식적·수직적 의사전달체계를 고집하는 관료제적 조직에 비해 정보 처리능력이 우수하며, 신속하고 융통성이 있기 때문에 급속히 변화하는 환경에 보다 잘 대처할 수 있다.

그러나 정부조직들의 수직적 관계, 공공기관으로서의 책임성, 정책의 일관성이나 형평성 등을 고려할 때 공공조직에 이러한 동태적 조직구조를 받아들이기가 쉽지는 않을 것이다. 정부조직이 지니는 특수성을 감안하여 현실적으로 과연 이러한 조직형태가 잘 운영될 수 있을지에 대해서는 계속적인 검증이 필요하다. 이런 점에서 전통적 정부조직 형태가 융통성을 가질 수 있도록 동태적 구조와 혼합시키는 등 보다 현실적인 방법을 고려할 수 있다.

예컨대, ‘이중 권위’ — 예컨대, 프로젝트 팀장과 조직의 직속상관 — 와 같은 문제들이 있겠지만, 관료제에 Adhocracy를 결합하던가, 특정 과업을 위해 상호 연관된 부서나 민간에서 전문 인력을 발탁하여 전문성별로 과업팀을 이루고 과업팀장이 업무를 조정해 가는 조직형태를 고안해 볼 수 있다. 예컨대 지구환경 협상을 위해 정부에 분산되어 있는 통상 · 환경 관련 조직과 기능을 통합하고, 민간의 경제인과 전문가를 포함한 Adhocracy를 만드는 것이다. 아울러 이러한 조직체계 안에 환경협약별 또는 지역환경별 문제가 발생할 때마다 관계 실무자와 해당 경제인 및 전문가가 임시팀을 만드는 방안을 생각해 볼 수 있다.

한편 조직구조와 더불어 집행에 참여하는 관련 조직들과 합리적인 연계체계를 갖추는 것도 중요하다. 집행사례 연구에서 집행 지체의 요인으로 빈번히 지적되고 있는 것들 중의 하나는 준자율권(準自律權)을 가진 수많은 집행자간의 조정의 어려움이다. 즉 집행과정에서 부처 이기주의 등으로 상호 통제력을 갖지 못하는 참여자들간에 조정은 실제에 있어 대단히 어렵다. 또한 비록 직제적으로는 명령하달 관계에 있는 상하조직간이지만 실제에 있어 하부기관이 상급기관의 명령을 정확하게 전달받지 못하거나, 받았더라도 이를 즉각적으로 집행하지 않는 사례들이 많다. 이처럼 계층적 통합이 약할수록 그만큼 집행이 지체되게 된다.

그러나 효율적인 정책집행을 위한 구조적 접근을 아무리 잘했다 하더라도 구체적인 집행절차나 관리방법을 개발하지 않으면 조직이 움직여지지 않는다. 따라서 절차적 · 관리적 접근의 중요성을 인식해야만 한다.

2) 절차적 · 관리적 접근법

관련 기술이나 집행과정을 구체화하기 위하여 관리적 절차를 개발하는 것은 집행의 구조나 체계를 잘 갖추는 것 못지않게 중요하다. 여기서도 다시 집행환경을 두 가지로 구분해서 설명하기로 한다.

‘안정적 환경’에서는 집행을 위한 일정표를 짜서 이에 따라 제반 활동들이 이루어지도록 통제하면 목표를 달성할 수 있다. 집행과정에서 일어나는 문제들은 기술 · 관리적 수준이어서 절차나 관리기법을 동원해서 해결할 수 있다. 이러한 상황에서의 집행단계는 대개 다음과 같다: ① 목표의 구체화, 성과기준 설정, 진행비용이나 소요시간 산정, ② 집행조직, 인원 및 자금동원, 절차 및 방법 등에 관한 집행계획 수립 및 이의 시행, ③ 의도대로 잘 집행되고 있는지 감시 · 점검하고, 차질이 있을 경우 신속하고 적절한 대책 수립.

안정적 환경에서의 집행과정의 특징은 환경으로부터 큰 영향을 받지 않기 때문에 집행절차를 통제할 수 있다는 점이다. 이러한 접근법에 근거한 관리기법의 전형적 예로 NPC(Network Planning & Control)를 들 수 있다. 이는 수행해야 할 과업을 명시화하고, 과업의 실제적 진행상황과 수행되어져야 할 논리적 단계와의 관계를 분석하여 집행을 관리 · 통제하려는 분석 틀을 말한다. CPM과 PERT는 NPC의 대표적 기법이다.

이에 비해 '급변적 환경'에서는 다음과 같은 절차나 관리가 필요하다: ① 다양한 가정 및 방법에 입각한 미래 예측, ② 상황 적응적 기획, ③ 보다 확실한 상황이 나타나기 전에는 여러 개의 전제조건 설정, ④ 잠정적 목표와 계획, ⑤ 집행계획에 대한 계속적 점검, 환류 그리고 조정, ⑥ 가정, 목표 그리고 계획에 대한 계속적인 재검토 및 수정.

절차적 · 관리적 접근법은 구조적 접근법을 보완한다는 의미에서 중요할 뿐만 아니라 정책집행이 관리와는 다른 차원에서 — 특히 '급변적 환경'에서 — 역동적이고 상황 적응적이라는 점을 강조하는 의미를 지닌다. 물론 실제의 집행환경은 불확실성과 통제 가능성을 기준으로 '안정적 환경'과 '급변적환경'으로 이분되기보다는 이를 양극으로 한 어느 위치에 있다. 그러므로 실제의 집행과정에서는 예측성과 통제 가능성의 정도에 따라 다양한 집행절차나 관리기법들을 적절히 혼합하여 원용해야 할 것이다.

그런데 아무리 절차나 관리기법이 상황에 맞게 잘 마련되어 있다 하더라도, 다양한 이해집단들의 동의를 이끌어 낼 수 있는 협상절차를 갖추고 있지 못하다면 집행이 성공적으로 이루어지기는 어렵다. 이는 행태적 접근의 중요성을 의미하는 것으로, 다음에는 이에 대해 검토하기로 한다.

3) 행태적 접근법

정책집행은 수많은 참여자들에 의해 이루어지는데, 이들이 비협조적이라면 그 정책을 집행하기 곤란하다. 게다가 기본적으로 사람은 변화에 저항하려는 속성을 지니고 있다. 그러나 변화에 대한 태도는 순응과 불응으로 대별하기보다는 적극적 동조에서 적극적 반대를 양극으로 한 어느 선상에 있을 것이다. 그러므로 행태적 접근의 주요 관심은 참여자들의 다양한 행태를 정책집행과 어떻게 연계시키느냐 하는 점이다.

사람들은 변화를 왜 두려워하는가? 우선 변화는 불확실성을 뜻하게 되고 어떤 사람들은 이러한 불확실성을 견디어 내지 못하기 때문에 변화 그 자체를 두려워한다. 변화에 대한 막연한 두려움뿐만 아니라 보다 구체적 두려움도 있다. 변화로 인한 수입 감소나 직업 불안 또는 경력 불인정 등의 경제적 요인과 관련된 두려움이 그것이다. 그리고 새로운 기술의 습득, 새로운 환경에서의 근무 등과 같은 비경제적 요인에 대한 두려움도 있을 수 있다.

변화에 대한 두려움 이외에도 몰인간성, 형식주의, 자율성 감소 등과 같은 관료제적 병리현상이 집행에 대한 불응의 원인인 경우도 있다. 더욱이 집행자가 정책결정자나 집행부의 무능이나 정책실패, 또는 다른 정치적 목적을 위해 정책집행을 강행한다고 인식할 경우에는 더욱 강한 저항적 행태를 띠게 된다.

마지막으로 정책집행자나 대상집단이 변화의 속도가 너무 빠르다고 인식하는 경우에 다양한 수단들을 동원하여 집행을 지체시키기 위해 노력할 것이다.

4) 정치적 접근법

조직구조와 관리절차가 잘 마련되어 있고 또한 조직원의 행태가 순응적이라도, 현실적으로 영향력을 가진 개인이나 집단을 고려하지 않는다면 이들의 반대로 인해 집행성과가 낮아질 수 있다. 여기서 일컫는 정치적 접근은 조직의 내·외적으로 발생하는 권력관계에서 초점을 둔 것이다. 즉 집행과정에는 필연적으로 갈등이 발생한다는 것을 전제로, 이러한 갈등을 타협과 협상으로 해결함으로써 집행의 효율성을 높이려는 것이다. 정치적 접근법은 공공조직 뿐만 아니라 비영리 또는 민간조직에서 감축 또는 혁신정책을 집행하는 과정에서 보다 중요성을 지닌다.

V. 정책평가과정

1. 정책평가에 대한 인식 증대

학계뿐만 아니라 실무계에서도 정책평가의 중요성에 대한 인식이 증대되고 있는데, 그 이유를 크게 두 가지 측면에서 지적할 수 있다. 하나는, 정책의 성공 또는 실패에 대한 관리책임을 확인할 필요가 있고, 정책평가의 결과를 다음 정책과정에 환류하여 지속적으로 수정한다면 시행착오를 줄일 수 있기 때문이다. 다른 하나는, 급변하는 환경에서 원래 의도한 대로 정책효과를 거둘 가능성이 낮아지고 있기 때문이다.

그럼에도 불구하고 정부가 행한 정책에 대한 평가 연구의 결과가 실제의 정책에 반영되지 못하는 경우가 많다. 정책평가가 다음 단계의 정책과정으로 잘 환류되지 못하는 이유도 두 가지로 설명할 수 있다.

첫째, 평가자와 실무자간의 갈등에서 기인하는 것이다. 특히 행태학자들 중에는 정책이 그들의 연구 도중에 계속 변하기 때문에 평가연구를 위한 변수를 통제하기가 매우 어렵다는 점을 토로하는 경우가 많다. 이에 비해, 실무자는 학자의 연구기간이 너무 길어 그 결과를 기다릴 수 없으며 또한 이론과 현실간의 괴리가 많다고 본다.

둘째, 실제에 있어 정책결정과 집행 그리고 평가과정이 순환적 과정으로 통합되는 예가 드물다. 학자들은 정책을 각 하위과정들이 상호 연계된 순환과정으로 보지만, 정책결정자는 정책평가에 대한 인식 부족 등으로 평가결과를 다음 과정으로 환류하지 않는 경우가 많다.

한편 정책은 양적으로 측정하기 어려운 질적인 측면을 지니는 경우가 많음에도 불구하고 지금까지 평가연구는 계량적·과학적 방법을 원용하는 방법에 치중되어 왔다. 그러나 아무리 정교한 계량 기법을 동원하더라도 정책문제에 대한 인식, 정책목표의 옳고 그름, 정책 소망성 등을 측정하기는 어렵다. 그렇다고 이를 포기하고 양적으로 평가 가능한 대상만을 평가해야 할 것인가? 이는 어두운 곳에서 열쇠를 잃어버려 놓고 밝은 전등불 밑에서만 찾으려는 것과 같다.

이런 점에서 정책이 가지는 질적 측면을 평가하기 위한 질적 방법의 개발이 앞으로의 평가연구의 한 방향이라 하겠다. 우리는 관계된 사람들간의 담론을 통한 평가 또는 현상학, 이해적 방법 등 이미 사회학에서 개발되어 있는 질적 방법의 원용 가능성도 모색해야 한다.

2. 정책평가의 개념

정부부문에서 행하는 정책평가는 매우 다양하다. 국제수준에서 보면, 발전국이나 국제기구는 그들이 지원한 국제기금을 개도국이 제대로 사용하고 있는지를 측정하기 위해 모니터링(monitering)하도록 협약을 맺기도 한다. 국가수준에서 정책평가는 중앙정부나 각종 재정지원 기관이 지방자치단체나 기금수령자가 지원금을 얼마나 잘 사용했으며, 기대된 효과를 어느 정도 달성하였는가에 대해 알기 위해, 또는 지역 개발담당자가 사업의 장·단기 효과를 알아보기 위해 실행되기도 한다.

일반적으로 정책에 관한 정보 획득을 위해 평가활동을 하지만 이는 정책평가의 유일한 동기는 아니다. 때로는 법규에서 정책평가를 하도록 규정하고 있기 때문에 이루어지기도 한다. 중앙정부나 재정지원자가 정책평가를 조건으로 재정 지원을 하는 경우도 많다. 또한 조직 내에 감사기관이 있어 중앙정부, 지방자치단체 또는 개별 기관단위 수준에서 업무에 대해 정기적으로 평가를 하기도 한다.

이처럼 평가라는 용어는 다양한 수준과 의미로 사용되고 있어서 정책평가의 개념 정의도 학자에 따라 다양하다. 그런데 정책평가의 개념화가 중요한 이유는 정의방법에 따라 정책평가의 범위가 달라지기 때문이다. 다시 말해 정책평가를 좁은 의미로 정의하면 평가활동의 범위가 좁아지며, 넓게 하면 그 만큼 넓어지게 된다.

여기서는 평가활동의 범위를 기준으로 하여 지금까지 행해진 개념 및 정의들을 소개하기로 한다.

가장 좁은 개념은 정책 산출(policy output)에 초점을 두는 것이다. 정책 산출이란 정책집행으로 나타난 실체적 결과나 상징적 표현을 의미한다. 여기서 실체적 결과란 정부가 실제로 행한 것에 대한 관찰 가능한 지표이다. 예컨대 특정 회기 동안 국회에서 통과된 법안의 수, 대기 오염을 정화하기 위해 사용된 예산 총액이다. 상징적 표현이란 관찰 또는 측정하기 곤란한 추상성을 지니는 정책내용이다.

정책평가를 정책 산출로 한정할 때는 정책을 통하여 실제로 이룩한 정책 성과(policy outcomes)는 포함하지 않는다. 그리고 민원처리 건수, 수혜자의 수 또는 예산 집행을 통해 나타난 결과에 대한 측정은 포함되지 않는다. 또한 정책 산출은 정책 효과(policy impact), 즉 정책으로 인해 사회에 나타난 의도되었거나 의도치 않은 변화를 포함하지는 않는다. 따라서 보다 넓은 의미의 정책평가의 개념에는 정책 성과 및 정책 효과에 대한 평가가 포함된다. 이러한 정의에 따르면, 정책평가는 정부가 달성하고자 하는 목표를 기준으로 정책 효과에 대한 객관적·체계적 활동이다.

이보다 더 광범위한 정의는 산출뿐만 아니라 과정이나 노력, 즉 정책 투입과 전환에 대한 평가활동을 포함하는 것이다.

이상과 같은 정책평가의 개념 정의를 바탕으로 여기에서는 가장 넓은 의미로 정의하고자 한다. 왜냐하면 정책평가의 근본목적은 평가결과를 다음 정책과정으로 환류시켜 정책의 질을 높이고자 하는 것이기 때문에 정책산출과 정책효과는 물론 정책 투입과 정책과정까지도 포함시켜야 하기 때문이다. 다시 말해 정책평가에는 정책결정과정에서 고려해야 할 정치적·이념적 요소, 정책목표, 취급한 정보의 적절성 등도 포함되어야 한다.

또한 정책평가자는 정책이 처음에 고안된 대로 충실히 진행되고 있는지를 밝혀야 하기 때문에 정책평가에는 정책 운영에 관한 평가도 포함되어야 한다. 이는 결과평가와 구별되는 과정평가(process evaluation)에 해당하는 것이다. 여기서 운영이란 개념을 사용한 것은 집행을 포괄하는 개념으로 사용하기 위해서이다. 정책집행은 새로운 정책을 처음 시행하는 것인데 비해 운영은 반복적 시행도 포함하는 것이다. 그리고 환류과정에 대한 평가를 포함하여, 평가결과가 다음의 정책과정으로 제대로 환류되고 있는지도 평가대상에 포함된다.

이러한 관점에서 정책평가를 정의하면, "정책 개선에 기여하기 위하여 명시적 또는 묵시적 기준에 따라 정책결정 · 운영 · 효과에 대하여 과학적 방법으로 행하는 판단"이다. 이를 네 가지 요소로 구분하여 좀 더 자세히 설명하기로 하자.

첫째, 정책평가는 정책 개선에 기여하고자 하는 것이다. 평가 연구는 통제된 변수만을 취급하는 실험실 상황에서의 순수 연구와는 다른 실용적 성격을 지닌다. 정책평가자는 정책 실무자가 더 나은 결정을 할 수 있도록 도움을 주어야 하기 때문에 순수 연구자보다 더 높은 수준의 기술을 발휘해야만 한다(Weiss, 1997).

둘째, 정책평가는 일정한 기준에 따라 정책의 성공 여부를 판단하는 것이다. 평가활동의 핵심은 정책평가를 위하여 수집한 자료를 평가기준에 따라 판단하는 것이다. 일반적으로 공식적 정책목표가 평가기준으로 원용되지만 유일한 기준은 아니며, 정책관련 집단들의 기대 등도 정책의 성공 여부를 판단하는 기준이 될 수 있다.

셋째, 정책평가는 정책목표를 포함한 정책결정과정, 정책의 운용 및 정책 효과에 대해 가치 판단을 하는 것이다. 정책평가가 다음의 정책과정에 환류되어 정책 개선에 이바지하기 위해서는 정책목표가 제대로 수립되었는지, 정책결정과정에서 문제점은 없었는지를 밝혀내어야 한다.

넷째, 정책평가는 과학적 방법에 따라 행하는 일종의 탐구활동이다. 이는 평가절차는 일종의 연구활동이라는 의미이다. 그 연구가 계량적 또는 질적이든 사회과학적 연구로 받아들여질 수 있는 공식적이고 엄격한 방법에 의해 이루어져야 한다. 평가의 결과는 평가대상이나 다음의 정책과정에 큰 영향을 미치기 때문에 타당성과 신뢰성이 있어야만 한다.

3. 정책평가의 유형

1) 내부평가와 외부평가

정책평가를 담당하는 부서가 자체적으로 하는 '자체평가' 또는 '내부평가'와 외부기관에 의한 외부평가'로 구분할 수 있다. 그러나 평가를 받는 정책은 다양한 조직들과 연계되어 있어서 "무엇에 대한 내부 또는 외부이냐"가 명확하지 못한 경우도 있다. 내부와 외부평가 중 어느 것이 더 바람직한가? 그 대답은 어느 한 쪽이 절대적인 장점을 가졌다고 볼 수 없다. 어떤 평가가 더 바람직한가는 평가에 대한 신뢰도, 객관성, 정책에 대한 이해, 활용 가능성, 자율성, 책임성 등의 요소들을 고려하여 판단해야 한다.

신뢰도 측면에서 보면, 내부평가보다는 외부 기관이나 전문가가 행한 평가가 공적 신뢰를 얻기 쉽다. 그러나 외부평가는 현실과 괴리가 많거나 중요 정보를 빠뜨린다는 점에서 신뢰도가 오히려 낮을 수도 있다.

객관성 측면에서는 내부 평가자에 비해 자유로운 위치에 있는 외부 평가자가 객관성을 확보하기 용이하다. 신념이나 가치에 따라 평가자가 선택하는 평가방법이나 해석이 달라질 수 있기 때문에 평가 의뢰자가 정책평가에 있어 편견이 최소화되도록 조건을 만들어 주는 것이 중요하다.

내부평가자는 정책과정에 가까이 있기 때문에 정책의 현실적 문제들을 잘 이해하고 있다. 그러나 외부평가라도 실무자와 협의하면서 진행하면 필요 정보를 충분히 얻을 수 있다. 내부 평가가 외부 평가에 비해 활용될 가능성이 높다. 그러나 명성이나 권위가 높은 외부기관에 의해 평가가 수행되면 피평가기관이 그 결과에 많은 관심을 가질 것이다.

자율성면에서는, 내부 평가에 비해 외부 평가가 넓은 시각에서 혁신적인 개선방안을 제시하기에 유리하다.

만일 평가자가 조직에 소속된 사람이라면 평가결과에 대한 책임성 문제는 보다 쉽게 해결할 수 있을 것이다. 그러나 계약을 통해 수행한 평가의 경우는 평가의 질이나 효용에 대한 책임문제가 발생할 가능성이 있다.

2) 평가 가능성 측정

평가 가능성 측정(evaluability assessment)이란 본격적인 평가활동을 하기 전에 평가활동의 적합성, 기술적인 적용 가능성 등을 검토하기 위한 일종의 예비평가이다. 실제에 있어 평가활동이 비협조적인 상황에서 수행되거나, 평가결과가 환류되지 못하고 그 자체로 끝나버리는 경우가 많기 때문에 현실적으로 효과가 있는 평가활동을 위해 평가 가능성 측정이 필요하다.

평가 가능성 측정을 위한 방법은 소규모 표본을 추출하여 정책의 가정들을 정책에 명시된 목표에 비추어 비교하고, 이들 가정이 합리적이라고 할 수 있는지 여부에 대한 규범적 질문을 하는 것이다. 또는 정책 효과를 평가하기 위해 개발한 성과지표나 평가절차가 의도한 평가를 할 수 있으며, 실제의 평가시간은 어느 정도 소요되는지 등을 파악함으로써 전면적 평가의 실행 가능성을 검토한다.

이러한 평가 가능성 측정은 평가자가 평가작업을 계속 수행할 것인지 여부를 결정하고, 본격적인 평가작업을 수행할 경우 평가방식 및 구체적인 평가절차를 수립하는데 도움을 준다. 또한 평가 가능성 측정의 결과는 정책목표의 명확성과 측정 가능성 그리고 집행활동을 통한 목표 달성 가능성을 알 수 있게 한다.

3) 형성적 평가와 총괄적 평가

평가는 목적을 기준으로 형성적 평가(formative evaluation)와 총괄적 평가(summative evaluation)로 구분할 수 있다(Scriven, 1991). 교과과정 평가를 예로 들면 형성적 평가는 교과과정을 개발하는 동안 이의 개선에 도움을 주기 위한 정보를 산출하는 것이다. 즉 형성적 평가는 교과과정 개발자에게 도움을 주고자 하는 것이다. 이에 비해 총괄적 평가는 교과과정을 확정한 후에 그 성과나 효과를 평가하는 것이다. 총괄적 평가는 교과과정 채택을 고려하고 있는 정책결정자에게 그 효과성에 대한 정보를 제공하기 위한 것이다. 또 다른 예로서 요리사가 요리를 하면서 맛을 보는 것은 형성적 평가, 고객이 자신이 먹었던 음식에 대해 평하는 것은 총괄적 평가라 하겠다.

형성적 평가는 정책집행 단계에서 정책개발자 및 정책집행자를 돕기 위해 고안된 것이다. 그리고 총괄적 평가는 정책결정자에게 평가결과를 환류하여 최종안을 개선하는 것이 목적이다. 반면 사실상 정책이 특정 시점에서 종결되는 경우는 드물다. 특정 정책이 실패한 것으로 평가되었다 하더라도 정책결정자는 평가결과에 따라 정책을 포기하기보다는 이를 수정하여 다시 시도하는 경우가 많다. 이처럼 정책이 종결과 지속의 두 경우만으로 선택되기보다는 계속적으로 수정되는 것이 일반적이기 때문에 형성적 평가와 총괄적 평가의 구분은 상대적이라 하겠다.

4) 과정평가와 결과평가

과정평가(process eraluation)는 정책이 진행되고 있는 동안에 무엇이 일어나고 있는지를 검토하는 것이다. 여기서는 주로 의도된 행동과 실제적 행동, 참여자들의 활동, 고객의 반응 등에 초점을 맞춘다. 집행자에게 정책이 어떻게 진행되고 있는지에 관한 정보를 알려주기 위한 모니터링은 가장 빈번히 사용되는 과정평가의 한 형태이다. 또한 정기적 현장 방문이나 고객 추적(client tracking) 등을 통해 정책의 운영적 효율성을 측정하는 것도 과정평가의 예이다.

이에 비해 결과평가(result eraluation)는 정책집행의 결과 대상집단에 미친 영향에 대한 평가활동을 말한다. 어떤 기관이 보다 효율적으로 집행한 것으로 평가되었다 해서 정책결과도 마찬가지로 효율적이라고 판단할 수는 없기 때문에 이 양자를 구분할 필요가 있다. 효과성이나 고객 만족의 정도를 측정하는 것은 결과평가에 속한다.

그런데 형성적 · 총괄적 평가와 과정 · 결과평가로의 분류는 중복적인 것처럼 보일 수 있다. 형성적 평가는 정책 개선에 필요한 정보를 도출하기 위한 집행과정에 대한 평가라는 점에서 과정평가와 중복된다. 또한 '총괄'과 '결과' 평가는 집행 후에 무엇이 나타났는가에 대한 평가라는 점에서 유사하다. 그러나 형성 · 총괄 평가는 평가자의 의도에 따른 구분인데 비해, 과정 · 결과평가는 평가자의 역할과는 아무런 관계가 없다. 단지 정책 단계 내지 국면에 따른 구분이란 점에서 차이가 있다. 하지만 과정 · 결과평가도 결국 정책 개선을 목적으로 하는 것이므로 두 평가유형은 중복적 측면이 많다.

5) 계속평가와 종합평가

계속평가는 정책과정 중에 계속적으로 평가를 하여 수시로 환류하는 평가이다. 계속평가의 중요 목적은 정책내용, 구조 또는 절차를 개선하기 위한 정보를 제공하기 위한 것이다.

이에 비해 종합평가는 평가대상인 정책이 집행된 후에 이의 성과나 효과를 평가하는 것이다. 종합평가의 목적은 정책을 개선하기보다는 정책을 계속 수정 혹은 종결할 것인가를 결정하기 위한 것이다.

4. 정책평가의 목적

정책평가의 공식 목표는 합리적 결정에 활용하기 위한 것이지만, 실제에 있어서는 다른 목적에 이용되기도 한다. 중요 정책참여자 혹은 대상집단의 반대에 직면하거나, 정책집행자의 이해관계 때문에 그리고 환경 변화 등에 대처하기 위해 정책평가를 실시하기도 한다. 따라서 정책평가자는 정책결정자가 평가 연구를 통해 실제로 추구하는 것이 무엇이며, 평가결과를 어떻게 이용하려고 하는가에 대해 알고 있어야 평가목적에 필요한 정보를 산출하도록 평가 고안을 할 수 있는 것이다. 정책결정자, 자금지원자 또는 사업관리자 등이 정책평가를 실시하도록 하는 중요 인물이며, 정책평가자는 이들의 실제적 목적에 맞추어 평가 고안을 해야겠지만, 이들의 관심에만 편중하여 평가활동을 해서는 안된다(Weiss, 1997: 18). 이들이 아무리 높은 위치에 있다 하더라도 정책결정권을 지닌 유일한 인물은 아니며, 수많은 정책참여자는 물론 대상집단도 또한 정책이 어떻게 운영되고 있고 무엇이 문제인지에 대해 잘 알고 있으며, 정책평가의 결과에 대해 많은 관심을 가지고 있기 때문이다.

이러한 점에서 정책평가자는 정책 개선에의 기여라는 정책평가의 공식 목적과 더불어 다양한 실질 목적들을 파악할 필요가 있다.

1) 공식 목표

정책평가를 통해 정책결정자에게 공식적으로 다음과 같은 정보를 줄 수 있다.

(1) 정책을 '계속할 것인지' 또는 '종결할 것인지' 여부

정책평가를 하는 중요한 이유는 정책운용 중간에 정책을 계속할 것인지 또는 자금지원을 지속할 것인지를 판단하기 위해서이다.

(2) 정책내용이나 절차에 대한 개선방안

정책평가의 중요 목적은 정책이 목표를 달성한 정도를 파악하기 위해서이다. 평가결과를 통해 자원을 더 투자해야 할지 또는 삭감해야 할지, 특정 정책내용이나 전략을 덧붙일 것인지 뺄 것인지 여부를 판단할 수 있다.

(3) 경쟁적인 정책들 간의 자원 배분

특정의 목표를 달성하기 위하여 몇 가지 유사한 정책들을 동시에 실행하는 경우가 있다. 일반적으로 한 정책만이 모든 면에서 장점을 지니는 경우는 드물기 때문에 각 정책의 장·단점을 평가하여 유사정책을 비교하거나 자원 배분을 달리할 수 있다.

2) 실질 목표

정책결정자는 정책평가를 구실로 다음과 같은 실질 목적을 추구하기도 한다.

(1) 연　　기

정책결정자는 평가 연구를 위해 특별위원회를 만들고, 평가결과를 기다리는 형식을 통해 결정이나 집행을 연기하는 수단으로 이용한다.

(2) 책임 회피

정책을 둘러싼 찬·반론이 많을 때 정책결정자는 어느 쪽으로도 치우치지 않은 공정한 결정을 했다는 증거로써 평가를 실행하기도 한다.

(3) 정책 홍보

정책 관리자는 자신의 업적을 대단히 성공한 것으로 외부에 알리는 수단으로 정책평가를 이용하기도 한다. 정책에 대해 우호적인 평가를 상위 기관, 자금 공급자, 대상집단, 영향력 있는 인물, 언론 등에 보내어 정책에 대한 우호적 인식을 얻어내고자 하는 것이다. 이에는 정책의 긍정적 측면을 확대하거나 부정적 측면을 축소한 '오도된 평가'와 정책에 대한 반대나 정책 실패를 무마하기 위한 '무마용 평가'가 있다.

5. 정책평가의 기준

정책평가의 기준은 효율성이나 형평성, 시민의 만족도 등이다. 그러나 "그 정책이 가치 있는 것이냐?" 또는 "누구를 위한 것이냐?" 등과 같은 의문에 대답하기 위한 정책평가도 있다.

정책평가의 일차적 기준은 정책목적(policy goal)이다. 정책목적을 평가기준으로 삼기 위해서는 평가자는 질적인 정책목적이나 입법 의도를 구체적인 평가기준으로 전환시키는 노력을 해야 한다. 만약 교육정책의 목적이 '학생 능력의 발달'이라 한다면, 교육을 통해 이 목적의 달성정도를 어떻게 평가할 것인가? 학생의 개인적 관심에 ── 예컨대 예능, 사회, 정치, 국제문제 등 ── 관한 측정을 포함시킬 수 있을 것이다. 그리고 시민으로서의 소양이 어느 정도 개발되었는지를 측정하는 지표도 포함되어야 할 것이다. 또한 지적 능력, 사고력, 비판력과 같은 개인적 자질 향상의 정도를 측정하는 항목도 개발해야 할 것이다.

정책평가의 다음 기준은 정책목표(policy objectives)이다. 그런데 정책목표를 평가기준으로 삼는 데는 크게 두 가지 어려움이 있다.

첫째, 정책목표 중에는 측정이 곤란한 경우가 많다. 대학교육을 통한 개인의 수입 증가, 실업률 감소, 직업만족도 향상은 측정이 비교적 쉽지만, 가정생활 개선, 사회성 향상, 작업 생산성 향상은 측정이 어렵다.

둘째, 정책목표들 간에 갈등이 존재할 수 있다. 교육환경 개선을 위한 시설 투자와 교사봉급 인상은 갈등적 목표의 예이다.

한편 정책목표 자체가 평가의 기준이 되기도 하지만, 다른 한편으로는 설정된 정책목표가 어느 정도 가치가 있는 것인가 하는 소망성이 평가기준이 된다. 소망성에 포함될 구체적 평가기준으로는 다음과 같은 것들을 들 수 있다.

- 정책의 효율성이나 효과성
- 수입의 재배분이나 평등과 같은 형평성
- 사회적 욕구를 충족한 정도인 대응성
- 정책에 투입된 고정비용 및 가용비용
- 정책의 정치적 실현 가능성
- 도덕, 윤리 또는 사회적 규범에 부합되는 정도
- 헌법을 위시한 법 규정에의 부합 정도
- 적시성

지금까지 우리 나라의 경우 회계감사, 심사분석, 감사원 감사 등에서는 평가기준이 횡령, 낭비 등 합법성이나 효율성에 치중되었다. 그러나 정책평가자는 이상의 기준들을 평가의 목적이나 상황에 따라 적절히 혼합하여 사용해야 한다. 여기서는 정책평가의 기준으로서 효율성과 형평성에 대해서만 설명하기로 한다.

1) 효 율 성

정책과정의 효율성을 측정하기 위해서는 정책과정이나 성과에 관련된 경험적인 증거가 있어야만 한다. 가령 경직적이고 위계적인 관료제적 특성으로 인해 정책과정에 낭비적 요소가 많다는 결론을 내리기 위해서는 관료제적 특성으로 인한 비효율성에 관한 경험적 자료가 있어야만 한다. 그러나 정책의 비효율성을 측정한다는 것은 실제에 있어 곤란하거나 불가능한 경우가 많다.

효율성을 측정하기 위해서는 정책과정에의 투입 자원, 산출 또는 성과가 측정 가능하거나 화폐가치로 환산할 수 있어야 한다. 또한 정책과정이 일정한 단위로 분할되어져야만 측정이 가능하다. 그러나 실제에 있어서 정책과정을 분할하거나 투입 및 산출을 측정하기 곤란한 경우가 많다. 더욱이 정책대상자는 정책을 통해 산출되는 재화나 서비스에 대한 선호를 시장가격과 같은 표준비용으로 표시하지 않기 때문에 효율성을 비용측면에서 측정하기가 어렵다.

이런 점에서 그 재화나 서비스를 받기 위하여 '기꺼이 지불할 의사'를 시장기제에서의 개인효용을 대치하는 개념으로 보고 이를 측정하려는 시도들도 많다. '지불의사'가 높다는 것은 그만큼 정책수요가 높다는 것이기 때문에 이를 통해 정책의 효율성을 간접적으로 측정하는 기준이 될 수 있다. 그러나 지불의사가 공공 재화나 서비스의 한계가치를 적절히 나타낼 수 있는 개념으로 보기는 어렵다. 때로는 효율성을 주민들의 만족도로 측정해야 하는 경우도 있는데, 이 경우 어떻게 주관적인 효용을 객관적으로 측정할 것인가? 삶의 질, 만족도, 복지 등과 같은 주관적 효용을 분석적 수준에서 개인 또는 사회의 효용으로 추정하는 방법도 있으나, 이도 논리적 타당성에 있어 한계가 있다.

한편 정책에 투입된 비용이나 성과를 다른 정책과 비교하여 상대적 효율성을 측정해 볼 수 있다(Lane, 1995: 246). 다양한 정책들의 효율성을 비교하거나, 공공과 민간부문에서 공급하는 동일한 서비스 또는 유사 정책의 생산성이나 효율성을 비교하는 것이다. 비용 대신에 표준화된 지표를 통해 유사 정책들의 비용과 성과를 측정하는 '상대가격 비교'(relative cost comparison)도 가능하지만 표준화된 지표로 대치할 수 없는 요인들을 빠뜨릴 가능성이 있다.

2) 형 평 성

Rawls의 공정성으로서의 정의는 형평성에 대한 논의의 출발점으로서 널리 알려져 있다. 그러나 Rawls의 논리를 형평성의 평가기준으로써 응용하는데는 현실적 · 기술적인 한계가 있다. Rawls이론을 보다 명료화하기 위하여 A, B 두 사람으로만 구성된 사회를 가상한 단순모형을 가상해 보기로 한다. 그리고 두 사람은 각기 경제활동을 하여 M_1와 M_2의 수입이 있지만, 이 둘이 협동하여 경제활동을 하면 각자가 하는 것보다 더 많은 수입을, 즉 $M > M_1+M_2$, 올릴 수 있다고 하자. 또 하나의 가정으로 부자 A와 가난한 B가 부가가치 창출에 9 : 1의 기여를 했다고 하자. 이 경우 부가적 수입을 어떻게 배분하는 것이 정당한가?

부가가치 창출에 기여한 정도에 따라, 즉 한계 생산이론에 따라 배분하는 것은 정의의 원리가 아니다. 즉 정의나 공정성은 배분에 있어 차등의 원칙에 따라야 한다. 그런데 정부가 A에게 세금을 부가하여 B에게 수입을 이전시키면, 정부의 재배분정책으로 인해 시장 산출이 달라질 수 있다. A는 자신의 수입 중 일정분을 세금으로 갹출해야 하기 때문에 근로의욕이 떨어져 경제활동을 줄이게 되며, 이로 인해 사회의 총생산이 줄어들게 된다. 즉 재배분정책을 통한 형평성 추구는 사회 전체의 효율성을 떨어뜨리게 되는 결과를 만든다.

이러한 상황에서 Rawls의 해법을 평가하기 위해서 다음과 같은 세 가지 의문을 제기할 수 있다.

첫째, 재배분정책에 있어 차별원칙을 어떻게 구체화할 것인가?

둘째, 재배분의 원칙이 구체화되었다고 상정한다면, 정부가 이를 집행할 수 있는가?

셋째, 해결책이 알려졌고 또한 이를 집행 가능하다면, 이것이 실제로 정의로운 것인가?

이러한 의문들에 대해 명확한 대답을 하기는 곤란하다. 실제에 있어 다양한 이견이 있음에도 불구하고 효율성의 개념이나 측정에 대해서는 어느 정도 합의를 도출할 수 있지만, 형평성에 대해서는 측정기준, 집행 가능성, 집행된 정책이 과연 정의로운가에 대해서 합의를 도출하기가 지극히 곤란하다.

6. 정책평가모형

1) 양적 평가방법

체계적이고 과학적인 정책평가를 하기 위해서는 엄격한 방법론에 입각한 일반적인 연구절차를 따라야 한다. 물론 연구절차는 연구방법의 유형에 따라 조금씩 다르다. 실증적 조사연구(survey research)와 실험연구 또는 질문기법 등 조사방법에 따른 구체적 절차는 약간씩 차이가 있다. 그렇다고 근본적인 차이가 있는 것은 아니며, 어떠한 방법에 입각한 평가연구라도 다음과 같은 절차를 거치는 것이 일반적이다: ① 목표의 구체화, ② 변수 추출 및 변수간의 관계 설정, ③ 가설 설정, ④ 연구 고안, ⑤ 자료 수집, 분석 및 해석.

(1) 목표의 구체화

정책평가를 위해서는 우선 평가의 기준이 되는 정책목표가 명확해야만 한다. 그런데 실제 정책상황에서는 정책목표가 명확하게 구체화되지 못한 경우가 많다. 설령 목표가 어느 정도 구체화되었다 하더라도 이의 달성 여부를 측정하거나 화폐가치로 환산하기 곤란한 경우도 많다. 더욱이 정책목표가 단기간에 나타나는 경우도 있지만, 오랜 세월이 흘러야 달성 여부를 평가할 수 있는 경우도 있다. 그리고 한정된 대상집단에만 영향을 미치는 정책이 있는가 하면 전세계를 대상으로 하는 정책목표도 있다.

또한 사회문제란 대단히 복잡한 것이어서 그 문제를 해결하기 위한 한정된 변수만을 선정한다는 것은 대단히 어려운 작업이며, 또한 편견이 개입될 소지가 많다. 더욱이 정책결정이 합리적인 분석을 통하기보다는 협상과 타협과 같은 정치과정을 통해 결정되는 경우가 많기 때문에 정책목표가 애매모호하게 정의되는 경우도 많다.

이러한 상황에서 정책평가자가 목표를 구체화하기 위해서는 다음과 같은 방법들을 고려하면 도움이 될 수 있다.

첫째, 목표를 단기, 중기 그리고 장기로 구분해 보면 구체화를 하는데 보다 편리하다. 물론 이러한 기간별 구분도 명확한 기준이 있는 것은 아니지만, 예컨대 다음 연도까지 '지하철 전 공정의 50% 달성'과 같이 빠른 시간 안에 특정 정책의 기대된 결과를 알 수 있다면 이는 단기 목표이다. 이에 비해 정책을 통해 이룩하고자 하는 기대된 결과는 장기 또는 궁극 목표이다.

둘째, 정책 실무자에게 문의하거나 자문을 받아 정책목표를 구체화하는 것이다. 그러나 실무자들간에 목표에 대한 합의가 이루어지지 못하거나 평가를 위해 객관적 입장에서 기꺼이 자문에 응해 주는 것을 기대하기가 곤란한 경우가 많다.

셋째, 정책평가자가 정책과정의 초기 단계부터 정책입안자나 집행자들과 공동으로 참여하는 것이다. 이는 목표 구체화를 위해 가장 유용한 방법이지만, 현실적으로 이러한 기회를 가질 수 있는 평가자는 ― 특히 외부평가자의 경우 ― 별로 없을 것이다.

넷째, 델파이 방법(Delphi method)의 적용이다. 이는 전문가 집단에게 특정의 질문을 한 후, 이에 대한 이들의 의견을 통계적으로 분석하여, 극단적인 경우를 제외한 의견들을 다시 제시하여 전문가들의 의견을 다시 묻는 과정을 반복적으로 시행하는 것이다. 이러한 과정을 통해 전문가들의 정책목표에 대한 공통적인 견해를 축약해 낼 수 있다.

(2) 변수 추출 및 변수간의 관계 설정

정책목표를 구체화하였다면 그 다음 단계는 정책평가모형에 포함될 변수들을 추출하고, 이들 변수들간의 유의미한 관계를 설정하는 것이다.

일반적 연구는 조사자가 문제를 제기하는데서부터 출발한다. 그 다음으로 연구목적을 달성하기 위한 관련 이론들을 분석해야 한다. 연구자는 이론적 검토를 통해 설명되어져야 할 또는 영향받는 종속변수를 선정하고, 이에 영향을 주는 독립변수들을 탐색하며, 이들의 관계에 관한 가설을 설정한다. 그런데 정책평가 연구에 있어서는 종종 이러한 과정이 정반대로 된다. 즉 정책인 독립변수에서부터 출발하여 이것이 종속변수인 기대된 정책목표에 어떠한 그리고 어떻게 영향을 미쳤는가를 분석한다.

정책평가의 핵심적 요소는 인과관계의 추론이다. 정책결정자는 정책을 통해 특정 대상집단에서 목표한 만큼의 변화가 일어날 것을 기대한다. 그러나 A라는 정책을 만들고 이를 집행한 후 B라는 현상이 발생했다고 해서 반듯이 A라는 원인에 의해 B라는 결과가 발생하였다는 인과관계를 추론할 수 있는 것은 아니다.

범죄 예방정책을 예를 들어 이러한 사실을 설명하기로 하자. 이 정책의 목표는 범죄를 예방하는 것, 즉 범죄 발생 가능성을 미리 막는 것이다. 그런데 어떤 사람이 범죄를 하지 않았다는 것이 범죄 예방정책의 효과로 볼 수 있는가? 또는 범죄 예방정책을 집행한 후 범죄 발생률이 낮아졌다면 그것이 이 정책의 영향 때문인가? 나아가 범죄 예방정책보다는 오히려 빈부 격차, 친구의 영향, 가정적 문제와 같은 사회적 요인이 더 큰 영향을 미치는 요인이 아닌가? 등을 생각해 볼 수 있다. 따라서 정책평가자가 철저한 범죄 예방정책에 따라 범죄 발생률이 줄어들었다는 사실을 발견했다고 해서 단정적으로 이 두 현상이 인과적으로 연관되어 있다고 추론할 수는 없다.

또 한가지 지적할 사항은 인과관계의 추론 및 검증이 이론영역에 속하기 때문에 모든 원인과 결과 그리고 이들의 관계를 분석대상에 포함시킬 수는 없다는 점이다. 모든 원인과 결과를 추론해 내는 것 자체가 대단히 어려운 작업이기도 하지만, 정책현상에 내재해 있는 모든 질적 변수들을 실증적 평가를 위한 준거 틀에 포함시킬 수 없는 본질적 한계도 있다. 설령 모든 관련 변수들이 평가를 위한 준거 틀이나 모형에 포함된다고 하더라도, 현상을 보다 단순화하여 명확하고 깊이 있는 인과관계를 분석해야 하는 이론의 기능에는 부합되지 않는다. 요컨대 정책과 정책에 의해 야기된 결과나 효과간의 인과관계를 추론하기 위한 한정된 수의 중요 변수들을 선정하는 데서부터 정책평가과정은 출발하는데, 이 단계가 가장 중요하면서도 매우 어렵다.

그러면 이처럼 중요하고도 어려운 변수 추출을 보다 효율적으로 하기 위해서는 어떻게 해야 할 것인가?

우선 평가할 현상에 관련된 이론들을 탐색해야 한다. 관련 현상에 대한 기존의 연구들을 검토해 봄으로써 다른 연구자나 평가자가 다루었던 변수들을 검토하고, 이로부터 변수들을 추출해 낼 수도 있다. 기존의 연구가 없을 경우에는 인근 이론들을 검토해 보거나 집단 또는 개인적 경험이나 상상력을 동원해야 한다.

평가자가 한정된 수의 변수들을 추출하였다면 이들 변수간의 관계를 추론하는 가설을 만드는 것이 다음 순서이다. 가설에 입각해서 인과관계를 검증하기 위해서는 모형 내지 평가의 준거 틀을 사용하는 것이 일반적이다. 초기에 만들어진 모형이 현상을 잘 설명하지 못하는 것으로 판명된다면 추가적인 변수들을 더 발굴하여 기존의 모형에 추가하여야 한다. 평가 연구의 우수성은 체계적 · 과학적 평가모형을 얼마나 잘 만드느냐에 달려 있다.

(3) 가설 설정

시민들이 대중교통보다 자가용을 선호하기 때문에 교통문제가 더욱 커지고 있다고 인식하고 있는 어떤 정책결정자의 예를 생각해 보자. 이 정책결정자가 만든 정책목표는 '대중교통 이용률 확대'이고, 경제적 유인이 시민의 태도를 변화시킬 것이라는 기대에 입각하여 목표 달성을 위한 경제적 유인책을 강구하였다. 나아가 "이러한 변화는 시민의 대중교통을 이용하는 행태 변화를 일으키고, 이는 대중교통 이용률 확대로 이어질 것"이라는 가설을 설정하였다. 이 경우 정책평가모형은 다음과 같은 세 가지 가설로 구성할 수 있다.

첫째, 경제적 유인이 대중교통 이용률을 높이는 방향으로 시민의 태도를 변화시킬 것이다.

둘째, 태도 변화는 행태 변화를 일으킬 것이다.

셋째, 행태 변화는 대중교통의 이용을 증대시킬 것이다.

이상과 같은 가설설정을 바탕으로, 정책평가를 위한 기초모형을 다음과 같이 [그림 15-4]으로 나타낼 수 있을 것이다.

그림 15-4 정책평가를 위한 기초모형

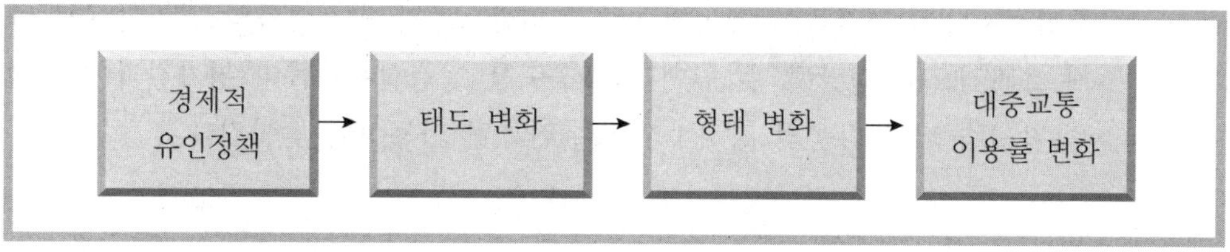

그림 15-5 정책평가모형

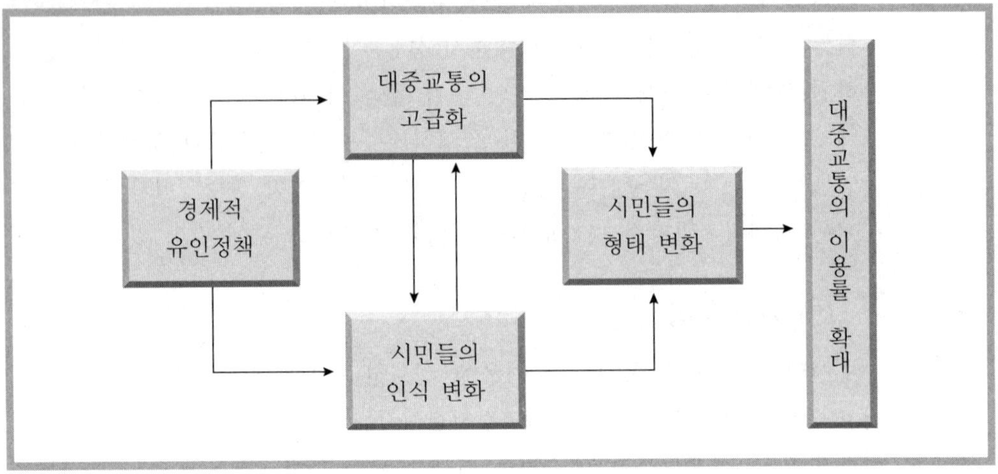

이를 바탕으로 모형을 좀 더 구체화시킨다면 [그림 15-5]와 같이 된다. 여기서는 대중교통 이용률 확대를 위한 경제적 유인이 독립변수가 되고, 이에 의해 두 매개변수인 대중교통의 고급화, 시민의 인식 변화가 이루어진다. 이는 시민의 행태 변화로 이어져서 결국 대중교통의 이용률 확대라는 종속변수에 영향을 미치게 될 것이라는 가정에 입각해서 형성된 모형이다.

이상과 같은 정책평가모형 설정에 있어 유의할 점은 평가모형 설정과정에서 정책 실무자와 협의하는 것이 여러 가지 점에서 유리하다는 것이다. 이의 가장 큰 이유는, 정책결정자가 왜 그 정책을 만들었는지를 아는 것이 평가를 위해서 중요하기 때문이다. 또한 정책집행자들이 취했던 다양한 행태가 평가모형에 변수로 포함시킬 수 있기 때문이다. 정책집행자들은 집행과정에서 정책결정 단계에서는 전혀 예측하지 못한 문제들에 직면하는 경우가 허다하기 때문에 이러한 것들을 변수화하여 정책평가모형에 포함시키면 보다 설명력이 높은 수정된 평가모형을 만들 수 있을 것이다. 마지막으로, 정책결정자나 집행자들이 계속적으로 협의함으로써 정책평가의 결과가 이들에게 효과적으로 전달될 수 있게 되고, 또한 정책실무자들이 평가결과에 관심을 가지게 되어 다음의 정책과정으로 환류될 가능성이 높아진다.

(4) 연구 고안

일단 정책평가모형을 만들고 나면 평가자는 자료를 수집 · 측정 · 분석 · 해석하는 과정을 어떻게 효율적으로 할 것인가에 대해 생각해야만 하는데, 이것이 바로 연구 고안(research design)을 하는 목적이다. 연구 고안이란 평가를 위해 수행해야 할 여러 단계로 평가자를 이끌어 주는 논리적 모형이다.

정책평가를 위한 연구 고안에 있어 가장 이상적인 방법은 실험법을 사용하는 것이다. 그러나 사회적, 정치적 또는 윤리적 고려에 의해 실험법을 원용할 수 없는 경우도 많다. 그래서 대안적 방법들이 강구되고 있는데, 준실험법을 통해 정책평가를 하는 경우가 일반적이다. 이외에도 통제집단 고안(The Control Group Design), 시계열 분석(Time Series Analysis), 전후 비교고안(The Before & After Design), 변량분석(Analysis of Variance: ANOVA) 등이 있다.

(5) 자료 수집

연구 고안이 일단 끝나게 되면 그 다음으로는 설정한 평가문제에 대한 해답을 얻거나 또는 가설 검증을 위한 자료 수집을 해야 한다. 자료 수집은 연구 고안에서 이미 채택한 방법에 따라 이루어져야 한다.

제 4 장에서 연구의 일반적 절차를 설명하면서 이미 언급하였지만, 정책평가를 위한 자료 수집과정에서 다양한 원인들로 인해 완벽한 자료를 수집하기가 대단히 어렵다. 그러므로 최대한 객관적이고 타당성 있는 자료를 수집하기 위한 절차를 고안해야 한다. 예컨대, 정책을 사회실험으로 보고, 정책효과를 평가할 경우 실험법을 원용해야 하지만 현실적으로 실험집단과 통제집단을 구분하기가 쉽지 않다. 더구나 정책이 실시되기 전에 두 집단을 동등화시킬 수 있더라도 실험 후의 정책효과를 평가하는 과정에서 평가의 타당성을 저해하는 요인들이 참으로 많다. 그래서 준 실험법을 활용하게 되는데 이러한 경우 역시 평가의 객관성과 그 만큼 낮아지게 된다. 이런 점들로 인해, 자료 수집을 위한 연구 고안을 신중하게 해야만 한다.

(6) 분석 및 해석

평가 연구자는 수집한 자료를 통계적으로 분석하거나 주관적으로 해석해야 한다. 평가 연구자는 분석이나 해석을 하기 전에 사용한 평가 고안, 자료 수집, 통계적 분석방법 등이 주어진 평가목적에 적합한지를 다시 한번 검토해 보는 것이 좋다. 평가방법의 적합성에 대한 검토는 평가결과의 해석을 좌우하게 된다.

미국에서 1965년부터 시행한 가난한 집 자녀들이 정규학교에서 학업성적을 올리기 위한 유치원 무상교육, 소위 Head Start Program에 대해 1969년에 Ohio대학교가 실시했던 정책평가의 예를 들어보자. 이들은 정책이 집행된 4년 후에 평가작업을 시작하였기 때문에 정책 실시 이전부터 유치원 교육을 받은 실험집단과 받지 않은 통제집단으로 무작위로 분류할 수 없었고, 또한 정책이 시행되는 동안 이들의 변화를 관찰할 수도 없었다. 이들은 초등학교에 재학하고 있는 1·2학년 학생들 중에서 유치원 교육을 받았던 경험을 기준으로 집단을 구분하여 두 집단간의 인지 및 정서능력을 측정·비교하였다. 이들은 읽기 능력이나 지능지수(IQ)와 같은 인지 능력에서 유치원을 다녔던 학생이 다니지 않았던 학생보다 높았다고 분석하였다. 그러나 자기 존중감이나 행태 등 정서면에 있어서는 차이가 없다는 결론을 내렸다(Baker, 1988: 282-283).

그 후 이러한 평가방법과 결과 해석에 대해 많은 비판이 제기되었다. 기본적으로 이 평가는 실험집단과 통제집단이 동등화되지 않았다. 이들은 초등학생들을 평가대상으로 하였기 때문에 실험자 선정에 있어 문제점이 있었다. 유치원 교육을 시킨 부모는 무상교육의 혜택을 받을 수 있었음에도 불구하고 시키지 않은 부모에 비해 교육에 관심이 더 많았다고 해석할 수 있을 것이며, 이러한 부모의 차이가 인지 능력의 차이에 영향을 끼쳤을 것이다. 따라서 유치원 교육을 받았기 때문에 인지 능력이 향상되었다는 해석은 그만큼 과장된 것이라고 하겠다. 또한 유치원 교육을 받은 후 몇 년이 지난 학생들에 대해 유치원 교육의 효과를 측정하였지만, 인지 능력의 차이는 유치원 교육뿐만 아니라 그 동안에 경험한 요인, 즉 역사요인에 의해 나타날 수도 있다.

2) 질적 평가방법

(1) 정책평가에서 질적 방법의 중요성

양적 평가는 정책현상이 지니는 질적 의미를 평가하는데 한계가 있다. 가령 도서관에 대한 양적 평가를 위해서는 소장 도서의 수, 연간 도서구입비, 연간 예산, 전산화 정도 등에 대해 평가를 할 것이다. 만약 일정 지역의 도서관들이 서로 협정을 맺어 특수 분야의 도서를 특정 도서관에서 집중적으로 구입하기로 특성화하였다면 도서관별 '특성화 정도'를 계량적으로 측정한다는 것은 사실상 대단히 어려운 일이다. 그러나 '특성화 정도'는 도서관 평가를 위하여는 중요 변수로 취급하여야 할 것이다. 또한 희귀본의 가치를 어떻게 계량화할 것인가?

이러한 점에서 경험적 방법만이 과학의 세계를 구성하는 것으로 좁게 해석해서는 안되며, 이론의 기능을 인과관계에 대한 설명뿐만 아니라 현상에 내재해 있는 의미에 대한 평가를 포함하는 질적 평가의 중요성을 인식해야만 한다. 질적 평가방법이 양적 방법과 구별되는 것은 평가대상의 자료가 질적이며, 평가 기준이 주관적이라는 점이다.

질적 평가방법은 양적 방법의 상대적인 개념으로 이해될 수 있다. 쉽게 표현하면 질적 개념은 총체적(holistic)이고 주관성이 강한데 비하여 양적 개념은 수치로 표현됨으로써 특정적이고 객관성이 강하다. 이런 점에서 질적 방법에 의한 정책평가는 그 철학적 배경이나 구체적인 기법이 양적 방법과 같이 통일적이 아닌 것이 특징이다.

질적 평가방법의 발전은 사회의 질(quality)에 대한 평가가 본격화되면서 시작되었다. 질적 방법은 정확한 정보와 자료를 획득하기가 용이하지 않고, 정책 결과에 대한 가치 판단이 어려운 경우가 초래되는 양적 방법의 한계를 극복하기 위한 시도로서 그 유용성을 인정받고 있다. 이러한 평가방법은 한때 통계학을 배우지 못한 사람들의 도피처로 여겨졌지만 이제는 정책의 주요한 평가방법으로 자리를 잡고 있다.

질적 평가방법은 원래 기대하지 않았던 현상을 발견하는데 특별한 가치를 둔다. 근본적으로 피평가자의 입장이나 그들의 영역에서 평가대상을 지켜보는 것이다. 이를 위해서는 많은 자료와 정보가 요구되며, 평가자는 주로 관찰과 심층적 면접 등에 의존하는 경향이 있다. 질적 방법은 이와 같은 기법 등을 이용하여 정책의 진행 상황을 설명하고, 대상자의 반응과 행동을 설명한다. 즉 정책결정과 집행에 관련된 사람들 뿐만 아니라 정책 수혜자들을 만나 자세한 자료를 획득하여 이를 토대로 평가자가 정책 결과에 대해서 판단을 내림으로써 복잡한 상호작용을 이해하게 되고 변화의 과정을 알 수 있게 한다.

질적 방법의 장점들을 요약하면 다음과 같다.

첫째, 정책 참여자들의 관점을 잘 이해할 수 있고, 그들의 관심 사항에 대응할 수 있다.

둘째, 길게는 역사적 인식이나 정책 상황을 이해하고 이러한 상황 요인들이 정책에 미친 영향이나 정책이 성립된 배경 그리고 발전과정을 입체적으로 파악하여 평가할 수 있다.

셋째, 편견이나 미리 준비된 도구 없이 정책을 평가할 수 있고, 기대하지 않았거나 계획하지 않았던 평가 요인들을 발견할 수 있다.

(2) 질적 평가를 위한 연구 고안

질적 평가방법의 핵심은 자료 수집에 있다. 조작을 통하여 특정하고 한정된 자료만을 수집하는 양적 방법에 비하여 질적 방법은 보다 많고 다양한 자료를 필요로 하기 때문에 여러 가지 자료 수집방법이 이용된다.

질적 평가자들은 폭넓게 수집된 자료를 통하여 특정 정책의 저변에 깔린 규범과 가치체계를 이해하고자 노력해야 한다. 또한 물리적·인공적 환경, 현장에서의 기타 사항들에 대해서도 주의를 기울여 정책 결과를 동적인 관점에서 고찰하고 발견된 사실의 원인을 추적해야 한다. 이를 위해 질적 평가도 연구 고안의 기본 틀을 최소한 가지고 시작하는 것이 좋다.

질적 평가에 있어 연구 고안을 한다는 것은 어떤 면에서는 모순적이라고 할 수도 있다. 질적 평가를 하기 위해서는 평가자가 평가대상에 접근하여 사람들과 이야기하거나 자료들을 수집하면서 다음에 무엇을 할 것인가를 파악할 수밖에 없는 경우가 많다. 게다가 정책평가는 엄격한 시간적 제약에 따라 한정된 자원으로 진행되는 경우가 보통이므로 질적 평가라 하더라도 연구 고안이 필요하다. 질적 평가를 위한 연구 고안에서 고려해야 할 중요 사항들을 들면 다음과 같다.

우선 어떤 사례를 선택할 것인가를 결정해야 한다. 평가 대상을 대표적이거나 전형적인 사례로 할 것인지, 현장에 대해 평가할 것이지 아니면 극단적인 사례를 선택할 것인지 또는 이들을 혼합할 것인지를 결정해야 한다. 그리고 사례를 선택한 이론적 또는 논리적 근거가 있어야 한다.

다음으로 누구와 얼마 동안 이야기할 것인가를 정해야 한다. 평가자는 공무원, 수혜자, 시민, 전문가 등 정책과 관련된 사람들의 의견과 경험이 어떤 종류의 자료를 위한 최적의 원천이 되는가를 판단해야 한다. 그리고 평가자는 예상되는 정보의 중요성에 따라 연구 시간을 할당하고 얼마나 많은 사람들과 또는 얼마나 오랫동안 머물러야 할 것인가를 결정해야 한다.

(3) 질적 평가의 한계

질적 방법에는 윤리적인 문제가 개입될 수 있다. 즉 질적 평가자는 정책 참여자의 처지와 입장을 자신의 것으로 받아들여 평가 자체가 왜곡(bias)될 가능성이 있다. 예컨대 질적 평가자는 행정가나 정책결정자들이 갖는 효율성문제, 비용문제 그리고 유사한 목적의 다른 정책과의 상대적 평가문제 등에 관심을 두기보다는 정책대상집단(자)에만 관심을 둠으로써 그들이 갖는 사항을 과대 평가할 수 있다.

이런 점에서 질적 방법과 양적 방법을 결합하여 사용하는 것도 좋은 방법이다. 예컨대 이 두 가지 방법을 조합하여 정책과정에 대해서는 질적 방법으로 평가하고, 그 결과에 대해서는 양적 분석을 하는 것이다. '질은 무엇'에 해당하고, 양은 '얼마나 많은가'에 해당한다. '질적'이란 어떤 것을 특징 지우는 뜻을 의미하는 반면 '양적'은 그것의 측정량에 해당하는 것이다. 이런 연구방법의 조합을 통해 평가의 범위를 넓히고 유용한 자료 수집 및 수집된 자료의 해석 능력을 높일 수 있다.

Ⅵ. 정책변동

1. 연구동향과 개념

1) 연구동향

정책변동(policy change)에 관한 연구는 1970년대에 촉발된 에너지 위기에 직면하여 정책종결이나 감축관리에 대한 관심이 증대되면서부터 시작되었다. 즉 예상치 못한 정책환경의 변화에 대응한 정책의 적시성과 타당성을 갖추어야 한다는 인식이 정책변동 연구로 이어진 것이다. 또한 정책집행에 대한 연구가 활발해지면서자연히 정책변동에 대한 논의가 부수적으로 이어졌다. 정책집행 연구의 초석을 놓았던 Pressman과 Wildavsky(1973)의 "진화로서의 정책집행"(Implementation as Evolution)에 대한 논의가 바로 이러한 관점이었다.

초기의 정책변동 연구들은 정책산출(policy outputs)대한 설명에 초점을 두고 진행되었지만, 점차 정책변동의 요인에 관한 연구들이 행해지고 있다. 여기에서는 정책변동의 개념과 유형화에 대해서만 설명하기로 한다.

2) 정책변동의 개념

정책변동은 정책이 본래의 모습과는 다른 모습으로 변화되는 것을 의미한다. 그러나 보다 엄밀하게 정책변동을 정의하기 위해서는 정책변동에 대한 시각을 두 가지 측면으로 구분해 볼 필요가 있다.

하나는, 정책변동을 정책과정과의 관련성으로 이해하는 입장이다. 즉 정책변동은 다른 하위 정책단계와 상호 관련성을 가지고 전개되는 순환적·복합적·동태적 과정으로 보는 것이다. 이러한 입장에서 보면, 정책변동은 정책내용의 — 정책목표, 정책수단, 대상집단 등 — 변동만이 아니라 정책집행방법을 — 서비스 제공체계상의 변화, SOP 변경 등 — 포함하는 개념이다. 정책결정에서 일어나는 정책의 수정이나 종결 뿐만 아니라 집행단계에서 일어나는 변동도 포함한다.

다른 하나는, 시간의 변화에 따라 정책의 기조나 논리 및 정책의 내용과 집행방법이 달라지는 것을 정책변동으로 보는 것이다. 정책체계의 구조, 정책이념, 정책환경, 문제의 본질, 정책집행방법의 적절성, 정책효과 등은 시간의 흐름에 따라 변화하며, 이에 따라 정책변동이 불가피하게 일어난다.

2. 정책변동의 유형

Hogwood와 Peters(1983)는 조직의 변동, 법률의 변동, 예산의 변동을 기준으로 네 가시 변동유형을 설명히였다: 정채이 쇄신, 정책의 승계, 정책의 유지, 정책의 종결. 그러나 이러한 유형화는 정책변동의 영향요인을 설명하기에는 부족하다는 한계가 있지만 유형별 특성을 이해하는데는 도움을 준다.

1) 정책의 쇄신(policy innovation)

정책의 쇄신이란 정부가 종전에 관여하지 않았던 분야에 진출하여 새로운 정책을 수립하는 것을 말한다. 정부가 우연히 새로운 분야로 진출하지 않을 것이라는 점을 고려할 때, 이 변동은 성격상 의도적이다. 이러한 활동은 새로운 것이기 때문에 기존 조직이나 법률 또는 예산 및 사업이 마련되어 있지 않다.

2) 정책의 승계(policy succession)

정책의 승계란 정책이 시행되고 있는 분야에 기존 정책을 새로운 정책으로 대체하는 것을 말한다. 낡은 정책이 폐지되고 새로운 정책이 등장했다는 점에서 새로운 요소를 지니는 것은 사실이나 전술한 정책의 쇄신의 경우와는 달리 정부가 새로운 분야에 처음으로 진출하는 것은 아니다.

정책의 승계와 관련된 변동은 복잡하고 정형화하기 어려운 문제를 안고 있다. 새로운 분야에 진출하는 것이 아니라 기존의 정책을 수정하고, 기존의 조직 · 법률을 개편 · 개정하는 것이다.

3) 정책의 유지(policy maintenance)

정책의 유지는 기존 정책을 새로운 것으로 대체하는 것이 아니라 본래의 정책목표를 달성하기 위하여 정책수단을 조정하는 것이다. 예컨대, 인플레이션에 따라 급여수준을 조정하는 것이다. 정책의 유지는 환경 변화에 대한 정부의 수동적인 적응이 대부분이지만, 경우에 따라서는 관계 법령을 개정하거나 예산액을 조정하는 경우도 있다.

정책의 유지는 정책의 쇄신이나 정책의 승계에 비하여 변동의 질적 중요성은 다소 떨어질 수 있으나, 경우에 따라서는 변동의 폭이 이들보다 더 클 수 있다(유훈, 1999). 따라서 정책의 유지란 반드시 정부의 수동적인 대응을 말하는 것은 아니다.

4) 정책의 종결(policy termination)

정책의 종결이란 특정한 정책을 의도적으로 종결시키거나 중지하는 것을 말한다. 이것은 정책의 쇄신의 다른 측면으로, 쇄신되는 그 후면에 종결되는 정책이 있을 수 있는데 이를 일컫는다. 순수한 의미의 정책 쇄신이 희귀한 것과 같이 정책의 종결도 보기 드물다. 왜냐하면 관료는 자신의 정책이 실패했다고 객관적으로 평가되더라도 이를 인정하는 경우는 드물고 아직 정책효과가 나타나지 않을 뿐이라고 생각하기 때문이다(Kingdon, 1984).

참고문헌

1. 국내 문헌

강성청 외. (2008). 「새 인사행정론」. 서울: 대영문화사.

강태진 · 유정식 · 홍종학. (1997). 「미시적 경제분석」. 서울: 박영사.

김대환. (1991). 「사회과학방법론」. 서울: 법문사.

김동건. (1998). 「현대 재정학」. 서울: 박영사.

김동원. (2002). 민-관 파트너십과 행정의 책임성: 미 워싱턴 수도권의 지능형 교통시스템의 교훈. 「한국행정논집」, 14(2): 399-423.

김민철 · 김동욱. (2007). 공공기관의 지식관리시스템 성공요인에 관한 실증적 연구: J 광역자치단체 사례를 중심으로. 「한국정책과학학회보」, 11(2): 1-28.

김성곤. (1997). 현대사회와 포스트모던니즘. 서울대 사회정의실천연구모임 편. 「현대사회와 과학문명」. 315-338. 서울: 나남출판.

김성국. (1997). 「조직과 인간행동」. 서울: 명경사.

김신복. (1999). 「발전기획론」. 서울: 박영사.

김승현 · 윤홍근 · 정이환. (1999). 「현대의 사회과학」. 서울: 박영사.

김판석 · 김난도. (1997). 정부인력관리 혁신을 위한 중앙인사기관의 개편방안 모색. 「한국행정학보」, 31(3): 37-55.

김판석 · 이선우 · 전진석. (1999). 개방형 임용제도의 실태 및 발전에 관한 연구. 「한국행정학보」, 33(4): 57-75.

김형렬. (1990). 「정책학」. 서울: 법문사.

______. (1997). 「정책결정론」. 서울: 대영문화사.

나중식. (1992). 「재무행정론」. 서울: 형설출판사.

매일경제 지식프로젝트팀. (1998). 「지식혁명보고서」. 서울: 매일경제신문사.

박경원 · 김희선. (1998). 「조직이론강의: 구조, 설계 및 과정」. 서울: 대영문화사.

박동서. (1997). 「한국행정론」. 서울: 법문사.

배득종. (1997). 「신 재무행정: 좋은 예산을 찾아서」. 서울: 박영사.

백완기. (1992). 「한국의 행정문화」. 서울: 고대출판부.

박천오. (1999). 한국 이익집단의 정책과정상의 영향력과 활동패턴: 정부관료제와의 관계를 중심으로. 「한국행정학보」, 33(1): 239-259.

신무섭. (1998). 「재무행정학」. 서울: 대영문화사.

오석홍. (1993). 「인사행정론」(신정판). 서울: 박영사.

유종해. (1992). 「현대조직관리」. 서울: 박영사.

이선우 · 전진석. (1999). 개방형 임용제도의 허와 실. 「21세기 공직 인사개혁의 방향」. 중앙인사위원회 창립기념 한국행정학회 특별세미나: 65-85.

이장현 외. (1990). 「사회학의 이해」. 서울: 법문사.

이종관. (1995). 현상학의 현대적 의미. 「철학과 현실」, 봄: 179-193.

이종익. (1998). 「재무행정론」. 서울: 박영사.

이지석. (2005). 지식행정의 실천을 위한 지식관리시스템 구축방안. 「인터넷 전자상거래 연구」, 제5권 제1호: 139-153.

이창원 · 명승환 · 임영제. (2004). 「정보사회와 현대조직」. 서울: 대영문화사.

이창원 · 최창현. (1998). 「새 조직론」. 서울: 대영문화사.

이해영. (1997). 「정책학신론」. 서울: 학현사.

정용덕 외. (1999). 「합리적 선택과 신제도주의」. 서울: 대영문화사.

정정길 외. (2000). 「행정학의 새로운 이해」. 서울: 대명출판사.

________. (2003). 「정책학원론」. 서울: 대명출판사.

정정길 · 김난도. (2000). 신국정관리와 인사개혁의 방향: 21세기의 지식혁명시대에 대비하여. 「행정논총」, 38(1): 162-190.

정정길 · 이달곤. (1997). 「한국행정의 연구」. 서울: 박영사.

중앙인사위원회. (2001). 「인사정책시스템 리플렛 2」.

최병대 · 김상묵. (1999). 공직사회 경쟁력 제고를 위한 실적주의 인사행정기능의 강화. 「한국행정학보」, 33(4): 77-94.

최병대 · 김상묵. (1999). 실적주의 인사행정의 재검토. 중앙인사위원회 창립기념 한국행정학회 특별세미나, 「21세기 공직 인사개혁의 방향」: 37-64.

최항순. (2002). 「행정조직론」. 서울: 동성출판사.

한세억. (1999). 지식행정에 관한 탐색적 연구. 「한국행정학보」, 33(3): 1-19.

______. (2002). 지식화의 국제적 동향에 따른 지식정책의 방향과 과제. 한국행정학회. 「지식정보사회와 차기정부의 과제[1]」: 315-331.

2. 외국문헌

Agranoff, Robert. 1996. Management Intergovernmental Process. In James Perry, (ed.). *Handbook of Public Administration.* San Francisco, CA: Jossey-Bass Publishers: 210–231.

Alderfer, Clayton. (1972). Existence, *Relatedness and Growth: Human Needs in Organizational Setting.* New York: The Free Press.

Amabile, Teresa. (1996). *Creativity in Context. Boulder.* CO: Westview Press.

Anderson, James. (1990). *Public Policy-making.* Boston, MA: Houghton Mifflin Co.

Argyris, C. (1964). *Integrating the Individual and the Organization.* New York: Wiley.

Babbie, Earl. (1979). *The Practice of Social Science.* Belmont, CA: Wadsworth Publishing Company Inc.

Baker, Therese. (1988). *Doing Social Research.* New York: McGraw-Hill Book Co.

Barnard, Chester. (1958). *The Functions of the Executive.* Cambridge, MA: Harvard University Press.

Bass, Bernard. (1999). *New Paradigm of Leadership: An Inquiry into Transformational Leadership.* Mahwah, NJ: Lawrence Erlbaum Association Inc.

Beckman, T. J. (1997). Expert system applications: designing innovative business systems through reengineering. In Liebowitz, J. (ed.). *The Handbook of Expert systems.* Salem, MA: CRC Press.

Behn, Robert. (2001). *Rethinking Democratic Accountability.* Washington. DC: Brookings Institution Press.

Bennis, Warren. (1989). *Why Leader Can't Lead?* San Francisc, CA: Jossey-Bass.

Bennis, Warren and Burt Nanus. (1985). *Leadership.* New York: Harper and Row.

Berkley, George and John Rouse. (2000). *The Craft of Public Administration.* New York: McGraw-Hill Co.

Berry, Frances. (2002). Using Strategic Planning to Manage Strategically in the Public Sector, Kuotsai Liou, (ed.). *Handbook of Public Management Practice and Reform.* New York · Basel: Marcel Dekker, Inc.: 261–290.

Beyer, Janice. (1993). *The Culture of Work Organizations.* Upper Saddle River, NJ: Prantice Hall.

Bingham, Lisa. (1996). Negotiating for the Public Good. In James Perry, (ed.). H*andbook of Public Administration.* San Francisco, CA: Jossey-Bass: 647–664.

Blau, Peter and Richard Scott. (1962). *Formal Organizations.* San Francisco, CA:

Chandler Publishing Co.

Boynton, A., L. Gales, and R. Blackburn. (1993). Managerial Search Activity: The Impact of Perceived Role Uncertainty and Role Threat. *Journal of Management*, 19: 725–747.

Bozeman, Barry. (1987). *All Organization are Public: Bridging Public and Private Organizational Theories*. San Francisco, CA: Jossey-Bass.

Briggs, John and David Peat. (1989). *Turbulent Mirror: An Illustrated Guide to Chaos Theory and the Science of Wholeness*. New York: Harper & Row.

Brown, James. (1988). The Experimenter's Social Circle. *Philosophy of Social Sciences*, 18(1): 101–106.

Bryson, John. (1995). *Strategic Planning for Public and Nonprofit Organizations: A Guide to Strengthening and Sustaining Organizational Achievement*, (2nd ed.). San Francisco, CA: Jossey-Bass.

Buchanan, James. (1975). *The Limit of Liberty: Between Anarchy and Leviathan*. Chicago, IL: Chicago University Press.

Burns, Tom and G. M. Stalker. (1961). *The management of Innovation*. London: Tavistock Institute.

Byrd, Jr., Jack. (1975). *Operations Research Models for Public Administration*. Lexington, MA: Lexington Books.

Chakravarthy, Balaji and Peter Lorange. (1991). *Managing the Strategy Process: A Framework for the Multi-Business Firm*. Englewood Cliffs, NJ: Prentice-Hall.

Channdler, Ralph and Jack Plano. (1982). *The Public Administration Dictionary*. New York: John Wiley & Sons.

Carnap, Rudolf. (1959). *Logical Positivism*. New York: The Free Press.

Clarke. P. (1998). *Implementing a Knowledge Strategy for Your Firm. Research Technology Management*, 41(2): 28–31.

Cobb, Roger and Charles Elder. (1983). *Participation in American Politics: The Dynamics of Agenda-Building*. Baltimore, MD: The Johns Hopkins University Press.

Cobb, Roger, Jennie-Keith Ross and Marc Ross. (1976). Agenda Building as a Comparative Political Process. *American Politic Science Review*, 70: 126–128.

Cohen, Bernard. (1980). *Developing Sociological Knowledge*. Englewood Cliffs, NJ: Prentice-Hall.

Cohen, M., J. March and J. Olsen. (1972). A Garbage Can Model of Organizational Choice. *Administrative Science Quarterly*, 17: 1–25.

Cope, Glen. (1996). Budgeting for Public Programs. In James Perry(ed.), *Handbook of Public Administration*: 297−310. San Francisco, CA: Jossey-Bass.

Covey, S., A. Merill and R. Merill. (1994). *First Things First.* New York: A Fireside Book.

Crosby, Barbara. (1996). Leading in a Shared-Power World. In James Perry, (ed.). *Handbook of Public Administration.* San Francisco, CA: Jossey-Bass: 613−631.

Daft, Richard. (2003). *Leadership: Theory and Practice.* Orlando, FL: Harcourt College Publishers.

Dahl, Robert. (1947). The Science of Public Administration: Three Problems. *Public Administration Review,* 7(1): 1−11.

Davis, Goden. and Olsen Margarethe. (1985). *Management Information System.* New York: McGraw-Hill Co.

Dawns, George and Patrick Larkey. (1986). *The Search for Government Efficiency.* New York: Random House.

DeLoen, Peter and E. Overman. (1989). A History of the Policy Sciences. In Labin Hildreth and G. Moller. *Handbook of Public Administration.* New York: Marcel Dekker Inc: 406−415

Denhardt, Robert and Joseph Grubbs. (2003). *Public Administration.* Belmont, CA: Wadsworth/Tomson Learning, Inc.

Devonport, Thomas and Laurance Prusak. (1998). *Working Knowledge: How Organizations Manage What They Know.* Boston, MA: Harvard Business School Press.

Dewey, John. (1927). *The Public and Its Problems.* Denver: Alen Swallow.

Downs, Anthony. (1967). *Inside Bureaucracy.* Boston, MA: Littles Brown & Company.

Dror, Yehezkel. (1983). *Public Policymaking Reexamined.* Scranton, PA: Chandler Publishing Co.

Drucker, Peter. (1992). *Managing the Non-Profit Organization: Principle and Practice.* New York: Harper & Row.

____________. (2002). *Next Society.* New York: St. Martin's Press.

Dunleavy, P. and C. Hood. (1994). From Old Public Administration to New Public Management. *Public Money and Management,* (July/Sept): 9−16.

Dye, Thomas. (1981). *Understanding Public Policy.* Englewood Cliffs, NJ: Prentice Hall Press.

Easton, David. (1953). The Political System. New York: Alfred A. Knopf.

Edith, Stock and Richard Zeckhauser. (1978). *A Primer for Policy Analysis.* New York: W.W. Norton.

Edwards Ⅲ, George and Ira Shakansky. (1978). *The Policy Predicament.* San Francisco, CA: W. H. Freeman & Company.

Etzioni, Amitai. (1961). *A Comparative Analysis of Complex Organizations.* New York: The Free Press.

Eyestone, Robert. (1978). *From Social Issue to Public Policy.* New York: John Wiley & Sons.

Fiedler, Fred. (1987). *New Approaches to Effective Leadership.* New York: Wiley & Sons.

Flick, Uwe. (2002). *An Introduction to Qualitative Research.* London · Thousand Oaks · New Delhi: SAGE Publications.

Fox, Charles. (1994). *Postmodern Public Administration: Toward Discourse.* Berverly Hills, CA: Sage Publications.

Frances, Berry. (2001). Using Strategic Planning to Manage Strategically in the Public Sector. in Heady Ferrel. *Public Administration,* (sixth ed.). New York · Basel: Marcel Dekker, Inc: 261–290.

Frank, Ulrich. (2002). *Managing Vertual Web Organizations in the 21st Century: Issues and Challenges.* Hershey, PA · London: Idea Group Publishing.

Gaus, John. (1936). *Frontiers of Public Administration.* Chicago, IL: University of Chicago Press.

Giovanni Dosi et al. (eds). *Technology, Organization, and Competitiveness.* Oxford: Oxford University Press.

Gladen, E. N. (1972). *A History of Public Administration.* London: Frank Cass.

Goldsmith, Stephen and William Eggers. (2004). *Governing by Network: The New Shape of the Public Sector.* Washington D.C.: The BROOKINGS INSTITUTION.

Gruening, Gernod. (2001). Origin and Theoretical Basis of New Public Management. *International Public Management Journal,* 4(1): 1–25.

Gulick, Luther. (1937). Notes on the Theory of Organization. In Luther Gulick and Lyndall Urwick. *Papers on the Science of Administration.* New York: Augustus Kelley.

___________. (1990). Reflections on Public Administration: Past and Future. *Public Administration Review,* 50(6): 599–603.

Habermas, Jurgen. (1971). *Knowledge and Human Interests.* Boston: Beacon.

Hamilton, G. G. and R. C. Feenstra. (1998). Varieties of hierarchies and market. In

Giovanni Dosi et. al. (eds). *Technology, Organization, and Cometitiveness.* Oxford: Oxford University Press.

Hardin, Garrett. (1968). Tragedy of Commons. *Science*, 162: 1242–1248.

Hax, Arnoldo and Nicolas Majluf. (1996). *The Strategy Concept and Process: A Pragmatic Approach.* Upper Saddle River, NJ: Prentice Hall.

Heady, Ferrel. (2001). *Public Administration: A Comparative Perspective.* New York · Basel: Marcel Dekker, Inc.

Henley, Nick and Clive Spash. (1993). *COST-BENEFIT ANALYSIS.* VT: Edward Elgar Publishing Co.

Herzberg, Fredrick. (1966). *Work and the Nature of Man.* New York: World Publishing Co.

Heymann, Philip. (1987). *The Politics of Public Management.* New Haven, CT: Yale University Press.

Hodge, Billy, W. Anthony and L. Gales. (2003). *Organization Theory: A Strategic Approach.* Upper Saddle River, NJ: Prentice Hall.

Hogwood, Brian and Guy Peters. (1983). *Policy Dynamics.* New York: St. Martin's Press.

Hollinger, Robert. (1988). From Weber to Harbermas. In Robert Hollinger, A. Kline and E. Kleemke, (ed.). *Introductory Readings in the Philosophy of Science.* New York: Prometheus Books.

Hood, C. (1991). A Public Management for All Seasons? *Public Administration*, 69: 3–19.

Huddleston, Mark. (1996). *The Public Administration Workbook.* New York: Longman Publishers.

Hughes, Owen. (2003). *Public Management & Administration.* New York: Palgrave Macmillan.

Jacumeit, Volker. (2002). Administration 2000–Networking Municipal Front and Back Offices for One-Stop Government, in Traunmüller and Lenk, (ed.). *EGOV 2002.* Berlin · Heidelberg: Springer-Verlag: 157–162.

Joyce, Paul. (2000). *Strategy in the Public Sector.* Chichester, West Sussex: John Wiley.

Kahaner, Larry. (1996). *Competitive Intelligence: How to Gather, Analyze, and Use Information to More Your Business to the Top.* New York: KANE Associates International Inc.

Kettl, Donald and H. Milward. (1996). *The State of Public Management.* Baltimore, MD: Johns Hopkins University Press.

Kiel, Douglas. (1994). *Managing chaos and complexity in government: A new paradigm for managing change, innovation and organizational renewal.* San Francisco, CA: Jossey-Bass.

King, Cheryl and Camilla Stivers. (2001). Reforming Public Administration: Including Citizens. in Kuotsai Liou, (ed.). *Handbook of Public Management: Practice and Reform.* New York: Marcel Dekker, Inc.: 473–491.

Kingdon, John. (1995). *Agendas, Alternatives and Public Policy.* New York: Harper Collins Publishers.

Keohane, Robert and Joseph Nye. (2000). Introduction. in Nye, Joseph and John Donahue, (eds). *Governance in a Globalization World.* Wachington, DC: Brookings Institution Press.

Klingner, Donald and John Nalbandian. (2003). *Public Personnel Management: Context and Strategy.* Upper Saddle River, NJ: Prentice Hall.

Lane, Jan-Erik. (1995). *The Public Sector: Conceps, Models and Approaches.* London: Sage Publications.

Lasswell, Harold. (1951). The Policy Orientation. In Daniel Lerner and Harold Lasswell(ed.), *The Policy Sciences.* Stanford, CA: Standford Univerity Press.

__________. (1971). *Pre-view of Policy Sciences.* New York: American Elsevier.

Lindblom, Charles. (1959). The Science of Muddling *Through. Public Administration Review,* 19(1): 79–88.

__________. (1979). Still Muddling, Not Yet Through. *Public Administration Review*, 39(6): 517–526.

__________. (1980). *The Policy-Making Process.* NJ: Prentice Hall.

Little, Daniel. (1991). *Varieties of Social Explanation: An Introduction to the Philosophy of Social Science.* Boulder, CO: Westview Press.

Little, Stephen and Tim Ray, (ed.). (2005). *Managing Knowledge.* London, CA, New Delhi: SAGE Publications Ltd.

Lorange, Peter. (1980). Corporate Planning: *An Executive Viewpoint.* Englewood Cliffs, NJ: Prentice-Hall.

Lowentahal, M. W. (2005). *Intelligence: From Secrets to Policy,* (3rd ed.). Washington, D.C.: Congressional Quarterly Press.

Lowi, Theodore. (1972). Four Systems of Policy, Politics and Choice. *Public Administration Review,* 33(3): 293–310.

Lynn, Laurence. (2001). Globalization and Administrative Reform: What is happening in theory? *Public Administration Review,* 3(2): 191–208.

March, James. (1994). *A Primer on Decision Making: How Decisions Happen.* New York: Free Press.

March, James and Johan Olsen. (1984). The New Institutionalism: Organizational Factors in Political Life. *American Political Science Review,* 78: 734–749.

Maslow, Abraham. (1943). *A Theory of Human Motivation.* New York: Harper & Row.

Maccoby, Michel. (1976). *The Gamesman: A New Corporative Leaders.* New York: Simon & Schuster.

____________. (1995). *Why Work?* VA: Miles River Press.

Malhatra, Yogesh. (2001). *Knowledge Management and Business Model Innovation.* PA: Idea Group Publishing.

Malhotra, Yogesh. (2000). *Knowledge Management and Virtual Organizations.* Hershey, PA · London: Idea Group Publishing.

Mauzy, Jeff and Richard Harriman. (2003). *Creativity Inc.: Building an Incentive Organization.* Boston, MA: Harvard Business School Press.

McCool, Daniel. (1995). *Public Policy: Theories, Models and Concepts.* Englewood Cliffs, NJ: Prentice-Hall Press.

McGregor, Douglas. (1960). *The Human Side of Enterprise.* New York: McGraw-Hill Co.

Milward, Brinton. (1996). The Changing Character of the Public Sector. In James Perry. (ed.). *Handbook of Public Administration.* San Francisco, CA: Jossey-Bass Publishers: 77–92.

Mintzberg, Henry and John Quinn. (1991). *The Strategy Process.* Englewood Cliffs, NJ: Prentice-Hall.

Morrow, William. (1975). *Public Administration: Politic, Policy and The Political System.* New York: Random House.

Mueller, Dennis. (1979). *Public Choice.* Cambridge, MA: Cambridge University Press.

____________. (1989). *Public Choice* Ⅱ. Cambridge, MA: Cambridge University Press.

Mutusik, S. F. and C. W. Hill. (1998). The Utilization of Contingent Work, Knowledge, Creation, and Competitive Advantage. *The Academy of Management Review,* 23(4): 680-697.

Nigro, Felix and Lloyd Nigro. (1980). *Modern Public Administration,* (5th ed.). New York: Harper and Row.

Noel, Tichy. (2002). *The Leadership Engine.* New York: HarperBusiness Essentials.

Nonaka, I. and H. Takeuchi. (1995). *The Knowledge Creating Company: How Japanese Companies Create the Dynamics of Innovation.* London: Oxford University Press.

Nozick, Robert. (1994). *Anarchy, State and Utopia.* New York: Basic Books.

Nutt, Paul and Robert Backoff. (1992). *Strategic Management of Public and Third Sector Organizations: A Handbook for lLeaders.* San francisco, CA: Jossey-Bass.

ODA(Overseas Development Administration). (1993). Good Government. *Technical Note.* 10. London: ODA.

Olsen, John and Douglas Eadie. (1982). *The Game Plan: Governance with Foresight.* Washington, DC: Council of State Planning Agency.

Olson, Mancur. (1965). *The Logic of Collective Action.* Cambridge, MA: Harvard University Press.

Osborne, David and Ted Gaebler. (1992). *Reinventing Government: How the Enterpreneurial Sprit is Transforming the Public Sector.* MA: Addison-Wesley Publishing Company Inc.

Pearce, David. (1995). *Blueprint 4: Capturing Global Environmental Value.* London: Earthscan Publication Ltd.

Pierre, J. (1998). *Partnerships in Urban Governance: European and American Experiences.* London: Macmillan.

Pierre, Jon and B. Guy Peters. (2000). *Governance, Politics and the State.* New York: St. Martin's Press.

Popper, Karl. (1968). *The Logic of Scientific Discovery.* New York: Harper & Row.

Poter, Lyman. and Edward. Lawler. (1968). *Managerial Attitudes and Performance,* Homewood, IL: Dorsey Press.

Pollitt, Christopher and Geert Bouckaert. (2000). *Public Management Reform: A Comparative Analysis.* Oxford: Oxford University Press.

Porter, Michael. (1990). *The Competitive Advantage of Nations.* New York: The Free Press.

Pressman, Jeffrey and Aaron Wildavsky. (1973). *Implementation.* Berkely, CA: University of California Press.

Prigogine, ILya and Isabelle Stengers. (1984). *Order Out Of Chaos: Man New Dialogue with Nature.* New York: Bantom Books.

Quade, Edward. (1975). *Analysis for Public Decisions.* New York: American Elsevier Publishing Co.

Quinn, Robert. and McGrath Michael. (1991). Reforming Organizational Culture. In

Frost, Peter. et. al., (ed.). *Organizational Culture.* Beverly Hills, CA: Sage: 315-334.

Rawls, John. (1971). *A Theory of Justice.* Cambridge, MA: Harvard University Press.

Redburn, F. and Cho Yang. (1983). Government's Responsibility for Citizenship and the quality of Community Life. *Public Administration Review,* 44(special issue): 158-163.

Rhodes, R. A. (1997). *Understanding Governance: Policy Networks, Governance, Reflexivity and Accountability.* Bukingham: Open University Press.

Riggs, Fred. (1973). *Prismatic Society Revisited.* NJ: General Learning Corporation.

Rivera, Mario and Gary Woller. (2000). *Public Administration in a New Era: Postmodern and Critical Perspectives.* Burke, VA: Chatelaine Press.

Romzek, Barbara. (1996). Enhancing Accountability. In James Perry, (ed.). *Handbook of Public Administration.* San Francisco, CA: Jossey-Bass Publishers: 279-296.

Romzec, Barbara and Melvin Dubnick. (1987). Accountability in the Public Sector: Lessons from the Challenger Tragedy. *Public Administration Review,* 47(3): 227-238.

Rosenbloom, David and Robert Kravchuk. (2002). *Public Administration: Understanding Management, Politics, and Law in the Public Sector.* New York: McGraw-Hill Co.

Ryle, Gilbert. (2000). *The Concept of Mind.* Chicago, IL: The University of Chicago Press.

Sharkansky, Ira. (1975). *Public Administration: Policy Making in Government Agencies.* Chicago: Rand McNally Co.

Schein, Edgar. (1992). *Organizational Culture and Leadership.* San Francisco, CA: Jossey-Bass Publications.

Schumacher, Ernst. (1973). *Small Is Butiful: A Study of Economics as if People Mattered.* London: ABACUS.

Scott, Richard. (1992). *Organizations: Rational, Natural, and Open systems,* (3rd ed.). Upper Saddle River, NJ: Prantice Hall.

Scriven, Michael. (1991). *Evaluation Thesaurus.* London: Sage Publications.

Seiffert, Helmut. (1994). 「학의 방법론 입문 Ⅱ」. 전영삼 (역). 서울: 교보문고; Einfhrung in die Wissenschaftstheorie. M-nchen: Beck. 1969.

Simon, Herbert. (1947 · 1963). *Administrative Behavior.* New York: The Free Press.

__________. (1965). *The Shape of Automation for Men and Management.* New

York: Harper & Row.

Sims, Henry and Peter Lorenzi. (1992). *The New Leadership Paradigm: Social Learning and Cognition in Organization.* CA: Sage Publications.

Smircich, Linda, (1983). Concepts of Culture and Organizational Analysis, Administrative Science Quarterly 28: 339–358.

Smith, Thomas. (1973). The Policy Implementation Process. *Policy Science*, 4(2): 197–210.

Stahl, O. Glenn. (1983). *Public Personnel Administration.* New York: Haper & Row.

Sveiby, Karl E. (1997). *The New Organizational Wealth: Managing and Measuring Knowledge-Based Assets*, Berrett-koehler Publishers.

Taylor, Frederic. (1950). *The Principles of Scientific Management.* New York: Alfred Knopf.

The World Commission on Environment and Development. (1987). *Our Common Future.* Oxford: Oxford University Press.

Tkach, Daniel, (1999). *Knowledge Portals.* IBM Report,

Toffler, Allvin. (1994). 「미래 쇼크」. 이규행 (역). 서울: 한국경제신문사; *Future Shock.* New York: Bantam Books. 1991.

Treverton, Gregory F. (2003). *Reshaping National Intelligence for an Age of Information.* Cambridge: Cambridge University Press.

Tullock, Gorden. (1965). *The Politics of Bureaucracy.* Washington D.C.: Public Affairs Press.

Turner, Mark and David Hulme. (1997). *Governance, Administration & Development.* CT: Kumarian Press.

Van der Spek, R. and A. Spijkervet. (1997). Knowledge Management: Dealing Intelligently with Knowledge. In Leibowitz and Wilcox, (ed.). *Knowledge Management and Its Integrative Elements.* Salem, MA: CRC Press.

Vroom, Victor. (1964). *Work and Motivation.* New York: John Wiley & Sons.

Waldo, Dwight. (1948). *The Administrative State.* New York: The Ronald Press Co.

Waltzer, Michael. (1983). *Spheres of Justice: A Defence of Pluralism and Equality.* New York: Basic Books Inc.

Weber, Max. (1978). *Economy and Society.* Roth Grenth and Wittich Claus, (ed.). LA: University of California Press: 24–36. .

Weimer, David and Aidan Vining. (1992). *Policy Analysis.* Englewood Cliffs, NJ: Prentice-Hall Inc.

Weiss, Carol. (1997). *Evaluation: Methods for Studying Programs and Policies.*

Englewood Cliffs. NJ: Prentice Hall Press.

Wiig. (1993). *People-Focused Knowledge Management: How Effective Decision Making Leads to Corporate Success.* MA: Elsevier INc.

Wilson, Woodraw. (1887). The Study of Administration. *Political Science Quarterly,* 2(2): 197–222.

White, Leonard. (1955). *Introduction to the Study of Public Administration.* New York: Macmillan.

William Gates, Ⅲ. (1999). *Business @ the Speed of Thought*. New York: Warner Books, Inc.

Williamson, O. E. (1985). *The Economic Institution of Capitalism.* New York: Free Press.

____________. (1996). *The Mechanism of Governance.* Oxford and New York: Oxford University Press.

World Bank. (1992). *Goverance and Development.* Washington D.C.: World Bank.

Wolf, Charles Jr. (1991). 「시장과 정부」 전상경(역). 서울: 교문사; *Market and Government.* MA: MIT Press, 1988.

Yong, Lee. (1996). An Agenda for Pubulic Administration in the Postmodern Era: The Search for Order out of Chaos. *Korean Review of Public Administration.*, 1(1): 1–28.

Xu, Mark. 2007. *Managing Strategic Intelligence.* PA: IGI Gloval.

고바야시 요시이카(小林良彰). (1997). 「공공선택론」. 이호동(역). 서울: 도서출판 오름; 「公共選擇論」. 東京: 東京大學出版會, 1988.

本田弘. (2007). 「現代行政の構造」. 東京: 勁草草書房.기타 자료

羅笑南, (2004). Public Information Construction of Guangdong Province in China. 국민대학교. 「한중일 공공정보화 추진시스템 비교 심포지움 발표자료집」: 4–30.

3. 기타 자료

기획재정부. (2008). 「2008나라살림: 2008년 예산개요」.

http://www.kipa.re.kr

http://www.mpf.go.kr

http://www.geps.or.kr

http://.www. encyber.com.

인명색인

Alderfer 162
Anderson 407
Argyris 139

Barnard 139
Buchanan 441
Burns 139

Cobb 470
Cohen 493

Dahl 35
Dantzing 454

Elder 470
Eyestone 471

Fayol 137
Freud 154

Gaus 34

Herzberg 160

Kingdon 303, 474

Lasswell 403
Lawler 167
Lindblom 290, 486
Lowi 410

Maccoby 163
March 493
Maslow 157
Mayo 30
McGregor 139

Nozick 444

Olsen 493

Porter 167, 289
Pressman 506

Rawls 444, 530
Riggs 42

Sharkansky 407
Simon 36, 482
Stalker 139

Taylor 28, 137

Vroom 166

Waldo 37
Walzer 448
Weber 25
Weiss 522
Wildavsky 506
Wilson 23

사항색인

ㄱ

가상조직(virtual organization)　151
가외성(redundancy)　449
가지적 방법　486
강화이론(reinforcement theory)　156
개인 지식(personal knowledge)　72
거래비용경제학　141
거래적 지도력(transactional leadership)　383
거버넌스(governance)　51
거시적 분리(macro-decoupling)　430
게임이론　455
경력직 공무원　195
경쟁력 분석　289
계급제　201
계선조직(line organization)　132
계속비　251
계층제　309
계층제 원리　25
고객 추적(client tracking)　525
고전학파　137
공공선택(public choice)　99
공공재(公共財, public goods)　420
공동 생산(coproduction)　345
공무원법(The Civil Service Act)　22
공식 통제　357
공식조직(formal organization)　129
공정성으로서의 정의　445
과정이론(process theory)　156
과정평가(process evaluation)　521, 525
과학적 관리법(scientific management)　28
관료정치(bureaucratic politics)　336
관료정치모형　498
관료제　300
관료제론　25
관리과학　451
관리정보체계　501
관방학(Cameralism)　20
관성력(the force of inertia)　374
교육 · 훈련　225
구성정책　412
구조 · 기능론적 접근　41, 42
구조적 접근법　514
국고채무부담행위　251
권위(authority)　26, 314
규제정책　411
근무성적 평정　226
기계모형　29
기계적 효율　438
기금　246
기능적 권한　133
기능직 공무원　196

기대 연계망(expectation network) 349
기대이론 166
기획 예산(planning programming budgeting system: PPBS) 257

ㄴ

내부성(internality) 432
내부 접근모형 473
내부평가 525
내적 동기부여(intrinsic motivation) 164
논리적 실증주의(logical positivism) 36
논리적 점변주의 290
논제 연계망(issue network) 336

ㄷ

다원주의적 관점 335
대표관료제(Representative Bureaucracy) 192
도덕적 해이(moral hazard) 426
동기부여이론 153, 155
동원모형 473

ㅁ

막료조직(staff organization) 132
목표 대치 430
목표에 의한 관리 234
무관심권(zone of indifference) 314
무의사 결정 334
무지의 베일 446
문화적 관점 140, 142
미시적 분리(micro-decoupling) 430
민-관 파트너십 345

ㅂ

발생주의 회계(accrual accounting) 272
발전행정론 43
배분정책 411
변화력(the force of change) 375
변환적 지도력(transformational leadership) 383
복합 학문적(multidisciplinary) 접근법 403
본예산 249
부(負)의 조세(negative tax) 412
분업 309
불가능성 정리(Impossibility Theorem) 106
불균형이론(asymmetry theory) 431
브레인 스토밍(brain storming) 376
비공식 조직(informal organization) 130
비공식 통제 357
비교행정론 40
비시장실패 428
비용-편익분석(cost-benefit analysis) 457
비용-효과분석(cost-effective analysis) 457
비제도적 통제 357
뿌리 방법(root method) 487

ㅅ

사회적 쟁점(social issue) 467
삼권분립 원리 324

상황이론(situation theory) 382
상황학파 139
새로운 공공관리(New Public Management) 47
생태론적 접근 34
생태적 시각 140, 143
생태적 접근 41
선형계획법 454
설득 315
성과관리제도 263
성과주의 예산(performance budget) 255
소망성(desirability) 437
수용권(zone of acceptance) 314
수정예산 249
수직적 형평 442
시간 및 동작 연구 28
시네틱스(synectics) 377
시장기제(market mechanism) 419
시장실패(market failure) 419
시장원리적 시각 46
신성과주의 예산제도(New Performance Budgeting) 262
신제도주의 108
신행정학 44
실적주의(merit system) 190
실증적 공공선택론 101
실험자 회귀 93
실현 가능성(feasibility) 437
쓰레기통모형(Garbage Can Model) 493

ㅇ

아웃소싱(outsourcing) 150
암묵적 지식(the tacit knowledge) 73
여러 학문간 접근(interdisciplinary approach) 403
역선택(adverse selection) 426
역할이론 349
연계망 조직(Network Organization) 147, 149
연계적 관점 404
엽관주의(spoils system) 21, 189
영기준 예산(zero base budget: ZBB) 260
영역권(Territorial Zones) 301
예산의 범위 244
옴부즈만(ombudsman) 361
외부성(externalities) 423
외부 주도모형 473
외부평가 525
외적 동기부여(extrinsic motivation) 163
욕구계층론 157
원초적 입장 446
의사전달의 ABC 510
의제설정(agenda setting) 466
이용(移用) 279
이월(移越) 279
이원론 160
이익집단(interest group) 331
이체(移替) 279
이해관계자 관리접근법 287
인간관계론(human relations) 30
인간관계학파 138
인간형 153
인성이론 153
일반직 공무원 196
일반회계 246

ㅈ

자본예산(capital budget) 261
자질이론(trait theory) 381
재배분정책 412
전략적 관리 283, 292
전략적 기획 283
전략적 기획체계 286
전략적 선택이론 143
전략적 쟁점관리 287
전략정보(strategic intelligence) 71
전문주의(professionalism) 39
전사적 관리(Total Quality Management: TQM) 63
전용(轉用) 279
전자인사관리체계 232
전자정부(e-government) 60
전자정부법 64
절차적 · 관리적 접근법 515
점변모형(incremental model) 486
정무관 197
정무직 공무원 196
정부간 관계(Inter Governmental Relations: IGR) 311
정부실패 428
정실주의(patronage) 189
정책결정과정 481
정책공동체(policy community) 476
정책변동 542
정책분석 416
정책산출(policy output) 521
정책성과(policy outcomes) 521
정책의 쇄신 543
정책의 승계 543
정책의 유지 544
정책의 종결 544
정책의제(policy agenda) 467
정책지향(Policy Orientation) 402
정책창(policy window) 475
정책평가 520
정책활동가(policy entrepreneur) 476
정체성 위기(identity crisis) 38
정치 · 행정 이원론 34, 35
제도이론 140, 142
제 3 영역(third sector) 54
제한된 합리성(bounded rationality) 37
조직경제학 140
조직과정모형 497
조직과정 재구조화(Business Process Re-engineering: BPR) 63
조직문화 178
조직지식 72
조직화된 혼란상태 493
조합주의(corporatism) 336
죄수의 딜레마 456
주도집단이론 470
주인-대리인 141
주인-대리인 모형 115
준예산 250
지방 거버넌스(local governance) 55
지식관리 70
지식관리체계 75
지식자산 74
지식 · 정보사회 58
지역생태(community ecology) 143
직무 확대 169
직무 확충 169
직업공무원제(career system) 193
직위분류제 198

집단생태(population ecology) 143

ㅊ

차등원칙(the difference principle) 447
참여적 시각 47
책임 관리 352
총괄적 평가(summative evaluation) 524
추가경정예산 249

ㅌ

탄력적 시각 48
탈규제적 시각 48
통솔의 범위 309
통합재정 251
특별회계 246
특수 경력직 공무원 196
특정직 공무원 196
팀조직(Team Organization) 147, 149

ㅍ

파킨슨의 법칙 433
평가 가능성 측정(evaluability assessment) 524
평등적 자유의 원칙 447
포괄적 · 합리모형 483
포트폴리오모형 288
포획현상 337
표출지식(the explicit knowledge) 73
품목별 예산(line item budget) 254
프리즘 · 사라모형 42
프리즘사회(prismatic society) 41

ㅎ

하위정부(subgovernment) 336
학습 조직 152
합리적 행위자모형 496
합리주의 482
핵심회사(hollow organization) 150
행정관 197
행정원리 23
행정의 연구(The Study of Administration) 13
행정책임 350
행정통제 357
행정혁신 363
행태이론(behavioral theory) 382
행태주의(behavioralism) 36
혁신을 위한 준거 틀 291
현상학 117
협력적 거버넌스 52
협상 317
협상을 통해 얻어낼 수 있는 최선의 대안 318
형성적 평가(formative evaluation) 524
형평성 441, 530
효과성(effectiveness) 439
효능성(competency) 53
효율성 437, 529
후기 관료제적(postbureaucratic) 형태 38

기타

Adhocracy 147
Allison모형 496
BATNA 318
BPR 63
CPM 454
ERG 이론 162
Hawthorne 실험 30
NGO 342
NPO 342
Pendleton법 23
PERT 454
SWOT모형 285
TQM 63
X이론 174
Y이론 174

저자약력

저자 김문성은 1955년생으로 대구에서 출생하였다. 대륜 중 · 고등학교를 졸업하고, 연세대학교 법학과에서 법학사, 연세대학교 대학원 행정학과에서 석 · 박사학위를 취득하였다.

29살이었던 1984년에 경원대학교 행정학과 전임강사로 부임하여 신문사 주간교수, 사회과학연구소장, 법정대학장을 역임하였고, 현재 사회과학대학 행정학부 교수로 봉직하며 정책학과 사화과학방법론을 강의하고 있다. 학문적 관심대상은 병무를 포함한 인적 · 물적 자원 및 환경정책이다. 최근에는 '변화와 리더십'이란 주제에 관심을 기울이고 있다. 미국의 J. F. Kennedy School at Harvard University, Fairleigh Dickinson University, 그리고 Michigan State University에서 교환교수를 지냈다.

한국행정학회와 한국정책학회의 이사로 학회봉사를 하였고, 현재는 치안정책제도연구원 이사장과 한국정책포럼 수석부회장으로 활동하고 있다. 국방부와 소방방재청 정책자문위원, 성남시 토지평가위원, 서울시 송파구 규제개혁위원회 위원장과 예산 및 조례심의위원 등으로 실무계와 연관된 활동을 하였다. 또한 행정안전부, 병무청, 서울시, 경기도 공무원의 승진 및 채용을 위한 출제위원과 면접위원으로, 그리고 소망교회 집사로서 새가족부, 난민선교팀 교육을 위해 교회봉사하고 있다.

주요 저서로는 「병무행정론」, 「자원 · 환경정책론」(공저), 「행정학의 이해」, 「객관식 7급 행정학」, 「행정사의 이해」(유종해 · 김문성) 등이 있다. 주요 논문은 한국 관료제의 정책집행모형에 관한 연구－에너지절약정책 집행자의 행태를 중심으로－, 물 관리조직체계 개선을 위한 근본적 탐색, 병역자원 확충을 위한 선병체계 개선에 관한 연구, 신재생에너지정책의 방향 등이 있다.

개정판
행정학.net

2004年 9月 10日 初版發行
2009年 3月 10日 改訂版發行
2014年 3月 10日 中版發行

저 자 金 文 聖
발행인 안 종 만
발행처 (주) 박영사
서울특별시 종로구 평동 13-31번지
전화 (733)6771 FAX (736)4818
등록 1959. 3. 11. 제300-1959-1호(倫)

www.pybook.co.kr e-mail: pys@pybook.co.kr

정 가 30,000원 ISBN 978-89-7189-944-1